U0901177

宝钢年鉴

2015 BAOSTEEL ALMANAC

上海人民出版社

宝钢史志编纂委员会

《宝钢年鉴》

《宝钢年鉴(2015)》栏目审稿人

宝钢股份厂区一角（刘　杰 摄）

1

2

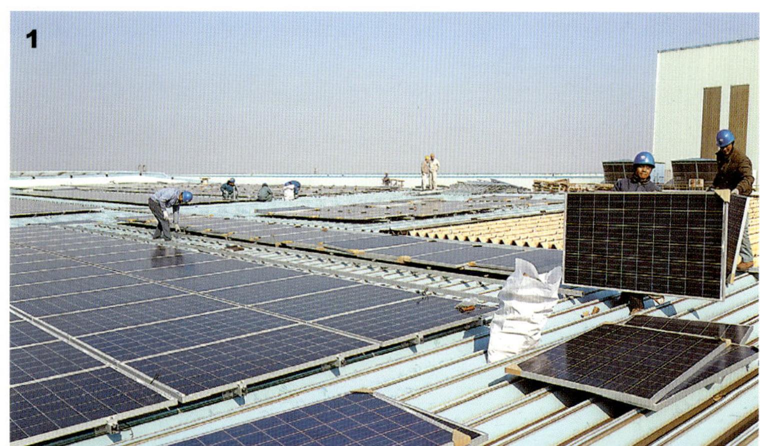

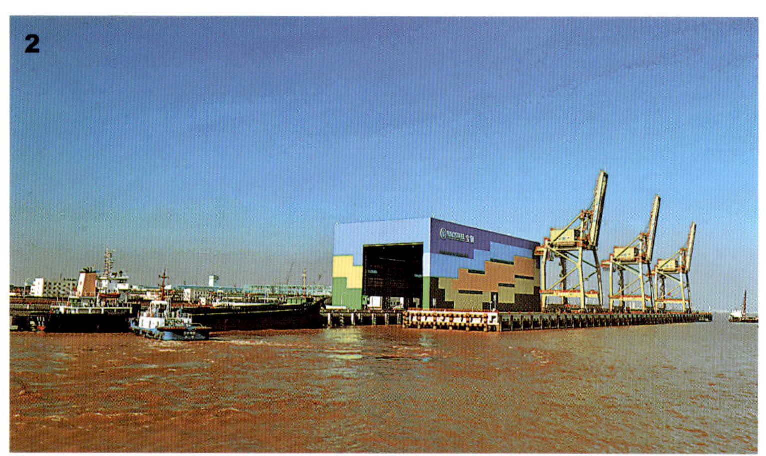

1　1月，宝钢股份50兆瓦光伏发电示范项目（一期）建成投运（桂其林 摄）

2　11月7日，宝钢股份全天候成品码头投运（陆非然 摄）

3　梅钢公司热电厂外景（朱　飞 摄）

3
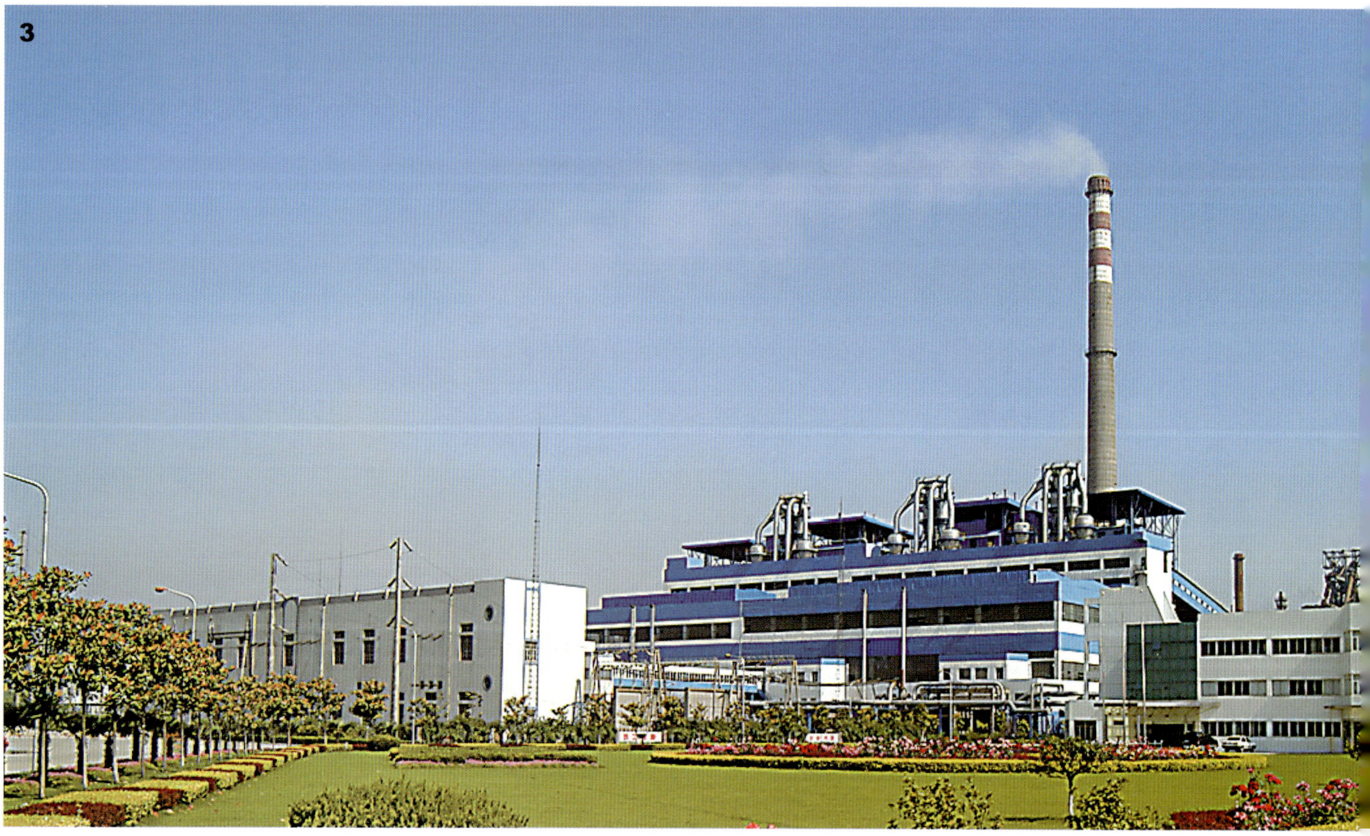

1　11月12日，宝钢股份四号高炉(二代炉役)完成大修成功点火（陆非然 摄）

2　12月24日，作为国内首单公开发行的宝钢可交换公司债券在上海证券交易所挂牌上市交易（郁建忠 摄）

1 5月18日，湛江钢铁炼钢厂主厂房开始钢结构吊装（彭翔风 摄）

2 7月7日，中共中央政治局委员、广东省委书记胡春华（前左三）与广西壮族自治区党委书记、自治区人大常委会主任彭清华（前左二）到湛江钢铁考察（彭翔风 摄）

3 8月6日，湛江钢铁建设工地（刘继鸣 摄）

1 8月30日，湛江钢铁1550冷轧酸洗项目开工打桩（罗耀华　王建国 摄）

2 11月13日，湛江钢铁一号高炉炉体结构封顶（王建国　罗耀华 摄）

3 8月7日，施工人员在湛江钢铁建设工地进行钢结构构件焊接（刘　杰 摄）

1　八一钢铁3座2500立方米高炉
（巴　刚 摄）

2　4月1日，八一钢铁首个社会化物流园——宝新恒源物流园投运
（姚海山 摄）

3　4月29日，八一钢铁职工艺术节暨第二十七届青年文化艺术节开幕
（周中盛 摄）

1

1 7月25日，宁波钢铁新建5万立方米转炉煤气柜工程投产（宁　刚 摄）

2 10月16日，宁波钢铁第二届员工文化节开幕（宁　钢 摄）

3 宁波钢铁厂区一角（陆非然　王　慧 摄）

1 韶关钢铁厂区一角（宋　勇 摄）

2 韶关钢铁高速线材生产现场（吴长江 摄）

3 韶关钢铁中棒冷床生产现场（吴长江 摄）

1 宝钢不锈冷轧生产线（刘 杰 摄）

2 宝钢德盛热轧生产线（刘 杰 摄）

3 宝钢特钢钢管厂热挤压生产线（姜为强 摄）

4 12月8日，宝银特种钢管有限公司重组揭牌仪式在江苏宜兴举行（王劲松 摄）

1

1 2月8日，由宝钢工程技术集团有限公司项目总承包的中国南极泰山站竣工（龚　程 摄）

2 4月30日，宝钢金属有限公司与意大利艾玛克公司签订合资合作协议（潘教亮 摄）

3 6月18日，上海宝钢化工有限公司内蒙古乌海宝化万辰煤化工有限责任公司焦油项目投产（徐　阳 摄）

1 6月27日，华宝投资有限公司在《上海证券报》举办的第八届"诚信托"奖颁奖典礼上，获"诚信托"管理团队奖（华　宝　摄）

2 7月7日，宝钢文化中心改扩建工程（宝乐汇）主体结构封顶（支　寅　摄）

3 8月25日，上海市委副书记、市长杨雄（左）向上海宝信软件股份有限公司颁发"2013年度上海市市长质量奖"（宝　信　摄）

4 10月31日，宝钢资源有限公司推出大宗资源电子商务平台——"资源Go"（朱　源　摄）

1　1月10日，宝钢召开2014年度工作会议暨三届三次职工代表大会

（姜为强　摄）

2　1月23日，宝钢举行党的群众路线教育实践活动总结大会（陆非然　摄）

3　1月24日，宝钢举行2013宝钢年度人物颁奖典礼（姜为强　摄）

1 1月17日，宝钢金属有限公司与泰国易初工业集团签订战略合作协议

（金　树 摄）

2 6月12日，上海宝信软件股份有限公司与中国移动上海公司签署战略合作协议（陆非然 摄）

3 9月23日，宝钢与华谊集团、中国盐业总公司签署战略合作协议

（俞伟刚 摄）

1 4月3—4日，举办2014年度宝钢领导人员集中轮训暨第十六期决策人研修（王明宇 摄）

2 8月4—13日，举办宝钢2014年度新进大学生培训（任 彩 摄）

3 10月31日，在宝钢举行的第七届全国钢铁行业职业技能竞赛闭幕式（刘 杰 摄）

1 3月15日，“2014宝钢职工迎春健身日”活动在上海滨江森林公园举行（刘 杰 摄）

2 9月29日，宝钢举行庆祝中华人民共和国成立65周年“为宝钢喝彩”宝钢歌会暨第十届职工艺术节合唱比赛（陆非然 摄）

3 11月4—6日，宝钢淞涛合唱团在“2014中国城市合唱节”比赛中获金奖（顾庆红 摄）

9月2日，建设中的湛江钢铁自备电厂工地（蓝　翔摄）

编 辑 说 明

一、《宝钢年鉴》由宝钢集团有限公司(简称“宝钢”“宝钢集团”)史志编纂委员会主办,创办于2001年,是系统记述宝钢各方面情况的年度资料性文献。编辑部设在宝钢史志办公室。

二、本年鉴是宝钢集团的第十五部年鉴,由宝钢集团总部各部门和子公司供稿。记载的时间跨度,除特别说明外均为2014年1月1日—12月31日。

三、本年鉴设专记,专文,大事记,综述,规划发展,企业管理,科技研发,环境经营,人力资源管理,财务、资产与审计,钢铁主业,多元产业,海外公司,综合管理,党群工作,企业文化,人物与表彰,附录,索引19个栏目,部分栏目下设置分栏目。主体内容以条目为记述的基本形式,条目标题用黑体字显示。

四、本年鉴系统记述宝钢集团总部各部门和子公司2014年改革与发展的基本情况和重大事项,配有照片、图表,全书力求全面反映宝钢集团及所属单位的新变化、新特点、新成就,为读者了解、认识、研究宝钢提供真实可靠、可鉴、可用的翔实资料。

五、本年鉴所用的部分公司全称、简称对照表见附录。

六、本年鉴采用双重检索。书前设目录,书后设索引。索引采用主题词(专用名、人名)索引法,方便读者检索。

七、质量是年鉴的生命。本编辑部十分重视编校质量,《宝钢年鉴》曾获“全国年鉴编纂出版质量评比综合奖”特等奖,两次获“全国年鉴编纂出版质量评比综合奖”一等奖,连续六次获“全国年鉴编校质量检查评比”特等奖。为进一步提高编纂质量,诚盼读者指教。

联系电话: 021-56114901

地址: 上海市宝山区牡丹江路1813号宝山宾馆南楼5楼

邮编: 201999

邮箱: Bgszbgs@baosteel.com

《宝钢年鉴》编辑部

2015年9月

目　录

专　记

专　文

大 事 记

综　　述

规 划 发 展

企 业 管 理

科 技 研 发

环 境 经 营

人力资源管理

财务、资产与审计

钢铁主业

多元产业

海外公司

综 合 管 理

党　群　工　作

企业文化

人物与表彰

附　录

索　引

Contents

Special Records

Special Articles

Chronicle of Events

Overview

Planning and Development

Business Management

Science and Technology Research

Environment Management

Human Resource Management

Finance, Asserts and Audit

Iron & Steel

Diversified Industries

Overseas Companies

General Management

宝钢年鉴

2015

BAOSTEEL ALMANAC

专记

专　记

宝钢"低温高磁感取向硅钢制造技术的开发与产业化"获国家科技进步奖一等奖

1月10日，2014年国家科学技术奖励大会在北京举行，宝钢"低温高磁感取向硅钢制造技术的开发与产业化"项目获国家科技进步一等奖。

低温高磁感取向硅钢代表了取向硅钢制造技术的最新发展，此前世界上只有国外少数企业掌握其核心技术并实现了产业化。十多年来，宝钢硅钢研发团队坚持自主创新，打破国外技术封锁，挑战极限，协同配合，潜心攻关，一步一个脚印进行探索和实践。在低温高磁感取向硅钢的全流程制造技术方面，攻克了电磁性能稳定控制技术及底层质量控制技术；在产线装备自主集成技术方面，突破了冷轧和后工序退火专用产线装备集成技术瓶颈；在规模化稳定生产方面，掌握了从炼铁、炼钢、热轧、冷轧及热处理各工序工艺及工艺参数的稳定控制技术。2008年，宝钢成功生产出代表世界钢铁业最高工艺技术水平的低温高磁感取向硅钢，并实现了批量稳定合理成本生产高等级取向硅钢的目标。2013年，宝钢实现取向硅钢产品牌号全覆盖，其中10个牌号的高等级取向硅钢产品填补国内空白。同时，宝钢形成了一整套具有自主知识产权的工艺、装备和技术体系，并在取向硅钢二、三期工程建设中推广应用，取得了良好的经济效益。

宝钢低温高磁感取向硅钢的稳定批量生产，改变了国内取向硅钢生产技术长期落后的状况，改变了国产取向硅钢产品长期处于低档次的状况，改变了超高压变压器用高等级取向硅钢产品长期依赖进口的被动局面，标志着中国取向硅钢制造技术跻身世界先进水平，具备从研发、产线自主集成到产业化的核心能力。同时，为国内下游制造商降低生产成本、提升竞争力发挥了重要作用，并满足了国家重点工程需求，有力地支撑了国家能源战略。

宝钢生产的低温高磁感取向硅钢，产品实物质量达到国际先进水平，产品成功用于三峡地下电站、溪洛渡水电站、国家电网及南方电网等输电工程，填补了国产超高压变压器铁芯材料空白，产品技术性能完全达到用户要求，可与国际同类产品相媲美。宝钢取向硅钢还先后通过瑞士ABB公司、法国阿尔斯通、德国西门子等世界著名公司的认证，产品出口至日本、韩国、德国、美国和意大利等18个国家和地区。　（罗耀华）

中组部宣布中央关于宝钢集团党委书记调整的决定

1月13日，宝钢集团召开领导班子扩大会议。中央组织部干部五局巡视员、副局长荆德建和国务院国资委企干一局副局长肖宗辉到宝钢，受中央组织部委托，宣布中央关于宝钢集团有限公司党委书记调整的决定：徐乐江任宝钢集团有限公司党委书记，免去刘国胜宝钢集团有限公司党委书记职务。同时，国务院国资委党委决定，免去刘国胜宝钢集团有限公司副董事长职务。

荆德建指出，中央关于宝钢集团有限公司党委书记调整的决定，是在充分听取各方面意见的基础上，从有利于宝钢集团的改革发展，有利于领导班子平稳过渡等方面综合考虑，慎重研究作出的。体现了中央对宝钢集团的重视和关心，对宝钢集团领导班子的肯定，也体现了对徐乐江的信任和期望。　（蒋文雯　冯茂芬）

宝钢举行党的群众路线教育实践活动总结大会

1月23日，宝钢集团举行党的群众路线教育实践活动总结大会。中央第41督导组组长王为强、副组长鲁红星和督导组成员出席会议。宝钢集团党委书记、董事长徐乐江总结了宝钢教育实践活动的基本情况、主要做法、主要成效和经验体会，同时围绕认真贯彻落实习近平总书记在党的群众路线教育实践活动第一批总结暨第二批部署会议上的讲话和党的十八届三中全会精神，提出了下一步的工作设想和打算。宝钢集团总经理何文波主持会议。

宝钢党的群众路线教育实践活动于2013年7月1日召开动员大会正式启动。在中央教育实践活动领导小组的领导和中央第41督导组的督促指导下，宝钢发扬整风精神，以各级领导班子和领导人员为重点，以为民务实清廉为主要内容，聚焦反对形式主义、官僚主义、享乐主义和奢靡之风，在全集团范围内以自上而下“一级带一级”压茬方式整体推进。宝钢集团主要领导带头，班子成员齐心协力，以作风建设的真行动凝聚力量，以作风建设的新成效保证全面深化改革落到实处，把解决“四风”问题与解决影响宝钢转型升级发展的深层次问题结合起来，与全面深化推进国有企业改革结合起来，静心学、真心查、诚心改，把规定动作做到位，把自选动作做扎实。活动历时6个多月，基本达到了中央提出的“照镜子、正衣冠、洗洗澡、治治病”的总要求。

徐乐江作宝钢党的群众路线教育实践活动总结报告。他在报告中指出，宝钢教育实践活动启动后，从加强活动顶层设计入手，按照中央要求，制订符合企业特色的活动“路线图”，认真抓好学习教育、听取意见，查摆问题、开展批评，整改落实、建章立制三个环节的工作，确保教育实践活动不虚、不空、不偏。一是扎实开展学习教育，广泛深入听取意见，在解决党员干部世界观、人生观、价值观这个“总开关”上下功夫，增强思想和行动自觉。二是发扬整风精神，深入查摆突出问题，在真挖、真查、真摆上下功夫，认真开展批评与自我批评。三是坚持高标准严要求，抓好整改落实，在解决职工群众反映强烈的突出问题上下功夫，建立作风建设长效机制。

关于教育实践活动的主要成效，徐乐江指出，宝钢集团领导班子和领导人员的教育实践活动，紧紧围绕宝钢二次创业的实际来开展，基本实现了中央提出的“党员、干部思想进一步提高、作风进一步转变，党群干群关系进一步密切，为民务实清廉形象进一步树立”的目标。具体体现在：找准了影响宝钢发展的“四风”突出问题，明确了努力方向和整改举措。坚定了为实现中国梦而奋斗的理想信念，增强了勇于担当意识。以职工群众满意为标尺立行立改，作风建设有了新气象，保障了企业深化改革各项举措落到实处。做到“两不误、两促进”，经营业绩保持了业界最优。徐乐江指出，教育实践活动给我们深刻启示：要增强宗旨意识，知行合一贯彻党的群众路线，把执企为民真正落实到企业改革发展全过程；用好批评与自我批评这一利器，以整风精神严格党内生活，为领导班子建设注入新能量；弘扬“认真”文化，践行从严治党、从严治企，把认真精神体现到干事创业的方方面面。

徐乐江就下一步工作设想指出，宝钢集团领导班子和领导人员集中开展的教育实践活动虽然将告一个段落，但是改进工作作风、密切联系职工群众，只有进行时，没有完成时。他说，一是要进一步加强领导班子和领导人员思想建设，提升党性修养水平。加强理论学习，强化宗旨意识和群众观念，树立勤俭办企业的作风，保持谦虚谨慎、不骄不躁和艰苦奋斗的作风。二是要进一步加强领导班子建设，严格党内政治生活。加强规范的董事会建设，进一步优化领导班子授权责任体系；用好批评与自我批评的武器，不断提高民主生活会质量；严格落实党员领导人员党内生活制度。三是要进一步深入抓好整改落实工作，健全作风建设长效机制。要抓住突出问题认真进行整改，始终坚持领导带头，围绕解决“四风”问题加强制度建设，整改过程和整改效果要及时向职工群众公布，主动接受职工群众监督。要自上而下、系统安排“回头看”工作，看整改落实进展，看作风固化效果，看制度建设成效。四是坚持高标准、严要求，有始有终抓好二、三级单位的教育实践活动。要克服松懈情绪，防止活动虎头蛇尾；注重发挥职工群众的积极性；强化问题导向，注重解决实际问题，特别是对职工群众反映强烈的突出问题，要立行立改；更加注重严格要求，把从严治党、从严治企的要求落到实处；加强督导和分类指导，切实抓好各单位整改方案的落实，完善作风建设长效机制；切实做好教育实践活动成果的转化运用。五是进一步深化企业改革，促进作风建设迈上新台阶。要把巩固教育实践活动成果与学习贯彻党的十八届三中全会精神有机结合起来，把改进作风与深化改革有机结合起来。以改革创新的办法巩固和扩大教育实践活动成果，促进作风建设迈上一个新台阶，用好的作风扎实推进宝钢二次创业，为早日实现中国梦、钢铁强国梦作出应有的贡献。

王为强作重要讲话。他指出，宝钢教育实践活动在宝钢集团党委高度重视，党政主要领导以身作则，领导干部做到“五带头”，以上率下，各级干部和职工群众积极支持参与下，有序推进，取得较好效果。主要体现在五个方面：一是思想认识明显提高。经过学习教育，领导干部进一步坚定了理想信念，增强理论自信和行动自觉；对照党章着力解决了世界观、人生观、价值观这个“总开关”问题，切实改进了作风，增强了党性观念和践行宗旨意识的自觉性。二是强化了反“四风”的自觉性。通过查摆对照，聚焦“四风”方面的突出问题，深化了对解决精神懈怠、宝钢二次创业动力不足、推进企业转型发展等问题的认识，进一步培育了稳健务实的工作作风，树立坚守“底线思维”，坚决反对享乐主义、奢靡之风的意识。三是领导干部作风有明显改善。通过教育实践活动，广大党员干部认识到，职工群众既是党的执政根基，又是改革发展的力量源泉。领导干部和总部部门深入基层轻车简从、更加务实，注重实效办实事，将为基层服务和关心关爱职工，特别是关爱基层一线职工放到了重要位置，大力倡导职工与企业共同发展，努力提升和谐企业建设水平。四是领导干部的精神状态有了明显变化。通过学习教育和对照检查，领导班子成员认识到领导干部艰苦创业精神淡化、不愿作为、精神懈怠等问题已经成为制约宝钢长远发展的瓶颈，领导干部坚持对标找差距，向世界同类先进企业学习，着力打造全球一流的钢铁企业，担当意识、责任意识和敢于碰硬、勇于创新的精神明显增强。五是教育实践活动有力地促进了企业改革与发展。宝钢集团党委坚持把教育实践活动作为抓手和平台，把改变作风与企业的生产经营、转型发展、管理创新紧密结合，紧紧围绕宝钢二次创业、争创一流钢铁企业的目标，积极推进产业、产品结构调整，强化成本管控，着力提高安全生产和风险防控能力，实现可持续发展。2013年，在钢铁市场持续低迷、产能过剩严重的情势下，宝钢仍实现了良好的经营业绩，做到了教育实践活动与生产经营两不误、两促进。

王为强对切实抓好教育实践活动成果的巩固工作提出四点要求：一是克服松懈情绪，着力抓好整改落实工作；二是突出重点，切实抓好专项整治；三是建立健全改进作风的长效机制，坚持不懈地纠正“四风”；四是精心组织，扎实抓好压茬批次基层单位的教育实践活动。王为强对持续加强领导班子建设提出五点要求：一是要进一步增强反对“四风”，践行为民务实清廉的自觉性；二是要牢固树立求真务实的工作作风；三是要进一步强化宗旨意识和群众观念；四是要进一步加强领导班子的思想政治建设；五是要切实增强自律意识，做反腐倡廉的表率。

（蒋文雯　冯茂芬）

宝钢成立全面深化改革领导小组

1月23日，宝钢成立全面深化改革领导小组，宝钢集团党委书记、董事长徐乐江任组长，宝钢集团总经理何文波任副组长。

作为宝钢全面深化改革工作的决策机构，领导小组的主要职责是，研究确定宝钢集团全面深化改革总体思路和工作方向，统一部署宝钢集团全局性重大改革，审议批准宝钢集团及子公司深化改革各项方案，协调推进宝钢集团深化改革的重大事项，指导督促宝钢集团深化改革各项举措的落实。

宝钢同时成立深化改革工作小组，作为宝钢集团全面深化改革的工作机构。其主要职责是，对宝钢集团全面深化改革工作进行调查研究；策划宝钢集团全面深化改革整体工作方案及实施步骤；组织制订宝钢集团全面深化改革各项方案；组织宣传贯彻宝钢集团重大改革方案；协调推进宝钢集团各项改革方案实施；跟踪、协调及支撑子公司深化改革工作；组织领导小组会议，准备会议议案，做好会议记录，下发会议决议并跟踪落实情况；负责全面深化改革工作的外部沟通。

（冯茂芬）

宝钢股份50兆瓦光伏发电示范项目（一期）建成投运

1月，宝钢股份50兆瓦金太阳光伏发电示范项目（一期）建成投运。该项目是国内首个大型钢铁企业屋顶光伏发电项目，也是世界最大的屋顶光伏发电项目。项目安装光伏板20.6万块，预计年发电量4500万千瓦时，年可减排二氧化碳3万吨。这对钢铁行业清洁能源的应用起到了引领和示范作用。

宝钢股份金太阳光伏发电示范项目预算投资5亿元（其中国家专项补贴2.5亿元），由宝钢股份能源环保部牵头与北京国发华企节能科技有限公司合作，通过合同能源管理项目实施。在全公司14个共计101万平方米的屋顶上建设总装机容量50兆瓦的光伏电站，所发电力就近并入所在区域电力系统使用。

该项目从2012年5月正式启动，8月开始厂房屋顶的现场勘查，9月第一个施工点在钢管条钢事业部大口径直缝焊管厂厂房屋顶开工，并于11月2日并网发电，随后钢管条钢事业部中口径直缝焊管厂、硅钢部、冷轧厂、热轧厂、厚板部、宝日汽车板等13个屋顶光伏发电工程陆续并网发电，至2013年底已累计发电1583万千瓦时。

（李　洁）

宝钢承建的南极泰山站主楼竣工

2月8日，中国在南极的第四个科考站泰山站主楼正式竣工并投入运行。这是宝钢首次采用"设计+采购+施工"（EPC）一揽子总包承建方式，在南极科考基地构筑的标志性建筑。

泰山站位于已建成的中山站与昆仑站之间的伊丽莎白公主地，海拔高度2621米，年平均温度为零下36.6摄氏度，属于内陆考察度夏站。泰山站总建筑面积1000平方米，其中主楼面积410平方米，其外形为流线感的圆形，顶端有形似"灯笼帽"的观测台，底部架空，远看仿佛一盏红色的灯笼高挂在南极的冰天雪地中，因此，"中国红灯笼"成了泰山站的一个昵称。

泰山站选择宝钢快速、易建造的装配化钢结构体系，建筑材料能抵抗强风、暴雪、酷寒、冻融、冻胀、强紫外线照射、盐蚀等各种不利因素的侵蚀，设计使用寿命15年。主体建筑分为三层，底层储物，中间层住人，顶层用于科研和观测，泰山站建成后，不仅可满足20人的度夏考察生活，还将成为昆仑站科学考察的前沿支撑，具有进一步拓展中国在南极科学考察的领域和范围的重要作用。

泰山站建设由主楼与辅助设施等组成。2013年11月7日，宝钢工程技术集团有限公司城市建筑事业部叶超、周灵等16名项目设计和施工人员，随中国第30次南极科考队乘坐"雪龙"号从上海启程，12月2日抵达中山站后，通过直升机及雪橇车将施工器材、建筑材料运至施工现场，随即对泰山站实施开建前准备。12月28日，泰山站主体工程正式开工，建设者经过45天的施工，顺利实现预定目标。

（施　平）

宝钢与东风日产举行全面战略合作高峰座谈会

2月15日，宝钢集团与东风日产乘用车公司（简称"东风日产"）在广州花都举行全面战略合作高峰座谈会。双方围绕"责任共担、价值共融、构建模式、行业典范"主题，就宝钢与东风日产的全面战略合作进行了回顾与总结，对双方的合作规划与展望进行了研讨。双方还对供货保证和服务体系小组、技术开发和全品种覆盖小组的研讨方案进行了交流。

东风日产与宝钢的合作经历了国产化、全面覆盖和"最后一公里"三个阶段。双方以项目管理为主线，以"同一种声音、同一种方法、同一个团队"为原则，按照PDCA（计划、实施、检查、处理）进行管理，累计开展合作项目78个。近几年，由宝钢股份汽车板销售部牵头的汽车板产销研团队，审时度势、把握市场脉搏，推出了一系列适应市场潮流的举措，初步形成提供汽车材料整体解决方案的能力，摸索出一条创新的商业合作模式，努力提升用户满意度。一方面，通过深化与汽车战略用户的合作，大力推进新车型先期介入工作，开展选材支持、新产品新工艺应用、高强钢轻量化、成本优化等技术支持工作，实现新车型开发目标；另一方面，针对汽车用户量产车型，就牌号优化、材料利用率提升、新品应用、供应链优化、定制化交货、效率提升等方面发掘合作项目，为用户切实降低成本。汽车板销售部在巩固与汽车战略用户合作成果的同时，进一步加大市场开拓，保障公司冷轧汽车板市场份额目标。

徐乐江在座谈会上说，针对东风日产的中期事业计划，宝钢将保证高品质的钢板供应，同时提升在特钢和不锈钢等材料方面的合作。作为东风日产的重要战略合作伙伴，宝钢将通过定制研发、新车型先期介入、量产车型材料优化、近地化生产供货、服务延伸等举措，从供货、研发、成本、质量、党建等方面全面提升与东风日产

的合作层次,为东风日产事业的发展作出新贡献。（李　洁　朱再飞）

全国首个银行业动产质押信息平台落户东方钢铁

3月25日,全国首个银行业动产质押信息平台——“上海银行业动产质押信息平台”落户东方钢铁电子商务有限公司(简称“东方钢铁”),并正式上线运行。作为动产质押信息平台的首创性探索,该平台将通过信息技术手段与第三方监管,对动产质押进行系统化、全流程的风险管控,进一步降低动产质押风险,规范融资秩序,引导上海市商品交易市场、金融市场、物流市场等相关行业的健康发展。

近年来,由重复质押和虚假仓单引发的钢贸信用危机频频爆发,各大银行纷纷“谈钢色变”,以钢贸为代表的动产流通领域也受到巨大冲击,严重影响了钢铁、金融等行业的健康发展。为应对危机,上海市银行同业公会最终委托宝钢旗下专业电子商务公司——东方钢铁负责“上海银行业动产质押信息平台”的建设与运营工作,搭建系统化、全流程的动产质押管控体系,有效防范动产质押风险。

上海银行业动产质押信息平台以钢材质押为切入点,逐步覆盖各类动产质押业务。针对以往动产质押信息不对称、监管不到位等重点问题,该平台建设围绕“管牢、可控、易用”原则,将实时监控信息技术手段融入仓库监管、货物监控、仓单管理、信息发布等动产质押管理流程,从技术层面实现对质押在库实物的严密监管。同时,平台还引入第三方监管机制,由专业监管人员定期对仓库质押物进行盘点确认,通过“人防”与“技防”紧密结合,强化质押风险防范。针对银行、仓库、贸易商、专业监管团队等不同业务角色的操作需求,平台将不断优化相关的系统功能与服务,完善用户体验。该平台具备信息披露、信息查询、仓单登记、实物监管、仓单融资等业务功能。

作为全国首个系统化、全流程的动产质押风险管控平台,“上海银行业动产质押信息平台”上线后,将实现动产质押风险最小化,防范贸易融资过程中的信用风险、市场风险、操作风险以及法律风险。在降低银行信贷风险的同时,也能为广大贸易企业、尤其是中小企业提供丰富的物流金融社会化服务,进一步提升上海市现代金融业和物流业的竞争能力和服务能力,为上海“四个中心”建设和自贸区发展营造良好的信用环境。

（王　硕）

“分享责任中国行”项目组到宝钢调研

3月25—26日,由国务院国资委研究局牵头策划,中国社会科学院经济学部企业社会责任研究中心发起的“分享责任中国行”项目组到宝钢调研。项目组认为,宝钢是企业社会责任管理、稳健发展、构筑共享价值的公司典范,具有较强的可持续发展能力。

“分享责任中国行”年度社会责任调研项目,旨在通过深入调研,对企业的优秀社会责任实践进行梳理与总结,向社会展示企业在创造经济、社会、环境综合价值方面的意愿、努力和成效,与社会分享领先企业推进社会责任工作的经验,以期给更多正在探索履责之路的中国企业以借鉴,共同推动中国企业社会责任的发展。

在与项目组座谈交流时,宝钢公共关系部、人力资源部、规划发展部和经济管理研究院分别介绍了宝钢社会责任工作总体情况、员工与企业共同发展、环境经营的理念与实践、宝钢企业社会责任课题研究等方面的情况。宝钢在与国内外履行社会责任优秀企业(钢铁企业与非钢铁企业)进行大量对标的基础上,充分借鉴优秀企业的先进做法,同时结合自身的特点和发展战略,将宝钢的企业社会责任聚焦在经济、环境、员工、社会四个方面,并提出了宝钢的社会责任战略总目标,制订了宝钢社会责任的整体策略和部门策略,构建了具有钢铁行业特色和宝钢特色的动态开放式的社会责任指标体系。

项目组在宝钢调研总结时认为,宝钢是企业社会责任管理的公司典范,宝钢提出成为“钢铁技术的领先者、绿色产业链的驱动者、员工与企业共同发展的公司典范”“成为世界一流的钢铁产品和技术服务的供应商”等理念包含了丰富的企业社会责任和科学发展的内涵,与企业社会责任的理念一脉相承,并能用完整的企业社会责任体系去推进这项工作，并将企业社会责任体系融入企业管理全过程。宝钢在公司治理、诚信经营、价值创造等方面的优异成绩表明，宝钢是企业稳健发展的公司典范。宝钢在与员工共同发展、环境经营、社区建设和公益事业方面的优秀实践表明，宝钢是构筑共享价值的公司典范。 （冯茂芬）

俞正声视察新疆八钢金属制品有限公司喀什金属制品厂

3月26日，中共中央政治局常委、全国政协主席俞正声视察新疆八钢金属制品有限公司喀什金属制品厂，深入调研各族职工的生产、生活情况，与干部职工亲切交流。中共中央政治局委员、新疆维吾尔自治区党委书记张春贤参加调研。

俞正声一行走进喀什金属制品厂厂房，边察看产线、产品，边了解工厂生产情况。他指出，八一钢铁的“一个示范、两个基地”建设很重要，对新疆民生、各民族职工的就业及稳定起到了积极作用，特别是八一钢铁进入宝钢后，宝钢通过资金、管理、智力的注入把八一钢铁进一步带动起来，为新疆当地创造了更多就业机会以及各族职工发展的机会。他希望宝钢及八一钢铁进一步加大探索和实践，为新疆民生、就业及稳定作出新的更大的贡献。 （尹 冉）

宝钢股份首个实事工程三年规划启动

3月，以改善员工工作和生活环境，拓展员工福利，开展人文关怀为主要内容的宝钢股份首个实事工程三年规划全面启动。2014—2016年，宝钢股份将投入巨资，实施一批关系职工“三最”问题的生活后勤设施改善、厂区新增85万平方米绿化等项目。

宝钢股份“实事工程”主要立足于员工生活后勤设施、生产作业环境等的不断优化与改善。多年来，已形成由公司工会牵头、党政参与、各相关职能部门组成工作团队、协同推进落实的工作模式。近10年来，宝钢股份累计落实实事工程近百项，投入资金2亿多元，涉及操作室、食堂、更衣楼、浴室、厕所设施改善等，解决了诸多员工迫切希望改善的“三最”问题，有效助推了职工满意度和敬业度的提升。

在首个实事工程三年规划的推进中，宝钢股份将以员工需求和公司要求为出发点，从改善员工工作、生活环境，拓展员工福利，开展人文关怀等方面入手，按照“系统策划、分级实施、区域责任、项目管理、阶段评估”的工作思路，推进实事工程项目，强化员工行为养成，提高员工对企业的归属感，激发员工的工作热情，助推员工与企业的共同发展。通过实事工程三年规划的推进，实现翻班休息室改造、更衣楼空调、食堂“自选式”模式、厂区厕所改善、85万平方米绿化改造的“五个百分之百”目标。

宝钢股份在实事工程的推进中，还将以深受员工欢迎、解决实际难题为重点，加大各部门协同力度，发挥快速响应工作机制的作用，定期收集分析员工诉求并有效解决；加强项目管理，结合员工需求和现场实际情况，依照“谁使用、谁管理、谁申报”的原则，严格标准实施项目改造；引导员工文明使用与行为养成，确保设施状态良好、整洁、耐用。为确保实事工程项目的阶段性推进，宝钢股份还将加强项目的专项督查工作，并定期对各基层单位实事工程项目的节点推进、质量完成情况等进行过程跟踪与评价。 （张 犀）

宝钢蝉联金属行业最受赞赏公司

3月，美国《财富》杂志2014年全球最受赞赏公司排行榜发布，宝钢再次入选金属行业最受赞赏公司，排名第七。

2013年，尽管外部环境错综复杂，不确定因素进一步增多，但宝钢经受住了复杂市场环境的考验，在全球钢铁业处在低谷、国内钢铁业微利经营的困难时期，依然实现了利润百亿元以上的经营业绩。同时，品牌形象持续提升，全球三大信用评级机构继续给予宝钢全球综合钢铁企业中最优信用评级；连续第十年进入《财富》

世界500强,位列第222位。宝钢集团还连续第五年获得中国公益领域最高政府奖——中华慈善奖,并再度获评"最具爱心捐赠企业"。
(张　萍)

八一钢铁电子商务平台一期现货平台上线

3月,八一钢铁电子商务平台一期现货平台上线。该电子商务平台的成功上线,不但可以成为八一钢铁拓展营销渠道、挖掘用户、发现价格、提升效率、提升市场竞争能力的重要依托,也可以推动市场资源要素的战略合作和集约化经营,提高市场物流服务功能,大幅度降低钢铁物流成本和用户采购成本。

八一钢铁电子商务平台分为两期建设,后续八一钢铁将在完成与内部产销系统配套改造的同时,实现现货和期货全流程网上交易。八一钢铁电子商务平台将成为集物流、资金流、信息流于一体的专业化交易平台,并可实现现货销售、销售合同全流程电子化;实现用户资源查询、合同操作、交易、支付、服务全过程网上操作。用户不但可以扩大范围选择自己需要的钢材及配送服务,同时可以选择议价,并借助互联网金融,实现交易的方便、快捷和安全。八一钢铁还将通过剪切加工配送中心服务能力的提升,实现区域内的及时供货。

该平台运行后,将进一步压缩企业成品库库存,保持市场资源合理库存布局,增强区域市场的深加工配送能力,并充分利用好目前已经成熟的在线支付方式,统筹利用区域市场资源要素,加强企业销售物流的动态调整,帮助八一钢铁形成较强的市场服务功能,实现电子商务交易流通量在区域市场的占有率和企业产品品牌竞争力的大幅提升。
(周中盛)

宝钢股份启动实施员工股权激励计划

5月20日,宝钢股份召开2014年第一次临时股东大会。大会审议并通过《公司A股限制性股票计划(草案)》《公司A股限制性股票计划首期授予方案(草案修订稿)》《公司A股限制性股票计划管理暂行办法》《公司A股限制性股票计划实施考核办法》等议案,标志着宝钢股份员工股权激励计划进入实施阶段。这是宝钢股份积极探索多元化激励机制,有效实施公司市场化运作的重要举措,有助于提升管理效率和劳动效率,促进管理者利益与股东利益保持一致,实现员工和公司的共同成长。

宝钢股份制订限制性股票计划,是为了进一步完善公司治理结构,适应新一轮发展战略需要而建立的即期与中长期相结合的薪酬激励体系。通过合理的设定条件,限制性股票计划将使管理人员薪酬与企业经营业绩保持高度一致性,充分调动核心管理者和骨干员工的积极性,促进公司经营良性发展。该计划明确了严格的实施条件、授予条件以及解锁条件、公司与激励对象的权利和义务等。根据该计划,宝钢股份将在经营业绩满足条件时向激励对象授予限制性股票,在2年禁售期内,股票不得转让。禁售期满后3年内公司经营业绩满足解锁条件时,股票限制将逐步解除,激励对象可转让所获股票,授予的股票来源为二级市场回购的宝钢股份A股股票。该计划前期经国务院国资委批复,在中国证监会出具无异议函后,正式提交公司临时股东大会审议批准。

同时,为引导员工关注公司长远战略目标的实现,将个人利益与公司发展和经营业绩紧密结合,努力提高个人绩效和组织绩效,促进公司综合竞争力的稳步提升,宝钢股份本着"自愿平等,约束与激励并重;风险共担,收益共享"的原则,还实施了关键岗位员工资产管理计划。参与对象为宝钢股份认定的关键岗位员工,包括管理岗位人员、首席师、技能专家和公司认可的核心技术骨干,经公司认定的其他作出卓越贡献、获得省部级及以上表彰奖励的相关人员。

宝钢股份将根据关键岗位员工的岗位重要性和个人贡献度,确定个人自筹资金标准,公司按一定比例配套共同组成资产管理专项资金,由员工认购平安养老保险股份有限公司的委托管理产品。产品本金中约70%部分将用于购买宝钢股份股票,其余30%投资于其他流动性资产。该产品锁定3年,约定期满,关键岗位员工满足领取条件的,可一次性领取。此次推出的关键岗位员工资产管理计划也是宝钢股份根据国家政策导向,结合公司经营管理需要,探索约束和激励并重的管理机制的重要举措。
(张　犀)

宝钢在巴黎国际发明展上摘得两金四银三铜

5月，在第113届巴黎国际发明展上，宝钢选送的9个现场发明成果，获得2个金奖、4个银奖、3个铜奖。

宝钢连续多年参加巴黎国际发明展，目的是为热爱自主创新、擅长发明的基层员工创造条件，让他们走出去，进一步开阔视野，启发思路，从而影响并带动更多一线员工参与岗位自主创新活动。近年来，宝钢参选巴黎国际发明展的项目渐渐从钢铁主业拓展到多元产业，从核心企业辐射到沪外子公司，为进一步营造现场员工开展岗位自主创新的氛围，实现各单元岗位自主创新活动的协调发展起到了较好的作用。

宝钢股份倪广明的“小型全自动激光焊机”、宁波钢铁有限公司陈君明的“一种适用于烧结系统的两机或多机一塔脱硫装置”获金奖，宝钢股份幸利军的“热轧高品质卷取控制技术”、宝钢股份丁海泉的“7米顶装焦炉全自动操作控制系统技术”、宝钢不锈钢有限公司胡海勇的“一种压力过载转移装置及转移过载压力的方法”、宝钢发展有限公司冯炜的“一种磷酸铁锂原位碳包覆方法”获银奖，宝钢股份丁海绍的“厚板轧机机架辊维护综合技术”、宝钢工程技术集团有限公司施振岩的“高端带钢在线检测方法及系统”、宝钢特钢有限公司顾文俊的“一种弹簧钢及其制造和处理方法”获铜奖。（冯茂芬）

宝钢成功自主研发新一代690核电管

5月，宝钢在宝银特种钢管有限公司举行新一代蒸汽发生器用690合金U形传热管（简称“690核电管”）交付仪式。仪式后，该产品分别发往东方电气（广州）重型机器有限公司和上海电气核设备有限公司，用于国家重点示范工程CAP1400机组上。

宝钢是中国第一家生产690核电管的企业。为打破国外技术壁垒，实现CAP1400核电机组国产化，2012年3月，宝钢在前期对690核电管各个方面进行深入系统研究的基础上，依托积累的大量实验室和工程化数据、稳定的全流程制造工艺技术，以及广西防城港CPR1000核电U形管成功生产积累的丰富经验，启动了CAP1400核电蒸汽发生器用690核电管的研制。在产品试制阶段，成功攻克了一系列技术难题。经上海核工程研究设计院的全面评估，并与国际上3家制造企业的产品进行对标分析，产品各项指标均满足技术要求，产品性能达到国际先进水平。

CAP1400是国家核电技术公司在美国AP1000三代非能动核电技术基础上消化吸收，并通过再创新，自主研发的具有自主知识产权的“升级版”堆型，是世界最先进的核电技术之一，具有安全性高、功率大、经济性好等特点。核电蒸发器是核电机组的关键部位，690核电管更是其中的关键材料，其制造要求极端苛刻，制造工艺极其复杂，代表了当今核电用管制造的顶尖水平。（宁　远）

宝钢财务公司获准加入央行大额支付系统

6月9日，宝钢股份财务部通过宝钢财务公司电票系统向民生银行提交了一笔电票提示付款指令，不到2分钟便收到了银行方汇出的50万元承兑款。至此，宝钢财务公司首次与商业银行进行电票资金线上清算业务顺利完成。这标志着宝钢财务公司加入中国人民银行大额支付系统，正式成为首批允许与各商业银行直接进行电票资金清算业务的财务公司。

电票线上清算是指财务公司以直联方式加入中国人民银行大额支付系统，并通过电票系统和开立的清算账户同时完成电票业务的票据交付和资金交割。以往，财务公司的电票业务只能采取线下清算方式，即在电票系统中对电票业务进行提示付款和应答结清，然后委托商业银行另行办理资金收付，资金到账速度慢，电票托收资金平均需要T+2日才能到账。电票线上清算打通了电票业务全流程电子化的最后环节，通过财务公司进场参与资金清算，可以使电票资金实时入账，加快货款回笼，提高了票据清算效率和资金使用效率。此次央行同意财务公司加入其大额支付系统，有利于发挥财务公司贴近实体经济的优势，增强财务公司金融服务的功能，有利于电票这一支付结算工具在产业链上下游的推广应用。

为推进此次试点工作，中国人民银行专门发文要求全国所有电票系统的直联参与者修改各自内部系统，以配合财务公司线上清算。宝钢财务公司自2013年10月开始，严格按照开发要求和时间节点，推进各项软硬件筹备工作，升级电票系统，新建支付清算系统，完善各项制度，优化业务流程，参加联调测试，并于2014年5月7日通过中国人民银行的现场验收。6月9日电票线上清算系统上线首日，宝钢各单位通过央行大额支付系统完成4笔共计3700万元的电票资金托收，由此翻开了宝钢财务公司支付结算业务崭新的一页。

加入央行大额支付系统后，宝钢财务公司将进一步完善票据服务工作，配合宝钢集团和宝钢股份做好电票在购销两端的推广应用，在票据托管服务的基础上推出纸票线上查询查复服务，积极拓展票据贴现、质押开票、保贴、转贴现和再贴现等应用，发挥好票据这一重要支付工具的作用。（谢　放　罗耀华）

宝钢连续11年进入世界500强

7月7日，2014年《财富》世界500强排行榜揭晓。宝钢集团以2013年营业收入492.973亿美元，排名第211位，较上年上升11位，这也是宝钢连续11年进入该榜单。

《财富》世界500强排行榜是衡量全球大型公司最著名、最权威的榜单，被誉为“终极榜单”，由《财富》杂志每年发布一次。2014年，世界500强的入围门槛再次提高5亿美元，达到237亿美元；总收入比上一年提高2.5%，达31万亿美元；盈利能力大幅上升，总利润提高了27%，达到近2万亿美元。中国上榜公司数量首次突破三位数，达100家，其中7家为首次跻身世界500强。

2013年，在全球钢铁业陷入低谷、国内钢铁业微利经营的困难时刻，宝钢经受住了复杂市场环境的考验，实现销售收入3031亿元，实现利润总额101亿元，盈利居世界钢铁行业第三位；钢铁主业完成钢产量4504万吨，位列全球钢铁企业第四位。（冯茂芬）

胡春华、彭清华考察湛江钢铁

7月7日，中共中央政治局委员、广东省委书记胡春华与广西壮族自治区党委书记、自治区人大常委会主任彭清华率领的广西壮族自治区考察团，到湛江钢铁建设基地考察，了解项目规划、工程进展等情况。

宝钢集团党委书记、董事长徐乐江和副总经理赵周礼向胡春华、彭清华一行介绍了湛江钢铁工程主要内容、总图布置、产品结构、主体工程建设进展，以及与中科炼化项目的循环经济方案等情况。徐乐江还邀请胡春华在2015年到湛江钢铁现场见证一号高炉点火投产。彭清华被热火朝天的湛江钢铁建设场面所感染，他预祝湛江钢铁项目早日建成，为北部湾经济带的发展发挥作用。胡春华向参与湛江钢铁建设的施工人员表示慰问，对湛江钢铁高质量、快速度的建设给予肯定。他希望宝钢坚定目标，克服建设中的各种困难，圆满完成湛江钢铁建设任务，争取早日竣工投产。（彭翔凤　罗耀华）

中组部宣布中央关于宝钢集团总经理调整的决定

8月1日，宝钢集团召开领导班子扩大会议。中央组织部干部五局副局长杜业栋和国务院国资委企干一局副局长王铵到宝钢，受中央组织部和国务院国资委委托，宣布中央关于宝钢集团总经理调整的决定：陈德荣任宝钢集团总经理，免去何文波宝钢集团总经理职务，另有任用。总经理职务任免按有关法律和程序办。同时，国务院国资委党委决定，陈德荣任宝钢集团董事、党委常委，免去何文波宝钢集团董事、党委常委职务。

杜业栋说，中央关于宝钢集团总经理调整的决定，是在充分听取各方面意见的基础上，从有利于宝钢的改革发展，有利于推进干部交流等方面通盘考虑、慎重研究作出的。体现了中央对宝钢的重视和关心，对陈德荣的信任和期望。

徐乐江代表宝钢集团董事会、党委和班子全体成员热忱地欢迎陈德荣到宝钢集团工作。徐乐江表示，宝钢进入了二次创业的攻坚期和国企改革的深水区，在党中央、国务院的领导下，宝钢新的领导集体和各级管理者一定会团结一致，进一步牢固树立政治责任感和使命感，切实贯彻落实党的十八届三中全会精神，紧紧依靠广大职工群众，勤勉工作，开拓进取，努力实现宝钢新一轮战略规划和二次创业的宏伟战略目标，以优异的工作业绩，向党中央、国务院，向宝钢的创业者和全体员工，交出一份满意的答卷！ （吴永中 冯茂芬）

宝钢向米兰世博会中国企业联合馆提供钢结构

8月25日，宝钢向米兰世博会中国企业联合馆提供钢结构解决方案签约仪式在宝钢大厦举行。

2010年，宝钢作为上海世博会全球钢铁合作伙伴，用“最好的产品、最好的服务”理念，很好地诠释了上海世博会“城市让生活更加美好”的主题。2015年米兰世博会，宝钢以“核心参展”合作方式参与中国企业联合馆项目建设，包揽该馆建设所需的全部钢材，由宝钢钢构有限公司负责钢结构制作。展馆以“中国种子”为主题，建筑设计从种子萌发这一生命形成的力量中寻得灵感，展馆外部由半透明、会呼吸的“生命之膜”裹起。建筑本身呈现“负阴抱阳”的姿态。这些特殊的建筑构造，为钢结构制作带来不小的难度，其中要用到变截面矩形钢管、弧形梁、曲面桁架、双曲面弯扭构件、吊杆等非常规构件，技术要求非常高。针对这些技术重点与难点，宝钢钢构有限公司制订了有针对性的解决方案。宝钢集团副总经理陈缨、中国企业联合馆执委会主任陈安杰等出席签约仪式，并转动象征启运的舵。 （冯茂芬）

11月18日，2015年米兰世博会中国企业联合馆进行钢结构吊装（鲍 意 摄）

宝钢八项科技成果获2014年冶金科学技术奖

9月1日，在2014年冶金科学技术奖评奖结果中，宝钢有8个项目获奖。除宝钢与钢铁研究总院等合作的“压水堆核电站核岛主设备材料技术研究与应用”获特等奖外，“冷轧热镀铝锌装备及工艺和产业化”“中高铬铁素体不锈钢高表面控制技术”获一等奖，还有2个项目获二等奖，3个项目获三等奖。

“冷轧热镀铝锌装备及工艺和产业化”项目，宝钢通过自主研发形成了镀铝锌机组退火等核心生产工艺，形成了镀铝锌机组退火炉控制系统等成套装备技术，并自行建成两条具有国际先进水平的连续热镀铝锌机组，填补国内空白。研发并改进锌花控制工艺，使宝钢镀铝锌钢板表面质量达到最高FC级别，成功用于液晶模组行业；研发的深冲用镀铝锌钢板冲压性能和耐蚀性处于国际领先水平；研发的无铬耐指纹和无铬钝化等后处理镀铝锌钢板直接在家电等领域裸用，不再喷涂，填补国内空白，代表了环保绿色产品的发展方向。在项目研发基础上，宝钢形成了产品企业标准，并负责起草了国家标准。该项目已获国家专利受理40件，形成上海市高新技术1项，认定企业技术秘密92项。

“中高铬铁素体不锈钢高表面控制技术”项目，在国家钢铁联合基金和宝钢战略性科研大项目的支持下，通过基础研究、制造技术开发和关键装备的自主集成，成功攻克了中高铬铁素体不锈钢的表面控制技术难题，开发出高效率低成本与高级表面的铁素体不锈钢系列产品及关键制造和装备技术，填补国内空白，实现产品替代进口，产品已广泛应用于大型公共建筑、家电等领域。该项目推动了不锈钢行业的绿色转型与健康发展，支撑了国家资源节约战略的实施。

八一钢铁一项职工自主创新项目“KR脱硫渣改质资源化处理技术”获冶金科技奖三等奖。八一钢铁第二炼钢厂员工俞海明对液态转炉钢渣的渣温、渣量、凝固点等特点进行深入分析，经过400炉钢的实验与论证，大胆对KR脱硫渣进行改质资源化处理，从而实现钢渣的再利用，并摸索出钢渣兑加量、钢渣温度等最佳参数，成功解决了稳定操作、风险控制的问题，取得了KR脱硫渣改质资源化处理工艺的成功。该处理工艺为国内首创，投入实际生产后，既避免了钢渣污染环境，又能对钢渣进行再利用，社会效益与经济效益明显。（罗耀华　徐　琳）

宝钢举行“公司日”纪念活动

9月15日上午，宝钢集团在宝钢历史陈列馆浮雕广场举行主题为“‘绿’动宝钢·环保有我”的2014年“公司日”纪念活动。宝钢集团党委书记、董事长徐乐江，宝钢集团总经理陈德荣，宝山区区委书记汪泓、区长方世忠，宝钢集团领导、老领导，地方政府及部门的相关领导，宝钢沪内子公司领导，员工代表、青年志愿者代表，“中华宝钢环境奖”获奖代表、用户代表、社区代表、新闻媒体代表等200人参加活动。

陈德荣作节能环保工作主旨介绍。他说，一个备受社会尊重、永续发展的企业，必须要怀有对历史的敬畏、对自然的敬畏。敬畏历史，才能从文化血脉中不断汲取力量；敬畏自然，才能规范自己的行为，赢得一个可持续的未来。宝钢是一个有责任的企业。为了更好地承担社会进步、经济发展和环境保护三者之间协调发展的责任，宝钢选择了环境经营的道路，将建成资源节约、环境友好型企业，成为绿色产业链的驱动者作为公司最重要的战略目标之一。面对越来越严峻的环保形势，围绕环保新政、新规、新标，宝钢对节能环保工作进行了再思考、再审视、再规划。未来，宝钢将以“实现清洁生产、环境和谐，成为绿色转型发展的领跑者”为目标，以“提高能源利用效率，优化能源结构；持续降低环境负荷，推进循环经济；服务社会、资源共享，助推城市发展”为管理方针，强化能源环保管理体系，以战略为引导、因厂施策，实现节能环保管理工作的分业管控和全面覆盖。制订并下达宝钢环保达标合规措施方案，通过加大节能环保投入，实现环保达标与合规合法。推进再生资源和新能源的技术开发和应用，进一步提高宝钢整体循环经济的水平，使环境经营成为宝钢可持续发展中最亮丽的文化名片和最坚实的行业竞争力。宝钢将把自己作为城市发展的有机体，继续加强与城市间的全面合

9月15日，宝钢举行2014年“公司日”纪念活动（陆非然　摄）

作，进一步发挥钢铁企业的能源高效转化功能、城市大宗废弃物消纳处理和综合利用功能，助力改善城市能源结构，减少大气污染，减轻环境负荷。不断加大技术创新力度，促进节能减排新工艺、新技术、新装备在全社会的推广应用；继续加强与城市间在节能减排信息网络建设方面的合作，加强信息沟通和数据联网，并确保信息的及时、准确和有效，促进节能减排管理工作实现数字化、信息化。

徐乐江在活动仪式上要求各级管理者提高环保意识、强化环保责任，要以“零容忍”的态度，坚守环保底线，严格遵守环保法律、法规。他说，建设“绿色宝钢”，要像“绿色大使”倡议的那样，从小事做起，从细节入手，主动思考、主动学习，提高解决问题的能力，为企业的可持续发展贡献智慧和力量。当前，宝钢二次创业面临行业严冬、节能减排、转型发展等多重压力，我们更应该牢记历史使命和责任，直面挑战，开拓创新，把握新机遇、培育新优势，用实际行动冲破雾霾，引领未来。

活动仪式上，宝钢股份与宝山区月浦镇签署了《宝山区球根花卉种球生产基地供能合作框架协议》。宝钢集团与宝山区签署了《宝钢集团有限公司与宝山区人民政府共建“创新驱动、转型升级、绿色发展、产城融合”示范区战略意向书》。

（冯茂芬）

宝钢股份四号高炉炉缸完成大修

11月12日，“宝钢股份四号高炉点火开始！”随着宝钢集团总经理、宝钢股份董事长陈德荣一声令下，11支凝聚着炼铁人光荣与梦想的火把准确掷进了簇新发亮的银灰色高炉直吹管，升级换代的宝钢股份四号高炉成功点火，开启设计寿命为18年的第二代炉龄。

宝钢股份从二号高炉98天完成大修，到一号高炉的78天、三号高炉的76天，四号高炉以72天的时间，再次刷新了国内特大型高炉快速大修最短工期记录。

国产化率高达98%的四号高炉，设计炉容为4747立方米，于2005年4月27日正式投产。随着时间推移，四号高炉炉缸逐步劣化，制约了高炉产能的正常发挥，原有的环保设备和工艺也难以适应国家和上海市的管控要求。2014年9月1日，宝钢股份正式对四号高炉炉缸进行改造大修。

与以往高炉大修相比，这次大修筹备时间短暂，但历经多次大修经验的宝钢人迎难而上，主动发掘新技术，克服了时间上的困难。“隧道取芯”技术被大胆采用，这是该技术首次应用在国内特大型高炉大修中。它能在不影响高炉生产的情况下，铺设滑移设施，成功将6100多吨的下段炉体进行整体拆除和运输，为高炉大修节省了宝贵时间。

根据设计要求，四号高炉需把2000吨的圆形新炉缸和4000吨的椭圆旧炉体对接，如此大重量的半圆形球体与半椭圆形球体对接，是一个工程学上的难题。宝钢股份通过多次方案对比验证，选取了精密对接方式，将旧炉体与新炉缸对接实施焊接，中间的每一步骤、每一个尺寸都反复检测，精度控制到了毫米，实现了新旧炉缸的精准对位。此外，为确保高炉一代炉龄的寿命，保证高炉大修期间生产顺行，宝钢股份创新性地为炉身耐材进行喷补，全部炉缸耐材实施在线砌筑；克服安全管控、物流输送等困难，实现热风炉、制粉在线运行。

陈德荣与宝钢股份党委书记诸骏生等领导以及设计、施工、设备、材料、监理和生产等单位代表为四号高炉（二代炉役）点火。

（徐笑然）

宝钢继续享有全球钢铁行业最高信用评级

11月，国际三大信用评级机构标准普尔、穆迪和惠誉对宝钢集团开展信用评级复审，分别给予A-、A3和A-的长期企业信用评级，评级展望均为“稳定”。宝钢集团继续享有全球综合类钢铁企业中最高评级水平。三大信用评级机构还同时给予宝钢股份同样的信用评级。

三大信用评级机构对宝钢集团的评级结果，体现了宝钢集团在市场地位、产品结构、技术创新、盈利能力等方面的竞争优势。他们对宝钢集团谨慎的投资政策及稳健的财务状况给予充分肯定。标准普尔认为，尽管钢铁行业面临挑战，但是宝钢集团拥有较强的业务驱动力，公司稳健的市场地位、领先的钢铁制造技术及较强的盈利能力使得公司的基础评级上调一级。

三大信用评级机构在对宝钢股份的市场竞争力、盈利能力、财务状况等方面进行评估后认为，宝钢股份通过领先的钢铁制造技术、高附加值的产品定位，以及遍布全国的服务网络，获得了竞争优势和领先同业的盈利能力。标准普尔在对宝钢股份的财务风险评估中认为，虽然行业经营环境有挑战，但是公司财务状况稳健、营运资金充裕，保持了较低的负债率，特别是新投资的湛江钢铁项目将在未来两年内完成工程建设，投产使用的可见度提高，风险更可控，因此将财务风险等级指标上调一级。（冯茂芬）

宝钢公开发行可交换公司债券

12月8日，宝钢集团发布可交换公司债券募集说明书摘要和发行公告，将使用所持有的新华保险的部分A股股票作为标的股票，于12月10日公开发行可交换公司债券，发行规模为40亿元。12月24日，本次债券在上海证券交易所上市交易。这是中国证券市场第一单公开发行的可交换公司债券。

本次可交换公司债券的发行人主体（宝钢集团）及债项信用评级均为AAA，债券期限为发行首日起三年，换股期限为发行结束日满12个月后的第一个交易日起至可交换公司债券到期日止。本次债券的标的股票初始换股价格为43.28元/股。截至2014年12月5日，宝钢集团共持有新华保险A股股票4.71亿股，占新华保险A股股本的15.11%，均为非限售流通股，市值约200亿元。本次可交换公司债券拟以1.65亿股新华保险A股股票作为债券担保物，占宝钢集团所持新华保险A股股票的35%。本次债券采用固定票面利率，票面利率的发行询价区间为1.5%—3.5%。

新华保险A股股票是宝钢集团长期持有的优质资产，宝钢集团对新华保险的长期发展充满信心。本次宝钢集团以新华保险A股股票作为担保物发行可交换债券，主要目的是通过创新型工具丰富公司的融资渠道，盘活公司存量资产，降低公司财务成本。可交换债券作为一种创新型融资工具，是宝钢集团开辟融资新渠道的积极尝试，由于嵌入了可换股期权，可以降低债券的票面利率，有利于减少宝钢集团利息支出成本。此外，该产品的投资者主要是证券交易所的投资者，与宝钢集团以往发债对象不同，有助于宝钢集团与更广泛投资者建立长期联系，树立良好的资本市场形象。

作为收益风险属性与可转换债券类似的品种，宝钢集团本次可交换公司债券的发行，有利于进一步丰富我国资本市场的证券品种，增加新型投资产品，为投资者提供多元化投资渠道，也为融资方提供了创新融资方式，实现融资方、投资者、证券市场的多方共赢。在党中央、国务院关于“用好增量、盘活存量”的政策背景下，可交换公司债券是盘活存量的重要创新工具，有助于持有大量股权资产的企业集团盘活存量，进行流动性管理。在党的十八届三中全会国资管理体制改革的背景下，宝钢此次开拓性的尝试正逢其时。（冯茂芬）

宝银特种钢管有限公司重组揭牌

12月8日，宝银特种钢管有限公司（简称“宝银公司”）重组揭牌仪式暨高温堆蒸发器换热组件启动仪式在江苏宜兴举行。

宝银公司成立于2007年6月，由宝钢股份与江苏银环精密钢管股份有限公司合资组建，其产品覆盖核电、火电、石油化工、轨道交通、航空航天、军工等领域。

2014年10月，中国华能集团入资，与宝钢集团、中国广核集团、银环控股集团联合注资完成宝银公司新一轮的资产重组。旨在通过混合所有制经济模式，整合优势资源，建设成集“产品研制、原料冶炼、精密制造、工程应用”的具有世界领先水平的核电产业链，为保障中国核电发展与核领域的战略安全以及高尖端材料的产业化奠定坚实基础。此次重组，是响应国家深化改革要求，进一步落实核电“走出去”发展战略，增强核电国产化的综合力量，满足中国核电安全发展需求。混合所有制经济模式将为宝银公司的发展注入新的活力，其形成的产业链也将进一步推动核电关键管材的自主发展。（王劲松）

宝钢年鉴

2015

BAOSTEEL

ALMANAC

专　文

专　文

加快国企市场化改革　培育具有核心竞争力的全球化企业

宝钢集团有限公司党委书记、董事长　徐乐江

今年，中国500强企业的整体规模和平均规模都较去年有较大幅度的提升，中国大企业正在成为世界上一支不容小觑的力量。前不久，《财富》杂志发布的2014年世界500强榜单，其中一个突出的特点是：中国上榜公司的数量达到100家（含港台）。这是一个了不起的成就，因为上榜的美国公司也不过128家，从企业数量上看，我们与美国的差距正在缩小。照此速度，几年内中国企业可能在上榜数量上赶超美国。这说明，中国企业的规模快速攀升，有越来越多的企业迈入了世界级大企业的门槛。但中国大企业的经营质量或者说竞争力与国际大企业相比，仍有较大差距。下面我以国有企业为例，谈几点个人观点。

一、"大而不强"仍是国有大企业的突出问题

长期以来，按营业收入计算，中国大企业排行榜中前10名基本被国有企业牢牢占据（中国最大的民营企业苏宁云商集团股份有限公司的销售收入只有最大的国有企业中国石油天然气集团公司的十分之一），如果按照净资产收益率或者其他的综合竞争力指标体系计算，我们可能看到另一个完全不同的结果。

这说明，"大而不强"依然是中国国有企业普遍存在的问题。当然，这其中的原因是多种多样的，包括国有企业所在行业属性、规模属性、社会责任等。但不可否认，中国的大企业多数产生于特殊的时代背景下。人口多、市场大，这是中国产生大企业的基本背景，而在众多关系到国计民生的行业中，国有企业长期承担着政府赋予的重要职责。借助政府支持，国有企业发挥了规模优势，享受了增长红利，逐渐成长为大企业，但同时也失去了许多自我革命的动力和机会。当中国经济由高增长向中低速增长转型、产业由追求规模向追求质量转型的时候，竞争力不强的国有大企业，往往面临着搁浅的风险。比如说，我所从事的钢铁行业，甚至到了这样的一种境地：如果再墨守成规、不改革不创新，就只有死路一条。目前，钢铁行业的需求正在逼近峰值，这个峰值可能在几年内就将到来。而环保、人工和资金成本的刚性上涨正从另一头逼近企业承受的极限。企业如果缺乏市场竞争力，将面临的不是发展的问题，而是生存的问题。

为什么中国的国有企业普遍大而不强呢？大多数专家和学者认为，是企业自身的体制问题。国有企业由于产权不清，职责不明，缺乏将企业做强的内在原动力。这个说法听起来的确很有道理，国有企业的产权关系造成事实上的所有者缺位。我认为，这只是国有企业做不强的原因之一，中国民营企业不存在所有权缺位的问题，但也面临同样的"做强难"的问题，所以应该另有深层次原因。我觉得，国有企业做不强是"GDP（国内生产总值）挂帅"时代的必然产物，这是与中国宏观经济特征相吻合的。归根到底，是中国社会市场化程度不足造成的。

二、国有大企业竞争能力不强的表现

1. 创新能力不足

创新是企业发展的根本，是企业生命所在。创新能力弱，似乎是中国企业的通病，而国有企业尤其明显。

创新能力不足，必然使中国企业没有核心技术，没有核心技术，必然导致很多中国企业挣扎于全球产业链的底端，盈利能力十分有限。

以钢铁行业为例，自1996年成为全球第一大产钢国以来，2013年中国钢产量首次超过世界一半。但这样一个占据全球半壁江山的庞大中国钢铁产业，却鲜有对全球钢铁业具有影响性的技术创新及发明贡献。尽管中国钢铁企业拥有的都是世界上比较先进的装备，但技术创新能力很弱，仍缺乏自主核心的技术专利。其原因之一是，中国从1亿吨的粗钢产能发展到如今8亿多吨，只用了十六七年的时间。在这样一个高速增长的市场中，企业根本没有动力、没有精力实施技术创新。

当然，在这个过程中，无暇顾及的创新不仅仅是技术创新，还表现在管理创新和商业模式创新等方面。全球知名跨国公司之所以能长盛不衰，不仅仅是技术创新，还要把创新能力融入生产、管理、销售、服务等一系列的环节当中，这样才能把创新优势不断地做大做强。因此，我们缺乏的并不仅仅是技术层面的"硬"创新，更缺乏体现在整个企业流程中的"软"创新。

2. 全球化能力缺失

严格意义上说，中国进入世界500强的企业，多数称不上是跨国公司或全球化公司。前几年，我们对全球主流钢铁企业国际化做过一个研究，我们以海外销售收入比重、海外资产比重、海外子公司比重这三个国际通行指标来衡量国际化指数，发现全球钢铁企业的国际化指数最高的安赛乐米塔尔集团达到了90%以上，印度塔塔钢铁公司达到80%，日韩钢铁企业都在30%以上，而宝钢的得分是7.75%。尽管，宝钢可能是中国钢铁企业最早走出去的，目前在全球五大洲都布局有各种资源、加工、营销体系，但是我们的海外制造能力几乎仍是空白。当然，这与中国特殊的市场环境和发展阶段有关，并不表示我们的国际化水平真有这么大的差距，但是从另一个角度说明，我们要做的工作还有很多。

党的十八届三中全会指出，要充分发挥市场在资源配置中的决定性作用，而国际化的本质就是提高资源配置效率，在世界范围内，寻求要素的最佳组合和资源的最优利用。就是通过整合全球资源，构建全球化产业链，最大限度地实现资源分配与经济效率的最优发挥。其中，最核心的还是理念的国际化，也就是能否以国际化的思路来理解这个世界，而不是依赖于中国本地市场经验做出全球决策。如果以这个来衡量，恐怕我们的差距会更大一些。

3. 企业的社会形象不佳

国有企业作为国民经济的支柱，一直以来都是社会责任的主要承担者，甚至许多国有企业由于承担了过多的社会责任和公益价值，导致效率低下。虽然国有企业，尤其是国有大企业为社会付出了很多，但其社会形象并不是很好。经营效益好，说你是凭借垄断地位坐收渔利；经营不好，说你占据优势资源还搞不好，国有企业甚至经常与垄断、低效、腐败等负面词汇挂钩。

在国际上，中国的国有企业又往往被冠以倾销、不公平竞争的帽子，或者根本不知道你的存在。2013年，纽约一家咨询公司在线调查显示，约94%的美国人说不出一个中国品牌的名称。这和我们企业在500强里占据100席的表现差距甚远。迄今为止，中国尚未有一家公司入选过《财富》"全球最受赞赏的公司全明星榜"。这说明，我们的企业虽然做大了，但在全球的知名度、美誉度并未提高。究其原因，我想，可能与国有大企业的运作机制不够透明、与公众的沟通不够顺畅有关。

4. 企业战略不明或缺失

战略是企业的灵魂，每一个强大的企业都有其清晰的发展战略，有一个核心价值观。这个价值观就是企业应该做什么，不应该做什么，企业所有的行动都应该以这个价值观为指引。而中国国有企业由于其行政色彩较重，加之领导人变更频繁，大都没有连续成型的价值观，部分大企业缺乏长远的战略规划，注重短期和局部利益的最大化。

从另一个角度来说，企业战略的缺失，表现在企业没有一个专注点，而一味地多元化。一个不专注的企业，很难形成一支专业的职业化团队，不专业的团队其执行力肯定就不会强。在当前市场情况普遍不佳的情况下，中国大型国有企业都有多元化发展的冲动，这固然能在一时弥补主业的不足，也能有利于做大企业规模，但脱离本源的做大,必然造成大而不强。专注才能专业,专业才能做强!

三、市场化改革是培育中国企业全球竞争力的唯一路径

1. 中国企业大而不强的根本原因是市场化程度不高

影响国有大企业竞争力的核心是市场化程度不高。市场化程度不高,导致国有企业不能按照最低成本、最高收益原则,根据外部环境变化调整企业的经营策略,主要表现为:

一是决策权限不足,决策周期长。国有企业尤其是中央企业在重大投资决策上还没有完全的自主权,需要层层审批,一个项目从提出到批准甚至要经历数年之久,往往错失了最佳投资时机。

二是资源配置效率低。这是国有企业高成本的通病。在建设投资方面,同样建造一座年产1000万吨钢的钢厂,国有企业的投资总成本和建设周期可能要比民营企业高很多。国有企业有实力聚集高端人才,但缺乏激发人才发挥作用的机制,人才的利用效率也低。

三是市场的灵敏度低。国有企业发源于计划经济时代,市场化改革到今天,仍然无法抹掉计划经济的痕迹。以钢铁市场为例,现在国内钢铁行业几乎已经是全行业亏损了,但我们的国有钢铁企业鲜有主动限产的,哪怕亏损也要生产,而民营企业只要价格跌到边际成本以下,肯定会停产。

2. 中国国有企业市场化改革的方向

中国经济转型的实质,就是从简单追求数量增长转向追求质量增长,实际就是中国企业由做大向做强转型。国有企业市场化转型,就是指国有企业的资源配置主要由政府的行政控制转变为主要由市场决定。

(1) 建立公平的竞争环境。当前,无论是国有企业还是民营企业,影响企业改革与发展的最大问题是行政审批与管理。由此导致的环境不公平,不仅扭曲了要素配置,而且阻碍了行业的优胜劣汰,限制了产业结构的优化。在这个问题上,国有企业与民营企业都是受害者。中国钢铁行业过去数十年的投资审批制,未能阻止今天产能过剩的局面,就是一个很好的例子。只有让市场在资源配置中发挥决定性作用,才能传递正确清晰的信号。过多的审批、管制,只能降低资源配置的效率。中国国有企业改革的核心是转变政府职能,强化其社会管理和社会发展的职责,弱化并逐步退出其经济增长主体的职责,建立民营企业、国有企业平等的市场竞争环境,这是国有企业市场化改革的一个前提。

(2) 积极探索产权多元化。在市场配置资源起决定作用的大趋势、大环境下,充分竞争的行业内的国有企业,唯一的发展方向就是走混合所有制。在竞争性行业,建立多元的、互相制衡的、清晰的产权结构,是本轮国有企业改革的核心。通过混合所有制改革,引进民资外资的市场化机制、企业的活力和创造力,可以解决国有资本所有者缺位、公司治理等一系列非市场化的问题。从长期看,竞争性行业的国有股权最终都要放开。这件事情做得好,在中国按所有制划分企业的独特做法,就会退出历史舞台,中国的市场经济体系建设也将推进一大步。

(3) 提升资本管理能力。本轮改革的最大特点是实现从国企监管向国资监管的跨越。改革完成之后,可能形成若干家国有资本运营公司和若干家国有资本投资公司。如果是国有资本运营公司,主要开展股权投资。如果是国有资本投资公司,则强调实业发展,但架构上,母公司也仅是出资方甚至是出资方之一,实体运营仍在子公司层面,由子公司自主决定。因此,无论哪种公司,平台化运作都是大趋势,相应的对母公司的资本管理能力、资源配置能力都将提出更高的要求。实际上,国有经济的活力、控制力和影响力正是国有企业通过资本纽带才实现的。

(4) 建立经营管理者市场化选聘机制。国有企业改革最终要解决的是委托代理问题,也就是人的关系问题。因此,企业经营管理者的选用能否市场化,将成为改革能否走向成熟与完善的标志。只有加快推动国有企业经营管理人才选拔任用工作的制度创新和机制创新,实现企业经营管理者的市场化,才能从根本上理顺出资人与企业的关系,最终完成国有企业的改革。

(5) 努力实现国际化发展。企业国际化是世界经济一体化的必然结果,也是中国经济和企业争取更大发展的必由之路。国际化既包括走出去,也包括引进来;既包括经营国际化,也包括股权国际化。这个问题可以与刚才讲的混合所有制联系起来。我们讲混合所有制改革,眼光不能仅仅局限在国内,更要有全球化的视野和胸怀。从钢铁行业看，全球最具竞争力的浦项制铁公司，大部分股权由国外投资者控制，新日铁住金株式会社也与浦项制铁公司相互交叉持股。在国企改革大背景下，国有企业应更加积极地将国际化与股权多元化结合起来，引入国际化企业的治理结构和管理经验，实现从本土企业向国际企业的转变。

（2014年9月2日在重庆"2014中国500强企业高峰论坛"上的演讲）

从中国钢铁业国际化现状看中国传统产业国际化方向

宝钢集团有限公司党委书记、董事长　徐乐江

一、中国钢铁产业国际化存在的问题

中国钢铁产业是全球同行业中体量最大的。但是，中国钢铁业的对外投资与合作，远远落后于国内快速膨胀的产能，与其在全球行业中的份额极不相称。中国钢铁企业的国际化指数，严重滞后于欧美、日韩等发达国家钢铁企业，也严重落后于新兴市场国家如印度、巴西等国同行。以宝钢为例，2013年的国际化指数还不到10%，而新日铁住金株式会社、浦项制铁公司都在30%以上，印度塔塔钢铁公司在80%以上，全球最大的钢铁企业安赛乐米塔尔集团达到90%以上，那才是真正的全球化企业。宝钢虽然产能规模位列世界前茅，但我们至今没有海外钢铁制造产能，这就是我们中国钢铁企业国际化的短板。

其实，中国钢铁企业一直在努力地寻求对外投资与合作。但是，20多年来，一直停留在很浅的层次，无论深度和广度都远远不够。具体表现在：

一是重出口、轻投资现象长期无法扭转。中国从20世纪90年代起出口钢材，在当时出口既是为了创汇，也是国际化经营的主要形式。今天，中国早已从一个钢铁净进口国变成了一个钢铁净出口国。2013年，中国出口钢铁5169万吨，超过日本4763万吨，成为全球最大的钢铁出口国。大量涌向国际市场的中国钢铁，必然对全球供求格局带来冲击，致使中国钢铁成为全球"双反"（反倾销、反补贴）的重灾区。反观日本和韩国的钢铁企业，他们的出口规模也很大，但相当数量是供应给海外子公司的，他们是以投资来带动出口的，可有效规避贸易壁垒。我们这么庞大的出口量能否做到，哪怕是20%转化为海外属地化制造和供应呢？

二是重资源投资、轻制造投资。中国钢铁企业海外实业投资均集中在资源方面，我不否认资源投资的重要性，但一定要保持戒备、谨慎的心态。我曾在前几年资源价格高涨时警告过：当心资源投资的风险。现在进口铁矿石价格已经跌破历史最高位的一半，国内很多钢企都是在矿价高位时，以很高的成本在海外投资矿山，目前看来，肯定会有一部分投资血本无归。为什么中国钢厂热衷于资源投资而较忽视制造投资呢？我觉得有两个原因：一是资源投资相对于制造投资比较简单，在投资建设、经营管理等方面的要求和难度均要比投资建设钢铁厂要低，这对于没有国际化经验的中国钢厂来说是很好的切入点；二是在资源稀缺论的影响下，认为铁矿石等资源价格不会下降，投资的风险比较小，又能对保障供应安全有好处。我一直认为，海外资源投资，不是一种真正意义上的国际化。因为，我们中国钢铁企业的海外资源投资的主要目的，还是为了确保国内生产的原料供应，降低采购成本。

三是重实业合作、轻知识领域的合作。中国钢铁业在对外合作中偏重于贸易和投资等实体领域的合作，而忽视技术、研发领域的合作。由于技术创新能力的不足，我们缺乏能够以技术入股参与国际合作的本钱。在研发的国际合作方面也只有宝钢开中国钢铁企业之先河——与澳大利亚著名高校和研究机构开展钢铁研发合作。

二、中国钢铁业国际投资与合作比较弱的原因

首先，最根本的是我们的国内市场太大了，国内市场的机会远多于海外市场，而且风险又小，我们无暇顾及海外这个不熟悉的风险市场。这一点，中国钢铁企业远比日韩钢铁企业幸运，他们是不得不走出去，不出去就无法更好地生存和发展下去。说到底，是我们走出去的动力不足。

其次，创新能力不足，限制了中国钢铁行业参与国际投资与合作的深度和广度。技术创新能力不

足,使我们拿不出足以吸引海外合作者的资本;管理创新能力不足,使我们无法有效驾驭海外投资与合作项目。

第三,这么多年来,我们钢铁行业没有想明白为什么要国际化。这实际是国际化战略缺失的问题。以前,我们必须出口是因为我们有创汇指标。后来,我们走出去投资矿山,那是因为资源价格连年上涨,资源稀缺论诱使我们对外投资。我们总是被动地被推着走出去。很多时候,因为没有想明白为什么要国际化,必然导致为国际化而国际化,有时仅是为了响应国家的号召,有时可能仅仅是追求时髦。

此外,跟我们钢铁下游产业国际化水平不高也有关系。中国钢铁下游的很多制造行业规模目前都是世界第一,但是这种大规模的制造能力大都集中在本土,海外制造都是组装,几乎所有关键部件都在国内生产,钢材需求也在国内。下游产业低层次的国际化无法带动钢铁产业的国际化。

三、对中国传统产业国际化的建议

中国经济转型的实质是中国传统产业的转型,国际化是中国传统产业转型发展的一大方向,也是衡量转型成功的一大标志。

第一,必须要有明确的国际化战略与目标。目前,中国传统产业领域的企业大多没有明确的国际化战略,海外国际投资与合作多以机会为导向,注重短期利益,缺乏远大的战略眼光。

第二,必须走出海外属地化制造这一步。中国传统制造业中目前能够真正做到在海外布局产能的行业还不多,必须走出依赖出口输出产品的国际化模式,将制造基地逐步从国内转向国际。

第三,必须要与产业链各行业协同抱团出海。传统制造业对产业链上下游的配套协同要求高。因此,中国传统产业最好产业链各行业协同走出去,互为支撑、互相依存。

第四,必须寻求海外战略联盟,避免单打独斗。传统产业的国际投资都具有资本、土地、技术密集的特点,又与资源环境高度关联,风险极大,中国企业必须寻求当地战略合作伙伴,切忌单打独斗。

第五,必须注重海外研发和全球品牌建设。国际投资与合作看的是实力,技术与品牌是软实力,要比资本实力重要得多。中国传统产业最缺失的就是品牌与核心技术。在走出去过程中,加强企业品牌与产品品牌宣传,提升企业的海外社会形象,处理好海外社区关系。同时,要善于利用属地化的人才资源,研发适合当地使用和消费的产品。

(2014年10月23日在北京第六届中国对外投资合作洽谈会开幕式上的演讲)

对当前中国钢铁行业的一些基本判断和看法

宝钢集团有限公司党委书记、董事长　徐乐江

今年的“中国钢铁技术经济高端论坛”是在行业深陷极度困境的背景下召开的。从上半年的全行业经营业绩来看,我们可以判断,中国钢铁业的“严冬”已经到来。这个冬季持续的时间有多长,我个人判断不会短,从今年开始,持续三五年是完全可能的。这是因为,中国钢铁产业的发展环境与以往相比,已经发生了根本的变化。

从行业自身来看,产能严重过剩的化解不是一蹴而就的,需要持续较长时期。这会造成长期的行业整体效益低下,行业的资产负债率将持续处于高位,并仍将继续上升。从产业价值链来看,钢铁上游的铁矿石和煤炭以及下游的造船、建筑、汽车等行业,在各自所在的价值链中的地位越来越低,铁矿行业结束高度景气时期,未必就是利好下游行业。从资本市场来看,越来越多的钢铁上市公司股价大幅低于净资产。以宝钢股份为例,每股净资产为6.797元,而目前股价仅4.20元左右,折价30%多。这表明,目前的钢铁企业资产质量不高,投资者并不看好这个行业的前途,目前的高净资产很有可能被未来连续的亏损所侵蚀。从外部环境来看,需求高增长难以重现或极易受政策影响,环保、人工和资金成本刚性上涨,内部降成本空间越来越窄。从与宏观经济的关系来看,经济向好,收益相对有限;经济不好,则冲击巨大。这表明,钢铁行业单位资源的价值创造水平,已

低于社会平均水平，即占据的资源多创造的产出少。

以上种种迹象表明，中国钢铁需求的峰值即将到来，我估计就在近几年内，宝钢的专业研究机构曾经预测在2018年左右，我认为有可能提前。这样，中国钢铁需求增长将进入一个平台期，即近乎零增长时期，然后便是需求的缓慢下降，最后形成一个稳定的需求波动区间，就如现在的欧盟、美国和日本一样。如果这个判断成立的话，那么，中国钢铁业的格局将在未来几年内发生重大变革：

第一，中国钢铁业将迎来技术创新的黄金时期。过去20年的高速发展，造就了占据全球半壁江山的庞大中国钢铁产业，但这个产业过去虽高速发展，却鲜有对全球钢铁业具有影响性的技术创新及发明贡献。中国钢铁业过去走的是一条外延式的发展道路，依靠的是“引进、消化、吸收”，在强大的需求推动下，中国钢铁企业无暇也无动力推进研发创新。如今，市场环境开始逆转，中国钢铁业必须转向内涵式发展，实现精益化运营，这就迫使行业中的各个企业必须重视技术创新。企业也只有在这个时候能够静下心来，从事研发创新活动，发掘钢铁新需求。

第二，中国钢铁业的国际化将会迎来加速发展期。中国钢铁业在国际化发展方面过去20年没有什么建树，可能在海外资源投资方面小有成就。但我一直认为，海外资源投资不是一种真正意义上的国际化经营行为，而且我也谨慎看待我们中国钢铁企业在原料价格高位时的资源投资。对于钢铁行业来讲，我们的国际化也不是指出口，现在中国钢铁出口量创出了历史新高，今年上半年达到了4100万吨，按此计算全年要8000万吨，肯定是全球最大的钢材出口国。但没有人据此认为，中国钢铁业的国际化做得好。海外属地化制造与经营才是衡量国际化能力的标尺。过去，中国是个需求不断增长的市场，全球任何一个地区都没有中国这样适合于钢铁业发展的环境，中国企业当然没有国际化发展的动力。现在，国内市场饱和了，持续的大规模出口必然带来频繁的贸易壁垒限制。国际化发展将是中国钢铁企业无奈的选择。过去是要我“走出去”，未来必将是我要“走出去”。

第三，中国钢铁业新一轮兼并重组浪潮或许很快就会到来。中国钢铁行业在这个漫长的冬季，可能会有一批企业熬不过去，在春天到来之前就已倒下，现在已有一些民营企业倒下了，未来不排除大型国有企业的倒下。过去20年内，中国钢铁行业出现了几轮兼并重组。但我认为，都不属于完全市场化的兼并收购。而且，以往几轮的兼并重组的外部条件其实都没有完全成熟，所以效果也就好不到哪里。宝钢2007年起连续重组了4家企业，现在回过头来看，我不得不承认，我们的几个重组收购案效果都不怎么理想。从经济角度讲，宝钢在这方面的投入与回报是不对等的。现在钢铁行业的内外部环境比以往都要有利于兼并重组的开展：一是钢铁行业的资产估值确实已经很低，其股价普遍低于净资产。二是适应于市场化并购的环境日趋成熟，以前是企业都抗拒被并购，现在或许都主动寻求买主。民营资本在这方面很敏感，有超前意识。今年4月成立的“中民投”（中国民生投资股份有限公司）已经在摩拳擦掌，将钢铁列入其未来资本运作的头号选择对象。

第四，中国钢铁行业目前的窘境将会倒逼行业中的国企加快改革。党的十八届三中全会确定了国有企业改革的方向，7月，国务院国资委选择了6家中央企业作为“四项改革”试点单位，其中没有钢铁企业。国资委没有选择钢铁国有企业作为改革试点，可能是觉得钢铁这个行业的竞争相对于其他行业来讲比较充分。而且，作为竞争性行业钢铁产业的国有资本的比重，已经下降到了50%左右，加上目前的行业困境，钢铁行业国企改革的自主性和原发性动力要比其他行业要强。所以，在目前情况下，即使国务院国资委及各级地方国资委不要求各级国有钢铁企业加快企业改革，各级国有钢铁企业都会为了早日走出经营困境，加快自身改革步伐。现在，应该是钢铁行业中国有企业改革推进的最佳时期，阻力或许会小一点。因为，不改革只能等死，改革或许还有一条生路。

第五，中国钢铁行业庞大的存量资源将向回报率更高的行业转移。钢铁行业占据的资源多，创造的产出少。当前的困难不在于产出少，而在于用了过多的资源，资源使用效率低虽然是劣势，但占有较多资源显然是优势（比如土地资源），如果能将现有资源中的一部分，引导配置到市场中的其他地方，即便是获得社会平均收益，也意味着行业巨大的效益改善空间。“中民投”摩拳擦掌准备进入钢铁业，他们看中的不是钢铁企业的钢铁设备等固定资产，而是想利用国家政策和地方实际，通过钢厂的产能整合置换，以盘活土地等方式进行商业开发。也就是说，未来我们的钢铁企业，必须围绕着全要素开展经营而不是传统的生产或资产经营。因此，从这个角度讲，中国钢铁企业多元化发展还仅仅是开始。今后，可能会出现钢铁主业收入占比低于50%的钢铁企业。

第六，中国钢铁业与互联网技术进一步融合趋势加强，传统钢铁多级销售体系将彻底被颠覆。现在，我们谈钢铁产业与互联网融合,更多的主要是谈钢铁电子商务,主要是通过互联网实现采购与销售以及个性化的用户服务。作为最典型的传统制造业,钢铁业似乎也只有在这个领域可以与互联网搭边。钢铁的消费对象不是普通的个体消费者,而是作为经营者的商家。因此,钢铁电子商务是一种B2B模式,相对于B2C交易量更大,而且流程更加复杂,尤其是钢铁物流组织的难度很大。因此,我觉得今后钢铁与互联网深度融合需要解决的最大瓶颈,就是钢铁物流技术的创新。如此,则钢贸商赚取价差的盈利模式将一去不复返,钢铁业传统的多级销售体系将迅速崩溃。

(2014年9月在北京"第三届中国钢铁技术经济高端论坛"上的发言)

推动中欧经贸关系由"互补"走向"互融"

宝钢集团有限公司党委书记、董事长　徐乐江

一、对当前中欧经贸摩擦的认识与看法

据欧盟统计局统计,2013年中欧双边贸易额为5659.9亿美元,增长1.6%。其中,欧盟对中国出口1957.2亿美元,增长6.2%;自中国进口3702.7亿美元,减少0.6%;欧盟贸易逆差1745.5亿美元,减少7.3%。中国是欧盟第三大出口贸易伙伴和第一大进口来源地。中欧之间经贸摩擦的根源,在于欧盟对中国庞大的贸易逆差,而巨额逆差的产生,我认为既有中国的过量出口因素,也有欧盟对华限制出口(如限制对华高新技术和武器出口)的因素。

首先,中欧经贸摩擦是中国经济崛起过程中不可避免的阶段性现象,是经济全球化背景下国际产业转移相伴而生的必然现象,需要理性对待。中国制造业是以满足跨国公司外需为目标进行产能布局的,在中国内需尚未被激活之前,中国制造品的唯一出路是涌向全球各个角落。中国制造的产品价廉物美,对全球任何一个市场都有巨大的吸引力。现在,中国不仅是欧盟还是美国、东盟、日本、印度、俄罗斯和韩国等经济体最大的进口来源地。2013年,中国已超过美国成为全球最大的货物贸易国。这一格局的变化,必然会带来对全球贸易秩序的冲击。欧洲传统产业已经缺乏竞争力,并在全球化进程中,逐步转移到中国等新兴市场国家,传统产业的"空心化",造成了欧盟国家失业率的上升和经济增长率的下降,欧盟将其责任归咎于中国商品的冲击,并因此对中国产品以各种理由设限,显然是不合理的,没有中国产品的输入,欧盟传统产业同样也会衰弱。

其次,中欧贸易一定程度上的中方顺差是欧盟对中国直接投资下中欧贸易的合理状态。中欧贸易不平衡引发的中欧贸易摩擦现象,不能单纯只看到中国对欧盟的顺差。事实上,随着外商对中国的直接投资,国际贸易平衡应该具有新的含义。由于欧盟等国家对中国的直接投资,中国成为横跨多个国家的生产链条上的最后一个环节,中国将来自不同国家的半成品最后组装,并打上中国制造的标记出口。这样一来,中国在承接发达国家比较劣势产业转移的过程中,也承接了贸易顺差。因此,中欧贸易的平衡状态必然表现为某种不平衡,即一定程度上的中方顺差,才是欧盟对中国直接投资下的中欧贸易的合理状态。我们还要看到,欧盟对中国的制造业投资,比如德国大众汽车集团在中国与上汽集团和一汽集团的两大合资企业,是中国最大的汽车工厂,中国南北两个大众汽车厂年产量超过300万辆,按照50%的股权比例,相当于德国大众汽车集团向中国市场出口150万辆,但这一销售额不会体现在对华出口额中,如果考虑这类因素,实际中欧之间贸易逆差小得多。

第三,中国向欧盟大量输出产品是企业受市场驱使的自主行为,正好体现了中国市场经济地位。在双边贸易中,欧盟拒不承认中国市场经济地位,屡屡指责中国企业受到政府补贴,以低于成本的价格对欧盟实施倾销,并且选择的成本与价格的比照对象,不是中国本土而以第三国为参照,完全忽视了一个发展中新兴市场国家的特点。事实上,大多数中国企业都是理性的,决定企业出口还是内销的最大因素还是价格。以钢铁为例,中国钢铁出口量的增减完全跟国内外市场的价格差有关。2008年,中国钢铁行业极度低迷,同类产品海外价格要比中国国内价格高得多,出口显然要比国内销售获利更多,欧盟钢铁市场的高价格吸引了大量中国钢材涌向欧盟,当年中国出口欧盟钢材763.6万吨。而到了2009年,由于中国出台了4万亿元人民币投资的刺激计划,

造成国内钢铁市场行情大幅上扬。与此同时，欧盟等受金融危机深化影响，钢铁市场陷入不景气时期，中国国内钢材价格高于海外市场，造成当年中国出口欧盟钢材数量锐减到152.8万吨。从2011年起，中国钢铁重回低迷状态，一直到现在，中国一直是全球钢铁价格的洼地。中国企业遵循价值规律寻求最大利益，正是市场经济的理性行为，却反而被指责为非市场经济行为，这是难以理解的。

二、中欧钢铁经贸格局及存在的问题

欧洲是现代钢铁的发祥地，从工业革命一直到"二战"之前，全球钢铁业的重心一直在欧洲，英国和德国的钢铁产量在历史上曾经分别占据全球半壁江山，就像今天的中国钢铁业一样。现代钢铁业突破性的技术创新和发明大都源自欧洲，可以这么说，没有欧洲的贡献，就没有全球钢铁业蓬勃发展的今天。但是不可否认，欧洲老矣，钢铁这个与工业化和城镇化紧密相关的行业，与今天后工业化和后城市化时代的欧洲经济越来越不相适应，在欧美钢铁业相继衰退的同时，中国和印度等新兴市场国家钢铁业的迅速发展和壮大，是符合世界产业发展规律的，这也反映在钢铁贸易方面。

从2013年的情况来看，中国是欧盟钢铁的第三大进口来源地，中国也是欧盟钢铁的第六大出口目的地。从2008年到2013年的6年间，中国向欧盟平均每年出口钢铁300多万吨，中国从欧盟进口钢铁平均每年在100万吨稍多一点的水平上，也就是说，仅从数量上来看，中国输入欧盟的钢铁数量是欧盟输入中国数量的3倍。2013年，中国出口欧盟钢铁为342.82万吨，占当年中国出口总量的5.5%；欧盟出口中国钢铁数量为117.96万吨，占欧盟钢铁出口总量的3.5%。但是从进出口的品种结构来看，中国出口欧盟的大多为普碳类冷轧板和涂镀类产品，而欧盟出口中国的大多为附加值很高的合金钢产品。2013年，中国出口欧盟钢铁总价值为34.39亿美元，折合每吨为996.83美元，而欧盟出口中国钢材的总价值为27.33亿美元，折合每吨为2316.79美元。因而，尽管贸易数量中欧之间有3倍的差异，但贸易金额差异只有1.25倍。中国向欧盟出口钢铁的总金额仅为对欧出口总额的0.93%，中国从欧盟进口钢铁总额却是从欧盟总进口额的1.4%。

目前，中欧钢铁经贸领域存在以下几个问题：

第一，钢铁贸易存在严重的保护主义倾向。中欧之间的钢铁贸易存在比较严重的贸易壁垒，中国钢铁企业频频受到倾销指控，遭遇反倾销调查，中欧钢铁贸易领域是欧盟发起反倾销的重灾区，每年都有中国钢铁企业的相关产品遭到反倾销或反补贴调查，严重干扰了正常的贸易秩序。最新的案例是今年6月，欧盟执委会启动对中国大陆及中国台湾地区不锈钢产品的反倾销调查。中欧钢铁贸易之间的互补性较弱，是引发频繁贸易壁垒的重要原因之一。中韩、中日之间的钢铁贸易规模远大于中欧，但由于中韩与中日之间具有明显的贸易互补性（中国主要出口初级的热轧钢，进口的主要是经深加工的冷轧钢），所以，尽管贸易规模更庞大，但很少引发反倾销指控。目前，中国出口欧洲的钢铁产品，在中国国内都基本算是高附加值产品，在欧洲市场都算成熟产品，供应并不紧缺，因而直接与欧洲钢厂形成竞争。

第二，中欧钢铁企业之间的合作交流的广度和深度远不如中日、中韩钢铁企业之间。可能是受地缘关系的影响，中国大型钢铁企业与日韩钢铁企业之间建立了包括技术、资源、资本和信息之间的广泛联系。宝钢与韩国浦项制铁公司、日本新日铁住金株式会社之间建立了高层间的定期交流机制，同行之间还开展了包括技术转让、资本合作、原料价格谈判等战略联盟。但与欧洲主流钢铁企业如蒂森克虏伯集团、安赛乐米塔尔集团之间交往比较少，行业内相互了解的广度和深度都不足，缺乏了解也是造成中欧钢铁企业间隔阂，引发贸易壁垒的一大原因。

第三，中欧钢铁之间重贸易、轻投资现象比较严重。中欧钢铁贸易规模2008年曾高达860万吨，2013年为460万吨，贸易额61.7亿美元。尽管中欧之间相距遥远，但中国企业仍热衷于将钢铁这种物流成本很高的大宗商品运往欧洲，这主要是中欧钢铁产业之间的相互投资，严重滞后于贸易发展引起的。从中国来看，由于中国政府未完全放开钢铁产业对外资的开放，欧洲钢铁业除少数几个企业如蒂森克虏伯集团、安赛乐米塔尔集团尝试在中国进行钢铁制造投资外，其他均未涉足在中国的钢铁制造领域的投资，即便已在中国投资的蒂森克虏伯集团和安赛乐米塔尔集团也未能取得比较好的收益。这与日韩钢铁企业在中国密布下游的钢材加工配送中心建设，以及钢铁后道深加工制造投资形成了鲜明的反差。从欧盟来看，中国钢铁企业在欧盟地区的直接投资几乎是零，只有少数中国钢铁企业在欧盟有零星的尝试性投资，如宝钢在意大利的加工配送中心。中国钢铁企业囿于欧洲高昂的要素成本和严酷的环保标准，以及日趋萎缩的钢铁市场，虽有走出去的心愿，却无走出去的勇气。当然，这也与欧盟各国政府对中国资本在钢铁领域的投资态度不明有关。

三、中欧经贸关系由互补走向互融的建议

欧盟已经取代美国成为中国最大的经贸伙伴。过去10年间，中欧经贸关系快速发展的重要原因在于中欧经济间的“互补性”。由于中欧发展阶段的不同，经济互补性大于竞争，中国有丰富的劳动力资源和巨大的市场，欧盟有先进的技术和管理经验，中欧可以取长补短，实现互利共赢。未来，中欧经贸关系再续辉煌，应更注重促进两大经济体的“互融”：

1. 应充分利用中欧经济结构同时调整的有利时机深化相关产业合作

中欧经济都有转型的需求，两大经济体具有经济发展上的契合点：中国正全面推进工业化、信息化、新型城镇化和农业现代化在内的“新四化”建设，落实西部大开发和“一带一路”战略；以德国为代表的欧盟正在推动“工业4.0”和能源转型等战略。以德国和瑞士为代表的欧洲精细化制造是中国制造业转型的方向，两大经济体之间在制造业的深化合作方面具有很大的发展潜力。以钢铁行业为例，欧盟钢铁企业如蒂森克虏伯集团已率先在全球钢铁企业中实现了服务转型，以宝钢为代表的中国钢铁业也正在朝服务型制造方向发展，两地钢铁行业间有“互融”合作的潜力。

2. 中欧经贸关系要从重贸易、轻投资转向投资与贸易并重，并最终走向以投资带动贸易

中欧之间的投资已经从过去欧盟对中国的“单向”投资转变为目前的“双向”投资，但是从规模上看，中国在欧投资无论是流量还是存量都远低于欧盟对华投资规模。中国企业都有强烈的国际化发展的意愿。我觉得，中欧经贸关系要走向互融，在投资方面要对等化，当务之急是欧盟应该在开放对中国的投资方面要有实质性的举措，尤其是在投资的自由化和便利化方面，欧盟还有很大的改进空间，不要老是以有色的眼光看待中国资本尤其是中国的国有资本，中欧之间贸易摩擦的根本性解决，必须有赖于中国企业的属地化投资。

3. 中欧自贸区谈判要尽快启动

中欧分别作为世界上具有影响力的两大经济体，实行自由贸易和便利化的相互投资是大势所趋。目前，中国已经与瑞士和冰岛分别达成自由贸易协定，但瑞士与冰岛毕竟是经济体量比较小的国家，还不足以改变中欧之间投资与贸易的格局。我认为，应该以中国与瑞士、中国与冰岛自贸区成功运行为借鉴，尽快启动中欧自贸区谈判。尽管中欧之间差异比较大，中欧之间的分歧很大，各自的利益和诉求很难协调，建立自贸区的难度肯定很大，但早启动比晚启动要好。中欧之间要由互补走向真正的互融，必须要迈出走向自贸区的关键一步。

4. 欧盟要协助中国推进人民币国际化，尽快使人民币成为中欧经贸间双方可选择的货币之一

随着中欧之间贸易规模的不断扩大，以及相互投资的进一步增加，人民币在双边经贸中的地位越来越重要。目前，在人民币国际化进程中，很多欧盟国家都有很强的参与意愿。德意志银行的一份报告指出，欧洲将迎来人民币离岸业务规模化发展，极有可能成为仅次于香港的第二大人民币离岸市场。如果人民币能够像欧元一样，能够成为中欧之间贸易和投资的可选择的计价和结算货币，那么中欧经贸关系也就真正实现了互融。当然，人民币国际化还有很长的路要走，中国尚未放开人民币资本项目下的可自由兑换，但这一步已经不远。欧盟要成为协助中国推进人民币国际化的中坚力量。

5. 中欧企业界应该以更加包容的心态开展更加紧密的交流与合作

中欧之间目前出现的很多经贸摩擦，有些是两地企业之间缺乏互信造成的，而缺乏互信是因为缺乏交流和了解。中欧文化差异较大，商业环境迥异，两地企业在合作中更应尊重对方的文化与传统。不仅有业务关系的上下游企业之间要增进交流，而且两地同行企业之间也要增进交流，不应只是竞争的关系，合作同样重要。地域的距离不应成为中欧企业开展交流与合作的障碍。我认为，中欧之间和谐稳定经贸关系的实施主体是双方的企业，中欧经贸关系走向互融的前提是中欧企业之间首先必须互信。

中欧关系正在迎来新的发展机遇，中欧的企业家们应该抓住这一难得的历史机遇，为中欧繁荣而又可持续的经贸关系添砖加瓦。

（2014年10月在德国汉堡峰会上的演讲）

宝钢年鉴

2015

BAOSTEEL
ALMANAC

大事记

大 事 记

1月

2日　宝钢集团召开2014年安全生产工作会。要求各单位进一步加强安全管理体系能力建设，各级管理者要有底线思维和“红线意识”，狠抓安全管理责任落实，切实扭转安全生产被动局面，为广大员工筑牢安全网，为宝钢二次创业和深化改革创造良好的安全氛围。

8日　上海宝钢国际经济贸易有限公司与中国储运协会等单位联合发起的中国钢铁流通产学研创新联盟正式成立。该联盟的成立将进一步整合产学研等方面的资源，搭建多元开放、智力激荡、专注创新的平台，推进钢铁流通领域的转型升级与健康发展。

10日　宝钢召开2014年度工作会议暨三届二次职工代表大会。会议的主要任务是，深入贯彻落实党的十八届三中全会精神和中央经济工作会议精神，总结2013年的工作，分析当前形势，深化全体干部员工对深化体制机制改革、创新发展思路的认识，凝聚改革共识，部署2014年重点工作和今后几年宝钢改革发展的任务。

同日　在2014年国家科学技术奖励大会上，宝钢“低温高磁感取向硅钢制造技术的开发与产业化”项目获2013年度国家科技进步奖一等奖。

13日　宝钢集团召开领导班子扩大会议。中央组织部干部五局巡视员、副局长荆德建和国务院国资委企干一局副局长肖宗辉到宝钢，受中央组织部委托，宣布中央关于宝钢集团有限公司党委书记调整的决定：徐乐江任宝钢集团有限公司党委书记，免去刘国胜宝钢集团有限公司党委书记职务，同时，国务院国资委党委决定，免去刘国胜宝钢集团有限公司副董事长职务。

14日　宝钢成立安全专项督导组，主要职责是：对安全管理薄弱单元，特别是进入宝钢时间不长、安全生产形势严峻的单元进行督导；对安全生产重点专项工作进行督导；监督安全管理各项制度执行情况，对制度体系完善及优化提出建议。之后，安全专项督导组首批成员进驻八一钢铁、韶关钢铁、宝钢德盛三家单位。

16日　宝钢股份与上海工程技术大学举行企校联合办学签约仪式。双方签署《宝山钢铁股份有限公司—上海工程技术大学企校联合办学协议》。根据协议，双方将学习借鉴德国“双元制”职教模式，联合开设“宝钢机电一体化班”，共同开展宝钢后备高素质技能人才培养。

17—18日　宝钢股份举行2014年度管理研讨会。会议围绕湛江钢铁建设和提升制造能力等方面进行研讨。

23日　宝钢举行党的群众路线教育实践活动总结大会。中央第41督导组组长王为强、副组长鲁红星和督导组成员出席会议。会议总结了宝钢教育实践活动的基本情况、主要做法、主要成效和经验体会，提出以改革创新的办法巩固和扩大教育实践活动成果，促进作风建设迈上一个新台阶，用好的作风扎实推进宝钢二次创业，为早日实现中国梦、钢铁强国梦作出应有的贡献。

同日　宝钢成立全面深化改革领导小组，宝钢集团党委书记、董事长徐乐江任组长，宝钢集团总经理何文波任副组长。其职责是：研究确定宝钢集团全面深化改革总体思路和工作方向，统一部署宝钢集团全局性重大改革，审议批准宝钢集团及子公司深化改革各项方案，协调推进宝钢集团深化改革的重大事项，指导督促宝钢集团深化改革各项举措的落实。

24日　宝钢在人才开发院礼堂举行2013年度人物颁奖典礼。宝钢“曾乐奖”、宝钢金牛奖、宝钢银牛奖、宝钢技术创新重大成果奖等获奖代表一一登台，接受颁奖。

26—27日　宝钢举行2013年度海外发展研讨会。会议明确，宝钢将顺应大势，坚定不移、脚踏实地、稳扎稳打推动全球化进程，继续深化全球供应链体系建设，加强战略用户的全球服务，真正成为具备国际竞争力的全球供应商。

1月　“带钢表面质量在线检测核心技术研究、装备开发与应用推广”“高表面中高铬（17%—23%Cr）超纯铁素体不锈钢制造技术开发与产业化”“铁镍基奥氏体合金油套管产品开发”“城市轨道交通综合监控系统技术及其在成都地铁1号线应用”等项目获2013年宝钢技术创新重大成果一等奖。

同月　宝钢股份50兆瓦金太阳光伏发电示范项目(一期)建成投运。该项目是国内首个大型钢铁企业屋顶光伏发电项目,预算投资5亿元(其中国家专项补贴2.5亿元),安装光伏板20.6万块,预计年发电量4500万千瓦时,年可减排二氧化碳3万吨。

2月

7日　广东省委副书记、省长朱小丹到湛江市东海岛宝钢湛江钢铁基地,慰问在施工现场的宝钢员工和施工人员。

同日　宝钢集团党委发文,任命诸骏生为宝钢股份党委书记;免去何文波兼任的宝钢股份党委书记职务。

8日　由宝钢总包承建的中国南极泰山站竣工并投入运行。这是宝钢首次采用EPC(设计、采购、施工一揽子总包承建)方式,在南极科考基地建设的标志性建筑。

11日　宝钢举行2014年党风建设和反腐倡廉大会。会议回顾总结宝钢2013年党风建设和反腐倡廉工作,全面部署2014年主要任务。会议要求,深入贯彻党的十八大,十八届二中、三中全会和十八届中央纪委三次全会、中央企业反腐倡廉建设工作会议精神,全面落实中央纪委、国务院国资委纪委2014年党风建设和反腐倡廉工作的要求,以加强作风建设为重点,严格落实责任制,严格执纪监督问责,深入推进党风建设和反腐倡廉工作;联系宝钢实际,认真贯彻落实中央要求,牢记使命、坚定信念、奋发有为,扎实推进各项工作,以党风建设和反腐倡廉工作的新成效,为宝钢实现二次创业、转型升级、科学发展提供坚强保证。

15日　宝钢集团与东风日产乘用车公司在广州花都举行全面战略合作座谈会。会议表示,双方要责任共担,价值共融,共同面对未来挑战。

17日　宝钢股份召开2014年技术创新工作会议。会议明确了2014年技术创新工作思路和重点工作;号召广大科技人员坚持以市场为导向,瞄准技术领先,用智慧创造价值,为建成具有差异化竞争优势的企业,早日实现“成为钢铁技术领先者”的愿景目标而不懈努力。

同日　宝钢智慧工作平台投入运行。该平台由原协同办公系统升级改造而成,2013年6月启动。新系统充分运用移动互联网、云计算、统一通信等新技术,对原有各专业子系统及多项办公应用系统进行整合,集成一个以智慧沟通、智慧办公、智慧空间三大功能模块为主的高度智能化工作平台,使日常工作变得更加高效、便捷。

20日　在中国(上海)自由贸易试验区人民币跨境使用细则出台首日,宝钢股份成功提入7000万元跨境人民币流动资金贷款,完成首笔跨境人民币融资业务。

同日　国家知识产权局在北京发布2013年全国发明专利有关情况。在该权威榜单中,宝钢股份以有效专利拥有量1436件,位列2013年全国企业第九。

3月

1日　湛江钢铁4200毫米厚板工程开工。

5日　宝钢发文,华宝投资资本运营部业务整体划转宝钢集团资本运营部,华宝投资不再承担宝钢集团资本运营业务。

12日　通用汽车公司2013年度“全球年度供应商”颁奖典礼在美国底特律举行,宝钢自2006年、2011年、2012年后第四次获得通用汽车公司的“全球年度供应商”称号。

14日　湛江钢铁资源再生综合利用项目——钢渣处理工程项目开工。

20日　宝钢股份营销中心组建运行。新组建的营销中心将负责宝钢股份营销管理、客户价值管理、技术和客户服务体系管理、碳钢板材产品销售管理等工作。原宝钢股份营销管理部、薄板销售部、厚板与工程材料销售部、汽车板销售部、客户与产品服务部成建制划转至营销中心。

25日　全国首个银行业动产质押信息平台——上海银行业动产质押信息平台,落户东方钢铁电子商务有限公司,并由该公司负责建设与运营。

25—26日　由国务院国资委研究局策划、中国社会科学院经济学部企业社会责任研究中心发起的“分享责任中国行”项目组到宝钢调研。项目组认为,宝钢是企业社会责任管理、稳健发展、构筑共享价值的公司典范,具有较强的可持续发展能力。

26日　中共中央政治局常委、全国政协主席俞正声视察新疆八钢金属制品有限公司喀什金属制品厂。

27日　《财富》杂志发布2014年全球最受赞赏公司排行榜,宝钢再次入选金属行业最受赞赏公司,排名第七。

3月　宝钢股份获“中央国家机关等单位定点扶贫先进集体”称号。

4月

1日　湛江钢铁一号高炉炉壳正式吊装。

同日　在2013年度上海市科学技术奖励大会上,宝钢股份“高等级无取向硅钢制造技术的开发与产业化”项目获2013年度上海市科技进步奖一等奖;宝钢股份“高强度高韧性热连轧系列产品及其配套焊接材料的开发”“X80大口径直缝埋弧焊管用钢板及焊管的研制”“厚板轧机机架辊维护综合技术”“热轧高品质卷取控制技术”项目获2013年度上海市科技进步奖二等奖;宝钢股份参与的“石油天然气开采用钻具制造中的若干关键技术与系列自动化装备”、宝钢集团南通线材制品有限公司参与的“超高强度低松弛耐腐蚀桥梁钢丝关键技术及应用”项目获2013年度上海市技术发明奖二等奖;宝钢工程“铁水罐搅拌脱硫成套技术装备开发”项目和宝信软件“基于云计算技术的现代冶金企业产供销软件研发及应用”项目获2013年度上海市科技进步奖三等奖。

3—4日　宝钢举行领导人员集中轮训暨第十六期决策人研修会,宝钢集团党委书记、董事长徐乐江对宝钢干部管理提出要求:宝钢“三项制度改革”的重点是干部能上能下,要加强干部管理,看品行、重业绩、严奖惩,着力推动干部人事制度改革,开创宝钢干部工作新局面。

22—23日　由中国工程院主办,中国工程院工程管理部、宝钢集团承办的第178场中国工程科技论坛——工程思维与工程方法论,在宝钢(常熟)领导力发展中心举行。与会专家就加强工程方法论研究,为工程实践提供科学的方法指导等问题进行了研讨。

23日　宝钢集团召开2014年度宝钢技术业务专家大会。

27日　宝钢股份与中国农业银行签署《战略合作协议》和《湛江钢铁项目融资协议》,湛江钢铁项目融资及企银合作进入实质性阶段。

5月

6日　宝钢股份与东风雷诺汽车有限公司(简称“东风雷诺”)签订《东风雷诺—宝钢股份战略合作协议书》,并为双方2014—2015年的5个具体合作项目进行授权。

15日　湛江钢铁第二座5050立方米高炉开始打桩建设。

20日　宝钢股份召开2014年第一次临时股东大会。大会通过《公司A股限制性股票计划(草案)》《公司A股限制性股票计划首期授予方案(草案修订稿)》《公司A股限制性股票计划管理暂行办法》《公司A股限制性股票计划实施考核办法》等议案,启动员工股权激励计划。根据该计划,宝钢股份将在经营业绩满足条件时向激励对象授予限制性股票,在2年禁售期内,股票不得转让。禁售期满后3年内公司经营业绩满足解锁条件时,股票限制将逐步解除,激励对象可转让所获股票,授予的股票来源为二级市场回购的宝钢股份A股股票。

28日　宝钢第十届职工艺术节和第八届老年人艺术节开幕。第十届职工艺术节为期半年,将开展班组才艺、宝钢职工文化艺术十佳、文化之旅、美食文化4个系列20余项活动;特设安全生产小品和征文比赛、班组活力才艺大赛、职工家乡菜厨艺大赛等项目,在新疆、广东、宁波、梅山、上海等地的6个会场展开竞技。

31日　韶关钢铁四号烧结机余热回收利用改造工程投产试运行。

5月　宝钢在江苏宜兴宝银特种钢管有限公司(简称“宝银公司”)举行新一代蒸汽发生器用690合金U形传热管(简称“690核电管”)交付仪式。仪式后,该产品分别发往东方电气(广州)重型机器有限公司和上海电气核设备有限公司,用于国家重点示范工程CAP1400机组上。宝钢是国内第一家生产690核电管的企业。此次宝钢研制的新一代690核电管打破了国外的技术壁垒,为CAP1400核电机组国产化作出了贡献。

同月　“宝之云”罗泾云计算数据中心一期项目启用。作为上海市单体规模最大的云计算数据中心,“宝之云”将对推进上海市云计算产业基础设施建设,促进工业化和信息化深度融合发挥作用。

同月　宝钢研发的具备国际先进水平的搅拌车用BW300TP新型耐磨钢实现全球首发,该产品能使机械服役寿命延长两倍。

同月　在第113届巴黎国际发明展上,宝钢取得2个金奖、4个银奖、3个铜奖,成为中国代表团获奖最多的企业。其中获金奖的项目为:宝钢股份倪广明的“小型全自动激光焊机”、宁波钢铁陈君明的“一种适用于烧结系统的两机或多机一塔脱硫装置”。

同月　宝钢股份在上海环境能源交易所挂牌出售1万吨碳排放权。

6月

5日　宝钢股份五大员工环境实事工程分阶段竣工交付仪式在宝钢股份炼钢厂举行。2013年,宝钢股份全面启动以改善员工工作和生活环境、拓展员工福利、开展人文关怀为主要内容的首个实事工程三年行动计划。三年内，宝钢股份将实施一批关系员工“三最”（最关心、最直接、最现实）问题的生活后勤设施改善、厂区新增绿化等项目，并最终实现翻班休息室改造、更衣楼装空调、食堂餐饮“自选”模式、厂区厕所改善、85万平方米绿化改造的“五个百分百”目标。

6日　2014年度宝钢—斯凯孚战略合作交流会在宝钢大厦举行。会上，宝钢与斯凯孚就双方的合作情况作了交流，双方还就如何进一步加强战略合作，实现共赢进行深入探讨。

同日　宝钢集团工会“为基层班组配备职工健康‘爱心箱’”项目中的首批“爱心箱”，发放到一线班组。“爱心箱”里放置了电子血压计、针线包、防暑降温常用药品等。

9日　宝钢股份财务部通过宝钢财务公司电票系统向民生银行提交了一笔电票提示付款指令，不到2分钟便收到银行方汇出的50万元承兑款。至此，宝钢财务公司顺利加入中国人民银行大额支付系统，正式成为首批允许与各商业银行直接进行电票资金清算业务的财务公司。在全国180多家财务公司中，参与此次首批试点的财务公司仅有7家。

11日　宝钢股份举行钢铁行业低温余热利用与燃煤锅炉清洁能源替代技术对接交流会，向社会企业公开展示钢铁余热资源再利用的全流程和未来规划。

12日　上海宝信软件股份有限公司与中国移动上海公司签署《进一步深化战略合作协议》。双方将依据“优势互补、相互支持、平等互利、共同发展”原则，通过全方位、多样化的合作模式与机制，进一步在互联网数据中心（IDC）业务、信息通信技术（ICT）领域拓展、创新产业平台、优势资源互动等领域展开深入业务合作，携手为上海“四个中心”建设提供从基础数据服务、云计算，延伸至大数据的“端到端”服务。

27日　《宝钢2013年社会责任报告》发布会在广东湛江举行，首次向社会提出：共同努力，成为美好世界的一部分。该报告的主题为“构筑共享价值”，表达了宝钢与各利益相关方共同发展的良好意愿：诚信经营、回报股东、保护环境，努力成为员工成长的平台、成为美好社区的一部分、成为合作伙伴成功的因素。

28日，宝钢在广东湛江举行“湛江·宝钢绿色公益走”活动。

6月　宝钢特钢获上海海关A类管理企业资格。

同月　梅钢公司被英国标准协会（BSI）授予“BSI卓越整合管理奖”。

7月

1日　宝钢举行纪念建党93周年主题座谈会，号召全体党员时刻牢记“我是党员”，立足岗位，以“PDCA（计划、实施、检查、处理）+认真”的态度，在二次创业、转型发展中发挥好“带头带动”作用，以优异成绩为党的事业和宝钢的事业作出贡献。

4日　宝钢集团通过下属的宝钢资源（国际）有限公司完成对澳大利亚阿奎拉公司的收购，在海外铁矿石、煤炭资源控制方面取得实质性突破。阿奎拉公司是总部位于西澳大利亚的综合性矿业公司，经营业务有铁矿石、煤炭和锰矿。阿奎拉公司资源储备足以实现3000万吨以上铁矿石和500万吨焦煤的年开采量。

7日　2014年《财富》世界500强排行榜揭晓。宝钢以营业收入492.973亿美元、净利润9.25亿美元，位列第211位，这也是宝钢连续第11年进入该榜单。

6月28日，宝钢在广东湛江举行“湛江·宝钢绿色公益走”活动（冯茂芬 摄）

7月22日,宝钢总部基地项目地上工程在上海世博园区开工(陆非然 摄)

同日 中共中央政治局委员、广东省委书记胡春华与广西壮族自治区党委书记、自治区人大常委会主任彭清华率领的广西壮族自治区考察团到湛江钢铁建设基地考察,了解项目规划、工程进展等情况。

22日 宝钢总部基地项目地上工程在上海世博园区开工。

同日 国务院国资委公布2013年度中央企业负责人经营业绩考核A级企业名单,46家企业被评为A级企业,宝钢位列其中。根据企业负责人经营业绩考核得分,年度经营业绩考核和任期经营业绩考核结果分为A、B、C、D、E五个级别。

7月 宝钢工程技术集团有限公司与通用电气公司(GE)本特利公司联手打造的"宝钢—GE本特利诊断技术客户体验中心"挂牌。

同月 宝钢特钢成功研制出CAP1400核电蒸汽发生器管子支承板,成为国内第一家核电蒸汽发生器管子支承板制造企业。

8月

1日 宝钢集团召开领导班子扩大会议。中央组织部干部五局副局长杜业栋和国务院国资委企干一局副局长王铵到宝钢,受中央组织部和国务院国资委委托,宣布中央关于宝钢集团有限公司总经理调整的决定:陈德荣任宝钢集团有限公司总经理,免去何文波宝钢集团有限公司总经理职务,另有任用。

1—2日 宝钢集团举行2014年度领导人员集中轮训暨第十七期决策人研修,分别从宝钢集团战略规划与投资管理、资产运营效率、人事效率、总部价值以及国际钢企借鉴等方面开展深入研修,以问题为导向,探讨应对策略。

13日 刁可山、郑涛、王庆亮、张端阳、蒋少林、程畅、刘志、沈田力、李国军、陈琪当选第九届"宝钢十大杰出青年"。

同日 宝钢股份举行2014年建设技改工作研讨会。

15日 宝钢与海洋石油工程股份有限公司(青岛)公司签订亚马尔项目12万吨厚板合同供货框架协议书。亚马尔项目是俄罗斯液化天然气出口基地建设项目之一,也是全球最大的液化天然气项目。该项目将把俄罗斯北极地区的天然气通过液化,供应给欧亚两洲。海油工程(青岛)公司承建该项目的核心工艺模块部分,所有模块均在青岛场地建造,主结构及装船固定用钢板需求量达12万吨。

同日 宝钢采用"宝洋联动"模式,发运首批外贸集装箱。这种在厂内完成外贸集装箱监管通关及水运中转的出厂运输模式,开创企业码头与地方港口实现联动的先例,也为宝钢优质钢材出口海外提供"快捷通道"。

同日 "集善工程·启明行动"宝钢宁夏项目正式启动。"集善工程·启明行动"由中国残联、

8月15日,宝钢采用"宝洋联动"模式,发运首批外贸集装箱(陆非然 周宇喆 摄)

中国残疾人福利基金会共同发起，是迄今为止国内规模最大、覆盖面最广、成效最显著的白内障复明项目。作为第一家参与该项行动的国有大型企业，宝钢自2007年起，已先后捐资400万元，帮助云南、西藏等地4200名贫困白内障患者免费实施复明手术，脱盲率达100%，实现“康复一个人、解放一家人、影响大批人”的目的，取得良好的社会效益。

20日 宝钢党的群众路线教育实践活动整改落实“回头看”督导工作正式启动。启动会提出落实不到位不放过，群众不满意不放过。要求督导组督促指导各二级单位领导班子及成员真改、实改、彻底改，把整改工作落到实处、见到实效，重点抓好班子主要领导整改和推动解决群众反映强烈的突出问题。

25日 宝钢举行向米兰世博会中国企业联合馆提供钢结构解决方案签约仪式。2015年米兰世博会，宝钢以“核心参展”合作方式参与“中国企业联合馆”项目建设，包揽该馆建设所需的全部钢材，由宝钢钢构有限公司负责钢结构制作。

30日 湛江钢铁1550冷轧酸洗项目开工。

8月 国家海关总署授予宝钢股份“中国外贸出口先导指数样本企业”称号。

9月

1日 宝钢股份四号高炉（一代炉役）炉缸改造大修工程正式启动。

同日 2014年冶金科学技术奖评奖揭晓，宝钢有8个项目获奖。除宝钢与钢研总院等合作的“压水堆核电站核岛主设备材料技术研究与应用”获特等奖外，“冷轧热镀铝锌机组核心工艺与成套装备研究开发”“中高铬铁素体不锈钢高表面控制技术”获一等奖，还有2个项目获二等奖，3个项目获三等奖。

2日 宝钢股份炼钢厂一号连铸机综合改造正式启动。

4日 宝钢首期“点善军团——未来创业者修炼营”结营。该“修炼营”是宝钢基于二次创业需要，面向未来，为发现、牵引、培养一批更具企业家精神、更具创业者素养的经营管理人才而组建的培养项目。“点善”意为“日修

中国钢铁工业协会 中国金属学会

冶金科学技术奖

证书

为表彰对推动中国冶金行业科技进步做出突出贡献的中国公民和组织，特颁此证，以资鼓励。

获奖项目：冷轧热镀铝锌机组核心工艺与成套装备研究开发

获奖单位：宝山钢铁股份有限公司

获奖等级：壹等奖

获奖时间：贰零壹肆年

No: 2014-029-1-1

2014 年 8 月

9月1日，“冷轧热镀铝锌机组核心工艺与成套装备研究开发”项目获冶金科学技术奖一等奖 （鲍 冷 摄）

9月15日，宝钢股份四号高炉旧炉缸成功滑移到指定位置，并完成卸载 （刘 杰 摄）

9月15日,宝钢举行"公司日"纪念活动(陆非然 摄)

一点,日积一善,点滴完善,持续进步"。相比于知识和技能,这一项目更注重于学员的悟道和行动力提升。自2011年7月项目启动后,首期点善军团三年间开展了包括拜访企业家、讲学悟道、高管融入、自主研修四个方面的活动。学员不仅在培训过程中,扩展了视野,心智模式更为成熟,同时,更获得了充分的岗位历练,并在岗位上以创业思维突破性开展工作。

15日 宝钢举行主题为"'绿'动宝钢·环保有我"的2014年"公司日"纪念活动。

19日 宝钢首期派出董事、监事专业资格培训班在人才开发院结业。培训班重点就中国国企改革与公司治理现状、国企改革背景下的董(监)事会运作、宝钢董事会的运作与管理、宝钢的母子公司管控与子公司治理、董(监)事的角色定位及履职、风险管控以及董事、监事优秀实践案例等,进行了集中学习与强化培训。

23日 宝钢集团有限公司、上海华谊(集团)公司、中国盐业总公司战略合作协议及合成气项目签约仪式在上海举行。根据协议,三方将在空分、合成气及相关业务上,强强联合,发挥各自专业领域优势。

10月

14日 宝钢发布新一代装配式钢结构百年住宅体系——Baohouse。该体系采用建筑信息模型技术,实现建筑产品的全生命周期管理。

17日 宝钢举行汽车板新技术研讨会。宝钢将针对汽车工业"绿色、安全、成本"的发展要求,结合用户未来的用材策略和需求,坚持技术创新,加强汽车板产品的研发工作,与用户共享新材料、新技术方面的研发成果。结合用户的个性化需求,进一步完善汽车板供应链体系,提升剪切加工配送的服务能力,为用户提供更便捷、更有效的价值服务。

26—31日 宝钢成功承办"宝钢杯"第七届全国钢铁行业职业技能竞赛。来自国内64家钢铁企业的216名选手,分别参加了高炉炼铁工、金属轧制工、设备点检工和天车工4个工种的比赛。宝钢包揽4个工种的冠军,并取得团体第一名;竞赛组织和服务工作受到中国钢铁工业协会及各参赛单位的好评,获特别贡献奖。

28日 2014钢铁行业"新知识、新技术、新理念"高峰论坛在上海举行。论坛旨在搭建钢铁行业全产业链——政、产、学、研、用各方高端人士沟通与交流的平台,使行业及企业的高层管理人员能站在行业的最前沿,及时了解和掌握行业发展的新知识、新技术、新理念、新动态,加强知识管理,拓展思维能力,提高行业和企业领导者与时俱进、科学决策的能力和水平。

30日 中共中央网络安全和信息化领导小组办公室组织人民日报、央视新闻、新华网等粉丝数多、影响力大的12家媒体的法人微博组成采访团,以"从企业看信心"为主题,对宝钢进行采访。

31日 宝钢资源有限公司在线交易电商平台"资源GO"正式上线运行。该平台为用户提供从网上询价、签约到交易、支付、提单,再到信息咨询、金融物流服务的"一站式解决方案"。

10月 宝钢特钢完成首批700℃超超临界电站用高压锅炉合金小口径管的生产。此次试制成功,表明宝钢在700℃超超临界高压锅炉合金管研制方面走在了国内最前列,并步入国际第一梯队。

同月 宝钢工程成功研发自主技术集成的国内首台数字化、高精度、高效率焊管检测设备系统。该设备系统的高动态分辨率和射线透照质量达到国际焊管检测最高等级的B级水平,成为国内首台达到"欧标"要求的焊管检测设备。

同月 宝钢股份总部获得国际权威认证机构——英国标准协会对公司有害物质管理体系

11月16日，湛江钢铁1550冷轧酸洗项目施工现场(王建国　罗耀华 摄)

(QC080000)的认证推荐，成为国内大型钢铁企业中首家通过该体系认证的公司。

11月

1日　湛江钢铁炼钢厂主厂房设备开始安装。

7日　由宝钢科协主办的“三院”(宝钢中央研究院、经济管理研究院、人才开发院)首次共享交流会在人才开发院举行。“三院”集中了宝钢在技术创新、经营管理研究、人才培育等方面的优秀人才，形成了丰富的知识资源。在宝钢二次创业深入推进及新常态市场形势下，如何发挥“三院”人才、管理和技术优势，并形成合力，进一步寻求跨领域的协同与合作，为宝钢集团的发展提供服务和支撑，是摆在“三院”面前的新课题。为此，宝钢科协搭建了此次“三院共享交流”平台。

12日　宝钢股份四号高炉炉缸完成大修成功点火，开启设计寿命为18年的第二代炉役。

同日　湛江钢铁自备电厂一号发电机组锅炉点火成功。

14日　湛江钢铁首次发布《员工发展报告》。

17日　宝钢全天候成品码头建成投运。

同日　在国家主席习近平、澳大利亚总理阿博特的共同见证下，宝钢集团党委书记、董事长徐乐江与Aurizon公司首席执行官霍克里奇作为主签人在澳大利亚堪培拉国会大厦签署《宝钢、Aurizon、中国国家开发银行和澳新银行金融合作谅解备忘录》。该《备忘录》明确了四方合作的原则、目标、领域和机制。表明了金融机构对宝钢和Aurizon在澳洲地区合作开发资源项目的信心，提高了项目的信誉度，有利于降低融资成本。

19日　宝钢科学技术协会举办第二期宝钢科技共享论坛——节能环保专题技术共享会。与会专家就节能环保工作开展技术交流，并为宝钢环境经营工作建言献策。

22日　在第八届(昆山)国际发明展览会上，宝钢参展项目中“热轧带钢边部缺陷诊断与控制装备技术”“超高效节能减排灭火系统安全技术”“钢厂码头输送机金属检测和防护技术”等23个项目获得金奖;“一种刀唇擦拭装

5月12日，建设中的宝钢股份全天候成品码头(陆非然 摄)

置”“远程气体充排气保压控制系统”等28个项目获得银奖；“一种适用于取料机回转轴承更换的多点顶升的方法”等40个项目获得铜奖；宝钢获第八届国际发明展览会优秀展团奖。

28日　宝钢建成国内首个钢制品无人化仓库。

11月　宝钢获“2013年度中央企业财务决算管理先进单位”“全国内部审计先进集体”称号。

同月　国际三大信用评级机构标准普尔、穆迪和惠誉对宝钢集团有限公司开展信用评级复审，分别给予A-、A3和A-的长期企业信用评级，评级展望均为“稳定”。宝钢集团继续享有全球综合类钢铁企业中最高评级水平。三大信用评级机构还同时给予宝钢股份同样的信用评级。

12月

4日　上海宝钢化工有限公司与四川达兴能源股份有限公司签订项目合作意向协议。根据协议，双方将在冶金煤化工领域开展深入合作。

5日　宝钢美洲公司总裁叶萌当选美国中国总商会贸易委员会主席。

同日　湛江钢铁基地大型配套生活园区“申蓝宝邸”项目开工建设。这是一个生态休闲、具有生气和活力的中高档、大型、综合性、多元化的风情园林式小区，以解决湛江钢铁员工住房需求。

同日　湛江钢铁有限公司与宝钢发展有限公司签署《商业合作框架协议》，双方将在固废再生利用以及一部分生产配套服务上展开合作。

8日　宝钢集团发布公告，将其所持有的新华保险的部分A股股票作为标的股票，于12月10日公开发行可交换公司债券，发行规模为40亿元。这是中国证券市场第一单公开发行的可交换公司债券。本次可交换公司债券的发行人主体（宝钢集团）及债项信用评级均为AAA，债券期限为发行首日起三年，换股期限为发行结束日满12个月后的第一个交易日起至可交换公司债券到期日止。本次债券的标的股票初始换股价格为43.28元/股。

同日　宝银公司重组揭牌仪式暨高温堆蒸发器换热组件启动仪式在江苏宜兴举行。宝银公司成立于2007年6月，由宝钢股份与江苏银环精密钢管股份有限公司合资组建，其产品覆盖核电、火电、石油化工、轨道交通、航空航天、军工等领域。2014年10月，中国华能集团入资，与宝钢集团、中国广核集团、银环控股集团联合注资完成宝银公司新一轮的资产重组。

15日　宝钢集团有限公司获2013—2014年度全国“讲理想、比贡献”活动先进集体称号，宝钢集团新疆八一钢铁有限公司获“讲理想、比贡献”创新团队称号。宝钢“讲理想、比贡献”委员会副主任莫臻获2013—2014年度全国“讲理想、比贡献”活动优秀组织者称号，宝钢工程技术集团有限公司沈杰、宝钢发展有限公司赵玉静、宝钢集团新疆八一钢铁有限公司俞海明获2013—2014年度全国“讲理想、比贡献”创新标兵称号。

16日，宁波钢铁召开2014年第二次股东会暨三届五次董事会，审议并通过《关于宁钢增资方案的议案》。经过此次增资，杭州钢铁集团公司占宁波钢铁全部股权比例调整为60.29%，宝钢集团有限公司占其全部股权比例调整为34%，宁波开发投资集团有限公司占其全部股权比例调整为4.06%，宁波经济技术开发区控股有限公司占其全部股权比例调整为1.65%。宝钢集团调整为宁波钢铁第二大股东。

24日　交易代码为132001的宝钢可交换公司债券，在上海证券交易所挂牌上市。

12月　由宝钢承担的国家“烧结废气余热循环利用低碳排放工艺技术创新及产业化示范工程”项目通过国家验收。

同月　宝钢特钢获“2014年度上海市核电设备制造质量先进单位”称号。

同月　宁波钢铁获“2014年度中国钢铁工业清洁生产环境友好企业”称号。

宝钢年鉴

2015

BAOSTEEL ALMANAC

综　述

综　述

宝钢集团有限公司(简称"宝钢""宝钢集团",英文名称BAOSTEEL GROUP CORPORATION)是全球现代化程度最高、钢材品种规格最齐全的特大型钢铁联合企业之一,是国有独资公司(国务院国有资产监督管理委员会代表国务院履行出资人职责),注册资本为510.83亿元人民币。经营范围:经营国务院授权范围内的国有资产,并开展有关投资业务;钢铁、冶金矿产、化工(除危险品)、电力、码头、仓储、运输与钢铁相关的业务,以及技术开发、技术转让、技术服务和技术管理咨询业务,外经贸部批准的进出口业务、国内外贸易(除专项规定)及其服务。宝钢集团总部设在上海市浦东新区浦电路370号。

历史沿革

宝钢(1993年前称"上海宝山钢铁总厂")始建于1978年12月23日,是由国家投资建设的特大型现代化钢铁联合企业。宝钢主厂区位于上海市北翼长江南岸,占地面积18.98平方千米,距市中心人民广场约26千米。

宝钢工程为当时国内规模最大、投资最多、现代化程度最高的一个项目。一期工程1985年9月投产;一、二期工程1991年6月全部完成,总投资300亿元人民币,设计年产铁650万吨,钢(水)671万吨,商品钢坯122万吨,钢材422万吨(其中无缝钢管50万吨、冷轧板卷210万吨、商品热轧板卷162万吨)。投产不到10年,宝钢不仅提前还清了75亿元贷款及全部利息(扣除贷款和外部配套建设,由国家直接投在宝钢的原始资本205亿元),而且自筹资金建设三期工程(525.28亿元)。2000年,设计总规模为年产1100万吨钢、975万吨铁、713.6万吨钢材的一、二、三期工程全面建成,宝钢跻身世界千万吨级特大型现代化钢铁企业行列。宝钢一期工程的技术装备成套引进,国内制造设备仅占12%;二期工程国内制造设备占50%以上;三期工程总体规划和设计都由国内承担,国内制造设备提高到80.05%。

1998年11月17日,经国务院批准,以宝山钢铁(集团)公司(即原"上海宝山钢铁总厂",1993年更名)为主,吸收上海冶金控股(集团)公司、上海梅山(集团)有限公司联合组建成上海宝钢集团公司。2005年10月,上海宝钢集团公司依照《公司法》改建为规范的国有独资公司,更名为"宝钢集团有限公司"。

上海宝钢集团公司成立后,按照建设钢铁精品基地和钢铁工业新技术、新工艺、新材料研究开发基地的要求,制定统一的钢铁发展规划,并投入巨资加快建设。一方面,继续进行马迹山港工程、二号高炉易地大修工程、宽厚板轧机及其配套连铸工程、1800冷轧带钢工程、中口径直缝焊管工程、大口径直缝焊管工程、三热轧工程、五冷轧工程、四号发电机组工程等一大批建设项目和三号彩涂机组技改工程、一号高炉大修工程、新建冷轧连退机组等一批三期后建设技改项目,使宝钢继续处于世界先进水平;另一方面,对老企业进行技术改造,完成一钢不锈钢工程、五钢合金模块工程、特钢银亮材工程、不锈钢长型材工程、合金棒材改造工程、梅山热轧技改工程、益昌冷轧技改工程、浦钢搬迁罗泾工程等一大批新建或改造项目,使老企业完成脱胎换骨的巨变。

上海宝钢集团公司成立后,针对老企业普遍存在资金短缺、污染严重、设备落后、产品缺乏竞争力、冗员多分流难、亏损面广的困难局面,发挥宝钢的资信、资源和销售网络优势,以及技术、人才、管理和企业文化等优势,仅用3年时间,就将严重亏损的老企业全部实现扭亏为盈。在大力推行主辅分离、辅业改制等一系列企业改革的同时,先后全部淘汰了老企业能耗高、污染严重、技术落后的装备。

2000年2月3日,上海宝钢集团公司以原宝钢资产为基础,独家发起组建宝山钢铁股份有限公司(简称"宝钢股份"),宝钢股份于同年12月12日在上海证券交易所挂牌上市。2005年,宝钢股份通过增发收购,使宝钢集团在上海地区的钢铁主业及相关资产整体上市。2008年,宝钢股份收购宝钢集团上海浦东钢铁有限公司罗泾资产,实现钢铁主业一体化经营。

2007年1月16日,宝钢集团有限公司与新疆维吾尔自治区政府签署增资重组新疆八一钢铁集团有限责任公司的协议；4月28日，新疆八一钢铁集团有限责任公司正式加入宝钢集团，定名为“宝钢集团新疆八一钢铁有限公司”（简称“八一钢铁”）。

八一钢铁厂区一角（姚海山 摄）

2008年6月28日，由宝钢集团有限公司、广东省国资委和广州市国资委在广州市注册成立宝钢集团广东钢铁集团有限公司（简称“广东钢铁”），宝钢启动对广东省钢铁产业的重组。广东钢铁由宝钢集团以现金出资持股80%，广东省国资委和广州市国资委合并持股20%，广东省国资委和广州市国资委分别以广东省韶关钢铁集团有限公司（简称“韶钢”）、广州钢铁企业集团有限公司（简称“广钢”）的国有净资产出资。2011年8月22日，宝钢集团与广东省国资委、广州市国资委签署重组韶钢、广钢相关协议，同时广东省国资委和广州市国资委退出对广东钢铁的持股，广东钢铁减资成为宝钢集团全资子公司，注册资本金为80亿元。韶钢在分离办社会的基础上由宝钢集团直接持股51%，广钢存续钢铁产业通过湛江钢铁与广钢合资成立新公司方式重组。2012年4月18日，由宝钢集团和广东省国资委共同出资组建的宝钢集团广东韶关钢铁有限公司（简称“韶关钢铁”）揭牌；9月，根据国务院国资委的批复，韶关钢铁正式成为宝钢集团下属公司，宝钢投资38.51亿元，持股比例51%。2012年4月19日，由宝钢和广钢共同出资组建的广州薄板有限公司在广州揭牌成立，宝钢以现金出资16.58亿元，持股比例51%。宝钢在对广东省钢铁产业进行重组的同时，筹备广东湛江钢铁基地项目。2011年4月18日，宝钢湛江钢铁有限公司（简称“湛江钢铁”）在广东省湛江市注册成立；2012年5月24日，国家发改委正式发文核准宝钢开工建设湛江钢铁工程；2012年5月31日，宝钢广东湛江钢铁基地项目（简称“湛江钢铁基地项目”）在湛江东海岛举行开工仪式；2013年，炼铁、炼钢、连铸、热轧、冷轧等主体项目相继开工。

2009年3月1日，宝钢集团有限公司与杭州钢铁集团公司签署协议，重组宁波钢铁有限公司（简称“宁波钢铁”）。重组后，宝钢集团有限公司占宁波钢铁56.15%的股份，杭州钢铁集团公司占34%，宁波开发投资集团公司占7%，宁波经济技术开发区控股有限公司占2.85%。2014年12月16日，宝钢集团有限公司调整为宁波钢铁第二大股东，占34%股权。

2010年12月31日，宝钢集团有限公司与福建吴钢集团有限公司签署协议，重组福建德盛镍业有限公司，定名为“宝钢德盛不锈钢有限公司”（简称“宝钢德盛”）；2011年3月18日，宝钢德盛不锈钢有限公司揭牌成立。

2012年7月4日，上海市政府与宝钢集团签署《关于上海宝山地区钢铁产业结构调整的合作协议》。根据协议要求，宝钢集团将按照“减量、增效、调整、发展”的总体原则，实施上海宝山地区钢铁产业结构调整，计划减少上海地区钢铁产能约660万吨。

企业现状

宝钢以钢铁为主业，生产高技术含量、高附加值钢铁精品，已形成普碳钢、不锈钢、特钢三大产品系列，广泛应用于汽车、家电、石油化工、机械制造、能源交通、金属制品、航天航空、核电、电子仪表等行业。宝钢还着力发展相关多元产业，重点围绕钢铁供应链、技术链、资源利用链，形成资源开发及物流、钢材

5月19日，在第十届中国国际冶金展览会上，宝钢展台吸引大批参观者驻足观摩

(张端阳 摄)

延伸加工、工程技术服务、煤化工、金融投资、信息技术、生产服务七大相关产业板块，形成相关多元产业和钢铁主业协同发展的业务结构。

2014年，中国钢铁工业步入了“高产量、低价格、高成本、低效益”的市场“寒冬”，宝钢经受住了市场的考验，顺利完成年度预算目标，经营业绩继续保持国内行业领先，处于全球钢铁企业前列。年内，宝钢连续第11年进入《财富》世界500强，位列第211位，较上年上升11位。再次入选全球金属行业最受赞赏公司，也是中国钢铁行业唯一上榜企业。国际三大信用评级机构标准普尔、穆迪和惠誉继续给予宝钢全球综合类钢铁企业中最高信用评级，分别为A-、A3和A-，评级展望均为“稳定”。在海外资产收购上，成功控股澳大利亚阿奎拉公司。在中国证券市场上，第一个成功公开发行可交换公司债券。湛江钢铁基地项目建设进展顺利。全年对外捐赠约9492.5万元。

年内，宝钢“低温高磁感取向硅钢制造技术的开发与产业化”项目获国家科学技术进步奖一等奖；在5月举行的第113届巴黎国际发明展上，宝钢选送的9个现场发明成果全部获奖，其中2个金奖、4个银奖、3个铜奖，分别占中国参展团相应获奖总数的40%、40%和30%，成为中国代表团获奖最多的企业。

至2014年底，宝钢员工总数为134684人。

组织机构

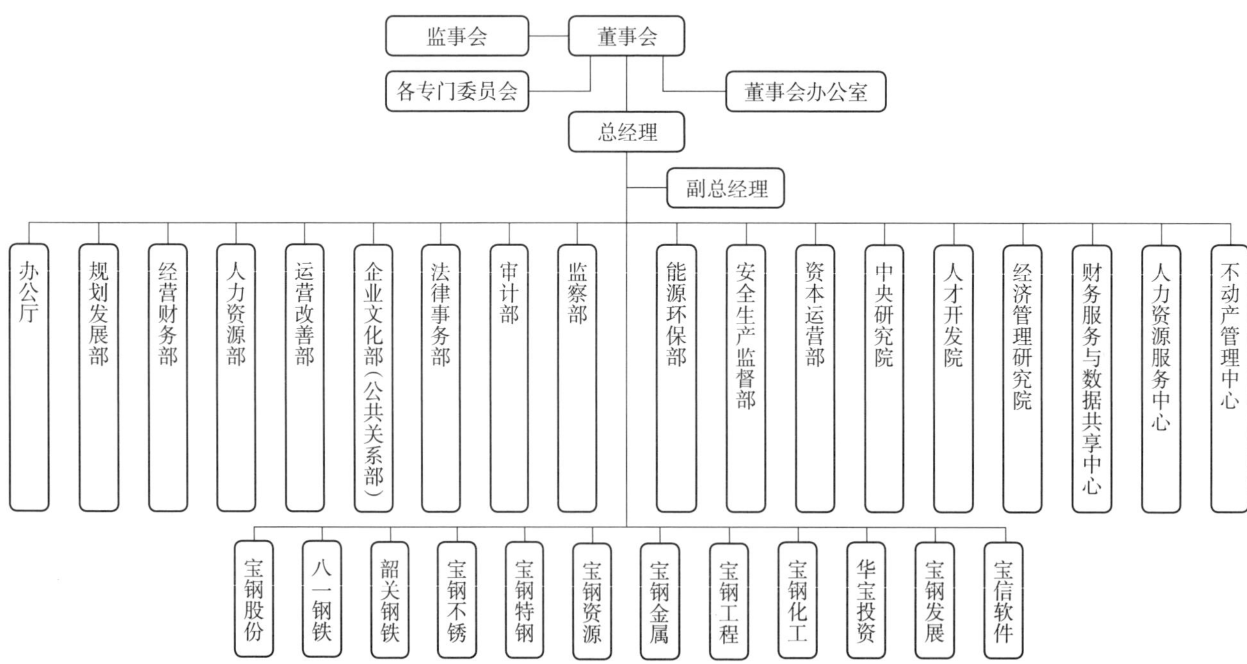

宝钢集团有限公司组织机构图(2014年12月)

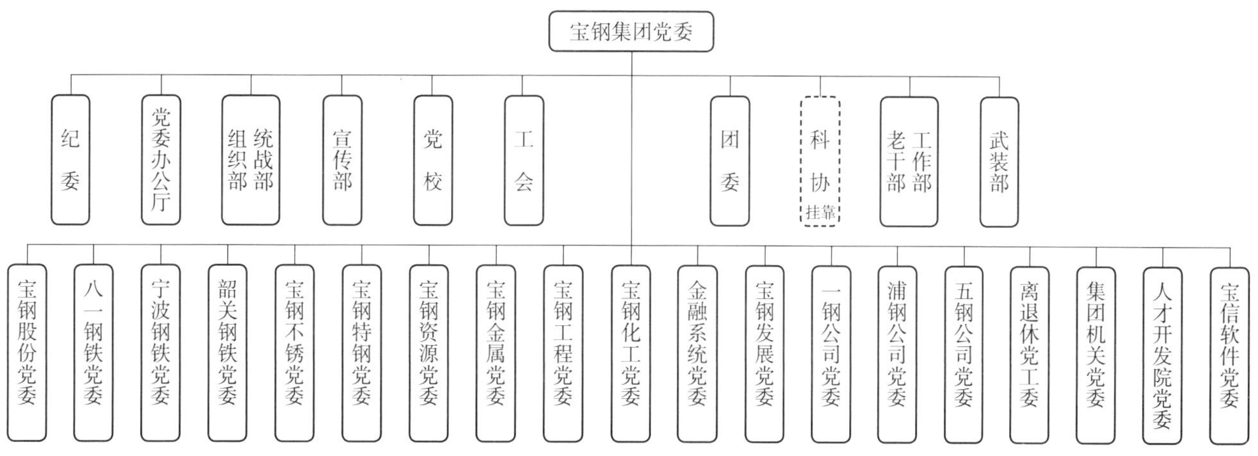

宝钢集团有限公司党群组织机构图（2014年12月）

公司变革

一、成立全面深化改革领导小组

年初，宝钢成立了由宝钢集团主要领导挂帅的全面深化改革领导小组。组建工作小组，负责研究确定宝钢集团改革的总体思路和工作方向，统一部署全局性重大改革。对钢铁行业深化改革的目标、任务、难点和路径进行深入研究，并及时跟踪信息、策划编制方案。宝钢全面深化改革领导小组多次走访国家有关部委，建立信息沟通渠道，实时把握改革动态，主动汇报和反映宝钢的意见建议。2014年，多家子公司在实践混合所有制经济模式上迈出了扎实的一步。宝钢金属下属的宝钢气体引进美国战略投资者，联合收购河南晋开集团86%产权的气体资产，同时引入经营者股权风险共担机制，新的合资公司已开始运营；宝钢发展有限公司下属宝钢建材成功向社会公开引入战略投资者——建银城投环保产业基金和上海建科院，实施股权多元化；宝钢股份在诚融动产质押平台公司股权多元化的基础上与14家银行签署框架合作协议，为电商业务的发展提供新的机会；宝钢与中央企业、民营企业联合注资，完成宝银特种钢管有限公司新一轮资产重组。

二、三项制度改革

1.*“干部能上能下”方面改革*。（1）优化直管领导人员绩效评价，建立宝钢坚决摒弃的领导人员行为与状态的8条“负面清单”，实施活力曲线强制分布。在2014年开展的上年度考评中，宝钢集团层面的173名直管领导人员中，有14人被评为“改进”或“诫勉谈话”，占比为8.1%；各子公司1216名直管领导人员中，评价为“改进”或“诫勉谈话”的有90人，占比为7.4%。（2）严格执行领导人员到龄退出制度，分批完成岗位调整工作。（3）动态优化层级体系，严格层级管理。

2.*“薪酬能增能减”方面改革*。宝钢设计鼓励效率效益提升的分享式工资总额计算办法，建立与绩效更加相关的分配机制。同时，在部分子公司探索中长期激励、在新业务板块实施核心团队出资入股等机制。

3.*“员工能进能出”方面改革*。稳步推进市场化用工，完善劳动合同、岗位管理等制度并严格执行，优化业务调整、经济运行、产线关停等情况下的人员退出政策。

三、提升钢铁服务能力

1. 以客户为中心的先期介入模式从汽车板业务拓展到22个非汽车板项目。同时，策划推进汽车、输配电、造船、家电行业等各业务的大客户管理，实施上下游合作共赢的技术营销创新模式；动态优化接单策略，加大市场细分、内外销联动、热轧厚板营销整合、全供应链响应速度提升、现货销售模式创新等各项工作力度；推进对汽车板客户的多制造基地一站式服务布点，加快延伸服务领域的布局。

2. 电子商务与加工中心等实体网络的有机结合，进一步支撑了宝钢钢材销售规模的增长。宝钢专属电商平台通过深入推进“行业供应链系统”，提升了面向重点用户的个性化服务能力，通过拓展“移动商务”“电子化物流”等领域，提升了整体供应链运作能力，强化了营销主渠道的核心竞争力。上海钢铁交易中心电子商务业务拓展取得长足进展，宝钢财务公司和东方付通信息技术有限公司的在线支付、在线融资服务为电商发展提供了有效支撑。

3. 产品出口和海外业务取得新突破。宝钢股份成功开发高等级管线钢稳定制造工艺，产品批量出口海外市场；BGT2特殊扣、大规格13Cr系列高等级油井管品种在海外市场的推广均取得历史性突破；获得全球最大液化天然气项目——亚马尔项目全部厚板订单；成功中标跨安纳托利亚（TANAP）天然气管道项目；包揽2015米兰世博会中国企业联合馆所需全部钢材；3月，宝钢在海外独资建设的第一家钢材加工中心——印度古吉拉特邦萨纳恩德（SANAND）加工中心正式开工建设。此外，宝钢股份与国际知名跨国汽车公司的海外工厂形成业务合作；蝉联通用汽车公司“全球年度供应商”，并首次进入全球汽车紧固件第一大生产商——荷兰皇家内德史罗夫集团的汽车配套供应商供应体系。宝钢特钢成为世界领先的航空发动机制造商英国罗罗公司合格供应商名录中的一员，高强度非调质冷镦钢线材产品成功进入采埃孚集团全球采购名录。越南宝钢制罐公司投产，经营绩效趋势良好。海外资源控制取得新进展，宝钢资源完成对澳大利亚阿奎拉公司控股权的收购，在海外铁矿石、煤炭资源控制方面取得实质性突破。

4. 金融、信息和节能环保等多元服务类的业务有新发展。（1）在金融服务方面。华宝证券获得证监会批准的开展互联网证券业务试点资格，“投客网”上线运行仅一个月，注册用户即突破25万；华宝添益基金规模达206亿元，较2013年底增长272%，占据最大场内货币基金地位；财务公司延伸产业链融资及票据服务，为超过150家供应商及用户融资超过40亿元。（2）在信息服务方面。宝信软件成立云计算/互联网数据中心拓展团队，全年新增云计算合同超过1000万元；宝信软件成为上海市现代服务业从优秀走向卓越的标杆性示范企业，并获上海市市长质量奖。宝钢工程技术集团有限公司下属宝钢建筑系统集成有限公司发布新一代装配式钢结构住宅体系，推动绿色建筑发展。上海宝钢节能环保技术有限公司加大成熟节能技术在宝钢内外的推广力度，全年完成19项合同能源管理项目，年节能量3.4亿千克标准煤。宝钢化工积极探索水环境领域的商业机会，争取把技术能力转化为市场价值。宝钢发展有限公司建立符合钢铁主业要求的服务响应和沟通机制，优化服务标准，提高服务质量。

四、系统推进员工与企业共同发展

1. 各单位紧密地将员工与企业的利益联系在一起，通过机制创新激发员工队伍的活力。2014年，宝钢员工敬业度继续稳步提升，调研结果达64%，同比提升10个百分点。

2. 2014年，宝钢员工人均经济增加值38.25万元，提高5.64%。宝钢在薪酬福利总额投入上继续保持稳定增长，在内部分配上强化绩效导向，对效益稳定增长、效率显著提升的单位，给予员工人均收入的明显增长。

3. 加大对人才激励机制的创新力度。宝钢股份率先实施“限制性股票计划”和“关键岗位员工资产管理计划”，成为激励创新的先行者；新组建公司实施包括核心骨干团队出资入股方案等在内的一系列激励机制。

4. 保持对人才发展的关注与投入。优化管理人员和技术人员培训，坚持“问题导向、知行合一”开展决策人研修，全年共选派51名员工分赴海外知名高校进行学习深造，成为宝钢国际化队伍中的重要后备力量。

5. 加大力度促进员工队伍技能提升。年内，遴选产生57名宝钢第四届技能专家，投资建成“创意实践中心”，完成“宝钢冶金仿真操作实训”平台建设，不断创新实训手段。充分利用社会优质资源，引入“双元制”职业培训模式，通过企校合作，进一步优化宝钢技能人才培养体系，顺利推进高潜质后备

12月11日，宝钢股份员工在吊运出口的大口径管线管（刘　杰　摄）

技能人员和大师级技能人才培养。

基建技改

2014年，宝钢集团完成固定资产投资额255亿元。湛江钢铁基地项目进展顺利，4200毫米厚板工程、1550毫米冷轧工程相继开工。多元产业中，宝信软件“宝之云”互联网数据中心项目（二期）、宝钢金属越南新增制罐线、宝钢化工宝山配套一期焦炉大修煤气排送改造等相继开工。

4月25日，建设中的湛江钢铁基地项目一号高炉工程（王建国 摄）

2014年主要投运项目一览表

单　位	项　目　名　称	开　工　时　间	投　运　时　间
宝钢股份	电厂一号、二号机组综合改造	2012年10月	2014年7月
八一钢铁	COREX炉建设及配套设施工程	2012年5月	2014年12月
宁波钢铁	薄带连铸项目	2012年9月	2014年6月
宝信软件	“宝之云”互联网数据中心项目（一期）	2013年7月	2014年6月
宝钢资源	沿海船队建设项目	2010年5月	2014年6月
宝钢金属	昆山宝盐气体空分项目	2013年8月	2014年12月
宝钢化工	乌海黄河项目	2013年3月	2014年6月
宝钢发展	宁波钢铁冶金渣固废综合利用项目	2013年12月	2014年12月

2014年主要在建工程一览表

单　位	项　目　名　称	开　工　时　间	预计投运时间
宝钢股份	湛江钢铁基地项目	2013年5月	2016年6月
	一期焦炉大修改造工程	2013年11月	2015年11月
	宝日汽车板四号热镀锌生产线	2013年11月	2015年11月
韶关钢铁	炉料结构优化之焦炉建设工程	2013年5月	2015年3月
宝钢工程	湛江钢铁基地项目设备再制造和修复中心工程	2014年3月	2015年6月
宝信软件	“宝之云”互联网数据中心项目（二期）	2014年7月	2015年9月
宝钢金属	越南新增制罐线	2014年7月	2016年6月
宝钢化工	宝山配套一期焦炉大修煤气排送改造	2014年6月	2015年5月
宝钢发展	湛江钢铁基地项目高炉矿渣综合利用工程	2014年7月	2015年11月

经营业绩

2014年,宝钢集团完成工业总值(现行价格)2891亿元,工业销售产值2867亿元,资产总值5347.06亿元,营业总收入2977.43亿元,实现利润总额94.16亿元,净资产收益率1.96%。全年完成铁产量4263万吨,钢产量4450万吨,商品坯材产量4401万吨。

一、宝钢股份

2014年,实现营业总收入1877.89亿元,利润82.6亿元,经营业绩持续保持国内同行最优。年内,宝钢股份继续围绕"成为全球最具竞争力的钢铁企业,成为最具投资价值的上市公司"的战略目标,进一步发挥产销协同,持续开展销售策略和品种结构优化、成本对标改善和各项费用管控。大力推进营运资金长效管控机制,现金流得到明显改善。积极探索、研究电子商务与加工中心等实体网络的结合,电子商务销售规模同比增长11倍。大力推进环境经营,先行一步实施能源环保规划、探索环保前沿技术。湛江钢铁工程大规模建设和宝钢股份四号高炉炉缸大修等项目安全管控良好。

二、八一钢铁

2014年,实现营业总收入219.6亿元,经营出现大额亏损。年内,新疆八钢南疆钢铁拜城有限公司项目生产逐步趋稳,成本控制初见成效;第一座COREX炉(熔融还原炼铁装置)按时间节点顺利建成;建立西北地区首家钢铁电子商务平台;多项节能环境治理措施效果明显,环保水平和厂容厂貌得到较大改善;认真贯彻落实国家大政方针,制定有针对性的维稳举措,确保了一方平安。

三、宁波钢铁

2014年,实现营业总收入142.16亿元,全面超额完成年度预算目标。自2009年3月重组以来,面对复杂严峻的经营环境,宁波钢铁始终坚持"低成本、高效率"经营策略,以提升资产运营效率为管理主线,不断提升市场竞争力,在钢铁业界重塑了一个低成本、高效率的示范性企业,得到了行业的尊重、政府和社区的认可、股东以及广大员工的高度评价。

四、韶关钢铁

2014年,实现营业总收入209.69亿元,出现较大经营亏损。年内,韶关钢铁积极推进组织机构变革,优化管理者绩效评价和员工薪酬分配,劳动效率持续提升;通过低成本融资保障资金安全,优化资金结构。但是,韶关钢铁在大宗原料采购和经营、成本持续改善、特钢制造能力提升等方面准备不够充分,出现较大经营亏损。

五、宝钢不锈

2014年,实现营业总收入394.94亿元,利润1.77亿元。年内,面对市场竞争和转型发展的双重挑战,宝钢不锈积极践行"用户导向、技术领先、一体化协同"经营理念,建成"经营驾驶舱",实施"直播式日管控",推进沪闽浙三地营销、采购、研发一体化协同。年内,"中高铬铁素体不锈钢高表面控制技术"获2014年冶金科学技术一等奖,汽车用不锈钢销量市场占有率提升至43%,铁水成本接近行业平均水平,保持良好经营现金流。

六、宝钢特钢

2014年,实现营业总收入90.4亿元,环比减亏5.39亿元,但尚未摆脱大额亏损状态。年内,宝钢特钢深化分块运营机制,持续强化"效益为王、责任落地"评价导向,引领8个分块运营单元追求业绩突破,各产线盈利能力均有不同程度的提升,经营业绩持续改善。

七、宝钢资源

2014年,实现营业总收入456.41亿元,利润8.52亿元。年内,宝钢资源成功收购澳大利亚阿奎拉公司,在掌控海外资源方面取得突破性进展。根据公司资产分布、经营模式和业务特点,加快了以香港为总部、面向全球经营管控体系的建立和完善。年内,宝钢资源全面推行创业团队A计划,推进贸易业务模式的创新。

八、宝钢金属

2014年,实现营业总收入112.26亿元,利润3.3亿元。年内,宝钢金属坚持"推动变革、夯实基础、优化成长、严控风险"的经营策略,稳中求进。金属包装业务完成新区域布局;气体业务创新成长模式,进军合成气业务;金属制品业务加速转型升级,产品结构调整初见成效。

九、宝钢工程

2014年,实现营业总收入107.38亿元,经营出现亏损。年内,宝钢工程坚持走结构调整、转型升级之路,采取改革措施,积极发展新业务,着力打造服务钢铁生产和城市建设的新能力。节能环保业务转型取得进展,产线节能解决方案业已形成,低品位余热资源利用和烧结烟气综合治理等技术取得突破;完成上海中心钢结构制作,继续保持超高层重钢结构行业领导地位；发布宝钢新一代装配式钢结构住宅体系，完成南极泰山站建设；海外业务继续保持较好的增长势头。

十、宝钢化工

2014年，实现营业总收入92.19亿元，利润5.4亿元。年内，宝钢化工保持优良安全绩效，主要产品发挥上下游协同优势，产销研运作良好。湛江钢铁化产基地开工建设，内蒙古乌海新基地项目投产后运营稳定。

十一、华宝投资

2014年，实现营业总收入19.92亿元，利润13.48亿元。宝钢集团委托资产管理实现约26%的年化净值增长。旗下公司华宝兴业因业绩持续强劲而成为世界一流金融杂志——美国《机构投资者》"中国股票类"亚洲投资管理奖的唯一得主。推进产融结合，筹备湛江钢铁生活园区融资服务、远洲生态等项目，进展顺利。

十二、宝钢发展

2014年，实现营业总收入90.84亿元，利润0.44亿元。年内，宝钢发展积极应对市场变化，拓宽销售渠道，有序推进固废资源化利用和配套服务项目，持续推进低效不动产处置，保持经营稳定和员工队伍稳定。

十三、宝信软件

2014年，宝信软件实现营业收入40.72亿元，归属于上市公司股东的净利润3.22亿元。年内，宝信软件进一步加大对增量业务的投入，提升公司稳健经营能力，云服务与互联网数据中心业务保持良性扩张势头。项目经理制的实施范围进一步扩大，产品经理制有效促进优势产品比例的提高，利润超额完成年度预算目标，经营绩效保持稳定。

2014年工作存在的问题和不足

1. 部分子公司经营能力不能适应市场环境变化，出现大额亏损。

2. 安全生产和环保形势依然严峻，安全管理的被动局面没有得到根本性扭转，环保方面出现了遭行政处罚的个案。

宝钢集团有限公司合并资产负债表

（2014年12月31日）

单位：人民币元

资　　产	年末余额	年初余额
流动资产		
货币资金	37029613982.65	36899724103.56
结算备付金	482457190.47	185277172.38
以公允价值计量且其变动计入当期损益的金融资产	7610395050.89	2192601482.05
应收票据	14064939752.01	21472358061.21
应收账款	14417263533.99	14357560003.06
预付款项	4643118803.56	4897924582.45
应收利息	306345184.47	315708350.90
应收股利	84431886.42	433202908.83
其他应收款	2973325206.98	6279950370.02
买入返售金融资产	900971935.00	661500949.40
存货	71368441967.92	80589940207.01
一年内到期的非流动资产	1500000000.00	—
其他流动资产	20688796334.32	13126293374.04
流动资产合计	176070100828.68	181412041564.91
非流动资产		

(续　表)

资　　产	年末余额	年初余额
发放贷款及垫款	1733323801.27	804299105.85
可供出售金融资产	70285799840.81	58066968587.84
持有至到期投资	1667320770.56	1534707424.45
长期应收款	1243365538.37	3094021506.26
长期股权投资	45323461084.06	37575424175.61
投资性房地产	3493574471.34	3440400466.89
固定资产	155053646377.27	167543135568.53
在建工程	38881887522.28	29187391489.08
工程物资	274011281.33	275255599.27
无形资产	24691192593.60	19795206095.58
商誉	58239457.41	1143489756.30
长期待摊费用	1912437880.30	1780013400.32
递延所得税资产	6372055108.58	6897705390.83
其他非流动资产	7645524310.58	7176285002.63
非流动资产合计	358635840037.76	338314303569.44
资产总计	534705940866.44	519726345134.35

宝钢集团有限公司合并利润表

(2014年12月31日)

单位:人民币元

项　　目	2014年度	2013年度
一、营业收入	297743014471.95	303100256695.84
减:营业成本	269236607975.23	272977687807.12
营业税金及附加	1358542782.16	1321740934.42
销售费用	6075530147.36	5405364308.50
管理费用	15156077709.60	14906182984.76
财务费用	4896795778.39	2476582884.78
资产减值损失	1546034827.50	3295160291.09
加:公允价值变动损益	204770772.35	48985259.53
投资收益	6240829056.97	4980157944.22
其中:对联营企业和合营企业的投资收益	2092959938.75	2193517587.13
二、营业利润	5919025081.03	7746680688.92
加:营业外收入	4283029803.96	3087310960.67
其中:非流动资产处置收入	579418934.13	1342796877.85
减:营业外支出	785975769.30	710112292.77

（续　表）

项　　　　目	2014年度	2013年度
其中：非流动资产处置损失	502747472.39	534249569.88
三、利润总额	9416079115.69	10123879356.82
减：所得税费用	3885166310.22	2821502532.15
四、净利润	5530912805.47	7302376824.67
归属于母公司所有者的净利润	5871337997.41	5710372263.50
少数股东损益	(340425191.94)	1592004561.17
五、其他综合收益的税后净额	13216083041.22	(5315796229.35)
归属于母公司所有者的其他综合收益的税后净额	13406757698.78	(5118693036.25)
以后将重分类进损益的其他综合收益		
1. 权益法下在被投资单位以后将重分类进损益的其他综合收益中享有的份额	1627705681.91	(589903866.01)
2. 可供出售金融资产公允价值变动损益	12802507825.56	(3727668440.55)
3. 外币财务报表折算差额	（1023455808.69）	（801120729.69）
归属于少数股东的其他综合收益的税后净额	（190674657.56）	（197103193.10）
六、综合收益总额	18746995846.69	1986580595.32
归属于母公司所有者的综合收益总额	19278095696.19	591679227.25

重点工作完成情况

一、加大结构调整力度，有序推进钢铁制造转型升级

1. 湛江钢铁基地项目。2014年，宝钢股份及湛江钢铁、各参建单位围绕湛江钢铁“15·9”（2015年9月）投产目标节点，抢旱季、抓雨季，克服各种困难，积极协调，同心合力，扎实推进工程建设按计划、有秩序地实施。年内工程安全、质量、进度和投资均有序推进。自备电厂一号发电机组年底成功实现并网调试。宝钢股份充分发挥各类资源优势，积极策划、推进和支撑湛江钢铁的生产准备工作。建立了“以各生产单元推进为主”的工作推进机制，从人员、技术、信息系统、资材备件等全方位梳理、细化、制定、完善生产准备预案。宝钢股份职能层面加强专业管理建设，以“简单、高效、低成本”和适应属地化为目标协调解决共性问题；在完成支撑人员配置工作的同时，稳步推进湛江钢铁属地化员工在沪培训培养。为确保项目投产后顺畅运营，宝钢股份以“三地（宝山、湛江、梅山）协同、精益运营”为原则，策划湛江钢铁模拟经营方案，优化完善湛江钢铁建设运营方案与产品大纲；在市场准备方面，确立以营销引导生产制造的原则，积极探索用户保障、产线分工、物流配送等具体措施，以实现宝钢股份新的运营管理模式。

2. 上海地区钢铁产业结构调整。2014年，宝钢集团深化不锈钢产业结构调整的总体思路，就不锈钢的定位、发展与合作进行充分评估和论证。吴淞工业区转型开发前期策划工作有序开展，提出了吴淞工业区概念性城市设计、产业发展和结构规划。

3. 钢铁主业坚持“有所为，有所不为”。2014年，宝钢集团基于对价值创造能力和严格执行国家环保法的综合考量，对宝通钢铁实施经济运行。基于宁波钢铁经营状况和钢铁产业调整发展的需要，从企业长远发展和员工利益出发，宝钢集团与浙江省共同以改革的思维大力推动宁波钢铁重组，宝钢调整为宁波钢铁第二大股东。

二、加速技术创新，推动新材料产品研发和新工艺技术升级

1. 体系建设方面。完善宝钢“开放式自主集成创新体系”，对内强化“研究开发、工程自主集成、现场持

11月1日,湛江钢铁炼钢厂主厂房开始设备安装(王建国 摄)

续改进”三位一体技术创新体系,对外提升与“政府、高校、用户、供应商”的全方位合作水平,在海外建设联合研发中心,使宝钢技术创新体系能力得到进一步加强。中央研究院积极推进宝钢集团共享研发平台建设,积极探索适合沪外钢铁和多元产业的服务模式。

2. 产品创新方面。汽车用钢技术创新取得新进展,第一代先进高强钢供货16万吨,第二代先进高强钢产品开始供货,第三代先进高强钢实现系列化;取向硅钢产品开发取得新突破,全球率先开发出厚度0.18毫米、铁损小于0.65的产品;油田用超高强高韧性套管BG150 V实现全球首发;成功实现国家700℃超超临界试验平台用高压锅炉合金小口径管试制;超纯铁素体不锈钢全年产销量同比提升约13%;高品质奥氏体不锈钢316 L在建筑领域实现新突破;镍基合金油套管、核岛蒸汽发生器用镍基U形管和BTW1高碳高锰耐磨钢板三大产品获第三届中国国际新材料产业博览会金奖;韶关钢铁开展冷镦钢、高牌号硬线钢等新产品开发,取得一批高端用户的认证;宝钢金属在工业、医用和环保用材等领域持续寻源,有的项目进入商业化前期运作阶段。

3. 技术创新方面。转炉高效脱磷工艺技术研究,复合轧制技术、汽车板激光落料关键技术等应用,铬、镍资源利用技术和全厂废水综合利用等技术;宁波钢铁实施的烧结烟气循环利用等开发和应用取得重要进展;薄带连铸连轧技术研发取得重大阶段性进步,工业化生产线成功建成,部分商品卷已经向用户供货;宝钢股份与宝钢工程联手完成一号连铸机升级改造,实现自主集成连铸机整体解决方案并达到世界一流水平;八一钢铁第一座COREX炉按时间节点顺利建成。

三、继续提升安全生产管理体系能力

1. 高度重视安全管理工作,安全管理体系能力有所提升,安全生产局面开始好转。年内,宝钢集团因发生工亡事故致9人死亡,同比下降62.5%;发生重伤事故,致13人重伤,同比下降69.8%;发生轻伤事故,致172人轻伤,同比下降27%。

2. 宝钢集团及各相关单位、部门领导深入基层开展专题调研,指导安全工作。出台《宝钢安全管理体系规范》,修订安全生产责任制和安全生产评价管理办法等制度,下发“安全正激励”和“加强协力安全管理”指导意见,明确责任,严抓落实。

3. 宝钢集团成立安全管理专项督导组,对重点单位、项目和领域实施安全督导检查。对存在问题,被督导单位按照定项目、定牵头领导、定责任部门、定整改措施、定完成时间、定验收标准的“六定原则”,逐条落实责任并明确措施。年内,宝钢集团大规模组织各类人员参加安全管理教育培训,其中作业长层面就有2807人,各级管理者对安全工作的认识进一步提高。在宝钢集团安全生产专题会上,发生工亡事故单位的主要领导带头作事故反省,对策措施纳入管理;对工亡事故达到问责标准的子公司领导和相关管理者严肃问责。

四、持续推进环境经营战略

1. 重点污染物减排指标全面超计划完成,能源消耗指标完成年度计划。全年排放二氧化硫2.44万吨、化学需氧量1261吨、氮氧化物5.18万吨,同比分别下降13.9%、18.2%和17.8%。吨钢综合能耗607千克标准煤,同比下降0.6%;万元产值综合能耗(可比价)920千克标准煤,同比下降2.3%。

4月9日，宝钢股份炼铁厂胶带机通廊实行全封闭（姜为强 摄）

2. 按计划完成料场封闭、二噁英和颗粒物治理等方面21个达标项目。湛江钢铁基地项目建设，积极落实国家新核发的钢铁工业污染排放标准，响应"广东省执行国家大气污染物控制排放限值"的要求，及时开展环保设施"回头看"工作，增加资金投入，完善环保建设方案，进一步彰显了未来湛江钢铁"绿色、环保"的特征。

3. 环境经营。宝钢股份积极参与碳排放权交易，对社会发布新一轮绿色发展规划和环保承诺。上海宝钢节能环保技术有限公司深化余热资源利用、风机节能、滚筒渣处理、炉窑节能改造、光伏发电、产线整体节电等综合节能环保治理解决方案，成功拓展宝钢外市场。

4. 强化"能源、环保管理体系建设"，构建支撑体系运作的组织架构、职责分工和工作制度。2014年，宝钢紧紧围绕依法依规清洁生产，出台环保事件问责、重大环境污染事件应急预案等系列制度细则，推动环保责任的落实、环境风险的控制和能源资源利用率的提高。开展以厂容厂貌改善和环境整治为主题的劳动竞赛，提升环保意识，促进行为改善。

党委工作

一、扎实推进党的群众路线教育实践活动整改落实工作

1. 宝钢党委坚持领导带头，坚持"PDCA（计划、实施、检查、处理）+认真"，标本兼治、统筹协调，扎实推进整改落实各项任务的落地，努力形成改进作风的长效机制。（1）年内，宝钢集团领导班子和总部机关层面。坚持领导带头，高标准、高质量地抓好整改方案的落实，巩固活动成果，持续改进作风，密切联系职工群众。宝钢集团主要领导认真履行第一责任人职责，以"钉钉子"精神一抓到底，在整改落实过程中，带头做表率。建立健全了过程跟踪机制，每月监督检查各整改项目推进情况。坚持开门整改，强化终端验证，分三批对整改落实情况开展监督和评议，听取意见和建议，完善整改落实，形成闭环管理。（2）二级单位层面。以服务群众、做群众工作为主要任务，将整改落实纳入到基层服务型党组织建设和做群众工作的各项任务中。宝钢集团加强对二级单位教育实践活动整改的督导。通过二级单位自查、教育实践办抽查验证、压茬开展"回头看"、宝钢集团派出督导组督导四个环节扎实推进，督促各二级单位把整改落到实处。

2. 宝钢教育实践活动整改成效明显。（1）解决"四风"方面存在的突出问题，各级领导人员的工作作风和方式明显转变。宝钢集团领导班子带头，从紧从严落实中央八项规定精神，围绕压缩"三公"经费、改进文风会风等开展了八个方面的专项整治，领导人员深入基层调研作风更加务实，与职工群众的联系更加密切，形式主义的内容少了，工作效率更高了，职工群众的"三最"问题得到有效解决，服务基层、服务职工更加给力了。（2）作风建设融入生产经营，规范了流程、固化了制度，进一步完善了企业的管理。宝钢党委有效结合企业实际，把解决"四风"问题融入企业生产经营管理之中，将有效的做法规范为工作流程，并形成制度，全年共新建制度13项、修改完善制度25项、废止不适用制度9项，内容涉及坚持贯彻执行民主集中制、进一步优化领导人员工作方式，加强安全生产管理体系能力建设和节能环保工作，加快战略规划实施、提升执行力等方面。（3）牵引"三项制度"改革等深层次问题的解决，促进了宝钢改革发展稳定各项工作。通过教育实践活动整改，广大党员领导干部理想信念更坚定，党员的精神风貌得到很大改善，在员工中的形象和影响力提高了。年内，在宝钢集团开展的教育实践活动整改落实接受监督测评中，宝钢集团9大方面22个整改项目中的40个子项，被员工评价为

"很好"和"较好"的达97.3%。

二、深入开展形势任务教育

1. 宝钢党委重点抓好领导人员集中轮训。组织学习习近平总书记系列重要讲话精神,贯彻落实党的十八届三中、四中全会精神。制定下发《关于开展领导人员学习贯彻落实习近平总书记系列重要讲话精神集中轮训的实施意见》,以"原原本本学、突出重点学、结合实际学"为主要原则,精心设计领导人员集中轮训课程,并对二级单位党委的学习活动作了明确要求。结合宝钢实际,按照分层分类、问题导向,推进"三位一体"学习。制定下发《关于进一步加强和改进党委中心组学习的意见》,开通中心组网上学习社区,促进学习组织的规范化。同时,结合宝钢生产经营和改革发展中的难点问题,以"干部能上能下""做有价值的事"为主题开展两次决策人研修,董事长、党委书记带头,公司领导亲自授课,通过集中授课和专题讨论,形成统一认识。针对安全环保方面的新要求以及公司实际,组织开展以"安全生产与环境保护"为主题的决策人研修。各二级单位党委层面,也结合各自实际,对本单位直管领导人员进行了培训。

2. 围绕《宝钢2013—2018年发展规划》的实施和生产经营中的重点、难点任务,广泛深入开展形势任务教育。围绕"干部能上能下"改革、安全生产和环境经营等重点,通过《宝钢日报》评论员文章、专题报道、系列专访等,动员、教育、引导广大员工达成共识。围绕诚信教育及经营风险防范,推出了10个警示教育案例和2个最佳实践,将教育覆盖到各级经营单元。开发"宝钢新闻"移动平台手机报,运用微信、微博等新媒体平台,通过贴近员工的专栏、专刊等形式,进一步发挥舆论导向作用。各单位和各级党群组织联系实际,通过主题党课、专题组织生活、管理人员逐级授课、组织开展大讨论等多种形式,把形势任务教育落到实处,发动党员立足岗位创先争优,把广大员工的力量凝聚到直面困难、应对挑战,立足岗位、出色完成生产经营任务和实现新一轮发展规划目标上来。

三、加强领导人员队伍、各类人才队伍建设

1. 围绕深化国有企业"三项制度"改革,探索体制机制创新。强化领导力提升,在推进干部"能上能下"上取得突破。优化了直管领导人员绩效评价方法,严格活力曲线分布,创新设立"负面清单"模式,通过总部先行,带动宝钢集团形成严格较真的绩效文化。严格领导人员到龄退出机制。修订《宝钢集团有限公司领导人员到龄退出管理办法》,促进了干部队伍结构持续优化。同时,动态优化层级体系,强化人员层级严格管理,充分体现了业绩表现对层级调整的影响度,并在宝钢集团范围内进一步统一思想、明确规范。聚焦"市场化",加强薪酬福利管理,营造氛围,探索收入"能增能减"和"员工能进能出"。进一步优化工资总额预算核定机制,通过效率提升、效益增长"分享"机制实施,体现共同发展理念;开展宝钢总部薪酬分配市场化对标,推行部门薪酬费用预算责任制,赋予部门长更大的激励自主权;制定出台《深化薪酬分配市场化变革指导意见》,并以宝钢工程、宝钢发展部分子企业为试点,为子公司推进薪酬"能增能减"提供工作指引。制定、完善劳动关系、岗位聘解等相应管理办法,在加强宣传引导的同时,加强员工管理。

2. 加大投入,强化各类人才队伍建设。加大后备领导人员培养,完成第一期点善军团项目;开设专职董事、监事任职资格培训班,探索形成富有宝钢特色的培训课程内容。坚持开展宝钢"金苹果"、技术业务专家活力营、专业人伙伴计划等项目。发挥科协作用,首次举行宝钢"三院"(中央研究院、经济管理研究院、人才开发院)共享交流会,为科技、管理人才搭建共享交流平台,更好地支撑经营管理决策。加大国际化人才培养,加大技能操作人才培养,提升员工岗位技能。成功举办"宝钢杯"钢铁行业技能竞赛,一批专业知识全面、操作基本功过硬的岗位技术能手脱颖而出;持续深化宝钢"蓝领创新"活动,评选第四届宝钢工人发明家,充分发挥榜样的示范引领作用;组团参加第113届巴黎国际发明展,宝钢一线员工的创新项目获2金、4银、3铜的好成绩。

四、加强党风建设和反腐倡廉工作

1. 深入推进纪检监察体制机制建设,加大监督执纪问责工作力度。制定《关于落实党风廉政建设党委主体责任、纪委监督责任的实施意见》,将党委主体责任具体化为7项任务,将纪委监督责任具体化为6项任务,并建立6项保障性制度。严格责任落实和责任追究,建立责任落实情况报告、监督检查和考核评价工作机制,实施党风建设和反腐倡廉年度重点工作推进情况"主责报告制"。开展落实情况的巡视检查,进行季度考核和年度评价,建立并认真落实约谈制度,对落实责任不到位的领导人员和管理者实施问责和责任追究。

2. 贯彻落实中央八项规定精神，强化纪律建设。围绕落实中央八项规定精神，开展专项巡视，对检查发现的问题进行通报，对存在问题单位的主要领导进行了约谈，推动了问题的整改落实。深入开展教育实践活动整改落实情况的监督检查和“四风”突出问题专项整治，开展公款为企业负责人办理各种消费卡和奢侈浪费购买图书问题等专项检查、治理工作，促进了领导人员履职待遇和业务支出等方面依法依规、廉洁节俭、规范透明。

3. 深入推进惩防体系建设，加强反腐倡廉制度建设。制定《宝钢贯彻落实〈建立健全惩治和预防腐败体系2013—2017年工作规划〉的实施意见》，将规划转化为任务项目认真推进落实。修订完善宝钢廉洁从业八条禁令、禁入制度、礼品收送管理办法等制度。根据发生的典型案件，汇编案例集，制作教育片，深化了警示教育。开展对领导人员廉洁从业行为和经营管理行为的巡视检查，开展对重点工程建设项目及招投标业务等问题易发多发领域权力运行情况的专项检查。制定发布《宝钢集团工程建设专项禁令》，推进网上竞价销售、经营风险控制十条禁令执行情况专项审计、低效无效资产处置情况专项检查和小金库专项治理等监督检查工作。围绕成本改善、资产运行效率、安全管理、基础管理和风险防范等方面开展效能监察，促进企业效能、效率、效益的提升。

4. 严肃查处违纪违法案件，加强纪检监察队伍建设。制定《关于规范问题线索处置加强信访举报案件查办工作的意见》，加大查处违纪违法案件力度，对涉及宝钢集团直接管理领导人员的案件或重大案件由宝钢集团纪委直接查办。建立由宝钢集团纪委书记牵头对重要线索集中处置和重要信访举报核查结果集中会审的工作机制，建立与所在地司法机关办案协调和预防职务犯罪机制，保证案件调查工作质量，提高办案工作效率。坚持抓早抓小，严格落实廉洁谈话、提醒谈话、诫勉谈话和函询等制度，提升查办案件的治本功能。深化转职能、转方式、转作风，加强纪检监察组织自身建设，从纪检监察队伍人员优化、能力提升、体系完善等方面制定训练计划，开展培训研修，进一步提高了纪检监察队伍整体素质和工作水平。

9月15日，宝钢举行“公司日”纪念活动，组织员工家属参观宝钢股份特色风景——梅花鹿园
（姜为强 摄）

五、加强企业文化建设和员工队伍建设

1. 积极培育和践行社会主义核心价值观。按照“问题倒逼”机制，从就餐、如厕、乘车、单宿、休息室、厂容厂貌等入手，反对和整治不文明、不规范行为。充分发挥内部媒体监督作用，进行调查、曝光并报道整改情况及员工反响。开展第八次“职工代表看宝钢”活动，看厂容厂貌、行为养成、环境经营，推动各单位主动发现问题，积极进行整改。推进《宝钢文化手册》编制，促进“PDCA+认真”文化落地。举行宝钢社会责任报告发布会暨“绿色公益走”活动；以“‘绿’动宝钢·环保有我”为主题，成功举行“公司日”纪念活动，在全公司营造节能环保的文化氛围，展示宝钢良好形象。

2. 加强顶层策划，系统推进员工与企业共同发展。开展员工与企业共同发展课题研究，相关课题报告获全国党建研究会国有企业专委会2013年度优秀课题一等奖。在多年实践基础上，建立员工与企业共同发展推进机制，宝钢集团制定并下发《关于系统推进“员工与企业共同发展”工作的指导意见（试行）的通知》，各单位制订行动方案，实现了共同发展工作的体系化运作。

3. 工会组织大力开展“服务职工在行动”活动。

制定下发《宝钢工会工作者联系职工工作制度》,建立服务职工长效机制。做好重点项目和实事项目的立项和推进工作。宝钢集团层面的三个员工重点项目——《建设宝钢职工文化中心项目》《青年职工月浦单宿整体修缮》《为基层班组(作业区)配备"爱心箱"》,按计划有序推进。

4. 深化最佳实践者活动、建设自主型员工队伍工作。制定下发《关于发现、培育、宣传自主型员工队伍建设的有效做法的指导意见》,完成宝钢集团《最佳实践100例(第三辑)》的征集、编撰工作。深入开展向先进模范人物学习活动,激发广大职工"爱岗敬业、争创一流"的主人翁精神。围绕生产经营任务,聚焦重点难点开展以环境经营、降本增效、安全生产为主题的"团队争先、岗位创优"劳动竞赛活动。

5. 强化职工民主管理和民主监督。组织开展多级职代会运行情况专项调研检查,结合调研中发现的问题,形成《关于进一步加强多级职代会运行管理的工作意见》,进一步规范职代会的运行管理,提升宝钢职工民主管理的运行质量和效率。制订《宝钢集团厂务公开民主管理工作要点》,提出了全面深化改革、劳动安全民主管理民主监督的任务,明确强化多级职代会运行管理的要求。组织召开2014年厂务公开专题报告会,专项通报宝钢集团经营绩效、党风建设和反腐倡廉工作以及领导人员职务消费情况,安全生产和节能环保情况,职工代表满意度较上一年提升13.54%。建立工会劳动安全保护工作体系,制定《关于加强工会劳动安全保护民主管理和民主监督体系建设的实施意见》,组织开展工会劳动安全保护督查行动,充分发挥工会在劳动安全保护民主管理和民主监督中的作用。

6. 进一步加强党建带团建和青年员工队伍建设。研究制定《宝钢共青团2014—2018年工作规划》,形成以战略规划模式运行的共青团工作体系,明确各级党委的领导责任,加强对共青团工作的指导和保障。结合基层试点经验,制定下发《关于推广宝钢"青年成长计划"活动的指导意见》,在宝钢集团范围内推广"青年成长计划"活动。通过宝钢集团党委书记、董事长徐乐江与"桥"论坛网友线上互动交流,开展宝钢青年辩论大赛、"宝钢十大杰出青年"评选、"家信暖人心"等活动,更好地引导和服务青年成长成才。

六、抓好维护稳定工作

加强预警预防,源头治理,建立初信初访(初次信访、初次上访)的管理制度,初信初访动态化解率保持在90%以上,有效防止矛盾由"信访转上访""初次上访转重复上访"。落实《上海市重大政策社会稳定风险评估操作规范(试行)》要求,修订《宝钢重大事项社会稳定风险评估实施办法》。重视运用社会资源和力量参与信访工作,解决突出矛盾、历史积案,2014年解决突出矛盾(积案)16件。

2014年党委工作中存在的问题和不足

1. 教育实践活动成果需要巩固和深化,作风建设的常态化长效化机制还需要完善。尽管通过教育实践活动整改,在落实中央八项规定精神、改进"四风"方面取得了一定成效,但与中央要求、与宝钢二次创业实际和职工群众期待相比,还存在一定差距,需要持续推进和深化完善,确保工作举措有效落地,常态化长效化机制还需要在实践中不断完善。

2. 深化国有企业改革仍在攻坚破难,"三项制度"改革还需进行深层次的突破。2014年虽然作了一些探索和突破,但只是刚刚起步。在进一步深化国资、国企改革的大背景下,宝钢的"三项制度"改革,不仅需要治标的工具和手段,还要在体制机制上做更大的创新,循序渐进地突破。

3. 党建工作如何更好地围绕中心做工作,进入管理起作用,更好地体现服务发展、服务改革、服务党员、服务职工,做有价值的事,在全面深化改革的背景下,还需要进行新的探索和实践。特别是基层服务型党支部建设,尚处于起步阶段,需要在实践中进一步探索和完善。

4. 党风建设和反腐倡廉工作中,一些基层单位在认识上不到位,工作上进展不平衡。少数基层单位由于管理薄弱、监督制约不到位,违纪违法案件还时有发生。

宝钢年鉴

2015

BAOSTEEL

ALMANAC

规划发展

规 划 发 展

宝钢的规划管理由宝钢集团规划发展部负责。规划发展部承担钢铁规划、多元规划、投资审查、科技发展四项职能。

2014年，是《宝钢集团有限公司发展规划(2013—2018年)》三年滚动规划实施的第二年。本轮规划，在总体战略上，致力于成为“钢铁技术的领先者、绿色产业链的驱动者、员工与企业共同发展的公司典范”；在发展路径上，继续推动“从钢铁到材料、从制造到服务、从中国到全球”的战略转型；在能力建设上，努力提升“技术创新、服务先行、环境经营、数字化宝钢、产融结合”五项能力；在保障措施上，继续做好“高效管理、员工发展、激励约束”工作，为宝钢集团发展规划的顺利实施奠定基础。

本轮规划，结合环境变化和竞争要求，宝钢将在发展思路、发展方式、资源配置等方面实现突破。在发展思路上，不再追求规模增长，而是更加注重软实力建设，提升资产运营质量和效率是本轮规划的首要任务。在发展方式上，钢铁主业不再主动实施国内钢铁并购，而是着力打造面向未来的竞争力，投资重点是湛江项目；对钢铁产业结构(包括布局结构、产品结构)等进行全方位的调整，并在上游资源开发、下游电子商务方面扩展能力。多元产业进一步突出聚焦发展、转型发展和有进有退。鼓励节能环保、信息技术、城市建筑、电子商务、工业气体五项业务快速发展，对发展模式不清晰的业务进行转型调整，择机退出没有前景的业务。将资源聚焦在优势业务上，使多元产业在未来能够形成若干个有相当品牌影响力的旗舰业务；通过深化改革，创新体制机制，采取更灵活、更高效、差异化的资源配置方法，保障规划目标的实现。

(沈宇明)

规划实施

规划实施总体情况 2014年，宝钢经营业绩继续保持国内行业领先，处于全球钢铁企业前列。全球三

8月7日，建设中的湛江钢铁基地项目(刘 杰 摄)

大信用评级机构继续给予宝钢全球综合类钢铁企业中最高信用评级。宝钢连续第十一年进入《财富》世界500强，位列第211位；再次入选全球金属行业最受赞赏公司，也是中国钢铁行业唯一上榜企业。2014年，按宝钢规划发展的要求，宝钢集团各项战略任务得到认真执行，无论在资源配置还是在能力建设方面都按照转型发展的战略要求贯彻落实，各项工作有条不紊地推进。面对经济增速换挡期、结构调整阵痛期、刺激政策消化期"三期"叠加的复杂环境和钢铁行业激烈的市场竞争，宝钢实现销售收入2977.43亿元，实现利润总额94.16亿元。（沈宇明）

湛江钢铁基地项目建设 2014年，宝钢股份及湛江钢铁、各参建单位围绕湛江钢铁基地项目"15·9"（2015年9月）投产的目标节点，努力推进工程建设按计划、有秩序地实施，工程安全、质量、进度和投资均处于受控状态。自备电厂一号发电机组成功实现并网调试。宝钢股份发挥各类资源优势，积极策划、推进和支撑湛江钢铁的生产准备工作，以"三地（宝山、梅山、湛江）协同、精益运营"为原则，策划湛江钢铁模拟经营方案。同时，确立以营销引导生产制造的原则，探索用户保障、产线分工、物流配送等具体措施，以实现宝钢股份未来新的运营管理模式。（沈宇明）

钢铁产业结构调整 2014年，宝钢稳步推进上海地区钢铁产业结构调整。深化不锈钢产业结构调整的总体思路，就不锈钢的定位、发展与合作进行充分评估和论证。吴淞工业区转型开发前期策划工作有序开展，提出了吴淞工业区概念性城市设计、产业发展规划和结构规划。基于对价值创造能力和严格执行国家环保法的综合考量，对宝通钢铁实施经济运行。基于宁波钢铁未来发展和浙江省钢铁产业调整的需要，与浙江省共同以改革的思维推动宁波钢铁重组，宝钢调整为宁波钢铁第二大股东。（沈宇明）

多元产业获得新发展 2014年，多元产业发展继续呈现稳中有进的发展态势，金融、信息和节能环保等多元服务类的业务取得新进展。（1）金融服务方面，华宝证券获得证监会批准的开展互联网证券业务试点资格，"投客网"上线运行仅一个月，注册用户即突破25万个；华宝添益基金规模为206亿元，较2013年底增长272%，占据最大场内货币基金地位；财务公司延伸产业链融资及票据服务，为超过150家供应商及用户融资超过40亿元。（2）信息服务方面，宝信软件成立了云计算和互联网数据中心拓展团队，全年新增云计算合同超过1000万元，加强与阿里巴巴、优酷、360、百度、腾讯等客户的沟通和合作，为促进"宝之云"互联网数据中心进一步形成规模效应奠定基础；宝信软件成为上海市现代服务业从优秀走向卓越的标杆性示范企业，并获上海市市长质量奖。（3）上海宝钢节能环保技术有限公司加大成熟节能技术在宝钢内外的推广力度，全年完成19项合同能源管理项目，年节能量34万吨标准煤。宝钢工程发布新一代装配式钢结构住宅体系——Baohouse，推动绿色建筑发展。宝钢化工积极探索水环境领域的商业机会。宝钢发展有限公司建立符合钢铁主业要求的服务响应和沟通机制，优化服务标准，提高服务质量。（肖新星）

实施"领先者、驱动者、公司典范"三大计划 2014年，宝钢持续推进"钢铁技术的领先者、绿色产业链的驱动者、员工与企业共同发展的公司典范"三大计划。（1）宝钢"开放式自主集成创新体系"得到完善，在海外建设联合研发中心，使宝钢技术创新体系能力得到进一步加强。中央研究院推进共享研发平台建设，探索适合沪外钢铁和多元产业的服务模式。产品创新方面，汽车用钢技术创新取得新进展，取向硅钢产品开发取得新突破，油田用超高强高韧性套管BG150V实现全球首发；镍基合金油套管、核岛蒸汽发生器用镍基U形管和BTW1高碳高锰耐磨钢板三大产品获第三届中国国际新材料产业博览会金奖。技术创新方面，转炉高效脱磷工艺技术研究，直接淬火（DQ）技术应用及控轧控冷技术（TMCP）拓展与应用，复合轧制技术，汽车板激光落料关键技术，铬、镍资源利用技术，全厂废水综合利用，烧结烟气循环利用等开发和应用均取得重要进展。（2）增强环保危机意识，持续推进环境经营战略。2014年，宝钢重点污染物减排指标全面超计划完成，能源消耗指标完成年度计划。同时，围绕国家环保新法新规相关要求，确定152条环保达标项目化措施，计划于2014—2017年分步实施。宝钢股份参与碳排放权交易，对社会发布新一轮绿色发展规划和环保承诺。上海宝钢节能环保技术有限公司深化余热资源利用、风机节能、滚筒渣处理、炉窑节能改造、光伏发电、产线整体节电等综合节能环保治理解决方案，成功拓展宝钢外市场。宝钢发展有限公司有序推进宝钢股份直属厂部与湛江钢铁固废资源利用和配套服务项目，助力钢铁主业绿色经营。(3) 员工与企业共同成长又有新的提升。2014年，宝钢聚焦员工队伍活力，加大人才发展的投入。在宝钢集团层面系统推进员工与企业共同发展工作，各单位制订行动方案，力求更紧密地将员工与企业的利益联系在一起，通过机制创新激发员工队伍的活力。2014年，宝钢在薪酬福利总额投入上继续保持稳定增长，在内部分配上强化绩效导向，对效益稳定增长、效率显著提升的单位，保证员工人均收入明显增长。宝钢优化管理人员和技术人员培训，坚持“问题导向、知行合一”开展决策人研修，全年共选派51名员工分赴海外知名高校学习。加大力度促进员工队伍技能提升，遴选产生57名宝钢第四届技能专家，投资建成“创意实践中心”，完成“宝钢冶金仿真操作实训”平台建设。进一步优化宝钢技能人才培养体系，顺利推进高潜质后备技能人员和大师级技能人才培养。（沈宇明）

推进“三大战略转型”工作 2014年，宝钢继续推动从钢铁到材料、从制造到服务、从中国到全球的三大转型工作。(1) 积极探索实践从钢铁到材料转型之路。年内，继续按照确立的新材料发展方向和进入策略，开展相关工作。中央研究院研发先行，引入海外新材料研发领军人才，组建了新材料研发团队，着手开展储能材料、镁合金、钛铝合金及汽车用铝等方向的研发，并同步探索采用新机制、新模式来开展技术孵化与产业化，部分工作取得阶段性进展：镁合金团队瞄准轨道交通等行业的轻量化材料需求，采用开放式创新模式，充分利用产业链上下游资源，研发出若干种新型镁合金产品，与相关合作方策划合作合资事宜；瞄准航空涡轮叶片用钛铝合金，宝钢组建了上海宝钢航空材料有限公司，抓紧开展产业化工作；利用宝钢在汽车行业的技术积累，策划与领先者合作，共同生产汽车用铝。(2) 年内，以客户为中心的先期介入模式已从汽车板业务拓展到22个非汽车板项目。策划推进汽车、输配电、造船、家电行业等各业务的大客户管理，实施上下游合作共赢的技术营销创新模式；动态优化接单策略，加大市场细分、内外销联动、全供应链响应速度提升、现货销售模式创新等各项工作力度；电子商务与加工中心等实体网络的有机结合，进一步支撑了宝钢钢材销售规模的增长。宝钢专属电商平台通过深入推进“行业供应链系统”提升了面向重点用户的个性化服务能力，通过拓展“移动商务”“电子化物流”等领域，提升了整体供应链运作能力，强化了营销主渠道的核心竞争力。上海钢铁交易中心电子商务业务拓展取得了长足进展，宝钢财务公司和东方付通信息技术有限公司的在线支付、在线融资服务为电子商务发展提供了有效支撑。(3) 加大国际化转型步伐。2014年，宝钢产品出口和海外业务取得新突破，宝钢股份成功开发高等级管线钢稳定制造工艺，产品批量出口海外市场；大规格13Cr系列高等级油井管品种在海外市场的推广均取得历史性突破；获得全球最大液化天然气项目——俄罗斯亚马尔项目全部厚板订单；中标跨安纳托利亚（TANAP）天然气管道项目；包揽2015米兰世博会“中国企业联合馆”所需全部钢材；3月，宝钢在海外独资建设的第一家钢材加工中心——印度古吉拉特邦萨纳恩德（SANAND）加工中心正式开工建设。宝钢股份与通用汽车、尼桑等五大跨国汽车制造企业的11个海外工厂形成业务合作，范围覆盖韩国、澳大利亚等7个国家。宝钢金属在美国成立的宝钢金属国际有限公司（BAOMET）为新业务拓展和国际化运作做好铺垫；收购的意大利印铁正式运营，在意大利以外的欧洲和北非市场开拓取得阶段性进展，实现批量供应；越南宝钢制罐公司顺利投产，经营绩效趋势良好。海外资源控制取得新进展，宝钢资源完成对澳大利亚阿奎拉公司控股权的收购，在海外铁矿石、煤炭资源控制方面取得实质性突破。（沈宇明）

规划管理

战略规划实施评估与总结 2014年，规划发展部对年度规划执行情况进行全面评估，形成《年度规划评估报告》，提出加强规划实施的策略建议。评估报告从规划纲要、产业规划、职能规划三个层面，对总体目标、三大转型战略（钢铁到材料、制造到服务、中国到全球）、能力建设（技术创新、环境经营、产融结合、信息化、安全管理、员工发展）、国际竞争策略比较等方面进行系统评估，并提出促进结构调整、三大转型、发展速度及规划调整等方面的建议。（沈宇明）

启动新一轮规划重大课题研究 面对中国经济“新常态”和深化改革的新情况，2014年，规划发展部启动宝钢新一轮规划重大课题研究。(1)问题导向和“一企一策”。针对各产业板块的具体情况，研究各自面临的问题，提出相应对策。(2)原点思维。按照“我们在哪里、我们去哪里以及我们怎么去”的逻辑思路，研究产业面临的问题、业务组合和商业模式的突破以及解决问题的路径。(3)按宝钢集团与子公司层面、共性和个性相结合安排课题。宝钢集团层面重点研究宝钢集团中长期发展战略，子公司层面重点研究发展策略和自身面临的核心问题。宝钢集团层面共1个课题、2个专题，子公司层面共1个共性课题、2个专题、15项个性课题。 （沈宇明）

组织开展产业竞争力分析 2014年，规划发展部组织开展宝钢钢铁产业竞争力分析，形成钢铁竞争力分析报告，并向宝钢集团董事会报告。竞争力分析，按照各自主要竞争对手，分别从产品结构、经营绩效、成本分析、市场、竞争策略等方面进行对标分析，在此基础上，提出提升钢铁竞争力的策略建议。 （沈宇明）

推进吴淞地区钢铁业结构调整 (1)推进不锈钢产业结构调整。2014年，规划发展部围绕不锈钢产线调整与发展、地块开发等三个方面，提交《不锈钢发展专题报告》《城市开发结构规划报告》，组织撰写《不锈钢调整方案》《产线关停方案》《400系不锈钢方案比选》《宝钢德盛竞争力分析报告》等报告，总体上明确不锈钢发展战略、重点工作主线、工作机制和工作计划。(2)组织推进高端不锈钢合作经营，推进形成高端不锈钢合作协议。(3)推进宝钢特钢棒线产品布局方案研究，解决长期困扰宝钢特钢的棒线坯源问题，提升棒线产品竞争力，并为特钢区域结构调整创造条件。形成《特钢棒线合作评估报告》。(4)多元产业围绕产业协同、城市规划开展相关支撑工作。参与吴淞地区规划研究，启动不动产产业发展策划，参与研究讨论吴淞工业区开发主体和开发模式、案例研究等工作。 （沈宇明）

推进宁波钢铁股权结构调整工作 为解决困扰宁波钢铁长期发展的瓶颈问题，规划发展部组织推进和形成了《宁波钢铁结构调整方案》，提出从股权结构和产品结构两个方面进行调整的建议，明确了工作底线和目标，并经董事会审议通过。组织推进宁波钢铁结构调整方案，形成工作体系和工作计划，并按2015年1月1日完成股权结构调整作为目标进行推进。重点对薄带连铸、宝钢集团相关产业配套服务、资金平台债务清理、财政补助、审计评估等工作进行协调推进。至2014年底，宝钢对宁波钢铁的管理权已正式移交。（沈宇明）

策划重点产品规划和专题性研究 2014年，规划发展部策划了宝钢集团高端长材、能源用钢等重点产品发展规划，优化产线布局和资源配置，以促进重点产品的发展。(1)制定长材发展策略，提交《宝钢长材发展策略报告》。报告在全面梳理宝钢集团内棒线产品经营现状和市场竞争态势及下游需求基础上，提出以优势品牌整合资源的新思路以及各地块协同发展的目标和方案建议。(2)以国家能源革命为契机，研究宝钢能源用钢发展策略，明晰能源用钢发展重点和路径，提交《能源用钢发展策略报告》。根据国家《2014—2020年能源发展战略行动计划》的总体战略和任务，以能源战略的需求为导向，在细分市场的基础上聚焦宝钢能源用钢发展重点，制订宝钢能源用钢的发展目标、路径和行动方案。(3)开展对汽车板、厚板等重点产品和产业进行竞争力专题分析，提出提升竞争力的策略和建议。 （沈宇明）

推进多元产业发展策略研究 (1)研究制造到服务转型，推动生产型制造向服务型制造转化。2014年，规划发展部详细研究了互联网对传统产业的影响以及机遇，对宝钢利用互联网的优势向终端客户提供个性化的服务和体验，低成本、全方位满足客户需求的可能性进行论证。研究构建面向客户的、提供个性化服务和体验的新生态体系，以及电子商务平台、金融、物流、大数据为一体的互联网体系建设。(2)产成品物流的资源和能力分析。对宝钢集团内产成品物流的管理流程、资源和管理能力进行分析，为下一步的电子商务配套提供思路。(3)对土壤修复产业进行策划。宝钢在水、空气、土壤的环保方面具备对外服务的能力，是否向产业化方向发展值得探讨。规划发展部调研了国内外相关环保企业，对宝钢集团内土壤修复能力进行了研究。(4)协助编制产融结合规划方案。根据宝钢集团董事会的要求，组织宝钢集团内所有产业，研讨产业发展的金融需求，提出今后产融结合的关键点应聚焦

2月18日,河南宝钢制罐有限公司在新乡市唐庄镇工业园区举行奠基仪式(金　曙　摄)

在土地开发、互联网金融、亏损子公司清理、资产证券化、新产业投资等领域。　(肖新星)

完善战略规划管理体系　(1)通过管理创新和制度规范,将战略规划融入日常经营管理。2014年的重点工作是实现战略规划与日常实施的经营管理有机衔接。一是制定《2015年度规划实施纲要》,将规划对年度工作的要求具体化。二是加强战略规划与经营管理的结合。(2)构建竞争力对标体系。一是明确工作目标,建立对标框架,明确对标责任,使对标工作常态化。二是明确对标框架和对标内容,从战略对标和经营对标两方面开展。三是建立对标工作团队,明确工作体系。四是完成战略对标框架结构设计,并下发指导文件。　(沈宇明)

推进战略协同与战略合作　(1)优化宝钢集团棒线产品经营,稳步有序地推进特钢支撑韶关钢铁特棒经营。特棒协同经营包括:分析协同机会,使宝钢集团资源得到有效配置;建立推进机制;明确协同任务;过程跟踪协调。(2)以促进宝钢产业和产品经营为主导,推进对外战略合作。战略合作以综合类合作为主,兼顾服务子公司个性化需求,并加强与海外公司的合作交流。　(沈宇明)

推动"从中国到全球"战略转型　(1)2014年,规划发展部编制了《2014年宝钢国际业务发展计划》,完成半年评估和全年总结。(2)分区域推进海外业务,组织召开"南亚及东南亚区域研讨会"和"美洲区域研讨会"。组织召开"海外钢铁投资和海外供应链建设"专题研讨会。(3)加强同中央研究院情报中心、经济管理研究院海外研究所的交流互动、整合内部资源,结合主要目标区域、协助课题策划、委托课题研究。(4)组织召开2014年宝钢海外发展研讨会。(5)完成国务院国资委等政府机构的信息报送、协助调研等工作。重点配合国务院国资委监事会境外企业检查工作,组织协调宝钢集团内部有关单位完成资料报送和相关培训。　(汤　丽)

推进环境经营战略实施工作　2014年,规划发展部组织宝钢集团相关部门,以绿色产品、绿色制造和绿色产业三大任务为抓手,制定《宝钢集团2014年驱动者计划》,并定期跟踪执行情况。拟定环境经营工作内容和内外部输出指标体系,提出了环境经营的7个方面、21项工作内容。　(沈宇明)

投资审查

2014年,宝钢集团完成固定资产投资255亿元,完成长期投资出资192亿元,投资计划总体受控。　(贺　春)

有序推进钢铁制造转型　2014年,宝钢围绕湛江钢铁投产目标节点,扎实推进工程建设按计划、有秩序地实施。年内,工程投资、进度、质量、安全全面受控。钢铁服务能力方面,推进对汽车板客户的多制造基地一站式服务布点。3月,在海外独资建设的第一家钢材加工中心——印度古吉拉特邦萨纳恩德(SANAND)加工中心正式开工建设。　(贺　春)

多元产业取得新发展　1月,宝钢意大利印铁公司正式运营,标志着宝钢钢铁延伸加工业务开拓欧洲和北非市场取得阶段性进展;越南宝钢制罐项目经营绩效趋势良好。海外资源控制取得新进展,宝钢资源完成对澳大利亚阿奎拉公司控股权的收购,在海外铁矿石、煤炭资源控制方面取得实质性突破。宝钢工程发布新一代装配式钢结构住宅体系——Baohouse,推动绿色建筑发展;上海宝钢节能环保技术有限公司加大成熟节能技

术的推广力度，全年完成19项合同能源管理项目，年节能量34万吨标准煤。（贺 春）

持续推进环境经营战略 2014年，宝钢围绕国家环保新法新规相关要求，确定152条环保达标项目化措施。年内，按计划完成料场封闭、二噁英和颗粒物治理等21个达标项目。湛江钢铁积极落实国家新核发的钢铁工业污染排放标准，增加资金投入，完善环保建设方案，进一步彰显"绿色、环保"的特征。有序推进宝钢股份直属厂部与湛江钢铁固废资源利用和配套服务项目，支持钢铁主业绿色经营。（贺 春）

突出规划的指导和约束作用 2014年，规划发展部以《宝钢集团2013至2018年发展规划》为基础，指导各年度的投资工作。在年度投资安排过程中，指导各子公司的投资行为，约束不符合发展战略的投资行为。（贺 春）

动态评估年度计划的执行 2014年，规划发展部严格执行投资季度工作计划和推进机制，把握投资态势，跟踪重点项目，及时发现投资项目在立项和实施过程中的风险，并制定应对措施，保障投资目标的实现。（贺 春）

持续改进管控体系 2014年，规划发展部充分发挥审计、监察对投资项目实施全流程的监督作用，进一步规范投资行为。基于审计发现问题，持续优化完善投资管控体系，降低由于管控要求不完善或不符合新生项目特点而给投资行为带来的风险。（贺 春）

加强政策利用管理创效 2014年，规划发展部及时发布国家鼓励政策和工作提示，组织宝钢集团各子公司积极策划申报国家发改委产业振兴资金和新材料项目补助资金、财政部节能减排专项资金、商务部进口贴息、上海重点技改补助资金、进口设备减免税、专项设备抵扣资金等政策利用工作，全年获得1.6亿元收益。（贺 春）

工程质量监督

2014年，宝钢工程质量监督站（简称"质监站"）认真贯彻国家、地方建设法规及技术标准，对受监的工程开展质量和安全监督。全年共受理质量监督198项、安全监督8项、单位工程验收及备案297项。受监的在建项目质量、安全受控。2014年，质监站被评为"全国建设工程质量监督机构先进单位"。（孙秋丰）

湛江钢铁工程质量监督 6月和12月，按照《湛江钢铁基地项目工程质量监督大纲》《湛江钢铁基地项目工程质量监督大纲细则》和年度工作计划，冶金工业工程质量监督总站对湛江钢铁基地部分在建工程项目进行两次质量检查。检查各受检项目部质量体系运行情况，抽查部分工程实体和技术质量资料，检查监理方的现场监管工作及监理文件资料管理情况。检查组认为，湛江钢铁基地工程整体质量良好。除冶金工业工程质量监督总站组织大检查外，质监站对湛江钢铁基地项目组织了两次季度综合质量检查，并根据工程进展情况适时组织了打桩、钢结构制作、商品混凝土生产等关键环节的专项质量检查，归纳出现场的共性问题，指出各标段各工序发生的典型问题。通过对存在的质量问题、违规行为的整改，规范了参建各方的质量行为，提高了工程质量。（孙秋丰）

上海地区受监工程质量监督 2014年，质监站完成宝钢股份烧结系统节能环保综合改造工程、三号高炉大修工程、江苏宝钢精密钢丝有限公司2万吨太阳能光伏关键材料切割钢丝和8万吨钢帘线工程、南通港宝钢物流通用码头一期工程质量竣工验收工作；开展了宝钢股份四号高炉炉缸大修改造工程、一期焦炉大修改造工程、新建四号热镀锌钢板生产线厂房及配套设施工程、2030冷轧热镀锌改造、"宝之云"互联网数据中心二期工程质量监督工作；完成宝钢综合大楼实物交接和宝钢文化中心改扩建工程设备安装调试监督工作。（孙秋丰）

质量行为监督 2014年，依据国家法律法规和工程技术标准，质监站对受监工程的参建各方履行质量责任的行为进行监督检查，促进建设单位转变质量管理方式，促使施工和监理单位建立、健全现场质量保证体系。年内，在湛江钢铁基地项目进入钢结构制作安装高峰时期，通过采取持双证焊工培训管理、首件制焊缝探伤检测验收出厂模式、总包委托第三方检测等举措确保制作质量；并增加现场巡检次数，及时纠正了高强螺栓施工违规行为，处理了工艺钢结构管道焊接咬边和设备垫铁组设置不规范质量通病，有效控制了监管区域内的工程质量。（孙秋丰）

混凝土专项质量监督 湛江钢铁基地项目第一期工程预计使用混

凝土220万立方米。为使混凝土质量处于受控状态,同时保证供应,冶金建设企业在湛江钢铁红线范围内自建了3家混凝土搅拌站。根据湛江钢铁的区域特点,混凝土中砂的氯离子含量是控制重点,质监站在每月一次的原材料质量抽检中,发现一起使用氯离子含量超标的事故。事故发生后,十三冶混凝土搅拌站停业整顿一个月。此次停业整顿,使得搅拌站生产企业更加注重原材料的质量控制。从后续抽检情况看,混凝土的生产处于受控状态。另外,质监站在检查现场技术管理中发现,各单位对原材料见证取样工作普遍执行得不好,三分之二以上的混凝土试块为三无空白试块(无刻写工程部位、时间、强度等标记),试块来源不明,多数监理不能进行试块送样,施工单位在向试验室送试块前用记号笔书写标记。对此,约谈了2个监理公司负责人,要求落实混凝土试块工程部位、浇筑时间、设计强度等唯一性标记。5月,通过对试验室跟踪检查,90%试块按规定进行了刻字标记。 (孙秋丰)

工程实体专项督查 2014年,质监站对湛江钢铁相关工程的钢筋直螺纹连接质量、墙体砌筑及墙体锚筋施工质量、现场砂浆搅拌管理和原料网架施工质量进行了监督抽查。不合格的钢筋连接接头、砌筑的墙体要求施工单位进行返工,不合格的螺栓球全部返厂处理,无专人管理的砂浆搅拌机停工整改,对相关作业人员重新进行质量交底,保证了后续工程实体质量。 (孙秋丰)

工程质量保证资料抽查 2014年,质监站重点抽查了湛江钢铁基地和宝钢股份项目实施过程资料和竣工资料。通过对每一个单位工程的质量控制资料的核查,除部分工程缺产品合格证、防静电测试记录和隐蔽记录不齐全需整改外,宝钢各重大项目总体上质量控制资料的内容符合规范要求,能够达到与工程实体同步形成,内容与工程实体质量相符,符合规范标准要求。 (孙秋丰)

2014年,宝钢股份对原料场实施封闭改造(龚　坚 摄)

质量月活动 8月下旬,质监站下发《关于开展2014年“质量月”活动的通知》,以“抓过程,创精品;履行责任,打造冶金建设工程优质品牌”为主题,对“质量月”活动进行部署安排。在宝钢建设系统“质量月”活动期间,组织开展三季度工程质量大检查,对检查情况进行了讲评。受检的施工单位7家、监理单位2家、集中搅拌站3家,共抽查23个单位工程的土建、钢结构、机电安装专业的实体和质量保证资料。各参建单位通过“质量月”活动提高了质量意识,涌现了一些实体质量好、资料管理完善的优良工程。 (孙秋丰)

上海地区受监工程安全监督 2014年,宝钢股份一期焦炉大修改造、新建四号合金化热镀锌钢板生产线工程、冷轧厂2030区域新增单机架轧机和2030单元热镀锌机组改造工程破土动工。质监站通过对各受监项目中的危险性较大分部分项工程的种类、数量的排摸,结合施工现场安全隐患排查治理要求,制定相关安全监督计划和监督抽查内容。全年查处安全问题256项,节前、节后和专项巡查8次,与监理和施工单位项目负责人约谈3次。受监工地(沪内)施工安全形势平稳,全年无安全生产事故。 (孙秋丰)

资质资格安全行为监督 2014年,质监站重点审查了总包、分包、监理单位的资质和相关人员的资格是否满足法律法规相关要求,是否与承揽的工程相匹配,管理人员是否与受监资料一致，特种作业人员是否持有效证件上岗。检查发现，有的分包单位超资质承揽业务；有的分包单位现场配置的专职安全员人数配备不足；有的项目经理现场带班制度执行力不强；有的总监理工程师同时承担3个项目总监职务。全年共查处无特殊作业操作证3人次，持假特殊作业操作证2人次，非本企业所属三类管理人员2人次。 （孙秋丰）

危险性较大分部、分项工程安全监督 2014年，对深基坑支撑与开挖、高大模板支撑系统搭设、钢结构吊装、悬挑脚手架搭设、塔吊与井架装拆、吊篮装拆、大跨度网架安装、施工升降机装拆、烟囱滑模作业等危险性较大的分部、分项工程，安监人员开展了程序性、符合性、针对性检查，并结合施工现场再进行实体检查。凡涉及危险性较大的分部、分项工程施工内容时，各总包单位一般能及时编制专项施工方案。 （孙秋丰）

工程安全监督问题处置 2014年，质监站纠正了网架支撑脚手架方案非总包技术负责人签发的违规行为，促使企业完善（增设格构柱）方案，督促监理下发整改单，要求网架专业分包单位项目经理现场带班生产。质监站约谈总监和项目经理，指出设备基础及管沟模板支撑工程随意改变专项论证方案的违规行为，提出深基坑模板支撑系统稳定性需重新核算的意见，确保了设备基础及管沟模板支撑工程整体安全。巡检发现，基坑开挖时出现沉降和变形值报警、坑内积水、局部围檩与对撑设置不合理现象。质监站通知总包单位的上级部门，通过增加监测频次、加设对撑、加快出土减少基坑暴露时间等措施，确保了基坑和老厂房柱基的安全。 （孙秋丰）

时令专项安全检查 2014年，质监站下发《关于加强2014年春节期间施工安全工作的通知》，要求施工单位合理安排劳动力，管理人员到岗，管理措施到位，及时掌握作业人员思想动态，对易发生重大事故的部位、环节进行重点监控，确保了节日期间建设工程安全、稳定。根据季节变化和施工进度，对高温期间施工用电情况、“高温时段”露天作业情况、台风“凤凰”来临之前、“亚信峰会”期间，都开展了专项巡查。 （孙秋丰）

“安全月”活动 6月，宝钢开展了“强化红线意识，促进安全发展”为主题的安全月活动，重点排查安全制度落实情况、项目经理和总监履职情况、隐患整改情况、现场安全管控情况。活动月期间，质监站与五冶技改公司安全管理人员就安全责任、监督管理体系、现场存在的问题等方面进行了交流。 （孙秋丰）

“市民投诉”处理 10月，质监站两次接到宝山监督站转来的市民投诉宝钢文化中心扩建工程（宝乐汇）工地的转办单，站里立即组织人员到现场，召集业主、监理、总包及产生扬尘的分包单位到工地周围进行踏勘、分析扬尘原因。质监站组织相关单位制定整改措施，监理和业主单位督促落实。处理后及时与宝山区市民投诉热线、宝山监督站和诉求人进行了沟通。 （孙秋丰）

经济管理研究

经济管理研究院（简称“经管院”）是宝钢集团2007年成立的智囊机构。2014年，经管院紧扣宝钢集团转型发展主题，围绕“发现产业机会、探求增长模式、优化竞

2月28日，经济管理研究院举行2014年学术报告会（王 猛 摄）

争策略”三大核心任务，结合宝钢经营决策需求，完成30余项课题研究，形成近300篇研究(专题)报告，为宝钢集团战略决策和相关子公司发展提供了决策支撑。

(王 猛)

持续做好宏观经济和产业形势分析判断 2014年，经管院的定期产品“宏观经济运行形势分析”和“钢铁及上下游运行跟踪分析”为宝钢发展和经营提供了及时有效的决策依据，已成为相关中高层管理者的必读读物。同时，经过近半年的走访与设计，于10月正式推出基于宝钢股份、韶关钢铁、八一钢铁成本结构的钢铁生产成本指数，为宝钢集团及时了解并有效控制成本提供可靠依据。此外，密切跟踪环保法规、政策走向，为宝钢钢铁产业经营识别风险寻找对策，基于对国家《新环保法》即将出台的预判以及对钢铁产业环保政策收紧、排放标准提高的外部环境变化，开展了“宝钢集团钢铁产业环境风险分析和应对策略研究”工作，为宝钢对各钢铁板块的风险管控起到决策支撑作用。 (王 猛)

支撑相关子公司新产业开拓和业务模式优化 2014年，为促进宝钢集团进军新兴产业，经管院应各相关子公司要求，开展了“合同环境服务模式在宝钢环保减排领域的应用探索研究”“分布式光伏发电商业模式及宝钢产业机会研究”“宝钢参与国内碳交易模式及碳资产管理研究”“民用钢结构建筑产业研究”“煤气制烯烃产业化研究”“都市生活服务业务发展机会及发展模式研究”“工业气体业务竞争力研究”“信息技术产业发展空间及模式研究”等项目的研究工作，为宝钢工程、宝钢化工、宝钢发展、宝钢金属、宝信软件等子公司的相关决策提供了有力支撑。

(王 猛)

为宝钢服务平台建设出谋划策 经管院利用与埃森哲公司2013年10月合作设立的“创新与转型联合研究室”所开展的“大数据驱动下的钢铁业务模式创新”项目相关研究成果，并结合本院以往“钢铁电子商务服务平台”和“平台经济”的研究成果，为宝钢服务平台建设加速推进提供了有力的支撑。年内，经管院开展冶金煤化工系统、产融结合实施、供应链延伸服务、钢铁行业兼并重组策略等重大课题的研究工作，为宝钢相关决策提供有力支持。 (王 猛)

开启国有企业改革及宝钢应对工作研究 2014年，根据宝钢领导要求，经管院以第三方的身份，通过多轮次实地访谈、调阅相关历史资料、深入剖析当初决策背景与流程及兼并重组后的发展历程与经营现状，完成了对八一钢铁、韶关钢铁、宁波钢铁、宝钢德盛4家企业兼并重组评估报告，为宝钢今后的收购兼并提供了有益的借鉴。密切关注国企改革相关政策，结合宝钢实际，开展基于“顶层设计、投资平台、三项制度改革”等事项的“国有企业改革及宝钢应对工作”研究，为宝钢集团提供科学迅捷的决策依据，使宝钢在此轮国有企业改革中占有先机。 (王 猛)

推出宝钢海外钢铁发展路线图 在年初举行的宝钢集团海外工作会议上，经管院汇报的“宝钢海外钢铁发展路线图”，得到与会领导的肯定。会后进一步细化形成了“宝钢非洲钢铁发展路线图”“宝钢印度钢铁发展路线图”“宝钢欧洲钢铁属地化发展探究”“中国—东盟自贸区前景及其对宝钢东南亚发展的影响”等研究报告。

(王 猛)

知识管理迈上新台阶 2014年，经管院研究了知识地图的管理方式，实现了知识地图的规范化管理，使研究成果得到知识化转化和有价值的关联，形成了隐性知识显性化的知识集群，为知识共享导航，发挥了知识资产的价值作用。通过对全院研究人员的历史工时数据的分析，理清研究工时的消费状况以及与主要绩效的关系，为以后合理、高效地作出研究资源配置提供有价值的参考。 (王 猛)

持续加强内部体系建设 2014年，经管院规范优化研究人员研究业务领域，推行研究人员“自我加压、自励驱动”机制，人才队伍建设再上新台阶。倡导企业、团队、员工三位一体的发展愿景，形成良好的工作氛围。扩张内部虚拟团队，加强跨学科合作研究。打破固有模式，多层次的海外实地研究丰富了人才培养的路径。 (王 猛)

宝钢年鉴

2015

BAOSTEEL ALMANAC

企业管理

企业管理

2014年，宝钢集团继续推进董事会建设工作，继续改善运营管理，完善风险控制，推进信息化与工业化融合。（施　志）

董事会工作

完善董事会制度体系建设　2014年，根据董事会构成变化等情况，董事会及时调整专门委员会成员、修订《公司章程》、董事会议事规则及相关专门委员会议事规则，进一步细化明确了董事会对董事长、总经理的决策授权，为董事会合规、高效运作提供了组织保障和制度保障。（庞丽雯）

细化董事会运作机制　制定实施《董事会事务工作管理细则》，细化董事会事务工作管理。从2014年起，对董事会会期实施年度计划管理，提高董事会会议出席率；明确董事会会期的重要节点工作要求，统一会议资料制作要求，强化内部的工作协同，提高工作效率；将董事会决议抄告及时通过办公系统下发相关单位，实现跟踪检查的信息化、即时化和闭环管理；明确为外部董事提供服务的要求，强调与外部董事联络的归口管理及内部协同支撑。（庞丽雯）

举办子公司董(监)事培训　2014年，宝钢进一步推广董事会试点经验，持续优化子公司的治理结构。9月，举办第二期子公司董(监)事培训，邀请天津财经大学校长教授李维安、上海市委党校教授陈勇鸣等专家，宝钢现任或前任高管周竹平、陈缨、汪金德，国务院国资委监事会原25办主任陈琦良等为派出董(监)事开展集中授课培训。（庞丽雯）

重要问题达成共识　2014年，董事会就宝钢产融结合业务发展规划，宝钢股份新技术、新产品研发报告，钢铁公司竞争力分析报告等进行了专题务虚，并就重要问题达成共识。董事会认为，发展产融结合有助于在当前行业处于充分竞争的市场条件下，帮助宝钢走出与以往不同的发展道路，实现二次创业的目标；从钢铁行业环境来看，当前危机与机遇并存，宝钢要把握好下游产业转型升级过程中的需求，与用户结合在一起实现创新驱动；要加大工艺流程创新步伐，注重钢铁板块内成功经验的横向推广，进一步提升钢铁板块整体竞争力。（庞丽雯）

10月29日，宝钢召开第三届董事会第十四次会议（董　会　摄）

探索国资国企改革之路 董事会一直高度关注国资国企改革进程，希望宝钢能在有条件的情况下，加大探索试点力度。年初，宝钢成立全面深化改革领导小组、工作小组。年内，董事会听取了《关于宝钢深化改革工作情况报告》，认同宝钢现有的深化改革工作思路，认为在国资国企改革顶层设计方案暂未出台的情况下，宝钢内部的改革工作不能停步，要在现有授权体系下，积极推进包括三项制度在内的内部改革，在遇到制度瓶颈时，主动向国家相关部门寻求政策支撑。同时，宝钢也要结合行业环境的变化，主动思考自身未来改革的方向，开展2016—2018年三年规划的编制工作。（庞丽雯）

履行社会责任 董事会支持宝钢履行社会责任。2014年，董事会审议通过《2014年度捐赠计划》，内容涉及援藏项目新一轮规划、援青项目三年规划、宝山区社区老年人关爱项目、韶关钢铁捐赠广东扶贫济困日项目、八一钢铁对口帮扶伊犁州尼勒克县项目等，涉及新增预算额8671.1万元；实际对外捐赠9492.5万元。（庞丽雯）

运营改善管理

成立全面深化改革领导小组和工作小组 1月，为进一步贯彻落实中共中央关于深化改革的部署，设计、推进及协调宝钢内部深化改革各项工作，促进宝钢战略转型，宝钢集团成立全面深化改革领导小组和工作小组。徐乐江、周竹平分别担任全面深化改革领导小组和工作小组组长。（刘非非）

宝信软件由宝钢集团直接管理 1月，为提高宝信软件重大事项决策效率，促进信息技术产业更快发展，宝信软件不再委托宝钢工程管理，由宝钢集团直接管理。（刘非非）

2014年，宝钢股份厚板部加强基础管理，重点对现场环境进行整治。图为整治后的现场环境 （韦祈豪 摄）

宝钢集团总部相关机构调整 7月，为更好聚焦于党风建设和反腐倡廉中心工作、强化监督执纪问责，宝钢集团纪委、监察部下设职能部门进行更名并调整职责：纪委、监察部下属四个职能部门分别更名为一处、二处、三处、四处；纪委、监察部合署办公，全面履行党的纪律检查和行政监察两项基本职责，其下设职能的职责相应调整。9月，为进一步提高管理效率，促进高效总部建设，宝钢集团总部相关机构进行调整：规划发展部“战略规划”职能分拆为“钢铁规划”职能及“多元规划”职能，职能部门负责人职位名称为“总监”；撤销“海外发展”职能，职责划转“钢铁规划”职能；“投资审查”职能更名为“投资管理”职能，增加工程建设体系能力提升的综合管理及子公司工程建设活动的指导监督职责。不动产中心职责调整，作为宝钢集团总部职能部门进行管理；不动产中心增设“不动产综合管理”及“不动产专项策划”职能，职能部门负责人职位名称为“总监”。人力资源部下属职能职责调整，其中“领导力发展”职能增加干部监督管理职责，“人事效率”职能增加协力用工规范与优化职责。（刘非非）

宝钢海外代表制度调整 12月，为更好地支撑各产业单元发展海外业务，推进宝钢“从中国到全球”战略实现，宝钢集团对海外代表制度进行调整，指定海外公司（机构）承担所在区域的海外职责，该公司（机构）的行政负责人作为所在区域的海外代表，并对海外代表职责进行相应调整。（刘非非）

宁波钢铁不再作为控股子公司进行管理 2014年末，宝钢集团不再对宁波钢铁控股。从2015年1月1日起，宝钢集团将宁波钢铁纳入参股公司管理体系，不再作为控股子

1月21日，宝钢股份热轧厂员工现场验证1880产线降成本效果（陆非然 摄）

公司进行管理。（刘非非）

管理创新成果 2014年，在中国企业联合会“第二十一届国家级企业管理现代化创新成果奖”评选中，宝钢股份的《现代钢铁企业“三态一流”能源价值管理》获一等奖；宁波宝新的《国有钢铁企业基于全员经营的组织变革》和八一钢铁的《钢铁企业提升价值创造能力的管理诊断》获二等奖。8项管理创新成果获得中国钢铁工业协会“2014年冶金企业管理现代化创新成果奖”，其中，宝钢国际的《基于多区域大数据的经营管理可视化研究与实践》、宁波宝新的《全员经营模式的组织体制变革与实践》获一等奖。14项管理创新成果获得上海市工业经济联合会“2014年上海市企业管理现代化创新成果奖”，其中宝钢股份的《基于信息通信技术的现代企业能源价值管理》获一等奖。（赵 真）

风险控制

完善全面风险管理工作机制 2014年，运营改善部按差异化风险分类的管理框架，与钢铁、贸易、金融、投资行业的500强企业进行风险管理全面对标，向董事会作了《加强宝钢全面风险管理工作》的专项报告。从公司治理、子公司风险管控、风险管理职能3个层面，提出10项具体推进工作，提高风险管理整体水平；结合内外部环境及经营目标，宝钢集团确定了2014年度5项重大风险和6项重要风险，制定了相应的管控目标和管控计划，编制了《宝钢集团有限公司2014年全面风险管理报告》。（陶 涛）

强化战略与投资风险防范 2014年，运营改善部持续推进规划、重大投资项目和新业务项目的独立风险评估，推动编制《宝钢集团工程建设专项禁令》、协助修订《工程项目投资管理关键控制点指南》（第二版）、《投资项目后评价工作指南》。（陶 涛）

供应链运营风险防范 2014年，运营改善部更新发布《宝钢集团经营风险控制十条禁令》，再度明确经营红线；发布《宝钢集团供应链重点经营风险控制指导意见》；建立风险警示机制：对于具有代表性的风险事件，开展案例剖析，编制《商承保贴案》《信用违约纠纷案》《信保理赔案》《经营业绩虚增案》4项风险警示，并在宝钢集团范围内发布，要求各经营单元举一反三、自查整改；建立风险案例教育长效机制，以人才开发院为平台，组织编制风险案例教育警示片，建立案例教育的移动学习、网络学习平台，依托党委中心组学习、经营例会、专业例会，开展风险案例教育，覆盖各级经营单元的管理者和采购、销售、财务专业技术骨干，提高风险意识；继续组织跨部门的供应链风险信息交流（汇率利率、镍价波动、汽车供应链），提高市场敏感度，加强突发事件的风险评估与应对。（陶 涛）

进一步加强内部控制 2014年，运营改善部根据内控审计《内控评价报告》、财务审计《管理建议书》、监督检查《党风廉政报告》、《廉洁从业案例》中体现的共性问题以及年度重点推进工作，编制发布《内控体系能力提升重点推进事项》，下发各单位落实执行；在《宝钢集团总部内控手册》（2013版）的基础上，更新、发布《宝钢集团总部内控手册》（2014版）；在《宝钢集团内控自我评估标准》（2013版）的基础上，新增5项、修订233项、合并10项、删除32项，形成《宝钢集团内控自我评估标准》（2014版），共1001个检查项；发布《宝钢集团内部控制重大缺陷量化认定标准》，新增利润评价维度，个性化确定各子公司重大内控缺陷量化认定标准；在应急预案体系方面，推进更新宝钢集团总预案，明确15类

应急事项的专业管理部门，计划新增5项专业预案。（陶　涛）

信息化推进

云计算　2014年，云计算在宝钢集团范围内得到进一步推广运用。发布《成熟期云计算服务框架协议》和《成熟期云计算服务费计价标准》，为各分（子）公司信息系统入云提供了政策支撑。年内，有91套应用系统、114套信息系统基础环境迁入宝钢云中心。至年底，累计有139套应用系统、219套信息系统基础环境在宝钢云中心运行。软件运营服务为各单位的绩效评价、远程诊断、问卷调查等工作提供了有效支撑。（谢立群）

智慧工作平台　2月17日，宝钢员工智慧工作平台正式上线，标志着宝钢办公系统跨入智慧协作办公的新阶段。云计算、统一通信、Web2.0、用户体验设计、移动应用等信息技术的运用，打造了集办公业务、信息沟通和知识共享于一体的"个人化、整合化、移动化"的员工智慧工作平台。平台通过信息整合和移动应用拓展，促进了员工工作效率的提升。平台利用统一通信技术，将云视频、电子邮件、即时通讯、短信、IP电话、电子传真合为一体，提高了员工间的沟通效率。平台融合了专业信息资讯与个性化信息订阅功能，实现对员工的信息推送。平台新开发宝钢小秘书、移动虚拟会议等移动应用功能，进一步便捷了随时随地的办公。年内，还完成了智慧工作平台对宝钢股份、宝钢工程、宝钢发展、宝钢化工、华宝投资、一钢公司、五钢公司、浦钢公司、宝地置业、宝钢资源、宝钢不锈的覆盖。（谢立群）

标准财务系统　2014年，宝钢集团根据《2013—2018宝钢集团财务信息化专项规划》，明确了2014—2016年标准财务系统未覆盖单元（宝钢金属、宝钢资源、韶关钢铁、宝地置业、宁波钢铁）的实施工作计划以及相应的工作保障措施，并启动标准财务系统覆盖宝钢金属、宝地置业的实施工作；完成八一钢铁、梅钢公司上线试运行跟踪及验收结题；完成宝钢工程下属8家单位（常州轧辊、上海科德、科德南京分公司、江南轧辊、宝钢钢构、宝钢工业炉、宝钢智能化停车库、宝钢技术湛江分公司），宝钢化工下属2家单位（南京宝宁、宝化万辰），宝信软件下属8家单位（宝景、宝希、宝立、宝信数字、宝信数据中心、梅山设计院、大连宝信、地铁电科）的覆盖实施。（谢立群）

管理会计系统　2014年，宝钢集团完成产权、金融资产、经营绩效考核、管理费用预算、资金台账管理功能及财务服务平台的上线，完成资金报表、年度预算、月度预算、预算实际报表、对标、快报的上线准备工作，完成复合指标计算功能开发及公式定义、指标自定义分析功能优化方案确认、财务管理运维制度编制及授权架构的搭建工作。（谢立群）

合并报表系统　2014年，合并报表系统通过支持多种报表数据收集方式，提高报表数据收集效率；通过多种抵消模型设置，满足不同需求的合并抵消业务；通过灵活的合并范围设置，满足宝钢多口径的合并需求。至年底，完成八一钢铁、梅钢公司现场调试和培训工作，基本完成试运行阶段的系统优化工作，完成与管理会计基础项目的比对整理。（谢立群）

人力资源系统　2014年，人力资源服务中心组织开展新一轮人力资源系统建设专项规划工作，新增人力资源移动应用服务功能，优化完善银企直连及财务抛账服务，建设协力信息专项应用平台，提升人力资源服务能力。完成人力资源系

9月10日，宝钢云中心——"宝之云"互联网数据中心（刘　杰　摄）

2014年,宝钢阿赛洛激光拼焊有限公司开展现场改善活动,自行设计、制作的废钢运输防作弊称重系统上线后,提高了数据的准确性 (陆非然 何 晨 摄)

统对八一钢铁、宝钢资源、宝钢工程、宝信软件下属共17家分(子)公司的覆盖实施。实现人力资源系统对宝钢资源海外公司的全覆盖,支撑了对海外公司人力资源业务的有效管理,为后续人力资源系统面向海外公司提供全面服务作了有益的尝试。 (谢立群)

科技管理系统 2014年,宝钢科技管理系统完成对中央研究院的覆盖实施,有效支持并规范了研发体系的业务流程。通过对科研项目全生命周期的在线管理、项目过程文档管理,为中央研究院知识资产的积累和共享打下了基础;通过文件敏感度设置、下载受控、文件浏览和下载行为记录、存储入云等手段,提高了科研资料的安全性;通过优化研发费用管理等手段,促进了研发资源的优化配置。 (谢立群)

档案信息资源管理系统 2014年,宝钢集团启动了宝钢档案信息资源管理系统电子归档范围拓展及适应性改造项目,实现了宝钢科技管理系统新产品项目资料的在线归档。覆盖实施方面,宝钢化工档案管理系统覆盖实施项目通过可行性研究评审;建立宝钢工程档案信息资源管理系统建设项目的组织体系,并编制了《档案管理代码手册》。 (谢立群)

开通办公文具采购平台 2014年,宝钢集团办公文具阳光采购覆盖范围进一步扩大,全年新增17家公司,累计有90家公司、400余个部门开通平台采购权限。平台通过货比三家,促进供应商之间价格和服务的良性竞争。 (谢立群)

完成移动学习系统建设 2014年,人才开发院完成移动学习系统的功能考核和结题验收工作。全年推出党建与企业文化、领导力与管理、专业技术技能、安全培训、外语应用和生活常识等领域微课程61门、微课件388个,员工学习注册人数3434人,累计学习次数25944次。移动学习系统满足了员工随时随地学习的需要。 (谢立群)

信息安全工作 2014年,宝钢集团推进信息系统等级保护工作,7个系统通过国家信息系统安全三级、2个系统通过国家信息系统安全二级的外部测评。在完成宝钢集团管控与共享系统统一认证接入的基础上,推进子公司经营系统、业务系统的接入,同步制定《宝钢集团访问控制及授权管理办法》。持续推进宝钢云盘的优化和规模使用,完成与智慧工作、财务服务平台、科技管理系统的整合,推进商业秘密文件保护工作。完成宝钢集团内外网邮箱合并。 (谢立群)

宝钢年鉴

2015

BAOSTEEL ALMANAC

科技研发

科技研发

2014年，宝钢围绕新一轮规划，优化技术创新体系，保持高水平研发投入(2.0%)，推进规划期重大项目实施，以新产品、新技术支撑企业经营；实现专利申请2272件，其中发明专利1027件，“600℃超超临界火电机组钢管创新研制与应用”等一批科技成果获得国家与行业的认可。 (卢克斌)

科技管理

持续优化技术创新体系 2014年，为提升技术创新体系能力，宝钢进一步优化研发协同与共享模式，按照沪内钢铁“一对一”、沪外钢铁“平台共享+项目支撑”、多元产业“联合研发中心”等多种模式，实现宝钢集团内研发协同；针对长材技术研发相对薄弱的现状，整合长材研发资源，设立长材研究机构。为强化全球技术资源利用，宝钢进一步强化对海外研发机构策划和布局，制定海外研发中心发展规划，进一步提升全球研发资源利用能力。 (卢克斌)

推进新产品与新技术重点项目实施 2014年，宝钢在推进全球首发及引擎产品的研发与能力培育上取得新进展。第三代先进高强钢——淬火延性钢实现系列化，冷轧中锰钢、无取向硅钢B35AP200、油气井用超高强高韧性套管BG150V、纳米自洁无铬原色板等实现全球首发；超纯铁素体不锈钢全年产销量同比提升约13%，商用车铁素体不锈钢实现新市场拓展；高品质奥氏体不锈钢316L在建筑领域实现新突破，成功用于国内第一高楼——上海中心外立面幕墙；CAP1400中国核电示范堆用690合金U形管综合成材率达到较高水平，支撑国家战略需求。宁波钢铁薄带连铸项目实现热负荷试车与全线带钢贯通、单炉浇铸卷取和2炉连续浇铸卷取，部分商品卷向用户供货，标志着宝钢薄带连铸技术正向产业化目标迈进。 (卢克斌)

开展节能环保技术研发 2014年，宝钢围绕气、水、固体废料等重点排放和污染源的处置，开展相关节能环保技术的研究。“烧结废气余热循环利用研究”项目被列入国家发改委低碳技术创新及产业化示范工程，相关技术在宁波钢铁486平方米烧结机上实现工业化应用，并成功通过国家组织的成果鉴定和验收；“全厂废水处理技术研究”项目，在行业内首次实现冷轧废水和焦化废水反渗透浓盐水的全方位达标，可满足排放新标准。 (卢克斌)

加快推进多元板块技术产业化 2014年，宝钢工程技术集团有限公司自主开发出板坯连铸机装备技术，成功应用于宝钢股份五号连铸机和福建青拓镍业板坯连铸机；掌握大型锻钢支承辊产业化关键技术，采用差温淬火工艺技术生产的产品已应用在宝钢、首钢、西马克、达涅利等企业，采用整体感应加热淬火技术制造的支承辊在宝钢股份2050热连轧机组上使用，填补国内相关领域空白。宝钢金属有限公司重点推进切割钢丝、钢帘线、

5月22日，宝钢股份第一卷无取向硅钢产品——B35AP200下线(马爱华 摄)

镀锌钢丝等高等级线材—制品制造技术及产品开发，部分产品实现批量供货。宝钢发展有限公司完成高炉渣制矿棉中试产线建设，开展矿棉试生产。（卢克斌）

推进新材料产业拓展 2014年，中央研究院开展储能材料、镁合金、钛铝合金及汽车用铝等研发，取得阶段性进展：镁合金团队瞄准轨道交通等行业的轻量化材料需求，充分利用产业链上下游资源，研发出若干种新型镁合金产品；钛铝合金团队尝试采用新模式开展航空钛铝叶片研制。（卢克斌）

用宝钢取向硅钢制造的一级能效配电变压器（黄 杰 摄）

若干技术成果获政府与行业奖励 2014年，"600℃超超临界火电机组钢管创新研制与应用"获国家科学技术进步奖一等奖；有7项成果获冶金科学技术进步奖，其中"冷轧热镀铝锌装备及工艺和产业化""中高铬铁素体不锈钢高表面控制技术"2个成果获冶金科学技术进步一等奖。（卢克斌）

2014年宝钢获冶金科学技术进步奖一览表

获奖成果名称	主要负责单位	完成单位	获奖等级
压水堆核电站核岛主设备材料技术研究与应用	钢铁研究总院	宝钢特钢有限公司（排第三）	2014年冶金科学技术进步奖特等奖（合作）
冷轧热镀铝锌装备及工艺和产业化	宝山钢铁股份有限公司		2014年冶金科学技术进步奖一等奖
中高铬铁素体不锈钢高表面控制技术	宝钢不锈钢有限公司		2014年冶金科学技术进步奖一等奖
带钢表面质量在线检测核心技术研究装备开发与应用推广	宝钢中央研究院		2014年冶金科学技术进步奖二等奖
厚板冷矫直机理模型、工艺及装备技术的研发与应用	宝钢中央研究院		2014年冶金科学技术进步奖二等奖
宝钢电池壳钢用冷轧钢带开发	宝山钢铁股份有限公司		2014年冶金科学技术进步奖三等奖
转炉一键式炼钢技术自主研究与应用	宝山钢铁股份有限公司		2014年冶金科学技术进步奖三等奖
KR脱硫渣改质和资源化利用	宝钢集团新疆八一钢铁有限公司（工人奖）		2014年冶金科学技术进步奖三等奖

（徐克立）

科研机构

宝钢集团中央研究院（技术中心）/宝钢股份研究院（技术中心）

至2014年底，宝钢集团中央研究院（技术中心）/宝钢股份研究院（技术中心）（简称“中央研究院”）有职工人数752人。其中，科研人员449人，占员工总数的59.7%。宝钢技术业务专家41人，国家特殊津贴人员16人，宝钢首席研究员、首席实验师71人，教授级高工77人，高级工程师186人。博士研究生189人，占员工比例25.1%。

2014年，中央研究院申请发明专利221件、国际专利28件；形成用户整体技术解决方案17个；获国家科技进步一等奖1项、冶金行业及上海市科技进步奖3项、宝钢重大科技成果奖14项；“热镀锌超高强钢”等7项新产品32个牌号被认定为上海市高新技术成果。“厚板连铸机大压下扇形段研制与工艺应用”等项目获政府科研资助约1000万元。（夏　琰）

国家重点实验室建设　2014年，中央研究院召开首届“汽车用钢开发与应用技术国家重点实验室”理事会第三次会议，提出实验室年度工作计划；召开首届学术委员会第四次会议，对实验室的建设运行、科研情况、开放课题、示范项目申请等方面的进展和规划进行了充分讨论；承办“中国汽车工程学会汽车材料分会第十九届学术年会”，会议围绕“有商品竞争力的轻量化材料及加工技术”的主题，从材料的开发、评测、技术、应用案例等方面进行了交流，对促进中国先进高强度钢生产、评测及应用技术发挥了积极作用。（张　坤）

海外研发中心建设　2014年，中央研究院梳理现有对外合作体系，调研国际领先企业产学研合作模式，明确“以海外研发中心和会员制平台为主、项目合作为补充”的海外合作研发总体思路，确定宝钢海外研发中心发展的一种新的有效模式——大学技术中心。年内，宝澳研发中心结转26个项目，新增9个项目，在新材料设计、机理突破、研发能力提升、市场支持等方面取得一批阶段性技术成果。以项目合作研究为载体进行人才培养，加强与宝澳中心的交流，全年澳方有30余人次来访，宝钢方也有10余人次赴澳交流。（马永柱）

启动研发管理变革项目　2014年，中央研究院为探索建立科学的管理流程和方法，从体系上保证“做正确的事”和“正确地做事”，促进研发效率和质量的提升，以“例行化、规范化和信息技术化”为目标，正式启动“研发管理变革项目”。（1）导入阶段培训。年内，中央研究院邀请咨询公司完成《从技术走向管理》等4门课程、56课时、934人次参加的全员培训。（2）组建项目团队。中央研究院组建项目团队，形成研发管理优化框架，制订行动方案，明确工作的范围、目标和开展形式等，制定《研发管理优化项目行动计划书》。年内，项目核心小组完成新产品开发流程讨论和制定，并着手开展结构化的过程模板的编制工作。（夏　琰）

成立长材研究所　11月7日，中央研究院为构筑支持宝钢集团钢铁经营主体新模式，整合长材研发资源，提高宝钢长材产品的市场竞争力，组建成立长材研究所。（余大江）

新增7个全球首发新产品　2014年，中央研究院新增汽车用新一代先进超高强钢、建筑用纳米自洁彩板、超高磁感低铁损无取向硅钢、超高强韧性套管、商用车铁素体不锈钢等7个新产品，完成样件试制

采用宝钢不锈钢制造的商用车排气净化系统（毕洪运　摄）

进入市场拓展，实现全球首发。同时，做好首发新产品市场推广，将首发产品的技术领先优势，转化为高盈利产品。年内，首发产品实现供货3.8万余吨，较上年供货量翻了两倍。（毛小春）

新一轮“金苹果”计划取得成效 2014年，“金苹果”计划项目——宝钢高效脱磷技术研究项目，提高了炼钢“三脱”（脱硅、脱磷、脱硫）品种钢制造能力，减少了辅料消耗；直接淬火技术应用及热机械控制工艺拓展与应用项目，累计生产经直接淬火技术处理的钢板13万吨；热态高线表面检测装备项目上线运行，取得全球领先的创新成果，应用前景广阔；汽车板激光落料关键技术项目，单线达到年产30万片的产能；宝钢机械无酸除鳞技术项目，完成工业试验线建设方案审批，开展机组建设；连续式冷轧后处理综合试验平台项目，提出技术产业化方案；第三代汽车用钢项目，首次实现中锰钢工业试制；薄规格取向硅钢产品获高端用户认可；激光耐热刻痕技术项目取得突破；BGT2特殊扣、大规格13Cr系列高等级油井管品种，在海外、中国海洋石油总公司及页岩气市场的推广均取得历史性突破；热轧高强钢自主集成技术项目，成套输出4大类、14个钢种，其中10个牌号实现批量供货。（毛小春）

推进“以用户为中心”的研发转型 （1）2014年，中央研究院重点推进27项汽车板先期介入项目，并入驻多家国内汽车制造企业，进行先期服务。既提供技术解决方案，又锁定了用户份额。（2）启动22项非汽车板先期介入项目，分别形成典型做法与经验。家电先期介入团队的“绿色空调外机整体技术解决方案”，入选2014年海尔集团家电技术创新论坛优秀案例。参与宝钢股份先期介入文化提炼总结，形成用户思维、协同思维、进取思维3个层面18条先期介入工作原则。（夏 琰）

用宝钢汽车板激光落料关键技术制造的产品（杨赛丹 摄）

组建成立先期介入专职化团队 2014年，中央研究院形成汽车板先期介入5个阶段、3个层次、2类定位的532工作模式，与汽车板用户协同开展行业（联盟）、集团（联合实验室）、企业三个层面的技术合作，成为支撑公司经营战略的重要组成部分。年内，中央研究院汽车用钢研究所成立汽车板先期介入专职化团队，重点推进核心战略用户的新车型先期介入合作，采用双负责、双锁定方式，推进新车型先期介入的项目化运行。（张 坤）

完成“宝钢概念白车身”专项设计 2014年，中央研究院完成宝钢超轻型白车身结构工程优化设计，整车各项性能指标均达到或超出最初设定目标，白车身高强钢应用比例78%，镀锌材料应用比例75%。年底，中央研究院全面启动宝钢概念白车身实物样车研制工作，确定实物样车试制供应商，启动宝钢概念白车身试制材料制备与宝钢先进成形自制件的开发研制，确保按时交付合格试制样车和展示样车。（张 坤）

复合轧制工艺技术获新突破 2014年，中央研究院研制开发的高碳当量厚板复合板、核电安注箱用复合板、电梯用双面不锈钢复合板等产品，实现批量生产和供货。宝钢复合轧制工艺技术贯通了从厚板、热连轧到冷轧整个工艺流程，为开发和生产新型钢铁产品创造了条件。（陈佳美）

薄带连铸产业化技术研究迈上新台阶 3月13日，由中央研究院提供技术方案的宁波钢铁薄带连铸工业化示范线首次热负荷试车成功。随后，经过不断优化工艺、改

3月13日,宁波钢铁薄带连铸工业化示范线试车成功(周坚刚 摄)

进设备、提高控制的稳定性,成功实现低碳钢的2炉连续浇铸,轧制生产出0.9毫米超薄热轧板,并实现试制产品的市场销售。

(沈文珍)

产品开发 2014年,实现新试产品销量97.71万吨,独有新试产品比例62.2%,新产品首轮工业样件94个。(1)成功开发合格的冷轧双相钢工业样件;试制成功马氏体高强钢,并通过认证;试制成功热冲压用钢,并在宝钢热冲压产线上进行了两个零件(B柱、门槛)的试制。(2)宝钢成为世界上第二个能供应0.20毫米规格高磁感取向硅钢的厂家。年内,宝钢取向硅钢成功用于一级能效油浸式配电变压器制造,这是用国产取向硅钢第一次生产出合格的一级能效油浸式配电变压器。宝钢取向硅钢还用于3台国网1000千伏电抗器的制造,这是用国产取向硅钢第一次生产出合格的国家电网1000千伏电抗器。宝钢新型高效材料,批量出口欧洲。12月,采用激光切割机制造的材料铁芯完成整机检测,测试结果表明宝钢具备铁芯样机制作能力。(3)高等级厚板管线钢产品大批量出口国外市场。搪瓷用钢完成冷轧、酸洗和中厚板3项新产品的设计输出,实现6项新产品的大批量试制和供货使用。新产品年总销售量比上年增长13%。(4)自主研发集成热处理成套工艺技术,形成2.3毫米—12毫米超高强结构钢、耐磨钢和防弹钢产品系列。(5)完成7个规格(累计13个规格)的新一代BGT2特殊螺纹接头产品的开发,基本实现规格系列化。其中,累计4个典型规格的BGT2特殊螺纹接头产品,通过国内外第三方机构最苛刻的ISO13679IV级试验,实物性能达到国际先进水平;成功开发出大规格马氏体不锈钢套管的一贯制工艺技术,并实现批量稳定供货;完成1067毫米×25.4毫米超长厚壁X70管线管(名义管长18米)的试制和生产。(6)汽车装饰用超纯铁素体不锈钢新产品取得突破,实现在合资汽车主机厂的批量应用;含钛不锈钢冶炼、连铸工艺取得突破,实现了两炉以上连浇生产;超级奥氏体不锈钢系列产品,实现产品系列化和市场销售。(7)825合金冷轧带材应用于国内首条耐蚀合金复合管集输管线;自主研发的690合金厚板、棒,打破国外长期技术及市场垄断;完成全球首台CAP1400核电蒸发器水室隔板供货;试制成功首批超超临界电站用高压锅炉合金小口径管,应用于国内首座700℃超超临界试验平台。(8)完成2个钢管全方位环缝焊接,射线探伤合格,接头性能均满足标准;系列热处理产线高强钢产品,通过焊接工艺评定,接头性能均满足要求,得到用户认可,逐步取代进口产品。

(夏 琰)

冶金工艺、装备及共性技术研究 (1)2014年,中央研究院成功解析立式连铸设备结晶器“黑匣子”模型,自主设计具备原系统的主要功能,同时具备数据存储和离线分析等功能的结晶器专家系统,与原系统并行应用于生产现场。开发立式连铸冷却、结晶器振动和电磁搅拌等工艺,显著提升特种部分战略产品的连铸坯成材率。完成电子束冷熔炉(EB炉)纯钛热轧切边返回料循环使用工艺的开发工作。(2)热态高速线材表面质量在线检测系统在钢管条钢事业部线材厂上线试运行,技术指标及应用效果远优于国外同类产品水平。完成宝钢股份2030冷轧5机架多元微合金化新材质支承辊试制,各项性能指标均达到技术要求;开发的支承辊新辊型及磨削模型在多条产线推广应用,首次实现支承辊材料、制造工艺及使用技术的一体化开发。连铸机在线辊缝仪在宝钢股份炼钢厂二号连铸机上试验应用成功并投入试用，为准确把握铸机状态和保持辊缝精度提供了重要手段。（3）完成宝钢股份1550热镀锌产品表面缺陷追溯及成因分析系统开发，并成功上线运行。首次自主开发成功宝钢钢管产线系列加热模型，加热过程领域技术得到进一步拓展，使环形加热炉能耗降低1.3%以上。成功开发热处理炉加热工艺优化系列模型，包括厚板淬火炉模型、钢管淬火炉模型、钢卷退火炉模型、棒材退火炉模型，形成热处理炉相关节能控制技术。完成厚板精整剪切线物流优化模型研发，线上切割物流优化模型、线下火切计划排程模型、库存管理优化模型、火切加工能力评估计算模型等均投入在线运行，帮助实现剪切线产能最大化，提升物料库存周转率。（夏　琰）

节能减排技术研究　（1）2014年，宝钢烧结废气循环利用技术获得国内同行认可。（2）宝钢股份的“产品环境绩效信息在线查询系统”建成，并向外界提供宝钢产品生命周期评价结果、产品全流程完全消耗系数图、宝钢产品环境绩效指数、碳排放数据在线查询。（3）“全厂废水综合利用及深度处理技术开发”科研项目，完成结题验收，实现了废水源头减量，可以节约新水32万吨/年。在行业内首次实现冷轧废水和焦化废水反渗透浓盐水的全方位达标，可以满足新颁布的《钢铁工业水污染物排放标准》和《炼焦化学工业污染物排放标准》。（毛小春）

支撑沪外钢铁单元技术进步　2014年，酸轧机组工作辊辊形技术在梅钢公司冷轧厂酸轧机组应用，使花边发生量明显下降；支撑宁波钢铁55MnB钢新产品开发，通过提高热轧卷取温度及调整钢卷堆钢方式，满足了用户开卷加工对硬度方面的要求；在提高气煤配比、降低焦炭灰分和配用石油焦等方面，为韶关钢铁提供技术支撑；在韶关钢铁特钢产品开发上，提供技术支持，完成汽车电机爪极用材料的对标分析和试制材的性能评估；对八一钢铁配煤结构和焦炭质量，进行全面煤质分析，提出降低成本的建议；制订湛江钢铁冷轧防锈推进工作实施方案，完成5个不同钢种锈蚀对比试验，以及试验结果的分析与整理，并制定了轧硬板锈蚀程度分级评定方法。（毛小春）

试验平台建设和分析检测技术研究　（1）2014年，高强度钢板力学试验设备改造、钢管条钢实验室综合改造、有机分析实验室、标样研制实验室等项目完成交工验收；新材料实验室建设全面启动；微晶玻璃研究实验室基本建成。（2）12月，中央研究院分析测试研究中心通过中国合格评定国家认可委员会的现场评审，成为全国第十家具备标准物质和标准样品生产者国家认可资质的实验室，宝钢成为国内唯一具备检测、能力验证、标样生产三项国家认可资质的企业。参加NIL PT-0456/0456-2金属布氏硬度测试等五项国内、国际比对，均取得满意的结果。（丁红蘋　斯初阳）

制定、修订两项国家标准　2014年，中央研究院制定《金属和合金的腐蚀低铬铁素体不锈钢晶间腐蚀试验方法》，修订《金属和合金的腐蚀不锈钢三氯化铁点腐蚀试验方法》两项国家标准，并通过专家审定，这是宝钢在不锈钢领域和腐蚀领域首次作为第一单位负责起草相关国家标准。（虞广群）

宝钢情报服务平台上线　12月29日，宝钢情报服务平台正式上线，向宝钢集团员工开放。该平台拥有6亿篇科技文献，8万条钢铁相关新闻信息、14万条专题情报信息，4万条互联网采集信息，涵盖21个钢铁情报专题、近80种钢铁资讯杂志，具备情报定制推送、定题服务功能，为用户提供跨库检索、附件全文检索等服务，实现信息、知识、情报的融合。（张　晏）

梅钢公司技术中心

梅钢公司技术中心成立于2000年，是梅钢公司品种开发、科研开发中心。2001年，被上海市经济委员会认定为上海市级企业技术中心。2004年，梅钢公司技术中心与科技部两块牌子一套班子，负责技术创新管理工作。2014年，梅钢公司技术中心下设综合管理室、科技管理室、品种开发室、检测实验室、炼铁与环境资源技术研究所、冶金工艺技术研究所、焊接与表面技术研究所。至年底，有研发人员51人（含首席3人）。其中，博士研究生3人、硕士研究生31人、大学本科及以下17人；高级职称15人、中级职称27人。

2014年，梅钢公司技术中心聚焦汽车钢、高强钢（3B）、镀锡板等战略产品，着力开展领先性、差异化技术研究，成功开发新产品33个，其中独有新试产品占24.92%。（颜立鲲）

9月,梅钢公司高强度合金精冲钢试制成功,进入规模化生产(朱　飞　摄)

新产品研发　(1)精冲钢。2014年,开发11个新品,其中精冲用钢SAE1018成功替代进口。产品逐步形成系列化,并形成较为稳定的市场客户群,在华东市场占有率达到30%。(2)工程机械用钢。开发BS600/BS700系列产品及耐磨钢B520JJ,实现稳定批量生产能力,年产量达到1万吨,强度级别覆盖产品大纲。(3)汽车用钢。开发4个热轧汽车结构钢新产品,高强汽车品种钢产量达1.6万吨。B530CL、B550CL轿车用轮毂和厚规格B500CL重载车用轮毂产品的成功试制,使梅钢公司高强车轮钢进入乘用车和商用车市场,并实现车轮钢的系列化。(4)抗扭曲热镀液晶背板。开发低屈服热镀液晶背板产品,解决了行业液晶背板扭曲打鼓技术难题,批量供货1200吨。(5)空调底角用镀铝锌钢。开发空调底角用厚镀层产品,批量供货,满足用户耐蚀要求,并解决产品在用户使用中脱锌问题,累计试制345吨。(6)镀锡表面奶粉罐用板。根据梅钢公司产线特点及不同用户使用技术要求,开发镀锡表面奶粉罐用板制造技术,产品销量达2230吨。(7)镀锡逆晶板。镀锡逆晶板突破连退极限规格,实现批量稳定生产,生产工艺成熟、性能稳定,产品满足用户提高成材率的要求,总量达到6700吨。(8)高强镀锡板。突破梅钢公司冷轧产线硬质镀锡板设计能力,完成高强、减薄T6镀锡板的首轮试制,验证了产线各工序对高强镀锡板的生产能力和规格拓展能力。产品经试用,完全满足用户要求。(9)高强车轮钢。自主研发铌钛系和铬系两种双相钢产品技术,利用1780热轧的分段冷却能力,成功试制低成本双相钢。产品经上海宝钢车轮有限公司试用,得到其认可。

(颜立鲲)

转炉少渣冶炼工艺技术研究　2014年,项目组研究开发少渣冶炼溅渣护炉技术、少渣模型的加料控制、少渣冶炼前期防止喷溅方法和留渣安全技术,以及双渣的脱磷期的炉渣物性控制技术,掌握转炉少渣冶炼安全投运成套技术。项目实施后,梅钢公司一炼钢和二炼钢吨钢石灰消耗分别降低19千克和9.67千克,轻烧镁球消耗分别降低2.64千克和2.7千克,钢铁料消耗降低0.8千克和4.1千克。　(颜立鲲)

气体燃料辅助烧结技术开发与应用研究　2014年,项目组研究了不同煤气量、不同工艺条件对烧结矿质量的影响规律,设计开发了现场试验装置,在梅钢公司烧结产线进行工业试验,进一步验证技术效果、优化工艺参数,并解决了试验过程中出现的着火问题。试验结果表明:固体燃料消耗降低3.68

梅钢公司季益龙创新工作室人员在进行技术攻关(朱　飞　摄)

千克/吨、烧结矿综合成品率提高3.04%,有效降低了烧结成本,提高了烧结矿质量。（颜立鲲）

新技术开发应用 2014年,项目组根据梅钢公司1780热轧产线的装备能力,开发层流密集冷却工艺稳定控制和层流分段冷却精确控制技术,掌握了双相钢相组成和晶粒度控制的关键技术,研究形成高强钢板型控制技术,研究成果应用于低成本钢种开发,并广泛应用于其他钢种的升级轧制、成分优化。（颜立鲲）

单种矿综合性能评价模型研究 2014年,项目组结合梅钢公司铁前生产实际参数,完成单种矿评价模型(简单型)的开发,模型从化学成分、物理性能和冶金性能、矿石基础特性、单烧性能进行全面的计算与评价。模型能快速、定量、理性地对各种铁矿石作出综合评价,给出最佳的采购价格,为降低炼铁成本,提高生产效率,加强原燃料管理提供技术支撑与依据。（颜立鲲）

提高配煤成焦率技术研究 2014年,项目组在对低成本无烟煤的特性研究的基础上,试验其与炼焦煤的最佳配煤工艺,同时根据大高炉对焦炭质量的要求,研究了提高瘦煤比例配煤炼焦工艺,实现在不降低焦炭质量的前提下,增加低价煤用量,以降低炼铁成本。（颜立鲲）

1420酸轧机组轧机振动机理及其治理技术研究 2014年,项目组完成梅钢公司1420冷连轧机振动测试技术的开发、五机架冷连轧机典型规格产品不同工况下振动的测试、五机架冷连轧机组振动机理的分析及振动分析系统的建立、冷连轧机组高速轧制过程中振动综合治理技术的开发。项目实施后,正常轧制时轧机在生产薄料时的速度得到提高,轧机震动造成的震动纹缺陷大幅下降。项目研究成果运用于现场,并形成一贯制工艺。（颜立鲲）

9月,梅钢公司低合钢中化学成分分析、锰铁中化学成分分析通过国际实验室能力验证（朱 飞 摄）

高炉低镁、铝比冶炼技术研究 2014年,项目组系统研究了高炉炉渣的铝、镁含量及其碱度对高炉冶炼行程的影响规律,提出低镁、铝条件下高炉冶炼行程的变化及改进方法,并根据研究结果在梅钢公司五号高炉进行低镁、铝工业试验。（颜立鲲）

喷吹精度控制的开发与研究 2014年,该项目在原有喷煤控制设备及控制技术的基础上,通过增加总管流量计,解决喷吹过程中的精确计量问题,优化输煤管道及流化技术,建立喷煤自动控制及二次补气控制算法,建立喷吹罐压与流量调节阀之间的自动跟踪技术,实现罐压自适应调节;以喷吹罐的罐重为基础,开发总管流量计的自动校验及修正功能,同时开发喷煤量快速调节的分段PID(比例微积分)控制技术。项目实现了均匀浓相喷吹,减少了对设备的磨损,降低了设备故障率,提高了高炉喷煤量。（颜立鲲）

高温极薄料连续退火技术及经济型退火技术研究 2014年,项目组完成了关键技术研究,形成了具有国内先进水平的高温极薄料连退稳定通板控制技术以及经济型退火技术。（颜立鲲）

宝钢化工研究院

上海宝钢化工有限公司化工研究院(技术中心)(简称“宝钢化工研究院”)承担着公司煤沥青深加工领域、新型煤化工、炭黑等领域的新产品、新工艺、新技术的开发与研究以及相关科研成果工业化转化工作,并负责收集相关科技信息、国家政策和产业发展等方面

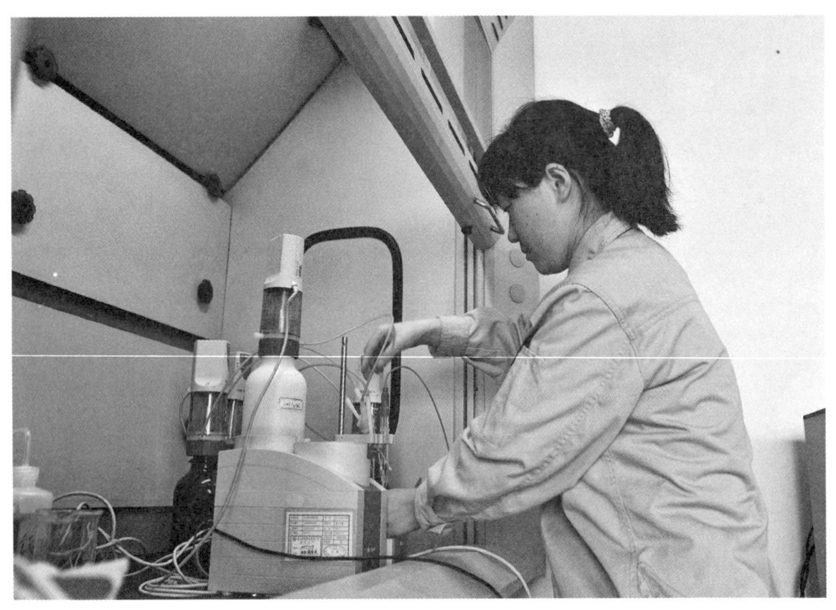
宝钢化工研究院科技人员在分析古马隆中的羟质(华　工 摄)

的信息,开展对外合作与交流,为规划建设项目提供决策依据,协助各生产单元解决重大生产技术难题、完善生产工艺流程,开展研究新型的节能和减排技术在公司各生产装置上推广利用。负责公司成熟的生产技术(含知识产权)对外的市场推广,并对外提供实验室检化验和检测分析等技术服务。

宝钢化工研究院下设煤沥青、精细化学品、梅山生产工艺、技术推广、炭黑5个研究所,以及综合管理室、中间试验场、分析检测中心3个技术支持与支撑部门。2014年4月,设立化工研究院乌海分院,作为研发中试平台。至年底,有员工41人,其中博士研究生4人、硕士研究生13人。

年内,宝钢化工研究院完成技术贸易8项,获利100多万元。

(周响弟)

节能环保用沥青基泡沫炭开发 2014年,该项目总体进展顺利,取得了阶段性结果。实验室已制备出多种尺寸规格的泡沫炭,经通标标准技术服务有限公司检测,所制泡沫炭满足国家节能建筑保温材料分级标准(GB8624—2012)的A1标准。制备出的泡沫炭经宝钢化工水务事业部确认,泡沫炭亲水性较好,可使微生物完全挂于膜上。 (周响弟)

液体古马隆树脂的制备研究 2014年,该项目进展较为顺利,已制备出的无异味古马隆树脂、液体古马隆树脂供下游用户试用,反应良好。同时,宝钢化工研究院采用添加酚类单体共聚方法制备出羟值分别大于30、70和100的羟基古马隆树脂。宝钢化工宝山分公司根据试验结果,分别生产出了羟值大于30和70的羟基古马隆树脂,取得良好效果。 (周响弟)

同性焦检测技术 2014年,该项目已取得重要进展。宝钢化工研究院对试制的同性焦进行检测分析结果显示,试制的同性焦、同性石墨的质量性能比沥青焦有很大进步,接近于国外的同性焦的质量。

(周响弟)

水质中多环芳烃等的高效液相色谱法测定研究 2014年,该项目对环保国家标准HJ 478—2009《水质中多环芳烃的测定　液液萃取和固相萃取高效液相色谱法》进行初步验证,基本确定预处理、液相色谱检测等各步骤的操作参数。

(周响弟)

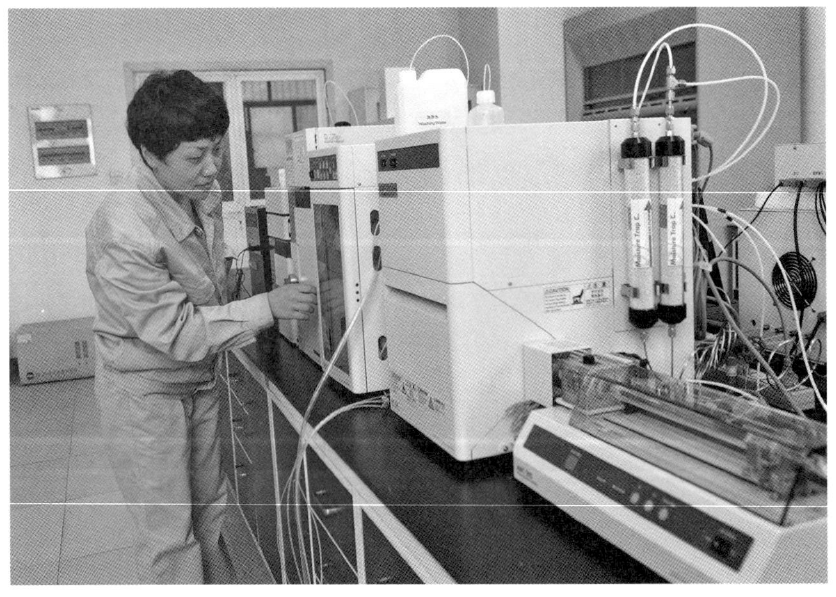
宝钢化工研究院科技人员用全自动硫氯检测仪进行产品检测(华　工 摄)

宝钢年鉴

2015

BAOSTEEL ALMANAC

环境经营

环境经营

2014年，宝钢结合新一轮发展规划，推进环境经营和绿色制造，节能减排指标持续提高。能源消耗指标完成年度计划，全年吨钢综合能耗和万元产值综合能耗（可比价）分别为607千克标准煤和920千克标准煤，同比分别下降0.6%和2.3%；重点污染物减排指标全面超计划完成，二氧化硫、化学需氧量和氮氧化物排放总量分别为24391吨、1261吨和51807吨，同比分别下降13.9%、18.2%和17.8%，完成宝钢第四任期和“十二五”分年度减排目标。

2014年，宝钢集团能源环保部（简称“能源环保部”）按照国家“十二五”节能减排责任目标，组织学习宣传新版《中华人民共和国环境保护法》和贯彻落实国家发布的一系列环保新规，持续推进环境经营和绿色制造，在促进节能减排工作观念提升、加强能源环保管理体系建设、健全能源环保管理制度、加快实施环保达新标项目等方面开展工作，全面提升宝钢节能减排工作水平和绩效，各项指标全面受控。至2014年底，能源环保部共有员工7人。

2014年，宝钢获“上海市节能工作优秀奖”和“上海市水资源管理工作考核优秀奖”等一批奖项；宁波钢铁获2014年度“中国钢铁工业清洁生产环境友好企业”称号；宝钢股份能源环保部“现代企业‘三流一态’能源价值管理的创立与运行”项目获上海市管理创新成果一等奖，并由上海市推荐申报全国管理创新成果奖。

环保与治理

推进能源环保管理体系建设 2014年，宝钢持续推进能源环保管理体系建设，按照政府监管和宝钢内部协调运作的要求，通过多轮研

宝钢股份厂区一角（戴　军　摄）

讨和梳理，基本形成比较完备的能源环保管理体系框架。一是编制和修订《能源管理工作评价管理办法》《能源管理状况评估报告管理办法》《环境保护合规性管理办法》《环保事件管理办法(重大环境污染事件应急预案)》和《环保事件问责管理办法》等一批管理文件；二是按照管理文件的要求对子公司进行季度和年度评价。(倪伟民)

推进清洁生产审核 2014年，宝钢继续组织和开展清洁生产审核工作。其中，按照上海市清洁生产中心的要求，宝钢股份组织开展了重点企业清洁生产复审预评估工作；上海宝菱电气控制设备有限公司和上海宝闵工业气体有限公司等一批企业开展了清洁生产审核工作。(倪伟民)

学习贯彻新环保法 2015年，国家将正式实施新的环保法、全面执行钢铁行业环保新标准，政府环保严格监管、公众环保严密监督成为企业面临的新常态。为全面宣传贯彻国家新环保法律法规，提升节能减排和合规合法的经营意识，2014年宝钢党委中心组组织了环保新法新规的专题学习；宝钢集团还组织了环保新法新规解读、环保新法新规实施与企业应对，以及钢铁行业清洁生产与大气(PM2.5)污染防治等专题培训与讲座，提高了宝钢各级管理和技术人员的思想认识，并通过学习交流认真梳理了宝钢管理体系、制度和流程等方面的差距，促进了环保新法新规在生产经营活动中的贯彻落实。(倪伟民)

推进环保项目建设 2014年，按照国家环保新法新规要求，宝钢开展了环保对标与合规性检查工作，认真检查和梳理各生产企业的环保达标排放情况。根据检查梳理结果，对部分处于临界波动的指标从加强环保设施运行管理出发，实施了70余条管理优化措施，使80多项环保指标稳定达到新标准要求；并进一步制定152条项目化措施，计划于2014—2017年分步实施，总计投资约44亿元。2014年计划实施的21个项目全部完成。为管好、用好现有环保设施，提升环保设施运行效率及效果，宝钢还组织开展了环保设施运行效率提升专项工作。通过专项排查，初步建立“国控”污染源环保设备的重要指标管理体系，并将A类环保设备的管理纳入主作业线设备进行管理，为环保设施能力提升奠定了基础。(倪伟民)

配合环境保护专项执法检查 8月起，上海市环境保护局环境监察总队对宝钢上海地区的企业进行了为期5个月的环境保护专项执法检查。根据要求，宝钢各企业及时组织力量，按计划完成了自查工作，并认真接受了上海市环境保护局环境监察总队的现场执法检查。(倪伟民)

南京青奥会环境保障工作 8月16—28日，第二届夏季青年奥林匹克运动会(简称“南京青奥会”)在南京召开，宝钢将南京青奥会环境保障工作作为对宝钢长三角地区各单位环保应急管理工作的一次实战演练，建立了环保应急管理体制、工作制度和一级应急联络体系，下发了《宝钢集团关于落实〈长三角区域协作保障青奥会环境质量工作方案〉的工作部署》，对所属10个子公司提出了具体工作要求。各子公司分别制订了环境保障预案，建立了分级响应的应急联络体制。南京青奥会期间，宝钢及所属子公司严格执行政府停、限产指令，并在南京市启动的4次环境空气质量应急预案中，克服困难，牺牲局部利益，及时调整生产，确保了南京青奥会期间环境空气质量满足赛事要求，确保无环境违

宝钢股份员工在现场进行水处理巡查(陆非然 摄)

法事件发生。（倪伟民）

节能减排

推进重大节能减排项目建设 2014年，宝钢节能减排项目（不含合同能源管理项目）共投入11.8亿元，其中，环保与资源综合利用项目投入9.8亿元，节能项目投入2.0亿元，形成年节能21万吨标准煤的能力。宝钢依靠科技进步，在不断加大节能减排技术改造项目投入的同时，还积极利用合同能源管理新机制推进和建设节能减排项目，其中：1月，宝钢股份50兆瓦金太阳光伏发电示范项目（一期）全部建成投运，年发电量超过4500万千瓦时。该项目是目前世界最大的屋顶光伏发电项目，对钢铁行业清洁能源的应用起到引领和示范作用。之后，宝钢又相继在宁波钢铁、梅钢公司以及湛江钢铁建成或启动建设光伏发电项目。宝钢股份按照合同能源管理方式加快推进低温烟气余热回收改造，年内，完成了总部区域11座大型加热炉的烟气余热回收改造工程，每小时可生产50余吨低压蒸汽，实现了大型加热炉平均排烟温度降低到200℃以下的国际先进水平。韶关钢铁全面推进余能利用、高效炉窑和能效电厂等节能项目，年内投资约3.23亿元实施电炉烟气余热回收、电厂一号锅炉节能改造、炼轧厂加热炉余热回收、冷却塔风机节能改造、电机系统节能改造等合同能源管理项目9项，年可实现节能量约14.52万吨标准煤。宁波钢铁新建投运一座5万立方米转炉煤气柜，一方面增加了转炉煤气的回收，另一方面又减少了原来单一煤气柜情况下煤气柜大修时的煤气放散损失，全年节能约2万吨标准煤；对热轧生产线3座加热炉进行余热回收，每年节能约1万吨标准煤；对炼钢厂石灰窑进行烟气余热回收，每年可节能约0.85万吨标准煤。宝钢化工在国内首次将膜法除氧技术应用于沥青焦余热锅炉上，年内实现节能1358吨标准煤；在国内首创酚精制装置全连续蒸馏生产工艺，全年可节能760吨标准煤。（倪伟民）

淘汰落后产能和高耗能设备 宝钢持续推进淘汰落后产能和高耗能设备，提升技术节能能力。2014年，八一钢铁关停4座小高炉、2座小转炉与6台小锅炉。各单位制定了落后电机淘汰计划并有序推进，韶关钢铁计划淘汰5165台落后电机合计17.255万千瓦，宝钢特钢计划对年运行时间超过3000小时的505台落后电机进行逐步淘汰更新，宝钢化工实施了对156台高耗能落后电机改造项目。（倪伟民）

八一钢铁生活区一角（巴　刚 摄）

开展碳减排和碳排放权交易试点工作 2014年，宝钢继续跟踪、分析国际、国内碳减排和碳交易发展的趋势与政策，研究宝钢碳排放、碳资产管理思路和管理方法，指导试点企业开展相关工作。2014年，宝钢各试点单位按计划配合完成了2013年度企业碳排放报告的现场核查及2013年度的碳配额清缴工作，并积极参与碳排放权交易，宝钢股份和宝钢特钢分别售出二氧化碳配额11万吨和30万吨。宝钢特钢由于在上海碳交易试点工作中突出表现，被授予“积极参与交易企业”称号。韶关钢铁根据广东省有关碳交易管理办法，完成履约清缴任务并结余4.3万余吨，成为广东省第一批履约控制排放企业。为使后续碳排放管理工作继续有效地开展，宝钢还组织举办了碳配额交易实务知识培训，聘请外部专家对有关管理和技术人员进行碳资产管理知识和碳交易实务的培训。（倪伟民）

节能减排宣传 2014年，宝钢在节能宣传周和世界环境日等活动中，加强节能减排宣传。突破往年的突击宣传模式，除正常的宣传工作外，借助《宝钢日报》宣传平台，连续刊发“子公司老总谈环保”“厂部长谈环保”等系列专题访谈文章，让员工了解各级领导对环保工作的认识；举办“‘绿’动青春——宝钢青年看环保”漫画摄影展，树立宝钢青年环境保护意识。（倪伟民）

“‘绿’动宝钢，环保有我”公司日活动 2014年“公司日”活动的主题为“‘绿’动宝钢，环保有我”。“公司日”活动中，宝钢“绿色大使”发出环保倡议，主要生产企业领导发布绿色承诺；宝钢与宝山区政府签署《宝钢集团有限公司与宝山区人民政府共建“创新驱动、转型升级、绿色发展、产城融合”示范区战略意向书》，宝钢股份与宝山区月浦镇签署《宝山区球根花卉种球生产基地供能合作框架协议》；与会代表还见证了“绿色宝钢”特色游开通仪式，并参加“绿色宝钢”特色游。通过公司日活动，提升了宝钢员工的环境意识，宣传了宝钢的环境保护工作，促进了宝钢与宝山区的共同发展，为社企和谐共建、城市的绿色发展起到示范和推动作用。（倪伟民）

绿　化

绿化养护管理 2014年，宝钢发展有限公司所属上海宝钢生态绿化有限公司（简称“宝钢绿化”）根据宝钢股份对绿化养护、整治的工作要求，在推行目标计划管理的基础上，进一步深化精细化、痕迹化管理，落实绿化养护区域责任，提高各级自主管控能力。在绿化养护方面，重点是加强行道香樟养护；加强草坪和绿地内香樟落叶清扫；加强影响视线或运输的绿化修剪；定期完成办公楼区域、主要景点等31处花草（共计0.27万平方米）更换工作等。（施　政）

绿化环境整治 2014年，宝钢绿化以“结合区域特点，分析绿化现状，明确提升方向，确定管理举措，提升绿化面貌”为主线。对部分绿化整治重点区域，编制施工方案及绿化施工设计图，实行绿化区域整治项目化管理。全年完成宝钢股份化三十路浴室周边以及焦九路等区域、道路的绿化整治项目28项，共计面积2.28万平方米。（施　政）

绿化提升改造和搬迁 2014年，宝钢绿化共完成绿化提升改造项目31项，种植绿化48.55万平方米；完成宝钢股份“冷轧厂2030单元热镀锌机组改造”等绿化搬迁项目141项，面积11.15万平方米；完成“二炼钢新增六号RH精炼装置主体工程”等绿化恢复项目110项，面积11.06万平方米。此外，宝钢

3月11日，梅钢公司员工在厂区植树（朱　飞　摄）

宝钢不锈厂区一角（周国忠 摄）

绿化还完成“6.5”世界环境日、宝钢“公司日”、宝钢股份四号高炉点火仪式、第七届全国钢铁行业职业技能竞赛等14个重要参观检查活动绿化美化任务。

（施 政）

综合利用

钢铁固体废弃物资源综合利用指标 2014年，宝钢钢铁工业固体废弃物资源综合利用率98.06%，钢铁工业固体废弃物资源自用率24.91%，分别比2013年提高1.14和3.54个百分点。 （倪伟民）

钢铁固体废弃物资源综合利用项目建设 2014年，宝钢股份炼钢厂一炼钢滚筒渣处理系统综合改造（二期）工程、韶关钢铁恒然锌业工程项目二期工程等一批资源综合利用项目建成投产，提升了宝钢“绿色经营”的能力；湛江钢铁钢渣处理工程项目开工建设，项目的目标是：渣处理过程中全流程渣不落地、金属回收率大于97%、尾渣资源100%高价值综合利用，对传统渣处理工艺、布局及流程进行整合和优化，建设一座全流程、一体化渣处理中心，全面提升渣处理的环境清洁程度与资源综合利用效率。 （倪伟民）

利用移动供热技术向社区供热水 在上海市经济和信息化委员会和宝山区政府等单位的支持下，宝钢股份把余热资源利用与上海市淘汰燃煤锅炉工作相结合，利用移动供热技术向社区供热水，以取代原有的燃煤锅炉，实现钢铁企业与周边社区的和谐共赢。2014年，淘汰燃煤锅炉21台。 （倪伟民）

发展和谐社企关系 2014年，宝钢充分发挥钢铁企业“钢铁产品制造、能源转换和吸纳消化城市废弃物”的三大功能，利用钢铁冶炼过程中特有的高温、高压特性，继续推进城市生活废水处理回用和废水污泥的处置或再利用工作，助推企业和城市和谐发展。 （倪伟民）

宝钢股份厂区一角（陈 星 摄）

宝钢年鉴

2015

BAOSTEEL
ALMANAC

人力资源管理

人力资源管理

宝钢人力资源管理包括人力资源管理工作和教育培训工作。宝钢集团人力资源部是宝钢人力资源管理的职能部门，宝钢集团人才开发院是宝钢的职工教育培训基地。 （施 志）

人力资源管理工作

持续优化绩效考核机制 2014年，结合宝钢二次创业对领导人员工作业绩、能力素质与工作状态等的要求，优化年度绩效评价，严格活力曲线分布，进一步激发领导人员的责任意识和改革动力。宝钢按照“看品行、重业绩、严奖惩”的九字方针严格干部管理，强化“无功就是过，庸碌就是错，不进则退”的价值导向，明确建立“目标清晰、考察严格、评价较真”的绩效文化。对于领导人员评价，注重业绩分析的个性化、针对性，如对宝钢集团总部职能部门及业务部门，结合工作特点，设计了个性化的内部客户评价机制；开展“负面清单”评估，对领导人员是否具有坚决摒弃的状态或行为进行全面检视；注重多维度评估，如对财务、安全、纪检、工会等职系领导人员，从专业体系评价和班子内部评价两个维度进行分析，加强立体识别；在评价结果上，注重进一步强化绩效评价的杠杆作用，加大活力曲线“效度”，对排名相对末位的领导人员评价为“改进”或进行重点辅导谈话。对于领导班子评价，区分产业单元和总部职能、业务部门不同的评价重点，建立了“业绩表现好、领导能力突出、班子凝聚力强”的优秀经营团队评价标准，并形成从“业绩成长性、业绩表现、体系能力、班子合力、员工状态、负面事项”6个维度的全景分析模型。 （刘兆华）

加强领导人员履新管理 对于新提拔的领导人员，宝钢强调不仅要加强任前的考察评估，更要关注任职后的履职效果评价。为进一步加强试用期评价的严肃性和有效性，2014年，制定下发《宝钢集团有限公司领导人员试用期评价办法》，从“履职评价”和“择优评价”两个角度，“上级评价”“民主测评”“内部客户评价”等多个维度对试用期领导人员履职情况进行全面评估，优化形成有效的试用期评价规范和标准。年内，对19名试用期满的领导人员进行了评价，其中：15名领导人员试用期评价为“胜任”；4名领导人员因安全问责、履职期间经营业绩等因素，试用期实行延长或者进行岗位交流。 （刘兆华）

完善领导人员到龄退出管理 2014年，立足完善宝钢人才结构，从领导人员梯队建设、后备人才培养等角度出发，为防止领导人员出现断层的现象，修订、完善《宝钢集团有限公司领导人员到龄退出管理办法》，以制度的方式进一步明确领导人员退出年龄、退出程序，以及退出一线领导岗位后的薪酬、岗位安排及相关规定。在执行过程中，注重政策的严肃性，同时也考虑经营发展的实际需要，对到龄领导人员逐一进行系统分析和评估，即从优化队伍的长远需要考虑，又不简单地实行“一刀切”。同时，重视到龄退出领导人员丰富的管理经历，结合个人的专业背景，有效发挥退出领导人员的特长，为宝钢的改革发展继续贡献智慧。 （刘兆华）

开展派出董(监)事资格培训 为促进派出董事、监事尽快建立和完善必备的履职能力，防范履职风险，2014年，宝钢策划建立了派出董事、监事专业资格培训体系，策划组织首期派出董事、监事专业资格培训班，18人参加首期培训并结业。 （刘兆华）

加强干部监督 2014年，宝钢集团严格贯彻落实中央对领导人员监督管理的系列要求。一是认真开展领导人员个人有关事项报告工作，并按中央组织部要求开展抽查核实，加强闭环管理；二是系统开展配偶移居国(境)外领导人员任职岗位管理，并对配偶移居国(境)外的领导人员逐一分析，平稳做好对处于禁止任职岗位领导人员的调整工作；三是进一步规范领导人员兼职和退(离)休领导人员社会团体兼职管理工作；四是开展规范领导人员社会化培训的自查整改工作。 （刘兆华）

持续开展选人用人公信度测评工作 2014年，为深入贯彻落实中央组织部有关选人用人工作要求，加强对下属子公司选人用人工作的指导和评估，宝钢集团持续开展子公司选人用人公信度测评工作。测评工作既关注制度框架建设是否完善，又关注制度是否有效落实；既关注新任领导人员德才素养、业绩表现，更关注在职领导人员的工作作风和精神状态。参加评议人员具有代表性，子公司班子成员、总经理助理及中层管理人员、员工代表参与评议，人数比例为1∶7∶2。宝钢选人用人公信度测评工作实行闭环管理，测评结果纳入各单位年度人力资源体系评审。（刘兆华）

目标牵引带动人事效率提升 2014年，以钢铁主业为重点，推进人事效率对标体系建设。按照“负责本级、指导下一级”的原则，形成宝钢集团、子公司、业务单元分层推进、系统整合、定期实施的对标工作流程。编制《2013年度人事效率提升工作案例汇编》。（阎文龙）

优化协力用工 2014年，围绕“少、转、强”的工作思路，通过协力业务回归、自动化替代、岗位整合等方法，大幅精简协力人员；对照《劳务派遣暂行规定》，全面梳理宝钢集团内劳务派遣用工存在的问题，制定整改举措；在现场调研、外部借鉴、内部研讨基础上，研究、拟定《关于加强协力管理的指导意见》；建设宝钢协力信息专项应用系统，帮助各用工单位全面、及时、准确地掌握协力用工信息，有效支撑协力管理能力提升。（阎文龙）

加大雇主品牌建设 2014年，宝钢持续推进管理培训生计划，并初步取得预期成效。至年底，2012届9名管理培训生中，已有3人先后走上管理岗位。继续加大雇主品牌建设，在2014年中华英才网举办的第十二届中国大学生最佳雇主评选中，宝钢集团获评能源化工制造十佳雇主（TOP10）。（阎文龙）

高端人才屡获政府荣誉 2014年，宝钢股份姜正连、吴杰，中央研究院陆匠心，韶关钢铁黄仲贤，宝钢不锈储滨，宝钢特钢陈新建，宝钢工程贺明玄、潘仲，宝钢化工许善平，宝信软件吴毅平等10人获国务院政府特殊津贴（自1990年以来，宝钢集团累计223人获国务院政府特殊津贴）。中央研究院王利被纳入国家百千万人才工程，并获评“有突出贡献中青年专家”。宝钢股份陈晓被纳入上海市领军人才地方队（宝钢集团共计19人被纳入上海市领军人才计划）。宝钢股份陈杰入选上海市技能大师工作室，宝钢股份丁海绍、杨建华、魏岚，宝钢工程陈国喜、王一人，宝钢化工许善平入选上海市首席技师千人计划。宝钢股份金国平、宝钢工程赵玉柱获“全国技术能手”称号；宝钢股份金国平获上海市“杰出技术能手”称号；宝钢不锈方杰、宝钢特钢倪建平、宝钢化工李东晨获上海市“技术能手”称号；人才开发院吴福民获上海市“技能人才培育突出贡献奖”。（胡延海）

宝钢技术业务专家研修会召开年度会议 4月23日，宝钢技术业务专家研修会召开年度会议，宝钢集团党委书记、董事长徐乐江与会并与专家交流。宝钢技术业务专家研修会旨在为专家打造一个开放、共享的自主学习、无界交流和互动研修平台。年内，专家研修会把握制造业发展趋势，围绕“工业4.0”“产品竞争力”“能源环保”等主题开展系列自主研修活动。（胡延海）

选拔产生第四届宝钢技能专家 2014年，根据宝钢集团《技能专家称号及命名管理办法》有关规定，经过提名推荐、同行支持率测评、资格初审、专家书面评审、评委会评审、宝钢集团总经理办公会审定、公示等程序，授予丁海绍等57名员工“第四届宝钢技能专家”

4月23日，宝钢召开技术业务专家研修会年度大会（董惠荣 摄）

称号。 (胡延海)

推进“青苹果”计划 2014年,选拔出27名青年高潜人才与12名管理培训生一起纳入第五期“青苹果”计划,并采用全新的模式培养。年内,选拔、组织10名第三期学员和9名第四期学员分别赴中国台湾、韩国开展短期海外研修活动,交流学习海外知名企业的经营模式及创新理念。5月,第三期“青苹果”学员完成集中研修并结业。 (胡延海)

推进国际化人才培养 2014年,深入推进海外重点培训项目,采用组织选送与公开选拔相结合的模式,选送34人前往海外知名大学深造研修。其中,哈佛商学院综合管理项目2人,哈佛商学院高级经理人项目6人,斯坦福大学高级经理人培训项目2人,宝钢—曼彻斯特大学项目5人,加州大学伯克利分校国际证书课程4人,荷兰马斯特里赫特大学课程5人,荷兰特温特大学课程5人,美国密苏里州立大学硕士项目5人。此外,结合海外研修需求,开展系列英语强化培训。选送43人赴浙江大学参加托福英语强化学习。 (胡延海)

员工敬业度调研 2014年,继续对宝钢集团总部、海外员工及14家下属单位开展员工敬业度调研。经过4年持续推进,宝钢整体员工敬业度水平长期处于稳定地带并不断向高绩效地带趋近,绝对水平从2010年的46%上升到2014年的64%。 (胡延海)

优化薪酬总量投入机制 2014年,人力资源部研究制定了“分享式”工资总额预算机制,通过还原薪酬结构的功能定位,体现保障和激励相结合,突出效率效益导向,实现了薪酬总量投入的“能增能减”。 (赵 慧)

探索多样化的中长期激励 2014年,根据国家相关政策,在部分新兴业务单元探索实施核心团队出资入股,构筑资本和劳动所有者的利益共同体,为后续改革过程中的激励方式提供了模板。 (赵 慧)

8月7日,第五期“青苹果”开班仪式(王明宇 摄)

宝钢集团有限公司负责人
(2014年12月)

董事长: 徐乐江
监事会主席: 马力强
董事: 徐乐江 陈德荣
干 勇(外部董事)
王晓齐(外部董事)
贝克伟(外部董事)
经天亮(外部董事)
朱义明(职工董事)
总经理: 陈德荣
副总经理: 赵 昆 赵 峡
周竹平 赵周礼
陈 缨 崔 健
党委书记: 徐乐江
党委副书记: 伏中哲
党委常委: 徐乐江 陈德荣
赵 昆 刘占英
伏中哲 戴志浩
赵 峡
纪委书记: 刘占英
工会主席: 朱义明
董事会秘书: 陈 缨
总经理助理: 叶 萌 张丕军
王利群 冯太国
王建跃

宝钢集团有限公司总部各部室领导人员
(2014年12月)

办公厅
主任:傅新宇
副主任:肖得义 冯爱华
规划发展部
总经理:刘 安
工程质量监督站站长:赵 榕
经营财务部
总经理:吴琨宗
人力资源部
总经理:刘国旺
运营改善部
总经理:胡玉良
法律事务部
部长:沈 雁
企业文化部(公共关系部)
部长:王继明
史志办公室主任:张文良

审计部

部长：路巧玲

监察部

部长：张贺雷

能源环保部

部长：王建跃（兼）

安全生产监督部

部长：冯太国（兼）

不动产管理中心

总经理：顾柏松

资本运营部

副总经理：胡爱民

人力资源服务中心

总经理：王丙光

副总经理：杨　雁

财务服务与数据共享中心

总经理：陆怡梅

副总经理：夏春红

全面深化改革工作小组

组长：周竹平（兼）

副组长：陈德林　蒋为民　周桂泉

安全管理专项督导组

组长：蔡伟飞

副组长：杨春平

党委办公厅

主任：傅新宇

副主任：肖得义　冯爱华

信访办公室主任：肖得义（兼）

信访办公室副主任：吴国飞　陈　晖

党委组织部

部长：刘国旺

副部长：贾怡芸

党委统战部

部长：贾怡芸

党委宣传部

部长：王继明

新闻中心主任：王继明（兼）

新闻中心副主任：童　赟

老干部工作部

部长：朱建祥

武装部

副部长：朱利民

纪委

副书记：王爱新

工会

副主席：张　帆

团委

书记：王　语

机关党委

书记：王继明

纪委书记：陈为荣

工会主席：张　伟

中央研究院（技术中心）

院长（主任）：张丕军（兼）

副院长（副主任）：黄伟良　朱丁业　江来珠

专务副院长（专务副主任）：郑贻裕

党委副书记：周学东

纪委书记：韩　畴

工会主席：韩　畴

人才开发院、党校

院长：秦长灯

党校常务副校长：陈英颖

党委书记：陈英颖

副院长：龚　斌

纪委书记：王白吉

工会主席：王白吉

经济管理研究院

院长：吴东鹰

副院长：林　利

上海市金属学会

秘书长：张　淼

副秘书长：拓西梅

宝钢科学技术协会

秘书长：拓西梅

宝钢集团有限公司各子公司领导人员（2014年12月）

宝山钢铁股份有限公司

董事长：陈德荣

总经理：戴志浩

副总经理：李永祥　周建峰　王　静　郭　斌　储双杰　侯安贵　智西巍

党委书记：诸骏生

党委副书记：郭　斌

纪委书记：周建峰

工会主席：张　勇

董事会秘书：朱可炳

宝钢集团新疆八一钢铁有限公司

董事长：陈忠宽

总经理：肖国栋

副总经理：王毅民　崔伟灿　陆大胜　刘毅民　袁万能

总会计师：李琦强

党委书记：陈忠宽

党委副书记：买买提・司马义

纪委书记：买买提・司马义

工会主席：冯　义

宝钢集团广东韶关钢铁有限公司

董事长：赵　昆

副董事长：李世平

总经理：傅建国

副总经理：张永生　朱　宏　冯国辉

总会计师：赖晓敏

党委书记：李世平

党委副书记：寿耀明　蔡建群

纪委书记：蔡建群

工会主席：寿耀明

宝钢不锈钢有限公司

执行董事：胡学发

总经理：胡学发

副总经理：史国敏　何汝迎　何　凡　江庆元　潘世华　江来珠　戴相全

党委书记：史国敏

党委副书记：瞿慧珠

纪委书记：瞿慧珠

工会主席：瞿慧珠

宝钢特钢有限公司

执行董事：庞远林

总经理：庞远林

副总经理：王晓东　陆江帆
　　　　　陈国荣　秦伯祥

党委书记：胡达新

党委副书记：蔡正青

纪委书记：蔡正青

工会主席：蔡正青

宝钢资源有限公司

董事长：戴志浩

总经理：李庆予

副总经理：李建伟　鲁兆明
　　　　　吴一鸣　周清华
　　　　　纪　超

党委书记：李建伟

纪委书记：夏　江

工会主席：夏　江

宝钢资源(国际)有限公司

董事长：戴志浩

总经理：李庆予

副总经理：李建伟　鲁兆明
　　　　　吴一鸣　周清华
　　　　　纪　超

宝钢金属有限公司

董事长：贾砚林

总经理：曹　清

副总经理：卢金雄　范松林
　　　　　张鲁彬

党委书记：王金旋

党委副书记：陈志宇

纪委书记：陈志宇

工会主席：陈志宇

宝钢工程技术集团有限公司

董事长：蒋立诚

副总经理：陈在根　郝荣亮
　　　　　胡国奋　袁　磊

党委书记：陈卫东

纪委书记：陈　跃

工会主席：陈　跃

上海宝钢化工有限公司

董事长：王　力

总经理：钱建兴

副总经理：於良荣　张立明

党委书记：刘长威

纪委书记：裴世兵

工会主席：裴世兵

华宝投资有限公司

董事长：徐乐江

总经理：郑安国

副总经理：贾　璐　孔祥清

金融系统党委书记：王成然

金融系统党委副书记：贾　璐

金融系统纪委书记：贾　璐

金融系统工会主席：贾　璐

宝钢发展有限公司

董事长：郭　斌

总　裁：宋　彬

副总裁：姚殿国　杨　敏
　　　　徐同建　李　文

党委书记：姚殿国

党委副书记：汪　震

纪委书记：杨大宏

工会主席：杨大宏

上海宝信软件股份有限公司

董事长：王　力

总经理：夏雪松

高级副总经理：周建平　宋健海
　　　　　　　陈　健　王剑虎

党委书记：朱湘凯

党委副书记：翁志华

纪委书记：翁志华

工会主席：翁志华

宝钢集团上海第一钢铁有限公司

执行董事：朱　超

总经理：朱　超

副总经理：李　明

党委书记：朱　超

党委副书记：卞长明

纪委书记：卞长明

工会主席：卞长明

宝钢集团上海五钢有限公司

执行董事：邱三龙

总经理：邱三龙

副总经理：蒋勤芳

党委书记：邱三龙

党委副书记：胡勤康

纪委书记：胡勤康

工会主席：胡勤康

宝钢集团上海浦东钢铁有限公司

执行董事：肖得义

副总经理：杜界松

党委副书记：任一峰

纪委书记：任一峰

工会主席：任一峰

上海宝地置业有限公司

执行董事：周竹平

总经理：吕　军

副总经理：黄孔威

教育培训工作

人才开发院是宝钢的员工教育培训基地、管理研究基地和员工创新活动基地，培训管理、实施、服务部门。其中，党校既作为宝钢集团党委的直属部门，同时纳入人才开发院一体化运作。宝钢(常熟)领导力发展中心是宝钢集团领导力培训基地，由人才开发院统一管理，两地协同。公司卓越人才发展小组人员纳入人才开发院，业务由宝钢集团人力资源部负责。

人才开发院拥有一支160名员工的专业门类较全的专职队伍。其中，87%具有本科以上学历，24%具有研究生以上学历；中共党员100人，占63%；博士研究生5人，硕士研究生33人，大学本科100人；高级职称59人，中级职称64人；管理岗位19人，操作岗位4人，技术岗位137人(其中首席培训师4人，首席研究员1人，研究系列9人)。

2014年，人才开发院通过“抓

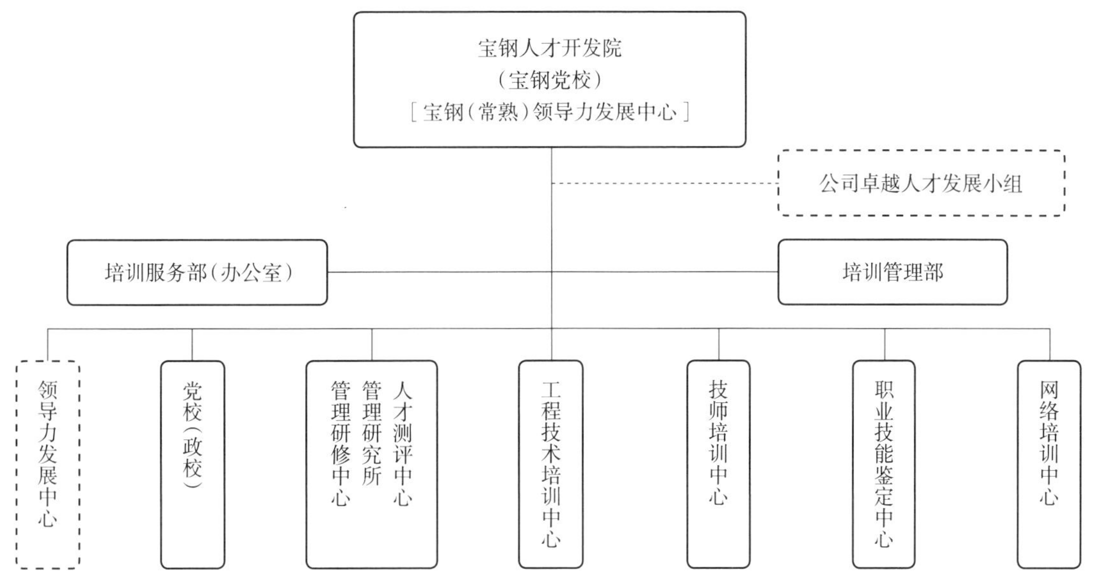

人才开发院机构设置图（2014年12月）

认识，促行为；抓导向，促支撑；抓平台，促体系；抓队伍，促能力；抓作风，促管理"，持续深化宝钢"三个基地"建设，以全覆盖、更有效的人才开发工作，支撑宝钢战略实施。人才开发院获批建设"国家级高技能人才培训基地"，获得"中国e-Learning（网络学习平台）行业卓越实施奖"，"宝钢决策人研修实践案例"获中央企业高管培训特色实践案例"最佳奖"。

（周逸敏）

开展各类培训20.4万人次 2014年，人才开发院共开展各类培训1250项，20.4万人次参加培训（含网络培训11.38万人次），计53.6万个培训日（其中面授45.5万个培训日）。全年用户满意率98.85%。

2014年各类培训完成情况表

项目类别	项目数	开班数	培训人次	学时数	培训日
管理人员层级培训	47	133	5698	6159	26667
领导力与管理	427	1100	74093	13060	91991
党建与企业文化类	119	267	33742	1317	18525
专业技术技能	231	459	38129	6806	37484
党群系列岗位培训	34	139	6827	2068	9559
技术人员研修	20	52	1951	674	5243
综合管理体系类	25	50	1771	930	3475
操作维护技能等级培训	180	243	3201	57305	95583
计算机、语言及工具方法	129	227	8363	4868	19656
特种作业安全类	22	347	18357	10580	65081
操作维护岗位培训	16	102	11483	14839	162295
合　计	1250	3119	203615	118606	535559

（许　勇）

2014年，人才开发院根据宝钢集团的生产经营目标和工作重点，确定决策人研修、董（监）事培训、管理人员任职资格培训、子公司管理者研修、党支部书记系列培训、专业人伙伴计划、技能大师训练营、环境经营、湛江钢铁项目培训等26类重点培训项目，开设各类培训班级248个，培训学员17428人次。（许　勇）

实施管理研究课题16项　2014年，人才开发院管理研究所共开展离线研究（包括离线自主和离线外协）项目16项，完成15项，延续到2015年1项，实现应用11项。管理研究所持续深化"管理研究、管理诊断、管理培训"三位一体工作模式，发挥在线、离线跨部门虚拟团队运作机制的作用，管理研究的平台作用得到宝钢领导肯定。"高效总部建设2.0"项目全面总结宝钢集团2009年总部变革的成果、对标优秀企业，研究成果在决策人研修培训班上进行了发布；"员工与企业共同发展"研究成果作为宝钢集团指导意见下发；风险案例编写工作完成案例文稿30个，制作多媒体课件12个，其中10个制作成风险案例警示片，支撑宝钢集团运营改善部形成宝钢经营风险案例课程体系，满足全面风险管理工作的推进需要。"长期亏损三、四级子公司调研"项目发挥管理研究与管理培训相结合的优势，管理研究人员先行先试、提供样板，宝钢E层级学员赴各地子公司调研，最终完成8家子公司长期亏损的原因分析和处置建议，为宝钢集团下一步推进无效资产清理工作提供了依据。"宝钢钢铁主业工厂管理"项目完成5项基层管理、5项专业管理、5项特色管理的经验总结，提炼、梳理了自2004年以来各项管理的创新点、管理框架、系统价值和推进基础，为在钢铁子公司推进宝钢股份管理模式打好了基础。（刘亦飞）

2014年人才开发院管理研究项目一览表

序　号	项　目　名　称
1	员工与企业共同发展研究
2	资材备件采购供应链管理研究
3	宝钢钢铁主业工厂管理
4	高效总部建设2.0
5	八一钢铁营销管理能力评估
6	风险案例编写
7	宝钢集团能源管理和环保管理模式研究
8	宝地置业岗位体系优化咨询
9	宝钢发展有限公司管控模式评估
10	宝钢新日铁汽车板有限公司优秀实践总结
11	长期亏损三、四级子公司调研
12	宝钢改革与调整过程中群体性事件预防操作模型
13	先期介入宣传手册
14	美国纽柯公司管理者收入与经营绩效挂钩实践
15	宝钢子公司法人治理调研
16	钢管加工中心按量计价分配模式实践

（刘亦飞）

员工创新活动 9月26日，举办宝钢第六届“员工创新活动日”暨人才开发院“创意实践中心”启用揭牌仪式。深入推进职工创新工作室建设三年行动计划，举办创新工作室负责人研修。协同组织示范型、宝钢集团级创新工作室申报评审，开展2013年度“十佳”职工创新工作室评选。发挥“员工创新活动指导志愿者”示范引领作用，全年举办19期“蓝领创新”论坛。协同承办“宝钢杯”第七届全国钢铁行业职业技能竞赛。组织编制高炉炼铁工、金属轧制工、电气设备点检员、天车工4个竞赛工种的竞赛大纲、竞赛规程、训练题库及实操考试方案。开发了竞赛考试电脑抽签系统及计算机无纸化理论考试系统。研制了体现行业特点、模拟生产过程、覆盖专业领域的电气传动系统、供配电和负载系统竞赛设备，编制实操考试工艺模型控制界面、竞赛评判标准等，为首次举办的电气设备点检员竞赛保驾护航。 （吴福民）

9月26日，宝钢集团总经理陈德荣（右）、工会主席朱义明（左）为人才开发院“创意实践中心”揭牌 （任 彩 摄）

管理人员培训 2014年，人才开发院举办各类管理人员任职资格培训、在职研修，以及各类质量改善、专业管理培训项目237个，498个班级，20256人次，12908学时，58178培训日。以“问题导向，知行合一”为宗旨，深化管理者研修，全年举办决策人研修、宝钢股份等子公司经营者研修等重点研修项目55期，3170人参加。 （张宏言）

2014年管理人员研修重点项目一览表

班 级 名 称	期 数	参加研修人次
决策人研修	3	543
宝钢股份经营者研修	2	233
八一钢铁中层管理人员研修	1	188
宝钢不锈经营者研修	2	91
宝钢特钢领导力提升-A计划	3	151
韶关钢铁烽火计划	7	277
韶关钢铁瞭望计划	1	24
宝钢工程管理者研修	2	162
宝钢金属领导力研修	5	466
钢管条钢事业部管理人员研修	4	353
宝钢国际管理者研修	1	108
宝钢国际新任单位负责人履新辅导	1	12
宝钢股份管理人员(BS-C)在职研修	6	155

(续　表)

班级名称	期数	参加研修人次
宝钢股份作业长(BS-B)在职研修	11	179
点善军团——未来创业者修炼营	2	48
“青苹果”研修	4	180
合　计	55	3170

(张宏言)

组织三期“决策人研修” 4月3—4日、8月1—2日、12月19日，人才开发院分别举办第十六期、十七期、十八期决策人研修。宝钢集团、宝钢股份总经理助理以上领导人员，各相关业务单元的部门负责人参加了研修。第十六期决策人研修以宝钢领导人员“能上能下”和作风建设为主题，宝钢集团党委书记、董事长徐乐江作题为《深化改革、能上能下，开创宝钢干部工作新局面》的专题报告，埃森哲公司首席领导力执行官Adrian和大中华区主席李纲作题为《知识型企业的人才制胜之道》的辅导报告。学员围绕干部能上能下、干部队伍作风与状态方面存在的不足、董(监)事如何有效发挥作用、领导人员绩效评价如何更加科学、领导人员的选拔任用如何与市场化用人有效衔接等问题进行了分组研讨；研修会上还分析了相关案例，为学员提供了启示和借鉴。第十七期决策人研修以“做有价值的事”为题，徐乐江作《集聚内力，驾驭环境，做有价值的事》主题报告。宝钢集团分管领导及职能部门负责人分别从战略规划与投资管理、资产运营效率、人事效率、总部价值等方面，以问题为导向，探讨应对策略。围绕“如何做有价值的事”，学员分六组进行了分组研讨。宝钢股份、宝钢资源、八一钢铁、宝钢金属、宝钢特钢、宝钢化工等单位结合实践，交流了各自在不同业务领域提升效率、创造价值的做法。第十八期决策人研修以“安全生产与环境保护”为题，邀请国家安全监督总局党组成员、副局长杨元元，环境保护部政策法规司副司长别涛分别就新《安全生产法》和新《环境保护法》作解读。宝钢集团安全生产监督部、能源环保部有关负责人介绍宝钢安全管理和能环管理体系的适应性变化。学员按照专业板块分成八组围绕安全生产和环境保护两个主题进行了分组讨论。(张宏言)

8月1日，宝钢举办第十七期决策人研修(任　彩　摄)

管理人员层级培训 2014年，人才开发院开展管理人员任职资格培训29期，培训877人。其中，E层级管理人员(BS-E)任职资格培训1期，24人；D层级管理人员(BS-D)任职资格培训2期，53人；C层级管理人员(BS-C)任职资格培训5期，125人；管理人员(BS-B)任职资格培训2期，41人；作业长(BS-B)任职资格培训19期，634人(包括韶关钢铁326人、梅钢公司85人)。(张宏言)

人才测评 2014年，人才测评中心继续以需求为导向开展测评项目实施，进一步完善和引进测评工具，全年共实施人才测评项目62

个，施测13817人、14745人次。完成的重点项目有“宝钢股份冷轧厂后备管理干部潜质测评及成熟度评价”“宝钢工程技术集团有限公司后备管理干部发展测评及人才盘点”“宝钢金属岗位族群胜任力建模及360°能力在线评估”“湛江钢铁校园招聘在线测评”等。人才测评项目逐步由常规、传统的领域向人力资源管理的前沿方向拓展，后备干部成熟度评价、人才盘点、360°能力评估等测评需求有所增加，特别是湛江钢铁，全面进入招聘和入职高峰期，全年共测评10046人次，超过测评中心全年施测总人次的三分之二。为完善测评体系，提高核心能力，测评中心还开展了两方面的工作：跟踪行业发展，引进光辉国际的viaEDGE和威埃励的Hogan两种在线测评工具，丰富了宝钢测评工具组合；组织人才测评技术培训和认证2次、共16学时，培训授证专家16人，提高了内部兼职测评专家使用测评工具的能力。（王万康）

举办宝钢派出董事、监事专业资格培训 2014年，宝钢集团人力资源部与人才开发院策划并实施了宝钢派出董事、监事培训。此次培训开设了宝钢战略规划与投资管理、宝钢董事会运作与管理、宝钢管控与子公司治理、国企改革与公司治理、如何做一名合格的董事与监事、财务报表分析、风险管控等9门课程。师资来源为宝钢集团领导、职能部门领导和外请专家教授。为拓展董事、监事的知识领域，推荐了9门网络课程供学员自主选择学习。人才开发院协同各职能部门，编制了《宝钢派出董事、监事专业资格培训教材》《宝钢派出董事、监事工作手册》《宝钢派出董事、监事专业资格培训班习题集》，并提供了《宝钢董事会运作实践》《外部董事履职指南》等成熟资料作为培训参考。课程结束后组织了结业考试，参加培训的18名学员全部获得宝钢派出董事、监事专业资格培训结业证书。（孟凡萍）

党建课题研究 2014年，宝钢党校完成全国党建研究会重点课题“党的群众路线教育实践活动经验和健全改进作风常态化制度研究”的子课题——《以整风精神开展批评与自我批评规范化、制度化、常态化研究》，并获全国党建研究会2014年度调研课题优秀成果二等奖，这是宝钢第一次参加全国党建研究会重点课题研究并取得成果。自选课题《落实基层党建工作责任制研究》，完成初稿撰写。组织完成《员工与企业共同发展的实践探索》课题，课题报告获全国党建研究会国有企业党建研究专委会2013年度优秀课题成果一等奖。按照中央企业思想政治工作研究会的要求，修改共同发展课题报告并上报。（顾　群）

宝钢党支部工作专题调研 2014年，按照宝钢集团党委要求，以“求真务实、围绕中心、带好队伍”为主题开展党支部工作专题调研。党校老师分成六组，历时4个月，对40个基层党支部进行了调研，以“终端白描”方式形成6万字的《党支部工作专题调研报告》及1万字的《评估报告》。（顾　群）

宝钢基层党委书记任职资格培训 11月25—29日，宝钢党校会同宝钢集团党委组织部组织实施第一期宝钢基层党委书记任职资格培训班，32名基层党委书记参加培训。培训设计了理论学习、工作实务、方法创新、分享交流等模块，强化案例教学和行动学习。宝钢集团党委书记、董事长徐乐江为学员授课，并和学员互动交流。党群部门负责人专题讲解，邀请中央党校祝星君、华东师范大学教授唐思群作基层服务型党组织建设、新生代员工的沟通和管理技巧的专题授课。（顾　群）

党支部书记系统培训 2014年，宝钢党校举办党支部书记系统培训10期，学员405人。系统培训以《宝钢党支部建设（修订版）》为教材，强化案例教学、互动点评，提升培训的针对性、有效性。宝钢党校在党支部书记系统培训中探索开展工作型培训，聚焦宝钢党委关注的重点、难点问题，以学员为主导，通过交流讨论、党校老师专业梳理，形成5份专题报告，供领导和职能部门参考。（顾　群）

党群工作者系列研修 2014年，宝钢党校配合宝钢集团党群部门和各二级单位，实施纪委书记培训、纪检监察业务培训、工会主席培训、统战干部培训、组工干部培训、八一钢铁党委书记思想政治工作专题研修，以及党支部书记研修、基层党群工作者能力提升研修等各类研修53个班，培训学员2234人次。组织第十二期、第十三期党群工作者高级研修班，培训42名学员，培训结束后，发表论文84篇。（顾　群）

为党群部门和二级单位提供专业支撑服务 2014年，宝钢党校服务支撑各单位学习贯彻习近平总书

6月17日,人才开发院举办新疆经营管理者高级研修班(任 彩 摄)

记系列讲话精神的培训工作,组织骨干教师开发和讲授《坚定信念 践行宗旨 转变作风——学习习近平总书记系列讲话精神》《实现中国梦的战略部署——学习习近平关于全面深化改革的重要论述》等课程,为宁波钢铁、宝钢资源、宝钢金属等多家单位领导人员培训和中心组学习送教上门,累计106学时。为宝钢工程、宝钢钢管、宝钢发展、人才开发院、宝钢不锈等单位的中心组学习以及管理人员讲授党的十八届四中全会精神,共60学时。组建党校老师支撑宝钢集团党群部门专业服务团队,做好支撑服务工作,建立长效机制。支撑宝钢集团纪委完成“宝钢纪检监察案例”梳理编写及剖析。配合宝钢集团党委宣传部修改宝钢文化建设专题调研报告,组织文化和价值观培训的策划和研讨。支撑参与宝钢股份企业文化部编写《宝钢人的知与行》。调研并撰写宝钢国际党委工作特色实践调研报告;配合宝钢金属党委开展党支部书记能力素质模型研究和企业文化建设的梳理;配合八一钢铁党委开展党建课题的研究。 (顾 群)

实施委托代理人法律知识培训、考试 2014年,宝钢党校配合宝钢集团法务部等相关部门,以宝钢范围内现任和拟任委托代理人的人员为对象,开展宝钢委托代理人法律知识培训和考试工作。学员通过在线学习平台进行自学。全年组织三次委托代理人法律知识考试,总人数1651人。其中,人才开发院考点798人,其余853人在全国以及澳大利亚、新加坡等30个考点参加考试。 (顾 群)

党员和入党积极分子培训 2014年,宝钢党校为宝钢特钢、宝钢不锈、宝钢发展、财务公司等单位实施党员集中培训,重点进行社会主义核心价值观、党的十八届三中全会精神与深化改革、《共产党宣言》解读、宝钢形势任务、党员责任区等专题宣讲,全年共实施39期,2927名党员参加培训。举办入党积极分子培训17期,学员463人。 (顾 群)

宝钢团校培训 2014年,按照宝钢团校校委会确定的年度培训计划,配合宝钢集团团委和各基层团组织,实施宝钢团干部任职资格培训、宝钢集团团委委员研修、宝钢团干部研修、宝钢优秀团员青年研修、党团读书会研修等培训项目15期,培训学员514人次。 (顾 群)

为各基层单位举办培训 2014年,根据用户需求,宝钢党校为各基层单位举办员工行为素养提高培训3期,99人参加培训;员工创新与发展培训(政治轮训)2期,培训学员153人。实施合同法律制度与应用实务培训、国家安全与保密培训等各类企业相关法律法规知识培训17期,培训学员761人次。 (顾 群)

开展人文素养培训 2014年,宝钢党校举办宝钢“人文智慧”系列讲座11期,邀请知名教授、学者讲授《马克思哲学之当代意义》《中国古代园林建筑文化》《中医四季养生》等,千余人次参加培训。 (顾 群)

为离退休老干部提供培训服务 9月,宝钢党校配合宝钢集团老干部工作部,举办宝钢离退休党支部书记(扩大)培训班,讲授《学习习近平总书记反腐倡廉的论述》《践行社会主义核心价值观》《宝钢发展战略与规划》等课程,74名离退休老干部参加培训。为宝钢老干部大学“政治理论班”开设《习近平总书记系列讲话精神专题辅导》《十八大报告导读》《十八届三中全会精神解读》《十八届四中全会精神解读》《“两会”精神解读》《宝钢形势任务》等课程,共93学时。为宝钢离退休党支部的党员义务讲党课,共42学时。(顾 群)

专业技术培训 2014年，人才开发院围绕工艺产品、机械、电气、能环、国际化、工程建设及技术管理等业务技术领域，实施相关培训项目169个。开展"走近大师"研修11期、"金苹果"团队研修14次、宝钢技术业务专家提升培训6期、全流程工程师研修3期、环境经营培训6期、TRIZ（发明中遇到问题的解决方法理论）应用培训3次，完成第三期宝钢工程项目经理能力强化培训。（张丽娟）

十佳（TOP10）关键技术研修 2014年，人才开发院围绕宝钢股份现场技术问题解决，进一步拓展研修内容，覆盖工艺产品、数模、规模化精品等方向。全年举办"冷轧超高强钢质量提升""板坯皮下微裂纹缺陷改善""炉辊结瘤机理研究及预防"等技术研修8期，257人参加。首次为梅钢公司举办以汽车原板质量控制为主题的研修活动，40人参加。（张丽娟）

专业人伙伴计划 2014年，人才开发院举办高炉、八一钢铁炼钢专业、韶关钢铁设备管理专业等专业人伙伴计划研修，共6期，248人参加。支撑宝钢集团层面的同专业、同工序、跨区域专业技术人员开展理论学习和实践交流，共同探讨解决生产现场问题，有效地促进宝钢集团技术协同发展。（张丽娟）

国际化培训 2014年，人才开发院协同宝钢集团人力资源部，选送42名员工参加浙江大学英语强化培训；开展宝钢股份"深蓝计划"第三期管理者海外研修主题英语强化培训，12人参加；选送宝钢集团5人参加海外院校研修项目。年内，实施宝钢印度萨纳恩德（SANAND）加工中心属地化员工培训1期，12名海外员工参加培训。（姚燕燕）

新进大学毕业生入职培训 8月4—13日，254名新进大学毕业生参加入职集中培训。通过混合式学习及其学习社区的运用，将入职培训作为员工培训的起点，以学员为中心，强化知行合一，使新进大学毕业生入职集中培训得到不断优化和延伸。（姚燕燕）

技能培训 2014年，人才开发院获批建设"国家级高技能人才培训基地"，通过上海市高技能人才培养基地三年复评。完成第三期宝钢股份技能大师训练营19名学员集训，学员完成课题19个，申报专利51个、技术秘密53项。持续围绕钢铁冶金、轧钢、设备点检等主体工种及化工、运输、检化验等辅助工种开展高技能人才培训，开设技师和高级技师培训班55个，666人参加培训；高级工培训班45个，681人参加培训。持续开展设备点检员、设备检修人员能力提升培训，开设各类点检员培训班48个，2413人参加培训；检修人员培训班35个，1280人参加培训。协同宝钢集团安全生产监督部设计安全培训体系，组织实施作业长师资、专职安全管理人员和厂部长等安全管理培训，全年实施安全体感培训3487人，生产协力员工安全考试9492人。与上海工程技术大学联合开展"双元制"模式企校合作，为宝钢培养高素质后备技能人才，2个宝钢机电一体化班分别于3月和9月开班，合计学员72人。建成融"技能训练、创意实践、成果交流"于一体的"创意实践中心"，完成技能实训工场功能布局调整与建筑修缮工作，建成烧结、炼铁、炼钢、精炼、连铸等宝钢冶金生产仿真操作实训平台。（吴福民）

职业技能鉴定与特种作业考核 2014年，人才开发院开展职业资格鉴定4909人次。其中，高级技师77人，技师199人，高级工2582人，

8月4—13日，宝钢新进大学毕业生入职培训（薛 良 摄）

在10月26—31日举行的第七届全国钢铁行业职业技能竞赛中，宝钢选手包揽高炉炼铁工、金属轧制工、设备点检工和天车工4个工种比赛的冠军 （刘 杰 摄）

中级工1227人，初级工824人，涉及机械、电气、仪表、无损检测、冶炼、轧钢、钢材热处理、动力能源、化工、动力运输、检化验等177个职业工种等级。全年开展特种（设备）作业人员培训班349个，18499人次参加培训，涉及项目24个，涵盖进网作业电工、金属焊接切割作业、危险化学品作业、燃气安全作业、厂内机动车辆、有毒有害有限空间作业、电工作业等特种作业，以及起重机械司机、起重机械指挥、压力管道操作、压力容器操作、司炉工操作、电梯驾驶员、美国无损检测学会（ANST）无损检测类等特种设备项目。能力建设方面，职业技能鉴定中心会同技师培训中心和宝钢股份现场工程技术人员、技能人员，完成企业内高技能人才基地中级无损检测员项目题库和技能实施方案的标准化开发工作，完成燃气特种作业项目安全技能的标准化模块考核的制作与年度实施工作。 （邬烈明）

职工技能大赛 2014年，职业技能鉴定中心按照宝钢股份〔2013〕402号文件精神，以及3年技能竞赛岗位工种全覆盖推进路径图表，选择高炉炼铁工、连铸工、热处理工、酸洗工等12个竞赛工种，历时6个月，组织开展了共有1244人参加的宝钢股份技能竞赛，313人获得各工种高级工职业资格证书。配合宝钢集团工会，组织实施宝钢第六届职工技能大赛，开展高炉炼铁工、连铸工、轧钢工（热轧）、点检工（电气）、行车工、煤气输送工（安全）、烹调（中式）、财务模拟、多媒体制作9个工种的竞赛活动。历时8个月，组织实施9个职业工种、498人参加的“操鉴合一”竞赛工作，共有46人获得晋升相关职业工种资格，其中中级工2人、高级工29人、技师15人。 （邬烈明）

网络培训 宝钢网络培训除开设宝钢集团公共培训区外，还开设了宝钢国际和宝钢金属2家子公司培训区，全年实施网络培训454个项目、1109个班、470门课程、5732学时、113812人次、80557培训日，占整个人才开发院培训项目总量的36.4%；全年实施八一钢铁、梅钢公司、宝钢金属等单位专项培训53项、68510人次，项目数同比增长51.4%；宝钢集团3.5万名员工参加网络学习，人均学习时间13.8小时；6月5日，在2014（第二届）中国e-Learning（网络学习平台）行业大会上，人才开发院获“中国e-Learning行业卓越实施奖”。拓展学习模式，探索移动学习、学习社区等新兴学习方式在培训中的应用。移动学习注册人数3434人，上线微课程61门、微课件388个，培训5501人次，累计学习25944次数、平均每次2.7分钟；建立“宝钢工程创业训练营”“第五期全流程工程师培训”“2014年新进大学生网络培训”等7个学习社区，社区成员862人，为培训前、培训中、培训后的学习交流和知识共享搭建了平台。（周　胜）

湛江钢铁校园预招生双月训　2014年，配合湛江钢铁新员工培养，协助策划并组织实施3期“湛江钢铁校园预招生双月训”，外派专职教师44人次、兼职教师120人次，远赴南宁、昆明、鞍山等11个城市实地授课，共举办23个培训班，培训学员2082人。开展湛江钢铁预招生来沪培训阶段性评估，编制《湛江钢铁员工培训指导手册》和《湛江钢铁员工培训手册》，做到“一岗一计划”“一人一手册”，全年实施3924人次集中导入、点检技能和上岗资格等培训。（吴福民）

成人学历教育　2014年，东北大学在宝钢录取77名硕士研究生，开设项目管理、工业工程、机械工程、材料工程、软件工程5个专业。博士研究生毕业1人、硕士研究生毕业47人。参加工程硕士第一阶段入学考试82人，第二阶段专业课考试和面试70人。2012年2月，由人才开发院、宝钢化工、安徽工业大学联合开办的煤化工高级技能（大专）班，41名员工在2014年上半年按期毕业，并获得国家教育部颁发的成人大专毕业文凭，以及高级职业资格证书。（钟佳秀　吴福民）

课程开发　2014年，人才开发院完成《宝钢钢铁主业工厂管理》等课程开发149门、网络课件开发122个、微课程开发80个，其中完成核心课程开发26门。同时，在各类培训项目实施过程中，积累了分别由宝钢集团领导、内外部兼职教师等编撰的各种形式课程资源共计129门。分别向宝钢知识管理平台和智慧工作平台上传课程资源80个和41个，推进课程资源在宝钢集团范围内的共享。（许　勇）

《宝钢党支部建设（修订版）》出版　2014年，宝钢党校完成对《宝钢党支部建设（修订版）》出版文稿校对工作，同步更新培训课件。4月，《宝钢党支部建设（修订版）》由上海人民出版社出版发行。（顾　群）

专职师资队伍建设　2014年，人才开发院推进“员工与企业共同发展”三年行动方案落实，修订《专业团队管理办法》，完善专业团队工作和激励机制。组织员工参加《学习与办公相关系统应用培训》《党支部书记研修》等培训，内训868人次、7524学时，外训56人次、1880学时。持续推进核心人才后备（“红苹果”人员）在岗锻炼培养，完成首席培训师任期评价与续聘，6名员工晋升为主任师岗位，从宝钢内部招聘录取2名新员工，充实教师队伍。（李珍珠）

兼职师资队伍建设　2014年，人才开发院有在聘兼职教授84人，其中宝钢内部兼职教授64人，宝钢外部兼职教授20人。年初，各校、中心为每位兼职教授制订了年度培训工作任务书，全年兼职教授参与授课和研究的比例82%；885名宝钢员工来人才开发院兼职授课，其中宝钢D层级以上管理者参与人才开发院的授课和课程开发94人、198人次。完成对13家公司156名兼职教师的授证聘任，累计授证兼职教师共211人，实施兼职教师专项培训5个班、97人参训。方杰等10名兼职教师获第六届“宝钢培训奖”“优秀兼职教师奖”，邱昱斌等18名兼职教师获“优秀兼职教师提名奖”。（许　勇）

“尚湖村”运营与建设　2014年，宝钢（常熟）领导力发展中心（“尚湖村”）累计组织实施完成培训、会议等项目165项，参加6619人次，实施量为12865人日。“尚湖村”落实宝钢《关于进一步规范宝钢（常熟）领导力发展中心相关工作的通知》《关于进一步规范接待、会务工作的指导意见》，调整服务标准，严把培训项目准入关，促进了尚湖村规范、清洁、节约运行。宝钢审计部门完成“尚湖村”一期工程审计工作，“尚湖村”二期、三期建设项目完成实物交接，羽毛球馆、维保检修房等建成投用，尚进楼内庭院水景改造、餐厅和多功能厅空调及通风改造等项目完工。（许小伟）

培训管理改善　2014年，人才开发院启动“宝钢学习系统完善项目”，进一步完善系统功能和界面友好；完成《培训实施管理程序》《培训质量控制程序》《课程开发管理办法》等13个管理文件的修订，新增管理文件《宝钢经营风险实践案例教育实施细则》，修订《人才开发院培训行为规范》等3个规定和管理办法。配合宝钢股份外审和内审，坚持由部门负责人任组长的一季一次人才开发院部门审核制度，全年开展内部审核4次，针对培训质量提出2个建议改进项和3条规范提示，针对安全改善提出12

项建议,并得到较好的整改落实,有效推进了基础管理的完善。同时,严格审核培训费用的使用和培训供应商的准入。(许　勇)

外部接待与交流　2014年,作为中国浦东干部学院现场教学基地,人才开发院完成了浦东干部学院4批(200人次)现场教学任务。其中,1批来自澳大利亚联邦政府、3批来自国内地方政府和企业。组织安排北京科技大学等23所国内高校的1991名大学生到宝钢实习。全年接待来自沃顿商学院、霍普金斯大学、西佛吉尼亚大学、哈佛商学院、香港中文大学及菲尼克斯公司等境外高校和企业8批、208人次师生和专家来访;接待上海交通大学、华东师范大学、浙江大学、安徽工业大学、中国人民武装警察部队政治学院来访交流5批,162人次。接待山东莱钢教培中心、中国银行及其国际金融研修院等企业及培训机构来访交流17批,129人次。接待国务院国资委工作组、上海市安监局、中国钢铁协会、上海市高技能人才培养基地评估专家组等工作调研和考察6批,54人次。5月2—9日,派员参加美国培训与发展协会的年度会议;6月23—29日,派员参加美国第14次世界继续工程教育大会;7月31—8月6日,派员参加美国管理学会2014年会;9月20—27日,派员参加在阿根廷召开的国际钢铁协会教育与培训委员会年度会议。9月1—10日,选派1人赴日本参加日本三井物产的研修活动;9月7—21日,选送1人赴荷兰马斯特里赫特管理学院进行短期研修;6月28日—7月6日,参加宝钢集团人力资源部组团赴英国曼彻斯特大学商学院,交流洽谈有关高级商务人才和金融人才培养的培训合作。9月9—20日,组团赴德国菲尼克斯电气公司和费斯托公司、荷兰马斯特里赫特管理学院考察学习"双元制"技能人才培养模式,交流洽谈有关培训合作。(周逸敏)

成果与荣誉　2014年,人才开发院获批建设"国家级高技能人才培训基地",获得"中国e-Learning(网络学习平台)行业卓越实施奖","宝钢决策人研修实践案例"获中央企业高管培训特色实践案例"最佳奖"。组织宝钢员工参加国际钢铁协会第九届网上炼钢挑战赛,宝钢获钢铁行业企业组世界冠军。(许　勇)

"尚湖村"——宝钢(常熟)领导力发展中心(刘　杰　摄)

宝钢年鉴

2015

BAOSTEEL ALMANAC

财务、资产与审计

财务、资产与审计

财　务

根据宝钢管理变革的需要，宝钢集团有限公司财务部于2009年5月更名为“宝钢集团有限公司经营财务部”（简称“经营财务部”）。2014年，钢铁业在中国经济新常态下，继续低位运行。面对经济增速换档期、结构调整阵痛期、刺激政策消化期“三期”叠加的复杂环境，宝钢财务体系聚焦经营改善、效率提升、低成本融资、产融结合以及高效协同等方面，提升经营管控、资产运营、资本运作、资金管理、税务筹划、体系建设、财务共享和信息化建设等多项体系能力，为宝钢圆满完成年度经营目标作出了贡献。至2014年底，经营财务部在册员工30人。

作为宝钢集团“切实推进企业变革，真正提高管理效率”的重要举措，2009年5月18日，宝钢股份成立财务服务中心，创新实施财务共享服务运作模式。随着财务共享业务的不断拓展，2009年12月29日，宝钢集团成立财务服务与数据共享中心。宝钢集团财务服务与数据共享中心同宝钢股份财务服务中心实行“两块牌子、一支队伍”的运作方式，为宝钢集团各级分（子）公司提供财务共享服务。至2014年底，财务服务与数据共享中心有员工203人，财务共享业务覆盖66个账套，系统覆盖320个账套。

（施　蔚　章　玮）

优化推进财务体系评价　2014年，宝钢集团结合国家财政部企业财务管理评估要求和指标体系建议，完善原有的财务体系评价模式，形成2014年度财务体系能力评估方案，新的方案明确宝钢集团的管控目标，发挥财务管理导向作用。通过财务体系评价，宝钢集团建立清晰的工作标准，子公司深入了解宝钢集团的管理要求，主动加强与宝钢集团的沟通联系，财务体系能力评估结果为宝钢集团评价子公司的财务运行情况提供客观的依据。

（施　蔚）

加强经营分析和经营管控　2014年，在做好各经营单元的监控和分析基础上，经营财务部积极谋划，重点加强对八一钢铁、韶关钢铁、宝钢德盛等经营困难单元的运营监控，提出经营建议和举措，平抑利润波动，确保年度经营目标的顺利完成。（周　钦）

完善战略规划和预算的衔接　2014年，作为教育实践活动整改内容之一，经营财务部会同规划发展部，研究制订预算管理改进方案，优化和完善管理流程，加强战略规划对年度预算的引领作用，使预算管理成为战略、规划顺利实施的重要手段。年内，修订《预算管理办法》和《年度预算编制管理办法》。

（周　钦）

保持钢铁行业最高信用评级　2014年，宝钢集团获得标准普尔A-（稳定）、穆迪A3（稳定）和惠誉A-（稳定）的评级结果。在钢铁行业持续低迷的形势下，宝钢信用等级依然在国际综合类钢铁业同行中保持最优水平，充分体现宝钢在市场地位、产品结构、技术创新等方面的竞争优势，三大评级机构尤其对宝钢谨慎的投资政策及稳健的财务状况给予充分肯定。（梁　峰）

强化子公司风险管控　2014年，宝钢集团将现金流管理作为贯穿全年工作的主要经营策略，选取资产负债率、有息负债、营运周期、经营活动产生的现金流量净额、投资活动产生的现金流量净额5项财务指标，设置管控、挑战两条线，指导子公司的经营管理活动。年内，各经营板块现金流量明显改善，营运资金管控取得预定成效，有息负债得以合理控制。（梁　峰）

推进外汇资金集中管理平台运营　2012年12月，宝钢集团和宝钢股份分别被批准为上海首批跨国公司总部全球外汇资金集中管理试点企业。宝钢集团选取境内16家、境外1家成员单位先行先试。2014年1月，宝钢在香港搭建以宝钢资源（国际）有限公司为主办企业的宝钢集团境外外汇资金池，归集境外资金，选取境外5家公司作为首批成员单位，年底增至21家。通过外汇平台，实现境内外子公司之间的融通调剂，降低整体融资成本，提高资金运行效率。

（梁　峰）

搭建货币类金融衍生品集中操作平台 2014年，为统一宝钢集团内部衍生品管理模式，有效控制金融衍生业务风险，宝钢集团以财务公司为代理操作平台搭建货币类金融衍生品操作平台，将货币类衍生品交易集中操作，货币类衍生品交易风险集中受控。至年底，已签约企业12家，其中在沪企业5家，沪外企业7家。（梁　峰）

清理处置低效、无效资产 宝钢集团财务系统全面开展低效、无效资产梳理工作，改善资产运营效率。2014年度，宝钢集团各级公司共完成低效、无效资产清理处置97项，账面净值13.40亿元。其中，阶段性完成改善运营和优化提升15项，账面净值6.37亿元；完成清理退出82项，账面净值7.03亿元，回笼资金12.97亿元，实现当期处置收益5.69亿元。对参股规模约500万元的参股公司进行投资回报清查，并针对现状提出后续整改建议。（刘　俊）

优化资产结构 2014年，经营财务部与宝钢集团各子公司开展各项优化资产结构工作，提升资产运行效率。其中，宝钢股份完成罗泾区域资产盘活处置；参与策划海尔集团特种钢板研制开发有限公司彩涂钢板生产线、中国石油天然气集团公司西气东输三线、宝钢印度古吉拉特邦萨纳恩德（SANAND）加工中心等项目；全方位支撑湛江钢铁资产管理。宁波钢铁以资源占用资金成本专项管理和结构匹配合理库存控制为载体，持续提升资产运营效率。宝钢资源实质性启动资源国际化重组，加大亏损资产的处置，实施了日照宝鑫矿业资源有限公司和浙江台州、江苏江都、上海崇明新华等废钢基地的经营退出。（刘　俊）

推动多元产业股权多元化 2014年，经营财务部推动开展多元产业股权多元化及资产重组，包括：宝钢资源资产重组及股权多元化；上海宝钢新型建材科技有限公司和上海宝钢节能环保技术有限公司引进战略投资者；宝银特种钢管有限公司重组引资；宝信软件与民营资本合资设立互联网数据中心运营服务公司。（刘　俊）

推进产融结合 2014年，宝钢利用各种金融工具和多层次资本市场，在产融结合领域具体实践。经过分析、策划、制订方案，利用华宝投资有限公司的金融平台，将宝钢发展有限公司对宝钢股份3亿元应收账款成功实施证券化。八一钢铁研究通过发行资产证券化产品，盘活存量应收账款资产，获取较低成本融资。年内，宝钢集团成功发行40亿元可交换公司债券，并研究融资租赁等，大力拓展融资渠道，支撑宝钢实体经济发展。（刘　俊）

优化业绩考核方式 2014年，宝钢科学设计2013—2015年任期考核指标，提高经济增加值的考核权重。根据钢铁主业、多元产业分类设定考核指标，引导各级子公司在关注量增的同时更要注重质量的提升。此外，将量化指标与能力评价相结合，新增基于五维度“能力评价体系”，即以同行对标和自身纵向对比为基础的中长期能力建设分析体系，以激励各子公司在业内提高管理水平、增强核心竞争能力，并通过综合能力提升促进资产运营效率提升。（刘　俊）

建立参股公司管理体系 2014年，经营财务部梳理参股公司管理业务和流程，构建参股公司管理体系框架，着手制定《参股公司管理办法》，充分发挥派出董事和派出监事的作用。做好参股公司董事会、股东会日常管理工作，共处理参股公司121次董事会、股东会议案638项。加强参股公司日常跟踪和分红管理，定期开展专项分析，出具专项分析报告。（刘　俊）

推进财务信息化工作 2014年，宝钢集团推进财务管理信息化系统、合并报表系统上线；组织启动XBRL（可扩展商业报告语言）专项研发及采用XBRL方式报送决算报表工作；继续推进标准财务系统向宝钢集团的覆盖，年内组织完成未覆盖单元实施方案及工作计划制订及报审，启动宝钢金属、韶关钢铁覆盖项目。通过系统功能的进一步完善，为宝钢集团经营决策提供支撑。（施　蔚）

完善会计政策综合管理机制 2014年，宝钢会计政策委员会发挥啄木鸟团队专业服务平台作用，针对湛江钢铁、宝钢金属、五钢公司、宝钢不锈、宝钢特钢、宁波钢铁和八一钢铁等子公司提出的特殊业务事项进行研究与分析，为子公司特殊、复杂业务提出会计处理和政策建议，有助于控制宝钢集团财务体系管理风险，提升财务专业水平。同时会计政策委员会通过参与财政部等外部政策制定机构的专业政策交流讨论，发挥委员会的政策专业引导和政策现行作用。（施　蔚）

组织推进新会计准则执行 2014年，国家财政部发布一批新的会计准则。为规范准则执行，宝钢集团在做好内部调研的同时，积极与政策制定部门和外部监管机构充分沟通，确保政策的平稳过渡和执行。（施　蔚）

组织财务体系培训　2014年，宝钢集团系统策划并组织高层、中层财务管理人员系列培训，以做好中、高层财务管理人才储备，提升相关人员国际化经营与价值创造能力；策划并组织财务骨干培训，加强对财务管理全面认知，对财务热点深入研究；围绕职业化建设，组织各类专业培训和财务资格培训。（施　蔚）

加强对标工作　2014年，经营财务部完成《2013年国际钢铁企业经营对标报告》，努力寻找差距，聚焦改进点，进一步提升经营分析能力。（周　钦）

完成财务信息系统三年详细规划　2014年，为推进宝钢集团财务及业务数据标准化，提高数据综合利用水平，支撑整体管控需求，财务服务与数据共享中心会同宝钢集团经营财务部、运营改善部及宝信软件对宝钢金属、宝地置业、宝钢资源、韶关钢铁、宁波钢铁等单元进行实地调研，完成财务信息系统三年详细规划，获宝钢集团批准。（章　玮）

推进核算与管理会计系统开发　2014年，财务服务与数据共享中心以核算会计与管理会计两条主线，平行推进合并报表系统改造与宝钢集团财务管理及分析系统建设，推动数据信息的进一步整合和挖掘提升，支撑宝钢集团数据标准化和数据共享。11月1日，合并报表系统投入试运行，第一期上线范围涉及宝钢集团242家单位，满足了各层级单位合并报表的需求，提升了合并报表编制的兼容性、灵活性与高效性。（章　玮）

应对会计准则变化　2014年，财务服务与数据共享中心积极应对会计新准则变化和税收政策变化。面对2007年以来涉及面最大、实施难度最大的一次会计准则变化，财务服务与数据共享中心同宝钢集团经营财务部共同调研、收集新准则对各子公司的影响，评估新准则变化对公司业务、系统带来的冲击，并在共享范围内，按同一标准在同一时点完成核算切换，解决了以往各公司执行准则存在偏差的问题，完成了业务转接，支撑了宝钢集团会计核算体系有效运行。（章　玮）

资本运营

2012年7月，宝钢集团资本运营部的业务和人员整体划转至华宝投资有限公司（简称“华宝投资”）。2014年3月，为进一步强化宝钢集团资本运营管理，适应国有资产改革以“管资本”为主的发展要求，华宝投资资本运营部业务整体划转至宝钢集团资本运营部，华宝投资不再承担宝钢集团资本运营业务。宝钢集团资本运营部开展实质性运作，下属业务调整为“资本运作”“资产证券化”两个业务块。至2014年底，资本运营部共有员工14人。

2014年，资本运营部业务有序开展，在资产证券化创新、推进混合所有制改革、股权多元化、引资改制、股权投资等方面均取得新突破。（王行兵）

发行国内资本市场首单公募可交换公司债券　12月10日，宝钢发行国内资本市场首单公募可交换公司债券，债券以新华保险A股股票为换股标的，发行规模40亿元、期限3年、票面利率1.5%；12月24日，宝钢可交换公司债券登陆上海证券交易所上市交易（证券代码：132001）。宝钢发行可交换公司债券，盘活了所持有的新华保险股票存量资产，提升了资产运营效率，拓展了融资渠道和方法，同时也提升了宝钢在资本市场上的知名度和影响力。（王行兵）

推进股权多元化、混合所有制改革　2014年，资本运营部组织推进宝钢发展有限公司下属子公司——上海宝钢新型建材科技有限公司股权多元化、引进战略投资者工作，引入建银城投（上海）绿色环保股权投资有限公司和上海建科科技投资发展有限公司参股，引入资金2.86亿元。推进宝钢特钢下属子公司——宝银特种钢管有限公司（简称“宝银公司”）重组引资工作，引入中国华能集团、银环控股集团重组宝银公司，新老股东共同现金增资6.97亿元，重组后的宝银公司推行“国有+民营+管理层持股”的混合所有制经营模式，建立市场化的运作机制。（王行兵）

清理处置低效、无效资产　2014年，资本运营部将12760万股华泰保险股权公开挂牌出售，经过多轮竞价，最终以7.52元/股售出，比挂牌价溢价84.31%，提升了资本运营效率。（王行兵）

认购国内首单优先股 2014年，资本运营部经过分析研究，挖掘和投资风险低、收益稳定的金融品种。年内，宝钢认购了5亿元由中国农业银行发行的国内资本市场首单优先股，以及5亿元由中国银行发行的优先股，股息率均为6%。（王行兵）

不动产管理

为加强宝钢不动产管理，促进不动产资源的优化经营，2011年4月，宝钢集团成立不动产管理中心。其主要职责包括：不动产权属变动的登记管理、组织策划不动产专项优化方案、推进不动产专项优化方案实施，以及不动产相关政策的研究利用。2014年，不动产管理中心以体系管理为目标，以深化夯实基础管理为主线，以不动产利用效率专项审计为抓手，围绕各单位提出的突破性工作内容，逐一制订工作方案，定期推进检查。（刘薇）

推进吴淞工业区转型发展前期工作 2014年，不动产管理中心会同上海市、宝山区政府相关部门，根据吴淞工业区前期工作总体安排，组织完成吴淞工业区（宝钢启动区）城市发展定位和产业规划研究、概念性城市设计，开展开发体制和开发预案研究，跟踪上海市吴淞城市结构规划编制，编制项目多媒体材料，启动吴淞工业区（宝钢启动区）转型发展在中国台湾地区的“预路演”。（刘薇）

夯实基础管理 （1）2014年，不动产管理中心配合审计部完成不动产利用效率专项管理审计。对照审计发现的问题，不动产管理中心组织宝钢内部和外部培训资源，开展专项培训工作；走访相关单位，调研疑难问题并逐条落实整改完善，推进体系管理能力提升。（2）优化不动产管理信息化系统。组织不动产管理信息系统上线工作回头看，发布《不动产管理信息化工作报告》；按照宝钢对不动产业务发展与管控需求，完成《宝钢集团不动产管理系统改造与推广（二期）》项目建议书和可行性研究报告编制。（3）不动产管理体系进一步优化。梅钢公司、八一钢铁、韶关钢铁、五钢公司、宝地置业等公司，进一步完善不动产基础管理架构、管理模式、体系与制度建设；不动产管理中心组织开展不动产产业发展规划以及专业平台构架方案研究。（4）规范存量房处置，改进操作实务，从规范经营、挖掘效益、提高效率三个维度进行制度与方法的研究。（5）构建宝钢集团不动产品牌体系。年内，完成不动产品牌中英文名称命名、标识创意设计和商标注册。（刘薇）

优化不动产经营 2014年，不动产管理中心组织各子公司对所持有的不动产开展分类梳理和优化经营策划工作，根据不动产市场的状况以及公司经营现状，制订工作目标，系统考虑和策划优化经营方案与土地开发利用规划。至年底，第一批梳理出的上海地区和八一钢铁需优化的不动产项目已列入各单位不动产专项计划。（刘薇）

盘活子公司不动产资产 2014年，不动产管理中心与地方政府联动，探索解决改制企业占用场地的痼疾；取得二钢公司地块土地规划指标优化的突破性进展；探索八一钢铁雅矿球团厂土地转型操作路径，并定期推进处置盘活工作；对韶关钢铁广州梅花铝材土地工作进行专项策划；开展转型区域调研，为子公司提供业务支撑建议。（刘薇）

审计

宝钢集团审计部成立于2003年6月，下设经营审计处、投资审计处、管理审计处和派出监事会办公室。至2014年底，审计部有员工28人，均为大专以上学历，其中中级以上职称24人，占85.71%；拥有注册会计师、注册内部审计师、造价工程师资格证书等14张。年内，宝钢内部审计工作形成了“监督服务双促进，过程结果双控制，成果价值双体现的管理平台”。审计工作定位准确，目标清晰，效果明显，为宝钢集团的持续发展发挥了积极作用。

（纪星）

持续强化经营审计监督功能 2014年，审计部完成领导人员经济责任审计6项、财务收支审计1项。通过深入流程的审计，并在审计监督过程中提供增值服务，提出改进建议，帮助子公司规范经营的同时，提升其管理水平，为组织部门界定领导人员经济责任，全面完成领导人员管理程序提供支撑。

（纪星）

开展重大投资审计 2014年，审计部完成竣工财务决算审计项目13项、过程审计4项、投资项目审计评价3项、投资专项审计5项。通过在项目建设各阶段的不同业务类型的审计，实现审计关口前移，并促进项目前期立项阶段更加审慎的研究、决策，推动了投资项目在实施阶段管控水平的提升及业务的规范，防范发生重大投资风险。（苏　央）

策划并开展管理审计　2014年，审计部共完成管理审计项目9项。通过开展金融衍生品管理审计、不动产利用效率管理审计、信用管理及经营禁令执行情况审计、宝钢股份研发管理审计、韶关钢铁销售系统审计等项目，聚焦高风险、高改善潜力的内部控制相关业务领域，以专项审计的形式，深入揭示潜在风险，挖掘增值空间，提出改善经营、提高流程的规范性和运作效率的系统性建议，有效促进各子公司规范经营、绩效改善及风险防范能力的加强。（唐　涛）

开展国有产权变动审计　2014年，审计部共完成29项国有产权变动审计，涉及调整净资产2.10亿元。通过国有产权变动资产审计跟踪复核，对相关标的资产权属不清晰、债权债务不确定、资质证书欠完备、业务不规范、合同主体模糊等多方面做出风险提示，规范产权转让行为，防范国有资产的流失。（纪　星）

首次全面评估各子公司审计体系　2014年，审计部从审计环境和审计业务两个角度，对宝钢集团一级子公司的审计体系能力按照19个评估要素、34个评估要点进行量化评分，发现各公司审计工作存在的共性和个性问题，对推动各子公司内部审计部门不断提高工作质量、效率和效果，及强化体系能力建设起到积极的促进作用。（唐　涛）

提升审计培训专业效果　2014年，审计部采用集中培训与专业培训相结合的方式，与上海国家会计学院共同策划开展“企业内部控制与风险管理”“金融衍生品管理与行为金融”“公司战略与商业模式”“资本之旅——财务战略管理案例分析”等系列培训课程，组织开展“优秀审计项目评选”。（苏　央）

建立审计管控地图　2014年，审计部系统梳理相关审计案例，从问题描述、产生原因、主要影响等多角度进行分析。同时，识别主要风险点，从规范经营、控制风险、改善管理和提升效率的角度，尝试按照不同的单位分别建立其审计管控地图。通过管控地图把有限的审计资源用于对重大风险点、重点环节、重要领域的监督；根据审计管控地图，对投资、商业模式、信用管理、资产管理等领域进行重点关注。（纪　星）

服务湛江钢铁基地项目　2014年，审计部克服传统审计模式结果存在滞后性的缺点，针对湛江钢铁基地项目的建设特点，进行4次过程审计，以“投资、进度、质量、安全目标的过程管控情况”为主线，关注“红线包干”合同管理、设备采购管理、甲供料管理等方面的风险，主要抽取炼铁工程、炼焦工程、热轧工程等项目的专项管理业务情况进行检查，并及时提出优化建议，实现审计关口前移。（苏　央）

推进宝钢集团内部控制评价　2014年，审计部在宝钢集团范围内全面组织开展内部控制自评、复评工作，结合专项审计项目，系统梳理、分析内部控制系统缺陷，评价公司内部控制体系运行的有效性和薄弱环节，完成《宝钢集团2013年度内部控制评价报告》。此次评价发现三、四级公司的内部控制相对薄弱，工程项目、采购、销售、资产管理和资金活动等领域问题较为集中，为宝钢集团提供决策支撑的同时，有效促进了宝钢集团内部控制体系的完善。（唐　涛）

宝钢年鉴

2015

BAOSTEEL
ALMANAC

钢铁主业

钢铁主业

宝山钢铁股份有限公司

概　述

宝山钢铁股份有限公司（简称“宝钢股份”）是宝钢集团下属控股子公司，2000年2月3日由宝钢集团独家发起创立。2000年12月12日，宝钢股份在上海证券交易所挂牌上市。

2014年，宝钢股份实现利润82.78亿元、营业总收入1877.89亿元，产铁2098.9万吨、钢2152.9万吨，销售商品坯材2181.7万吨。在资本市场方面，公司被上海证券交易所评为上市公司信息披露A类公司，被彭博新闻社评为全球分析师首选钢铁股，获得智慧财经巅峰榜“最佳投资者关系主板上市公司”称号。

2014年，宝钢股份经营业绩继续保持国内同行领先。

1. 加大创新力度，推进新产品开发。汽车用新一代先进超高强钢、中锰钢、建筑用纳米自洁彩板、超高磁感低铁损无取向硅钢、超高强韧性套管5个新产品实现全球首发；全年首发产品实现供货2万余吨，较2013年供货量翻一倍。加快高端新产品开发和市场化进程，81个新产品牌号首轮成功试制并推向市场；完善技术创新体系，深化产学研合作，形成与上海交通大学等多家院校科研合作总体方案，组织实施与钢铁研究总院的多项重点合作项目。

宝钢股份厂区一角（刘　杰 摄）

2. 加强过程控制，提升精品规模化制造能力。释放铁钢产能，炼钢工序铁水三脱处理能力提升58.5%，机清产能突破190万吨；强化精品制造，汽车高强钢、厚板管线钢、取向刻痕硅钢、无取向高牌号硅钢等战略优势产品产量均超计划，全年冷轧汽车板产量586.7万吨，完成年计划的102.4%；加强质量一贯管理和合同管理，建立《用户需求识别表》等产品质量先期策划应用规范，解决合金化热镀锌钢板、防弹钢等10余个用户端问题；强化按产线按合同组织生产，合同完成率为96.1%。

3. 推进环境改善，打造花园厂区。推进节能减排措施和项目落实，吨钢能源成本、耗能总量、污染物排放量等指标完成年度目标；在上海环境能源交易所挂牌出售总量11万吨碳排放权；对社会发布新一轮绿色制造发展规划和环保承诺，推进环保新标治理、清洁空气计划、厂区生态林带和绿化项目建设，实施绿色转型发展；全年实施各类节能项目53项，年内投运43项，年节能量14.27万吨标准煤；全年光伏发电3880万千瓦时；形成公司首份客户绿色需求清单。

4. 加大市场开拓力度，强化客户关系管理。扩大差异化产品竞争优势，保持冷轧汽车板50%市场份额；全年销售超高强钢17.76万吨，

9月6日，湛江钢铁一号高炉炉壳吊装现场（王建国 摄）

同比增长106%；取向硅钢合同接订量达历史最高水平；加强服务体系建设，制订差异化客户维护策略和个性化解决方案，实现客户价值的提升；持续深化汽车板先期介入技术服务，全年开展汽车板先期介入项目27项；探索非汽车行业先期介入模式，实施非汽车先期介入项目22项。

5. 强化成本控制，优化资产管理。深化成本改善，进一步完善铁矿石定价方式；以铁钢区域为重点，实现上下工序一体化降本；开展硅钢产线专项降本。强化营运资金管控，优化投融资结构，评级机构基于公司稳定的财务状况，上调公司财务风险评估一级；提升资产运行效率，建立低效无效资产常态化管理机制，拓展低效无效资产清理处置渠道。

6. 焕发全体员工激情，实现共同发展。深化干部人事制度改革，按照"活力曲线"强制分布，促进干部队伍合理流动、转变作风；推进任期目标制，与16家二级单位签约实施任期制；加大后备人才培养力度，2014年提拔的直管干部中，后备干部占比为63.3%；提升员工职业化能力；健全薪酬激励约束机制；持续提升劳动效率；推进总部机关机构精简，提升管理效能，自2013年以来，总部机关业务职能精简幅度达36.2%。

7. 湛江钢铁基地项目建设进展顺利，主体工程节点达到原定总进度计划要求，一号高炉顺利实现本体49.5米高结构封顶，第二座高炉开始打桩建设；一号发电机组成功并网；编制发布湛江钢铁第一版《生产准备大纲》；选派支撑人员864名，累计调集和招聘员工4428名，配置率105%；践行建设期经营理念，全面策划落实工程建设、生产准备和生产经营等方面预算工作，完善成本管理体系。

8. 两翼事业发展驶入快车道。完善电商业务模式，3月25日，全国首个银行业动产质押信息平台——上海银行业动产质押信息平台正式上线运行，与14家银行签署框架合作协议；东方付通信息技术有限公司第三方支付功能与宝钢集团财务有限责任公司结算体系对接，全年东方付通信息技术有限公司结算流量突破300亿元；为钢铁交易中心提供票据代收、托管服务，全年累计服务平台交票用户65家；信息产业实质性起步，宝信软件与中国移动通信集团公司签订定制化数据中心服务合同和进一步深化战略合作协议；宝信软件云服务及解决方案获首批国家标准资质认证。

2014年，宝钢股份获得全球钢铁行业最高信用评级，标普、穆迪和惠誉分别给予A-、A3和A-的长期企业信用评级，评级展望均为"稳定"；蝉联中国最受尊敬的知识型企业组织大奖；宝钢股份总部获得国际权威认证机构——英国标准协会对公司有害物质管理体系（QC 080000）认证推荐，成为国内大型钢铁企业中首家通过该体系认证的公司。（孙荣祥）

企业负责人简介 陈德荣，1961年3月生，浙江永嘉人，中共党员，高级工程师，宝钢股份董事长。

戴志浩，1963年6月生，江苏南通人，中共党员，高级工程师，宝钢股份总经理。

诸骏生，1960年11月生，浙江杭州人，中共党员，高级工程师，宝钢股份党委书记。

宝钢股份部分子公司、合营公司一览表(2014年12月)

企业名称	注册地	业务性质	注册资本(千元)
烟台鲁宝钢管有限责任公司	烟台市	制造业	人民币500000
宝钢股份黄石涂镀板有限公司	黄石市	制造业	人民币144647
上海宝钢国际经济贸易有限公司	上海市	钢铁贸易业	人民币2248879
上海梅山钢铁股份有限公司	南京市	制造业	人民币7081426
上海宝信软件股份有限公司	上海市	信息技术业	人民币364132
宝钢湛江钢铁有限公司	湛江市	制造业	人民币20000000
宝钢美洲贸易有限公司	美国德克萨斯州	钢铁贸易业	美元980
宝和通商株式会社	日本东京市	钢铁贸易业	日元876000
宝钢欧洲有限公司	德国汉堡市	钢铁贸易业	欧元2050
宝钢新加坡贸易有限公司	新加坡	钢铁贸易业	新加坡元1500
宝运企业有限公司	中国香港	钢铁贸易业	港币360190
宝钢巴西贸易有限公司	巴西里约市	钢铁贸易业	里亚尔2400
上海宝钢化工有限公司	上海市	制造业	人民币2110047
宝钢集团财务有限责任公司	上海市	金融业	人民币1100000
南通宝钢钢铁有限公司	南通市	制造业	人民币620532
烟台宝钢钢管有限责任公司	烟台市	制造业	人民币4000000
上海化工宝电子商务有限公司	上海市	电子商务	人民币6500
宝钢克拉玛依钢管有限公司	克拉玛依市	制造业	人民币48898
宝力钢管(泰国)有限公司	泰国	制造业	泰国铢2800000
BGM株式会社	韩国京畿道	制造业	韩国元10000000

(郑咏梅)

宝钢股份合并资产负债表
(2014年12月31日)

单位：人民币元

项　　目	期　末　余　额	期　初　余　额
流动资产：		
货币资金	12103757440.88	12881234298.49
以公允价值计量且其变动计入当期损益的金融资产	180636573.51	28738843.94
应收票据	9222110761.77	12147274807.14
应收账款	10049072037.10	11274903876.09
预付款项	2923618311.69	3063667270.70
应收利息	547356317.25	740275608.57
应收股利	11298647.00	60887153.28
其他应收款	1080179452.07	1644745236.41
买入返售金融资产	595000000.00	91000000.00

（续　表）

项　　目	期末余额	期初余额
存货	26815100722.39	31086740188.46
一年内到期的非流动资产	6358800000.00	4760000000.00
其他流动资产	4499073089.90	277031463.05
流动资产合计	**74386003353.56**	**78056498746.13**
非流动资产：		
发放贷款及垫款	2948545990.88	3071913823.54
可供出售金融资产	10447520041.50	9937855702.19
长期应收款	9012068634.07	13514754636.88
长期股权投资	4963108955.16	4752296908.77
投资性房地产	450687455.44	475625029.59
固定资产	82897000178.55	86218213718.97
在建工程	26758846736.54	15173486763.50
工程物资	173012390.36	232296401.98
无形资产	9136786103.95	6878417865.39
长期待摊费用	1099681062.52	886044247.32
递延所得税资产	1826404465.21	2088776982.80
其他非流动资产	4552848644.62	5418157904.40
非流动资产合计	**154266510658.80**	**148647839985.33**
资产总计	**228652514012.36**	**226704338731.46**
流动负债：		
短期借款	31480011723.61	34470625308.28
吸收存款及同业存放	7972063672.99	7598875519.12
拆入资金		300000000.00
应付票据	5416879164.85	2429960640.68
应付账款	19910369631.42	18175471239.50
预收款项	11522938150.20	11971576846.67
卖出回购金融资产款	169528930.40	666961287.43
应付职工薪酬	1743340738.03	1708040116.08
应交税费	2162028290.86	1781381390.45
应付利息	281301392.21	226797561.21
应付股利	12184096.83	14070461.91
其他应付款	1141614196.44	1225243921.84
一年内到期的非流动负债	7442007303.14	12227658084.57
其他流动负债		1848866666.64
流动负债合计	**89254267290.98**	**94645529044.38**
非流动负债：		
长期借款	9936435216.96	4702446502.87
应付债券	3024076037.38	3502708347.20

(续　表)

项　　目	期 末 余 额	期 初 余 额
长期应付款	89287152.00	—
长期应付职工薪酬	162061249.06	133042565.79
专项应付款	287916697.81	739598541.24
递延收益	1268675356.46	1218672931.60
递延所得税负债	423066461.35	304859283.39
其他非流动负债	1902403.65	1500074350.81
非流动负债合计	**15193420574.67**	**12101402522.90**
负债合计	**104447687865.65**	**106746931567.28**
所有者权益		
股本	16471026024.00	16471724924.00
资本公积	33253945989.75	33393663584.00
减:库存股	89287152.00	—
其他综合收益	−1004817797.37	−946347392.59
专项储备	10040556.78	22160961.06
盈余公积	25851173391.46	24508746196.14
未分配利润	39765842085.69	36963092712.51
归属于母公司所有者权益合计	114257923098.31	110413040985.12
少数股东权益	9946903048.40	9544366179.06
所有者权益合计	**124204826146.71**	**119957407164.18**
负债和所有者权益总计	**228652514012.36**	**226704338731.46**

(郑咏梅)

2014年宝钢股份合并利润表

单位:人民币元

项　　目	本期发生额	上期发生额
一、营业总收入	187789009928.26	190025966573.58
其中:营业收入	187413640104.33	189688379683.22
利息收入	371566288.84	334537837.59
手续费及佣金收入	3803535.09	3049052.77
二、营业总成本	180550515935.21	183054058733.43
其中:营业成本	168931135501.45	171718199823.29
利息支出	256830557.42	233629976.26
手续费及佣金支出	622101.30	604451.35
营业税金及附加	470502745.64	413666506.19
销售费用	2200347423.93	1963040971.61

（续 表）

项 目	本期发生额	上期发生额
管理费用	7728236209.78	6880731290.07
财务费用	487713867.87	−544131554.59
资产减值损失	475127527.82	2388317269.25
加：公允价值变动收益（损失以“−”号填列）	23346786.23	27585736.16
投资收益（损失以“−”号填列）	378905995.20	684054175.06
其中：对联营企业和合营企业的投资收益	154890243.84	174802410.63
汇兑收益（损失以“−”号填列）		
三、营业利润（亏损以“−”号填列）	7640746774.48	7683547751.37
加：营业外收入	1180620074.47	882372341.19
其中：非流动资产处置利得	468705992.56	360318736.82
减：营业外支出	543593096.02	556158742.00
其中：非流动资产处置损失	422747874.64	472234905.84
四、利润总额（亏损总额以“−”号填列）	8277773752.93	8009761350.56
减：所得税费用	2187081535.04	1969426727.34
五、净利润（净亏损以“−”号填列）	6090692217.89	6040334623.22
归属于母公司所有者的净利润	5792349060.90	5818471202.97
少数股东损益	298343156.99	221863420.25
六、其他综合收益的税后净额	−47779813.44	−651599826.28
归属母公司所有者的其他综合收益的税后净额	−58470404.78	−622276378.20
（一）以后不能重分类进损益的其他综合收益		
1. 重新计量设定受益计划净负债或净资产的变动		
2. 权益法下在被投资单位不能重分类进损益的其他综合收益中享有的份额		
（二）以后将重分类进损益的其他综合收益	−58470404.78	−622276378.20
1. 权益法下在被投资单位以后将重分类进损益的其他综合收益中享有的份额	−3770776.83	−28678273.63
2. 可供出售金融资产公允价值变动损益	75537973.06	−373821760.96
3. 持有至到期投资重分类为可供出售金融资产损益		
4. 现金流量套期损益的有效部分		
5. 外币财务报表折算差额	−130237601.01	−219772343.61
6. 其他	—	−4000.00
归属于少数股东的其他综合收益的税后净额	10690591.34	−29323448.08
七、综合收益总额	6042912404.45	5388734796.94
归属于母公司所有者的综合收益总额	5733878656.12	5196194824.77
归属于少数股东的综合收益总额	309033748.33	192539972.17
八、每股收益		
（一）基本每股收益（元/股）	0.35	0.35
（二）稀释每股收益（元/股）	0.35	0.35

（郑咏梅）

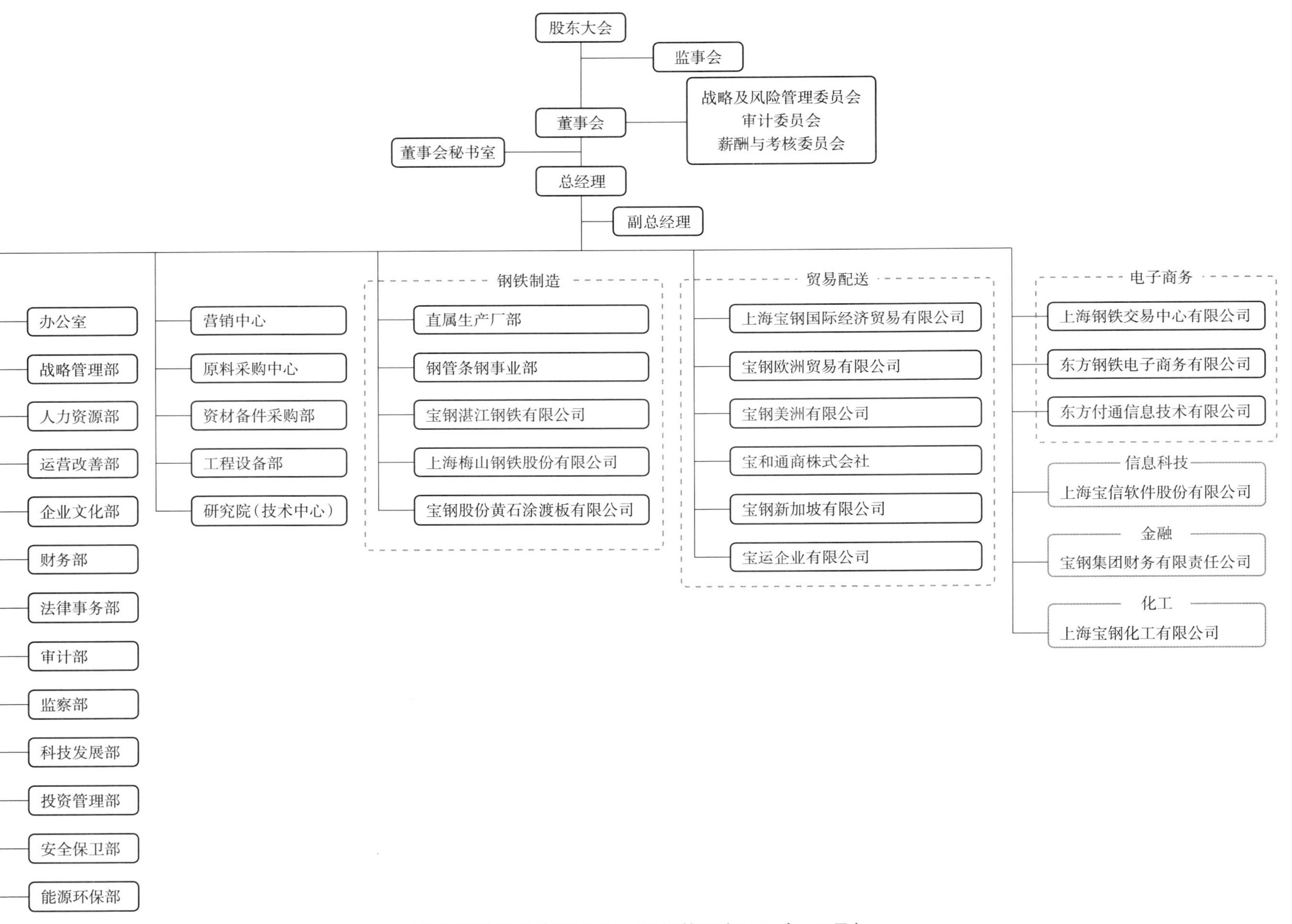

宝山钢铁股份有限公司组织机构图(2014年12月)

股东大会　董事会　监事会

2013年度股东大会　4月30日，宝钢股份举行2013年度股东大会，审议通过如下议案：《2013年度董事会报告》《2013年度监事会报告》《2013年年度报告（全文及摘要）》《2013年董事、监事及高级管理人员薪酬执行情况报告》《关于2013年度财务决算的报告》《关于公司2013年度利润分配的预案》《关于公司2014年度预算的议案》《关于2014年日常关联交易的议案》《关于续聘德勤华永会计师事务所为2014年度独立会计师的议案》。（李　于）

2014年第一次临时股东大会　5月20日，宝钢股份举行2014年第一次临时股东大会，审议通过如下议案：《宝山钢铁股份有限公司A股限制性股票计划（草案）》《宝山钢铁股份有限公司A股限制性股票计划首期授予方案（草案修订稿）》《宝山钢铁股份有限公司A股限制性股票计划管理暂行办法》《宝山钢铁股份有限公司A股限制性股票计划实施考核办法》《关于增选监事的议案》。（李　于）

2014年第二次临时股东大会　10月15日，宝钢股份举行2014年第二次临时股东大会，审议通过《关于增选陈德荣先生为公司第五届董事会董事的议案》。（李　于）

第五届董事会第十二次会议（临时会议）　2月，宝钢股份以书面投票表决的方式召开第五届董事会第十二次会议。出席董事有何文波、戴志浩、赵周礼、诸骏生、王力、贝克伟、黄碧娟、黄钰昌、刘文波、夏大慰。会议通过《关于公司副总经理变更的议案》。（李　于）

第五届董事会第十三次会议　3月27—28日，宝钢股份召开第五届董事会第十三次会议。出席董事有何文波、戴志浩、赵周礼、诸骏生、王力、贝克伟、黄碧娟、黄钰昌、刘文波、夏大慰。会议听取了《关于公司2013年度资产损失情况的报告》《宝通钢铁经营现状及经济运行方案》《关于公司市值管理的报告》《关于实施关键岗位员工资产管理计划的报告》《湛江钢铁项目进展情况汇报》。会议通过以下议案：《2013年度总经理工作报告》《关于2013年末母公司提取各项资产减值准备的议案》《2013年年度报告（全文及摘要）》《2013年度组织机构管理工作执行情况及2014年度工作方案的议案》《2013年度宝钢股份全面风险管理报告议案》《关于2013年度财务决算报告的议案》《关于公司2013年度利润分配的预案》《关于〈2013年度内部控制评价报告〉的议案》《关于转让罗泾区域厚板轧机等资产的议案》《关于2014年日常关联交易的议案》《关于公司2014年度预算的议案》《关于续聘德勤华永会计师事务所为2014年度独立会计师及内控审计师的议案》《关于高级管理人员2013年度绩效评价结果及薪酬结算的议案》《2013年度董事、监事及高级管理人员薪酬执行情况报告》《关于总经理绩效指标体系及2014年度目标值设定的议案》《关于〈宝山钢铁股份有限公司限制性股票计划（草案）〉的议案》《关于发行可交换债的议案》《关于召开2013年度股东大会的议案》。（李　于）

第五届董事会第十四次会议　4月29日，宝钢股份召开第五届董事会第十四次会议。出席董事有何文波、戴志浩、赵周礼、诸骏生、贝克伟、黄钰昌、刘文波、夏大慰。会议听取《税务风险管控策略及应对方案》《关于向烟宝钢管增资的报告》。会议通过如下议案：《关

10月15日，宝钢股份召开2014年第二次临时股东大会（刘　杰　摄）

于2014年一季度末母公司提取各项资产减值准备的议案》《2014年第一季度报告》《关于上海宝钢浦东国际贸易有限公司增加注册资本的议案》《关于A股限制性股票激励计划首期实施方案(草案修订稿)及相关管理办法的议案》《关于聘任公司副总经理的议案》《关于召开2014年第一次临时股东大会的议案》。 (李 于)

第五届董事会第十五次会议(临时会议) 5月,宝钢股份以书面投票表决的方式召开第五届董事会第十五次会议。参加表决的董事有何文波、戴志浩、赵周礼、诸骏生、王力、贝克伟、黄碧娟、黄钰昌、刘文波、夏大慰。会议通过如下议案:《关于A股限制性股票计划首期实施方案实施授予的议案》《关于确定A股限制性股票计划激励对象及授予数量的议案》。 (李 于)

第五届董事会第十六次会议 8月22日,宝钢股份召开第五届董事会第十六次会议。出席董事有戴志浩、赵周礼、王力、贝克伟、黄碧娟、黄钰昌、刘文波、夏大慰。会议听取《2014年半年度总经理工作报告》《环保风险管控策略及应对方案》《湛江钢铁工程进展情况汇报》。会议通过以下议案:《关于2014年二季度末母公司提取各项资产减值准备的议案》《2014年半年度报告(全文及摘要)》《关于授权开展境外人民币无本金交割远期交易的议案》《关于制订〈董事、监事和高级管理人员岗位培训管理办法〉的议案》《关于烟宝钢管发展的议案》《关于总经理2014年度绩效指标及目标(值)调整的议案》。 (李 于)

第五届董事会第十七次会议(临时会议) 9月,宝钢股份以书面投票表决的方式召开第五届董事会第十七次会议。参加表决的董事有戴志浩、赵周礼、诸骏生、王力、贝克伟、黄碧娟、黄钰昌、刘文波、夏大慰。会议通过如下议案:《关于增选陈德荣先生为公司第五届董事会董事的议案》《关于召开2014年第二次临时股东大会的议案》。 (李 于)

第五届董事会第十八次会议 10月30日,宝钢股份召开第五届董事会第十八次会议。出席董事有陈德荣、戴志浩、诸骏生、王力、黄碧娟、黄钰昌、刘文波、夏大慰。会议听取《梅钢客户关系风险管控策略及应对方案》《湛江钢铁工程进展情况汇报》。会议通过如下议案:《关于选举陈德荣先生为公司第五届董事会董事长的议案》《关于2014年三季度末母公司提取各项资产减值准备的议案》《关于执行2014年新会计准则的议案》《2014年第三季度报告》《关于调整限制性股票计划激励对象的议案》。 (李 于)

第五届监事会第十一次会议 3月28日,宝钢股份召开第五届监事会第十一次会议。出席监事有刘占英、林鞍、郭斌、吴琨宗、何梅芬。会议审议通过以下提案:《2013年度监事会报告》《2013年度董事履职情况的报告》《2013年度内部控制及风险管理检查监督工作报告》《关于审议董事会"关于2013年末母公司提取各项资产减值准备的议案"的提案》《关于审议董事会"2013年年度报告(全文及摘要)"的提案》《关于审议董事会"关于2013年度资产损失情况的报告"的提案》《关于审议董事会"关于2013年度财务决算报告的议案"的提案》《关于审议董事会"关于公司2013年度利润分配的预案"的提案》《关于审议董事会"2013年度宝钢股份全面风险管理报告"的提案》《关于审议董事会"关于〈2013年度内部控制评价报告〉的议案"的提案》《关于审议董事会"宝山钢铁股份有限公司〈可持续发展报告〉(2013)"的提案》《关于审议董事会"关于2014年日常关联交易的议案"的提案》《关于审议董事会"关于续聘德勤华永会计师事务所为2014年度独立会计师及内控审计师的议案"的提案》《关于审议董事会"关于〈宝山钢铁股份有限公司限制性股票计划(草案)〉的议案"的提案》《关于审议董事会"关于开展直接融资的议案"的提案》《关于公司限制性股票计划(草案)及首期授予方案(草案)激励对象的核查意见》。 (李 于)

第五届监事会第十二次会议 4月29日,宝钢股份召开第五届监事会第十二次会议。出席监事有刘占英、林鞍、何梅芬。会议审议通过以下提案:《关于审议董事会"2014年一季度末母公司提取各项资产减值准备的议案"的提案》《关于审议董事会"2014年第一季度报告"的提案》《关于审议董事会"关于上海宝钢浦东国际贸易有限公司增加注册资本的议案"的提案》《关于审议董事会"关于A股限制性股票激励计划首期实施方案(草案修订稿)及相关管理办法的议案"的提案》《关于审议董事会"关于召开2014年第一次

临时股东大会的议案”的提案》。（李 于）

第五届监事会第十三次会议（临时会议） 5月，宝钢股份以书面投票表决的方式召开第五届监事会第十三次会议。参加表决的监事有刘占英、林鞍、吴琨宗、刘国旺、何梅芬。会议审议通过以下提案：《关于〈宝山钢铁股份有限公司A股限制性股票计划首期授予方案〉激励对象人员名单（调整后）的核查意见》。（李 于）

第五届监事会第十四次会议 8月22日，宝钢股份召开第五届监事会第十四次会议。出席监事有林鞍、吴琨宗、刘国旺、何梅芬。会议审议通过以下提案：《关于审议董事会“2014年二季度末母公司提取各项资产减值准备的议案”的提案》《关于审议董事会“2014年半年度报告”的提案》《关于审议董事会“关于总经理2014年度绩效指标及目标（值）调整的议案”的提案》《关于审议“2014年上半年内部控制检查监督工作报告”的提案》。（李 于）

第五届监事会第十五次会议 10月30日，宝钢股份召开第五届监事会第十五次会议。出席监事有刘占英、张勇、吴琨宗、刘国旺、何梅芬。会议审议通过以下提案：《关于审议董事会“2014年三季度末母公司提取各项资产减值准备的议案”的提案》《关于审议董事会“关于执行2014年新会计准则的议案”的提案》《关于审议董事会“2014年第三季度报告”的提案》《关于审议董事会“关于调整限制性股票计划激励对象的议案”的提案》。（李 于）

战略管理

战略管理部业务包括规划编制与战略管理、产业策划、海外发展策划等方面。2014年，根据公司要求，战略管理部主要开展了当期规划评估、专项规划梳理、竞争力评估、新材料项目推进、海外布局推进、新一轮规划准备等工作。（张译中）

当期规划评估 第一季度，战略管理部牵头对2013年规划实施情况进行了评估。第四季度，对照公司《2013—2018年发展规划总纲》，评估了2014年公司11项关键指标的达标情况，达标率为91%。（张译中）

专项规划梳理 2014年，战略管理部组织相关部门，对汽车用钢、硅钢、镀锡板、条钢、热区板材等的瓶颈工序能力，及相关地块发展进行专项发展规划梳理，取得阶段性成果。（张译中）

竞争力评估 7月，战略管理部围绕综合竞争力、单元成本、产品能力等方面，组织公司相关部门参与，编写《2013年宝钢股份竞争力评估》报告。（张译中）

推进海外产业布局 2014年，战略管理部牵头审慎推进海外钢铁基地布局项目。至年底，已有海外项目进入市场调查和技术经济性等可行性研究分析阶段。（张译中）

新一轮规划准备 2014年，战略管理部组织开展了新一轮规划前期准备工作，主要以课题形式开展，内容聚焦于公司三大转型、战略产品竞争力提升6个方面共10个课题。（张译中）

运营改善管理

运营改善部主要负责宝钢股份的组织机构、绩效评价、综合管理体系、全面风险管理、持续改进、信息化等管理业务，下设组织管理、运行管理、信息化管理3个职能块。（杨 栎）

支撑湛江钢铁体系能力建设 2014年，针对湛江钢铁建设、生产准备阶段的特点，全面推进湛江钢铁制度和内部控制建设，完善业务与经济授权管理机制，支撑组织优化和绩效管理工作，有序开展各项体系认证的准备工作。（杨 栎）

优化组织管理 （1）探索、建立分行业、团队化的大客户服务模式，快速响应和满足特定客户的一揽子需求，拓展服务增值空间，促进产品价值的提升。年内，宝钢股份先后成立了面向国内六大汽车集团和六大民族品牌按区域划分的四个汽车行业大客户服务团队，面向造船行业的大客户服务团队，以及面向家电行业的大客户服务团队。（2）整合宝钢股份热轧、厚板销售业务，以及相关产品的技术服务管理，成立热板与工程材料销售部，加强热轧与厚板产品的协同销售能力，提升内部信息共享及决策速度。（3）统筹策划和调整现货销售运行模式，进一步挖掘并提升现货价值。年内，先行试点将碳钢薄板现货销售从宝钢国际调整到营销中心，加强现货、期货资源的调整以及电子商务平台的运作，并加强现货的仓储和物流管控，提升现货的仓储配送效率。（4）完善组织绩效考评,推进重点工作项目管理,强化目标责任制。围绕“导向新一轮规划目标的实现”“促进湛江钢铁项目责任的落实”“强化日常绩效的沟通与辅导”和“提高绩效结果运用的有效性”等,系统策划、推进组织绩效管理,有效支撑宝钢股份规划及年度预算计划目标的实现。 (杨 彬)

健全风险防控机制建设 2014年,累计21个重大、重要风险(含2014年新识别的10个)。运营改善部通过风险趋势分析风险预警,建立风险防范措施,每季向公司管理层披露风险动态。重点风险监控机制常态化,提升管理效率,完善宝钢股份风险披露报告模式,定期披露风险监控信息。固化风险项目研究成果,建立相关测评标准,制定、发布《重点风险管理成熟度测评管理标准》并实施,并且从职责、流程、管理要求等方面,建立《税务风险管理办法》等相关制度,进一步提升管理效率。继续推进库存风险应急预案体系建设,基本搭建完成全流程的库存风险管控架构,围绕库存管理从在制品到实物、渠道库存,制定《在制品库存、产品实物库存和渠道库存系列管理办法》,同时形成《市场下行趋势下销售端库存紧急处置预案》等应急预案;针对原料库存,建立《原燃料库存管理制度》《原燃料物流配送应急预案》等6项预案,出台《存货管理办法》,将风险实物库存和财务库存管理相结合,形成全流程的库存风险监控体系。在此基础上,推进“财务管理日库存管控系统项目”,加强对库存结构与资金占用的监控和分析力度,提高资产的运营效率。 (杨 彬)

案例学习常态化 (1)策划宝钢股份案例学习事项。2014年,运营改善部按照全员参与的原则,采用部分集中和分散模式,提升各层级人员的风险意识,营造风险管理文化。围绕知识产权、环保、质量和信用等方面风险造成宝钢股份财务、声誉、运营受损的风险事件,开展2014年风险事件案例编制。(2)协同监察部门策划并组织开展“管理者风险管控及合规履职培训”。针对不同用户需求,自编教材,全年培训200人次。

(杨 彬)

完善内控管理制度 2014年,运营改善部按照“点面结合”的原则,整体策划“商承保贴案”风险警示案例自查事项。通过自查梳理,不断查找在授信、货权监控等方面的改善点,促进内控管理制度完善。为贯彻落实宝钢股份“一体两翼”发展战略,上海钢铁交易中心围绕探索符合互联网特征的钢材交易模式,对照“宝钢集团10条禁令”进行全面自查与分析,并制定相应的物流风险防范措施及安全交易业务管理办法。结合内外部优秀实践及风险案例,提出宝钢内控体系建设路径,把建设以风险管理为导向、支撑业务运营的内控制度体系,作为风险管理应对策略的载体和全面风险管理体系的核心内容。

(杨 彬)

强化基础管理 2014年,宝钢股份建立了“四个四”的基础管理推进模式。(1)在推进方式策划上,形成了“四个一”,即一个体系(落实责任)、一个竞赛(全员发动)、一次诊断(督导纠偏)、一套规范(行为规范)。在计划方案落实上,突出“四有”,即有问题、有目标、有举措、有评价。在协力区域推进上,强调“四同”,即同一体系、同一标准、同一要求、同一对待。通过四项载体(指唱确认、列队交接班、定置化、看板管理)的规范化、具体化落实,促进以标准化作业为重点的基础管理在生产现场的有效落地。(2)为规范管理者标准化作业巡视,实现“现场脚印踏遍、安全心中踏实”的目标,建立以“一人、一图、一责任者、一标准、一表”的“五个一”为主要元素的管理者标准化作业巡视制度。(3)为加强和规范现场作业区制度、队伍建设,建立“金牛级作业区”创建活动管理模式。 (杨 彬)

开展六西格玛精益运营改善活动 2014年,运营改善部策划实施“汽车板资源保障”“提高取向硅钢正品成材率”“降低焊机异常停机时间”3项六西格玛精益运营大Y项目。开展系统培训,全年共实施完成1期明星资格培训班(5人)、3期黑带资格培训班(85人)、2期绿带资格培训班(55人)。组织策划《2014年六西格玛精益运营选项指导书》,对现场质量改进、生产顺行、节能环保和降本增效提供了有力支撑。 (杨 彬)

推进信息化建设 (1)2014年,围绕如何利用云计算、大数据等网络与资源信息集成技术、嵌入式技术等全面提升生产、管理与制造的智能化程度,实现高效率与高灵活性,进而提升企业竞争力的目标;结合德国工业4.0发展思路与钢铁工业智慧化发展方向,开展宝钢股份智慧制造课题研究,提出“服务客户驱动的大规模定制、实现多制造基地的产销深度协同、引导预测式的智能分析决策、改良员工工作环境和工作方式”四个目的，期望实现“决策分析从数据仓库向大数据中心迁移、供应链从局部协同向全局优化转变、装备从自动化向智能化过渡”三大转变。(2)开展主要经营管理层信息系统迁入云中心、资源优化。结合宝钢股份总部业务发展、经营管理层系统覆盖湛江钢铁、部分系统向宝钢股份外单位覆盖等对系统资源需求，以及宝钢集团管控系统向云中心迁移等，对现有系统资源情况进行了综合评估，确定了标准财务、销售、物流管控等9个系统向云中心平台迁移，并整体优化与调整现有资源满足经营管理层其他相关业务系统的资源需求，解决面临的系统资源瓶颈问题，同时满足覆盖湛江钢铁的需求。（杨　栋）

投资管理

投资管理部是宝钢股份建设技改项目综合管理部门，负责从项目规划到后评价全过程管理。下设综合计划管理、工程项目管理、工程技术管理、工程经济管理4个职能业务块及工程项目管理系统(BPMS)核心工作组，主要职责包括建设技改规划、计划、统计管理；建设技改项目立项、设计、后评价及总投资管理；零固投资综合管理；征地、动拆迁工作管理；土地、房地产权属管理；总图管理等。

2014年，宝钢股份实际完成固定资产投资182.6亿元（含湛江钢铁），投资计划完成率为99.2%，基本建设项目累计完成130.4亿元、技改项目累计完成48.6亿元、零固累计完成3.6亿元。（唐　伟）

建成投运项目　1月，完成2030冷轧酸洗机组改造投运，具备生产100千克级超高强钢的能力；6月，完成2030冷轧C311电镀锌机组增加磷化功能改造投运，增加6万吨/年预磷化汽车外板生产能力；同月，完成电厂二号发电机组综合改造后并网发电；10月，完成厚板5米产线立辊轧机移位改造投运，实现5米轧机极限规格5毫米钢板的批量市场供货；11月5日，完成2050热轧粗轧综合改造投运；11月12日，完成四号高炉炉缸改造大修；11月15日，完成一号连铸机综合改造，热负荷试车一次成功，标志着宝钢形成板坯连铸技术全流程自主集成能力；11月17日，全天候产成品码头投产。（唐　伟）

在建项目　(1)2014年，炼铁厂一期至三期破碎、筛分系统整合改造：桩基进行施工，部分基础开挖。炼铁厂原料烧结矿直送系统改造：配套三号高炉系统改造部分已完成。炼铁厂一期焦炉大修改造工程：1A、1B炉烘炉条件准备；2A、2B蓄热室耐材砌筑；第一套四大车开始通电调试；1号—4号干熄焦炉内耐材砌筑，一次除尘、锅炉安装。(2)炼钢厂二炼钢铁水预处理综合改造：一号工位投运，二号和三号脱硫工位钢结构施工完成，开始设备安装。炼钢厂一炼钢板坯精整能力提升改造：点检楼拆除完成，1月老厂房内部D列辊道投运，其他区域基础施工。(3)冷轧厂2030区域新增单机架轧机：土建施工基本完成，开始设备安装；冷轧厂2030热镀锌机组改造：电气室内装修，锌锅区域基坑施工基本完成；炉子段钢结构安装，镀后冷却塔37米以下结构安装完，入口段设备安装完成。(4)宝日汽车板新建四号合金化热镀锌钢板生产线：厂房墙屋面瓦安装基本完成，入口段、清洗段设备安装完成，炉子段炉内耐材砌筑，精整跨行车安装完成。（唐　伟）

深化专项规划和专项计划管理　2014年，投资管理部完成宝钢股份总部电炉单元产品结构调整和成本挖潜、镀锡产品发展、汽车板制造瓶颈环节改善、硅钢产品结构调整等专题研究，确定调整方向，优化实施路线。同时还系统策划了宝钢股份直属厂部仓库自动化改造、原料区域大修规划、无缝钢管140机组技术改造等专项规划；编制完成《上海梅山钢铁股份有限公司热轧产线改造、原料系统改造以及节能环保专项规划》初稿；完善了专项规划管理机制，以专项规划为抓手，有效支撑六年规划实施。（唐　伟）

湛江钢铁基地建设　2014年，湛江钢铁围绕一号高炉系统大力推进施工进度，土建、钢结构制作和安装进入高峰期。面对两次超强台风和一次特大暴雨对建设工地的正面袭击，经受住了考验。湛江钢铁采取措施，组织超过1万名施工人员抢工期、抢节点，主体工程节点都达到挑战性总进度计划的要求，一号高炉实现本体49.5米结构封顶，第二座高炉开始打桩建设；一号发电机组并网发电；完成1550冷轧工程论证，其中酸洗子项目于8月开始打桩施工。（唐　伟）

践行投资控制新理念　2014年，投资管理部不断优化投资管控模式,完善投资管控方法。推进红线包干、分专业施工招标、拆除与资产回收合并招标等管理模式,转变管理观念,充分利用社会资源,形成优化投资合力。强化供应商管理,通过寻源和策划形成充分竞争,通过两地协同形成规模优势,降低采购成本。强化与战略供应商合作,结合公司未来发展规划,引导战略供应商早介入,不断优化实施方案,优化项目投资。

(唐　伟)

遵循环境经营理念　2014年,以“煤进仓、矿进棚”为标志的宝钢股份总部炼铁原料区域综合改造项目群全面启动。以源头治理、节约用地、物流顺畅、环境友好为原则,完成钢渣返生产加工项目、冶金尘泥渣含铁资源再生处置项目立项。宝钢股份总部厂界林带建设配套完善工程,通过增加林带高度、扩充林带密度、拓展林带宽度,形成更具绿化、隔离、滞尘、降噪和消味等功能的绿色生态线。梅钢公司重点开展一炼钢新增三次除尘系统、焦炉烧结高炉区域环保综合技术改造等29个环保项目推进工作,其中危废品仓库改造、固体废弃物填埋场、三加压噪音控制改造和脱硫渣原料区域粉尘治理等项目在青奥会前按期投运。　(唐　伟)

推进设计优化管理　2014年,投资管理部改进设计评价,发挥宝钢股份内部专业协同优势,推进重点设计方案管理,进一步加强设计案例交流,改进设计调研、设计结合和设计复查,推进设计文本、工程施工图精细化管理,促进设计质量持续提高。以《工程设计统一技术规定》为基础,推进经济型、节能型新材料、新技术和新产品应用,结合管理重点需求,研究和制定专项设计管理细则,不断充实工程设计规范。结合滩涂区域土地利用调整、厂区绿化集约化提升契机,组织开展宝钢股份总部总图规划调整,对模铸系统、废钢中心堆场和养鹿场等进行调整,充分利用厂区闲置场地,缩短废钢等物流运输距离,降低运营成本。　(唐　伟)

提高建设体系管理水平　2014年,投资管理部针对审计发现的问题,进行梳理分析,并结合项目后评价情况,建立动态的审计及后评估问题库,关注整改措施的落实。建立审计成果应用共享平台——“历史上的今天”,并在宝钢股份技改例会上进行分享,吸取他人经验教训,举一反三,不断提高项目管理水平。组织工程造价、审价机构参加宝钢股份造价审价工作研讨,从工程造价审价角度对项目设计、招标、施工和结算等阶段问题进行探讨,对审价过程中揭示的问题进行系统梳理,分类、分层开展培训,通过严格管理、完善流程,促进宝钢股份工程建设和造价审价工作规范、有序开展。　(唐　伟)

持续提升项目管理效率　2014年,投资管理部以深化项目在线管理为核心,不断完善和提升工程项目管理系统功能,进一步推进现有功能的应用。组织10次工程项目管理系统使用培训和业务交流,进一步推进工程项目管理系统功能在梅钢公司和湛江钢铁等子公司的推广应用,支撑各子公司利用系统规范项目管理的能力。　(唐　伟)

工程设备管理

工程设备部主要负责宝钢股份工程设备采购的集中采购供应及有关管理工作,包括相关的采购计划、价格、预算、供应商、业务流程和信息系统等管理业务及各分公司的工程设备采购业务,并在资源共享、提高效率的前提下为其他子公司代理工程设备的采购。此外,工程设备部还承担宝钢股份的项目翻译、现场翻译服务业务以及宝钢集团内其他成员单位的翻译服务业务。

2014年宝钢股份主要工程设备采购管理业绩表

名　称	国内设备	引进设备
签订合同数	4195个	74个
合同订购金额	93.03亿元	1.98亿美元
设备交货金额	52.91亿元	1.76亿美元
引进设备减免税金额	739.11万元	
审核重点节资额	308万元	

(苏文辉)

签订湛江钢铁项目合同金额74.28亿元 2014年，工程设备部以“践行阳光采购，提升采购价值”指导思想，致力于实现保障供应、降低成本、提升服务，全面推行充分竞争采购策略、最适配策略、集中采购策略、全生命周期成本最优策略、供应链延伸策略、购销联动策略、适时采购策略、绿色采购策略，年内签订湛江钢铁项目合同2008份、合同金额74.28亿元。（苏文辉）

推进工程设备采购精细化管理 2014年，工程设备部通过梳理公辅、三电等专业集中采购设备名录，与项目单位协同策划集中采购供应商分配方案，完成战略集中采购51项、配套件集中采购12项、打包集中采购15项。（苏文辉）

实现工程设备联动采购 2014年，工程设备部推进宝钢股份与湛江钢铁项目的采购联动，将湛江钢铁集中采购成果有选择、合规地运用在宝钢股份工程设备采购工作中，涉及起重机、水处理、空调、通风、电机、变频控制柜和变压器等20项专业设备。（苏文辉）

创新设备制造管控模式 2014年，工程设备部通过组建东北、华北、华东、西南、西北及广东6个设备监制区域工作组、4个专业化管理团队和1个专业技术支撑管理团队，对设备制造进度和质量实施区域化、专业化的监制管理，实时掌控制造厂最新生产动态，发现并协调处理各类制造问题，实现设备制造过程重点突出、横向到边、纵向到底的全方位管控。（苏文辉）

优化管理体系 2014年，工程设备部整合《工程设备采购管理办法》《工程设备招标管理细则》《竞价/审价采购管理细则》3个适应宝钢股份及湛江钢铁工程设备采购管理要求的部门级管理文件。同时制定《国内EP（设备成套总承包）设备合同管理细则》《工程设备配套件管理办法》《合同签约规范性管理标准》3个管理文件。以统一各类模板标准、充实功能考核内容为核心，修订了国内设备采购合同文本；根据业务发展需求，编制建立了设备维修维护合同、设备拆迁技术服务合同、加工配套件合同的标准模板。（苏文辉）

强化供应商管理 2014年，工程设备部以新项目、新技术、新工艺为核心，积极培育和发展新供应商，年内新引入供应商50家。通过对涉及特种设备产品辅码及相关资质的梳理，不断加强供应商特种设备资质的管控力度，明确了特种设备资质流程管控方案。（苏文辉）

完善信息系统 9月，宝钢项目管理系统（BPMS）设备采购过程资料电子化归档以及进口设备采购全流程在线审批功能上线，实现设备合同文档有效管控下的信息共享。（苏文辉）

工程管理

工程管理部（简称“工管部”）主要负责宝钢股份工程项目的施工、监理、甲控乙供材料供应商管理，宝钢股份工程项目竣工验收专项管理，宝钢股份直属厂部工程项目的综合协调管理，直属厂部工程项目标准化施工管理，直属厂部工程项目施工技术管理、技术标准管理及项目管理实施规划、重大施工方案审批，直属厂部工程项目工程质量管理和工程建设监理管理，直属厂部工程项目施工准备工作，直属厂部工程项目实物交接、交工验收；组织向政府有关部门办理施工许可。（钱东静）

项目实施情况 2014年，共完成开工171项，实物交接157项、交工验收152项。重点项目正常推进：四号高炉炉缸改造大修项目，11月17日投运；一期焦炉大修项目，土建施工完成，设备安装；冷轧厂2030单元热镀锌机组改造，土建施工完成，设备安装；宝日汽车板新建四号合金化热镀锌钢板生产线工程，土建施工完成，设备全面安装；烧结节能环保配套原料场改造，12月投运；二炼钢铁水预处理改造工程，设备安装完成，系统调试；一炼钢大型行车更新改造，二号450吨行车通过上海市特检所验收，一号和二号440吨行车完成拆除；一号连铸机改造工程，11月投运；冷轧2030单元新增单机架工程，土建施工完成，设备安装，开始调试；2050热轧粗轧区综合改造，12月投运；三烧结大修改造工程，拆除施工完成；电厂一号、二号机组综合改造，6月3日二号机组一次并网成功；宝钢股份全天候产成品码头工程，11月开港。（钱东静）

安全标化管理 2014年，安全标准化工地建设评比达标率100%，优秀率89.2%。继续加强重大危险源管控；深化高危作业安全日管控工作推进，在日常管控力度、针对性和全面性方面都有了实质性提高，达到常态化管理要求；各厂部区域重视和加强区域安全责任落实、明确专人、充实力量，项目过程安全监管得到强化，节假日合署三方监管到位，安全问题整改和考核严格到位；为规范施工安全管理，践行“安全第一、违章为零、事故为零”的理念，进一步把安全压力传递到施工承包商和监理单位，从而形成全方位的安全高压态势。（钱东静）

工程技术管理 2014年，工管部制订与完善《湛江工程技术质量管理支撑方案（2014）》。进一步践行投资控制新理念，全面降低项目投资成本。在一期焦炉大修项目中，开展旧钢管桩利旧方案验证工作，确定利旧方案，共利用旧钢管桩1600余根，在满足桩基承载力与耐久性要求的同时，切实降低了工程投资。在三烧结大修项目拆除标段中，成功采取“拆除+处置”的合同模式，创收6300万效益。推进设计优化管理，针对原料筒仓属高耸构筑物、水平位移变形敏感的特点，提出大直径桩的设计优化思路，通过试验验证，方案可行，有效降低了投资。一炼钢板坯精整能力提升改造项目，提出减少截桩的优化方案，共减去桩长300余米，在减少项目投资的同时，有效提高了工效。（钱东静）

工程质量管理 夯实基础，持续提升建设体系能力。2014年，启动质量联检工作，由工管部牵头，会同监理单位、宝钢技术，每月对在建项目的实体质量情况进行检查，提出整改建议，进而推进建设质量管理体系能力。（钱东静）

工程交竣工管理 2014年，交工验收完成152项，其中按期完成144项，交工验收及时率为94.7%。为提高交工资料的及时性、准确性，工管部组织开展对交工验收项目软件资料的检查和推进工作，促进了工程项目交工验收工作。竣工验收完成项目187项，其中按期完成158项，竣工验收准点率为92.9%。（钱东静）

工程施工资源管理 2014年，工管部为全面、动态反馈各施工承包商在宝钢工程的履约管理，进一步拓展专业评价，力求更加客观、准确地反映施工方在现场的综合表现；及时总结分析管理中的质量、技术、进度以及新技术案例，开展专题交流，提升宝钢股份总部施工管理水平。持续关注分包及人员合规使用，逐步构建分包施工资源稳定、优质新格局。审核发布2014年度分包名录，按“工程外协，管理不外协”原则，对施工分包行为严格审核和确认，强化施工总包单位的分包管控责任。（钱东静）

工程监理管理 2014年，签订监理合同165项，监理合同签约价为2557万元。修订监理合同条款，加强对监理单位的业绩考核，将监理单位的业绩考核与监理合同款挂钩。强化安全监理工作日常督查，组织开展专项施工方案的编制及执行管理检查。（钱东静）

工程报建管理 2014年，工管部积极推进上海市公开招标项目施工许可证办理工作，与上海市建设委员会、上海市交通委员会等部门密切沟通，按计划办理宝日汽车板新建四号合金化热镀锌钢板生产线、2050精整热处理线、原料码头二号泊位加固、马迹山港卸船码头加固改造等5个项目的施工许可证。（钱东静）

安全管理

2014年，宝钢股份坚持以提升安全管理体系能力为主题，以转变、落实安全管理理念和管理方式为主线，按照源头治理，防治结合的原则，积极建设安全文化，努力构建全员参与安全管理的工作机制和氛围，全面落实“一岗双责”，扎实推进“协力年”“培训年”各项举措，加大安全投入和安全本质化建设，持续打造安全健康的工作环境，不断探索创新工作方式方法，巩固安全基础管理。（李爱卿）

推进安全可视化工作 2014年，宝钢股份以形象直观、色彩适宜的各种视觉感知信息来实现安全与风险的可视化管理，系统开展安全可视化工作。制订形成《宝钢股份安全可视化管理工作方案》和分层推进的工作机制，明确了公共区域、现场区域的可视化总体要求，在试点基础上，形成《宝钢股份安全可视化规范（试行）》，并在冶炼、轧钢区域同步推广。（李爱卿）

引导员工开展安全自主管理 2014年，宝钢股份从避免不安全行为、消除不安全状态、完善管理和作业标准等方面，引导员工积极开展安全自主管理活动，通过辅导和激励等方式，持续推进安全自主管理及安全合理化建议活动深入有效开展，全年评选出14项优秀安全自主管理课题、10项优秀安全合理化建议。（李爱卿）

践行安全管理理念 2014年，宝钢股份以“强化红线意识，促进安全发展”为主题，开展“安全月”系列活动。组织开展公司总经理、厂部长、分厂长、作业长、一线员工安全访谈活动，围绕现场安全重点，推进应急预案实战演练，发动员工开展岗位隐患排查治理，组织开展事故“回头看”，强化安全防范措施，提升应急处理能力。组织基层班组参加全国职业病防治知识竞赛活动，共8732人通过网上答题及答题卡形式参加竞赛，提高了全体员工职业安全健康意识与防护能力。（李爱卿）

降低作业环境安全风险 2014年，宝钢股份在安全整治上加大费用投入，在管理流程上将危险源管控实绩作为安全措施项目的立项依据，把危险源风险降级程度作为安措项目后评估的主要内容，强化了安全措施项目的过程推进力度，通过安全措施项目的实施，真正起到了降低现场安全风险、规范危险源管控的作用。全年共实施安全措施项目63项，安全措施项目实施率100%。（李爱卿）

消除作业风险 2014年，宝钢股份加大在重体力、高负荷、高风险、高污染区域进行自动化升级技术改造的力度，消除人机结合作业风险，通过“科技兴安”体现“人本关怀”。全年实施相关项目39个，完工4个，主要聚焦于提升机组自动化水平、操作室（台）集中整合、机组运行集中监控、包装自动化、增设捞渣机器人、库区及行车自动化等方面。冷轧厂C708热镀锌机组增设捞渣机器人，进行自动化捞渣作业，有效避免了高温环境下人工清渣作业的安全隐患。（李爱卿）

细化安全生产责任制 2014年，宝钢股份结合安全形势和各业务职能条线的特点，细化、明确各级管理者的安全职责，修订完善公司《安全生产责任制》。组织全体员工结合岗位危险源开展“三不伤害”安全承诺活动，强化安全意识，谨记岗位安全责任。组织各单位层层分解安全目标，积极推进落实各级管理者签订安全目标责任书。同时，优化完善安全绩效评价方案，建立由安全绩效指标、过程控制指标、优秀典型案例等组成的综合评价体系，采取季度评价、年度综合评价相结合的方式进行综合评价，落实各级管理者的区域安全管理责任，引导各级管理者从主动性、及时性和有效性等方面关注安全管理，提升安全策划能力、掌控能力和改进能力。（李爱卿）

落实管理者安全责任 2014年，宝钢股份修订《安全生产事故问责管理标准》，强化对各级管理者的安全问责，并积极推进各单位在公司制度的基础上进行层层细化分解。严格执行事故调查、问责程序，认真落实对事故的原因调查、分析，重点关注事故整改措施的针对性、有效性和闭环验证工作。（李爱卿）

探讨安全管理对策 2014年，宝钢股份组织分厂层管理者开展安全专题研修，深入开展安全典型案例和常见违章分析，沟通研究现场安全管理的困惑。在共同学习交流中促进基层管理者对安全管理实务的深入掌握，不断提升安全管理能力。（李爱卿）

组织实施安全专项培训 2014年，宝钢股份编制《2014年安全专项培训方案》，同步将协力各级管理者纳入培训范畴。针对厂部长、作业长、安全管理人员三个层面对象的特点，从岗位职责、安全实务、案例分析、工具与方法等方面，系统策划组织安全集中培训，培训内容共设立31项课程，分8期完成，参加培训2587人（其中协力单位786人）。（李爱卿）

推进协力“四同”管理 2014年，宝钢股份重点推进协力安全管理“同体系、同标准、同要求、同对待”的管理要求，各业务归口部门和各区域单位细化、完善相应的管理制度与标准，各厂部将区域内协力单位纳入区域管理同步推进。各业务归口部门对协力供应商开展第二方审核，提升协力供应商安全体系的完善能力，促进协力队伍的安全管理体系与宝钢股份安全体系同步。（李爱卿）

控制协力管理安全风险 2014年，宝钢股份对协力业务管理现状进行评估梳理，对协力供应商承接业务的能力与资质进行评估，理清作业项目的总包、分包、劳务关系，并将管理职责细化明确到厂部、分厂、作业长及业务责任人。从合同承接和人员准入等方面加强管控，落实协力人员入厂前的培训考核，严格实施考教分离，严把协力供应商资质审核入门关与人员的入场关。（李爱卿）

科技管理

2014年，宝钢股份发布知识产权奖励管理新标准，调整专利奖励标准，新增国际专利授权奖，加大新产品、突破技术形成的发明专利及核心技术秘密的奖励力度。

年内,宝钢股份研发一批新产品。(1)新一代特殊螺纹接头产品通过国际知名机构加拿大CFER公司的评估,成为国内第一个油管特殊扣通过国际第三方ISO 13679 Cal IV级试验的厂家。(2)超高强高韧性套管实现小批量试制,在中原油田下井成功,实现在高应力复杂地质条件下的首次工程应用。(3)公司科研大项目——“全厂废水综合利用及深度处理技术开发”顺利完成;浓稀分开理念设计和电氧化气浮工艺、电吸附工艺、磁混凝处理含锌废水等研究成果直接应用于2030冷轧和1800冷轧公辅改造工程中;人工湿地生态处理技术研究结果显示化学需氧量的去除率为30%,为宝钢滩涂建设人工湿地工程起到了技术支撑作用。

年内,宝钢股份一些科研项目获得殊荣。“低温高磁感取向硅钢制造技术的开发与产业化”科技成果获2013年度国家科技进步奖一等奖;“冷轧热镀铝锌机组核心工艺与成套装备研究开发”获冶金科技进步奖一等奖,2项成果获冶金科技进步奖二等奖,2项成果获冶金科技进步奖三等奖;“高等级无取向硅钢制造技术的开发与产业化”获2013年度上海市科技进步奖一等奖,“X80大口径直缝埋弧焊管用钢板及焊管的研制”“高强度高韧性热连轧系列产品及其配套焊接材料的开发”“热轧高品质卷取控制技术”“厚板轧机机架辊维护综合技术”4项成果获2013年度上海市科技进步奖二等奖。

(瞿雪元)

召开技术创新推进会 2月17日,宝钢股份召开技术创新推进会,提出要坚持以市场为导向,瞄准技术领先,用智慧创造价值,为建成具有差异化竞争优势的企业,早日实现“成为钢铁技术领先者”的愿景目标而不懈努力。会上表彰了10个2013年度宝钢股份“优秀技术团队”,14位“科技明星”和6位“科技新星”。 (瞿雪元)

专利检索系统上线 9月1日,宝钢股份专利检索系统上线,标志着科研项目全流程专利检索管理机制的建成,使科技管理系统成为适应全过程知识产权策划、布局的专利风险防范服务平台。 (瞿雪元)

实现锰钢工业试制 2014年,宝钢股份新一代先进高强钢——QP(高强钢直接淬火技术)钢家族形成系列化,部分产品实现小批量供货;两种成分体系中,锰钢成功试制,实物性能达到设计目标,宝钢成为国际上首家实现锰钢工业试制的企业。 (瞿雪元)

取向硅钢研发取得突破 2014年,宝钢股份取向硅钢在薄规格、低铁损研发上取得突破,0.20毫米70片成功制造一级能效配电变压器;经过3年实验室研究和多轮大生产试制,全球首发产品0.18毫米65片大生产试制成功;“双百万”(电压等级100万伏、容量100万千伏安)特高压变压器用高磁感取向硅钢实现批量稳定供货,高等级牌号比例同比提升10%;B35AP200无取向硅钢实现全球首发。 (瞿雪元)

超高强结构钢、耐磨钢和防弹钢批量稳定生产 2014年,宝钢股份工程结构用钢领域通过成分优化、组织调控等技术手段,实现超高强结构钢、耐磨钢和防弹钢3大类、12个钢种全系列产品的批量稳定生产,产品板形质量达到世界先进水平,在国内率先形成薄规格热连轧超高强钢的制造能力,继续保持宝钢股份热轧高强钢在行业内的引领地位。 (瞿雪元)

纳米自洁无铬原色板通过冲压试验 2014年,宝钢股份纳米自洁无铬原色板通过高端钢结构厂以及家电用户的冲压试验,在建筑与家电两个领域实现小批量应用,提前3年达到欧盟环保(无铬化)要求。 (瞿雪元)

完成压力容器用热处理钢板首轮工业试制 2014年,宝钢股份完成压力容器用热处理钢板的首轮工业试制,产品性能合格率100%,用户使用结果良好。 (瞿雪元)

签订科研合作协议 (1)12月3日,宝钢股份与上海大学签订新一轮科研合作协议。新一轮科研合作围绕宝钢科技发展需求,依托上海大学在冶金凝固及控制技术、高品质钢和汽车用钢等学科领域所具有的研发优势,在整体技术能力提升、现场重大问题解决等多个维度支撑宝钢核心产品及关键技术的持续领先。(2)12月17日,宝钢股份与中南大学签订新一轮科研合作协议。宝钢股份依托中南大学的研发优势,在汽车用铝合金材料、烧结和球团工艺、环境保护与治理等技术领域开展合作。 (瞿雪元)

聘任新一轮“宝钢教授” 2014年,宝钢股份完成新一轮“宝钢教授”聘任工作。聘请东北大学王国栋院士、美国科罗拉多矿业学院

Speer教授等7位国内外著名专家为“宝钢教授”。（瞿雪元）

评选第五届宝钢“专利创意奖” 2014年，科技发展部组织开展第五届宝钢“专利创意奖”评选活动。评选活动以“突出创意、构思巧妙”为主旨，除评选“金奖”“优秀奖”外还设立“最佳构思奖”。中央研究院申报的“一种高耐蚀高强度耐候钢及其制造方法”等3件专利获“金奖”；硅钢部申报的“带钢表面激光热加工系统稳定防干扰装置”等5件专利获“最佳构思奖”；厚板部申报的“一种无衬板扁头套修复方法”等7件专利获“优秀奖”。（瞿雪元）

采购管理

2014年，宝钢股份生产原燃料采购和资材备件采购分别由原料采购中心和资材备件采购部负责管理。（施　志）

原料采购实绩 2014年，原料采购中心供应宝钢集团原燃料6055.7万吨，组织完成远洋运输量3962万吨；完成煤炭和副料配送量分别为1180万吨和328万吨；马迹山港实现吞吐量6031.5万吨。实业公司废钢供应267.65万吨；实现废钢供应无责任响爆84.54万炉，各项人身、交通、设备、安全生产事故为零。（沈培力）

快速应对生产变化 2014年，为确保供应安全，原料采购中心及时掌握生产运行状况，优化合同资源，快速响应现场需求，通过强化配送的精细化管理、与相关单位的紧密协同，优化采购物流组织，在控制物流成本的同时确保了供应安全。（沈培力）

降成本12.9亿元 年初，原料采购中心确定27个成本改善项目，分五大板块，即新资源开发（品种替代）、市场化运作、业务拓展、新工具应用、优化物流运作。年初设定降成本目标为4.65亿元，中期调整后的年度目标为5.88亿元。2014年，实现降成本12.9亿元，完成年度目标的278.1%，完成中期调整目标的219.9%。（沈培力）

做好湛江钢铁资源保障工作 2014年，原料采购中心把湛江钢铁的生产准备工作作为年度推进的一项重点工作。按照项目化的运作方式，成立原料采购中心湛江资源保障工作团队，每月进行跟踪推进。原料采购中心各部按照公司总体部署有序开展工作，首先全程介入建设施工阶段对料场、码头、仓储、配送各环节的情况跟踪，同时推进资源考察调研、资源落实、方案制订、业务流程、管理界面和系统开发等工作。针对业务流程梳理，确定了湛江钢铁的原料采购模式和结算方式，确定了湛江钢铁富余球团矿、焦炭产品的销售模式，明确湛江钢铁铁路进厂和公路进厂的原料入厂管理流程。（沈培力）

完善市场分析机制 2014年，原料采购中心继续完善市场分析机制，做好各类分析平台的信息共享工作。坚持与销售部门、宝钢经济管理研究院等单位定期交流，坚持与国内外重要的咨询机构开展交流，坚持参加有影响力的国内外钢铁原料大会，在一系列的交流中甄别重要信息，增强对市场反应的敏感性、市场走势把握的准确性，提高各层面驾驭市场的能力。通过对敏感性指标的梳理，完善分析逻辑模型及数据库的建立工作。利用营销情报平台开发并共享钢铁、原料等信息，发挥钢铁链信息的协同价值，为经营决策提供科学支撑。（沈培力）

增加供应商票据支付比例 2014年，原料采购中心为缓解宝钢股份现金支付的压力，增加公司现金流，反复与供应商沟通、协商，一方面延长付款周期；另一方面改变付款结构，增加票据支付比例。每月通过预案审定会确定各部票据支付计划，并对执行情况进行跟踪评估，使原料采购中心员工逐步树立起票据支付的常态化推进意识，并贯穿到价格谈判合同签订的流程中。全年原料采购中心对外人民币支付银票和商票共计116.73亿元，占原料采购中心人民币总支付货款的35.68%（若剔除必须支付现金的异地保证金、本地税金及抹账外，银票加商票的支付比例为42%）。（沈培力）

开展采购业务流程及岗位梳理 2014年，原料采购中心进一步开展流程及岗位梳理工作，提出岗位优化配置方案，并在此基础上修订采购业务作业指导书、岗位说明书，出台员工三年提升行动计划。在梳理的过程中使用风险辨识分析预警工具（FMEA），对每个岗位进行岗位制度流程、风险管控的梳理和评估，并结合岗位敏感度，开展自查自纠，制定《采购廉洁风险典型风险目录》，规范业务人员行为。为应对经营风险，采购中心强化市场敏感性指标分析，建立预警机

制,通过采购预案进行日常管控。(沈培力)

原料采购中心下设机构调整 4月1日,原料采购中心调整下设机构。(1)原料二部的采购管理室调整至原料一部。(2)原料一部的副原料室调整至原料二部。(3)原料一部的综合管理室更名为“采购经营室”,负责原料采购供应规划、计划预算、预案管理,市场分析与研判,金融衍生工具运作研究与推进等,并承担原料采购中心的行政及党群组织的日常工作。采购管理室负责原料采购供应体系建设、风险管理推进、信息化管理及供应商、合同的归口管理职责。(沈培力)

资材备件采购 2014年资材备件采购的工作方针是:深化阳光采购,推进全面公开;提升体系能力,巩固降本成效;焕发创业激情,拓展异地供应。全年资材备件累计到货120.69亿元,实现全口径降低成本3.87亿元,全口径降成本幅度3.21%,其中公开采购金额45.79亿元,占年度采购资金的37.6%,公开采购降成本金额2.21亿元,公开采购降成本比例5.25%。(方 锴)

采购多元协同 2014年,资材备件采购部分别与现场用户、宝钢集团范围内采购部门及宝钢战略用户开展协同。其中,与宝钢股份硅钢部、冷轧厂和钢管事业部开展产供研协同降成本项目7个,累计实现协同降成本2.24亿元;宝钢集团范围内在固化2013年度6000万元年化项目效益的基础上,2014年新增协同项目效益440万元;开通“家电直通车”,减少中间不增值环节,实现协同效益最大化。(方 锴)

湛江钢铁供应模式 2014年,资材备件采购部理顺组织架构和运行机制,形成“一平台(一个信息系统平台),三统一(统一管理制度、统一供应商体系、统一物料代码),五共享(人力资源共享、供应商队伍共享、可供资源共享、采购方案共享、库存信息共享)”的管理原则;先后向湛江钢铁外派员工22人,形成沪湛两地紧密配合的工作格局。(方 锴)

推进公开采购 2014年,资材备件采购部在制定年度采购策略时,突出公开采购和采购信息公开的前期策划;形成“物料梳理、分类打包、寻源策划、配套保障”四位一体的公开采购模式;生产型、标准型和非标型三类物料采购公开比例累计分别为32%、60%和33%,信息公开比例分别为81%、90%和45%;实现公开采购降成本2.21亿元。在全面完成年度目标的基础上,实现了提升基础管理、优化供应渠道、助推成本改善、促进透明规范的目标,形成公开采购优秀实践案例42个。(方 锴)

供应商管理优化 2014年,资材备件采购部采取“走出去、请进来”的方式,主动学习借鉴国际先进企业经验,以汽车厂为标杆,形成供应商和物料认证8步法(寻源、初步评估、现场评估、供应商选定、物料认证策划、生产能力评定、试用物料确认、物料批准),以及过程控制和绩效评价6步法(初期质量控制、供应商现场监控、进货控制、使用跟踪、绩效评估、持续改进),开展6家供应商现场审核演练,培养供货商管理工程师队伍。(方 锴)

采购信息化建设 2014年,资材备件采购部推进“条形码”“二维码”等电子标签技术在物料流转环节的应用,实现了条形码在工业品超市物料验收配送环节的应用,功能覆盖沪湛两地;根据“总部+属地”的采购供应模式,进行信息化系统的适应性改造,支持沪湛两地业务平稳顺行。(方 锴)

营销管理

2014年,宝钢股份碳钢产品销售2265万吨,其中出口234万吨、独有领先产品1288万吨。冷轧汽车板实现市场占有率50%,销售收入1207亿元,毛利90亿元,合同履约100%,货款回笼100%,库存受控,客户满意度91分。绿色产品销售量为724.88万吨,同比增长11.01%。(李 洁)

体系能力建设 (1)2014年,宝钢股份依据“统一管理与策划、总体部署、按业务分别执行”的原则,优化组织与业务管理职能,为提升销售体系能力提供制度保障。将原来各自独立的汽车板销售部、薄板销售部、厚板销售部、客户与产品服务部及营销管理部合并成立营销中心,系统设计与梳理了营销各项管理职责、流程与协调能力。在厚板销售部与重大工程材料销售部合并的基础上,进一步整合热轧产品的销售,成立热板销售部,实现了销售人力资源的优化与整合,客户端界面进一步清晰简化。(2)对现货销售部的业务职能进行调整,全新设计现货销售流程

6月19日，宝钢股份营销中心员工与国内外汽车零部件厂商进行业务洽谈（钟　兴　摄）

（包括现货管理、资源管理、价格管理、网上交易、物流管理支付管理及客服管理等）。（3）完成文件修订111份，其中新增管理制度15份。（李　洁）

产品结构优化　（1）汽车板产品销售。2014年，实现冷轧汽车板销售量572万吨，继续保持市场占有率50%的战略目标。冷轧汽车板销售团队强化协同，重点把握年度协议洽谈，进行锁定供货数量或份额管理。针对不同客户群，实施对用户动态的一对一跟踪，重点围绕销量、份额和满意度策划相应的营销服务方案，在稳定占有率的同时提升产品销量。强势推进超高强钢进口替代和国产化推荐工作，实现超高强钢稳定、大批量和持续生产及销售，使之成为公司汽车板领域盈利高、成长快的重点产品。（2）电工钢产品销售。冷轧板销售部通过市场分析，科学制定销售策略，全年累计销售36.7万吨，完成500千伏及以上变压器供货594台。（3）家电用钢产品销售。年内，对海尔集团的价值营销工作取得明显进展。通过与海尔集团打造“合作平台化、平台价值化、价值模块化”的合作机制，做好价值发现、价值评估和价值匹配工作。全年对海尔集团的销量为20万吨，占有率为30%左右。（4）薄板产品销售。全年10个品种薄板产品，共销售890万吨，实现月月产销平衡。（5）厚板产品销售。按照“稳产能、降现货、调结构、走出去”的经营方针，逐步提升整体营销能力。（李　洁）

开展现货寻源销售　2014年，营销中心直接开展余材寻源销售，并通过给予补偿和激励的方式鼓励地区公司和加工中心开展寻源销售工作，全年累计寻源销售12.79万吨，效益增值1.6亿元。（李　洁）

湛江钢铁产品模拟经营　2014年，营销中心围绕湛江钢铁投产准备，开展模拟经营工作，策划输出了湛江钢铁产品结构优化调整、模拟销售计划、产品/产线认证计划、产成品码头装运、厂内仓储和物流能力建设、产销管理模式、渠道供应链配套加工配送能力建设等一系列建议方案。（李　洁）

产销研协同产品开发　（1）2014年，宝钢股份汽车板产品结构继续优化，销售超高强钢汽车板17.4万吨，比上年增长102%；销售酸洗汽车板106.4万吨，比上年增长11.4%。产销协同能力明显提升，全年互供料162万吨。（2）冷轧产销研推进组完成总盈利9.27亿元，完成年度目标的156%，比上年增加9.3%。（3）销售热轧汽车用钢47.8万吨，比上年增长23%。针对客车行业，解决了焊接、折弯方面的问题；全年实现供货2.4万余吨，比上年增加1倍。（4）销售硅钢35.97万吨，比上年增长38%；激光刻痕产品产量3.5万吨，比上年增加36%；宝钢股份作为材料供应商，成功协同特变电工沈阳变压器集团有限公司中标皖电东送1000千伏单相油浸无励磁自耦变压器，开拓了宝钢股份与用户合作投标的营销模式。（5）镀锡材产品成本改善明显，1420冷轧产线变动加工成本下降了44元/吨。镀锡（铬）材月均产量1.56万吨，比上年增长15%。镀锡产销研团队通过对用户需求的解析和对镀锡现场生产工艺的摸索和优化，具备二次冷轧控铅K板（水果罐头用高耐蚀性镀锡板）批量生产的能力。（6）厚板成功中标海洋石油工程股份有限公司（青岛）公司亚马尔项目全部12万吨厚板订单，成为亚马尔项目厚板唯一供应商，填补宝钢产品在北极圈供货实绩的空白。(7)高等级管线管产销研团队与相关物流服务商和科研院所,共同研究开发大口径直缝焊管(UOE)新型装载方案,可直接为用户节约铁路运费、代理费33.3%,获得用户的好评。完成向加拿大COMCO公司供应2000吨UOE定尺交货钢管合同,这是第一单真正意义上的定尺管合同。(8)汽车用条钢产品销售量31.75万吨,比上年增长22.0%。 (李 洁)

一体化协同 (1)2014年,营销中心对占市场份额50%的汽车板销售,进行总体资源安排,兼顾厚板、钢管及薄板产品的综合效益最大化,策划具体实施方案。(2)板管联动方面充分发挥体系协同作用,营销中心与钢管条钢事业部建立起月度信息沟通制度,统一协调互相补充,确保了公司铁水平衡。(3)由于部分产品产能不能满足市场的要求,以致出现产销不匹配现象。营销中心及时制订改进方案,动态跟踪,实时调整瓶颈工序生产组织,最终实现年度产销平衡。(4)通过对供求关系、上游原材料价格趋势、库存变化等大量数据分析,准确研判,制定灵活的价格策略。 (李 洁)

重大工程供料 2014年,营销中心向重大工程供料50.60万吨,完成年度计划的137.9%。工程项目按照"储备一批、跟踪一批、执行一批"的分类管理模式,实施项目动态管理,将产品销售和工程项目销售有机地结合起来。在市场拓展方面,一方面通过加强与业主、设计及建设单位的沟通,准确把握业主需求;另一方面通过发挥集团内资源互补和整体供料优势,形成多种供料模式。 (李 洁)

用户服务 (1)2014年,营销中心按区域组建由销售、制造、生产组成的一体化服务团队,为快速满足客户需求提供体系保障。(2)有针对性地开展各类技术服务培训,并推行售后服务资质认证,以规范技术服务人员行为,提升技术服务人员能力。(3)完善用户需求识别管理,建立专业团队,探索可复制、可推广的用户需求识别和验证方法。(4)深化汽车板先期介入技术服务,探索形成非汽车板钢铁材料应用整体解决方案新模式。 (李 洁)

客户价值策划 (1)重新定义大客户。2014年,宝钢股份在汽车、家电、造船、输配电、包装、石油加工等行业中遴选出47家海内外客户作为公司大客户,进行重点管理。(2)分层次推进大客户总监(经理)制。首先向汽车、家电、造船、输配电行业的24家海内外大客户集团推行大客户总监制,向其余的23家大客户集团推行大客户经理制。先后任命6位专职大客户总监,19位兼职大客户经理。(3)组建大客户服务团队。成立29个大客户服务团队,其中大客户总监服务团队6个,大客户经理服务团队23个。(4)制订《2014年度大客户总监(经理)绩效评价方案》,并首次在公司内开展大客户总监(经理)的绩效评价。 (李 洁)

信息化建设 (1)2014年,营销中心实施"营销电子商务平台功能扩展""一体化销售系统订单及技术评审功能升级""物流管控系统优化完善及功能拓展""大客户管理的信息化支撑"等信息化及电子商务项目建设,陆续推出"宝钢在线(移动版)""钢铁侠""大客户仪表盘"等面向客户及营销服务人员的电子移动应用平台。(2)搭建面向管理者的营销运营实态监控平台,实现客户动态及服务资源配置、公司内部协同、营销部门绩效、重点营销活动跟踪与评估等全方位可视化管理。 (李 洁)

产品品牌建设 2014年,营销中心提出以"创享改变生活"的产品品牌主题,通过汽车板、电工钢、镀锡板、彩涂板、家电板为代表的产品品牌策划与宣传,对外建立消费者对宝钢产品与现代城市生活的联想,摆脱钢铁产品陈旧、传统、僵化的偏见;对内建立起现场全体员工对产品的热爱与激情,激发追求客户价值最大化的内在动力与自我要求。 (李 洁)

人才培养 2014年,营销中心实施各类培训项目共计155项,培训1540人次,总计16717学时。其中,重点策划实施管理人员中欧"关键客户管理""技术服务人员认证""先期介入团队负责人项目管理"等培训项目;选送部分骨干参加"定价战略""博弈论与策略行为""新媒体渠道下的客户管理"等专业课程,拓宽专业视野,提升专业能力;策划实施"营销中心与宝钢国际联合销售机制""营销中心与宝钢国际业务骨干互动培养方案",通过与宝钢国际地区公司联合销售、后备骨干到地区公司实岗锻炼等方式,开辟营销人才培养

的新渠道。（李 洁）

人力资源管理

2014年，人力资源工作按战略规划要求，从顶层设计入手，围绕"员工与企业共同发展"这一愿景目标，从支撑湛江钢铁建设、劳动效率、薪酬激励、员工培养、干部活力和协力专业化等方面不断优化机制、持续推进。（霍兆光）

做好湛江钢铁人力资源支撑工作 2014年，人力资源部根据各工程建设进度及支撑岗位配置需求，制定《2014年湛江钢铁人力资源配置计划表》《湛江钢铁人力资源工作计划倒计时节点图》，并形成《湛江钢铁支撑人员人力资源管理补充规定》，选派的支撑人员864名全部落实到位。同时，有序开展近3000名湛江钢铁在沪员工的培训工作，成立湛江钢铁员工培训工作组，总体协调培训事宜，编制《湛江钢铁员工培训手册》和《湛江钢铁员工培训指导手册》，帮助湛江员工了解培训要求及内容，规范培训流程及方法。（霍兆光）

破解人员退出难题 2014年，人力资源部按照规划期年度分解目标和实施方案，围绕岗位梳理、技术改造、组织机构优化三个方面，通过支撑湛江钢铁、补充新项目和回归协力业务、强化人员退出政策和途径设计，破解人员退出难题。全年实现劳动效率提升6.8%，立项实施39项改造项目，将宝钢股份总部机关的47个室整合为30个业务职能，并推进人力资源储备中心实体化运作，完善相关运作机制和相关配套管理制度。（霍兆光）

完善薪酬激励约束机制 2014年，人力资源部强化薪酬分配效率效益导向作用，持续优化工资总额预算管理机制，严格执行"减员不减奖"政策，让广大员工分享劳动效率提升成果；按照"效益增、奖金增；效益降、奖金不增；经营亏损、奖金下降"的原则，加大奖金增量与利润贡献的挂钩力度。同时，进一步完善公司中长期激励约束机制，借鉴市场成功的实践经验，研究建立并顺利实施限制性股票计划和资产管理计划，实现对公司核心管理技术骨干和关键岗位员工长期激励与约束，促进公司综合竞争力稳步提升。（霍兆光）

分层分类开展人才培养 2014年，人力资源部聚焦生产经营中的热点、难点及前瞻性问题，采用"高管授课、行动学习、案例研讨、轮岗锻炼、师徒带教"等方式，针对不同类型的人员实施分层分类、差异化的培养，持续开展"经营者研修""主题实战演练""'金苹果'团队研修""全流程工程师培养""技能大师训练营""技能健身计划"等一批经过实践检验的精品培训项目。同时，聚焦具体行动举措，制定推出以"1个总目标、4个分目标、14项量化指标、25项具体工作"为主要内容的《员工与企业共同发展三年行动计划》，从而将愿景转化

5月9日，宝钢股份运输部"孔利明创新小组"在进行技术探讨（陆非然 摄）

为具体的阶段性目标和可实现的路径。（霍兆光）

创新选人用人机制 2014年，人力资源部推进“干部能上能下”，全方位、多维度对180名直管干部进行绩效评价，按照“活力曲线”强制分布，重点识别出前20%干部和后10%干部，36人被评为优秀，15人被评为改进，另对12人进行提示谈话；深入推进任期目标制，完成试点单位黄石公司任期评价，并在梅钢公司等6家已签约单位的基础上，结合各单位业务属性、规划目标、班子配置以及签约意愿等情况，对具备条件的炼铁厂等10家单位实施任期制；强化后备梯队建设，认定直管干部后备及高潜质后备106名，加大后备人才使用性培养工作力度，并通过多种形式推进管理人员竞争性选拔工作，广泛应用公开竞聘、后备人才成熟度评估、岗位人选胜任度评估等方式，选拔产生21名分厂层干部。

（霍兆光）

提升协力供应商专业化能力

(1) 聚焦核心。推进管用养修专业化总包，编制形成《行车管用养修推进手册》。(2) 优化管控。推进管理重心下移，根据生产协力管理重心下移基本框架，对《生产协力项目管理程序》《直属厂部生产协力业务运行管控评价标准》等制度进行修订。(3) 机制牵引。会同相关部门按照“稳定、高效、可持续”的原则，系统策划费用确定机制和价值共享机制，构建具有市场竞争力定价模式。(4) 强本固基。会同相关部门系统策划审核模式，完成13家协力单位的审核工作。

（霍兆光）

宝山钢铁股份有限公司负责人（2014年12月）

董事长：陈德荣

董事：陈德荣　戴志浩　赵周礼　诸骏生　王　力　贝克伟　黄碧娟　黄钰昌　刘文波　夏大慰

监事：刘占英　张　勇　吴琨宗　刘国旺　何梅芬

总经理：戴志浩

副总经理：李永祥　周建峰　王　静　郭　斌　储双杰　侯安贵　智西巍

党委书记：诸骏生

党委副书记：郭　斌

党委常委：陈德荣　戴志浩　赵周礼　诸骏生　李永祥　周建峰　郭　斌　陆　熔

纪委书记：周建峰

工会主席：张　勇

董事会秘书：朱可炳

财务总监：朱可炳

总经理助理：陆志新　张典波　魏成文

宝山钢铁股份有限公司总部各部室领导人员（2014年12月）

董事会秘书室

证券事务代表：虞　红

办公室

主任：王小干

副主任：曲　军

战略管理部

部长：吴　军

人力资源部

部长：王存璘

副部长：石　亮

专务副部长：高银波（兼）

运营改善部

部长：陆志新（兼）

专务副部长：谢金兰　甘世龙（兼）

财务部

部长：王　娟

专务副部长：冉瑞文（兼）

财务服务中心

总经理：陆怡梅

副总经理：夏春红

企业文化部

部长：周　铭

科技发展部

部长：李自刚

副部长：施胜洪

法律事务部

部长：陆俊勇

审计部

部长：何梅芬

监察部

副部长（主持工作）：王彦伟

纪检监察高级专员：王水通　杜玉平

纪检监察专员：景乃平

安全保卫部

部长：吴淑华

副部长：郭恒明　张学良

投资管理部

部长：田国兵

专务副部长：康佳彬（兼）

工程管理部

部长：吴章维

副部长：景素东

研究院（技术中心）

院长（主任）：张丕军（兼）

党委副书记：周学东

副院长（副主任）：黄伟良　朱丁业　江来珠

专务副院长：郑贻裕

纪委书记：韩　畴

工会主席：韩　畴

板带技术中心主任：黄伟良（兼）

板带技术中心副主任：谢英秀

原料采购中心

总经理：张典波（兼）

党委书记：张典波（兼）

党委副书记：斛丕明

纪委书记：郑　荣

工会主席：郑　荣

原料一部总经理：朱学滨

原料一部副总经理：汪国俊

原料二部副总经理：马辉斌

物流运行部总经理：周　斌

物流运行部副总经理：钱　明

营销中心

总经理：周隆云

党委书记：周隆云（兼）

党委副书记：黄丽萍

纪委书记：黄丽萍（兼）

工会主席：黄江宁

营销管理部

总经理：周隆云（兼）

副总经理：胡晓东　卢金芳

冷板销售部

总经理：沈伟平

副总经理：夏　军

汽车板销售部

总经理：张　维

客户与产品服务部

副总经理：徐维伍　刘献东

热板与工程材料销售部

总经理：潘智军

资材备件采购部

总经理：林秀贞

党委书记：张荣海

副总经理：张文钢　李志霞　祁　欣

纪委书记：严金铭

工会主席：严金铭

罗泾管理部

部长：梅华阳

党总支书记：梅华阳（兼）

纪委

书记：周建峰

工会

主席：张　勇

副主席：李　娟　吴君樑

党委办公室

主任：王小干

副主任：曲　军

党委组织部

部长：王存璘

副部长：石　亮

党委宣传部

部长：周　铭

团委

副书记：李正强

机关党委

书记：周　铭（兼）

宝山钢铁股份有限公司直属厂部领导人员（2014年12月）

炼铁厂

厂长：朱仁良

党委书记：张　青

副厂长：张　青（兼）　张龙来　敖爱国（兼）　胡中杰　毛晓明（兼）

高炉大修项目组经理：朱仁良（兼）

高炉大修项目组副经理：沈　康　陆宏樑

高炉炉料结构优化改造工程项目组经理：朱仁良（兼）

炼焦项目组经理：朱仁良（兼）

纪委书记：陈贤顺

工会主席：陈贤顺

炼钢厂

厂长：魏成文（兼）

党委副书记：朱建春

副厂长：孔祥宏　钟志敏　石洪志　龙川江（兼）

连铸优化改造项目组经理：魏成文（兼）

连铸优化改造项目组副经理：李存林

纪委书记：李奕江

工会主席：李奕江

热轧厂

厂长：张文学

党委书记：袁文清

副厂长：袁文清（兼）　黄夏兰　赵厚信（兼）

热轧产线系统改造项目组经理：张文学（兼）

纪委书记：郭小龙

工会主席：郭小龙

厚板部

部长：吴小弟

党委书记：刘华平

副部长：赵月根（兼）　丁建华（兼）　孟文旺　许　超

纪委书记：吴其法

工会负责人：吴其法

硅钢部

部长：吴　彬

党委书记：蔡志庆

副部长：许茂忠　臧毅民　刘宝军（兼）

取向硅钢后续工程项目组经理：吴　彬（兼）

取向硅钢后续工程项目组副经理：许茂忠（兼）

纪委书记：袁　峰

工会主席：袁　峰

冷轧厂

厂长：毛展宏

党委书记：朱汉铭

副厂长：包信方（兼）　谢英秀（兼）　陈声鹤（兼）　邹美平　彭　俊

冷轧升级改造项目组经理：毛展宏（兼）

冷轧升级改造项目组副经理：邹玉贤

镀锡板产品结构优化项目组经理：毛展宏（兼）

纪委书记：黄　辉

工会主席：黄　辉

冷轧薄板厂

厂长：包信方

党委书记：李旭东

副厂长：周建平

镀锡板产品结构优化项目组副经理：包信方(兼)　李旭东(兼)

纪委书记：卢超英

工会主席：卢超英

电厂

厂长：邢　跃

党委副书记：厉彦永

副厂长：刘仕君　汪颖新

电厂工程项目组经理：邢　跃(兼)

电厂工程项目组副经理：戴松岩

纪委书记：尹小东

工会负责人：尹小东

制造管理部

部长：邱昱斌

党委书记：李加福

副部长：金再柯(兼)　黄剑峰　朱　岩

纪委书记：武海山

工会主席：武海山

设备部

部长：朱庆明

党委书记：朱晓冬

副部长：劳兆利　林善灿　陶树贵(兼)

纪委书记：吴文彬

工会主席：吴文彬

能源环保部

部长：钱　峰

党委副书记：王　鼎

副部长：魏　炜　高　远(兼)　陈　平　陈　刚

纪委书记：周宝良

工会主席：周宝良

运输部

部长：吉同祥

党委书记：窦保根

副部长：王健华(兼)　肖　苏　陆俊杰

滩涂圈围项目组经理：吉同祥(兼)

滩涂圈围项目组副经理：张清河

纪委书记：陈士新

工会主席：陈士新

宝山钢铁股份有限公司事业部、子公司领导人员(2014年12月)

钢管条钢事业部

总经理：储双杰(兼)

党委书记：解　旗

副总经理：张红耀　何宇城　王洪兵　丁维军　陈晓丹　王小宝

纪委书记：施国优

工会主席：施国优

上海梅山钢铁股份有限公司

董事长：李永祥(兼)

总经理：王强民

党委书记：施　兵

副总经理：王小寅　贡锁国　蒋一丰　荀士保　顾耀忠

纪委书记：陈家立

工会主席：刘海平

上海宝钢国际经济贸易有限公司

执行董事：姚林龙

总经理：姚林龙(兼)

党委书记：钟永群

副总经理：金文海　李　平　马　苏　万　洪　曲红涛

纪委书记：邹长征

工会主席：管曙荣

东方钢铁电子商务有限公司

董事长：黄兴荣

财务公司

董事长：朱可炳(兼)

总经理：曾　杰

党总支书记：曾　杰(兼)

副总经理：曾健飞

宝钢新日铁汽车板有限公司

董事长：樋口真哉(日)

副董事长：王　静(兼)

总经理：陈云鹏

副总经理：宗宫德昌(日)

党委书记：罗志强

销售部部长：张　维(兼)

生产部部长：余基来

管理部部长：袁震昊

技术质量部副部长：宋建新

纪委书记：史　敏

工会负责人：史　敏

南通宝钢钢铁有限公司

董事长：王洪兵(兼)

总经理：蔡永江

党委书记：蔡永江

纪委书记：刘卫东

工会主席：刘卫东

烟台鲁宝钢管有限责任公司

执行董事：陈晓丹(兼)

总经理：王旭午

党委书记：陈晓丹(兼)

纪委书记：康建民

工会主席：康建民

烟台宝钢钢管有限责任公司

执行董事：陈晓丹(兼)

总经理：王旭午

党委书记：陈晓丹(兼)

副总经理：夏克东

纪委书记：康建民

工会主席：康建民

宝钢股份黄石涂镀板有限公司

董事长：刘金喜

总经理：许为民

党委书记：陈逸君

副总经理：董卫星

纪委书记：艾　荣

工会负责人：艾　荣

宝钢湛江钢铁有限公司

董事长：赵周礼(兼)

总经理：盛更红

党委书记：陆　熔（兼）
常务副总经理：周世春
副总经理：郁祖达　彭俊湘
工程指挥部总指挥：赵周礼（兼）
工程指挥部常务副总指挥：
盛更红（兼）
工程指挥部副总指挥：刘代德
郁祖达（兼）
彭俊湘（兼）
孟令军
纪委书记：叶纯兴
工会负责人：孟令军

广州薄板有限公司

董事长：周世春（兼）
党委书记：周世春（兼）
党委副书记：钱建国
副总经理：钱建国（兼）
祁卫东
纪委书记：周世春（兼）

宝钢美洲有限公司

董事长：叶　萌（兼）
总经理：叶　萌（兼）
副总经理：倪志军

宝钢欧洲有限公司

董事长：王　静（兼）
总经理：饶玉勇

宝和通商株式会社

董事长：王　静（兼）
副董事长：赵方林
社长：高　勇

宝钢新加坡有限公司

董事长：王　静（兼）
副董事长：邱成智
总经理：胡　宏
副总经理：孔卫新

宝运企业有限公司

董事长：张典波（兼）
总经理：李　辉

宝金企业有限公司

董事长：戴志浩（兼）
总经理：刘建清
副总经理：王华强

财务管理

2014年，财务部加强对财务人员队伍的建设，完善和优化财务人员结构及配置；开展财务人员职业生涯发展调研，对核心骨干人员进行职业生涯设计；基于多基地、跨区域、多产线的布局，推进跨单元、跨专业财务人员轮岗锻炼，选拔核心骨干到海外公司轮岗实习，为海外公司提供财务专业支撑，安排一定比例的岗位轮换，培育多岗位能手，满足公司对财务专业能力提升的需求。通过各类培训及时掌握最新会计、税务法规政策，促进财务、审计人员专业知识学习和专业能力的提升；定期召开各类管理交流会，为公司范围内财务、税务、审计管理经验共通、共融搭建平台；对湛江钢铁财务部新进员工开展"嵌入式"岗位培训，形成学以致用、学而有果的培训机制。
（郑咏梅）

健全目标预算管理体系　（1）"规划到日"的PDCA（计划、实施、检查、处理）闭环。强化规划目标与年度预算紧密衔接，以完成规划目标为年度预算编制的首要条件，事中加强规划滚动评估与分析，动态支持公司生产经营决策，提高"经营成果日报"使用成效，持续完善"规划到日"的敏捷经营管控体系。（2）完善经营分析体系。结合外部市场环境变化及公司生产经营特点，围绕供产销研等领域的热点问题进行深入剖析，分析重点品种盈利、互供料协同效益贡献；跟踪两头市场价格趋势，建立购销差价定期评估模型。2014年提供专题分析材料15项，专项明细产品测算分析30余份，支撑公司资源优化配置及经营效率改善。
（郑咏梅）

股权激励财务配套方案设计　2014年，财务部配合人力资源部研究股权激励方案及指标架构设计，聚焦全球各主要区域代表钢企的业绩指标，借助横、纵向对标手段，提出体现成长性和挑战性的股权激励目标值，并创新性研究、推出配套股权激励会计及税务处理方案，从制度设计及执行跟踪等层面细化各项举措。（郑咏梅）

宝钢股份维持全球钢铁业最高信用评级　（1）5月，中诚信证券评估有限公司给予宝钢股份主体信用等级AAA，评级展望为稳定，宝钢股份发行的分离交易可转换公司债券本期信用等级为AAA。（2）12月，国际三大信用评级机构标准普尔、穆迪和惠誉分别给予宝钢股份A-、A3和A-的长期企业信用评级，继续维持全球钢铁业最高评级，评级展望均为"稳定"。
（郑咏梅）

鲁宝钢管和烟宝钢管股权结构调整　（1）2014年，财务部与钢管条钢事业部共同推进鲁宝钢管少数股东权益收购工作，策划谈判方案，争取有利对价。组织净资产审计、资产评估、项目报批及协议签署等工作。经过近3年的谈判和推进，宝钢股份于8月收购莱钢集团烟台钢管有限公司持有的鲁宝钢管20.18%股权，鲁宝钢管成为宝钢股份全资子公司。（2）9月，结合烟宝钢管三年扭亏方案，宝钢股份和鲁宝钢管按照持股比例分别向烟宝钢管增资16亿元和4亿元，鲁宝钢管增资资金，由宝钢股份向其

全额增资解决。（郑咏梅）

清理处置低效、无效资产 （1）2014年，财务部建立低效、无效资产常态化管理机制，强化低效、无效资产的定期跟踪与检查；每月对低效、无效资产清理处置情况进行跟踪和分析，按季度对低效、无效资产清理处置工作进行小结。（2）加大固定资产使用情况梳理力度，通过整改投入、业务整合，加大体系内资产转让力度、公开拍卖等多种方式，拓展低效、无效资产清理处置和优化提升渠道。（3）重点配合钢管条钢事业部推进烟宝钢管资本结构优化，策划和实施南通宝钢钢铁有限公司资产处置方案等工作。（4）跟踪参股公司经营信息，评估分析参股公司经营状况，寻求参股公司退出渠道。（5）全年完成低效、无效资产清理处置14项，涉及账面净值约3.4亿元，回笼资金2.1亿元。（郑咏梅）

做好境外投资和中外合作项目支撑 （1）2014年，财务部积极参加海外剪切加工项目，参与印度尼西亚剪切加工中心尽职调查、可行性研究及合资合同谈判工作。（2）在合资新建汽车铝板项目谈判中，财务部在合资方案、可行性研究、财税政策、融资优惠及关联交易等方面，提供技术支撑。（郑咏梅）

完成吴淞地块资产转让减免税审批 9月，吴淞地块资产重组相关税金减免政策争取工作完成。整个过程历时两年多，财务部、能源环保部、投资部等各部门通力合作，过程涉及从国家税务总局到上海地方的四级税务机构及上海市、宝山区的相关委、办、局。通过策划，本次免征“不动产转让营业税”“土地增值税”“动产转让增值税”等几十亿元，达到预期效果。（郑咏梅）

推进外包业务定价模式优化 2014年，财务部按照业务类别对公司生产协力业务进行重新分类。组织各厂部多次全面梳理业务要素，深入各厂部调研，征集各厂部具体意见，制订《生产协力定价模式完善方案》。新的定价模式围绕生产协力“买服务”的业务性质，构建界面清晰、运行成本透明、协同价值增值的新型经济契约关系，鼓励协力供应商努力提升协力服务管理绩效，推动公司生产协力定价沿内涵式精益运营、质量效益型之路良性发展。（郑咏梅）

提高合并报表编制效率 2014年，宝钢股份通过提高关联交易结算效率，缩短关联交易系统关账时间，推进各子公司提升报表编制效率，各子公司月度会计报表编制时间由2013年的4个工作日缩短到2014年的3.5个工作日；公司合并会计报表编制时间由2013年的5.5个工作日缩短至2014年的5个工作日，进一步提高了会计报表核算效率。（郑咏梅）

推进新会计准则执行 2014年，财政部新颁布及修订9个会计准则。公司在新准则发布后，组织财务体系人员进行学习和研讨，选派会计骨干参加财政部组织的培训，邀请上海国家会计学院教授对公司财务体系人员实施培训，参与宝钢集团组织的培训和实施方案讨论，结合公司实务与公司年度审计会计师进行系统评估，制订公司执行新准则的会计处理方案，经董事会审议批准后，向事业部及各子公司发布执行新准则的会计处理通知，并修订公司相关管理文件，保证会计政策制定和执行的统一性，控制会计政策风险。（郑咏梅）

审计管理

2014年，审计部贯彻宝钢股份“一体两翼、三地协同，创新变革谋发展；差异竞争、成本改善，精益运营创佳绩”的总体指导思想，聚焦宝钢股份经营管理要求和工作重点，开展各项内部审计工作，充分发挥内部审计监督与服务的双重职能，有效支撑了公司经营目标的实现。年内，审计部获2014年度上海市“巾帼文明岗”称号。

（张祖仁）

开展内部审计 2014年，审计部完成宝钢股份及下属子公司内部审计项目87项，其中经营审计43项、管理审计26项、投资审计18项。经审计，在营销管理、采购管理、存货管理、工程管理、财务管理和会计核算等方面共发现775个审计问题，提出建议772条。（张祖仁）

支撑湛江钢铁工程建设和经营管理 （1）2014年，审计部开展了湛江钢铁各业务环节的内部控制梳理、培训、复评及审计等工作。（2）湛江钢铁工程的投资审计关口前移，由事后审计改为事中审计，防止重大项目建设过程中的风险。（3）开展湛江钢铁财务收支审计，重点检查经营和会计信息的真实可靠、重大资产的安全与完整、主要经营行为的合法合规、重大决策程序规范等方面。（张祖仁）

对审计体系内各单位支撑与协调 （1）2014年，审计部从管理、业务操作等方面对审计体系内各单位给予指导与支撑。（2）优化审计体系专业论坛，搭建业务交流平台，举办第六届审计论坛，聚焦审计实务工作的研讨，通过内部专家的审计案例分享与分组研讨、外部专家审计技术培训，不断提升审计体系的专业技术能力。（3）通过项目协同、项目实习等方式，为宝日汽车板、湛江钢铁等单位培训内部稽核人员4人次。 （张祖仁）

推进审计队伍能力建设 （1）2014年，审计部按照宝钢股份机关职能优化的要求，完善公司内部审计的职能设置。（2）通过专业资质考试、培训、项目研讨、头脑风暴等方式不断提升审计人员的职业化素养和职业化技能。（3）以"人人争当主审"的方式，加快对新进审计人员能力培养。审计部新增具备主审能力人员1人。（4）组织审计人员参加宝钢集团审计部开展的专业培训，提升审计人员的专业素质和技术能力。 （张祖仁）

推进审计质量管理 （1）2014年，接受宝钢集团审计部对宝钢股份内部审计环境、内部审计业务两个方面19项要素、34个要点进行评估，在宝钢集团审计体系的内部审计质量控制评比中被评为第一名。（2）强化审计项目各主要环节质量管理，通过头脑风暴的方式对审计工作中的瓶颈环节进行梳理，提出改善方案，促进审计效率的提高。（3）针对审计工作特点，在审计人员的绩效评价中持续加强专业胜任能力和在审计项目、专项及综合工作中贡献度的评价，推动审计质量不断提升。 （张祖仁）

推进审计成果应用 （1）2014年，审计部通过日常整改跟踪评价和后续审计相结合的方式，检查督促审计问题的有效整改，形成闭环管理。（2）持续推动审计成果共享应用。一是在湛江钢铁组织的公司内控推进工作启动会和中层干部管理研讨会上，将宝钢股份内控管理要求通过案例方式对湛江钢铁管理人员进行培训；二是通过湛江钢铁年度管理会议，专题汇报湛江钢铁项目建设过程中的有关问题，与湛江钢铁主要管理部门进行专项交流及风险提示；三是在宝钢股份2014年建设大会上，对近一年内部审计发现的主要问题进行专题交流，推进审计成果在不同单元建设部门之间的应用；四是对审计发现的主要问题进行整理和分析，将典型案例与监察部进行工作协同；五是针对2013年实施的公司合金及高合金废钢管理审计项目，将合金采购管理、合金精细化管理等纳入2014年推进工作；六是对近年来发现的财务方面的审计问题进行归纳总结，在公司年度财务例会上进行分析交流，提高各单位财务负责人对审计问题的认识。（3）宝钢国际积极开展审计案例的宣传，强化审计成果运用。通过对审计发现的问题进行梳理、归类、分析，形成审计案例，在宝钢股份级纪检会上进行交流，在地区公司、专业公司等区域板块进行宣传贯彻，强化审计成果运用。 （张祖仁）

开展与相关单位的协同 2014年，审计部配合监察部牵头开展工程项目"双优"（工程优质、干部优秀）检查及公司巡视检查工作；对上海宝钢工业技术服务有限公司的维修业务和宝钢发展有限公司的生产协力业务开展延伸审计；分别与设备部、人力资源部进行审计协同；对内控复评、梅钢公司产品竞争力审计项目，与宝日汽车板、湛江钢铁、运营改善部等开展审计协同。 （张祖仁）

综合管理体系有效运行 （1）2014年，审计部组织开展部门体系内审计计划管理、审计档案管理和审计制度管理三个方面的评价工作，并按期完成。（2）按照各项法律、法规及指导性文件开展审计工作，组织对公司内部控制进行自评和复评。（3）继续加强保密工作。一是修订审计部《保密管理细则》，梳理审计专业商业秘密保护专家团队；二是组织部门内保密人员学习相关保密知识，提高保密责任意识；三是强化员工信息安全意识，规范计算机日常使用。

（张祖仁）

综合管理

办公室

办公室下设文秘室、调研室、保密（信访）室3个室。主要业务包括：公司公文、文秘、印鉴等有关事项管理；专项工作督办管理；重大活动、重要会议的策划、协调和筹办；出国（境）管理；协同办公系统管理；对外接待管理；应急信息报告管理；领导公务用车使用、指挥中心物业和餐饮管理；重要信息收集及重大事项调研；重要会议报告起草；保密体系管理；维稳信访综合管理；机要通讯管理。 （孙荣祥）

文秘管理 (1) 2014年,办公室处理各类公文8397件;完成公司党委常委会会议纪要11期,公司总经理办公会会议纪要12期。处理传真2890份、各类信函和资料约2.5万件;下发公司总经理办公会会议事项抄告33项,反馈33项,涉及抄告单位27家、抄送单位17家(抄送单位不要求反馈);下发公司党委会纪要抄告19项,督办事项执行率100%。(2) 组织协调召开公司总经理办公会、生产经营绩效对话会、生产技术综合分析会等公司各类会议36个;组织协调召开公司党委常委会、党群工作例会、党委书记工作例会等党群常规例会35个。(3) 配合相关部门完成公司管理研讨会、作业长研修年会等24次会议的会务组织工作。(4) 配合推进智慧办公项目,协同运营改善部,建立智慧平台使用情况沟通反馈机制,提升信息化平台办公效率;协同宝信软件,发挥智慧平台的功能,线上完善领导人员出差请假系统,优化领导人员请假报告审批流程等。(5) 牵头修订《外来人员进入宝钢股份总部厂区参观管理办法》《外来人员进入宝钢股份总部厂区参观管理标准》;梳理宝钢股份总部厂区参观区域,结合安全、保密要求分为A、B、C三类区域进行管理;编制参观、接待等方面规范文件5大类、13项。 (孙荣祥)

信息调研 2014年,办公室编发《信息快报》50期;开展专题调研8项,编报《调研简报》8期,每期调研简报都获得公司领导肯定和重要批示。完成2万多字的子公司群体事件处置工作总结和50万字的工作卷宗;完成公司四届二次职代会工作报告等领导讲话材料的起草。 (孙荣祥)

保密管理 (1) 2014年,办公室完成论文等资料保密审查486篇;开展保密基础知识巡展,共在厂区内9个食堂展出,约3000人次参与观看;开展保密知识竞赛,总部各部门共4872人次参加;组织公司党委中心组成员、各单位保密委主任上保密知识专题党课,56人次参加;通过上海市认证办公室组织的军工保密资质复查;接收处理党内文件1.82万份,机要文件流转差错为零。(2) 开展以保密责任落实、信息网络安全、载体、宣传报道等为主要检查内容的保密综合检查,下发整改通知32份,组织整改各类问题20项;开展网络安全、涉密人员管理、涉密场所管理、因私出国(境)管理等专项检查,针对发现的问题组织整改;开展宝信软件第二方保密专项审核,通过审核发现各类问题14项,全部落实整改。 (孙荣祥)

维稳信访 2014年,办公室受理来信来访217批次、455人次,各类矛盾事项均受控;化解、缓解A类、B类、C类疑难信访矛盾4件;化解初次信访、初次上访42件,化解率93%;编制《信访月报》12期。 (孙荣祥)

行政管理 2014年,办公室安排接待会议活动2316次,参会人员3.76万人次;维护宝钢指挥中心大楼的办公秩序,接待访客4727人,劝导信访49件、253人,清理无停车证车辆591部,停车场巡视处理违章停车198起;完成19楼屋面大修和员工创享中心、宝钢指挥中心大楼逐层修缮等大修改造项目。 (孙荣祥)

内外事接待管理 2014年,办公室接待公司级重要来宾及现场参观49批、516人次;办理出国团组591个、1978人次。 (孙荣祥)

捐赠管理 2014年,办公室按流程申报对外捐赠4批,审批金额1031.79万元,并向董事会报告了对外捐赠情况。 (孙荣祥)

董事会秘书室

董事会秘书室(简称"董秘室")是董事会下设的一个综合管理部门,负责宝钢股份的股东大会、董事会和监事会事务、信息披露、投资者关系等工作。2014年,董秘室信息披露和投资者关系两个业务板块运行顺畅,信息披露工作继续保持零差错,投资者关系工作实现模式创新,为公司股东大会、董事会、监事会和管理层提供了优质高效的服务,为国内外投资人提供信息沟通和交流的渠道,促进公司完善公司治理、规范运作,维护和提升公司在资本市场的良好形象。 (李 于)

股东大会、董事会、监事会事务 2014年,董秘室组织召开7次董事会(含4次定期董事会、3次临时董事会),5次监事会(含4次定期监事会、1次临时监事会),3次股东大会,1次战略及风险管理委员会,4次审计委员会,3次薪酬与考核委员会,4次外部董事沟通会。发出5份董事会决议抄告、11项董事会关注事项。董秘室向董事会提交《董事、监事及高级管理人员岗位培训管理办法》，设立培训预警级别，使得培训管理更为清晰有序，符合监管要求。协助5位董事、监事完成资格培训和后续培训。董秘室实现董事会、监事会、股东大会材料及《董秘专递》《信息摘编》等日常参考资料的无纸化传送，在确保信息安全的同时，提高会议资料的便携性，方便董事、监事和高管及时查询相关资料。

（李 于）

信息披露事务 2014年，董秘室加强自愿性信息披露，增进投资者对公司经营状况的了解，在公司年度总结性大会前发布全年业绩快报，防止泄密，确保公平披露。全年4次定期报告及43次临时公告信息披露零差错，公司获评上海证券交易所信息披露A类公司。

（李 于）

组织实施股权激励 （1）3月28日，公司五届十三次董事会审议通过《限制性股票计划和首期授予方案》，激励对象为公司董事、高级管理人员、对公司整体业绩和持续发展有直接影响的管理骨干和核心技术人才等136人。5月20日，公司2014年第一次临时股东大会审议批准股权激励方案；同日，董事会批准股权激励首期实施方案进行授予。6月24日，首期授予的47446100股全部完成过户手续，首期授予执行完毕。（2）董秘室全程参与股权激励方案的设计与讨论，就绩效指标和中国证监会密切沟通，取得证监会的理解和支持，以最快速度获得证监会批复，得以锁定较低出资成本，保证了股权激励计划的高效实施。在股权激励方案获批后，董秘室在有限时间内完成激励对象开户、验资、进展公告、现金分红与股票过户等各项工作，确保股权激励的顺利实施。

（李 于）

投资者关系事务 2014年，董秘室制定《投资者关系工作计划和沟通重点》，向董事会提出公司全面市值管理系统方案、充分发掘多元业务价值的建议。深度挖掘经营亮点，着重强调宝钢股份不同于普通钢铁企业的特质，突出公司环保、节能、可持续发展的特性，增加投资者对湛江钢铁项目的了解和信心，多角度、全方位地展示公司竞争力和投资价值。全年共接待机构投资人调研73批，共计432人次（海外投资者占八成以上），召开电话会议37场；组织2场实地分析师发布会，4场网上路演。

（李 于）

强化业绩说明会的策划与宣传力度 2014年，董秘室针对业绩说明会这一投资者关系活动，着力创新，注重宣传公司战略规划和经营亮点，突出宝钢股份在产品与服务方面的竞争优势及其在科研研发环节的强大实力。通过对各类经营亮点的系列介绍，多层次、多角度展现公司综合竞争力，逐渐强化投资人对公司投资价值的认知。形成书面新闻报道10篇，被各大媒体转载，视频在上海电视台、中央电视台财经频道播出。

（李 于）

增强对国际投资者的覆盖 6月，宝钢股份董事会秘书率队前往英国进行海外非交易路演，并与摩尔资本、施罗德、黑石、标准人寿等国际知名投资公司进行深入交流。年内，宝钢股份高管层和董秘室参加投资峰会15场，其间召开75场"一对一"会议和小组会议。

（李 于）

创新拓展投资者沟通渠道 2014年，董秘室利用自媒体针对性强、传播快、交互性好等优势，开设公共微信账号，建立分析师微信群，针对电子商务、年度业绩、可持续发展报告、中报业绩等主题进行系列宣传。微信群囊括卖方和买方的钢铁分析师以及关注公司的海内外基金经理，成为公司传统宣传方式之外的有益补充。

（李 于）

信息产品服务 2014年，董秘室制作并发送《董事信息月报》12期，《监管通讯》6期，《董秘专递》12期，《信息摘编》18期；完成2014年中英文版《公司实录》的编制及发放，向投资者发送52期电子周刊版《钢铁信息摘编》；向海外投资人发送英文电子月刊《*Information Express*》5期。（李 于）

加强监管沟通 2014年，董秘室积极配合监管机构工作，交流宣讲宝钢市值管理、监事会运作、自愿性信息披露、中小投资者投票机制、内控实施等理念；通过上海上市公司协会组织开展上市公司财务总监培训、讲座和交流，分享内控、投资者保护、董事会运作等经验交流，获得上海上市公司协会工作突出贡献奖；撰写的《宝钢股份市值管理案例》入选上海证券交易所《2014年中国公司治理报告——市值管理探索与实践》。

（李 于）

2014年宝钢股份资本市场获奖(荣誉称号)一览表

获奖时间	奖项(荣誉称号)	颁发机构
4月	第十届新财富优秀董秘	《新财富》杂志社
5月	最佳投资者关系上市公司	大智慧主办的年度大型财经评选活动——“智慧财经巅峰榜”
5月	上市公司信息披露A类公司	上海证券交易所
9月	2013年度中国上市公司百强企业奖 2013年度中国道德企业奖 2013年度中国百强优秀董秘奖	上市公司百强高峰论坛
11月	2013年度最佳董事会 最具创新力董秘	《董事会》杂志社主办的第十届中国上市公司董事会“金圆桌奖”
12月	“金治理”社会责任公司董秘奖	《上海证券报》、中国证券网主办的2014年度“‘金治理’上市公司优秀董秘”评选活动
12月	最佳投资者关系管理董秘 最受投资者欢迎上市公司网站	《证券时报》主办的第六届中国上市公司优秀网站评选

(李　于)

员工服务中心

2014年,员工服务中心坚持“以人为本、服务先行”“服务创造价值”的理念,以深化“五个一”(一个网站、一条热线、一个邮箱、一个面对面交流机制、一个现场派驻服务点)服务平台为重点,以促进员工与企业共同发展为目标,为员工开展各项人事及后勤服务。(吴　蓓)

汇编员工手册　2月,员工服务中心牵头组织汇编宝钢股份《员工手册》,共13章、2.9万字,印发到每位员工,帮助员工了解公司相关制度。(吴　蓓)

支撑湛江钢铁建设　3月,员工服务中心完成湛江钢铁支撑人员152人劳动合同的改签;跟踪湛江钢铁自招员工的培训工作,收集培训记录,做好“应知应会”上岗考试及考试合格后岗位操作证的发放工作;协调、落实2000余名湛江钢铁自招员工单宿、更衣、通勤资源;协调IC卡餐饮在上海、湛江两地互联互通,方便支撑人员及湛江钢铁自招人员在两地就餐。(吴　蓓)

拓展IC卡功能　6月,员工服务中心启动IC卡、工作证“两证合一”工作,为1.6万员工重新拍照,更换IC卡,取代原来的工作证,方便了员工,至年底全部更换完毕。与中国建设银行合作建设IC卡圈存机系统,在公司主要食堂安装31台IC卡圈存机,10月投入使用。拓展IC卡消费功能,如汽车加油服务等。(吴　蓓)

客户服务中心大楼建成入驻　9月,客户服务中心大楼(宝钢综合大楼)建成,采购、销售、海外公司等单位相继入驻,入驻单位对大楼办公环境、餐饮服务、物业管理等方面工作表示认可。(吴　蓓)

二号门私家车立体车库投运　9月,在员工服务中心全程跟踪和推进下,二号门私家车立体车库建成投入使用,可提供1368个车位。(吴　蓓)

推进餐饮自选模式改革　2014年,对高炉分厂食堂、丁家桥食堂等17个食堂进行改造。供餐模式由统一配餐调整为丰俭随意的自助点餐模式,食堂就餐环境、饭菜质量明显提升,员工满意度也随之提高。(吴　蓓)

策划实施员工体检个性化自选项目　2014年,协调宝钢发展有限公司有关部门,在体检中心增加CT机及直肠镜检查设备;在员工体检中,推进胸部透视改做胸部CT、增加直肠镜检查自选项目。(吴　蓓)

宝钢股份直属各厂、部

炼铁厂

至2014年底,炼铁厂在册员工1697人。设高炉分厂、炼焦分厂、烧结分厂、原料分厂、设备管理室、八钢支撑组、生产技术室、高炉大修项目组、炼焦项目组、高炉炉料结构优化改造工程项目组（烧结项目组）、湛江工作组、办公室及相应党群部门。

全年产铁1389.27万吨、烧结矿1886.91万吨、焦炭488.56万吨，原料作业总量1.29亿吨。4座高炉平均铁水成本为2069.51元/吨。

年内，原料分厂的"降低原料三期匀矿堆积系统落矿量"课题获全国冶金行业"武钢杯"自主管理发布一等奖，原料分厂混匀作业区白班自主管理小组获"全国优秀质量管理小组"称号。（许　军）

11月12日，宝钢股份炼铁厂四号高炉炉缸大修工程点火投产（鲍　铁　摄）

成功实施四号高炉炉缸大修　9月1日，四号高炉停炉大修。本次大修克服了准备时间相对较短、立体交叉作业多、安全管理难度异常艰巨等诸多困难，实现了多项创新：在高炉还在生产的情况下，在高炉基础上开出滑移通道；成功实现旧炉缸及新炉缸的整体滑移；精确实现圆形新炉缸和椭圆形旧炉体对接；炉身耐材喷补和全部炉缸耐材实施在线砌筑；实现热风炉、制粉在线运行。仅用72天完成大修，再创国内大型高炉大修新纪录，并再次实现重大工程项目安全无事故。11月12日，四号高炉顺利点火投产，并快速平稳实现达标达产。（许　军）

原料区域首个大棚竣工投运　12月底，原料区域第一个封闭大棚竣工投运。封闭大棚投运后，该区域的矿石损耗率和粉尘无组织排放大幅度降低，区域环境得到改善。这也是宝钢股份原料区域大修改造规划首个完工项目。（许　军）

区域环境面貌焕然一新　2014年，炼铁厂因地制宜，按照"集中规划、专业设计、分步实施"的思路，整体提升炼铁区域绿化覆盖率。全年共实施绿化改造项目34项，新增及改造绿化面积9.8万平方米。大气降尘量下降明显，月平均每平方千米降尘量仅为12.9吨，同比下降5.8%，首次实现降尘量"破13进12"。烧结脱硫综合效率达92.5%，高出宝钢股份下达目标7.5%，同比提高8.7%，创历史新高，且连续11个月超过90%。（许　军）

创建"样板炉""样板机"　2014年，炼铁厂深化基层基础管理，将基础管理工作向高标准、纵深度推进，按照"聚焦一个点、辐射一个面、影响一大片"的推进思路，结合炼铁实际，大力推进三号高炉"样板炉"、四号烧结"样板机"的创建工作。经过几个月的推进和实施，"样板炉"创建工作取得阶段性成果，炉内、炉外面貌一新，三号高炉被确定为公司定点参观点。（许　军）

四烧结实现"四达"目标　四号烧结机（简称"四烧结"）于2013年11月13日投产运行。为快速实现"达产、达标、达效、达能"的目标，炼铁厂在2014年初成立生产技术攻关组，以保证安全、清洁生产为前提，以提高烧结机运转率和烧结矿成品率为目标，进行技术操作攻关。6月起，四烧结日产量达1.9万吨以上，各项经济技术指标不断创造新纪录，四烧结项目投产运行成功。（许　军）

三烧结停机改造　6月17日，三号烧结机（简称"三烧结"）停机大修改造。三烧结于1998年4月8日投产，是国内首次实施"烧结扩容改造"的烧结机，机组累计服役16年，生产烧结矿8756.59万吨。2014年9月27日，三烧结主厂房和配料室爆破拆除。11月3日，三烧结烟囱和脱硫烟囱爆破拆除。（许　军）

11月3日,宝钢股份炼铁厂三烧结烟囱爆破拆除(鲍 铁 摄)

能竞赛高炉炼铁工竞赛点设在三号高炉。为保证本次竞赛安全、规范、有序开展,实现"组织优秀,技能第一"的预定目标,炼铁厂成立了由厂长、党委书记挂帅的高炉炼铁工技能大赛领导小组;制订了包括6个保障方案的实操考试保障体系,为竞赛创造良好条件。10月28日,三号高炉接待来自全国各钢厂的竞赛选手、裁判员、工作人员近百人,炼铁厂的组织工作、后勤保障、现场环境、服务工作得到了选手、裁判员、工作人员的肯定。炼铁厂参赛选手朱怀宇取得高炉炼铁工竞赛第一名的好成绩。 (许 军)

做好湛江钢铁员工培训和支撑工作 2014年,炼铁厂进一步完善湛江钢铁炼铁培训团队,分别为每位湛江钢铁员工配备带教师傅、替班师傅和专业师傅;培训人员786人,318人取得上岗证。湛江钢铁的265人由班组成建制向作业区成建制过渡。炼铁厂还挑选各专业的104人长期支撑湛江钢铁,同时每月选派骨干短期支撑。

(许 军)

承办炼铁工技能大赛 2014年,"宝钢杯"第七届全国钢铁行业职业技

炼钢厂

至2014年底,炼钢厂在册员工1594人。下设一炼钢分厂、二炼钢分厂、铸钢分厂、设备管理室、焙烧分厂、运转车间和厂部机关。生产技术室、湛江工作组、连铸优化改造项目组、办公室、党工团属于厂部机关。

全年累计产钢1262.72万吨。其中,一炼钢单元677.7万吨,二炼钢单元585.02万吨。 (毛天成)

提升品种钢制造能力 2014年,炼钢厂围绕规模化精品制造能力提升,对瓶颈工序进行攻关,取得突破性进展。优化转炉单渣法低磷冶炼工艺,探索双渣法冶炼工艺,有效解决三脱(脱硅、脱磷、脱硫)品种钢生产瓶颈,月均416.5炉,比上年提高58.6%;围绕机清生产稳定、有效机清能力提升开展工作,累计完成机清量187.57万吨,机清板坯不合格率降到1%以下。 (毛天成)

改善产品质量 2014年,炼钢厂从品种质量角度梳理岗位核心要素,强化培训和检查,提升标准化作业能力和现场执行力。质量关键绩效指标(KPI)板坯一次通过率、硅钢关键指标完成率均达到公司目标。重点品种质量控制在稳定中持续改进。合金化热镀锌钢板(GA)外板钢质不合格率降到3.07%,高强钢热轧封锁不合格率、厚板壳牌管线钢不合格率、模铸特厚板探伤不合格率都有明显下降,高碳钢连铸生产质量稳定。

(毛天成)

推动技术降成本攻关 2014年,炼钢厂联合炼铁厂、厚板部、硅钢部等,开展工序联合降成本。对工艺技术进行攻关,拓展成本管控空间,挖掘技术降成本的潜能。提高品种钢产能等5个公司级降本增效项目,实现效益3.45亿元。硅钢实施合金替代项目,实现年效益1365万元。 (毛天成)

提升设备保障能力 2014年,炼钢厂围绕点检基础管理、全员设备管理、设备状态改进与提升等,开展效能监察工作。夯实设备基础管理,全员参与改善设备状态。重要作业线月均故障停机比目标值下降20.36%;累计维修成本6.98亿

宝钢股份炼钢厂点检工在检查设备运行(姜为强 摄)

元,控制在公司下达的目标值内。(毛天成)

技术改造项目按节点推进 2014年,炼钢厂五号RH真空精炼系统改造项目6月10日投运,比计划提前10天。9月,一炼钢渣处理四号滚筒投运;11月,五号滚筒投运。一号连铸机综合改造项目11月15日投运,比计划提前15天。功能考核、品种拓展和产能月达标工作,均顺利完成。一炼钢大型行车更新改造项目,完成3台大型行车的上线和3台大型行车的下线,并通过验收。(毛天成)

推进节能环保工作 2014年,炼钢厂开展节能新技术应用,"蓄热式烘烤"技术推广到中间包烘烤上,在五号连铸机中间包烘烤取得较好效果的基础上,又推广到四号连铸机中间包烘烤上,及一炼钢3套机组。推动环保精细化管理,开展操作层面的环保培训,累计培训156人次;加大除尘设施点检维护力度,确保除尘设备效能。(毛天成)

取得一批科技创新成果 2014年,炼钢厂实现技术降本效益7350万元,累计申报专利30.24项,其中发明专利申报14.19件,专利效益1677.13万元,技术秘密效益1658万元。自主管理成果方面,获中国质量协会一等奖1项、冶金行业优秀小组1项、上海市优秀小组1项。(毛天成)

支撑湛江钢铁项目 2014年,炼钢厂完成支撑湛江钢铁炼钢厂的人员派遣工作,包括管理、技术和操维人员在内的支撑员工151人。按照《湛江钢铁新进人员上岗培训及能力提升方案》,扎实推进培训工作,按月跟踪检查培训效果,并组织培训部门、湛江项目组、教导团三方,开展上岗前岗位技能诊断,突出培训质量的检验。至年底,累计培训湛江钢铁新员工581人,首批295人通过上岗考核。完成湛江钢铁炼钢厂模拟运行准备工作。(毛天成)

推进全工序自动化 2014年,炼钢厂以转炉一键炼钢、RH真空精炼、连铸自动化浇钢三个标杆项目,确定2014—2015年的推进目标,并制定2016—2018年的远景目标。一炼钢一键炼钢比例为75.5%,二炼钢一键炼钢比例为81.6%;二号RH真空精炼指标为73.6%,三号RH真空精炼指标为79.5%;连铸自动化浇钢逐步推进,二号连铸机自动开浇和远程氩气比例平均88.1%,四号连铸机远程拉速和远程氩气比例平均67.4%。(毛天成)

推动员工与企业共同发展 2014年,炼钢厂重点实施以一炼钢办公楼、更衣楼、食堂等区域的绿化环境改造工作,启动一炼钢食堂综合改造、二炼钢浴室设施等改善,完成现场11个厕所的改善工作。至年底,完成第一批、第二批共6间现场休息室的改善,第三批16间休息室的改善基本完成,并添置咖啡机、电视机、音响、冰箱、微波炉、健身小器材等设施。鼓励员工自己动手配备绿色盆栽、图书等,改善员工工作和休息的环境,营造浓厚的"职工小家"氛围。开展技改、年修(炉修)高温慰问及帮困送温暖活动,全年帮困352人次。(毛天成)

热轧厂

至2014年底,热轧厂在册员工997人,下设一热轧分厂、二热轧分厂、三热轧分厂、设备管理室、能源车间、质检站、生产技术室。

全年累计产钢1148.9万吨,其中2050热轧产钢494.06万吨,1580热轧产钢277.71万吨,1880热轧产钢377.13万吨。

年内,热轧厂胡平获"宝钢杯"第七届全国钢铁行业职业技能竞

赛金属轧制工冠军；方斌获第四届“宝钢工人发明家”称号。(张文熙)

推出“分厂领导模拟下岗”机制 2014年，热轧厂在完善安全绩效评价方法的同时，对部门月度安全绩效排名最后一名的部门主管领导，执行模拟下岗一个月。模拟下岗期间，部门主管领导要暂时脱离部门事务性工作，集中精力专门研究部门安全工作短板，下基层开展调查工作，找出解决安全问题的具体对策，验证整改工作的有效性。通过模拟下岗，引导部门领导围绕热轧厂安全管理的要求，切实履行安全管理职责，提升各部门安全管理的绩效。(张文熙)

组织开展管理者研修 2014年，热轧厂以“严格苛求”为主线，组织开展五期管理者研修活动。研修分别围绕严格苛求的标准、严格苛求在安全生产管理中的实践、班组管理、管理缺失为零、制造链高度协同等方面进行交流和讨论，提炼工作标准，统一管理者的思想认识，形成对基层管理工作的指导意见，有效提升管理者的履职能力。(张文熙)

推进员工关爱计划 2014年，热轧厂推出《热轧厂员工关爱行动计划》，从关爱成长、关爱需求、关爱心灵、关爱环境4个方面、13个分项开展关爱行动工作。(张文熙)

协同上道工序 2014年，热轧厂分别从“提升热轧侧压能力”“硅钢产线拓展”“板坯借道下线”“手清出库分流”“板坯共管区”等方面开展详细策划和落实工作。通过以上措施，确保炼钢规模化精品制造项目顺利进行。(张文熙)

协同下道工序 (1)2014年，为提升合金化热镀锌钢板(GA)外板的热轧卷质量水平，热轧厂围绕温度系铁皮、卷取擦伤等缺陷问题重点推进改善工作，采取卷取不准压卷、改进助卷辊踏步过程等措施，使实物质量显著改善。(2)开发楔形自动反馈功能，实现楔形自动控制，显著改善带钢长度方向上的楔形波动，楔形长度合格率提高12%。(张文熙)

7月9日，宝钢股份热轧厂2050热轧读书角(刘 杰 摄)

协同兄弟单位 2014年，热轧厂对梅钢公司热轧支撑项目共23项，主要解决硅钢表面与卷形质量判定技术、降低能源成本及1422热轧氧化烧损和现场取样酸洗及判定等问题。同时协同协力单位共同推进标准化作业工作，实现管理内容覆盖，加强了对协力单位的过程指导、检查、督促工作。(张文熙)

薄板热处理技术突破 2月，2050热轧热处理线正式投产，并通过各项功能考核，在国内率先形成薄规格热轧超高强钢的制造能力。在热连轧领域热处理工艺上形成“在线淬火+离线回火”“离线淬火+回火”“在线控轧+离线退火(卷)”的多处理工艺自由组合。(张文熙)

推进全自动轧钢 2014年，热轧厂以控制计划为平台，推进过程精细化管控，变结果管理为过程管理，收缩窗口，减少变差，提升实物质量的稳定性。为达到此目标，热轧厂推进模型全自动控制轧钢工作，经过各项目化团队推进，提升热轧产品质量控制水平。(张文熙)

推行设备健康指数管理 2014年，热轧厂在各个设备单元中，推行热轧设备健康指数，作为厂部全面、综合反映设备状态的跟踪指标。热轧设备健康指数，由设备故障发生率(含故障次数折算的故障时间)、功能不投入率、精度不达标率、潜在设备隐患(α部分)等模块组成。通过展示健康状态和

产线差异，促进产线管理者思考分析、推进产线进步，保障产线设备健康。（张文熙）

强化设备风险点管控 2014年，热轧厂通过设备风险点梳理，将重大设备风险点管控、设备薄弱环节消缺工作，纳入设备基础管理并有效推进，确保设备稳定。针对设备等级故障进行分类分层深度剖析根本原因，落实责任主体并明确改进方向，从而提高对设备状态的把控能力。（张文熙）

推进设备"3M"管理 2014年，热轧厂继续推进全员生产维修（TPM）、技术点检维护（TIM）、设备失效模式和后果分析（FMEA）（简称"3M"）设备管理工作。通过固化TPM管理特色、深化TIM技术点检、推广FMEA应用，提升设备管理水平。借助厂部"三专"（专业巡检、专项审核、专题检查）检查平台，定期对作业区的点检规范性进行检查通报。通过月度通报、季度评价方式，加强作业区设备管理过程评价，提升作业区基础管理水平。（张文熙）

支撑湛江钢铁建设 2014年，热轧厂坚持"好中选优、数一数二"原则，平衡4条产线人员配比，先后选派80名骨干员工支撑湛江钢铁建设。出台"一厂管一厂"实施方案，按照职能业务全覆盖原则，开展对湛江钢铁热轧厂的业务支撑工作。强调生产技术室、设备管理室等职能部门的管理责任，根据湛江钢铁各阶段重点工作需要，通过业务对接的模式，把优秀的资源、成熟的经验覆盖到湛江钢铁热轧厂。（张文熙）

1月21日，宝钢股份热轧厂员工在检查2050热轧余热回收项目运行情况（陆非然 摄）

做好湛江钢铁员工培训 2014年，热轧厂为确保湛江钢铁员工100%合格，确保热轧本部生产100%稳定，按照湛江钢铁员工"三同"（师徒带教合同、等同管理、共同培养）原则，扎实开展岗位培训工作。从进厂开始，为每位学员指定一名带教师傅进行贴身传授，同时制订详细的培训方案，做到计划细化到周。培训效果每月由作业区、部门、项目组共同进行跟踪评价，并纳入学员和师傅的绩效评价。各部门领导每月在厂生产综合分析会上汇报培训实施情况，对排名末位的学员、师傅和作业长进行辅导，帮助他们及时发现问题、指导改进；厂部将培训工作纳入每月的"三专"（专业巡检、专项审核、专题检查）体系审核，审核结果纳入各部门的绩效评价。（张文熙）

厚板部

至2014年底，厚板部在册员工621人。厚板部下设办公室、生产技术室、轧钢一分厂、精整一分厂、质量检验站、设备管理室。

全年5米产线累计轧制量152.83万吨，缴库量138.43万吨。

年内，精整一分厂的自主管理成果获中国质量协会第八届"海洋王"杯全国质量管理小组成果发布一等奖，列全国第八名。丁海绍的发明成果获2014年国际发明展铜奖、上海市科技进步奖二等奖；王英睿的发明成果获2014年冶金行业科技进步奖二等奖。（胡忠明）

打通高等级厚板轧制工序技术瓶颈 3月，5米厚板轧机实现单道次变形量由≥8%增加到≥10%，打通了高等级厚板轧制工序的技术瓶颈。（胡忠明）

推行"任期制"目标管理 3月28日，宝钢股份与厚板部签订《任期目标责任书》；4月30日，厚板部与下属各部门及首席工程师分别签订《任期目标部门任务书》，全面推进"任期制"目标管理。（胡忠明）

开发不平度的高板形矫直工艺 4月，厚板部充分发挥5米厚板产线预矫、热矫、冷矫、压平的综合系统优势，通过模型调优，冷矫实现一道次矫直25.71毫米×4340毫米厚壁宽幅管线钢，矫直合格率99%。（胡忠明）

启动湛江钢铁厚板厂预招生培训 从2013年12月起，厚板部先后组织6批共计320人湛江钢铁厚板厂预招生岗位培训。涉及轧钢、精整、质检、设备电气、机械等岗位。至2014年底，预招生岗位培训基本完成培训大纲，进入成建制岗位训练阶段。（胡忠明）

供印度WELSPUN公司管线钢启运 4月18日，由宝钢股份研究院、厚板部共同研发生产的首批供应印度WELSPUN公司的2.3万吨管线钢启运。宝钢股份举行供印度WELSPUN公司管线钢首船发货仪式，标志着宝钢股份厚板部生产的管线钢具备与国际同行竞争的能力。（胡忠明）

形成以温度为核心的集成技术 4月，厚板部通过充分加热，提高板坯加热均匀性，促进管线钢板坯合金熔入晶体组织，实现“以火熔金”的效果；采用高速轧制技术，明确最后道次的轧制速度，固化不同规格的轧制道次极其变形量；采用喷射冷却为主的冷却技术，通过水量精度提升，减少水冷入口钢板头尾温差，稳定入口温度，促使钢板晶粒细化，提高管线钢的机械性能和强度，保持良好的塑性和韧性，提高管线钢耐腐蚀能力，同时也降低了管线钢合金成本。（胡忠明）

罗泾4.2米厚板产线拆迁 6月11日，厚板部召开罗泾4.2米厚板产线整体拆迁工程动员会。经厚板部和拆迁单位的精心组织，至12月底，主体设备已拆迁并经整修后，运往湛江钢铁基地项目建设现场。（胡忠明）

留守人员分流安置 1—7月，厚板部全面启动最后一批原罗泾4.2米厚板产线留守人员分流安置工作。厚板部本着“公平、公正、公开、兼顾人员实际”“组织配置与个人意愿相结合”“员工个体素质与岗位负荷相匹配”的三大原则，使最后一批173名留守人员得到平稳分流安置。（胡忠明）

4月18日，宝钢股份举行供印度WELSPUN公司管线钢首船发货仪式（李　洁 摄）

罗泾4.2米厚板产线组织机构撤销 7月，因罗泾区域结构调整，按“宝钢股份〔2014〕第273号”文，撤销厚板部轧钢二分厂和精整二分厂。（胡忠明）

公开招聘高级科研人员 8月，厚板部公开招聘高级主任工程师和主任工程师。经公平、公正、公开与岗位绩效评价，从7名应聘人员中成功招聘1名高级主任工程师和3名主任工程师。（胡忠明）

开展现场环境专项整治 8月，厚板部为不断改造生产制造环境，开展全员性参与的生产现场专项整治活动，经一个多月的努力，生产现场环境明显得到改善。（胡忠明）

完成立辊移位改造项目 9月25日—10月7日，厚板部5米厚板产线按计划实施18天设备年修，并完成立辊轧机移位重大技改项目，12月底完成项目功能测试。（胡忠明）

公开招聘作业长 11月，厚板部公开招聘4名作业长。7名竞争者踊跃参与，最终有4名竞聘者分别被质检、轧钢一分厂聘任为作业长。（胡忠明）

调整相关组织机构 11月17日，为进一步强化全流程质量管理，提升生产作业效率，厚板部对精整一分厂、质量检验站组织机构及业务职能进行调整。将精整区域质检人员划归精整分厂管理。（胡忠明）

举行供现代重工200万吨厚板庆祝仪式 12月22日，宝钢股份在厚板部举行累计供应韩国现代重工集团（简称“现代重工”）200万吨厚板庆祝仪式。（胡忠明）

实现5毫米薄规格钢板商业供货 2014年，厚板部从全流程的角度梳理薄规格钢板的生产流程，从材料设计、生产组织、质量管控、团队组建等方面进行梳理、整合，形成薄板全流程生产组织方案，强化工序间协同，改善投料比、成材率等各项指标，有效提升薄板制造能力，真正落实“从用户到用户”的工作思路。全年生产5毫米薄板118块、542.8吨。（胡忠明）

成功轧制复合板 2014年，厚板部将复合板定为厚板突破市场的王牌产品，并利用“产、销、研”平台开展一系列研发。以“三个替代”（替代不锈钢高成本、替代进口高成本和替代其他复合工艺）为出发点，宝钢复合板的市场定位首先从替代不锈钢着手，逐步向其他高附加值复合材推进。9月，成功轧制出复合板。年底，“复合轧制技术及其应用”项目立项。（胡忠明）

质量体系能力建设 2014年，厚板部以重点合同产品为抓手，立足现场过程管理，聚焦关键生产过程，先后建立并完善管线钢项目及焊管用钢的控制计划。强化质量体系的运行与监控，全年厚板废品、次品、降级品（简称“废次降”）降为4.39%，低于宝钢股份4.6%的年度目标值。（胡忠明）

拓展余材利用渠道 2014年，厚板部从源头跟踪产品质量原因脱合同率，并与炼钢厂、制造部形成多个质量缺陷改进虚拟团队，为管线钢探伤不合、钢板轧制边线、高强钢板火切裂纹等缺陷发生率的下降作出了贡献。全年，管线钢余材带牌号销售量5700余吨。同时，结合管线钢产量的提升，拓展管线钢余材的利用渠道，实现余材充当期货39372吨。（胡忠明）

高强度钢板实现商业化供货 2014年，采用直接淬火或直接淬火+回火工艺开发的高强度钢板Q890CFD，实现批量商业化供货。厚度规格从40毫米拓展至70毫米，可以满足用户对高强度钢板的需求。（胡忠明）

成功研发宽度4.5米锯片钢 2014年，厚板部为满足用户对超宽幅锯片钢的需求，改变国内长期依赖进口的局面，成功研发国内最大宽度4.5米的锯片钢，钢板的力学性能满足用户需求，年内实现小批量商业化供货。（胡忠明）

耐磨钢试制取得突破 2014年，厚板部采用DQ工艺试制的B-HARD系列耐磨钢，厚度规格覆盖12毫米—50毫米。（胡忠明）

高强船板实现首次国产化供货 2014年，厚板部成功开发并完成产品认证的厚88毫米AH32-EH40高强船板，突破大厚度钢板心部强韧性能的关键轧制控制冷却技术，提升宝钢特厚规格产品的组织性能控制水平，获得国内外知名造船公司高强船板订单共1478吨。该产品填补国内空白并出口海外市场，为宝钢拓展超大集装箱船用高端大厚度船板的国产化应用奠定了基础。（胡忠明）

F级（-60℃）船板国内领先 2014年，宝钢股份是国内唯一能批量供应厚规格F级（-60℃）船板的企业，在国内处于领先地位。该产品性能稳定，全年供货量稳定在3000多吨。（胡忠明）

高止裂专用船板钢性能国际领先 2014年，厚板部对EH40、EH47级高强船板的断裂韧性性能进行试验评价。采用大型双重拉伸试验，

2月11日，宝钢股份厚板部员工在检查钢板质量（姜为强 摄）

完成了80毫米厚EH47的高止裂性能指标的评价检测。结果显示，宝钢股份EH47船板是国内首家具备满足高止裂性能要求的超大集装箱船用高端钢板，达到国际领先水平。（胡忠明）

高端船板实现首次批量供货 2014年，厚板部生产的高端船板实现首次批量供货。其中，国外造船公司首次采购试用EH40（80毫米）、EH47（80毫米）等船板48吨；青岛海洋工程有限公司首次采购EH420-TM、EH460-TM船板。（胡忠明）

海洋平台悬臂梁滑道用钢首次供货 2014年，厚板部通过对国内外EQ系列钢板的对比分析，以及技术攻关，实现了自升式海洋平台悬臂梁滑道用钢EQ70的首次国产化应用，巩固了宝钢海洋工程用钢在国内的领先地位。（胡忠明）

开发核电站安注箱用复合板 2014年，厚板部针对国内核电站安注箱用复合板市场需求，通过与相关单位的技术交流和研发，首次生产150吨CAP1400核电站安注箱用复合钢板。（胡忠明）

核电站安全壳用钢实现整体接单 2014年，厚板部与山东核设备制造有限公司进行多次技术交流，签订《压水堆示范工程CAP1400核电站安全壳用钢供货技术协议》。通过产销研的努力，实现CAP1400核电站二号安全壳用钢的整体接单。宝钢将在压水堆示范工程CAP1400核电站实现SA738Gr.B钢板的全规格供货。同时，宝钢将承接10：1模拟安全壳用钢的生产合同，该合同钢板最小厚度5.5毫米。（胡忠明）

球罐用钢接订量创历史新高 2014年，在球罐用低焊接裂纹敏感性高强度钢板市场竞争日趋激烈情况下，宝钢股份科研项目团队积极开展技术营销，与多家设计单位进行技术交流，将厚板部生产的球罐用钢作为工程项目指定用钢之一。全年，球罐用钢接订总量为12663吨，创历史新高。（胡忠明）

硅钢部

至2014年底，硅钢部在册员工1373人。下设一分厂、二分厂、三分厂、四分厂、五分厂、设备管理室、能介车间、生产管理室、技术室、质检站、办公室，共11个部门。

全年累计完成产量149.5万吨。其中，取向硅钢33.25万吨，无取向硅钢116.25万吨。实施宝钢股份级降本增效项目6项，实现降本增效4.51亿元。

年内，“低温高磁感取向硅钢制造技术的开发与产业化”获国家科技进步奖一等奖，“高等级无取向硅钢制造技术的开发与产业化”获上海市科技进步奖一等奖。（周坚松）

宝钢股份推出“硅钢三年引领计划” 2014年，宝钢股份以提升硅钢制造能力和市场能力为抓手，以求突围，推出自2014年起的“硅钢三年引领计划”，构建世界一流硅钢品牌。3年内，力争使宝钢硅钢综合技术水平全面赶超标杆企业，主要经济技术指标行业领先，多项技术和新品世界首发，建立领先的用户使用技术研发能力。同时，调整市场定位，更加聚焦高端市场，提升质量控制能力，力争使取向硅钢产品和无取向硅钢产品的高端市场占有率大幅上升。通过优化工艺流程，推进各工序技术降成本，带动全流程成本降低，提升产品竞争力；通过强化技术服务、技术营销和用户维护等，使宝钢成为与用户共同发展、备受尊重的硅钢供应商，并最终形成与第二大战略产品相匹配的盈利能力。（周坚松）

“低温高磁感取向硅钢制造技术的开发与产业化”获国家科技进步奖一等奖 1月10日，在国家科学技术奖励大会上，宝钢股份“低温高磁感取向硅钢制造技术的开发与产业化”获国家科技进步奖一等奖。宝钢制造的低温高磁感取向硅钢，产品实物质量达到国际先进水平，填补国产超高压变压器铁芯材料空白，产品技术性能完全达到要求。宝钢取向硅钢还先后通过瑞士ABB公司、法国阿尔斯通、德国西门子等世界著名公司的认证，产品出口至日本、韩国、德国、美国和意大利等18个国家和地区。（周坚松）

“硅钢用户大讲堂”开讲 3月24日，“硅钢用户大讲堂”开讲。为实现企业与用户需求的无缝对接，促进现场员工与用户的交流沟通，增进宝钢与用户的情感，硅钢部策划了“硅钢用户大讲堂暨硅钢产品使用技术系列讲座”，邀请用户走上讲台，授课范围选择硅钢产品最主要的下游应用产业和代表未来发展方向的产业。（周坚松）

“高等级无取向硅钢制造技术的开发与产业化”获上海市科技进步奖一等奖 4月1日，在上海市科学技术奖励大会上，宝钢股份“高等级无取向硅钢制造技术的开发与产业化”获上海市科技进步奖一等奖。宝钢成功开发出国际先进水平的高等级无取向硅钢工艺技术，并形成核心技术群，实物质量达到国际先进水平。高牌号产品通过国务院三峡工程建设委员会办公室组织的专家评审，成功应用于三峡工程77万千瓦大型水力发电机组。高效系列产品大量应用于高效空调压缩机，占据代表技术发展方向的直流变频压缩机市场半壁江山。（周坚松）

宝钢股份获“东方电机优秀供应商”称号 6月，宝钢股份获“东方电机有限公司（简称‘东方电机’）2013年优秀供应商”称号，成为获此称号的唯一钢材供应商。宝钢股份紧紧围绕“以客户为中心”的服务理念，在商务与技术服务、资源保证、供应链优化等方面为东方电机提供优质服务，得到用户的充分肯定。（周坚松）

向特高压变压器厂商供货 7月，国家电网淮沪1000千伏输变电项目招标前期，宝钢股份同特变电工沈阳变压器集团有限公司技术中心确立产品各项性能要求。中标后，宝钢股份在20天内完成全流程交货。12月，用宝钢股份取向硅钢制成的铁芯，应用于淮沪1000千伏特高压变压器。（周坚松）

设备维护管理 2014年，硅钢部组织完善点检标准，落实季节性设备运行方案，开展全员生产维修（TPM），推行设备功能精度的日常维护，提升设备管理水平。全年，硅钢部主作业线故障时间比目标值降低39.58%，重要作业线故障时间比目标值降低30.5%。（周坚松）

节能减排取得良好效果 2014年，硅钢部组织开展能耗源及控制措施梳理评审，共补充辨识能耗源85项，修改控制措施11项；推进节能项目16项、环保类项目2项，进一步提升了绿色制造水平。全年，硅钢工序能耗比目标值降低9.5%。（周坚松）

开展“微信管理” 2014年，硅钢部利用微信平台，开设以“美哉硅钢”为代表的工作群，高效沟通，逐步形成“人人都是检查者、人人都是责任者、人人都是整改者”的良好氛围，促进自主型员工队伍培育。全年，“美哉硅钢”参群人数为473人，上传信息2.5万条。“微信管理”逐渐形成了自查自纠、协同配合、快速响应、管理者示范、闭环验证、经验共享、问题探讨、全员行动的氛围，成为一种管理文化、一种工作方式、一种“硅钢风尚”。（周坚松）

建立“标准化作业管理者巡检路线图” 2014年，硅钢部绘出总里程55.5千米的由11条主作业线组成的23条网格化“硅钢部标准化作业管理者巡检路线图”，分类细化安全检查专线、备件定置点专线等巡视路线，明确操作室、卫生间、油脂点等巡视站点以及检查标准。年内，部级管理者共72人次参与标准化作业现场巡检，发现并协调解决问题104项；各分厂承接建立分厂巡视路线图，每月开展巡检。（周坚松）

冷轧厂

至2014年底，冷轧厂在册员工1935人，下设轧钢一分厂、轧钢二分厂、涂镀一分厂、涂镀二分厂、涂镀三分厂、涂镀四分厂、镀锡分厂、精整分厂、能介车间、磨辊车间、设备管理室、质检站、湛江工作组、冷轧升级改造项目组、生产技术室、技改组和厂部机关。

2014年，冷轧商品材交库量712.54万吨，超计划22.61万吨。其中，独有领先产品501.39万吨，占比交库量70.37%。

年内，冷轧厂完成专利29.98件、技术秘密131.35项；取得现场改善效益6700万元；新试产品45.23万吨，新试产品毛利5.229亿元。“冷轧热镀铝锌机组核心工艺与成套设备研究开发项目”获冶金科学技术进步奖一等奖，冷轧技能专家王康健被评为“上海市劳模年度人物”。（王　昊）

推进技术改造 2014年，冷轧厂完成技改项目实物交接20项，交工验收17项，竣工验收14项。3月5日，2030冷轧综合改造项目开工，主要项目包括新增单机架机组、热镀锌机组改造、酸洗机组改造等。（王　昊）

完成四班二运转切换 4月25日，冷轧厂顺利完成四班二运转切换。切换前，冷轧厂做了大量的筹备工作，包括全体员工调查问卷、岗位劳动强度排摸、操作员工技能要求探索等，并制作以后勤服务为主题的《2014冷轧厂班制切换服务手册》，保证了切换工作的顺利完成。（王　昊）

试制成功TWIP钢 5月6日，冷轧厂C122（中试）机组首次试制成功孪生诱发塑性钢（TWIP钢）。至此，宝钢超高强钢系列产品再添一名新成员，宝钢也成为全球率先实现水淬热镀锌产品在线生产

12月16日，宝钢生产线上首台无人化行车在1730冷轧热负荷试车（鲍　棱　摄）

的企业。（王　昊）

无人化行车热负荷试车　12月16日，宝钢生产线上首台无人化行车在1730冷轧热负荷试车。标志着冷轧厂在智慧制造和工业4.0方面迈出了坚实一步。（王　昊）

重点产品增产　2014年，冷轧厂汽车板合同总量402.8万吨（含热轧酸洗产品），同比增长8.8%。电镀锌外板合同量激增30%，具备支撑宝钢股份年产603万吨汽车板目标的能力。高强钢产量143.96万吨，同比增长16.67%，80千克级及以上超高强钢产量17.99万吨，同比增加111.9%。（王　昊）

支撑湛江钢铁建设　为保证湛江钢铁2030冷轧单元、1550冷轧单元在2016年顺利投产，2014年，冷轧厂周密策划，整合资源，有序推进对湛江钢铁的支撑工作。至年底，冷轧厂累计派出骨干人员79名；在冷轧厂进行岗位培训的湛江钢铁44名操作工通过上岗考试，30名设备维护人员取得点检资格证。（王　昊）

以用户需求驱动内部改进　2014年，冷轧厂以用户需求驱动内部改进，通过建立蓝、黄、橙、红四级可视化管理模式强化预警效果，根据用户感知级别及趋势预判启动不同对策和预案。全年异常材发生量同比下降36%，产品用户满意度91.63分，稳步提升。（王　昊）

深化外包业务管理　2014年，冷轧厂启动行车管用养修业务切换推进工作。（1）9月1日，1730冷轧单元行车管用养修业务正式切换；11月1日，1420冷轧单元行车管用养修业务正式切换，均实现平稳过渡。（2）优化运保业务，将机械运保与值班保驾合并，重点对运保的管控模式进行调整，最终形成“运保、值班保驾二合一及双重管控方案”。（王　昊）

获奖情况　1月，宝钢股份“基于极薄钢制两片罐高精度厚度控制要求的综合性质量控制方法及应用”项目获得上海市质量协会颁发的质量技术奖二等奖；8月，冷轧厂“极薄钢制两片罐的生产控制技术”项目获第二十六届上海市优秀发明选拔赛优秀发明金奖；11月，王康健、瞿培磊、李山青、郑涛的“一种自调节窄搭接焊机控制系统及焊接工艺”和陈杰、王康健、梁力平、钱高展、郑涛、王晓峰的“不同种类润滑油的同步供给系统”项目分别获第八届中国国际发明展览会“发明创业奖·项目奖”金奖、银奖。（王　昊）

冷轧薄板厂

至2014年底，冷轧薄板厂在册员工531人。下设轧钢分厂、涂镀分厂、能源车间、生产技术室、设备管理室、办公室。全年完成产品交库量70.58万吨，完成DR材（二次冷轧产品）涂镀产品18.8万吨。

年内，冷轧薄板厂涂镀分厂镀锡机组甲班获“2013—2014年度上海市青年文明号”；能源车间电气点检自主管理小组获“上海市优秀质量管理小组”称号。（刘　蓉）

DR材产量创历史新高　2014年，冷轧薄板厂生产DR材涂镀产品18.8万吨，创历史新高，提升了宝钢DR材的市场占有率。（刘　蓉）

综合成材率明显提高　2014年，冷轧薄板厂稳步实施成材率专项推进工作，重点推进酸洗剪边量优化、轧机头尾板形改善、涂镀机组中间库无委托卷利用等工作。各机组内部细化了成材率对标日分析，借助计划值系统开展数据深度挖掘，钢卷切头得到有效管控。综合成材率达到92.1%的历史最好值。（刘　蓉）

6月17日，宝钢股份冷轧薄板厂举行员工操作比赛（陆非然 摄）

电厂

至2014年底，电厂在册员工人数379人。下设办公室、生产技术室、设备管理室、发电管理室、发电分厂、公辅分厂、治安保卫大队。

2014年，电厂共发电87.94亿千瓦时，较上年下降2.26%；供汽13.9万吨；消耗煤气78.13亿立方米，折合标准煤93.5万吨。（高　薇）

二号机组进行综合改造 3月4日—6月3日，电厂实施二号机组综合改造工程。此次改造在总结一号机综合改造的经验基础上，在工程质量、安全、进度等方面有了全方位的提升。工程比宝钢股份初步设计批复工期130天缩短了38天，多发电1.87亿千瓦时，减少倒供电，产生效益4929.75万元。6月11—18日，二号机组综合改造工程完成168小时连续满负荷考核。（高　薇）

通过电力安全生产标准化一级企业评审 9月10—15日，由北京中安质环技术评价中心有限公司组织的电力安全生产标准化达标评审专家组对电厂进行了现场查评。专家组依据《发电企业安全生产标准化规范及达标评级标准》，从安全生产目标、法律法规与安全管理制度、生产设备设施、作业安全、技术资料管理等多方面入手，对电厂发电机组、输煤皮带、脱硫装置、化学制排水等系统进行了检查评估。评审组一致认为，电厂符合电力安全生产标准化一级企业的要求。（高　薇）

制造管理部

制造管理部主要负责宝钢股份的体系管理；公司生产物流、技术质量规划、计划管理；公司企业标准管理；产品生产工艺设计管理；周以下生产计划管理；公司生产管制；金属平衡和在制品库存管理；原燃料（含废钢铁）管理；生产物流、技术质量绩效管理；总部应急预案和生产、质量事故管理；检化验监督管理；标准化作业检查；钢铁产品生产许可证认证管理。下设办公室、生产技术管理室、标准管理室、原料管理中心、炼钢管理室、薄板室、薄板二室、薄板工序质量室、薄板产品设计室、厚板管理室、生产管制中心、品质检验管理室。至2014年底，制造管理部有员工316人。（许胜利）

提升“三脱”品种钢生产能力 2014年，宝钢股份直属厂部除硅钢品种钢、电池壳钢、军工钢和部分顶级高强钢外，均采用单渣法生产。单渣法生产降低了对铁水的要求，释放了铁水“三脱”（脱硅、脱磷、

9月5日，宝钢股份电厂员工在进行点检作业（刘　杰 摄）

脱硫)处理能力。全年,“三脱”钢种生产为417炉/月,较上年提升58.6%。(许胜利)

提升连铸能力 2014年,宝钢股份直属厂部从提升热轧侧压量、减少单双飞次数、镀锡板互供料拓展等方面开展工作,1580热轧和1880热轧侧压量均提高10毫米以上,合同结构和生产计划优化的单双飞次数均减少5次/月以上;梅钢公司1420/1220产线生产950毫米以下板坯达到4800吨/月以上,全年连铸产能最高达到131炉/天。(许胜利)

提升机清生产能力 2014年,宝钢股份直属厂部加强炼钢计划与机清相关检修计划的协同策划,优化机清改钢坯的转用充当规则,持续推进非机清试验,并开发二炼钢板坯回退功能,释放二炼钢机清后出库瓶颈,机清月均能力从2013年的15万吨/月提升至15.63万吨/月。(许胜利)

提升手清生产能力 2014年,宝钢股份直属厂部在二炼钢机清在线辊道改造完成后,实施1880热轧板坯库切割场搬迁、1580热轧和1880热轧共管区板坯回退手清等措施,缓解二炼钢手清板坯出库压力。前8个月,二炼钢手清从188块/天提高到219块/天。针对一连铸技改、机清年修、新建机清设备和2050热轧技改等对1930连铸生产物流的影响,采取提升手清生产能力和不同阶段下的板坯出库应对措施,解决机清设备建设期间的库容量偏小、板坯下线与热送之间的矛盾。(许胜利)

破解生产瓶颈 2014年,宝钢股份直属厂部为提升热镀锌机组有效产能、减少机组品种切换,优化生产组织,年内实现热镀锌资源交库量189.15万吨。开展C311机组外板拓展工作,年内交库量8.31万吨,环比增加5.77万吨,提升幅度227%。推进主工序直接出成品,精整外板机组月均有效产能从2013年的6.48万吨提升至7.97万吨。利用高强钢剪切中心产能,拓展热镀锌烘烤硬化钢(BH钢)外板精整分流,实现烘烤硬化钢外板月分流2380吨。拓展C101机组酸洗商品材5.8万吨,缓解C401机组产能瓶颈。全年,汽车板外板产量提升16.9%,冷轧超高强钢产量提升102%。(许胜利)

6月13日,宝钢股份钢管条钢事业部在进行设备检修(刘　杰　摄)

提升合同交付能力 2014年,制造管理部加强合同前期评审力度,强化按产线、按合同时序生产的组织原则,确保当月合同优先供料。调整取向硅钢和高牌号取向硅钢生产,完成1万吨备料计划。推进小欠量合同归并产线生产、按预测组织生产和烘烤硬化钢首炉生产试验,减少无委托合同生产。加快异常材处置,优化无委托板坯的匹配。建立合同余材“蓄水库”,消化冷轧成品小卷余材1.85万吨。全年合同完成率96.10%,较2013年提升0.35个百分点。(许胜利)

年修和技改期间生产组织 2014年,宝钢股份直属厂部针对四号高炉炉缸大修、一连铸技改及二连铸同步停机、2050热轧等系列年修与技改导致的物流量不匹配和物流复杂等情况,提前策划,确保汽车板资源,合金化热镀锌外板、广州本田汽车板及部分高强钢品种备坯12万吨、备卷5.8万吨,窄规格、高强钢小炉次和硅钢备料1万吨,三连铸插铁板连浇及单双飞炉次提前生产,提前策划模铸7炉/天的生产组织及相关锭模准备,统筹策划制订年修机组限产计划与供料方案,加强对物流运输的管控,实现了生产组织平稳有序和整体物流顺畅。(许胜利)

推进工序质量管理 2014年，制造管理部推进工序质量管理向用户端延伸和向现场“落地”，提升用户需求识别与产品设计能力，完善产品放行方案，不断提高缺陷跨工序阻断、缺陷识别分离和源头改进能力。聚焦汽车外板、冷轧超高强钢等产品，开展跨工序协同攻关改进。就合金化热镀锌汽车外板斜条纹、C008机组边部起筋、彩涂全硬钢牛排印、C202机组来料边浪、C512机组厚板边浪、超低碳钢（IF钢）外板机清沟等，开展多批次正向验证及反向调查，年内完成产品缺陷、识别、分离、阻断案例23个。 （许胜利）

完善批量缺陷评估和工序供料标准 2014年，制造管理部重新完善批量及重点缺陷评估方法，按5个级别对批量缺陷及采取的措施进行评估和管理，减少批量缺陷发生量及发生次数；完善了合金化热镀锌外板板坯、热轧卷放行标准，冷轧向热卷封锁标准和二次判定标准，将原有热轧卷钢质分类标准细化为特别严重、严重、中等和轻微4个等级，提高钢质返修挽废的有效性和合理性；完善了彩涂钢、罩式炉向普冷产品的钢质封锁标准和边部缺陷放行标准。年内，完善工序间供料标准17项，优化过程控制标准19项。 （许胜利）

完善用户需求及抱怨快速解决机制 2014年，制造管理部进一步完善用户抱怨分级分层管理，强化异议原因分析、质量判定、整改措施制定、整改验证的管理。以镀锡板、氟碳彩涂脱漆、酸洗黄斑、热轧翘曲等典型质量问题为抓手，强化质量工艺变更的策划和验证，严格标准化作业，按过程潜在失效模式和控制计划的思路开展质量异议整改有效性验证。构建工序一贯分析改进应用系统，提升缺陷工序分离及成因分析效率，实现选定产线全线贯通，缺陷查询、缺陷传递、精整回放、移动终端应用四个基本功能上线。 （许胜利）

推进包装物流质量管理 2014年，制造管理部制订了提升包装物流一贯质量管理体系推进方案，修订《钢铁产品包装物流质量管理程序》，明确各部门职责，新增包装方式、材料等变更流程以及包装外观质量判定、返修流程，补充规定包装物流匹配性评审。编制冷轧产品包装外观缺陷图谱，为工序间包装质量确认和异常处置提供操作依据。修订《BQB400–2014版包装标准》，完善了《宝钢产成品吊装储运标准》。通过专项推进，出厂后物流运输质量得到明显改善。 （许胜利）

提升镀锡镀铬产品质量保证能力 2014年，制造管理部制订提升出口产品质量管理体系能力推进方案，明确推进目标和管理举措。通过对18家战略和潜在战略用户57个用途代码的全面梳理，收集整理用户需求，强化用户需求把握能力。对新用户、新用途、新规格、新产品等合同实行首席工程师和技术助理共同评审，实现从源头管控，提高产品设计准确性。为实现过程稳定控制，对现场作业与技术规程、技术规程与工艺规程的一致性进行梳理，形成有效统一的标准，并严格执行落实，以确保用户端使用稳定。 （许胜利）

推进厚板集约化柔性制造 2014年，模铸产线解决了锭模系列化、一炉多锭型、免烫模等长期制约模铸产线柔性化的难题。连铸开始实施厚板异钢种连浇，年内单浇次数减少至50次，减少了58.7%，连浇炉数提高到3.61炉，提高了5.56%。策划容器钢小合同由宝钢特钢有限公司冶炼、厚板产线轧制，薄窄规格厚板产品由热轧厂轧制、厚板产线进行热处理等跨产线生产模式，提高了产线的柔性制造能力。年内，厚板废次降率好于目标值0.14个百分点，成材率为90.10%，较2013年提升0.06个百分点；实现降本增效8274万元。 （许胜利）

推进与梅钢公司互供料工作 2014年，制造管理部细化与梅钢公司互供料的标准，加大缺陷改进力度，热卷边裂返修率从1.44%下降至0.43%，侧导板边损和吊运损伤等明显改善。年内，梅钢公司向宝钢股份直属厂部供料162万吨，废次降发生率从4.25%下降到2.49%。（许胜利）

提升用户需求识别能力 2014年，制造管理部建立了《用户需求识别表》，规范用户需求识别，提升用户需求识别能力。围绕合金化热镀锌外板、防弹钢等20个产品，开展用户需求识别应用，完善用户需求解析和产品特性放行设计。围绕炼钢中间包结晶器波动、热轧卷取、厚板热处理、冷轧锌锅等重点生产过程，开展产品质量策划应用，生产过程的稳定性进一步提升，缺陷改判率进一步下降。 （许胜利）

开展合金化热镀锌外板缺陷攻关 2014年，制造管理部重点开展过程指标与后工序钢质缺陷对应关系研究,以及热轧“黑线”缺陷与成品钢质缺陷的对应性和缺陷演变规律研究,优化热轧断面曲线控制和封锁标准。合金化热镀锌外板钢质缺陷改判率和热轧缺陷改判率分别较2013年下降2.56个百分点和0.9个百分点,合金化热镀锌外板成材率为76.59%,比2013年提高0.99个百分点。(许胜利)

优化超高强钢生产工艺 2014年,宝钢股份直属厂部控制炼钢生产中的氮含量,锯齿裂缺陷发生率由2013年的7.86%下降到2.69%。控制卷取温度均匀性和卷筒内冷水,使C502机组轧制厚度波动封锁明显下降。优化除鳞管理模式,消除热轧红铁皮对冷轧向高硅成分体系相变诱导塑性钢和高强度高塑性钢色差、锌点突出缺陷。加大卷取张力控制,改善扁卷的缺陷。降低热镀锌等钢种入锌锅温度,表面鸡爪印、锌点凸起改善取得阶段性进展。改进冷轧高强钢工艺,双向性能检测合格率提高。优化厚规格热镀锌退火工艺,解决了炉内跑偏难题。冷轧超高强钢成材率为86.47%,较2013年提高0.07个百分点。(许胜利)

改进电镀汽车外板丝斑缺陷 2014年,宝钢股份直属厂部聚焦板坯加热和除鳞等关键工序开展相关试验,明确热轧不同除鳞位置对丝斑的影响。1880热轧电镀汽车外板出炉温度从1190℃降低到1170℃,同时实现了粗轧七道次全除鳞,5—12月,月均1.3万吨,1880热轧电镀汽车外板丝斑缺陷稳定受控。(许胜利)

提升OA产品成材率 2014年,宝钢股份直属厂部开展供料制程、退火板形貌、缺陷样板表面分析等工作,对拉丝纹缺陷进行工序分离,跟踪评价闪镀镍设备改造及修复,缺陷已基本受控。高导电率耐指纹板(OA)成材率86.3%,较2013年提高1.7个百分点。(许胜利)

提高热轧酸洗产品稳定性 2014年,宝钢股份直属厂部优化热轧酸洗生产工艺,S550MC牌号产品的用户冲压开裂率降低至3%;试制出满足副车架冲压要求的S420MC牌号产品;SPH440牌号产品的扩孔率由40%提高至60%,消除用户冲压开裂现象。年内,酸洗产品的性能改判率降低到1.1%。(许胜利)

提升厚板产品质量 2014年,宝钢股份直属厂部的核电钢、球罐钢系列、汽包钢系列性能取得较大改善。壳牌管线钢探伤不合格率明显改善,稳定批量供货22万吨。出口印度的厚壁管线钢,制管后的性能及表面质量等全部符合钢管交付要求。批量生产澳大利亚管线——APA和JEMENA项目用管线钢,成材率分别为91.93%和92.33%。向俄罗斯亚马尔项目供应S355ML产品2.4万吨。“不锈钢+碳钢+不锈钢”三层异质复合的电梯面板进入批量生产。(许胜利)

推进汽车板等品种认证 2014年,宝钢股份直属厂部的酸洗产品——HR300LA、HR500LA、HR550LA牌号通过福特汽车公司认证;完成长城汽车公司BR600/780HE产品认证;980DP、1300MS产品通过通用汽车公司的认证;完成大众集团旗下西班牙SEAT汽车公司HC260LA、HC340LA、DC06等钢种数据包及样板认证;完成南非丰田汽车公司SPFC590认证。(许胜利)

推进金属平衡 2014年,制造管理部建立并发布公司统一、规范的金属物料代码体系,初步建立金属平衡的系数标准与体系。策划公司金属平衡信息系统并部分实施。策划形成覆盖原料堆场的炼铁区域金属平衡方案,原口径下炼钢区域金属平衡盈亏率缩小近10倍。新增炼钢厂内废钢、合金库存数据管理,建立新口径下的炼钢厂金属平衡系统。围绕炼钢区域,含铁固体废弃物资源建立起3个100%管理体系。炼钢贵重金属平衡盈亏有所改善。完善废钢回收、加工、库存与使用的全过程管理。策划形成炼钢区域部分含铁固体废弃物的价值利用方案。(许胜利)

推进铁水一贯管理 2014年,制造管理部以铁钢基准方案会为平台,以综合成本最优为目标,滚动推进铁水一贯管理。聚焦原料与工艺技术进步的结合,聚焦铁钢联动,实现原料到钢水全流程成本最优。全年,铁水成本较预算降低75.58元/吨。(许胜利)

提升炼焦和烧结工序产能 2014年,制造管理部聚焦焦炭产能提升,提高瘦煤配比,提升焦炭成焦率;优化检修模式,提高焦炉开工率;全年焦炭产量较年计划超产3.56万吨,减少焦炭外购6.4万吨。针对烧结年修和四号高炉炉缸大修期间四对四、三对四、三对三、三对四的生产组织特点,适度备料,减少球团使用;全年烧结产量

1886.91万吨，较年计划超产36.5万吨。（许胜利）

优化原燃料使用方案 2014年，宝钢股份直属厂部的进口低价主焦煤配比为1.75%；通过开发和提升瘦煤配比，使配比达到5%；进一步降低焦炭的灰分和硫分，改善焦炭内在质量，促进高炉煤比稳定；全年的冶金焦率为77.03%，好于年度目标0.7个百分点。（许胜利）

完善有害物质管控体系 2014年，制造管理部在ISO9001体系的基础上，按照QC080000标准要求，系统完善有害物质管理体系。新修订《限制或禁止使用的有害物质风险评估和控制管理程序》等3个文件。对有害物质控制要求进行收集，并对产品及涉及物资进行系统的风险评估，制定产品及采购物资有害物质控制清单。将有害物质控制要求传递给供应商，要求供应商提供有害物质符合性证明材料。确保产品满足法律法规和用户要求，实现有害物质管理体系认证一次通过。（许胜利）

开展标准化作业巡检 2014年，制造管理部策划实施针对全流程，面向质量体系各部门的标准化检查。年内，共完成10次专项检查，发现问题97项，提出改进建议52项。同时，与各厂部对发现的问题进行深入交流和沟通，共同探讨解决方案，开展整改措施验证，实现“PDCA”（计划、实施、检查、处理）闭环管理，促进现场作业标准化水平的提升。（许胜利）

开展产品审核 2014年，制造管理部共完成冷轧、热轧、热轧酸洗、热镀锌、电镀锌、电镀锡和电镀铬七大类产品的公司级产品审核。审核组结合用户抱怨、质量异议、生产工艺及设备状态等，适时开展产品审核、抽取样本。此外，还针对质量设计、检验过程、包装、标记、质量证明书等各个环节，对公司的标准实施情况进行监督检查。所抽查产品的外观、尺寸、外形、性能、包装和标识、检验文件等均符合规定的要求，标准的实施情况良好，发现的问题及时进行了整改。（许胜利）

开展湛江钢铁生产技术准备 2014年，制造管理部策划并完善湛江钢铁的生产技术准备，从九大专业分解形成70个生产准备推进项目。牵头组织湛江钢铁生产准备例会，推进编制并发布公司第一版《生产准备大纲》。启动质量管理体系建设，明确了质量管理体系认证目标，推进工艺规程优化工作。策划湛江钢铁产品定位及一贯制工艺方案，初步确定热轧、酸洗、普冷、热镀锌等产品一贯制工艺方案。策划品种拓展计划，具备生产条件的品种投产6个月后形成稳定批量供货能力。策划产品认证计划，形成初步认证方案。形成低成本配煤配矿初步方案，推进检化验配套工作。策划“15.9”（2015年9月）铁钢开工方案和互供料拓展验证方案，全面启动管控中心建设。（许胜利）

设备部

至2014年底，设备部在册员工604人。下设办公室、设备管理室、检修管理室（设备管制中心）、备件管理室、合同管理室、设备准备室、固定资产管理室、计量室、设备技术室、冶炼室、轧钢室、通信室。（苏　浩）

设备管理 2014年，宝钢股份11项设备管理重点指标全部达标。（1）组织开展设备分层分类、全员生产维修（TPM）推进、功能性协力业务的优化及推进等业务。（2）设备管理系统（EQMS）功能优化完善，主要包括节能环保设备管理、行车管用养修类设备管理、湛江钢铁设备系统移植功能上线、轧辊系统二期功能开发并覆盖湛江钢铁等。（3）设备部在设备技术和设备管理等专业领域，为宝钢集团下属子公司提供大量技术支持、专业诊断和现场服务，实施支持项目9项，结题3项。（苏　浩）

点检管理 （1）开展点检行为规范检查推进。2014年，设备部通过常态化的持续推进及检查通报，点检行为偏差逐月下降，点检员作业规范合规率94.27%。以设备故障为触发点，对现场设备点检、日常维护与管理是否到位等方面开展现场设备管理专题调研及检查，从点检计划执行、点检标准完善、故障溯源管理、备用设备管理、各厂部如何跟踪管理等7个方面进行评估，形成调查报告及整改建议。（2）梳理点检标准。明确16.34万条点检标准的实施单位，清理系统中不再使用的点检标准9.38万条，修订点检标准5.76万条，数据缺失完善3.17万条，完善点检标准42.18万条。完成点检负荷调研报告，从写实跟踪及静态数据等维度对点检负荷作出较客观的分析，为进一步优化点检配置、提高劳动效率奠定基础。（苏　浩）

维修成本管理 （1）强化基础管理，有效控制成本。2014年，设备部通过重点评价各厂部维修费用的“管控节奏”“可比口径的降成本幅度”及“专项投入基础管理的规范性”，实现了维修投入指标受控，全年可比口径维修费降幅高于公司评价的目标（3%）。（2）深度数据挖掘，细化分类管理。针对严峻的“安全、节能、环保”形势，以及产品拓展等影响维修投入的重大变化要素，设备部通过对维修投入分类要素的识别及深度数据挖掘等举措，实现对“安全、环保、节能、产品拓展”等分类维修投入的系统梳理与统计分析，有效提升设备维修成本的精细化管理及支撑管理决策的能力。 （苏 浩）

检修管理 （1）2014年，设备部组织完成设备定修670次，累计时间为26538.7小时，减幅4.5%，为公司创效益7037.9万元。（2）按计划组织完成烧结、连铸、冷轧、热轧、厚板、电炉、初轧、线材等39次主作业线与重要作业线的年修（改造），合计年修（改造）时间为12854.8小时，合计缩短741.2小时，为公司创效益2017.3万元；组织完成86次单体设备年修，合计年修时间为306191.1小时，合计缩短2308.9小时。（3）提升检修技能，强化队伍管理。组织检修员工及检修“两长”（作业长、班组长）培训1579人次，考核合格率为97.68%，20项协同培训、43项自主培训项目均100%完成；新增焊机专业化检修、焦炉四大车及焦炉周围送风支管设备2项区域化项目；建立检修记录卡13735篇，为检修质量提供了有效的数据支撑；策划编制《设备检修作业安全实务指导书》，为进一步提升检修安全管理水平、规范管理行为、执行标准化作业提供指导与支撑。 （苏 浩）

运行状态管理 （1）2014年，宝钢股份26条主作业线月均故障248.55小时，较控制目标值下降13.09%；51条重要作业线月均故障356.93小时，较控制目标值下降20.59%；28条瓶颈机组达标率79.65%，较控制目标值上升9.65%；纳入统计范围的77条作业线设备事故成本实绩较控制目标值下降14.57%。（2）全年组织935起故障（事故）调查，针对重大事故进行专项分析，并组织三级及以上设备事故整改措施的验证工作；推进设备功能精度管理，每月定期发布有针对性的设备状态重点提示，重点加强炼钢机清、连铸区域和公司瓶颈盈利产线设备状态分析与整改措施的落实；针对事故多发产线及季节性设备状态管理工作特点，编制专题报告5篇；组织、实施设备事故实战演练，提升设备系统应急队伍、物资、装备的高效、协同和响应能力，确保设备状态的稳定。 （苏 浩）

备件管理 （1）2014年，宝钢股份直属厂部维修物料消耗（含返冲、保险理赔，不含轧辊及年修）154240万元，同比上升16175万元；备件库存实绩为76136万元（不含待摊轧辊）；利用2010年底前的库存3358万元（现值）；通过修复总包、以旧换新、末端供应商修复等举措，创效益1407万元。（2）聚焦基础管理。开展机旁备件专项检查，推进关键备件管理，推进工程遗留设备利用后续工作。推进随机备件在线管理，随机备件采购在线管理系统年底上线试运行。（3）全年国内生产品种的采购率为86.5%，降成本4824万元。领用历史项目备件，降成本2836万元。（4）通过减少轧辊事故、新材质轧辊使用等，吨钢轧辊消耗下降5.01%，降低轧辊成本3026万元。 （苏 浩）

合同管理 （1）提升合同管理业务水平。全年实现降本增效2015万元，实现单项合同按月结算及时率100%，合同过程管理规范性100%。（2）设备维修业务。全年使用检修供应商54家；使用检修分包商56家；使用备件修理供应商113家；使用维修工程设计供应商22家。（3）单项检修项目。全年宝钢股份直属厂部推进单项检修项目897项（其中维修费用口径661项、非维修费口径236项）；推进罗泾区域单项检修项目66项；与95家备修供应商签订备修框架合同，签订总包修复合同17项，完成备件修复项目结算19715项，合计涉及备件约12万件；组织推进维修工程项目361项，完成268项，项目完成率74.23%。（4）造价审计。年内，对施工造价在50万元以上的非生产性设施大修及单项检修零星项目，委托上海宝钢工程咨询有限公司进行造价审计，严把结算费用关。 （苏 浩）

设备前期管理 （1）2014年，设备部参与建设、技改项目各类审查会议685次，组织技改项目建议书审查26份、批复会签189份。同时，承担宝钢股份自主集成的建设项目、技改项目设备管理，节约前期投资1573万元。（2）提出《原料区域大修改造工程中机械设备配套减速机归并集中采购方案》，该方案的实施使原料区域的减速机型号、规格减少30%以上，供应商由原来10家减少至3家。（苏 浩）

固定资产管理 （1）2014年，宝钢股份新增入账固定资产14845项，原值82.75亿元；资产报废7492项，原值44.24亿元，净值3.02亿元；异动1155项，原值2.41亿元；处置2828项，原值22.96亿元，净值1.61亿元，处置收益1.65亿元（含三烧结）；完成闲废设备零部件利旧578项，实现利旧原值10394.42万元；归口零固审核6407项，金额1.38亿元；签订托管协议及租赁合同24份，涉及资产4863项，账面原值73.97亿元；完成非生产性设施大修79项；消防设备一次检测合格率为97%。（2）设备部开展低效、无效资产梳理，共形成527项，18.54亿元低效无效资产，提出了相关处置建议；开展空调分层、分类信息化推进工作，从全面清理实物、修订标准规范、专业培训至信息化管理方案，全流程进行管控，并于年底上线运行。（3）为追求报废资产处置效益、效率最大化，设备部推行“项目化、捆绑处置”等模式，有效地提高回收处置效率；采用“资产处置与设备拆除施工捆绑招标方式”，开展处置价值区间分析，并对回收处置成本（回收、运输、仓储、拆解等）进行对比分析，形成具有较强实践指导作用的处置价值分析报告，为公司决策提供支撑，也为以后类似处置工作，提供一种可操作的模式。（苏 浩）

计量管理 （1）2014年，宝钢股份2项最高计量标准通过上海市质量技术监督局的考核，通过政府法定计量检定机构授权考核（共授权11项）；通过中启计量体系认证中心对宝钢股份、宝日汽车板的测量管理体系监督评审；通过中国合格评定国家认可委员会的校准实验室复评审（共5大类、23个子项）。（2）完善、规范测量管理体系。全年修订《测量设备、测量过程分类管理标准》等6份管理标准，完成《装煤车秤》等21篇自编计量检校规程的修订和发布。（3）建立与质量、安全、环保、节能管理的协同渠道，建成基于设备管理信息系统的能源、安全、物流、环境计量网络图系统。（4）建立项目化的关键测量过程推进机制，确定534个关键测量过程，实施高标准和常规标准控制，确保测量的可靠性。推进54个环境检测点上监测设备的计量管理，编制完善8类环境监测设备维修技术标准。（苏 浩）

技术管理 2014年，设备部修订通用维修技术标准1篇，新增3篇；协助投资管理部编制《压缩空气站设计规定细则》。开展科研项目40项，其中宝钢股份直管项目12项，设备部管理项目28项，完成结题16项，技术降成本4008万元。全年认定技术秘密38.1项；国家专利局受理专利13.84件，创造效益190.19万元。（苏 浩）

网络通信管理 2014年，设备部完成炼钢厂主干网核心节点机房搬迁。增加防病毒系统备份机制，各类主干网终端设备升级率为95.8%；完成信息系统的分层、分类调整，制定A类系统备件配置标准；实现主干网重要节点机房的综合远程监控；合并公司内外网邮箱，实现虚拟专用网账户和邮箱账户的网上自主申请；完成供全公司程控电话交换机用电的配电系统改造；完成一炼钢铁水包吊运无线视频监控设备的投运；完成宝钢股份直属厂部42个基站的升级改造。全年实施通信设施技改项目4个、维修工程项目11个，年修项目23个。（苏 浩）

过程控制系统运行维护 （1）2014年，设备部完成年度技术规程梳理2723项，其中删除47项，新增202项，修改936项。（2）在运营维护队伍中开展技能比武，通过A、B角轮岗、操作维护人员技能比武等手段，将岗位培训和岗位“实战”操练有效结合，显著提高运营维护人员的技能水平。（3）主动关注用户需求，聚焦质量提升、新产品拓展、降本增效重点，共收集各厂部用户需求1007项，完成970项；自主承担各类过程机新建、改造项目，节约软件投资1745万元。（苏 浩）

湛江钢铁设备管理 设备部根据湛江钢铁设备管理业务方案，全面推进湛江钢铁设备系统的生产准备。2月20日，湛江钢铁工作组各室负责人到位，开始全面组织开展点检、检修、物料、资产、计量、技术管理准备工作；7月1日，湛江钢铁设备管理信息系统整体功能上线；7月31日，湛江钢铁支撑人员47人全部到位；9月10日，召开湛江钢铁设备管理研讨会，要求各相关单位统一认识、统一理念、统一管理模式和方法，确保湛江钢铁顺利投产。

（苏 浩）

能源环保部

至2014年底，能源环保部在册员工840人。下设办公室、能源

2月14日，能源环保部能源中心供配电点检作业区带教师傅在现场指导、培训湛江钢铁新员工　（姜为强 摄）

环保管理室、环保技术室、能源技术室、设备管理室、能源项目组、能源中心、热力分厂、制氧分厂、制水分厂、水处理分厂以及湛江工作组。　（李　丹）

提升能源环保管理体系能力　2014年，能源环保部完善了能源管理绩效评价办法，规范体系运行检查。开展能源管理体系专项监督检查，各生产单元能耗源控制措施和停机用能耗源控制措施效果已初步体现。由能源环保部策划的“现代企业‘三流一态’能源价值管理”项目获全国管理创新成果一等奖、上海市管理创新成果一等奖。　（李　丹）

能源成本精细化管理　2014年，能源环保部重点推进“节电、节气、节水”工作，降低能源成本4.88亿元。(1)优化能源电力、动力调度，合理调配发电用燃气供应，配合电厂做好发电工作。做好蒸汽—余热供汽—发电综合平衡，推进工序节电，落实鼓风、制氧降低电耗措施，全年较计划减少外购电10.27亿千瓦时。(2)全面梳理分析和预测氮气平衡状况，设定氮气使用总量同比下降5%的年度目标。通过组建节约氮气日常管理推进团队，对氮气用户使用和平衡情况跟踪，发现异常情况及时至现场分析原因，并重点加强高炉、转炉定修时的氮气使用监察。主要用户氮气单耗比2013年第四季度均有不同程度降低，累计节约氮气2.1亿标准立方米。通过用水管控、降低新水用量、区域节水集中推进、节约生活用水等措施，全年节约新水570万立方米。（李　丹）

环保管理　2014年，宝钢股份加强重点指标和监测数据的跟踪、差异分析和改进，加强重要污染物源头—处理—排放的全过程监控，完善异常排放闭环管理。二氧化硫排放总量较上年度减少13%。(1)开展烟气脱硫与脱硝、废水深度处理、固体废弃物综合利用等关键技术项目应用，及PM2.5(细颗粒物)、二噁英检测与防治等前沿技术的系统研究，以满足日益严苛的环保新标准。(2)完善环境污染应急预案，开展现场应急预案演练。更新编制《宝山钢铁股份有限公司环境污染突发事故应急预案》，并向上海市环境保护局应急办备案；为积极响应上海市清洁空气行动计划，编制空气重度污染天气下应急预案。(3)年内，推进宝钢股份环保在线管理平台建设，形成数据传输、报警、统计、趋势分析等一体化功能；加大环境信息公开力度，实时向社会公开宝钢空气质量数据；通过宝钢股份官网实时向社会发布重点监控排放源的环境监测数据，实时接受社会监督；更新改造现有噪声大屏，提升监测能力，监测厂区噪声对居民的影响，服务社会。　（李　丹）

固体废弃物利用　2014年，宝钢股份固体废弃物综合利用率为99.15%；固体废弃物返生产利用率为26.76%。(1)年内，推进钢渣加工中心项目及一炼钢区域钢渣滚筒改造二期项目，推进含铁尘泥固体废弃物加工中心项目建设。(2)开展钢渣加工场地搬迁、杂渣加工场地搬迁及配套场地环境整治工作。积极推进不可利用污泥用于铁质调整料的研究及试验，下半年进入工业化应用阶段，共计利用污泥20万吨。(3)开展固体废弃物金属平衡工作，实现含金属固体废弃物的全部上线计量，含金属固体废弃物的合同结算实现资源系统在线数据对接。(4)推进固体废弃物在公司内部返生产利用，同时在源头推进石灰石不水洗、炼钢少渣冶炼工艺。从源头减少固体废弃物的产生，减轻社会环境负担。　（李　丹）

绿化提升与环保项目 2014年，能源环保部跟踪推进45项环保技改项目、20项维修工程项目的实施。(1)完成三期焦炉增设推焦除尘系统、炼焦区域皮带机封闭改造(第二批)、二炼钢铁水预处理除尘系统改造、2050热轧除尘系统改造、硅钢部废水站生化系统改造、电厂一号和二号机组电除尘二步改造工程、电厂二号锅炉烟气脱硝改造、宝钢股份直属厂部空气水质自动监测二期改造、宝日汽车板废水站综合改造、梅钢公司码头配料区域除尘改造等重点环保项目建设，有效改善了区域环境。(2)编制完成《2014—2018年厂区绿化规划》，策划54个项目，绿化改造总面积370万平方米，形成厂界林带建设、"三横三纵"绿廊完善与优化、人文景点绿地建设、员工聚集区花园营造和立体绿化设施美化五个层次的厂区绿化整体提升方案。年内，重点推进厂界林带建设、主干道绿化景观提升工程，完成绿化改造面积46.3万平方米，新增绿化面积10.9万平方米。 (李 丹)

能源设备管理 (1)2014年，宝钢股份发生设备事故、故障、异常17起，其中"12·5"轧钢变跳电事故为二级设备事故。(2)全年设备维修费总投入1.33亿元。完成二号、四号氧压机和二号、四号、五号高炉鼓风机的年修及17个维修改善项目。采取"检修模型+专题推进"工作模式，完成烧结区域5条"停电难"母线的检查工作。(3)完成全部80项专用设备维修技术标准的编制。制定《煤气管道带压堵漏等检修作业管理特别规定》，使能介输送管道相关作业符合安全要求；制定《能源环保部"检修包"使用指南》《能源环保部生产协力管理工作指南》，使检修作业标准化得以进一步加强。(4)开展安全隐患排查整改，投入费用204万元，完成整改项目365项。特种设备合规性使用得以延续，完成5台锅炉、37台压力容器的法定检验，定检率为100%。 (李 丹)

能源环保技改项目建设 2014年，能源环保部在册常规技改项目总数为48项(含2015年度新增项目)。全年完成实物交接6项、交工验收6项、后评价6项，实现后评价效益489.2万元。(1)一号热电机组控制系统改造、水源高压电气系统改造项目投运，消除了设备隐患；四号高炉鼓风机脱湿系统改造完成，消除了设备隐患，确保送风质量，同时进一步降低过滤器进出口压差，减少电耗；厚板、四连铸循环水变频投运，降低了电耗，实现水泵经济运行；直属厂部空气、水质自动监测二期项目完成，为宝钢环境监测与管理提供了实时依据。(2)承担公司多项重大基建项目的配套公辅设施工程，包括四号高炉炉缸大修工程、一号连铸机改造项目等。 (李 丹)

技术创新与推广 2014年，能源环保部完成公司级科研项目10项，自管科研项目5项；实现科技降成本4452.21万元。(1)全面完成公司科技评价指标。其中，科技降成本效益、发明专利效益及发明专利比例创历史最好水平；完成公司重点科研项目——"全厂废水综合利用与深度处理技术开发"项目，部分成果已被工程改造和新建项目所应用。(2)专利受理18.33件(其中发明专利11.33件)；技术秘密认定38.2项；完成"大型高炉鼓风机控制系统改造自主集成与国产化技术""宝钢压缩空气系统节能技术集成"两个公司技术集成项目。2项专利成果分别获第八届国际发明展银奖和铜奖；1项专利获第五届宝钢"专利创意奖"优秀奖。 (李 丹)

完成43个节能项目 2014年，能源环保部通过技改、科研、维修等渠道实施完成节能项目43个，技术节能量14.27万吨标准煤，完成年度目标的142.7%。 (李 丹)

运输部

至2014年底，运输部共有员工1268人。下设办公室、运输管理室、设备管理室、工程设备接运办公室、滩涂圈围项目组、马迹山港、原料码头、成品码头、汽车大队、铁路站、船队、钢制品配送车间。

全年马迹山港完成吞吐量6031.52万吨，完成年度目标的100.5%；成品码头完成装卸总量885.08万吨，完成挑战目标850万吨的104.1%；铁路工艺线硅钢生产运行指标100%达标。实现对外作业收入4.36亿元，其中马迹山港实现社会矿接卸收入2.33亿元，船队实现对外作业收入1.07亿元。

10月，全天候码头工程竣工，当年实现月达产；实现公司级降本增效6494万元；全员(含生产作业、检修和建设技改协力)工亡事故为零，主责及以上道路交通死亡事故为零；三级以上设备事故为零，原料港机月度故障时间小于12小时；合理化建议取得经济效益7171.04万元；专利受理11.9件，技术秘密63项。

年内，运输部获第八届(昆山)国际发明展金奖1项、银奖2项、铜奖6项;获上海市第二十六届优秀发明选拔赛金奖2项、银奖6项、铜奖16项,职工技术创新成果银奖3项、铜奖8项、入围奖5项;孔利明工作室获“上海市技能大师工作室”;一项自主管理课题获2014年中国质量协会“海洋王”杯质量成果发布一等奖。运输部获2012—2013年度“上海市劳动关系和谐职工满意企事业单位”称号;运输部部长吉同祥获“2012—2013年度上海市职工信赖的经营管理者”称号;运输部船队获2013年度“上海市海上搜救工作先进集体”称号;运输部马迹山港团支部获2013年度“中央企业青年文明号”称号。(费　莎)

接管厂区道桥整体业务　1月1日,宝钢股份厂区道路、桥梁、涵洞及附属设施整体业务由运输部接管。(费　莎)

获海上搜救工作先进表彰　3月19日,在上海海上搜救中心召开的2013年上海海上搜救工作会议上,运输部船队“宝拖5号”作业区获2013年度“上海海上搜救工作先进集体”称号,“宝拖5号”轮丁班驾驶员汪国宏获2013年度“上海海上搜救工作先进个人”称号。(费　莎)

一期320吨混铁车报废更新　3月31日,随着96号新混铁车安装调试完成并投入运行,宝钢一期工程投产的18台从日本进口的320吨混铁车报废,全部由大连华锐重工集团股份有限公司制造的320吨混铁车替代。(费　莎)

出口印度管线钢在综合码头发运　4月18日,宝钢股份首批发往印度马德里港的管线钢在综合码头装载发运。2014年,宝钢与印度最大制管企业——WELSPUN公司达成X70管线钢供货协议,供货总量约9.6万吨,这是宝钢股份历史上接订的最大规模厚板管线钢出口订单。(费　莎)

汽车大队焦炭日运量创历史新高　7月27日,汽车大队在炼铁厂炼焦分厂焦处理一期系统大修保驾运输中,完成日运输焦炭5052吨,创焦炭日运量历史新高。(费　莎)

“宝洋联动”运输模式启动　8月15日,宝钢股份集装箱厂内码头装船首发仪式在综合码头举行,“宝洋联动”运输模式正式启动。“宝洋联动”模式,就是将宝钢股份的产品通过集装箱从宝钢码头驳船运至上海洋山港,然后进行集配出口装船。当日,宝钢股份首批集装箱从综合码头起吊至“集海之绣”号轮甲板,运往等候在洋山港的巨轮后出口。(费　莎)

成品码头一号、二号装船机拆除　8月20日,成品码头的一号和二号装船机报废更新拆除项目启动。这两台装船机是20世纪80年代从日本引进的桥式岸边装卸桥,已服役超过30年。拆除项目历时6天,于8月26日完成。(费　莎)

成品码头六号装船机滚装上岸　8月29日,成品码头投产以来首台更新的装船机——“成品六号”以整机滚装方式上岸就位,整个过程用时30分钟。这台新装船机为桥式岸边装卸桥,设计机距和外伸距较原成品一号和二号装船机大,更有利于装卸宽厚板产品。六号装船机采用先进的电气控制设备,具有能耗低、控制稳定、安全性高等特点。(费　莎)

汽车大队连铸坯日运量创历史新高　9月22日,汽车大队在连铸、热轧、冷轧系列大定修保驾运输中,完成日运输连铸坯1.9万吨,创连铸坯日运量历史新高。(费　莎)

8月20日,宝钢股份运输部员工在检查系缆作业(陆非然　摄)

9月11日，宝钢股份全天候成品码头施工现场（陆非然 摄）

汽车大队热轧卷日运量创历史新高 10月12日，汽车大队在连铸、热轧、冷轧系列大定修保驾运输中，完成日运输热轧卷3.8万吨，创热轧卷日运量历史新高。（费 莎）

全天候成品码头试靠第一船 10月17日，全天候成品码头试靠3000吨级船舶——“嘉华1号”轮，取得成功。（费 莎）

助力四号高炉炉缸大修 宝钢股份四号高炉炉缸大修前，运输部铁路站提前介入，提出促进生产安全和效率的设计需求，编制《关于四号高炉大修点火投产铁水运输组织方案》。高炉炉缸大修期间，铁路站成立四号高炉投产保驾小组，跟踪、协调铁路设备设施安装。11月7日，完成四号高炉投产前的准备工作。11月12日四号高炉投产后，铁路站克服翻铁57罐、铁钢生产不平衡的困难，保障了铁水运输的顺畅。（费 莎）

全天候成品码头投产 11月17日，宝钢股份全天候成品码头投产。该码头的全天候设计，开创了国内钢铁企业成品码头的先例。11月24日，首艘整船装载钢成品的“一钢物贸”轮在全天候成品码头靠泊作业，装载以宝钢钢卷为主的货物4970吨，11月25日离泊。（费 莎）

铁路装车作业模式变革 12月1日，运输部钢制品配送车间改变传统的冷轧卷、立式卷及线材铁路装车“人机配合”的作业模式和工艺，在国内率先实现铁路装车时车皮内无人的“人机分离”作业模式，消除多项危险源，提高劳动效率。（费 莎）

宝钢股份获“先进港口经营人”称号 12月22日，上海码头管理中心授予宝钢股份“先进港口经营人”称号，授予运输部部长吉同祥“优秀组织者”称号。（费 莎）

全天候成品码头实现月达产 12月，全天候成品码头完成月装卸量25.1万吨。实现当年建成投产、当年稳定月达产的目标。（费 莎）

马迹山港社会矿接卸量创新高 2014年，运输部充分利用马迹山港富余能力，拓展社会矿石中转业务。马迹山港全年社会矿接卸量1270万吨，同比增加4.81%，创历史新高，社会矿接卸收入2.33亿元。（费 莎）

成品码头年装卸量创新高 2014年，成品码头实现年装卸总量885.08万吨，创历史新高。（费 莎）

8月20日，30万吨级货轮——“博格维克”号停靠宝钢股份运输部马迹山港（陆非然 摄）

宝钢股份钢管条钢事业部

钢管条钢事业部(简称“钢管事业部”)下设电炉厂、条钢产品经营部、无缝钢管厂、焊管厂、管加工中心、质量检验站、精密钢管厂、烟台鲁宝钢管有限责任公司(简称“鲁宝钢管”)、烟台宝钢钢管有限责任公司(简称“烟宝钢管”)、南通宝钢钢铁有限公司(简称“宝通钢铁”)、宝钢克拉玛依钢管有限公司、宝力钢管(泰国)有限公司(简称“宝力钢管”)、综合管理部、人力资源部、经营财务部、监察部、营销部、制造管理部、设备能环部。至2014年底,钢管事业部在册员工4579人。

钢管事业部拥有电炉、初轧、高速线材、无缝钢管、中口径直缝焊管和大口径直缝焊管多条世界先进的现代化生产线,形成以钢坯、钢管、线材三大系列为核心的产品体系,年生产能力为350万吨钢坯、240万吨钢管、50万吨线材。钢管产品形成油井管、锅炉管、管线管和机械结构管四大系列产品;条钢产品形成初轧商品坯材、线材产品两大系列产品。产品已通过美国石油协会(API)、德国TUV公司、六国船级社等国际权威机构的认证,广泛应用于石油、化工、电站锅炉、汽车、机械、船舶、航天、军工等各个领域和行业,远销欧美、东南亚、大洋洲、非洲等国家和地区。

全年钢管事业部实现商品坯材销量272万吨,营业收入141亿元。(李　倩)

明确“规模+精品”经营思路　2014年,钢管事业部以发挥规模效应为目标,通过拓展子公司互供坯需求、产线价值机组不放空及提升瓶颈工序产能等举措,支撑电炉扩大产能规模,实现满负荷生产,有效降低工序成本;减少外委加工量,倒逼内部产线提升产能,促进管加工产线月产屡创新高;明确焊管涂层产线满产要求,旨在提升产线能力,为用户提供从制管到涂层全配套产品。(李　倩)

全面启动三年能力提升规划　2014年,钢管事业部对条钢、无缝钢管及焊管产品未来发展,进行系统而全面的策划,并分品种启动三年能力提升行动计划编制工作。钢管事业部从产品、成本及毛利等方面,构建产品发展与规划目标,明确建设技改、科研开发等各项工作的目标与节点,促进钢管事业部各职能部门与生产单元积极将方案落到实处。(李　倩)

实施差异化战略　2014年,钢管事业部聚焦高合金钢管、钻杆、特殊扣及汽车用管线棒等高附加值产品,提升差异化竞争优势。(1)无缝钢管产品聚焦超高抗挤、特殊扣等产品,围绕研发、市场拓展与现场制造,逐步推进产品结构转型。实现页岩气用特殊扣产品研发、生产和销售,对中国石油天然气集团公司西南“长宁”项目独家供货;独家开发煤层气用特殊扣产品,得到用户认可,并获得首批订单;大口径13Cr产品首次替代进口;超高韧性钻杆首次进入中国石油天然气集团公司新疆油田。(2)受汽车用钢需求带动,冷镦钢、弹簧钢、汽车圆钢及精密汽车管销量上升。初轧汽车用钢产量较上年增加1.5万吨;汽车曲轴用钢,通过产品认证并批量生产;精密汽车用管,抓住国产化替代契机,充分发挥产销研团队力量,全年销量同比提高13.8%。(李　倩)

持续提升制造能力　2014年,钢管事业部通过逐月梳理重点合同清单,辨识瓶颈工序和质量风险点,实施全流程跟踪等措施,提升合同交付能力,全年合同完成率同比提升6.6%。同时,通过与历史最优值对标,并建立完善机制,各项技术经济指标取得长足进步。全年,65.4%的技术经济指标优于2013年水平,79个指标创钢管事业部成立以来最高纪录;产品一次合格率92.3%;大方坯高碳钢中心碳偏析达到历史最好水平。(李　倩)

成本改善取得新突破　2014年,钢管事业部对标找差、深挖潜力,依靠物料降成本、高合金废钢利用、电炉主原料优化、收旧利废等措施,全年降低工序成本6.2亿元(不含焊管)。(李　倩)

开拓海外市场　2014年,钢管事业部继续开拓海外市场。(1)无缝钢管产品方面,锅炉管成功接订印度阿尔斯通公司订单;特殊扣产品首次实现批量进入印度国家石油公司,打破日本钢管企业的长期垄断;钻杆出口接单量同比增长128%,成功开发墨西哥、缅甸等新兴钻杆市场,实现超长钻杆、抗硫钻杆、高抗扭钻杆海外销售零的突破。(2)焊管产品方面,签订的土耳其跨安纳托利亚(TANAP)天然气管道项目是宝钢接订的第一条海外海底管线,表明宝钢焊管产品能与国际知名企业同台竞技。(李　倩)

强化子公司管理 2014年，钢管事业部对宝通钢铁进行改革。4月1日，宝通钢铁进入经济运行模式。7月，完成宝通钢铁员工安置与维稳工作；策划和参与鲁宝钢管股权收购的谈判，形成收购鲁宝钢管少数股东权益的决议并报批；完成鲁宝钢管和烟宝钢管的净资产审计和资产评估工作；制定《烟宝钢管三年扭亏行动计划》《行动计划蓝皮书》，实现向烟宝钢管增资20亿元。（李 倩）

深化三项制度改革 （1）2014年，钢管事业部严格执行干部绩效考核活力曲线强制分布，将干部任期制与年度绩效末位淘汰制有机结合，实行管理人员到龄退出机制。（2）严格执行长病假集中管理等要求，畅通员工离岗待聘等退出渠道，着力打造一支有激情、在状态、高素质的员工队伍。（3）在管线加工三号线实施协力业务区域化总包、试行按量计价绩效分配方式，绩效工资"明码标价"拉开差距，充分调动员工积极性，激发员工潜能。（李 倩）

提升劳动效率 2014年，钢管事业部通过自动化改造，协力业务回归，操作、点检、检验三合一，实施岗位梳理与合并等措施，提升劳动效率5.6%。（李 倩）

推进利润分享计划 2014年，钢管事业部在绩效分配上进行变革，在宝力钢管率先实施子公司利润分享计划。宝力钢管全体中高层经营管理人员参与利润分享机制，大大激励了经营团队的工作积极性，促进宝力钢管扭亏为盈目标的实现。（李 倩）

推进科技创新 2014年，钢管事业部申报专利36.2件，其中发明专利23.2件，发明专利比例为64.1%。完成知识产权、技术专题计划编制20篇。（李 倩）

推进节能减排 2014年，钢管事业部推进节能减排、清洁化生产工作，重点加强工序能耗的过程控制，重新梳理能耗源372项。全年吨钢综合能耗283.9千克标准煤，同比下降14.4%。（李 倩）

4月23日，钢管事业部管加工车间员工在进行打包作业（王 硕 摄）

贴近基层服务员工 2014年，钢管事业部着力改善员工作业、休息与就餐环境，完成无缝钢管、条钢、精密钢管和电炉食堂改造等实事工程，完成8个员工休息室以及24个厕所、更衣楼的修缮和整治；开展帮困送温暖工作，年内帮困1288人次。（李 倩）

获得荣誉 "600℃超超临界火电机组用钢管研制与应用"项目获国家科学技术进步奖一等奖；电炉厂电气设备点检技能专家金国平获"全国技术能手"称号；金国平、吴晔初的"一种轻压下辊速控制方法"获第八届国际发明展银奖，赵鹏、宋延鹏、张建伟、王鸣华、张春霞的"一种超级13Cr加厚钻杆的制造方法"，陈杰、耿伯成的"一种组合超声波探头及制作工艺"，徐根涛、孙凤龙的"旋转辊装置"，柴洪光、陈杰的"带护罩的抛丸辊道开头度调节丝杆机构"获第八届国际发明展铜奖；电炉厂的"降低圆方坯精炼炉电极横臂故障停机时间"课题，获第八届全国"海洋王"杯质量成果发布一等奖；王啸修的"一种检测钢管屈服强度的液压胀环试验装置"获冶金青年创新创意大赛企业组二等奖；无缝钢管厂轧管工具甲班孔型自主管理小组的"提高穿孔辊辊面加工合格率"获2014年"武钢杯"冶金行业优秀质量管理小组自主管理成果发布二等奖。（李 倩）

精密钢管厂

2009年7月，精密钢管厂划入宝钢股份钢管条钢事业部。2012年3月，精密钢管厂整体搬迁至宝钢股份本部。2013年5月，精密钢管厂建成投产。

精密钢管厂是国内制造电站锅炉用小口径钢管品种最多、规格最全的主要供应商。产品获得国际著名电站锅炉设计制造公司的认可，并出口美国、印度、日本、韩国、俄罗斯等20多个国家，也被用于国内锅炉厂承接的出口项目。

2014年，生产冷拔、冷轧无缝钢管6.88万吨，销售量6.84万吨，实现销售收入6.58亿元、利润4478万元(其中经营性利润356万元)，降成本2321万元。（王　婷）

提升制造能力　(1)放大产量、摊薄成本。2014年，精密钢管厂产量为6.88万吨，比上年增长13.36%。(2)优化品种、提升效益。对具有较好赢利能力的汽车用管、合金内螺纹管等产品，加大产量以提升效益。(3)加大新品开发的力度，开展重点产品的科研攻关。车用高压油管、小口径内螺纹管、超厚壁高压锅炉管实现批量生产。（王　婷）

强化成本控制　(1)严格费用管控。2014年，精密钢管厂通过精益管理降低费用水平，严格控制辅料采购费用，设专人专项实时监控，对费用的变化，及时分析，减少生产成本消耗。(2)持续推进技术降成本。重点围绕能源消耗控制，吨钢综合能耗得到有效控制。想方设法提高成材率，减少和杜绝浪费。优化生产工艺，逐步提高冷拔产品的产量，降低生产成本。提高热轧有效作业率，通过优化生产计划、控制生产节奏、提高设备保驾能力等措施，降低热轧工序成本。(3)动态拓展降本增效项目。年内，完成降本增效项目30个，实现降本增效2321万元。（王　婷）

加强产线协同　2014年，精密钢管厂与无缝钢管厂进行产线协同，降低生产成本，在提升钢管产品综合品质的同时，达到降耗、节能、减排的目的。（王　婷）

体系认证　2014年，精密钢管厂通过TS 16949等综合管理体系年审；通过压力设备认证年审；通过中国船级社认证和挪威船级社复证。（王　婷）

科技创新　2014年，精密钢管厂员工提出合理化建议被采纳499条；完成班组自主管理课题38个；开展科研项目19项、技术降成本项目5项，取得可行性研究项目效益340余万元；申报技术秘密7件。（王　婷）

烟台鲁宝钢管有限责任公司

烟台鲁宝钢管有限责任公司(简称“鲁宝钢管”)于1992年6月由宝钢集团控股，2003年10月成为宝钢股份控股子公司，2014年11月成为宝钢股份全资子公司。

鲁宝钢管引进美国制造的世界首台Accu-Roll轧管机，经过不断自主集成创新，机组改进为独有的、拥有自主知识产权的ARE(Accu-Roll & Expander)高精度轧扩管机组，并拥有成熟的无缝钢管轧扩一体技术，代表无缝钢管同类机组工艺技术的顶尖水平，年生产能力由设计7.1万吨提升至36万吨，产品远销五大洲20多个国家和地区。

2014年，鲁宝钢管销售无缝钢管26.45万吨。（王润梓）

股权收购　2014年，宝钢股份收购莱钢集团烟台钢管有限公司在鲁宝钢管持有的股权，鲁宝钢管成为宝钢股份全资子公司。（王润梓）

制定“经济批量”模式　2014年，鲁宝钢管推行“加强经济批量、降低制造成本”的管理原则，综合对比分析以往生产效率、作业率及排产计划、产品结构、切换损失等影响产量的因素，制订经济批量接单、排产方案，有效释放产能、改善成本。（王润梓）

开展现场质量攻关　2014年，鲁宝钢管开展“降低穿孔顶头成本”“降低平整机芯棒成本”“一种快速更换顶头装置”“降低定径辊消耗成本”“提高机械性能批次合格率”等项目攻关，并取得成效。（王润梓）

开展新工艺研究　2014年，鲁宝钢管开展“Φ178管坯轧制Φ159”“Φ168×6以下薄壁规格产品研究”“拓展Φ220管坯轧制厚壁产品”等项目研究，并取得成效。（王润梓）

推进操检合一、点修合一　2014年，鲁宝钢管挖掘内部潜能，推行全员维修。在实施全员生产维护的基础上，重点推进“操检合一”“点修合一”工作。(1)全员生产维护：管理、技术及业务人员在做好本职工作同时，参与设备维护、保养、清洁及检修工作，全年节省委外费用9万元。(2)“操检合一”：生产人员在完成生产任务的同时，利用生产间隙承担设备部分检修项目，按照“分工协议”要求，开展各项工作。日、定、年修及应急抢修期间，生产人员全面参与设备维修，全年节省费用30万元。

(3)“点修合一”:取消专职点检岗位。维修人员在做好点检工作同时,承担部分检修及备件维修工作。 (王润梓)

烟台宝钢钢管有限责任公司

烟台宝钢钢管有限责任公司(简称“烟宝钢管”)于2007年6月注册成立,是宝钢股份的子公司,按照宝钢“精品+规模”的战略规划,致力于建设无缝钢管精品基地。

烟宝钢管拥有热轧生产线、热处理生产线、管加工生产线、高压锅炉管精整线、一般管精整线,共5条生产、精整线,设计年产60万吨无缝钢管。关键设备从国外引进,工艺装备整体上处于目前国际领先水平,钢管生产制造、检验及管理高度自动化。

2014年,烟宝钢管产品销售31.46万吨。 (王润梓)

宝钢股份注资20亿元 2014年,宝钢股份为烟宝钢管注资20亿元,烟宝钢管注册资本增加至40亿元。 (王润梓)

降低工序加工成本 2014年,烟宝钢管热轧月产5万吨,达到50万吨/年的生产能力;热处理瓶颈工序生产效率大幅提升,产能较设计能力提升了32%;特殊扣比重提高到16.18%,成功开发一批BHC、BGT2、BGC等特殊扣产品,加工效率较上年提升58%。 (王润梓)

新产品新工艺开发 2014年,烟宝钢管首次在国内同类机组中成功批量生产13Cr高合金套管,实现连续化经济生产,达到同行领先水平;C110套管实现批量供货;海底管线管实现批量生产;获P9、P91特种设备制造许可证。(王润梓)

简易光管配套特殊扣线项目投产 2014年,烟宝钢管完成简易光管配套特殊扣线一期设备的安装调试,采用国内新研制的管体车丝机生产特殊扣,提升了特殊扣加工能力。 (王润梓)

上海梅山钢铁股份有限公司

上海梅山钢铁股份有限公司(简称“梅钢公司”)是宝钢股份的子公司。2011年8月,根据宝钢集团委托宝钢股份管理上海梅山有限公司(简称“梅山公司”)的决定,宝钢股份授权梅钢公司负责管理梅山公司,梅钢公司与梅山公司实行一体化运营。至2014年底,梅钢公司有管理部门17个(不含工会、团委),生产厂及子(分)公司、中心19个,在岗员工14178人(其中梅钢公司4811人,梅山公司9367人)。

梅钢公司主要装备有180平方米、400平方米、450平方米的烧结机各1台,JN60-6形55孔焦炉2座、JNX3-70-1形7米60孔焦炉2座,1280立方米、3200立方米、4070立方米高炉各1座,150吨转炉3座、250吨转炉2座,1320毫米两机两流连铸机2台,1650毫米两机两流连铸机2台,1422毫米热轧机组1套,1780毫米热轧机组1套,1630毫米酸洗机组1套,1420冷轧机组1套,以及相应配套的辅助设施。

2014年,梅钢公司实现营业总收入323.43亿元,钢铁主业实现利润1.81亿元,多元产业实现利润76万元。全年生产生铁700.6万吨,同比减少0.12万吨;生产连铸坯702.9万吨,同比增长1.00%;生产热轧板卷611.8万吨,同比增长2.72%;生产酸洗产品106.9万吨,同比增长6.06%;生产冷轧产品91万吨,同比增长2.66%;生产铁精矿302万吨,同比增长3.43%;新热力、余热、干熄焦、高炉煤气余压回收发电(TRT)共发电15.7亿千瓦时,同比减少20.43%。 (金 利)

股东大会、董事会、监事会 (1)4月22日,梅钢公司召开2013年度股东大会、三届四次董事会、三届四次监事会会议。会议通过《关于聘请王强民担任梅钢公司总经理》的议案,审议通过《关于修改公司章程》《董、监事人员调整》《授权公司2014年向部分金融机构融资》等议案,通过《2013年度董事会工作报告》《2013年度监事会工作报告》《2013年度利润分配方案》《2013年度财务报告》《聘请2014年度会计事务所》《总经理工作报告》以及《2014年度预算安排》。(2)9月5日,梅钢公司召开2014年临时股东大会、三届五次董事会、三届五次监事会会议,审议《关于调整董事的函》,以记名投票表决方式,通过《傅建国、王存璘担任公司董事,张勇、刘国旺不再担任公司董事职务》的议案;审议通过《关于2014年度中期预算调整的议案》《总经理工作报告》《关于发行超级短期融资券》的议案。 (金 利)

应对市场快速高效 2014年,梅钢公司不断完善产销研供“协同高效、对接顺畅、相互倒逼”的运营管控体系,营销系统强化倒逼、优化模式、深化服务，在巩固华东等目标市场基础上，积极开拓海外市场，拓展工具钢、工程机械用钢等新用户；通过目标集聚、预案倒逼，在坚守“不追补”价格政策前提下，取得良好的产品溢价效益；坚持线上与线下相结合、期货与现货相联动，大幅降低现货库存，规避市场风险；组建由用户服务、市场营销、现场技术人员构成的三级服务体系，建立基于用户分类的四级差异化服务策略，不断挖掘服务增值空间。采购系统推进产供研协同，强化“现场与市场”结合，通过实施贴近市场的自主采购、进口物料国产化替代等，实现产供研协同降成本9805万元。实施采购模式优化，拓展区域功能总包、性能效果与寿命计价等模式，强化全供应链质量管理，逐步构建灵活高效、快速反应的运行模式。（金　利）

提升制造技术能力　（1）2014年，梅钢公司围绕“同品种牵引、同品质倒逼”，强化各环节、全体系高效协同，推进全流程、分品种精细化管控，高质量完成与宝钢股份本部162万吨互供料生产任务。新拓展汽车、硅钢、镀锡等12个钢种，汽车板从内板向外板拓展，硅钢从炼钢向热轧延伸，590DP汽车高强钢取得突破。从用户评价、产品特性和过程特性三个维度建立同品质化评价模型，聚焦炼钢高品质钢生产、热轧高精度控制、冷轧高表面质量，强化工序过程控制，废次降从4.16%下降到2.49%。（2）强化产销研协同，培育差异化优势。全年开发新产品33个，独有新试产品比率24.92%，热轧、酸洗、镀锡三大类产品覆盖率分别为84.9%、85.3%和98%。热轧聚焦高强钢，成功开发11个精密冲压用钢新品，产品实现系列化，并牢牢占据精冲钢主流市场；高强车轮钢进入乘用车、商用车市场，产品实现系列化；成功开发出口伊朗的宝钢独有产品抗硫化氢管线钢。酸洗着力提升汽车用钢比例，汽车结构钢比例为26.5%。冷轧抓住高端用户，逆晶板实现稳定批量生产，镀锡高端用户比例为51.3%。全年冷轧、热轧产销研分别增效5552万元和5219万元。（金　利）

截至11月底，梅钢公司运输部运翔码头作业区前11个月累计完成吞吐量161万吨，创历史最高纪录　（朱　飞　摄）

推进技术能力突破　2014年，梅钢公司推进与宝钢股份本部技术对标三年计划，112个对标项目完成54项，累计完成比例48.2%。聚焦领域性技术，推进科技大项目实施，气体燃料辅助烧结技术为国内首创，降低烧结固体燃料消耗约3.5千克标准煤/吨钢。“转炉少渣冶炼工艺技术研究”成效明显，一炼钢少渣冶炼比例为33.1%，二炼钢少渣冶炼比例为57.4%。“新一代‘以水代金’工艺（TMCP）技术开发研究”取得突破，实现Q235成分向Q345升级，吨钢降成本100元；完成X52强冷试验，吨钢降成本60元。（金　利）

成本改善　2014年，梅钢公司按照“以规划目标倒逼年度预算，以年度预算倒逼成本改善”思路，确定吨钢变动成本下降30元目标，实施纵向重心下移、横向关联绩效评价，形成以工序驱动全体系降成本工作机制。通过全方位倒逼、全系统挖潜，全年目标成本改善2.87亿元。采购、制造、能环、运输、设备等部门及热电、资源、新事业、钢渣公司等单位，共为炼铁、炼钢、热轧、冷轧四大工序创造协同价值1.82亿元。（金　利）

提升管理效率　（1）2014年，梅钢公司推进运行模式优化，深化一体化运营，实施采购管理向多元产业覆盖；完成了对能源公司的吸收合并。（2）推进组织机构优化，以热电厂为试点，撤销车间级机构，实行厂部直管作业区的扁平化管理；对部分单位车间级机构进行归并、

2月12日，梅山矿业公司采准车间作业现场（朱 飞 摄）

整合，减少科级机构15个。(3) 推进业务流程优化，整合设备检修与机加工业务；开展工序物流优化，原燃料接发运点由13个减至6个；完成运输设备管理集中和汽运车辆维修集中，实施烧结烟气脱硫业务的回归划转。（金 利）

提升劳动效率 (1) 2014年，梅钢公司按照“全新工厂”定位，开展岗位再设计，审视业务是否必需、流程是否增值、机构是否精简、岗位是否优化，建立先进的岗位配置标准。热轧板厂和炼铁厂先行试点，其全口径定员优化率均达到25%以上。(2) 拓展员工退出通道，加强离岗人员管理，共梳理到期劳动合同569人，终止、解除、协解劳动合同35人。(3) 对冷轧、热轧、炼钢三家单位，实施插入式协力业务的梳理优化，推进业务优化、以内顶外、业务回归等措施，提升协力业务效率。通过多策并举，全年正式员工净减员859人，协力减员405人，全口径劳动效率提升7.8%，提前完成三年规划目标。（金 利）

提升资产运营效率 2014年，梅钢公司强化不动产统一集中管理，将不动产综合管理职能调整至产业管理部，全面梳理不动产情况，细化职责分工，打造一体化管理体系。推进低效不动产处置，加大存量资产盘活力度，推动冷轧板公司存量资产盘活及经营转型，对南京铁梅贸易有限公司相关资产进行盘活利用。（金 利）

环保绩效持续改善 2014年，梅钢公司吨钢综合能耗605.2千克标准煤，比目标下降8.8千克标准煤；二氧化硫排放3114.08吨，同比下降5.9%，均创历史最好水平。厂区降尘量12.08吨/平方千米·月，优于12.29吨/平方千米·月的指标；高炉煤气放散减少598万立方米。（金 利）

提升现场执行力 2014年，梅钢公司围绕“标准+执行”，聚焦安全和质量，“体系化”推进标准化作业，使标准化作业贯穿全流程、覆盖全岗位，促进专业管理在现场有效落地。全年岗位规程修订率达80%，作业区100%建立绩效衡量指标，问题整改完成率达90%以上，三分之一作业区参与“三比二赛”（比作业标准有效、比作业行为规范、比作业环境整洁，赛管理有效、赛执行有力）评审。积极推进“基础管理有形化”，共开展指唱确认试点95项；具备条件的作业区全部推进列队交接班，覆盖正式岗位

5月20日，梅钢公司员工集体婚礼一景（朱 飞 摄）

452个、协力岗位80个；定置化及看板管理在所有岗位推进。（金 利）

深化群众性自主创新 2014年，梅钢公司规范创新工作室建设，培育蓝领创新品牌。成功上线网络技能练兵系统，打造技能提升网络训练营。在宝钢第六届职工技能大赛中，梅钢公司取得3个第一名、3个第二名、2个第三名、5个第四名和1个第五名的优异成绩。在“宝钢杯”第七届全国钢铁行业职业技能竞赛中，取得团体第四名的历届最好成绩，4名参赛选手分获工种比赛第六名、第六名、第七名、第二十名，并全部获得“全国钢铁行业技术能手”称号。在第八届国际发明展上，梅钢公司参展项目获2金、3银、4铜。（金 利）

宝钢股份黄石涂镀板有限公司

2014年，宝钢股份黄石涂镀板有限公司（简称“黄石公司”）生产酸洗板2.42万吨、轧硬板7.3万吨、冷轧板17.11万吨、镀锌板10.06万吨、彩涂板13.3万吨，合计50.2万吨；销售酸洗板2.43万吨、轧硬板7.07万吨、冷轧板17.34万吨、镀锌板10.44万吨、彩涂板13.09万吨，合计50.36万吨；实现销售收入22.26亿元、利润总额3044万元。

年内，黄石公司被评为湖北省文明单位、湖北省模范劳动关系和谐企业、湖北省质量管理小组活动优秀单位。（朱伟杰）

六届董事会第一次会议 3月27日，黄石公司召开第六届董事会第一次会议，对董事会成员进行换届。第六届董事会由刘金喜、高斌、李德明、许为民、冉瑞文、沈伟平、周红权7人组成，刘金喜任新一届董事会董事长，高斌和李德明继续担任副董事长。（朱伟杰）

三届六次职代会 4月9日，黄石公司召开三届六次职代会，通过《工资集体协商专项合同》《岗位工资岗级标准调整方案》《工龄工资标准调整方案》《翻班员工的翻班津贴调整方案》《涂层岗位津贴调整方案》及《待退休条件调整方案》6项议案。（朱伟杰）

产品结构优化 （1）加强过程管控。2014年，黄石公司以向家电企业供料为重点，细化管理要求和强化工艺控制；镀锌板产品以宝钢互供料提升质量为载体，做好家电板研发；彩涂板产品以宝钢股份为质量标杆，追求与之相同品质。（2）提高供应能力。轧硬板产品成功用于家电基板；酸洗板实现稳定向家电行业供货；镀锌板实现稳定向家电行业配套件的供料；彩涂板在对标进程中，提高了产品溢价能力。（朱伟杰）

年产销量创历史新高 2014年，黄石公司围绕50万吨商品材进行资源平衡，并实现外部机组产品规格的全覆盖和质量一致性，为公司合同量完成打好基础。同时，专注产品经营，产品竞争能力和用户群体同步扩大，产品得到越来越多中高端用户的信赖。全年产销量突破50万吨，完成预算并创历史新高。（朱伟杰）

连退机组达产达效 （1）提升连退制造能力。2014年，黄石公司加强技术攻关，成立产销研攻关团队，初步建立一套普冷家电板生产、质量控制方案。（2）加强成本控制手段。制定全流程目标成本管理体系，把目标任务分解到责任单位，并对各单位贡献度进行跟踪和评价，在提高连退综合成材率、合同一次通过率、提高机组有效作业率和设备功能精度等方面取得长足进步。同时，开展分规格盈利能力分析，不断优化产品结构，扩大薄规格和高牌号产品销售总量及比例。（3）升级冷轧板销售结构并稳定目标用户。制定目标用户梯级开发计划，产品厚度向0.5毫米以下薄规格聚焦，发挥出小品种、小批量互补优势。产品品种从最初以流通产品为主，向行业专用钢方向发展，直供用户比例提升到85%以上。通过以上举措的推进，加快了连退机组达产达效的步伐，9月，连退产品开始止亏并实现盈利。（朱伟杰）

提升基础管理水平 （1）加强顶层策划和推动。年初，黄石公司针对公司阶段性焦点问题，适时召开品控体系管理、设备功能精度改善、“两长”（作业长、班组长）作用发挥等专业会议予以推进；每月选取一个管理案例进行管理讨论和培训，进一步统一管理思想，明确管理原则；推进厂房安全确认、现场指唱确认、列队交接班、管理者巡视等工作，推进标准化作业。（2）加强专业基础管理和风险管理。黄石公司对采购、销售、委外加工业务流程进行了梳理，对存在的风险进行识别，形成了相关应对措施。（朱伟杰）

员工队伍建设 （1）加快人才培养。2014年，黄石公司以落实员工积分累积制为抓手，153名员工实现了岗级晋升；推进“技能健身计划”，开展区域工种技能大赛、师徒结对等活动助推职工技能提升；开展9个区域工种的技能大赛活动，有38名员工获得各个工种的技术能手称号。进一步培养创新人才，全年合理化建议取得经济效益、自主管理课题数、技术秘密等指标同比分别增长25.6%、14.2%和120%。在立足内部培养的基础上，对重要的管理、技术岗位实行外部招聘4场次，引进营销、设备管理等专业人员3人，满足了公司人才需求。(2) 推进“操检合一”。通过“操检合一”推进计划，操作人员发现设备异常能力得到加强，操作人员月均提出的设备异常状态记录达到150多项。(3) 推进三项制度改革。年内，出台《管理人员选拔任用管理实施细则》《首席工程师(管理师、操作维护)、主任工程师(管理师)管理办法》，全面推进三项制度改革。同时，针对特别优秀、岗位急需的人员，制定岗位破格晋升制度，明确破格晋升条件，进一步完善人才晋升通道。（朱伟杰）

领导作风建设 2014年，黄石公司领导班子每月到联系点参加工作例会，每旬到分管的业务条线职能部门进行工作交流，每季度组织参加一次基层联系点活动，每周至少参加一次调度会议。全年公司领导班子访谈员工200人次以上，收集和解决各类问题与建议100多个。（朱伟杰）

推进新港项目 2014年，黄石公司先后完成新港一期工程项目建议书、项目工业园区的总体规划设计、工程地质初步勘察、一期设备及工艺考察，有计划地组织设计制造单位，就家电彩涂及节能技术进行了专题技术交流。编制《新港一期征询技术方案》，先后与多家大型设计院进行新港一期技术交流与谈判，并着手准备项目招标文件的编制。（朱伟杰）

广州薄板有限公司

广州薄板有限公司(简称“广州薄板”)，于2011年12月22日注册成立，注册资本32.51亿元，注册地广州市南沙区进港大道银港大厦8楼。公司股东分别为宝钢湛江钢铁有限公司(简称“湛江钢铁”)和广州钢铁企业集团有限公司(简称“广钢”)。湛江钢铁以现金16.58亿元出资，占51%；广钢以广州JFE钢板有限公司(简称“广州JFE”)股权作价15.93亿元，占49%。2012年4月，公司出资变更为：宝钢出资31.58亿元，占97.1393%；广钢出资0.93亿元，占2.8607%；广州JFE股东变为广州薄板。（敖　晶）

董事会会议 6月3日，召开第一届第四次董事会，审议并通过《广州薄板有限公司2013年度财务决算议案》《广州薄板有限公司2014年度预算议案》。（敖　晶）

宝钢新日铁
汽车板有限公司

2014年，宝钢新日铁汽车板有限公司(简称“宝日汽车板”)下设生产部、技术质量管理部、销售部和管理部。其中，生产部下设轧钢分厂、镀锌分厂、设备管理室、能介车间，技术质量管理部下设冷轧技术管理室、镀锌技术管理室、冷轧质量管理室、镀锌质量管理室，销售部下设生产物流室、销售业务室、技术服务室，管理部下设综合管理室、财务管理室、人力资源室。至年底，有中方员工716名，新日本制铁株式会社派遣人员17名。

全年宝日汽车板累计销售商品材199.57万吨，实现商品材销售收入116.72亿元，利润总额为1.83亿元。销售汽车板166.79万吨，完成年度计划的102.05%。（丁海霞）

董事会会议 8月8日，宝日汽车板召开第三届董事会第五次会议，听取《2014年上半年度总经理工作报告》，审议并通过《公司2013年度利润分配的议案》《公司库区自动化系列改造(一期)的议案》《公司2014年度计划预算调整的议案》和《继续聘请德勤华永会计师事务所为公司2014年度审计业务中介机构的议案》。（来　勇）

产品获日系用户好评 2014年，宝日汽车板对外积极拓展市场、关注用户感知，对内实施工序倒逼、持续推进以广汽丰田汽车有限公司(简称“广汽丰田”)为代表的“零不良”质量管理活动，产品质量稳步提升，获得广汽丰田自评价供应商以来唯一一次颁发给钢铁行业的“品质优秀奖”和“供应支持特别奖”，同时还分别获得东风日产乘用车公司(简称“东风日产”)、东风本田汽车有限公司“优秀供应商”称号。（来　勇）

稳步推进基础管理工作 2014年，宝日汽车板围绕基础管理“六为零、一规范”(安全、环保、质量、设备、劳纪、交通安全事故为零,员工行为更规范)的三年推进目标,以及年度基础管理评价宝钢股份排名进前三的过程指标,公司采取分解目标、落实具体项目、制定管理标准、各专业牵头整合推进,以及复制并优化样板厂(新日本制铁株式会社)做法等措施,有序推进“指唱确认”“列队交接班”“定置化”和“看板管理”,基础管理工作取得明显进步,被宝钢股份评为年度基础管理优胜单位。 (丁海霞)

实施第三次年修 10月18日,宝日汽车板开始实施为期15天的年修,是自宝日汽车板成立以来的第三次年修。整个年修围绕“我的质量”为主题开展,共筛选立项实施718个项目,其中实施突破性改造项目2项,分别为连退废边卷球机改造和二号热镀锌机组镀锌炉鼻子清洁技术(SCE)改造施工。(来 勇)

成立汽车重点用户感知团队 2014年,宝日汽车板针对广汽丰田、东风日产等汽车重点用户,成立由客户代表、技术质量管理人员、作业长、质量判定人员组成的十大重点用户感知团队,通过及时跟踪用户抱怨和使用感受,调查抱怨原因,加强市场与现场之间的信息沟通,重点推进生产现场对小亮点、开裂等用户主要抱怨缺陷的改进,以提高用户使用感受,降低质量抱怨的发生。 (来 勇)

实施一岗多能激励方案 2014年,宝日汽车板策划了一岗多能专项奖励方案,按照总额把控、标准量化、适度放权的原则,以作业区为单位,制定相关操作点一岗多能活动方案及月度实施计划,专人负责按天记录实施情况,公司根据结果按月发放奖励。一岗多能激励方案实施6个月,现场共计124人参与一岗多能活动,累计操作16136小时,人均1.8个操作点。(郭梦佳)

群众性技术创新活动结硕果 2014年,宝日汽车板人均提出合理化建议4.77条,自主管理活动、合理化建议参与率分别为100%、99%,创造经济效益2748.73万元。审定技术秘密52项;申请专利11件,其中发明专利7件。 (许杰玮)

获得荣誉 4月,宝日汽车板被上海市总工会、上海市安全生产监督管理局授予“全国‘安康杯’竞赛上海赛区优胜单位”称号;4月24日,宝日汽车板设备管理室镀锌机械点检二班获上海市五一劳动奖状。 (夏小奇)

10月22日,建设中的宝日汽车板新建四号合金化热镀锌生产线项目(陆非然 摄)

上海宝钢国际经济贸易有限公司

上海宝钢国际经济贸易有限公司(简称“宝钢国际”)主要从事钢材贸易、加工配送、国际货运代理、运输仓储、电子商务、包装钢带和汽车零部件加工等业务。2014年,宝钢国际根据新一轮发展规划,深挖用户需求,加大市场开拓,创新服务模式,在确保宝钢股份产销平衡、配合湛江钢铁产品模拟经营、全面深化服务内涵、强化经营风险管控、推进业务模式创新等方面取得了良好的业绩,全年实现钢材销售量2653万吨,实现加工配送量549万吨,实现现金货款回笼率102%。年内,宝钢国际基本建成了经销和加工配送碳钢、不锈钢、特钢三大类宝钢钢铁产品的营销服务网络,在全国45个大中城市共设立营销网点104家,投资设立运营及战略管控类子公司76家,其中贸易公司15家、电子商务公司2家、物流公司3家,以及48家钢材服务中心,基本形成对重要用户的贴身服务全覆盖,有效支撑了战略用户的多基地发展布局。

(经 洁)

坚持轻资产运作和多路径成长的发展模式 2014年，宝钢国际采取轻资产等多路径投资策略，进一步完善了服务网络。在传统加工领域，以拾遗补缺为主线，开展体系内产能调配；在激光拼焊、落料、摆剪等竞争性领域，根据用户需求适时新增近地化服务能力；在新材料、新工艺领域，利用用户和渠道优势，拓展具有市场前景的高技术含量和高成长细分市场。至年底，宝钢国际累计批复加工能力800万吨，累计批复激光拼焊能力3127万片，车轮1050万只，热冲压成形能力270万冲次，液压成形能力88万冲次，冷冲压能力1500万冲次，部件总成700万套。（经 洁）

5月22日，宝钢国际上海不锈钢贸易有限公司与宝钢发展有限公司包装管理部联合研发的"自动缠绕翻钢包装设备"建成运行（陆非然 摄）

提升现场基础管理及技术服务能力 2014年，宝钢国际围绕列队交接班、看板可视化、检修安全和现场物料5S管理等关键环节，进一步夯实现场基础管理，产品质量得到有效提升，其中零部件加工不良品率从3%降低到1.22%。积极推进先期介入人员队伍建设，提升先期介入人员能力，初步建立内部先期介入人才储备库，先期介入技术服务团队能力得到进一步加强。延伸加工技术研发成效显著，热液压项目取得突破性进展，激光焊管技术形成稳定量产能力，辊压业务稳定量产能力明显提升，变厚板实现小批量样件生产，旋压技术试制产品获得家电用户认可，大通风孔车轮结构工艺持续优化。（经 洁）

6月1日，国内首条具备曲线焊功能的国产激光焊产线在宝钢阿赛洛拼焊有限公司投入运行（陆非然 摄）

推进电子商务产业化发展 2014年，宝钢国际全面深化电子商务应用，电子商务产业化生态圈布局初步形成，专属的行业供应链电子商务服务能力进一步加强，有效支撑了宝钢股份"一体两翼"战略的顺利实施。上海钢铁交易中心大力提升用户体验，稳健拓展资源渠道，积极推进宝钢股份薄板现货直销、纸质票据异地收付、合作仓库风险监控和提货云端验证等新模式、新流程，全年在线交易451万吨，形成一定的行业影响力和电子商务辐射能力。公司在动产权属平台、仓储监管样板库、在线仓储融资业务等新型电子商务支撑能力建设方面已取得突破，其中动产权属平台成功中标，成为上海银行业动产质押信息共享平台。（经 洁）

完善全面风险管控体系 2014年，宝钢国际强化制度建设，提升子公司自身的风险防范能力，完善子公司自查要点指引，明确全生命周期各阶段子公司所需关键制度及360项体系运行关键控制要求。探索战略管控型子公司管理模式和轻资产业务运作模式，进一步强化业务风险管控和规范化经营。加强领导人员经济责任审计和管理审计，强化经营风险、资金风险、经营合规性的审核检查，强化经济责任问题的查处和整改力度。(经　洁)

强化员工安全管理　2014年，宝钢国际坚持"安全第一、预防为主、综合治理、持续完善"的方针，从安全生产责任制落实、规章制度、岗位操作流程制定等7个方面，强化管理者安全管理履职评价和监督，增强员工安全意识，加大现场隐患查改力度，狠抓建设施工、检修作业和标准化作业，持续推进安全样板达标工厂建设，全面完成宝钢股份下达的各项安全管理目标。(经　洁)

员工培训　2014年，宝钢国际完善了一系列培训制度。针对海外钢材服务中心的发展需要，与人才开发院、印度古吉拉特邦萨纳恩德(SANAND)项目组共同策划，并实施了属地化员工培养项目，向海外输送专业人才。(经　洁)

宝钢湛江钢铁有限公司

宝钢湛江钢铁有限公司(简称"湛江钢铁")于2011年4月18日在广东省湛江市注册成立，5月22日在广东省湛江市举行揭牌仪式。2012年5月31日，宝钢广东湛江钢铁基地项目(简称"湛江钢铁基地项目")举行开工仪式，计划于2016年9月全面建成投产。2012年10月，宝钢股份出资收购广州市人民政府国有资产监督管理委员会(简称"广州市国资委")持有的湛江钢铁股权。目标股权回购后，宝钢股份对湛江钢铁的控股比例为71.8032%。2013年，湛江钢铁基地项目炼铁、炼钢、连铸、热轧、冷轧和厚板等主体工程全面开工建设。

湛江钢铁基地项目是利用湛江天然深水港的条件和区域优势，按照一次规划、分步实施的原则建设年产千万吨级的钢铁基地。湛江钢铁以华南地区为目标市场并辐射东南亚，满足目标市场中高端碳钢板材产品需求，项目建设规模年产铁水823万吨、钢水892.8万吨、钢材689万吨，主要品种包括热轧板、冷轧薄板、热镀锌板及宽厚板等，同时具备热轧超高强钢生产能力。湛江钢铁的目标是建成现代化、生态化、高效益，体现循环经济和节约型社会理念，简单、高效、低成本，具有国际竞争力的碳钢精品基地，并与宝钢上海基地、梅山基地协同发展；同时，成为清洁生产、资源节约、环境良好的生态工业园，成为发展循环经济的示范区。

2014年，湛江钢铁各主体单元工程和全厂公辅配套工程施工图设计累计发图占预估总量的72.42%，满足现场施工要求，设计进度质量总体受控；全年共签订设备合同2105份，设备签约完成率为92%，设备到货率30%；4200毫米厚板工程、1550毫米冷轧工程相继开工，高炉、炼钢、连铸、2250毫米热轧、2030毫米冷轧等主体工程桩基施工基本完成，全面进入厂房钢结构制作和安装、设备安装阶段，宝能变电站投运，自备电厂一号机组并网调试，一号高炉系统投产目标提前至2015年9月；固定资产投资计划完成103亿元，累计完成投资约188亿元。

年内，湛江钢铁各项生产准备工作全面展开，累计完成生产准备目标节点203项，制订"15·9"铁钢开工方案，启动各单元冷试用料准备，开展模拟经营工作。物色、选派支撑人员865人，全部落实到位。同时，严格把好招聘选人关，全年招聘属地员工1965人，分批组织赴宝钢股份培训实习，1120人取得上岗证。

至2014年底，湛江钢铁有员工3179人，其中支撑员工864人，属地化员工2315人，预招生1221人(未包含在员工总数中)，少数民族员工259人。(闻士娟)

企业负责人简介　赵周礼，1956年4月生，陕西宝鸡人，中共党员，教授级高级工程师，湛江钢铁董事长。

盛更红，1964年1月生，江西吉安人，中共党员，高级工程师，湛江钢铁总经理。

陆熔，1961年7月生，上海人，中共党员，高级工程师，湛江钢铁党委书记。

二届四次董事会暨2014年第一次股东会　3月11日，湛江钢铁召开二届四次董事会暨2014年第一次股东会，审议通过《关于湛江钢铁2013年财务决算报告的议案》《关于湛江钢铁2014年预算的议案》，制定《内部控制管理办法》《固定资产投资管理制度》等4项决议。同时听取湛江钢铁基地项目进展情况和收购宝钢股份罗泾区域厚板轧机等资产的专题报告。(闻士娟)

二届五次董事会　8月19日，湛江钢铁在广州召开二届五次董事会，审议通过《关于湛江钢铁2014年年中预算调整的议案》《关于跨境人民币融资的议案》《关于湛江钢铁1550冷轧可研方案的议案》3项决议。（闻士娟）

二届六次董事会 11月17日，湛江钢铁召开二届六次董事会，书面审议通过《关于购买宝盈稳健组合投资资金信托计划解决职工住宅项目建设资金》《关于“2014年度财务决算审计的会计师事务所”的议案》2项决议。（闻士娟）

举行首次融资路演 2月18日，湛江钢铁举行首次融资路演活动，近30家国内外知名金融机构参与，就本次融资目的、融资方式、湛江钢铁未来竞争力等方面进行交流探讨。湛江钢铁首次融资30亿元，主要用于建设项目资金需求，采取竞价方式公开竞标，获得社会金融机构支持。（闻士娟）

4200毫米厚板工程开工 3月1日，湛江钢铁4200毫米厚板工程开工仪式在湛江市东海岛举行。4200毫米厚板工程是湛江钢铁重要的主体工程项目之一，一期设计年产能120万吨，包含2座步进梁式加热炉，高精尖的双机架轧机，1条剪切线（一号剪切线），2条热处理线、精整线及其他配套设施；二期设计年产能提升至160万吨，增建二号剪切线、特厚板线及相关配套设施。项目建设工期28个月。（闻士娟）

召开首届二次“双代会” 4月23日，湛江钢铁首届二次“双代会”（职工代表大会、工会会员代表大会）暨年度工作会议在湛江钢铁基地召开。预备会议审议通过公司《劳动合同管理办法》和《奖惩管理办法》修订方案。会议通过《公司岗位绩效薪资方案》《职工住房公积金缴存方案》《员工健康计划实施细则》。（闻士娟）

广东区田径运动场建成 5月24日，湛江钢铁广东区田径运动场建成投用。广东区室外运动场是湛江钢铁广东区职工生活区域配套设施，总面积2万多平方米。其中，田径运动场于5月1日完工，配备的6个篮球场、2个网球场5月底竣工验收。（闻士娟）

2月18日，湛江钢铁举行首次融资路演（彭翔凤 摄）

1550毫米冷轧酸洗工程开工 8月30日，湛江钢铁1550毫米冷轧酸洗工程正式开工。1550毫米冷轧将建设1条酸洗机组、1条酸连轧机组、1条连续退火机组、1条热镀锌机组、2条中低牌号硅钢机组、3条重卷机组、4条包装机组及相应的配套公辅设施。酸洗机组计划于2016年3月底建成投产，酸连轧机组、连续退火机组、热镀锌机组、硅钢机组计划于2017年9—12月间投产。1550毫米冷轧产品定位于以优质家电板和汽车板为主，年产能255万吨，其中酸洗成品板100万吨、普通冷轧板68万吨、普通热镀锌板27万吨、中低牌号硅钢60万吨。

（闻士娟）

首条货轮靠泊成品码头 9月22日，装载1300吨炼钢工程钢结构的“顺畅78”号国轮首次靠泊湛江钢铁成品码头，湛江钢铁成品码头三、四、五结构段正式投入到生产准备运行阶段，承担起湛江钢铁工程物资接运任务。成品码头是湛江钢铁成品水运出厂通道，由中国交通建设股份有限公司第四航务工程局有限公司第三工程有限公司承建。该码头拟建设1个5万吨级杂货泊位，码头总长376米；2个1万吨级杂货泊位，码头总长286米。一期工程于2013年9月开工，经过一年施工，2014年9月，一步工程水工主体结构完工。

（闻士娟）

6月17日,湛江钢铁一号高炉施工现场(刘 抒 摄)

原料动力煤系统投入运行 11月12日,湛江钢铁原料动力煤系统投入运行。这是湛江钢铁炼铁工程第一个投运项目。该系统的投运,确保了电厂一号机组的投产。(闻士娟)

宝能变电站送电成功 11月30日,湛江钢铁举行220千伏宝能变电站送电仪式。宝能变电站是湛江钢铁与广东电网连接的枢纽变电站,是湛江钢铁电力主干网络的中心,变电站耗资1.4亿元,工期11个月。该变电站的按期投运,标志着湛江钢铁供配电主干网的形成,为一号发电机组并网提供了有利条件,为湛江钢铁"15·9"(2015年9月)投产提供了电力保障。(闻士娟)

申蓝宝邸项目开工 12月5日,湛江钢铁基地配套生活园区——申蓝宝邸项目奠基暨开工仪式在湛江市海东新区举行。申蓝宝邸是湛江钢铁为增强企业凝聚力,解决员工住房的需求,引入市场化的开发模式,向职工销售的商品房住宅小区。申蓝宝邸位于海东新区核心区域,距离东海岛45千米,按照湛江市发展规划,未来在南山岛建设海底隧道后,离湛江钢铁基地距离只有25千米。该项目由湛江宝航置业有限公司开发建设,总建设用地约17.7万平方米,全部为高层住宅,项目分两期建设,全部工程至2016年底建成,基本具备入住条件。(闻士娟)

湛江钢铁大事纪要

2月7日,广东省委副书记、省长朱小丹到湛江钢铁基地,慰问建设者。

2月18日,湛江钢铁举行首次融资路演。

2月24日,湛江钢铁第二批校园预招员工在沪培训开班。

3月1日,湛江钢铁4200毫米厚板工程开工。

同日,湛江钢铁全厂检化验设施工程原料试验中心开工。

同日,湛江钢铁全厂维修工程开工。

3月11日,湛江钢铁召开二届四次董事会暨2014年第一次股东会。

3月15日,湛江钢铁炼钢渣处理工程开工。

3月17日,宝钢湛江钢铁有限公司迁至东海岛办公。

4月23日,湛江钢铁召开首届二次"双代会"暨年度工作会议。

4月27日,宝钢股份与中国农业银行签署《战略合作协议暨湛江钢铁项目融资协议》。

5月13日,湛江钢铁召开"双优工程"(干部优秀、工程优良)劳

12月5日,湛江钢铁基地配套生活园区——申蓝宝邸项目举行奠基暨开工仪式

(彭翔凤 摄)

3月1日，湛江钢铁4200毫米厚板工程开工（彭翔凤 摄）

动竞赛推进大会。

5月15日，湛江钢铁炼铁工程第二座5050立方米高炉本体区域正式打桩。

5月18日，湛江钢铁炼钢主厂房进入钢结构安装。

5月24日，湛江钢铁厂东区田径运动场落成投用。

6月27日，宝钢集团在湛江钢铁举行《2013年社会责任报告》发布会。

6月29日，湛江钢铁召开工程设备工作推进会。

7月4日，湛江钢铁举行2014校园预招生毕业典礼暨校企合作推进会。

7月7日，中共中央政治局委员、广东省委书记胡春华，广西壮族自治区党委书记、自治区人大常委会主任彭清华考察湛江钢铁。

7月18日，湛江钢铁建设工地经受住台风“威马逊”的严峻考验。

8月30日，湛江钢铁1550毫米冷轧酸洗工程开工。

9月10日，湛江钢铁设备管理研讨会在上海召开。

9月12日，湛江钢铁焦化工程1B焦炉砌筑开工。

9月20日，湛江钢铁炼钢工程4台160吨行车吊装完成。

9月22日，湛江钢铁成品码头首船成功靠泊。

9月26日，湛江钢铁原料单元第一根皮带廊钢结构顺利吊装。

9月30日，湛江钢铁厚板工程厂房开始钢结构安装。

同日，湛江钢铁一号燃气锅炉投运。

10月5日，湛江钢铁连铸工程大包回转台13.5米平台封顶浇筑。

10月8日，湛江钢铁连铸工程首台32吨行车顺利吊装。

10月8—9日，湛江钢铁538名社会招聘人员赴上海培训。

10月11日，湛江钢铁炼铁一号高炉4座热风炉结构全部封顶。

10月18日，湛江钢铁2250毫米热轧工程第一台20吨行车顺利吊装。

10月23日，湛江钢铁高炉喷煤系统钢结构框架柱安装第一吊。

10月下旬，湛江钢铁总图运输三标、四标项目开工。

11月1日，湛江钢铁炼钢工程首台500吨行车吊装就位。

11月3日，湛江钢铁二号高炉本体基础混凝土提前施工。

11月5日，湛江钢铁8台大型球罐设备从上海运抵湛江。

11月6日，湛江钢铁石灰工程

11月30日，湛江钢铁220千伏宝能变电站送电成功（彭翔凤 摄）

回转窑筒体顺利吊装。

11月12日，湛江钢铁烧结烟气净化项目开工。

同日，湛江钢铁4200毫米厚板工程漩流池地下连续墙工程完工。

同日，湛江钢铁自备电厂发电单元一号机组锅炉点火一次成功。

同日，湛江钢铁原料动力煤系统正式投入运营。

11月20日，湛江钢铁2030毫米冷轧一标工程开始厂房屋面瓦封闭。

11月30日，湛江钢铁220千伏宝能变电站送电成功。

12月1日，湛江钢铁烧结工程烧结机主厂房的电功桥式起重机开始吊装。

12月2日，湛江钢铁炼铁厂球团单元烟气脱硫改造项目开工。

同日，湛江钢铁2030毫米冷轧第一台行车安装上架。

12月3—7日，湛江钢铁参展中国海洋经济博览会并获展览展示“金奖”。

12月5日，湛江钢铁基地配套生活园区——申蓝宝邸项目奠基暨开工仪式在湛江市海东新区举行。

12月10日，湛江钢铁炼钢工程蓄热器完成吊装。

同日，湛江钢铁2250毫米热轧第一台行车成功送电调试。

12月18日，湛江钢铁4200毫米厚板工程成品库行车安装完成。

12月25日，湛江钢铁2250毫米热轧首件地面设备安装完成。

（闻士娟）

宝钢股份大事纪要

1月1日，宝钢股份发布知识产权奖励管理新标准，调整专利“一奖二酬”标准，新增国际专利授权奖，加大新产品、突破技术形成的发明专利及核心技术秘密的奖励力度。

1月8日，宝钢国际与中国储运协会等单位联合发起的中国钢铁流通产学研创新联盟正式成立。

1月10日，宝钢“低温高磁感取向硅钢制造技术的开发与产业化”项目获2013年度国家科技进步奖一等奖。

1月16日，宝钢股份与上海工程技术大学签署《宝山钢铁股份有限公司—上海工程技术大学企校联合办学协议》。根据协议，双方将学习借鉴德国“双元制”职教模式，联合开设宝钢机电一体化班，共同开展后备高素质技能人才培养。

1月17—18日，宝钢股份举行2014年度管理研讨会。会议围绕湛江钢铁建设和提升制造能力等方面进行研讨。

1月，宝钢股份50兆瓦金太阳光伏发电示范项目（一期）建成投运。

2月7日，广东省委副书记、省长朱小丹到湛江钢铁基地，慰问在施工现场的宝钢员工和施工人员。

同日，宝钢集团党委发文，任命诸骏生为宝钢股份党委书记；免去何文波兼任的宝钢股份党委书记职务。

2月17日，宝钢股份召开2014年技术创新工作会议。

2月20日，在中国（上海）自由贸易试验区人民币跨境使用细则出台首日，宝钢股份成功提入7000万元跨境人民币流动资金贷款，完成首笔跨境人民币融资业务。

3月1日，湛江钢铁4200毫米厚板工程开工。

3月14日，湛江钢铁资源再生综合利用项目——钢渣处理工程项目开工。

3月20日，宝钢股份营销中心组建运行。新组建的营销中心将负责宝钢股份营销管理、客户价值管理、技术和客户服务体系管理、碳钢板材产品销售管理等工作。原宝钢股份营销管理部、薄板销售部、厚板与工程材料销售部、汽车板销售部、客户与产品服务部成建制划转至营销中心。

3月25日，全国首个银行业动产质押信息平台——上海银行业动产质押信息平台，落户宝钢电子商务公司东方钢铁，并由该公司负责建设与运营。

3月，宝钢股份获“中央国家机关等单位定点扶贫先进集体”称号。

4月1日，湛江钢铁一号高炉炉壳开始吊装。

同日，宝钢股份“高等级无取向硅钢制造技术的开发与产业化”项目获2013年度上海市科技进步奖一等奖；宝钢股份“高强度高韧性热连轧系列产品及其配套焊接材料的开发”“X80大口径直缝埋弧焊管用钢板及焊管的研制”“厚板轧机机架辊维护综合技术”“热轧高品质卷取控制技术”项目获2013年度上海市科技进步奖二等奖；宝钢股份参与的“石油天然气开采用钻具制造中的若干关键技术与系列自动化装备”项目获2013年度上海市技术发明奖二等奖。

4月27日，宝钢股份与中国农业银行签署《战略合作协议》和《湛江钢铁项目融资协议》，湛江钢铁项目融资及企银合作进入实质性阶段。

5月6日，宝钢股份与东风雷诺汽车有限公司（简称“东风雷诺”）签订《东风雷诺—宝钢股份战略合作协议书》，并为双方2014—2015年的5个具体合作项目进行授权。

5月15日，湛江钢铁第二座5050立方米高炉开始打桩建设。

5月20日，宝钢股份召开2014年第一次临时股东大会。大会通过《公司A股限制性股票计划（草案）》《公司A股限制性股票计划首期授予方案（草案修订稿）》《公司A股限制性股票计划管理暂行办法》《公司A股限制性股票计划实施考核办法》等议案，启动员工股权激励计划。根据该计划，宝钢股份将在经营业绩满足条件时向激励对象授予限制性股票，在2年禁售期内，股票不得转让。禁售期满后3年内公司经营业绩满足解锁条件时，股票限制将逐步解除，激励对象可转让所获股票，授予的股票来源为二级市场回购的宝钢股份A股股票。

5月，宝钢股份在上海环境能源交易所挂牌出售1万吨碳排放权。

6月5日，宝钢股份五大员工环境实事工程分阶段竣工交付仪式在宝钢股份炼钢厂举行。2013年，宝钢股份全面启动以改善员工工作和生活环境、拓展员工福利、开展人文关怀为主要内容的首个实事工程三年行动计划。3年内，宝钢股份将实施一批关系员工“三最”（最关心、最直接、最现实）问题的生活后勤设施改善、厂区新增绿化等项目，并最终实现翻班休息室改造、更衣楼装空调、食堂餐饮“自选”模式、厂区厕所改善、85万平方米绿化改造的“五个百分百”目标。

6月9日，宝钢股份财务部通过宝钢财务公司电票系统向民生银行提交了一笔电票提示付款指令，不到2分钟便收到银行方汇出的50万元承兑款。至此，宝钢财务公司顺利加入中国人民银行大额支付系统，正式成为首批允许与各商业银行直接进行电票资金清算业务的财务公司。

6月11日，宝钢股份举行钢铁行业低温余热利用与燃煤锅炉清洁能源替代技术对接交流会，公开展示钢铁余热资源再利用的全流程和未来规划。

6月，梅钢公司被英国标准协会（BSI）授予“BSI卓越整合管理奖”。

7月7日，中共中央政治局委员、广东省委书记胡春华与广西壮族自治区党委书记、自治区人大常委会主任彭清华率领的广西壮族自治区考察团到湛江钢铁建设基地考察，了解项目规划、工程进展等情况。

8月13日，宝钢股份举行2014年建设技改工作研讨会。

8月15日，宝钢股份采用“宝洋联动”模式，发运首批外贸集装箱。这种在厂内完成外贸集装箱监管通关及水运中转的出厂运输模式，开创企业码头与地方港口实现联动的先例，也为宝钢股份优质钢材出口海外提供“快捷通道”。

8月20—26日，宝钢股份成品码头的一号装船机和二号装船机报废、更新拆除。

8月30日，湛江钢铁1550冷轧酸洗项目工程开工。

8月，国家海关总署授予宝钢股份“中国外贸出口先导指数样本企业”称号。

9月1日，宝钢股份四号高炉（一代炉役）炉缸改造大修工程启动。

同日，宝钢股份专利检索系统成功上线。

9月2日，宝钢股份炼钢厂一号连铸机综合改造正式启动。

10月，宝钢股份总部获得国际权威认证机构——英国标准协会（BSI）对公司有害物质管理体系（QC 080000）的认证推荐，成为国内大型钢铁企业中首家通过该体系认证的公司。

11月1日，湛江钢铁炼钢厂主厂房设备开始安装。

11月12日，宝钢股份四号高炉完成炉缸大修成功点火，开启设计寿命为18年的第二代炉役。

同日，湛江钢铁自备电厂一号发电机组锅炉点火成功。

11月14日，湛江钢铁首次发布《员工发展报告》。

11月17日，宝钢股份全天候成品码头建成投运。

12月3日，宝钢股份与上海大学签订新一轮科研合作协议。新一轮科研合作围绕宝钢科技发展需求，充分依托上海大学在冶金凝固及控制技术、高品质钢和汽车用钢等学科领域所具有的研发优势，在整体技术能力提升、现场重大问题解决等多个方面支撑宝钢核心产品及关键技术的领先局面。

12月5日，湛江钢铁基地大型配套生活园区——申蓝宝邸项目开工建设。

同日，湛江钢铁与宝钢发展有限公司签署《商业合作框架协议》，双方将在固废再生利用以及一部分生产配套服务上展开合作。

12月17日，宝钢股份与中南大学签订新一轮科研合作协议，依托中南大学的研发优势，在汽车用铝合金材料、烧结和球团工艺、环境保护与治理等技术领域开展合作。（施　志）

宝钢集团新疆八一钢铁有限公司

概　述

宝钢集团新疆八一钢铁有限公司(简称“八一钢铁”)始建于1951年。1952年5月20日,中国人民解放军新疆军区后勤部钢铁厂与新疆军区军工部合并,定名为“新疆军区八一钢铁总厂”。1953年1月,钢铁厂移交新疆维吾尔自治区工业厅,5月7日,更名为“新疆八一钢铁厂”。1974年1月1日,更名为“乌鲁木齐钢铁厂”。1979年3月31日,新疆成立新疆钢铁公司,乌鲁木齐钢铁厂为该公司直属企业。1980年11月24日,乌鲁木齐钢铁厂更名为“新疆八一钢铁总厂”,并与新疆钢铁公司“两块牌子,一套班子”运作。1995年9月27日,以新疆八一钢铁总厂为主体成立新疆钢铁(集团)有限责任公司。1999年11月,更名为“新疆八一钢铁(集团)有限责任公司”。2001年底,更名为“新疆八一钢铁集团有限责任公司”。2007年1月16日,宝钢集团与新疆维吾尔自治区政府签署增资重组八一钢铁的协议,4月28日正式加入宝钢集团,定名为“宝钢集团新疆八一钢铁有限公司”。至2014年底,有员工24221人。

2014年,八一钢铁生产生铁770.37万吨,同比增长0.25%;钢767.05万吨,同比增长0.0065%;钢材722.7万吨,同比下降0.79%;焦炭336.55万吨,同比增长15.69%;铁矿石原矿量622.67万吨,同比增长13.6%;铁精矿307.06万吨,同比增长7.9%;球团矿314.99万吨,同比下降0.62%;烧结矿1163.46万吨,同比增长1.6%;板簧2.77万吨,同比下降4.15%。

全年完成工业总产值(现价)444.71亿元,资产总额521.19亿元;销售钢材727.56万吨,同比下降1.88%;营业收入219.60亿元,同比下降43.9%;主营业务收入213.38亿元,同比下降24.16%;利润总额-26.56亿元。　(张雅卿　顾　维)

企业负责人简介　陈忠宽,1965年8月生,江苏建湖人,中共党员,高级工程师,八一钢铁董事长、党委书记。

肖国栋,1965年6月生,山东莱州人,中共党员,教授级高级工程师,八一钢铁总经理。

股东大会　董事会

2013年度股东大会　7月9日,八一钢铁召开2013年度股东大会,审议通过《关于八钢公司2013年度董事会工作报告的议案》《关于宝钢集团新疆八一钢铁有限公司2013年度监事会工作报告的议案》《关于八钢公司2013年度财务决算报告的议案》《关于八钢公司2013年度利润分配方案的议案》。(张　静)

2014年第一次临时股东大会　3月28日,八一钢铁召开2014年第一次临时股东大会,审议通过《宝钢集团新疆八一钢铁有限公司关于续发26亿元和增发17亿元短期融资券的议案》《关于变更宝钢集团新疆八一钢铁有限公司章程部分条款的议案》,同意八钢公司增加“压缩、液化气体(氧气、氮气、氩气)生产、销售”经营范围,同时修改公司章程第二章第五条的内容。　(张　静)

2014年第二次临时股东大会　9月25日,八一钢铁召开2014年第二次临时股东大会,审议并通过《关于改选宝钢集团新疆八一钢铁有限公司第四届董事会部分董事的议案》《关于取消2013年第二次临时股东会部分决议的议案》《关于对宝钢集团新疆八一钢铁有限公司增资的议案》《关于宝钢集团新疆八一钢铁有限公司拟对新疆八钢国际贸易股份有限公司增资的议案》。　(张　静)

2014年第三次临时股东大会　12月26日,八一钢铁召开2014年第三次临时股东大会,审议并通过《关于改选宝钢集团新疆八一钢铁有限公司第四届董事会部分董事的议案》《关于宝钢集团新疆八一钢铁有限公司新增发行30亿元超短期融资券议案》《关于改选宝钢集团新疆八一钢铁有限公司第四届监事会部分监事的议案》。

(张　静)

第四届董事会第十二次会议　3月20日,八一钢铁召开第四届董事会第十二次会议,审议《关于宝钢集团新疆八一钢铁有限公司发行10亿元应收账款专项资产证券化管理计划的议案》《关于宝钢集团新疆八一钢铁有限公司2014年在各金融机构办理综合授信的议案》《关于宝钢集团新疆八一钢铁有限公司续发26亿元和增发17亿元短期融资券的议案》《关于宝钢集团新疆八一钢铁有限公司2014年度全面风险管理报告的议案》《关于宝钢集团新疆八一钢铁有限公司2013年度内部控制评价报告的议案》《关于变更宝钢集团新疆八一钢铁有限公司章程部分条款的议

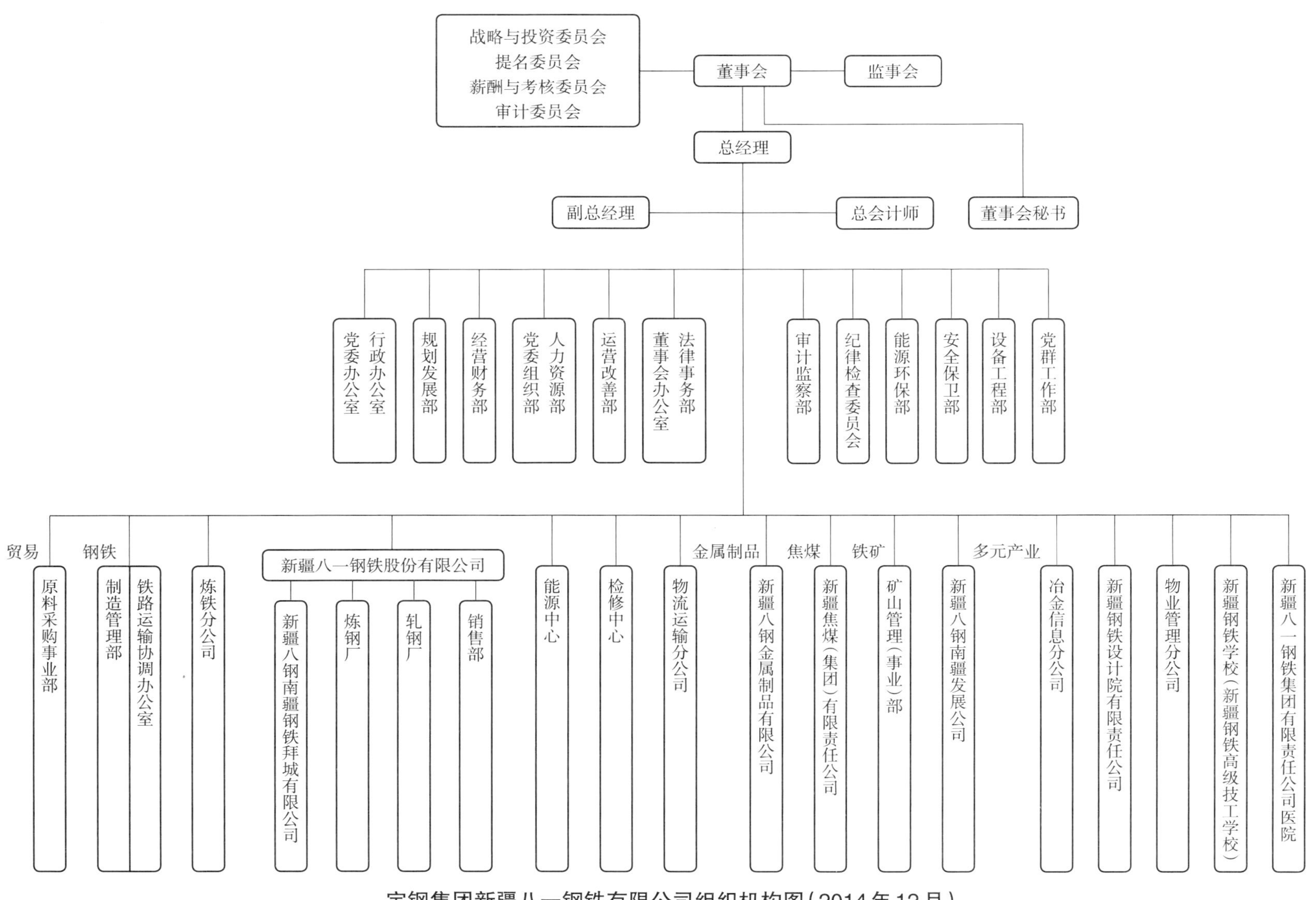

宝钢集团新疆八一钢铁有限公司组织机构图(2014年12月)

案》《关于召开宝钢集团新疆八一钢铁有限公司2014年第一次临时股东会的议案》。（张 静）

第四届董事会第十三次会议 5月15日，八一钢铁以通讯方式召开第四届董事会第十三次会议，审议《关于新疆八钢国际贸易股份有限公司首次开展远期购汇业务备案的议案》《关于八钢国际矿业首次开展远期购汇业务备案的议案》。（张 静）

第四届董事会第十四次会议 7月9日，八一钢铁召开第四届董事会第十四次会议，审议《关于宝钢集团新疆八一钢铁有限公司2013年度董事会工作报告的议案》《关于宝钢集团新疆八一钢铁有限公司2013年度总经理工作报告的议案》《关于宝钢集团新疆八一钢铁有限公司2013年度财务决算的议案》《关于宝钢集团新疆八一钢铁有限公司2013年度利润分配方案的议案》《关于注销金佰鹭饭店的议案》《关于注销中钢冶金进出口公司的议案》《关于注销新疆钢铁公司北京经销公司的议案》《关于注销北京圆明华餐饮公司的议案》《关于召开宝钢集团新疆八一钢铁有限公司2013年度股东会的议案》。（张 静）

第四届董事会第十五次会议 9月25日，八一钢铁召开第四届董事会第十五次会议，审议《关于改选宝钢集团新疆八一钢铁有限公司第四届董事会部分董事的议案》《关于取消四届十一次董事会部分决议的议案》《关于对宝钢集团新疆八一钢铁有限公司增资的议案》《关于宝钢集团新疆八一钢铁有限公司拟对新疆八钢国际贸易股份有限公司增资的议案》《关于宝钢集团新疆八一钢铁有限公司实施绿色建筑项目的议案》《关于宝钢集团新疆八一钢铁有限公司拟对外转让新疆八钢钢结构有限公司股权的议案》《关于召开宝钢集团新疆八一钢铁有限公司2014年第二次临时股东会的议案》。（张 静）

第四届董事会第十六次会议 12月26日，八一钢铁召开第四届董事会第十六次会议，审议《关于改选宝钢集团新疆八一钢铁有限公司第四届董事会部分董事的议案》《关于改选宝钢集团新疆八一钢铁有限公司第四届董事会各专门委员会委员的议案》《关于宝钢集团新疆八一钢铁有限公司2014年在浦发银行新增2亿元授信的议案》《关于宝钢集团新疆八一钢铁有限公司拟新增发行30亿元超短期融资券的议案》《关于宝钢集团新疆八一钢铁有限公司向新疆伊犁钢铁有限责任公司提供委托贷款的议案》《关于召开宝钢集团新疆八一钢铁有限公司2014年第三次临时股东会的议案》。

（张 静）

第四届董事会第十七次会议 12月26日，八一钢铁召开第四届董事会第十七次会议，审议《关于改选宝钢集团新疆八一钢铁有限公司第四届董事会各专门委员会委员的议案》。（张 静）

生产经营管理

重点项目建设 2014年，八一钢铁完成固定资产投资20亿元。重点项目中，新疆八钢南疆钢铁拜城有限公司（简称“南疆钢铁公司”）二号焦炉和二号棒线建成投产。罗泾一号熔融还原炼铁装置（COREX炉）拆建项目在八一钢铁本部建成，项目采用先烘炉再全焦加枕木开炉技术创新方案、煤干燥方案以及水系统冬季运行方案等8个技术创新方案，弥补原有的漏洞和缺陷，降低将来的运行风险。铁矿项目中，敦德铁矿、鄯开公司380万吨/年采选工程项目顺利推进。煤矿项目中，2130煤矿和1890煤矿改扩建工程首采区验收工程总量分别完成85%和95%，并通过新疆维吾尔自治区煤炭工业管理局试生产验收检查。一号平台城市矿产园区项目建成，提升了金业汽车拆解公司汽车、废钢经营水平，并成为新疆城市矿产行业的领先者。（罗映萍）

推进产销研工作 2014年，八一钢铁组建由销售、生产、研发等相关人员参加的五人工作小组，加快建立经营理念、运营管理、绩效考评、营销策略、采购管理“五位一体”运行机制，加强各部门协同联动和快速决策。产销研活动按照产品策划、产品开发、质量改进、技术服务延伸4个方向推进。对发现的问题协同攻关，实现快速反应市场变化、提升技术营销水平、聚焦用户个性需求、强化产品盈利创效的产销研运行目标。全面推行“算账”经营理念，在品种和流向测算模型的基础上，建立统一的“盈利测算”管理模型，引导全体系向盈利产品多接单、多生产的方向转变。推进质量改进工作，生产的82B和20CrMnTi齿轮钢的产品质量得到提升，年销量分别为4万吨和1.5万吨。（罗映萍）

10月31日，八一钢铁熔融还原炼铁装置施工现场（姚海山 摄）

染从源头进行综合治理，实施物料全部入仓、车辆清洁入厂、除尘灰全封闭输送。加大环保设施的维护，烧结机烟气脱硫同步运行率100%，解决烧结机机头烟气超标排放问题；工业废水深度处理厂日处理能力6万立方米，废水处理后分级回用，实现工业废水零排放。投入1亿元用于环境治理工作，其中投入7500万元的南疆钢铁烧结机脱硫工程建成投产，保护南疆钢铁公司及周边地区居民的生活环境，为企业树立良好社会形象。（罗映萍）

新产品开发 2014年，八一钢铁开发成功QStE340TM、QStE460TM热轧高钢级薄规格产品，用户试用后效果良好；汽车用热轧钢板通过东风商用车有限公司入厂性能检验；开发120毫米、100毫米、96毫米三个规格的电解铝用阴极扁钢产品，通过优化轧制规程，成材率由93.9%提高到95.2%；成功试轧Q550中厚板高强钢，并进入生产阶段；开发出Q345GJCZ15系列25毫米、28毫米、40毫米厚度的高层建筑用钢产品，并交货。全年新产品销售率为13%。（罗映萍）

科研工作 2014年，八一钢铁申请加入新疆先进装备制造技术创新战略联盟，年内完成9个科研及新产品开发项目的验收；获批建立“熔融还原技术重点实验室”；“三线、四线圆钢切分轧制工艺技术应用研究”“用77MnA钢生产高强度钢绞线工艺”分获乌鲁木齐市科技进步奖二等奖和三等奖；在开展群众性的技术创新活动中，由炼钢厂员工俞海明主持承担的“KR脱硫渣改质资源化处理技术”获冶金科技进步奖三等奖；全年申请专利473件，其中发明专利35件。（罗映萍）

营销团队建设 2014年，八一钢铁增加新疆昌吉州、莎车县两家经销点，完善“网格化、全覆盖”营销渠道。通过跟踪乌鲁木齐地铁、苏新能源煤制气等项目，确保工程市场占有。实现营销模式创新，八一钢铁电子商务平台一期、二期先后上线，全年开户数108户，实现钢材销售1万吨。强化“以客户为中心”的管理理念，着力改善用户关系，打造产品和服务的差异化优势。利用八一钢铁产品资源保障优势，开展钢材的加工配送市场化服务，满足用户个性化需求，全年加工配送钢材8万吨。（罗映萍）

环境治理 2014年，八一钢铁首次签订《环保责任书》，每月对各单位进行环保绩效评价，制定《环保问责管理办法》，严格落实环保管控责任制，把重大环保事故纳入领导人员“红线”管理，增强各级管理人员的环保意识。对环境污

绿化美化 2014年，八一钢铁种植树木3万棵，新植草坪21.6万平方米，新增绿化面积24.5万平方米，厂区绿化覆盖率46.8%，生活区绿化覆盖率52%。坚持生态保护和可持续发展，推进绿色矿山建设。矿山资源集约节约利用水平显著提高，矿山环境得到有效保护，矿山土地复垦水平全面提升。继磁海铁矿获第三批国家级绿色矿山试点企业后，蒙库铁矿获第四批国家级绿色矿山试点企业。全年，八一钢铁本部二氧化硫排放总量、烟粉尘排放总量和化学需氧量排放总量不断降低，环境状况好转。（罗映萍）

政策利用 2014年，八一钢铁加大政策利用工作力度，建立健全政策利用体系、流程、制度，打造活力团队。建立虚拟事业部工作机制，提高部门、单位的政策利用工作意识，全年争取到政策利用资金4.1亿元，完成年度目标125%。八一钢铁2座20吨转炉、雅矿铁合金炉淘汰项目分获中央财政奖励资金561万元和225万元。（罗映萍）

8月22日，八一钢铁与北京科技大学签订战略合作协议（姚海山 摄）

明确新一轮发展规划 2014年，八一钢铁确立实施“做强做优钢铁核心主业”和“加速发展相关多元产业”的“双轮驱动”战略，将钢铁主业与多元产业的比例由2012年的9∶1调整到2018年的7∶3。提升钢铁主业软实力，追求最佳经济生产规模；聚焦“成本、产品、服务”三个基点，通过实现总成本领先、产品差异化和服务差异化的组合措施做强做优钢铁核心主业。加快多元产业发展，实施“深耕新疆”战略，在既有多元产业累积优势的基础上，结合主业谋求相关战略性多元产业协同发展，建立八一钢铁产业对冲机制。年内，绿色建筑产业化项目、“大物流、大市场”项目、钢铁化工项目、新疆城市矿产项目、环塔拉力赛等工作取得新进展。其中，绿色建筑产业化项目进入商业化运营；“大物流、大市场”项目的新疆宝新恒源物流有限公司投入运营；组建钢铁化工项目“深蓝团队”，并进行项目前期可行性研究论证工作。（罗映萍）

八一钢铁各分公司

炼铁分公司

炼铁分公司是八一钢铁重要生产单位之一，分新、老两个区域，主要产品有生铁、烧结矿、焦炭及其副产品。下设第一高炉分厂、第二高炉分厂、焦化分厂、烧结分厂、原料分厂、炼铁分公司机关。主要设备有430立方米高炉4座、2500立方米高炉3座、265平方米烧结机2台、430平方米烧结机1台、4.3米42孔焦炉4座和49孔捣固焦炉1座、6米55孔焦炉4座。至2014年底，有员工3008人。

2014年，生产铁水646.9万吨，烧结矿777.15万吨，焦炭267万吨。（徐春江）

熔融还原炼铁装置的生产准备 2014年，完成熔融还原炼铁装置（COREX炉）关键工艺控制点、关键工艺参数辨识、能源介质状态辨识；完成先烘炉再全焦加枕木开炉技术创新方案、COREX煤干燥方案及水系统冬季运行方案；发布设备试车方案，编制设备事故预案和生产组织方案、运行方案；签订检化验协议、设备修维护合同，明确高炉煤气余压发电产线和循环水产线、COREX炉区域内35千伏等供电系统分工界面，完成能源介质参数及管理范围划分协议。（徐春江）

转变设备管理理念 2014年，建立“以厂长为关键、作业长为核心、全员参与”的管理模式，提高生产过程控制能力。全年设备事故发生次数比上年减少3起，设备维修年采购费用10143万元，比计划结余1032万元，比上年节余3129万元。设备维修消耗11540万元，比计划节余1590万元。年内，开展带式输送机规范管理项目的攻关取得显著效果。（徐春江）

技改技措 10月，焦化脱硫废液除盐处理项目主体设备进入调试阶段，项目建成后将焦化脱硫废液处理后全部回用到焦化新区脱硫系统，可达到脱硫废液零外排的效果。新区焦化新增储焦楼除尘项目，累计发生费用750万元。项目投运后，岗位粉尘小于8毫克/立方米，可降低储焦楼区域内的扬尘。（徐春江）

降低生铁成本 2014年，制定合理矿筛标准，提高低价烧结矿（生产酸性烧结矿）的消耗比例，降低高价球团矿单耗。建立原燃料性价比指数模型，对进厂原燃料每周实行性价比测算，改善入炉料结构，以降低各工序的生产成本。推进配煤优化工作，降低疆外煤配比，提高疆内煤配比，疆外煤使用比例从64%降至48%，降低焦炭成本。同时，开展焦粉回配工作且进展顺利，全年焦粉回配5.5万余吨，产生效益近3800万元。通过回收使用固体废弃物等含铁物料以及优化配矿方案，烧结矿成本由713元/吨降至621元/吨，全年降低成本6000万元。成立能源介质消耗攻关组，对重点工序能耗2500立方米高炉能介及喷煤用氮、干熄焦用氮、炼焦燃耗等按照项目管理的方式进行节能推进。（徐春江）

降本增效2.91亿元 2014年，开展生产技术、设备管理、节能降耗等26个降本增效项目，并以项目管理的方式进行管控，实行周推进改善、月总结分析，全年降成本2.91亿元，完成计划的103.9%。（徐春江）

推进环保项目建设 2014年，储焦楼区域除尘项目的投运，解决了周边皮带输送造成的各类粉尘污染；置换单机除尘器12台，岗位粉尘浓度得到有效遏制。安装10台远程射雾器，使用效果良好。12月，焦化分厂脱硫废液提盐处理项目交付使用，实现脱硫废液处置的最优化。烧结脱硫岛在线监测搬家移位，同步运转率100%。投资38万元完善料场喷水设施，对三号料场喷水设施进行消缺，抑制大风天气的扬尘污染。焦化老区新建焦粉回配设施，日回配量45吨，降低成本800万元。原料分厂利用原有除尘器对C高炉原料输送通道除尘风管改造，解决转运站的扬尘问题；改造烧结成品矿槽除尘风管，解决转运站、落料点的扬尘问题。完成COREX炉工程项目中13台除尘器的放灰设施改造，解决放灰扬尘污染。（徐春江）

能源中心

能源中心负责八一钢铁地区水、电、汽、暖、风、氧、氮、氩的生产、供应和能源、计量管理工作。至2014年底，下设水处理分厂、计控分厂、制氧分厂、热力分厂和5个业务室、22个作业区。有员工993人。

2014年，发电10.65亿千瓦时，转炉煤气回收量97立方米/吨钢，吨钢综合能耗610千克标准煤。（张晓娟）

重点工程 2014年，主要完成COREX炉区域能源、公辅外网系统的工程建设和调试。4月18日，新建110千伏COREX—C3000炉变电站一号、二号、三号、四号主变送电成功。5月5日，COREX炉氧、氮、氩管网与老区氧、氮、氩管网实现新老系统联通。5月16日，COREX炉配套2万立方米蓄水池和6千米供水管道项目试水投运。5月25日，新建除盐水站投产。6月4日，10千伏循环水系统高、低压系统一次送电成功。6月30日，一号燃气锅炉一次点火成功。7月23日，一号4万立方米/小时制氧机组汽轮机一次冲转成功。8月3日，汽轮机—空压机联动试车成功。8月25日，制氧机组空分裸冷结束。10月12日，二号背压发电机成功并网发电、供汽。（张晓娟）

提升能源利用效率 2014年，提出“零放散+负增长”工作目标，即：煤气零放散、蒸汽零放散、氧气零放散、污水零排放；外购电量负增长、外购水量负增长。全年累计发电10.6亿千瓦时，全口径自发电32.4%；3座120吨转炉煤气回收95.93立方米/吨钢、150吨转炉煤气回收97.37立方米/吨钢；吨钢耗新水3.6立方米，比上年降低14%。（张晓娟）

环保工作取得成效 2014年，热力分厂将环境监测纳入重点关注指标，定时检查环保设施运行、环保数据传输等情况，全年发生环保设施故障6次，数据传送监测检查600次，数据传输率100%。制氧分厂成立黄成创新工作室，开展噪音

7月23日，八一钢铁COREX炉区域的煤气柜（姚海山 摄）

治理攻关,利用废旧物资制作消音器、隔音墙,有效降低噪音,节约费用50余万元。(张晓娟)

技术创新 2014年,申报技术专利31件、技术秘密20件,公司评审通过6件;申报技术攻关43项,完成39项;注册管理创新项目16个,完成12个,取得经济效益1.33亿元;注册自主管理课题38个,完成31个。动力分厂供水作业区深井质量管理小组被评为冶金行业先进质量管理活动小组;能源中心热电分厂点检组被评为新疆维吾尔自治区质量信得过班组;动力分厂污水作业区集中污水质量管理小组被评为新疆维吾尔自治区优秀质量管理小组。(张晓娟)

物流运输分公司

物流运输分公司承担八一钢铁本部的产成品、大宗原燃料、资材备件、生活物资等物品的收、发、转、存工作,及铁路运输、公路运输管理、物流优化、承运商准入、合同、价格等管理职责。下设公路运输部、铁路运输部、仓储物流部3个分厂级单位;机关设置生产计划、设备管理、安全管理、物流管理、综合业务管理5个职能科室。2014年底,有员工1417人。

2014年,发运钢材622.07万吨,物资进出厂完成运量(铁路)1725.68万吨,完成铁水运输660.16万吨;收入设备及辅材13.34亿元,供应设备及辅材13.8亿元,实现物资配送率83.67%。全年降低物流费用1.07亿元,厂内吨钢费用比计划降4.58元,降幅8.33%,钢产品汽车代运综合成本比上年降低19.72元/吨,降幅25%。

(左　英)

优化厂内物流 2014年,清除原料临时料场存货,减少原料临时料场二次倒运。对铁前、钢后等122条运输线路进行核查及工艺整合。发挥厂内设备机具卸车能力,综合卸车线卸车量比上年下降137万吨,降低物流费用1614万元。优化厂内工艺运输,通过内部环节梳理,减少协力业务,全年减少协力运费4244.7万元。(左　英)

控制铁路延时费用 2014年,针对铁路总公司提高延时罚款价格情况,分公司从控制铁路运行各个环节入手,将延时费用控制在1602.32万元,比上年下降139.84万元,降幅8.02%。(左　英)

加强设备管理 2014年,完成机旁库系统数据与设备系统对接,在177个机旁库推行使用出入库台账和卡片,实现生产厂机旁库的资材备件集中管理。对库房的利旧、改造,对合金(危化品)严格按国家安全标准进行存放,消除安全隐患。

(左　英)

提升钢材储运能力 2014年,梳理中板发运流程,对各库房按发运流向进行定位和调整,提高中板发运效率,中厚板装车时间由24小时以上控制到6小时。提高火车车皮满载率,车皮空载率比上年降低0.6%。(左　英)

制造管理部
(八一钢铁技术开发中心、新疆钢铁研究所)

制造管理部于2008年2月28日成立,对外称"八一钢铁公司技术开发中心"或"新疆钢铁研究所"。下设综合管理室、工艺技术研究室、生产计划室、生产管制中心(总调)、原料管理室、理化检验中心。至2014年底,有员工601人。

(高　斌)

降本增效2.69亿元 2014年,与主线单位联合成立13个项目组,制定降本增效计划,并按月跟踪、推进、实施。全年完成降本增效2.69亿元,其中"优化新区焦炭配煤结构,提高疆内煤用量,降低焦炭原料成本"项目,实现降本增效1.5亿元。

(高　斌)

整合存储料场 2014年,建成2个铁精粉圆形仓、6个焦煤圆形仓、3个原料圆形仓,并投入使用。配合相关单位退出临时料场2万平方米,通过料场整合,90%焦煤入圆仓,吨钢降低物流费用2.27元,并降低了环境污染。(高　斌)

开发新产品 2014年,开发不同规格系列X80管线钢,使X80极限厚度规格扩展到19.1毫米,生产的14.2毫米×1550毫米X80管线钢应用于克拉苏气田克深天然气处理厂一期工程和克深8区块地面工程。250毫米板坯实现规模化生产,节约成本924.65万元。年内,开发新产品30个牌号,其中热轧产线8个、冷轧产线10个、中厚板产线4个、棒线优钢产线8个。全年生产品种钢200.29万吨,新产品66.7万吨,销售品种钢199.8万吨,平均毛利320.85元/吨。其中,吨钢毛利大于400元的产品23个,销售量68.96万吨,满足了市场需求。(高　斌)

强化配煤、配矿 2014年,推进实施铁料的性价比模型,铁料基准差(与性价比最好的料比)由187元降低至80元以内，停止引进或阶段停止引进性价比差的矿种11种。建立焦煤性价比测算模型，进行单种煤性价比排序，有效指导焦煤资源开发和采购，停止引进或阶段停止引进性价比差的煤种10余种，新引进10种性价比较高的煤种。同时发挥疆内和自产焦煤资源优势，实施区域配煤，以实现最佳配煤结构和最优配煤成本。（高 斌）

技术创新 2014年，研发投入率1.06%，新产品销售率13.05%；申请专利510件（其中发明专利44件），授权专利373件，通过技术秘密认定330件。全年完成9个科研及新产品开发项目的验收。申请的“熔融还原技术重点实验室”获得批准，申报的“120吨转炉系统高效清洁生产技术的研究与应用”“大倾角煤层走向长壁大采高综采技术研究”课题获2014年度新疆维吾尔自治区科技进步奖二等奖。全年利用新产品技术开发费613.8万元，科技政策利用1046.3万元。（高 斌）

冶金信息分公司

冶金信息分公司于2008年2月28日成立，主要承担八一钢铁信息化规划的编制，审核企业信息化建设总体方案及各单位应用系统的分项方案；信息化项目部署实施及日常维护、信息化通讯和网络建设和维护；企业通信建设、维护服务管理；企业工业自动化技术、工业监控技术、数字智能技术、楼宇自控工程的开发建设、技术咨询和培训；电信业务代办、计算机及软件、办公自动化、自控设备备品备件和耗材的代理与销售管理。下设系统工程及网络部、自动化部、网络中心、机务作业区、线务作业区、综合管理室。至2014年底，有员工109人，其中具有高级技术职务10人。全年收入4710.63万元。（喻 炜）

信息系统研发 10月22日，原料铁路车流信息系统正式上线。该系统通过建立原料进厂车流信息跟踪平台，为铁路协调办公室、原料采购管理事业部、物流运输分公司、生产管制中心等单位对原料进厂信息的跟踪和统计分析提供数据。年内上线并通过验收的150吨动态轨道衡车号识别系统与视频监控系统、炼铁分公司C高炉数据发布项目、八钢门禁一卡通系统运行状况良好。完成南疆三角区地带系统适应性扩展、消费系统升级改造、司磅系统功能扩展及新增焦化制造执行系统项目开发等系统研发。开发并建成能源环保部、设备工程部网站。对工会、能源中心、炼铁分公司、华美公司网站进行改版重建。（喻 炜）

与宝信软件合作 2014年，配合宝信软件完成采购供应链系统、设备系统、人力资源系统、办公自动化系统、属地数据服务总线等系统的切换工作。配合宝信软件对八一钢铁中厚板制造执行系统的升级改造，实现与产销系统的对接和合同组板功能，并承担仓库管理、工器具管理模块的设计与代码编写。系统上线后，完成对仓库管理模块的完善和改进。（喻 炜）

系统维护 2014年，重点对产销系统进行维护，保证系统的基本运行。在网站平台项目中，完成焦煤集团公司、富蕴蒙库铁矿公司、炼铁分公司等单位网站的日常维护工作，保障各网站的正常运行。（喻 炜）

网络建设与维护 2014年，完成南疆焦化三角区信息化网络系统和综合安防系统、八一钢铁平安社区二期监控光缆线路工程、八一钢铁门岗及生活服务区安保系统等18项新增网络工程建设。处理和解决办公网、产销网运行中出现的各类网络软硬件故障。对八一钢铁驻外单位专线接入用户提供技术支持和维护服务。全年处理滥发邮件用户161个、新开邮箱176个，IP（网络之间互联协议）地址绑定780个，新开虚拟专用网络用户12个，防火墙新增、修改记录263个。处理服务器故障178次、网络故障86次。产销系统机房设备点检率100%、信息系统安全管控率100%和网络运行安全管控率100%。（喻 炜）

自动化项目建设 2014年，先后承接并实施COREX炉综合原料项目电气控制、自动化控制与工业电视系统等15项自动化控制项目建设。（喻 炜）

通信工程与维护 2014年，完成钢花滨河苑内远端模块局的建设工程，包括程控交换机、辅助设备电源、蓄电池、充气机、空调的安装及COREX炉通信工程。全年完成新装电话525部，搬迁电话293部，电话改号77部，电话更名过户170部，拆机742部，停机450部，开机200部，各类程控业务1972部，受理障碍申告3945部，测试3945部，处理局内障碍210部，报出外线维修3735部，更改坏主干301对，用户辅导30.19万次，重要电话拨测2.14万次，局修改数据21次，受理电话查询19.37万次。电缆改造跳线2100对，配合外线割接电话2100部。协助科技开发部进行非对称数字用户环路(ADSL)跳线2650部。按月对欠费用户进行清理和话费的追缴工作，避免用户的恶意欠费现象。对厂区、生活区人井管道、电缆充气、架空电缆进行点巡检365次。(喻　炜)

工程管理　2014年，签署南疆钢铁公司焦化(三角区)信息化建设工程等10个新项目，合同总额1073万元。完成在建工程项目20个合同的结算，实现结算收入3270万元。完成新建精矿仓汽车进料线控制系统等7个项目的工程质量监督验收和工程造价审核与决算。(喻　炜)

检修中心

检修中心于2007年11月16日成立，下设炼铁维护部、炼钢维护部、轧钢维护部、行车运行部。至2014年底，有员工2732人。

检修中心主要技术经济指标以行车热停为依据，点检维护行车263部，其中炼钢厂102部、轧钢厂138部、物流行车23部。全年完成主作业线机组检修1425次，计划完成率134%；定修项目39124项，项目完成率97.93%。完成392927.39个检修工日，检修负荷率69.76%。发生制造费用37061.79万元，完成年计划的96.61%。全年降本增效5257.15万元，完成年计划的126.07%。(张小惠)

控制成本费用　2014年，将关键绩效指标与各部、室月绩效评价挂钩，按月实行三级评价机制，全年发生制造费用3.71亿元，完成年计划的96.61%。结合检修计划，编制各成本单位预算，月末进行成本分析，全年降本增效5257.15万元，完成目标值的126.07%。降低成本966万元，完成计划的193.2%。(张小惠)

增强设备管理能力　2014年，以行车点检定修制为基础，推进全员生产维修管理。每两周召开一次行车设备系统推进会，重点推进行车管理工作。以冶金铸造吊设备为主线，加强行车设备系统技术协同管理。至年底，行车系统平均月故障时间为2624分钟，月热停时间为143.25分钟，比上年降低1623分钟和19.5分钟。行车操作平均月故障时间为94分钟，比上年降低83分钟。全年一般及以上事故为零。(张小惠)

新疆八一钢铁股份有限公司

新疆八一钢铁股份有限公司(简称“八钢股份”)是2000年7月27日由新疆八一钢铁集团有限责任公司联合邯郸钢铁集团有限责任公司、南京联强冶金集团有限公司、新疆华顺工贸有限公司、新疆维吾尔自治区技术改造投资公司4家企业发起设立，2002年8月16日在上海证券交易所挂牌交易。至2014年底，八钢股份总股本7.66亿股，总资产212.28亿元，净资产16亿元。

八钢股份下辖炼钢厂、轧钢厂、销售部、南疆钢铁公司。主要设备有60孔复热式(捣固)焦炉2座，1800立方米高炉1座，150吨转炉1座，120吨转炉5座，40吨转炉2座，110吨电炉1座，70吨电炉1座及小型材、中型材、高速线材、棒材、冷轧、镀锌彩涂机组、1750热轧机组、4200毫米/3500毫米中厚板轧机生产线，综合年产钢能力1100万吨。产品覆盖棒、型、线、带、板及涂渡板卷等。生产的钢种有普碳钢、优碳钢、低合金结构钢、焊条钢、棉花打包丝钢、抽油杆钢、弹簧钢、合金结构钢。开发和稳定生产煤炭机械用钢、汽车大梁用钢、风电用钢、油汽输送管线用钢、压力容器用钢等。

2014年，产铁123.45万吨、钢767.05万吨、钢材722.7万吨，销售钢材727.56万吨，实现营业收入206亿元。(冷　菲)

炼钢厂

炼钢厂于2008年6月企业改制后成立。下设第一炼钢厂、第二炼钢厂，主要设备有150吨转炉1座，120吨转炉3座，40吨转炉2座，110吨和70吨直流电弧炉各1座。2014年产钢649.02万吨。至2014年底，有员工3008人。(潘海鹰)

降本增效　2014年，提出“降耗、增收、提效、协同”八字方针，确立降本增效项目36项。全年钢坯综合成本降低1.59亿元，完成计划的106.64%。(潘海鹰)

环境保护　2014年，完成40吨转炉渣场改造、一次除尘改造和煤气回收项目，以适应环保要求。在120吨转炉上采用烟气温度曲线与氧枪控制相结合的环保控制措施，既提高冶炼水平同时达环保效果。引入新技术、新材料，解决120吨转炉铁水脱硫除尘器布袋频繁烧损导致烟囱冒烟的问题。推进固废利用，除尘灰造球自用量为200吨/日。全年吨钢综合能耗为-9.32

千克标准煤，岗位粉尘合格率为91.4%。（潘海鹰）

提升产品质量 2014年，制定3年质量提升计划，涉及各区域36项质量项目，结合关键过程细化落实各项管控措施，不断改善产品实物质量。150吨产线生产的品种钢月产突破4万吨（25个牌号），成功实现70吨电炉向150吨转炉品种钢产品移植。重新梳理关键过程质量控制点44项，形成日信息、日报表及周、月控制目标分析。全年炼钢工序内部质量损失1.32元/吨，比上年降低0.22元/吨。（潘海鹰）

设备管理 2014年，建立设备功能精度管理体系，制定《炼钢厂功能精度管理办法》，确立功能管理项目164项，精度管理项目52项，并对设备功能精度管理项目清单进行分类、分级，同时将项目清单分解到每个操作岗位，针对不同的岗位制定相应的功能、精度项目确认表，实行全员管理。建立和完善以功能精度为切入点的综合评分考核机制，将事故管理向事前预防转化，为生产质量提供设备保障。全年，40吨转炉生产线、120吨转炉生产线和150吨转炉生产线的功能投入率分别为99.6%、99.97%、98.99%，精度保持率分别为98.3%、99.88%、99.99%。（潘海鹰）

轧钢厂

轧钢厂于2008年6月成立，下设棒线、热轧、冷轧、中厚板、钢后指挥部5个分厂。机关设综合办公室、生产技术室、设备室3个部门。至2014年底，有员工1455人。全年产材610.72万吨，完成年计划96.32%。其中板材比重为56.61%，板材合同履行率92.91%。生产品种钢183.04万吨，完成年计划74.86%。（黄生龙）

优化产品结构 5月7日，棒线分厂二棒机组采用六切分工艺轧制直径12毫米螺纹钢成功。该技术的应用，为批量生产打下基础。7月31日，棒线分厂二棒机组采用四切分工艺生产直径10毫米规格螺纹钢获得成功，产品性能、各项技术指标均符合标准，实现直径10毫米规格螺纹钢从小型机组到二棒机组的移植。（黄生龙）

技术改造与创新 2014年，棒材分厂棒线完成新增优钢修磨线项目，主要新增除鳞、矫直机、无心式修磨机及附属台架等优钢品种处理设施。冷轧分厂完成接收金属制品公司废酸设施项目。全年专利受理121件，其中发明专利23件；获得技术秘密认定117件，完成自主管理项目87个，命名先进操作法42个。征集合理化建议1431条。开展公司级科研项目4个，新产品开发项目2个，结题1项。（黄生龙）

销售部

销售部主要负责产品销售和服务工作，下设3个职能部室、2个产品室、5个销售分公司。至2014年底，有员工153人。全年销售钢材734.4万吨，实现销售收入205.38亿元，产销率达101.3%。（贾志峰）

开展疆内“网格化、全覆盖”营销 一是新设新疆昌吉州、莎车县经销点，经销网点增加至26个，覆盖12个地州、14个师、部分重点县市和185个团场。积极开展工程营销工作，实现疆内营销员负责区域网格化，确定乌鲁木齐市区域重点跟踪乌市地铁项目，北疆区域重点跟踪苏新能源煤制气项目，提升营销能力；全年供应钢材195.2万吨，工程市场占有率76.8%。二是围绕价格进行定价敏感性分析，成立销售部期货业务虚拟团队，跟踪期货交易行情，制定与价格密切相关的产品组合策略，合理分配产能，提高销售收入。通过对期货价格的后评估并为次月的价格制定提出指导性意见，根据市场需求，与竞争对手共同维护市场价格，确保区内市场价格稳定。（贾志峰）

加强营销策划 一是以削峰填谷方式平衡区内市场需求的不均衡性，提高区内市场占有率。二是强化客户关系管理系统客户档案系统管理和应用，将客户的相关信息用于产品和服务的设计、生产改进、创新及市场开发和营销过程，提高应对市场的反应速度；三通过产销系统、电子商务等手段推进信息化建设，形成内外贯通、全程在线的销售平台。3月25日，八一钢铁电子商务平台上线，全年开户175家，实现钢材销售7.6万吨。（贾志峰）

开拓市场 2014年，开展钢材加工配送市场化服务，实现产品差异化，满足客户个性化需求，全年加工配送8万吨。发挥产销研一体化作用，协同制造管理部参与前期技术协议签订、合同生产过程跟踪，用户使用回访，收集汇总使用情况，及时解决用户抱怨及质量问题。挖掘客户的个性化需求，针对工业较发达地区和重点工程项目

3月25日,八一钢铁电子商务平台上线(姚海山 摄)

推出门板专用料冷轧产品、高强镀锌产品、高强彩涂产品、制桶专用彩涂产品等,实现含硼钢销售,扩大品种数量。与客户签订个性化技术协议定制产品,推出专用套裁非标规格产品、个性化单件重量、个性化包装方式。开展27个行业调研,组织新疆钢结构市场发展论坛、桶业发展论坛、新疆钢制防盗防火门窗市场发展论坛,了解市场需求和行业发展动态,加强与自治区相关行业生产制造企业的合作。(贾志峰)

增强风险管控能力 2014年,开展信用风险管理与监控,制定授信相关制度规定,信用额度申报流程,信用使用均在可控范围内。强化驻外片区、经销点仓储风险管控,对南疆片区12个驻外片区经销点、委外仓储风险管控情况、廉洁风险点确定和防控措施实施情况开展专项监察,发现问题及风险点33个,提出建议8项。(贾志峰)

新疆八钢南疆钢铁拜城有限公司

新疆八钢南疆钢铁拜城有限公司(简称"南疆钢铁公司")是集钢铁冶炼、轧制及动力煤气于一体的大型国有钢铁联合企业,2013年1月被八钢股份收购,为其下属子公司。下设烧结厂、炼铁厂、炼钢厂、轧钢厂、动力厂、焦化厂6个分厂,机关设生产技术部、物流销售部、设备环保部、安全保卫部、计划财务部、综合管理部6部室。主体设施包括430平方米烧结机1座、1800立方米高炉1座、120吨顶底复吹转炉2座、棒材轧钢机组2条、高速线材轧钢机组1条、2.2万立方米/小时制氧机组2座、综合料场1座及其他相关配套设施。至2014年底,有员工1580人。全年产钢117.98万吨,铁123.45万吨,钢材111.95万吨,焦炭69.54万吨,烧结矿185.8万吨;销售钢材107.52万吨,实现销售收入25.38亿元。(陈 飞)

定径浇注工艺实现新突破 11月4日,组织实施连铸机定径自动开浇程序在一号连铸机一次性试验成

南疆钢铁公司全景(姚海山 摄)

功，实现由人工开浇到自动开浇的新突破，解决连铸机手动开浇人员需求多、开浇操作人为因素影响大的工艺缺陷。此项技术在国内同行业为首创，为后期连铸整条产线实现全程自动化创造条件。

（陈　飞）

降低吨钢生产成本　3月，协同炼钢、轧钢对控冷钢筋生产工艺进行调试并形成批量生产。9月，实现直径25毫米及以下规格的全覆盖，生产合格强控冷钢筋32.8万吨，吨钢降成本75元，仅轧钢系统合计降低成本2450万元。（陈　飞）

烧结烟气脱硫工程热负荷试车　10月30日，烧结烟气脱硫工程热负荷试车成功。该工程是一项节能减排、低碳环保的工程，工程建成投产，可降低烧结生产过程中产生的二氧化硫等有害物质，改善南疆钢铁公司及周边地区空气质量。

（陈　飞）

干熄焦发电　9月，干熄焦发电机在动力变电站并网后，针对变电站负荷限制，不能最大负荷发电的情况，敷设2200米电缆从原料变电站转移4000千瓦负荷至动力变电站，使干熄焦发电机小时发电量增加4000千瓦时，月减少外购电288万千瓦时，折合电费144万元。

（陈　飞）

直径12毫米四切分工艺攻关　2月，轧钢厂一号棒材机组实施直径12毫米四线切分轧制新工艺试验取得成功。四线切分工艺技术的应用可增加坯料断面，有效提升轧钢各项经济技术指标。

（陈　飞）

其他子公司、事业部

新疆钢铁设计院有限责任公司

新疆钢铁设计院有限责任公司下设综合办公室、项目室、设计管理室、土建室、电气室、水暖室、工艺室、总图室，主要承担大中型钢铁联合企业建设项目规划、设计、咨询服务工作。至2014年底，在册员工73人。

全年承接设计项目104项，完成设计产值1514万元。完成高阶段设计文本17项（次），计算机绘图1052A1，晒蓝图15151A1。实现收入1331.77万元，实现净利润49.05万元，完成年计划的178%。主要工程有COREX炉项目配套设施及外网、绿色环保建筑项目策划书、西域公租房规划及施工图设计、金属制品直径273毫米焊管项目、新疆冶金技术学院可研报告、八钢公司生活区八一路改造项目、宝明矿业300万吨/年小颗粒成型项目。（邓新平）

矿山管理（事业）部

矿山管理（事业）部成立于2012年12月，是按照事业部体制运行的非煤矿山管理单位，主要负责八一钢铁非煤矿产资源整合、开发建设及所属矿山企业生产经营和安全环保等管理工作。下辖新疆钢铁雅满苏矿业有限责任公司、富蕴蒙库铁矿有限责任公司、新疆叶尔羌矿业有限公司、新疆金昆仑矿业有限责任公司、新疆布琼矿业有限责任公司、新疆和合矿业有限责任公司（参股）等10家矿山企业，其中独资5家，参股、控股5家。具有铁矿石500万吨、铁精粉280万吨、球团矿320万吨的年生产能力。至2014年底，有员工1637人。

全年生产铁矿石593万吨，铁精粉306.6万吨，球团矿315.38万吨，完成降本增效6979万元，主营业务收入32.13亿元，利润总额5.51亿元。（杨建元）

重点工程　2014年，善开公司帕尔岗项目选矿厂各系统主体设备陆续进场安装，帕尔岗供水工程、供电工程、生活区逐步建成完善。敦德铁矿采选150万吨/年工程完成各类巷道掘进13106.18米。7月，铁精粉系统进行带料试生产。

（杨建元）

资源经营　2014年，完成大盐池铜矿勘探许可证、库姆塔格西铜多金属勘探许可证、大盐池东铜铁矿勘探许可证、坡子泉东铁矿采矿许可证、布琼铁矿详查许可证5个矿业权延续工作。库姆塔格铁矿、白水井铁矿、雅满苏石灰石矿3个矿业权通过新疆维吾尔自治区国土资源厅内部审核。对区内矿山精矿成本、运费、精矿流向、运输至八一钢铁的成本价格等方面进行分析，形成《宝钢集团新疆八一钢铁有限公司铁矿资源规划期内策略分析》报告。（杨建元）

矿山标准化建设　2014年，蒙库铁矿尾矿库取得“国家安全生产标准化二级企业”称号。蒙库铁矿露天矿取得“国家安全生产标准化一级企业”称号。蒙库铁矿被列入第四批“国家级绿色矿山试点企业”名单。

（杨建元）

新疆焦煤（集团）有限责任公司

新疆焦煤（集团）有限责任公司（简称“焦煤集团”）是2000年

7月3日由新疆维吾尔自治区经贸委批准组建的国有独资公司(前身是原煤炭部直属统配煤矿新疆艾维尔沟煤矿)。2001年6月6日改制挂牌成立,2004年7月21日整体并入新疆八一钢铁集团有限责任公司,为八一钢铁全资子公司。至2014年底,有员工3950人。

全年生产原煤230.48万吨,精煤148.02万吨。实现工业总产值10.63亿元,营业收入10.36亿元,利润总额1.93亿元。(刘 放)

开拓掘进进尺 2014年,生产进尺10726.9米,完成年计划的100.3%,比上年下降9.6%。矿建进尺8730.5米,完成年计划102%,比上年下降28.5%。(刘 放)

瓦斯抽采 2014年,瓦斯钻孔进尺326723米,完成年计划的104.7%,比上年下降0.6%。瓦斯抽采纯流量2306.7万立方米,完成年计划159.8%,比上年提高13.2%。

(刘 放)

提高精煤质量 2014年,2130煤矿将两个采煤队合并为一个,采煤面形成一采一备,及时调整采高,降低原煤灰分,提高精煤的回收率。1930煤矿同步完成17322工作面回收和17323工作面安装,首次安装完成34211大倾角工作面。1890煤矿对15111工作面三角煤进行回采,对16122工作面采取调斜措施,提高原煤生产量。动力分厂改进洗煤工艺,提高灰分稳定率、水分合格率,保证精煤的质量。

(刘 放)

矿建工程有序推进 2014年,矿建工程在建项目10项,完成投资17.34亿元。2130煤矿120万吨改扩建工程完成首采面验收工程总量的85%,累计完成投资13924.9万元。1890煤矿120万吨改扩建工程完成首采面验收工程总量的95%,累计完成投资16861.8万元。1930煤矿150万吨改扩建工程完成首采面验收工程总量的14%,累计完成投资33945.8万元。阜康一号煤矿新建工程完成首采面验收工程总量的66%,累计完成投资87680万元。(刘 放)

原料采购管理事业部

2013年4月,八一钢铁将原料采购部、新疆八钢国际贸易股份有限公司、新疆金业报废汽车回收(拆解)有限公司合并,成立原料采购管理事业部。主要负责八一钢铁国内、国外大宗原燃料(包括铁原料、煤炭、焦炭、合金、熔剂、废钢等)的采购、钢材出口业务管理、代理进口销售业务管理和设备与资材备件进口采购业务管理、八一钢铁内部及疆内报废汽车回收、保管、拆解、回用件销售等管理。下设资源采购部、八钢国际贸易股份公司(简称"国贸公司")、新疆金业报废汽车回收(拆解)有限责任公司(简称"金业公司")3个采购单元。至2014年底,有员工225人。(郭燕霞)

资源采购 2014年,完成铁料采购1060.8万吨,其中本部871.78万吨,南疆钢铁公司189.02万吨;煤炭、焦炭449.11万吨,其中本部339.34万吨,南疆钢铁公司109.77万吨;合金18.9万吨,其中本部16.72万吨,南疆钢铁公司2.18万吨;熔剂189.94万吨,其中本部159.35万吨,南疆钢铁公司30.59万吨。(郭燕霞)

进出口贸易 2014年,进口铁料资源115.3万吨;进口铁矿砂36.67万吨,比上年下降58.92%;进口安米矿业焦煤3.78万吨,比上年下降84.06%;进口废钢120吨,比上年下降96.16%;进口高碳铬铁5363.564吨,比上年下降14.57%。进口棉纱938.15吨,酸性植物油46吨。出口钢材31387.162吨,比上年增加26.4%。出口额1.48亿元,累计利润37.12万元。(郭燕霞)

金业公司报废汽车回收 2014年,增加直接采购废钢量,通过为大型企业服务的方式采购废钢,建立长期合作关系,降低采购成本。全年采购废钢29.15万吨,供应废钢30.47万吨。回收报废汽车2318辆,实现销售收入5.29亿元,净利润297万元。(郭燕霞)

报废汽车回收拆解及再生资源加工利用项目 11月7日,在乌鲁木齐经济技术开发区(头屯河区)白鸟湖新区建成。该项目于2013年9月12日开工建设,是国家城市再生资源回收利用体系建设扶持项目、国家园区循环化示范试点专项扶持项目,享受政府补贴4000万元。项目的建成,可使废钢经营从60万吨扩大到120万吨,报废汽车拆解量由5000辆增加到2万辆。(郭燕霞)

新疆八钢金属制品有限公司

新疆八钢金属制品有限公司下属有金属制品公司制品分厂、新疆八钢板簧有限公司、新疆八钢钢结构有限公司、新疆八钢喀什金属有限公司、新疆八钢钢管有限责任公司(50.98%股权)、陕西八钢板簧有限公司、新疆八钢金圆钢管有限公司(75%股权)、天津大桥新疆焊条有限责任公司(参股40%),新疆宝信恒源物流有限公司(参股30%),新疆金属材料有限责任公司(托管)。至2014年底,有员工756人。

全年实现销售量110.24万吨,销售收入34.75亿元,利润1382万元,消耗八一钢铁钢材108.21万吨。 (王 琴)

技术创新 2014年,总结先进操作法38项,申报管理创新项目12项,申报专利58件,技术秘密46件;发表科技论文5篇,其中"高速拉拔低碳钢的表面结构形态、润滑及性能研究"获全国金属制品信息网第23届年会优秀论文二等奖和新疆第十三届自然科学优秀论文二等奖;"77MnA钢生产高强度钢绞线工艺"项目获乌鲁木齐市科技进步奖三等奖。全年成立创新工作室12个,完成攻关项目51项,提交合理化建议60条。 (王 琴)

提升物流效率 2014年,引入合格承运商,优化物流运输业务,减少使用外委吊装设备,通过设立委托热送仓储库等措施减少中间环节,提升物流效率。围绕一体化销售,推进销售代运业务,为客户提供点对点一站式服务,实现销售代运25.03万吨。开展厂区内及委外仓储管理的专项审核,及时关注滞销产品数据信息,规避风险。对销售代运费用结算全过程进行梳理,规范票据流转过程,强化费用控制。 (王 琴)

八一钢铁大事纪要

1月20日,八一钢铁与蒙古国阿尔泰矿业公司签署5年长期合作协议。

1月21日,八一钢铁举办"最美八钢人"颁奖晚会。

2月10日,八一钢铁在新疆维吾尔自治区发展混合所有制经济推进会上提出,把八一钢铁建设成为民族团结示范企业、少数民族经营管理人才的重要培养基地、各民族爱国主义教育基地。

同日,八一钢铁召开首次环保工作签约大会。

3月19日,八钢股份炼钢厂获"全国模范职工之家"称号,能源中心计控分厂司秤作业区获"全国模范职工小家"称号。

3月25日,八一钢铁电子商务交易平台正式上线。

4月22日,国家淘汰落后产能考核组一行到八一钢铁实地检查。

4月24日,国家环保部实地调研八一钢铁厂区工业污水处理厂及烧结脱硫工艺。

6月13日,八一钢铁与山西焦煤集团签订中长期战略合作协议。

7月8日,由八一钢铁主办,新疆门窗商业协会协办的新疆钢制门材料发展论坛在八一钢铁举行。

7月13日,中共中央政治局委员、新疆维吾尔自治区党委书记张春贤,自治区人民政府主席努尔·白克力,自治区人民政府常务副主席黄卫,自治区党委常委、秘书长白志杰,自治区人大常委会副主任王永明等领导会见在八一钢铁调研的宝钢集团党委书记、董事长徐乐江一行。

8月8日,在新疆维吾尔自治区第十三届运动会上,八一钢铁代表团获奖牌25枚,其中金牌9枚、银牌5枚、铜牌11枚。

8月11日,八钢股份与伊泰新疆能源有限公司签订合作协议。

8月22日,八一钢铁与北京科技大学签订战略合作协议,为双方在人才的培养输送、技术转化、社会资源整合等方面搭建合作平台。

8月28日,八一钢铁科学技术协会成立暨八钢科协第一次会员代表大会召开。

8月29日,八一钢铁与新疆维

3月19日,新疆维吾尔自治区总工会副主席郑律明(左)为获"全国模范职工小家"称号的八钢股份炼钢厂能源中心计控分厂司秤作业区现场颁奖 (姚海山 摄)

8月11日,八钢股份与伊泰新疆能源有限公司举行合作协议签约仪式　(姚海山 摄)

吾尔自治区供销社举行《战略合作框架协议签约》仪式。

8月29日,新疆维吾尔自治区经济与信息委员会到八一钢铁检查淘汰落后产能工作开展情况。

同日,由中国交通运输协会主办、八一钢铁协办的“丝绸之路经济带”亚欧大陆桥国际物流研讨会在乌鲁木齐召开。

9月11日,新疆维吾尔自治区党委副书记、自治区主席努尔·白克力,自治区人民政府秘书长阿里木江·买买提明,自治区人民政府副秘书长许斌等会见宝钢集团有限公司总经理陈德荣一行。

9月29日,新疆首个“出口金属材料市场采购基地”在宝新恒源物流园挂牌。

11月4日,八一钢铁与宁夏新日恒力国际贸易有限公司签署战略合作协议。

11月7日,由八一钢铁投资新建的新疆金业公司报废汽车回收拆解及再生资源加工利用项目在乌鲁木齐经济技术开发区(头屯河区)白鸟湖新区建成。

11月20日,八一钢铁通过新疆维吾尔自治区标准化良好行为企业试点验收组的验收,获第三批标准化良好行为企业试点AAAA级(最高级别)确认。

12月11日,八一钢铁获“新疆维吾尔自治区2014年安全生产目标管理考核优秀单位”称号。

12月16日,由新疆建筑设计院、新疆维吾尔自治区住房和城乡建设厅与八一钢铁联合主办的新疆高强抗震钢筋产品研讨会在新疆建筑设计研究院召开,对八一钢铁高强抗震钢筋在区内建筑设计中的应用与规范,相关产品推介、市场规范、服务延伸,配套加工和供应等进行研讨。　(罗映萍)

宁波钢铁有限公司

概　述

宁波钢铁有限公司(简称“宁波钢铁”)前身为2003年1月14日成立的宁波建龙钢铁有限公司,厂址坐落于浙江省宁波市北仑区,占地2.96平方千米,距市区约38千米。西面与北仑港毗邻,地理位置优越。2004年5月—2006年3月按国家宏观调控政策停工。2006年3月16日,国家发展和改革委员会下发《国家发展改革委关于结合杭钢结构调整对宁波钢铁项目重建及项目核准的批复》,7月7日宁波钢铁有限公司成立,8月1日开始全面恢复建设。2007年6月8日,宁波钢铁一期焦炉、烧结、高炉、转炉、连铸机等项目相继投产;12月26日,1780毫米热轧工程进行热负荷试车,并成功轧出热轧钢卷。2008年5月25日,二号高炉点火,并一次性开炉成功。

2008年下半年,受国际金融危机影响,宁波钢铁生产经营和工程建设陷入困境。按照国家钢铁产业调整和振兴规划政策,2009年3月1日,宝钢集团与杭州钢铁集团公司二次重组宁波钢铁。重组后,经增资扩股,具体股份比例为:宝钢集团有限公司56.15%,杭州钢铁集团公司34%,宁波开发投资集团有限公司7%,宁波经济技术开发区控股有限公司2.85%。2009年11月,宁波钢铁三号转炉投产;12月,五丰塘焦化两座焦炉相继投产。2012年8月,烧结脱硫项目正式投入运行。2014年7月25日,新建转炉煤气柜投产。

2014年12月16日,宁波钢铁召开2014年第二次股东会暨三届五次董事会,审议并通过《关于宁钢增资方案的议案》。经过此次增资,杭州钢铁集团公司占公司全部股权比例调整为60.29%,宝钢集团有限公司占公司全部股权比例调整为34%,宁波开发投资集团有限公司占公司全部股权比例调整为4.06%,宁波经济技术开发区控股

宁波钢铁鸟瞰(宁 刚 摄)

有限公司占公司全部股权比例调整为1.65%。

2014年,宁波钢铁以"低成本、高效率"为经营策略,紧扣提升效率、提升效益两大主题,积极思考深化改革,努力践行企业管理变革,实现劳动效率提升;薄带连铸项目取得突破;强化红线意识、底线意识,创新安全管理模式,安全形势得到明显好转;深化品种拓展,优化品种结构,产品盈利能力得到大幅提升;加强环境综合整治,深入推进节能减排,努力打造花园式工厂。安全工作稳步推进,经营业绩创出新高,完成股东会、董事会和宝钢集团下达的年度任务。全年累计生产铁432.62万吨、钢455.32万吨、热轧卷406.98万吨;实现营业收入142.16亿元;实现利润10.12亿元,同比增加6.47亿元。其中,宽厚板项目处置收益6.85亿元、薄带连铸项目收益1.38亿元、产品经营利润2.23亿元。

至2014年底,宁波钢铁在册员工3172人。 (李严华)

企业负责人简介 刘安,1961年9月生,浙江衢州人,中共党员,教授级高级工程师,宁波钢铁董事长。

陆志新,1962年11月生,江苏南通人,中共党员,教授级高级工程师,宁波钢铁总经理。

周学东,1969年2月生,江西清江人,中共党员,高级工程师,宁波钢铁党委书记。

股东会 董事会

2014年第二次股东会暨三届五次董事会 12月16日,宁波钢铁在宁波召开2014年第二次股东会暨三届五次董事会,审议并通过《关于宁钢增资方案的议案》《关于设立薄带连铸连轧厂一级机构的议案》《关于宁钢净资产审计和资产评估结果的报告》《关于宁钢增资协议及新公司章程的议案》《关于宁钢第三届董事会监事会换届议案》《关于推选宁钢第四届董事会董事长及监事会主席议案》。

(李严华)

生产经营管理

安全形势实现根本性扭转 2014年,宁波钢铁以强化红线意识为底线思维,树立以人为本、安全发展、事故可防可控的本质安全管理目标,优化和完善安全管理体系,聚焦安全管理薄弱环节,创新安全管理模式。在发生事故较多的单位,派驻多部门配合的安全工作推

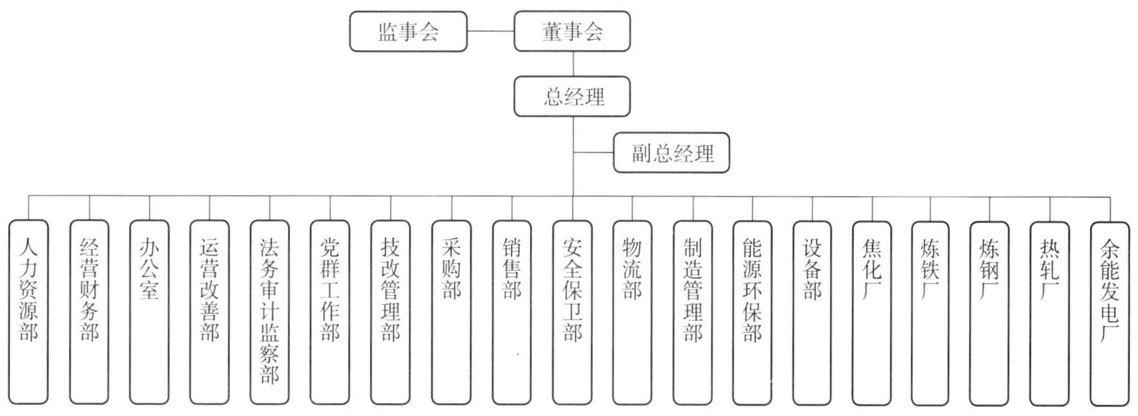

宁波钢铁有限公司组织机构图(2014年12月)

8月6日，宁波钢铁开展现场安全检查（宁　刚　摄）

进组，对炼铁厂进行半年的安全工作督察，事故得到有效遏制。推进与实施激励机制，全面推行安全风险抵押金制度。全年未发生一起死亡事故，安全形势实现根本性扭转。（李严华）

推进管理变革　（1）精减与压缩组织机构。2014年，宁波钢铁一级机构减少1个，二级机构减少3个。（2）调整干部管理权限。将主要厂部二级主管的聘任权从公司下放到一级部门。（3）优化整合协力资源。完成炼钢连铸辊系总包服务合同的签订；完善检修协力优化整合方案。（4）提升内部劳动效率。设备部的司磅采用网络集中监控技术，使人员减少过半。铁路机车采用遥控技术，司机减少25%。（5）改进现场工作制度，实施四班二运转。（李严华）

薄带连铸项目试生产　宁波钢铁薄带连铸项目从科研逐步进入试生产阶段。3月13日，薄带连铸产线开始热负荷试车；7月，生产出第一个铸轧成品卷，逐步开始变规格铸轧试验，2.6毫米铸带被轧制成1.8毫米，2.0毫米铸带被轧制成1.5毫米，1.6毫米铸带被轧制成0.9毫米；9月，薄带连铸产线进入试生产阶段，首次实现整炉连浇，最大浇铸量191吨，最大成卷量184吨；11月，实现两炉连续浇注。全年共浇铸78炉，完成通钢量4501吨，成品卷2910吨。（李严华）

完成宽厚板项目处置　宽厚板项目是宁波钢铁二次重组后，历史遗留问题中涉及合同量最多、合同金额最大的项目。通过前期准备和对谈判过程的掌控，至2014年底，宁波钢铁按计划完成所有21份设计合同和39份设备合同的谈判及协议签署工作，项目处置成效明显，处置进度和处置金额远超预期，处置收益为6.8亿元，完成了股东会、董事会下达的任务。（李严华）

烧结废气余热循环利用项目通过验收　11月26日，由中国金属学会、中国钢铁协会、宝钢集团联合组织对国家发改委低碳技术创新及产业化示范工程——宁波钢铁烧结废气余热循环利用项目进行结题验收，并获通过。年底，该项目正式上机投用。（李严华）

打造花园式工厂　2014年，宁波钢铁加强环境综合整治，完成《宁钢环境提升工程建设方案》，获宁波市政府部门认可。成立综合治理督察大队，制定、发布《综合治理管理办法》和综合治理责任区域划分图。推进“改善员工工作环境”工作，完成生产厂部现场112间厕所的维修改造和“三室”（操作室、中控室、设备室）内1041套桌椅的淘汰更换工作，完成炼钢厂和热轧厂厂房采光窗的改造。加强厂区绿化，全年新增绿地面积11.3万平方米，绿化覆盖率从2013年的28%提高到32%，形成品种多样、草坪常绿、四季有花，乔、灌、花、草层次丰满的景观性厂区。在厂区道路保洁方面，通过更换大功率清扫车、实施洒水车功能改造、疏通排污管道等措施，使厂区综合环境得到明显改善。（李严华）

四个产品实物质量获“金杯奖”　11月，由宁波钢铁申报的冷轧基料用低碳钢热轧钢带SPHD、油气输送管线用热轧钢带L360、低合金高强度钢热轧结构钢带Q345B和普通碳素热轧结构钢带Q235B四个产品获由中国钢铁工业协会认定的冶金产品实物质量“金杯奖”。（李严华）

关爱员工　2014年，宁波钢铁把员工交通补贴的标准从80元/月提高到160元/月，并同步提高特殊岗位的岗位津贴标准。将年度调薪控制点从薪幅中值调整为薪幅中上值，推出《产销研协同品种拓展专项激励方案》，建立《固废综合利用专项激励办法》。完成公租房配租，共配租成套住宅324户，新增单身宿舍140间，启用文体健身中心，改善员工生活条件。推出"爱礼"弹性福利项目，人均福利标准2000元，满足了员工多样化、个性化的消费需求。实施推广培训积分管理工作，开设首届点检员技师班，依托宝钢集团各种优势资源，组织完成各项培训工作，全力提升员工技能。（李严华）

宁波钢铁及子公司、分公司一览表

名称	简称	注册资金	主要经营业务	注册地址
宁波钢铁有限公司	宁波钢铁	56亿元	钢铁冶炼及其压延产品、焦炭的生产；自营和代理货物及技术的进出口，但国家限定经营或禁止进出口的货物及技术除外；矿产品、建材的批发、零售；货物装卸；冶金、焦化的技术开发、咨询。许可经营项目：危险化学品的生产（按批准证书核定经营）	浙江省宁波市北仑区
宁波宁钢国际国贸有限公司	宁钢国贸	2亿元	自营和代理货物及技术的进出口，企业管理咨询、计算机软硬件、电子产品的开发；网络技术开发、技术服务、技术咨询；网站设计及技术服务	浙江省宁波市北仑区
宁波钢铁有限公司上海分公司	宁钢驻沪办	0	冶金、焦化的技术开发、咨询	上海市宝山区
宝钢矿棉科技（宁波）有限公司		0.4亿元	高炉渣矿棉新型材料研发、科研成果转化、产品生产、销售、设备集成技术及贸易、生产技术服务指导、高炉矿渣资源贸易	浙江省宁波市北仑区
宁波宝钢新型建材科技有限公司		0.6亿元	在新型建材科技专业领域内从事技术开发、技术咨询、技术转让、技术服务；从事钢渣、矿渣、脱硫副产物等冶金固废资源研发利用；钢渣微粉、矿粉、钢矿渣复合粉、石膏及石膏制品等新型建材的加工生产、技术服务及咨询、装卸、销售；冶金辅材的生产、销售	浙江省宁波市北仑区

（李严华）

宁波钢铁大事纪要

1月4日，国家工业和信息化部公布第二批符合钢铁行业规范条件企业名单，宁波钢铁排名第一位。

3月12日，浙江省人力资源与社会保障厅到宁波钢铁调研企业中级职称自主评价情况。

3月13日，薄带连铸产线开始热负荷试车。

3月底，宁波钢铁被评为"2013年度宁波市优势总部企业"。

4月9日，宝钢集团调整宁波钢铁领导班子：推荐刘安为宁波钢铁有限公司董事长人选，推荐陆志新为宁波钢铁有限公司董事、总经理人选，任命周学东为宁波钢铁有限公司党委书记。崔健不再担任宁波钢铁有限公司董事长、党委书记，刘安不再担任宁波钢铁有限公司总经理。

4月24日，宁波创业创新风云榜颁奖盛典在宁波市行政中心举行，宁波钢铁以2013年纳税总额3.2亿元，获宁波市"纳税50强"企业称号，排名第31位；在工业"纳税50强"企业中，排名第19位。

5月，宁波钢铁发明的"一种适用于烧结系统的两机或多机一塔脱硫装置”在第113届巴黎国际发明展览会上获金奖。

6月27日，选送的炼钢厂转炉仪电质量管理小组的“降低钢包车故障次数”获2014年度浙江省优秀质量管理小组发布会一等奖。

7月10日，薄带连铸产线第一个铸轧成品卷下线。

7月25日，新建转炉煤气柜投产。

8月28日，薄带连铸产线实现变规格稳定铸轧。

9月16日，薄带连铸产线完成整炉连浇。

11月4日，宁波钢铁通过2014年度中国钢铁工业清洁生产环境友好企业评审答辩。

11月6日，浙江省宁波市副市长万亚伟到宁波钢铁开展环保调研。

同日，宁波市质量管理协会第八届会员代表大会在宁波市高新区召开，宁波钢铁被选为“宁波市质量管理协会副会长单位”。

11月13日，薄带连铸产线实现两炉连续浇铸。

11月22日，由宁波钢铁选送的5个专利发明项目在第八届国际发明展览会上获3个“银奖”、2个“铜奖”。

11月26日，“烧结废气余热循环利用项目”通过中国金属学会、中国钢铁协会、宝钢集团联合组织的结题验收。

11月，由宁波钢铁申报的冷轧基料用低碳钢热轧钢带SPHD等4个产品获由中国钢铁工业协会认定的冶金产品实物质量“金杯奖”。

12月14日，宁波钢铁选送的参赛作品“一种节能保温焦炉炉盖”获中国金属学会举办的“冶金青年创新创意大赛”企业组二等奖。

12月16日，在宁波市召开2014年第二次股东会暨三届五次董事会。

12月31日，宁波钢铁召开第三次股权调整后的首次干部大会。

12月，宁波钢铁被评为2014年“宁波市节水先进企业”。(李严华)

宝钢集团广东韶关钢铁有限公司

概　述

宝钢集团广东韶关钢铁有限公司(简称“韶关钢铁”)的前身是广东省韶关钢铁集团有限公司，始建于1966年8月22日。2011年8月22日，宝钢和广东省国资委签订股权划转协议，韶关钢铁在分离办社会的基础上由宝钢集团直接持股51%。2012年4月18日，宝钢集团广东韶关钢铁有限公司挂牌成立。韶关钢铁占地面积9.8平方千米。至2014年底，在册合同工13228人。

韶关钢铁年产钢能力650万吨，立足钢铁业，工、科、贸并举，多元化经营，是广东省重要的钢铁生产基地、国家高新技术企业，以及中国重要的船板钢、工程机械和水电站用高强钢板、高层建筑用钢板、桥梁板、锅炉和压力容器用钢

韶关钢铁厂区一角(吴长江 摄)

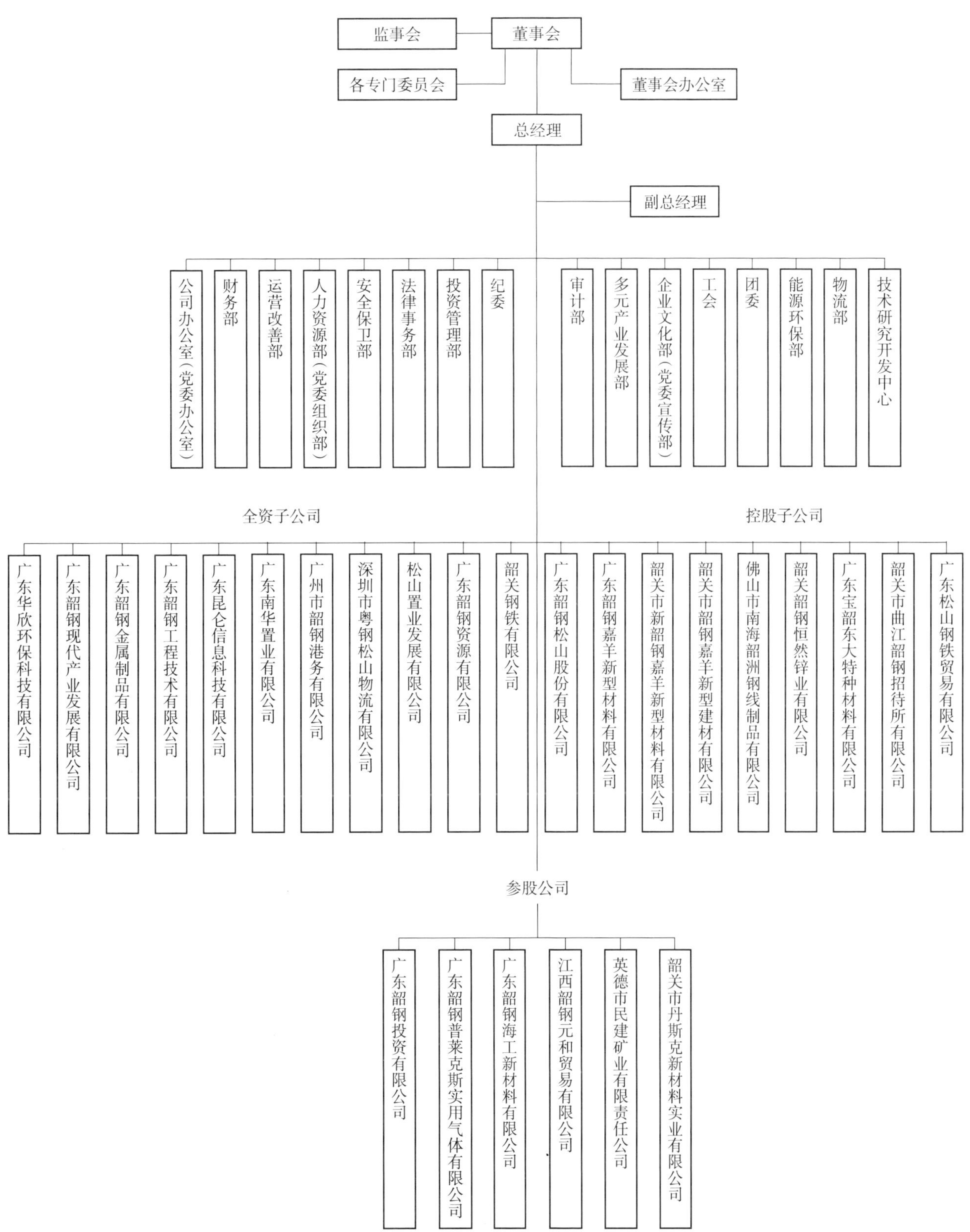

宝钢集团韶关钢铁有限公司组织机构图（2014年12月）

板生产基地。板材、线材、优特钢棒材等产品,主要在珠江三角洲、华东地区及广东邻近省销售,部分出口。

2014年,韶关钢铁产铁618万吨、钢628万吨、钢材615万吨、烧结矿888万吨、焦炭193万吨,发电14.2亿千瓦时。实现营业收入209.69亿元,亏损11.8亿元。年末总资产214亿元,净资产40.2亿元。（陈春华）

企业负责人简介 赵昆,1955年11月生,安徽定远人,中共党员,教授级高级工程师,韶关钢铁董事长。

李世平,1964年9月生,上海人,中共党员,高级工程师,韶关钢铁副董事长、党委书记(2014年12月21日起)。

余子权,1955年1月生,广东兴宁人,中共党员,教授级高级工程师,韶关钢铁党委书记(至2014年12月21日)。

傅建国,1969年6月生,浙江海宁人,中共党员,高级工程师。韶关钢铁总经理、党委委员,韶钢松山董事长(2014年12月21日起)。

王三武,1963年9月生,广东揭阳人,中共党员,教授级高级工程师,韶关钢铁总经理(至2014年12月21日)。

韶钢松山股东大会 董事会

第六届董事会第三次会议 3月10日,广东韶钢松山股份有限公司(简称"韶钢松山")以现场表决方式召开第六届董事会第三次会议,审议通过《2013年度董事会工作报告》《2013年度总经理工作报告》《2013年度财务决算报告》《关于申请撤销公司股票退市风险警示的议案》等。（陈春华）

第六届董事会2014年第一次临时会议 4月11日,韶钢松山以通讯方式召开第六届董事会2014年第一次临时会议,审议通过《公司章程修正案》《股东分红回报规划(2014—2016年)》《利润分配管理制度(修订)》《关于公司部分董事变更的议案》和《关于选举王三武先生为公司董事长的议案》。（陈春华）

第六届董事会2014年第二次临时会议 4月25日,韶钢松山以通讯方式召开第六届董事会2014年第二次临时会议,审议通过《投资者投诉处理工作制度》及第一季度公司相关报告。（陈春华）

2013年度股东大会 5月7日,韶钢松山以现场表决方式召开2013年度股东大会,审议通过《2013年度董事会工作报告》《2013年度总经理工作报告》《2013年度财务决算报告》等。（陈春华）

第六届董事会2014年第三次临时会议 8月18日,韶钢松山以通讯方式召开公司第六届董事会2014年第三次临时会议,审议通过《公司2014年上半年度报告全文及摘要》《关于向宝钢集团广东韶关钢铁有限公司申请最高38亿元委托贷款的议案》《2014年度日常关联交易调整计划》及《关于公司部分独立董事变更的议案》,韶钢松山独立董事刘焕泉因个人原因辞职,补选迟京东为第六届董事会独立董事候选人。（陈春华）

2014年第一次临时股东大会 9月5日,韶钢松山以现场表决与网络投票相结合的方式召开2014年第一次临时股东大会,审议通过《关于向宝钢集团广东韶关钢铁有限公司申请最高38亿元委托贷款的议案》《2014年度新增日常关联交易计划》《关于公司部分独立董事变更的议案》。（陈春华）

第六届董事会2014年第四次临时会议 10月23日,韶钢松山以通讯方式召开第六届董事会2014年第四次临时会议,审议通过《关于补选公司董事的议案》,韶钢松山董事蔡建群因工作需要辞职,补选王少杰为第六届董事会董事候选人。（陈春华）

第六届董事会2014年第五次临时会议 10月29日,韶钢松山以通讯方式召开第六届董事会2014年第五次临时会议,审议通过《公司2014年第三季度报告》。（陈春华）

2014年第二次临时股东大会 11月13日,韶钢松山以现场表决与网络投票相结合的方式召开2014年第二次临时股东大会,审议通过《关于补选公司董事的议案》《关于补选公司监事的议案》。（陈春华）

第六届董事会2014年第六次临时会议 12月15日,韶钢松山以通讯方式召开第六届董事会2014年第六次临时会议,审议通过《公司章程修正案(2014年12月修订)》《股东大会议事规则(2014年12月修订)》《关于公司会计政策变更的公告》。（陈春华）

2014年第三次临时股东大会 12月31日，韶钢松山以现场表决与网络投票相结合的方式召开2014年第三次临时股东大会，审议通过《公司章程修正案(2014年12月修订)》《股东大会议事规则(2014年12月修订)》及《关于公司会计政策变更的公告》。 (陈春华)

生产经营管理

管理能力持续改善 2014年，韶关钢铁精简组织体系，整合优化技术研究中心、招标中心、原料采购中心等10个厂部级单位，组织机构由2013年12月的34个整合优化为32个(不含子公司)。“五制配套”(作业长制、计划值管理、设备点检定修制、标准化作业和自主管理)已成雏形。6月，主体生产单元五厂三部(炼铁厂、炼钢厂、炼轧厂、板材厂、特棒厂、制造管理部、设备管理部、能源环保部)的管理架构搭建完成，与宝钢股份全面对接。设备状态趋于稳定，单项维修费同比降低约36.38%；吨钢备件消耗资金减少6.5元，高炉综合休风率累计为1.29%(目标值为1.5%)，同比降低0.21%。加大公开招标和电子投标比例，公开招标按项目数计算占比73.05%，同比提高46.82%；电子投标按项目数计算占比76.87%，同比提高54.71%。 (陈春华)

优化薪酬分配 2014年，韶关钢铁构建多元薪酬体系，对钢铁主业单元的职位体系和宽幅工资进行切换，建立起绩效管理机制、员工成长积分机制，引导员工把对薪酬增长的期望转化为改进绩效的动力，完善人力资源管理机制。中层管理人员2013年度绩效评价结果：优秀25人、称职84人、不称职15人，提拔使用10人，诫勉谈话5人，不称职人员退出领导岗位。引进紧缺人才15人；选聘首席工程师11人。 (陈春华)

营销体系改革 2014年，韶关钢铁整合采购、销售模块，成立新营销中心，营销体系统一协同管理及决策。培育优质供应商和渠道，与实力强、讲诚信的供应商建立战略合作伙伴关系，实行长期稳定的合作。建立采购策略、计划、价格、供应商管理、现货采购等公开的信息化管理平台，推进阳光采购。优化物流体系，对物流车队及业务管理进行优化整合，车队由原来的55个整合至32个，具备日发运2.5万吨物资的汽车运力规模，厂内钢材库待装时间由原来的25.6小时缩短至17.4小时，效率提升32%。年内，同比物流增量145万吨，剔除环境因素的影响，降低物流成本3165万元。 (陈春华)

韶关钢铁线材轧制机组(吴长江 摄)

强化财务管理控制 2014年，韶关钢铁重点完善存货管控体系，降低库存资金占用、积极拓展融资渠道，加大直接融资比例，降低融资成本、加强资产管理，规范资产处置，提高资产运营效率，年度实现经营活动现金净流入20亿元。完成中期票据和短期融资券40亿元的注册，成功发行10亿元短期融资券和10亿元中期票据。

(陈春华)

基建技改工程建设 2014年，韶关钢铁固定资产总投资10.98亿元，完成全年计划的92.46%。建成投产的主要项目有新焦炉工程、二号板坯连铸机技术改造、板材部3450毫米生产线超快速冷却系统改造、六号高炉维修工程、炼轧厂棒二线控轧控冷工艺改造、环境在线监测系统改造、环保整治类工程等。

(陈春华)

特钢产品研发和认证 2014年，韶关钢铁借助宝钢集团特钢协同经营平台,成立结构钢、齿轮钢、轴承钢产研销小组,开发新牌号37个,研发产品销量5855吨。新签订32个牌号产品技术协议;通过上海纳铁福传动轴有限公司、天津日进汽车零部件有限公司等汽车用钢核心产品供应商的工厂认证。

(陈春华)

多元产业经营 2014年,韶关钢铁多元产业六大板块13家子公司实现营业收入16.3亿元、利润1.2亿元,比去年同期分别增加1.1亿元、0.6亿元。 (陈春华)

韶关钢铁大事纪要

1月10日,韶钢松山炼钢厂二号连铸机一次性热负荷试车成功。

1月16日,韶钢松山板材厂宽板工序“3450毫米生产线新增超快速冷却系统改造工程”一次性热负荷试车成功。

2月14日,韶关钢铁党委下发《关于韶关钢铁2013年度中层管理人员绩效评价结果的通报》,表彰25名综合评价“优秀”的中层管理人员;公布15名“不称职”中层管理人员,解聘“不称职”管理人员职务,降级使用。

2月26日,韶钢松山能源环保部一号锅炉节能改造工程开工。

3月24日,深圳证券交易所撤销韶钢松山股票交易退市风险警示,股票简称由“*ST韶钢”变更为“韶钢松山”。

3月25日,韶关钢铁聘请王少杰任总经理助理。

3月,韶钢松山生产的钢筋混凝土用热轧光圆(盘卷)钢筋和拉丝用热轧圆盘条获“广东省名牌产品”称号。

5月29日,韶钢松山四号烧结机脱硫改造工程竣工投产。

6月20日,韶关钢铁举行广东松山职业技术学院移交备忘录签字仪式,松山学院正式进入广东省教育厅管理的高等职业技术学院队伍。

7月,韶关钢铁被评为2014年广东省“两化”(信息化和工业化融合)融合管理体系贯标试点企业。

8月19日,韶关钢铁被评为“2014广东省自主创新标杆企业”。

9月4日,韶钢松山四号烧结余热回收利用改造工程通过交工验收。

9月23日,韶关钢铁广东华欣环保科技有限公司维修站钳工李志辉在更换钢渣处理一厂2号大倾角皮带尾部导料槽挡料胶片过程中,被卷入皮带与压紧轮之间遭挤压身亡。

10月28日,韶钢松山被广东省质量协会授予2014年“广东省实施卓越绩效模式先进企业”称号,冷镦用碳素钢盘条、优质碳素结构钢圆钢被广东省质量协会、广东省用户委员会授予“广东省用户满意产品”称号。

11月7日,韶钢松山炼铁厂七号高炉炉前丙班班长李月苟(男,35岁,工龄15年)在处理南出铁场2号渣沟沟嘴结渣的过程中,不慎滑落至冲渣槽内,被高温冲渣水严重烫伤,当场身亡。

12月21日,宝钢集团任命李世平为韶关钢铁副董事长、党委书记,任命傅建国为韶关钢铁董事、总经理,试用期一年;余子权不再担任韶关钢铁党委书记,王三武不再担任韶关钢铁总经理。

(陈春华)

宝钢不锈钢有限公司

概 述

宝钢不锈钢有限公司(简称“宝钢不锈”)拥有宝钢不锈本部、宝钢德盛不锈钢有限公司(简称“宝钢德盛”)和宁波宝新不锈钢有限公司(简称“宁波宝新”)三大生产基地,具有配套完整的炼铁、炼钢、热轧和冷轧等全流程不锈钢和碳钢联合生产线。

宝钢不锈本部坐落于上海市宝山区,占地3.53平方千米,全年可生产不锈钢150万吨、碳钢225万吨。宝钢德盛坐落于福建省罗源湾开发区金港工业区,占地2.18平方千米,具有采矿、炼铁、炼钢、焦化、热轧带钢、固溶热处理、酸洗等完整配套的生产加工能力,全年可生产不锈钢120万吨。宁波宝新坐落于宁波经济技术开发区,占地面积65万平方米,全年可生产冷轧不锈钢薄板60万吨、冷轧不锈钢焊管1万吨。

2014年,宝钢不锈坚持“用户导向、技术领先、一体化经营”,全体系实现经营利润18.29亿元,超出年初预算目标4.91亿元;全体系实现还原口径利润0.07亿元,同比增利5亿元;可比可控成本下降2.47%;经营活动现金净流量24.4亿元。 (曹 炜)

企业负责人简介 胡学发,1962年9月生,湖北天门人,中共党员、教授级高级工程师,宝钢不锈执行董事、总经理。

史国敏,1962年4月生,浙江宁波人,中共党员、教授级高级工程师,宝钢不锈党委书记兼副总经理。

宝钢不锈本部一角(张海强 摄)

生产经营管理

宝钢不锈钢有限公司本部

2014年,宝钢不锈本部实现经营利润17.42亿元,同比增加0.72亿元,实现新公司成立以来盈利最好水平,全年完成铁产量254万吨、钢产量293万吨、热轧产量334万吨,销售不锈钢产品149万吨、碳钢产品183万吨。至年底,在册员工3104人。 (曹 炜)

安全管理体系能力进一步提升 (1) 2014年,宝钢不锈本部完善安全责任体系,强化全员安全培训,聚焦异常作业风险管控,强化对宝钢德盛的安全技术支撑,构筑以现场风险管控为核心的全员安全责任体系,提升企业安全管理体系能力。(2) 完善《安全生产责任制》,认真践行"党政同责,一岗双责"的工作要求,明确现场风险管控的核心是岗位员工,围绕标准化作业,加强现场隐患排查及风险管控,初步建立全员安全生产责任体系。通过自下而上的隐患排查体系,强化过程分析及综合治理。年内,公司各层级自查隐患5370项;开展安全专业评价,提出系统性改进建议126项。聚焦协力风险,建立项目风险预判和管控流程。围绕高危项目管控,形成全员参与检修安全监管的良好氛围。(3) 认真开展新《安全生产法》的宣传贯彻工作,落实新《安全生产法》要求。全年,54名厂部长参加宝钢组织的安全培训,5名分厂长进行年度安全管理策划发布,151名作业长参加了公司组织的两期作业长培训,全员安全培训6303人次。聚焦岗位风险要素,作业长自编安全培训教材组织作业区员工开展安全培训,把风险控制措施落实到岗位,并制作岗位危险源预知卡306张,做到"人手一张"。 (曹 炜)

4月17日,宝钢不锈本部开展煤气管道泄漏、人员中毒的应急救援处置演练 (高鸿文 摄)

技术创新实现新突破 2014年,宝钢不锈本部以满足用户需求、超越用户期望为目标,强化从辨识用户需求开始到满足用户要求的"端到端"流程优化,聚焦不锈钢应用领域的关键技术难题,开拓性地实施双组长的经理制科研大项目,大力开展技术创新,不断优化产品结构,实现新的突破。全年生产超纯铁素体不锈钢18.2万吨,同比提高17%,效益达4.8亿元。汽车排气系统用不锈钢国产化工作也取得重要进展,产品质量在国内获得用户认可。新技术的应用,使304系不锈钢可抛光性达到国内领先水平;不锈钢复合轧制技术拥有自主知识产权,并率先在国内具备通过轧制法生产不锈钢复合中厚板、热轧卷板及冷轧板的制造能力;汽车专用铁素体不锈钢、铁道货车用双相不锈钢等实现全球首发;高品质奥氏体不锈钢成功应用于上海标志性建筑——上海中心大厦外立面幕墙。碳钢品种快速拓展,全年累计新增钢种40个,产品盈利能力进一步提升。在酸洗汽车结构钢方面,全年新增8个牌号产品,累计销售量达9300吨,产品效益(毛利)达1.82亿元。碳钢冷轧汽车板品种供货量合计96.24万吨,同比提升5.69%,产品效益(毛利)达1.41亿元。 (曹 炜)

现场制造能力提升 2014年,宝钢不锈本部以用户为导向的生产过程管控,抓住市场机遇,按产品效益优先级,平衡分配铁钢资源,争取效益最大化。全年,合同综合完成率97.6%,同比提高0.12%;合同一次通过率57.07%,同比提升1.68%。生产组织模式的进一步优化,为实现工序经济运行,降低生产成本提供了支撑。通过持续深化点检定修制,设备状态稳定受控,设备综合效率为90.53%。安全高效地实施2014年系列检修,快速恢复设备功能精度,消除设备瓶颈问题。 (曹 炜)

加大质量改进和攻关力度 2014年,宝钢不锈本部以提高有效产量率为主线,以项目为载体,查找工艺、技术和过程控制中的短板,狠抓现场质量管理,开展质量月活动,加大质量改进和攻关力度。通过14个质量攻关项目、专项过程审核、工艺纪律检查等各类质量管理活动的开展,碳钢、不锈钢有效产量率保持稳定。进一步发挥首席工程师的骨干引领作用,技术研发团队攻坚克难,通过开展一系列质量攻关活动,加快缺陷改进,取得令人满意的效果。钛条纹封锁率、高盈利品种热轧边部毛刺缺陷、超纯铁素体热轧油斑缺陷、热轧辊迹缺陷、鳞折缺陷等均得到有效控制。 (曹 炜)

采购一体化协同 2014年,宝钢不锈本部进一步发挥主要原料采购的渠道优势,强化采购管控能力。全年通过采取不同的采购方式实现降成本1.3亿元,完成年度目标的142%。其中,宝钢不锈本部与宝钢德盛共同策划的铬铁、镍合金、焦炭、煤炭、管理一体化协同采购项目,累计实现降成本7425万元;通过优化采购模式,坚持极低库存运行,采取铬铁寄售模式、铁矿石分堆采购、普碳废钢点菜式配送模式,有效规避了市场波动风险。推进铁矿石结构优化及炼铁原料库存降低工作,铁水成本大幅降低。 (曹 炜)

营销一体化协同 (1)2014年,宝钢不锈本部以营销一体化变革为契机,整合沪、闽、浙三地营销资源,提升宝钢不锈一体化营销管控能力。继续加强供应链协同,稳定外购板坯供应渠道。全年外购板坯47万吨、来料加工板坯3.83万吨、委外加工9.8万吨,实现供应链协同增效4.52亿元。(2)市场拓展方面,强化材料的先期介入工作,在满足用户需求的同时实现新材料销量和效益的新增长。通过战略合作,全年销售铁路用钢产品2.41万吨;出口直销业务逐步增长,全年销售4.26万吨。(3)碳钢方面,逐步形成稳定的产品用户群。全年碳钢热轧品种钢订货比例为34%,碳钢酸洗合同中汽车结构钢、搪瓷钢比例为68%,碳钢普冷汽车结构钢占比为82%,产品结构持续优化。

(曹 炜)

提升风险管控能力 (1)2014年,宝钢不锈本部以重点风险项目为抓手,聚焦供应链风险控制,管住关键环节的"流入与流出"。重点识别全体系的关键风险,绘制风险地图。借助"日经营"管控系统,动态管控风险,将风险应对措施落实到生产经营全过程。(2)聚焦原料采购、安全管理等关键领域,重点推进"合金管理""安全管理履职"和"红土镍矿、焦炭风险管控"3个公司重点效能监察项目。共提出监察建议84条,完善制度18项,优化流程30个。

(曹 炜)

提升资产效率 2014年,宝钢不锈本部以闲废资产阳光处置为重点推进工作,梳理闲置、低效资产,规范透明处置,力求经济效益最大化,全年累计收益1640万元。宁波宝新开展焊管线资产处置;宝钢德盛逐步开展其下属相关子公司的股权类资产处置。根据宝钢不锈发展需要，有计划地开展股权类资产的收购，提升了不锈钢体系冷轧产品的市场占有率和竞争力。同时，进一步明确了各级子公司资产管理代表的职责，建立和规范各级子公司重大事项的管理和申报工作，对重大经营风险、重大会计处理事项、董事会重大表决事项按照制度流程进行申报和表决。（曹 炜）

加强固定资产投资管理 2014年，宝钢不锈本部严格审定项目投资回报期，对每一个项目除安全、环保类必上项目以外，严格按照3年回收期的界限开展审查。同时加强项目财务效益审查，确保项目效益"短平快"。年内，公司技改项目共13项，通过强化项目要素审核与管控，项目投资在立项匡算基础上下降1211万元，技改工程的施工质量和现场安全总体受控。（曹 炜）

加强营运资金管理 2014年，宝钢不锈本部与宁波宝新进行体系内资金协同，实现经营活动现金净流入24.4亿元；宝钢德盛通过扩大销售、降低库存，实得经营活动现金流13.52亿元。通过融资境外低成本资金等手段，实现资金协同效益1.67亿元；宝钢德盛通过调整债务结构，综合融资成本下降1.14%，资金协同效益0.66亿元。（曹 炜）

能源环保绩效整体改善 （1）2014年，宝钢不锈本部通过加强环境管理体系建设、完善设备保障功能、强化标准化作业、优化在线监测系统、建立应急响应预案等措施，能源环保绩效实现总体改善。主要污染物排放总量均控制在预算范围内，其中二氧化硫排放总量为531吨，烟、粉尘排放总量1092吨，废水排放总量420万吨，吨钢排放指标均明显优于清洁生产一级标准。（2）年内，宝钢不锈本部完成绿化种植1.2万平方米，完成迁移绿地0.58万平方米，新增9020株苗木、草坪2038平方米，绿化率为29%。（3）能源管理及能源介质保障方面，以"关键能效因子"和"能耗源"为切入点，优化能源运行系统，充分发挥能源体系的协同效应，克服了产品产量结构调整、能源采购单价上升等诸多不利因素，万元产值能耗下降6.5%，能源系统环比降成本5714万元。吨钢转炉煤气回收102.7立方米；自发电比例为23.8%，同比提高1.7%。推进实施"热轧节能泵改造""热轧除鳞泵变频改造""热轧加热炉天然气替代"等一批节能项目，为实现节能降耗目标提供了有力的支撑。（曹 炜）

推动员工与企业共同发展 （1）2014年，宝钢不锈本部各二级单位按照"回归原点、保障生产"的基本思路，通过借聘、协力补充和以用代培等方式，对重点岗位进行必要补充，促进了人员平衡，保障了稳定生产。（2）薪酬福利方面，以绩效为导向，在薪酬福利总额上继续保持增长，员工整体薪酬水平在上年基础上，保持合理增长。同时，对公司岗位工资、员工奖金分配进行优化，实质性提高员工可支配收入；及时调整年度弹性福利点数，进一步发挥激励导向作用。（曹 炜）

加强员工队伍建设 2014年，宝钢不锈本部重视员工培训工作，提升员工队伍的职业化能力。（1）加强领导人员队伍建设，组织实施"经营者研修"。实施以"铁素体不锈钢钛条纹产生的机理及影响"为主题的专业技术训练营，提升技术人员技术能力。开展"打造高绩效技术团队"首席工程师专业学术研修。（2）全面推进现场作业员工技能水平与岗位能力进阶计划，提升操作人员现场执行力。推进"蓝领创新"，注重知识分享，深化自主型员工队伍建设。全年，合理化建议创效2.52亿元，申请专利142.75件、技术秘密165.35项。分层面推进38项专项劳动竞赛、12个"团队争先分厂挑战赛"、30个"岗位创优班组竞赛"，实现降本增效10.25亿元。（曹 炜）

关心关爱员工计划 2014年，宝钢不锈本部制定了《员工与企业共同发展实施意见》，明确5项关键指标和12项具体措施，完成实事工程13项，累计投入2117.3万元。坚持开展以"心系职工情，温暖进万家"为主题的送温暖活动，修订完善帮困送温暖细则，加大帮困送温暖力度。年内，宝钢不锈本部发放慰问金383.65万元。（曹 炜）

宝钢德盛不锈钢有限公司

宝钢德盛不锈钢有限公司（简称"宝钢德盛"）隶属于宝钢集团有限公司，授权宝钢不锈管理。至2014年底，在册员工2946人。

2014年，宝钢德盛亏损2.29亿元，减亏3.5亿元。全年可比可控成本较2013年下降5.36亿元，下降7%；粗钢产量115.36万吨；商品坯材销售110.67万吨；酸洗一级品率79.98%，较2013年上升28.11%。（张国峰）

发生工伤事故10起 2014年,宝钢德盛发生工伤事故10起,其中轻伤7人,重伤1人,工亡2人。

(张国峰)

健全成本管控体系 (1)4月,宝钢德盛启动"成本改善百日计划"项目,各生产单元围绕"市场倒逼现场,现场满足市场"的要求,深化内部成本改善,制定炼铁、炼钢、热轧、酸洗工序成本分别降低60元/吨、60元/吨、20元/吨、20元/吨的目标。通过"百日计划"的实施,各厂积极优化成本管控体系,有序开展一系列成本过程管控的基础工作。不定期与同行竞争企业进行成本对标,查找原料消耗、原料价格等影响成本的主要关键因子,揭示过程控制薄弱环节,制定针对性成本改善措施,提高成本管控精度和管控效率。(2)6月,宝钢德盛开展全方位的成本对标工作,确定公司四大专项降本项目:铁前工序吨铁成本下降160元;全公司吨钢能介成本下降24.59元;吨钢检修费用下降8.7元;吨钢厂内物流运输费用下降7.53元。2014年,累计完成降本增效5.36亿元,超过4.02亿元的年度目标。

(张国峰)

优化调整组织机构 (1)2014年,宝钢德盛通过与竞争对手开展成本对标分析,发现公司生产经营还有很大的改善空间,为提升公司综合竞争力,使现场各生产单元从"以单纯追求高产量为中心",转变为"以追求高质量、高效益为中心",促使各厂(部)从"生产型"向"经营型"转变。先后对二级机构及部门绩效评价体系进行完善调整,撤销设备部建制,其相关职能并入制造管理部,把烧结厂并入第一粗炼厂,以提高效率。(2)绩效管理方面,建立公司、部门和员工"三位一体"的绩效管理体系,明确绩效导向机制,营造公开、公正、公平的绩效管理氛围,形成部门奖金与绩效评价结果相挂钩的良性机制,逐步形成"以绩效为导向"的企业价值观。每月根据产销平衡计划和公司生产经营目标,下达当月制造成本目标和职能部门增效目标,并按月进行动态跟踪评价,同时对相关职能部门提出明确的评价要求,纳入考核评价范围,使职能部门绩效与生产经营实绩挂钩,以增强职能部门服务现场的主动性,提高服务效率,改善服务质量。

(张国峰)

重视质量缺陷攻关 2014年,宝钢德盛加大走访客户力度,重视客户异议的及时反馈与落实整改,对不同用途及用户提出的敏感缺陷,在规范等级判定的基础上,制定差异化的判定标准,并同步提高岗位人员的技能,降低检验的误判率。通过推进主要质量问题的攻关,设立六大质量攻关项目,有效降低缺陷发生率。酸洗一级品率上升至79.98%;全年质量降级损失与上年相比,降低66.47元/吨。同时,推进产品质量多元化管理方式。过程质量审核与质量体系自查相结合,推进质量缺陷攻关与外部质量异议问题攻关,完善质量管理工作。

(张国峰)

加大市场拓展力度 (1)2014年,宝钢德盛通过不断拓展产品市场,提升产品营销能力,增强市场风险防范能力,适应市场的快速变化。一方面加强调研,拓宽营销渠道,开拓直供用户,在克服市场行情萧条、资金紧张、需求不振等不利因素的同时,对现有销售模式进行优化调整,通过对直供用户增设敞口结算模式等措施,共签订8家直供用户年度协议,月均订货量达1.35万吨以上。另一方面,建立产品价格波动风险预警机制,以设定合理库存目标为管控手段,辅以产销联动举措,通过制定库存目标、加大营销力度,推进资源需求管理精细化。(2)结合市场用户需求,积极拓展新钢种和规格,设计开发一批新产品。全年委外加工成品量达11.55万吨,拓宽了产品规格,满足了用户的多元化需求,并经过宝钢不锈本部、宁波宝新和宝钢德盛三方协同合作,供坯量达到8.13万吨,逐步实现"三地互供",促进公司产品结构开发和质量水平的提升。全年,销售不锈钢产品110.64万吨。

(张国峰)

梳理采购管理流程 (1)2014年,宝钢德盛为优化小品种合金微铬与硅铁采购管理方式,在保证正常生产的前提下,采用寄售模式,降低了微铬与硅铁的常态库存。同时按照公司库存管理要求,梳理采购流程,完善采供管理工作,重点推进合金原料库存优化工作,减少库存资金占用。全年降低采购成本10385万元,完成年度指标的119%。(2)与宝钢不锈本部在焦炭、铬铁、原燃料等方面实施协同采购,实现"成本最低、质量最优"的采购工作目标。2014年,通过协同采购,降成本6132万元,完成年度指标的120.95%。

(张国峰)

夯实设备基础管理 2014年,宝钢德盛建立以点检为核心的设备维修管理体系，推进全员设备管理模式，加强设备状态及设备故障管理、特种设备管理、检修平衡管理、测量精度管理等工作，及时消除设备缺陷与隐患，保证现场设备安全可靠顺行。同时，推行检修材料集中管理，鼓励自立项目的实施，降低库存占用及材料损耗。全年，降低检修费用3748.16万元，降低资材备件库存1977.93万元。（张国峰）

推进节能减排工作　（1）能源平衡管理方面。2014年，宝钢德盛精心策划能源平衡管理工作，并实时动态跟踪全厂能源使用情况，确保各生产单元用能需求；同时，对能源系统进行全面梳理，对能源利用水平现状进行全面分析评估，挖掘节能减排潜力，提高能源利用效率，全年吨钢综合能耗同比下降122.8千克标准煤。（2）环保管理方面。加大环保投入力度，编制《环境保护改造三年行动计划》，并以此为指导，按计划有步骤地推进环保改造项目，提升公司环保管控能力，促进企业可持续发展。（张国峰）

加强资金运营能力　2014年，宝钢德盛资金增效6471万元。（1）逐步降低库存，减少库存资金占用，增加资金效益，全年累计资金增效2480万元。（2）通过境外融资平台开展境外贸易融资，利用境外融资利率低的优势，提高资金效益，全年累计资金增效811万元。（3）优化银行承兑汇票收支政策。根据银行信贷政策变化进行适当调整，进一步扩大银票收支贴息利差，全年累计资金增效2298万元。（4）通过对现有各项收、付款结算政策的研究与探讨，在风险可控的前提下延长付款周期，优化结算流程，确保资金安全，提高资金效益，通过金融产品实现利差收益，全年累计资金增效395万元。（5）通过对融资结构的升级，开展美元流动资金贷款置换人民币流动资金贷款业务，全年累计资金增效140万元。（6）认真学习研究国家税收政策，合理运用国家税收政策，全年资金增效347万元。（张国峰）

宁波宝新不锈钢有限公司

宁波宝新不锈钢有限公司（简称“宁波宝新”）始建于1996年3月，隶属宝钢集团有限公司，授权宝钢不锈钢有限公司管理。宁波宝新由宝钢集团、浙甬钢铁投资（宁波）有限公司、日新制钢株式会社、三井物产株式会社、阪和兴业株式会社联合投资，投资总额为71.4亿元，注册资本为31.88亿元，出资比例分别为54%、12%、20%、7%和7%。至2014年底，宁波宝新在册员工894人。

2014年，宁波宝新实现钢铁制品总产出量70.27万吨，同比增长5.93%；总销售量70.09万吨（含受托加工、委外加工和焊管），同比增长5.77%；完成工业总产值（现价）88.32亿元，资产总额51.03亿元；营业收入91.25亿元，主营业务收入90.73亿元；利润总额2.39亿元，同比增长42.34%。（许徐敏）

持续加强安全管控　2014年，宁波宝新树立“员工的生命、健康比利润更重要”的安全管理理念。在持续推进各项日常安全管理工作基础上，建立完善以安全监控视频系统为中心的安全管理技防信息系统，通过远程视频监控、智能视频监控和视频素材利用，强化安全预防，遏制不安全行为；执行“24小时安全巡查制”，并根据现场机组区域特性，建立“区域+专业”的安全管理服务支撑体系。（许徐敏）

强化节能减排降耗　2014年，宁波宝新大力推进“降低一号酸洗机组蒸汽消耗”“四号酸洗机组冲洗水综合利用”“四号轧机开卷机电机辅助设备运行方式节能优化”等多个节能项目的实施，吨钢综合能耗同比降低4.8%，万元产值能耗同比降低7.7%。按计划推进废水分类处理的技术改造，废水中化学需氧量排放总量、二氧化硫排放总量，同比均有明显下降。（许徐敏）

拓展拳头产品营销力度　2014年，宁波宝新协同宝钢不锈本部，优化产品结构，加大400系钢种销售力度；聚焦轨道用钢、汽车装饰用钢等高附加值产品；加强研磨产品、超纯铁素体等拳头产品的营销力度。全年销售400系钢种产品31.77万吨，占总销售量的46.9%；独有领先产品期货接单量为34.08万吨，占总销售量的50.7%。（许徐敏）

拓宽外部原料采购渠道　2014年，宁波宝新进一步拓宽、完善体系外原料采购渠道，全年稳定采购外部原料8.3万吨，占原料采购总量11.7%，较2013年提升9%，有效降低原料采购成本。（许徐敏）

推进成本改善　2014年，宁波宝新在机组经理制下，发挥机组经理、设备机组长、机组工程师“三驾马车”主观能动性，持续推进成本改善工作。全年工序制造成本首次低于2000元/吨；实现公司级项目

宁波宝新员工在吊运出口钢卷（陆非然 摄）

降本增效9292万元。（许徐敏）

拓展高盈利产品产能 2014年，宁波宝新合理安排物流衔接，优化机组排产，针对外购原料增加导致物流复杂度增加和目前产能瓶颈，以能效最大化原则组织生产，合理产线分工，发挥各机组产能优势，拓展高盈利产品生产能力。全年实现冷轧产品交库量66.37万吨，较上年提高1.95万吨；月交库量4次刷新历史最高水平，实现58611吨的历史最佳值。（许徐敏）

增强产品竞争力 2014年，以宁波宝新工程技术中心为平台，依托宝钢集团技术力量的支撑，以项目为抓手紧抓产品实物质量，全年开展终身负责制项目117项，实现效益5203万元；结合用户个性化需求，研发新产品17项，结题转产3项；累计销售不锈钢新产品4.96万吨，盈利2088万元。同时，全面开展产学研合作，把研究主导产品关键技术作为技术创新的主攻方向，与相关高校开展合作，建立联合实验室，签订合作项目4个。（许徐敏）

科研创新取得成效 2014年，宁波宝新科研项目累计立项33项，转结19项，产生效益2015万元；申请专利数26件（其中发明专利9.5件），申报技术秘密75项（其中认定53项）；六西格玛项目课题立项7项，历年结转项目结题9项，实现经济效益925万元。（许徐敏）

探索深化机组经理制 2014年，宁波宝新不断探索深化机组经理制，在一线员工工作直接与价值挂钩的基础上，研究策划以经营价值贡献为核心的职能责任体系重构，旨在实现管理部门、管理者的工作与价值直接挂钩。各机组自主经营，取得良好绩效，多个机组产能实现大幅增长，同时降低了成本。（许徐敏）

一号酸洗机组综合技术改造项目投运 5月，一号酸洗机组综合技术改造项目完成，投入运行。2014年，一号酸洗机组累计较上年增产1.05万吨。（许徐敏）

宝钢不锈大事纪要

1月27日，宝钢不锈召开二届一次职代会、2013年度党员代表会议，提出“持续改善公司经营绩效，探索经营模式转型发展”。

2月25日，宝钢德盛召开2014年第一次股东会暨二届一次董事会。

2月28日，宝钢不锈本部开发的“经营驾驶舱”成功上线试运行。

3月，宝钢不锈本部热轧厂罩式炉吨钢燃料消耗下降11%，创历史最好水平。

4月，宝钢不锈本部1750冷连轧机组成功轧制出SUS304奥氏体不锈钢，并形成批量生产能力和市场供货能力。

4月28日，宝钢集团下发宝钢字〔2014〕121号、122号、123号、124号文，委派胡学发担任宝钢不锈（上海不锈）执行董事、总经理；崔健不再担任宝钢不锈（上海不锈）执行董事，工作另行安排。

5月，宁波宝新《从“生产者”到“经营者”——以机组为最小经营单元的网络式管理流程重构》获浙江省企业管理现代化创新成果二等奖。

6月，宝钢不锈员工在第二十六届上海市优秀发明选拔赛上，获金奖1项、银奖2项、铜奖3项。

同月，宝钢不锈“面板及换热器用含钼节镍奥氏体不锈钢B304M1项目”被认定为上海市高新技术成果转化项目，有效期至2019年6月。

7月24日，宁波宝新召开出资者协议会和六届一次董事会会议。

8月1日，宝钢集团发文，免去曹至能宝钢不锈钢有限公司党委书记、上海宝钢不锈钢有限公司党委书记职务。

8月，宁波宝新“中高铬铁素体不锈钢高表面控制技术”获冶金科学技术进步奖一等奖。

同月，宁波宝新获中华人民共和国海关总署颁发的中国外贸出口先导指数（ELI）样本企业。

同月，宁波宝新获浙江省企业联合会、浙江省企业家协会“浙江省制造业百强企业第84位”。

9月，宁波宝新《CPI在制造体系中的应用》课题获浙江省企业联合会、浙江省企业家协会“浙江省企业管理现代化创新成果三等奖”。

11月，《宁波宝新国有钢铁制造企业全员经营模式的组织体制变革与实践》获中国钢铁工业协会“2014年冶金企业管理现代化创新成果一等奖”。

同月，宝钢不锈本部生产的奥氏体不锈钢装饰用钢用于上海中心幕墙建设。

同月，宝钢不锈在第八届国际发明展览会上，获2项金奖、2项银奖、3项铜奖。

12月12日，宝钢集团党委发文，任命史国敏为宝钢不锈钢有限公司党委书记、上海宝钢不锈钢有限公司党委书记。

12月19日，宁波宝新召开出资者协议会和六届二次董事会会议。

12月，宝钢不锈本部生产的不锈钢精密带钢产品成功通过美国苹果公司选材评估，标志着公司不锈钢精密带钢制造能力跻身国际先进水平。

同月，宝钢不锈本部2500立方米高炉铁水成本与行业平均水平差距从2013年的95元/吨缩小至2014年的10元/吨，行业排名由上年的第48位提升至33位。

同月，宁波宝新的冷轧钢板和钢带获中国钢铁工业协会冶金产品实物质量认定“特优质量奖”；同时还获冶金产品实物质量认定“金杯奖”。

同月，宁波宝新通过第四轮清洁生产审核验收。 （曹　炜）

宝钢特钢有限公司

概　述

宝钢特钢有限公司（简称“宝钢特钢”）的前身是上海第五钢铁厂，创建于1958年9月，地处宝山区吴淞口岸，是专业研发、生产、销售特殊钢材的大型国有企业。1998年11月上海地区钢铁企业联合重组后，更名为“宝钢集团上海五钢有限公司”。2005年5月，宝钢集团上海五钢有限公司的核心资产由宝钢股份收购，并组建宝钢股份特殊钢分公司。2009年4月，为进一步明确特钢产品的经营责任主体，实现特钢产品的产、供、销、研业务链的纵向整合，组建特钢事业部。2012年4月，宝钢集团收购宝钢股份特钢资产，组建隶属宝钢集团的宝钢特种材料有限公司（简称“宝钢特材”）、宝钢特钢有限公司（简称“宝钢特钢”）。2013年7月，宝钢特钢吸收合并宝钢特材。2014年底，在册员工3774人。

宝钢特钢拥有生产120万吨钢、128万吨钢材的能力。主要装备有60吨、40吨电炉及三机三流方坯连铸、垂直板坯连铸机各1套，特种冶炼设备（真空感应炉、真空自耗炉、真空电渣炉等），直径800毫米初轧机组、合金钢和高合金钢棒材轧机各1套、高速线材轧机1套，6000吨、4000吨、2000吨快锻机及1300吨径锻机各1台，热轧板轧机、热轧炉卷轧机、20辊板卷冷轧主线、6辊板卷冷轧主线、热挤压主线各1套。宝钢特钢拥有特种冶金、不锈钢和结构钢长材、银亮材、合金板带及钢管等多条现代化生产线，形成以特种冶金、不锈钢、结构钢三大系列产品为核心，聚焦

宝钢特钢生产厂区一角（刘　杰　摄）

于航空航天、能源电站及交通运输三个关键行业，以及模具钢、轴承钢、汽车用钢和芯棒、不锈钢四大专业化产品。按照宝钢新一轮发展战略，宝钢特钢将建成为国际一流、国内最具竞争力的特钢企业，成为重要领域、重点行业关键材料的主要供应者，具有强大综合竞争力的特钢精品基地和特钢新材料、新工艺、新技术的研发基地。

2014年，生产钢37.97万吨、材82.14万吨，销售86.7万吨，销售收入90.40亿元。（王玉萍）

企业负责人简介 庞远林，1963年9月生，广西玉林人，中共党员，高级工程师，宝钢特钢执行董事、总经理。

胡达新，1963年6月生，福建漳浦人，中共党员，高级工程师。宝钢特钢党委书记。

生产经营管理

探索推进事业部制 事业部制是宝钢特钢在分块运营基础上，进一步探索非法人条件下的模拟利润中心经营模式，更是适应市场变化的又一次管理变革。特材事业部自2013年底成立运行一年来，在特材产品专业化、规模化运营探索中初见成效，重点产品实现增量，经营贡献增幅明显。2014年12月1日，宝钢特钢为实现长材产品专业化运营，成立长材事业部。

（王玉萍）

战略产品项目化取得新进展 2014年，宝钢特钢战略产品项目化进一步聚焦市场、制造能力和未来收益，主要强化关键工艺技术的研究与攻关，以及战略产品一贯制制造能力的提升。全年，战略产品实现销量2.66万吨，实现经营贡献1.13亿元。年内，自主研发第三代核电用（CAP1400示范项目）690合金U形管和核电蒸发器管子支撑板等产品，使宝钢特钢具备核电用镍基合金板、管、锻件及特殊不锈钢、棒材的配套生产能力；重点开发和拓展航空航天结构件用高强钢、钛合金棒材及盘锻件，油气开采及管道输送用耐蚀合金管板材，燃气轮机与烟机用高温合金盘锻件，重化工用耐蚀合金系列及特殊不锈钢板管材、特种船舶用特殊不锈钢板材等高端产品。

（王玉萍）

推进关键工艺技术研究与攻关 2014年，宝钢特钢立式连铸技术攻关成果显著，完成双相钢、精密合金、低磁钢、耐磨钢等产品的炼钢、冷热轧工序目标，板坯合格率及成材率显著提高。其中，Ni42冷轧成材率提高26%，Ni36冷轧成材率提高7.54%；700℃超超临界电站用高温合金锅炉管产品在国内首次实现批量工业化生产；船用殷瓦合金带材开发取得突破性进展，完成3个规格产品试制，并正式进入法国GTT公司认证阶段。宝钢特钢参与的“压水堆核电站核岛主设备材料技术研究与应用”获2014年冶金科学技术进步奖特等奖。

（王玉萍）

提升特钢品牌影响力 （1）长材产品。2014年，宝钢特钢长材品种聚焦汽车用钢重点用户，持续推进齿轮、曲轴、传动轴、轮毂轴承等优势品种增量，实现销售同比增长10%以上。（2）特材产品。在做强老产品的同时，不断开发和培育新产品，在高温合金、耐蚀合金、叶片钢、等温锻件等重点品种上，形成一批有规模、有利润的拳头产品。（3）板管产品。与行业领军企业建立稳固的合作关系，进一步提高市场占有率。（王玉萍）

支撑韶关钢铁协同经营 2014年，宝钢特钢开展对韶关钢铁特棒制造能力提升的技术支撑，韶关钢铁工艺技术能力、产品实物质量及特钢生产主线现场管理等方面均取

9月17日，宝钢特钢员工吊运出厂成品（刘　杰　摄）

得较大进步。年底，宝钢特钢组成支撑团队深入韶关钢铁技术、管理、操作岗位协助生产工作。 （王玉萍）

深挖成本改善潜力 2014年，为进一步深挖内部成本改善潜力，宝钢特钢以"聚焦产品，流程降本""产销联同、工艺降本""职能支撑，系统降本"为内容，推进公司级降本增效项目19项，全年实现降本增效2.1亿元。 （王玉萍）

强化基层成本管控 2014年，宝钢特钢通过劳动竞赛、擂台赛等方式，形成基层成本管理交流平台，促进全部班组和作业区共同进步，全年降低可控成本2.32亿元。 （王玉萍）

强化过程精细化管理 2014年，宝钢特钢推进"成本炉炉清，效益单单明"管理模式；强化价值管理导向，注重操作流程管控，实现即时反映精细管理；促进合理定价、结构优化和成本改善。炼钢厂注重"成本炉炉清"的PDCA（计划、实施、检查、处理）和现场运用，明细产品标准成本"数据字典"，40吨电炉不锈钢产品镍的收得率为92.8%；长材产线对产品生产进行全流程跟踪控制，测算产品成本，分析全流程盈利能力，炼钢成品卷成材率较上年提高6个百分点。 （王玉萍）

修订《质量管理目标责任书》 2014年，宝钢特钢重新修订优化《质量目标责任书》，增加内部质量损失考核指标、异议次数考核指标等，使责任书的内容更全面、更明确、更有科学性和针对性。年初，与7家生产单位、5家职能业务部门一把手签订责任书。质量保证部按月跟踪目标完成情况，及时报告提醒各家单位，《质量目标责任书》发挥了导向作用。 （王玉萍）

质量管理综合评价 2014年，宝钢特钢全面优化生产单位质量管理综合评价方案，不仅从多个维度进行评价，还兼顾不同单元的业务特点，进一步体现公平合理性，并根据综合评价结果将相关单位分为良好、合格与待改进类，对待改进单位进行适度的负激励，对良好单位进行正激励，引导督促各单位进一步加强质量管理。同时，针对综合评价的重要组成部分专项评价模块，明确关于不合格品与纠正预防措施检查评价的要求。经过努力，各单元在相关项目的管理成效与规范性方面有了明显改善。 （王玉萍）

质量监督与质量记分 2014年，宝钢特钢加大质量监督抽查力度。工艺执行情况检查2040批次，开具整改单117份；实物质量检查3673批次，开具整改单158份。总检查量同比增加25%，整改单发出量同比增加11%。 （王玉萍）

完善质量管理体系 2014年，宝钢特钢修订《技术通知》《外来技术文件管理制度》，《技术通知》新模板中增加关于标准化检查及质量会签的要求、明确版本号的要求；针对外来外文技术文件，明确了有关针对译文进行确认审核的要求等，使技术文件的管理要求更为全面。同时，针对特钢体系较多、产品类别较多的特点，在信息化管理系统中增加"汽车"与"API石油"两个代码，使合同从一开始就可以辨识产品的订单属性，方便了各类检查和内部的统计分析，质量管理工作更为规范。年内，根据军工体系的特殊要求，制定《军工产品试制准备状态检查管理制度》，实现对军工产品、核电产品质量指标数据进行单独跟踪与管理。（王玉萍）

外部质量管理体系审核 2014年，宝钢特钢接受三方质量体系审核8次，没有严重不符合项；接待用户二方评审38次，提出的问题均已整改；开展许可证及产品认证工作19项，至年底，17项已完成、1项认证整改方案已提交待认证机构回复，1项已申报待监管机构回复。 （王玉萍）

CNAS实验室体系建设 10月16—18日，中国合格评定国家认可委员会（CNAS）评审专家对宝钢特钢实验室质量管理体系及技术能力进行现场评审。最终，宝钢特钢通过国家实验室认可复评及扩项审核。 （王玉萍）

Nadcap认证 2014年，宝钢特钢完成无损检测和处理两个特殊过程的国家航空航天和国防合同方授信项目（Nadcap）年度监督审核。现场共涉及两个不符项，均已整改。其间，完成20多个文件的修订换版载入工作，同时按期完成相关计量检定及测试等基础工作。 （王玉萍）

产品质量法律法规等合规性评价 2014年，宝钢特钢按照ISO9001及航空航天、汽车、核电和军工标准建立质量体系，形成45个程序文件，覆盖相应的法律法规。公司严

1月21日,宝钢特钢员工在对产品进行质量检验(姜为强 摄)

格做好产品出厂前的检验和测试,不合格品不出厂,公司产品质量和质量管理符合相关法律法规的要求。公司涉及许可证认证的产品包括轴承钢、钛及钛合金、特种设备和核电产品,都已取证并在有效期内。 (王玉萍)

提升现场过程质量控制能力 2014年,宝钢特钢立项质量攻关项目37项,其中公司级4项,部门级33项。完成的项目中,较为突出的有:“40吨锭型SW718H塑料模块质量攻关项目”,一次探伤合格率由攻关前的53.13%提高到82.85%;“双真空高温合金冶金质量提升项目”,GH4169黑斑发生率由攻关前的11.63%下降到零,GH4133B冶金缺陷发生率由攻关前的31.8%下降到2.94%;“模铸不锈钢管坯质量提升攻关项目”,使一火轧制管坯综合成材率从83.49%提升至85.52%。 (王玉萍)

推进设备功能精度与质量停机管理 2014年,制造部、质保部、设备部组织针对368项重点功能精度项目进行重新梳理,进一步明确、理清了设备功能精度与质量停机的相互关系。同时,还结合管理专项评价工作,重点抽查67项设备功能精度项目实施情况,并针对生产单元提出26项改进建议,督促现场落实。 (王玉萍)

委外加工质量管控 2014年,宝钢特钢重新修订了《产品委外加工管理办法》和《委外加工管理控制实施细则》;组织对近40家委外加工单位进行供方资质评审,确认委外单位的资质、装备及相关设备的运行情况,与委外单位签订加工技术协议,明确产品的加工要求。 (王玉萍)

原料验收管理 2014年,宝钢特钢强化返回钢验收以减少混料,开展4次不锈废钢熔清样委外验证。明确了不锈废钢熔清检验第一炉钢镍成分与熔清认定值(结算值)严重负偏差处置操作方法,以及对高碳铬铁等合金实施按批次进行主元素波动值抽检,对铁合金颗粒度进行抽检,对高合金含镍的并锭类原料进行解剖检验等多项具体工作。全年取样检验原辅料4.8万吨,验收重量合格率为95.98%。 (王玉萍)

供应商评审管理 (1)对已有供应商进行评审、评估。2014年,宝钢特钢根据评估标准,结合供应商业绩,组织相关部门对所有原料及坯料供应商实施年度评审,154家原料供应商、8家坯料供应商纳入年度合格供应商。(2)优化供应商准入模式。对新增供应商首先按临时供应商管理,进行3次供货后,对其供货能力、响应程度、价格及质量等方面进行综合评价,合格后才能按新增供应商流程给予新增。全年新增5家原料供应商、2家半成品供应商、6家临时原料供应商和4家临时半成品供应商。(3)强化第二方审核工作。组织相关认证机构对8家供应商进行实地认证,对16家供应商进行书面评审,开具30项整改建议单。至年底,供应商已对相关整改项进行了原因分析和措施制定,待下一次现场评审时进行验证。 (王玉萍)

用户满意情况 2014年,宝钢特钢各项质量管理体系改进工作得到落实,包括技术状态管理、风险管理、技术文件管理等得到深入推进。正式获得英国罗罗公司合格供应商资质;在核电设备关键材料的产品拓展方面取得重要突破,并获评2014年度上海市核电设备制造质量先进单位;在410厂(军工企业)年度供应商综合评价中,宝钢特钢列金属材料供应商综合评价第二名,成为其金属材料金牌供应商之一;被中国航天科技集团评为“中国航天优秀供应商”。 (王玉萍)

探索计量管理与设备管理的有效结合 2014年，宝钢特钢策划工业炉窑均温性测试工作，重新梳理相关炉窑情况。77座重点工业炉窑的均温性测试计划实施率100%，符合率95%。组织各二级厂计量专业人员，根据测量设备性能特点和设备维修费用的控制要求，对相关测量项目进行诊断、确认，并采取首次确认、定期送检、现场校准、期间核查等方法进行过程控制，保证测量设备的功能和精度，以满足设备功能精度的要求。（王玉萍）

计量管理法律法规收集 2014年，宝钢特钢测量管理新识别和收集计量管理强制性法规1个、政策导向和推荐性标准10个。对照公司4个测量管理程序文件和26个管理标准进行逐条识别和合规性评价，认为公司测量管理体系符合法律法规要求。（王玉萍）

提升计量管理员业务能力 4月，宝钢特钢对各部门计量管理员进行ISO10012—2003的标准实施培训，重点是对标准的难点解读、工厂执行原则等。每月一次组织各部门计量专业管理人员对阶段性工作、管理和技术上的难点问题及经验，进行研讨、交流、点评，达到取长补短、共同提高的目的。（王玉萍）

提升测量体系保障能力 2014年，宝钢特钢从涉及军工、航天航空、大飞机、核电等重点产品工艺和质量参数检测着手，梳理相关的测量过程和测量设备，确认配置的合理性、管理的规范性和有效性，确保测量过程和测量设备的受控，功能精度达标。公司共有涉及军工、航天航空项目属性的测量设备1000多台（套），通过计量系统的标识、投用前的计量验收、规定的计量检校、期间核查、日常点检、过程监控、纠正预防等措施，确保测量结果准确。（王玉萍）

提升测量管理体系运行能力 2014年，宝钢特钢对测量管理体系文件和标准进行部分修改。在体系管理上，着重加强对涉及军工、航天航空、大飞机和核电项目的测量设备分类管理和功能精度完善，以及测量设备信息化系统数据的动态优化；对工业炉窑，侧重于检测控制系统测量受控能力的提升，以及与设备管理的有效结合。年内，对全公司60台电子吊秤、57台在线气体检测分析仪、70台贸易秤及320套在线安全防护用气体报警仪进行精密点检和诊断。（王玉萍）

9月17日，宝钢特钢银亮钢厂生产现场（刘　杰　摄）

测量管理体系审核 7月8—9日，宝钢特钢通过北京中启计量认证中心对公司的年度测量管理体系监督审核。11月11—13日，组织对公司测量管理体系范围内的7个二级厂、8个职能部门，进行为期3天的内部体系审核，以监督体系的稳定运行。（王玉萍）

夯实能源基础管理 2014年，宝钢特钢组织各二级厂以产线为单位开展能源评审工作，完成各产线的能源评审报告，并通过三次能源管理体系监督审核；学习借鉴兄弟单位的体系建设经验，根据内控、合规性评价要求，梳理、完善管理制度，新制定1项管理文件、3项管理标准，修订1项管理文件。（王玉萍）

能源系统降成本 2014年，宝钢特钢能源产供系统实现安全、稳定、经济运行，电、天然气等能源介质单位成本均有不同程度的下降，全年降成本2778万元。（王玉萍）

关注应用节能减排技术 （1）2014年，宝钢特钢以合同能源管理模式，推进完成首批505台高耗能电机的更新淘汰工作。（2）借助合同能源管理模式，推广应用节能技术，全年新增合同能源管理项目7项，推广应用变频调速、绿色照明、蓄热燃烧、自身预热、氮氧化物处理系统新型催化剂和水泵系统优化等节能新技术。(3)根据“28.8吨锻造钢锭运输保温节能改造”项目效益分享期结束后资产移交入账的经验，制定《合同能源管理项目固定资产移交入账管理标准》，规范项目固定资产移交入账的管理流程。（王玉萍）

能源管理法律法规收集 2014年，宝钢特钢邀请外部第三方咨询机构，动态收集整理能源相关法律、法规。根据咨询机构提供的法律、法规清单，对照原先自行收集的法律、法规，进行更新补充，对更新补充的法律、法规和其他要求逐条进行识别，新收集6项，更新9项，识别管理要求44项。根据法律、法规对能源管理现状进行合规性评价，公司能源管理符合法律、法规要求。（王玉萍）

能源管理内外部审核 2014年，宝钢特钢通过北京国金恒信管理体系认证有限公司对公司的三次能源管理体系监督审核。11月12—17日，按照新版能源管理体系标准要求，组织实施能源管理体系内审工作，审核中开具建议项3项，要求各责任单位对照审核结果，认真制定整改措施并积极落实整改，要求其他部门举一反三开展一次自查活动，防止类似问题重复发生，确保下阶段能源管理体系换版审核顺利通过。（王玉萍）

优化协力管理方案 2014年，宝钢特钢制订《协力管理优化方案》，完善人员、供应商准入标准，并规范准入审批流程，推行人员信息化管理，做好对单位资质的审核工作，严把协力入口关。实施生产协力专项激励，试点推进共享激励举措，完善协力供应商工作业绩评价机制；借鉴项目技改中的相关做法，商讨检修协力供应商的安全措施和奖励办法。建立健全生产协力供应商现场审核的相关制度体系，建立生产协力供应商例会制度，开展生产协力供应商第二方审核工作。

签订《安全目标责任书》 年初，宝钢特钢组织层层签订《安全目标管理责任书》，明确各级部门的安全生产目标责任；修订《安全管理综合绩效评价办法》，合理调整评分标准，优化正负激励机制，充分调动各级人员安全工作的积极性。年内，修订《安全生产责任制》《安全生产管理问责规定》等管理制度，明确各级安全履职要求。公司分管领导两次带队走访各分厂，对各级责任者安全履职工作进行指导与评估。（王玉萍）

开展安全活动 2014年，针对2013年宝钢集团安全评价提出的整改建议，宝钢特钢对厂部及分厂应急预案进行了修订、完善，形成2014版三级预案模版，通过培训、检查及应急演练，强化员工应急响应意识和能力。全年组织消防及防汛防台等应急演练28次，公司领导亲自参与应急演练。消防周期间，邀请上海市安监局应急救援专家对100名专兼职应急抢险队员进行安全应急培训；安全月期间，组织各类预案演练46项。（王玉萍）

进行安全隐患整改 2014年，宝钢特钢推进协力整体外包区域的设备本质安全及作业环境隐患整改工作，明确上报整改的要求与途径，建立每月跟踪推进机制，共对186项现场隐患进行了整改。开展“反对习惯性作业违章”专项治理行动，推进标准化作业，制订《反对习惯性作业违章专项治理行动实施方案》，修订完善《安全违章记分条款及处理标准》，并逐级开展相关培训工作。全年共梳理329项习惯性违章作业，其中设备本质化改善类40项、管理要求改善类33项、严格规范管理类256项。（王玉萍）

规范危险源辨识 年初，宝钢特钢制订《危险源管理进一步深化推进方案》，确定推进形式，明确危险源定义及描述、危险源辨识原则、危险源风险评价方法、危险源控制措施制定原则、分人负责分级管控原则等。要求以作业长为核心，辨识危险源和异常作业及控制措施，确保措施有效、简单、可操作。全年共辨识危险源1736项，其中异常作业85项，二级厂、三级分厂的评审小组对危险源及控制措施进行了分级审定。（王玉萍）

安全教育培训 2014年，宝钢特钢制订《2014年安全培训方案》，并按计划对200名作业长进行安全管理培训，对70名二、三级安全员进行危险源管理及事故管理培训，对93名设备条线人员进行检修管理制度及安全技术培训，对22名项目人员进行安全培训，对60名青安岗岗员进行反习惯性作业违章培训，并组织1659人进行检修案例及规范操作培训等。根据宝钢集团要求，各部门开展了“自力检修挂牌”专题培训，分别对69名二、三级管理人员，87名二级和三级安全员，504名班组长进行专题安全管理培训与考试。（王玉萍）

治安综合管控措施到位 2014年，宝钢特钢进一步强化物资出厂管控手段，在出门证开票、复核、查验模式的基础上，完成“物资出门证防伪平台操作系统”项目，门岗通过网络系统验证确认后放行车辆，实现一车一单一验证，确保了“准发编号”的唯一性。实施公司治安关键部位集中监控，对6个厂（部）的60个治安关键部位及公司大门的83个监控点等进行24小时实时监控，且与“110”联动，及时处置各类突发事件。（王玉萍）

职业健康安全管理体系内外部审核 3月12—14日，法国必维国际检验集团认证公司对宝钢特钢职业健康安全管理体系进行监督审核，抽审了4家生产厂和12家专业职能部门，审核开具发现建议项6项，未发现不符合项。针对6项建议项的纠正及预防措施，公司对各部门整改与改进情况实施跟踪验证，均已整改完善。11月10—13日，公司实施2014年职业健康安全管理体系内部审核，对体系覆盖的7家生产厂和10家职能部门进行职业健康安全管理体系运行过程的监控和评价，审核发现一般不符合项1项，开具建议项18项。针对存在的问题，要求各部门及时纠正并落实纠正措施，同时举一反三查找本部门不足，采取预防措施。（王玉萍）

促进专业化管理 2014年，宝钢特钢根据年度体系专项评审、安全专项检查计划，组织安全事故“回头看”等14个专项安全检查及职业卫生等8个体系专项评审检查，共开出170张整改单，对343条隐患进行限期整改。做好重大节点期间消防安全检查，共查改消防隐患9项；开展动火作业辨识排查活动，辨识动火管理等方面存在的隐患12项，调整定级动火区域31个，修订完善《动火作业管理标准》。（王玉萍）

9月17日，宝钢特钢冷轧生产现场（刘　杰　摄）

环境经营工作 年初，宝钢特钢组织各相关职能部门制定《环境经营预算计划》，结合清洁生产和节能减排指标的推进，设置了14项环境经营指标、7项重点工作，覆盖7个职能部门和7个生产单元。为确保环境经营有序推进，实施月度跟踪季度评价，环境经营指标均完成年度预算目标。（王玉萍）

环保管理合规性评价 2014年，宝钢特钢更新识别了《中华人民共和环境保护法2014》《中华人民共和国固体废物污染环境防治法》《上海市大气污染防治条例》等法律、法规及其他要求，收集环保方面的法律、法规及其他要求共252条。9月，重新修订环保管理文件及管理标准。根据法律、法规对环保管理现状进行合规性评价，公司环保管理符合法律、法规要求。（王玉萍）

环保风险稳定受控 年初，宝钢特钢组织各二级生产单位对各区域的环保风险点进行重新辨识，共识别出11个风险监控点。全年继续强化对冶炼、酸洗、加热炉冒烟及固体废料处置管理和排水管网排查等，公司的环保风险稳定受控，2014年重大污染事故为零。（王玉萍）

通过环境管理体系监督审核 3月12—14日，法国必维国际检验集团认证公司对宝钢特钢进行为期3天的环境管理体系监督审核，审核未发现不符合项，开具2个建议项，相关单位已进行整改。11月12—14日，按照新版环境管理体系标准要求，组织实施环境管理体系内审工作，覆盖宝钢特钢体系涉及的所有部门。提出建议项7个，涉及5个环境管理体系要素，未发现一般不符合项和严重不符合项。（王玉萍）

环境监测合规性评价 2014年，宝钢特钢委外监测194项次，污染物排放合格率达100%。设立环境监测站，对整体环境进行监测，废水每月监测3次，大气降尘量每月监测一次，废气、噪声、大气环境质量每季度监测一次，油烟每年监测一次。年内，公司内部共监测污染因子3495项次，污染物综合排放合格率100%。（王玉萍）

厂容厂貌管理 2014年，宝钢特钢制订厂容厂貌专项劳动竞赛方案，策划了“环境清洁从身边做起”厂容厂貌劳动竞赛10项主题活动，从基础工作、6S(清理、清洁、整理、整顿、安全、素养)管理、公共区域、厂容绿化和环保管理5个方面对各二级生产单位环保工作进行评价。（王玉萍）

固体废弃物处理 年初，本着“能回炉利用废弃物品种一律回炉利用”的原则，宝钢特钢开始试验氧化铁粉返炼钢炉利用，经现场使用测算，单位效益4725元/吨。全年氧化铁粉返生产利用量638吨，效益302万元。（王玉萍）

宝钢特钢大事纪要

2月27日，宝钢特钢举行党风廉政大会暨首次管理者谈话会，以诫勉管理者风清气正、锐意进取、示范表率，切实转变作风，一心一意求发展。

3月，宝钢特钢双相钢打入中亚和中东区域市场。

同月，宝钢特钢实现海水淡化设备首单整台(套)供货。

4月3日，上海市发改委委托第三方核查机构——上海同际碳资产咨询服务有限公司对宝钢特钢2013年度电、天然气等能源消耗及含碳原料消耗进行溯源核查。

4月17日，宝钢特钢镍基合金产品在油气集输管线领域取得关键性突破，实现向中国石油化工集团公司塔河9区批量供货。

4月26日，宝钢特钢自主研发的用于CAP1400核电机组的新一代690合金U形传热管，在宝银特种钢管有限公司举行首批产品交付仪式。

4月29日，宝钢特钢工会举行第二次代表大会，选举产生新一届工会委员会和经费审查委员会。

4月，宝钢特钢中标国内最大煤化工项目——神华宁夏煤业集团有限责任公司煤制油项目3200吨不锈钢中厚板供货订单。

同月，宝钢特钢成为德国采埃孚集团非调质冷镦线材在中国的唯一供应商。

同月，宝钢特钢制造部副部长胡俊辉获2014年上海市五一劳动奖章。

5月9日，英国罗罗公司向宝钢特钢颁发合格供应商证书。

5月，宝钢特钢获评中航工业黎明公司金牌供应商。

6月15日，宝钢特钢获国家质量监督检验检疫总局颁发的不锈钢板特种设备制造许可证。

6月，宝钢特钢出口产品获批海关A类管理。

同月，宝钢特钢双相钢管首次出口南亚用户。

7月23日，宝钢特钢举行CAP1400核电蒸发器管子支撑板首发仪式。

7月，宝钢特钢双相钢棒材成功进入南美市场。

8月，宝钢特钢R5大规格锻棒通过美国ABS船级社认证。

同月，宝钢特钢获中国航天科技集团公司颁发的“2012—2013年度中国航天优秀供应商”称号。

9月1日，宝钢特钢生产的镍基合金油套管、690U形管、BTW高碳高锰耐磨板产品获第三届中国国际新材料产业博览会金奖。

10月10日，上海环境能源交易股份有限公司授予宝钢特钢“积极参与交易企业”称号。

10月，宝钢特钢检测中心通过国家实验室认可复评及扩项审核。

12月8日，宝银特种钢管有限公司重组揭牌仪式在江苏宜兴举行，同时举行高温堆换热组建制造项目启动仪式。

12月，宝钢特钢双相冷轧卷首次出口欧洲市场。（王玉萍）

宝钢年鉴

2015

BAOSTEEL

ALMANAC

多元产业

多 元 产 业

宝钢实行“一业特强，相关多元产业协同发展”战略，在突出钢铁主业发展的同时，围绕钢铁供应链、技术链和资源利用链，适度发展相关多元产业。宝钢涉及的多元产业，有资源开发及物流业、钢材延伸加工业、工程技术服务业、煤化工业、金融投资业、信息技术业、生产服务业七大板块。（施　志）

资源开发及物流业

资源开发及物流业是钢铁主业供应链的上游产业，主要从事铁矿石、煤炭、铁合金、有色金属、金属再生资源等资源的投资、贸易和航运物流业务，确保钢铁生产的资源供应。（施　志）

宝钢资源有限公司

宝钢资源有限公司成立于2006年7月21日，是宝钢集团的全资子公司，其前身是宝钢贸易有限公司。2008年4月8日经宝钢集团批准，更名为“宝钢资源有限公司”（简称“宝钢资源”）。宝钢资源主要从事矿产资源的投资、贸易及物流服务，倾力打造面向钢铁及其他工业领域的资源投资与贸易，以及综合物流服务平台。2010年12月21日，宝钢资源在香港成立宝钢资源（国际）有限公司，实行中国上海、中国香港双总部运行的国际化经营模式。2012年8月，宝钢资源新加坡有限公司成立，实现中国上海、中国香港、新加坡三地联动，宝钢资源在澳大利亚、非洲、美洲、东南亚等全球资源产地网络布局雏形形成。2014年3月，宝钢资源设立财务共享中心，以提升财务管理的工作效率、加强会计信息质量控制，应对国际化发展的挑战。8月，煤炭贸易试点从宝钢资源切换到宝钢资源控股（上海）有限公司。

宝钢资源着眼于矿产资源的全球化配置，致力于为客户提供优质产品和增值服务，追求矿石、煤炭、合金、有色金属、金属再生资源和航运物流等业务的跨越式发展和国际化的合作共赢。在朝着战略目标发展的过程中，宝钢资源不断创新经营模式，持续推进投资合作、贸易经营“双引擎”建设，航运物流业务空间进一步拓展，国际化经营能力不断提升。宝钢资源始终坚持与股东、用户、供应商、员工和社会共同发展，不断完善勘探、设计、采选、加工、运输、贸易、投资等经营运作功能，构建更为成熟的产业结构；不断提升核心竞争力，努力成为世界一流的矿产资源综合供应商。

宝钢资源设资源规划发展部、矿石贸易部、煤炭贸易部、合金贸易部、金属贸易部、金属再生资源部、物流业务部等部门，拥有上海宝钢航运有限公司等子公司。至2014年底，在岗员工804人。

2014年，宝钢资源在经营模式上初步形成以物流服务为依托、以资源贸易为产业基础、以资源投资为产业根本的立体经营特色。全面参与国际资源产业竞争，完善投资和贸易相结合，兼顾国际化、信息化两大特色，全年营业总收入456.41亿元。（陈茹娇）

企业负责人简介　戴志浩，1963年6月生，江苏南通人，中共党员，高级工程师，宝钢资源董事长。

李庆予，1963年3月生，河南焦作人，中共党员，教授级高级工程师，宝钢资源总经理。

李建伟，1965年1月生，广东普宁人，中共党员，高级工程师，宝钢资源党委书记。

资源开发取得新成果　2014年，宝钢资源联合澳大利亚大宗商品铁路运营商（Aurizon）公司收购澳大利亚上市公司——阿奎拉资源有限公司（简称“阿奎拉公司”）全部股权。宝钢出资12.47亿澳元（其中3.34亿澳元分别于2009年和2013年收购阿奎拉公司19.8%股权），股权占比为85%；Aurizon公司出资2.1亿澳元，股权占比为15%。阿奎拉公司拥有两个世界级优质矿产资源，其中API铁矿项目一期年产量为4000万吨，ED焦煤矿项目年产量450万吨。年内，继续推进利比里亚博米（BOMI）铁矿项目；按计划推进云南富源大隆煤矿项目、内蒙古萤石项目；加大清理低效、无效资产的工作力度，提升资产运营效率。全年实现项目投资收益4.99亿元。（陈茹娇）

完善贸易业务模式　2014年，宝钢资源细分渠道业务和策略性业务，实施分类管理；坚持低库存运营，加快货款回笼，较好地规避了系统性风险。其中矿石业务坚持“不落地”销售，最大限度地规避市场下跌的风险；成立非主流创业团队，开拓高性价比非主流资源渠道，盈利水平较高；尝试掉期业务操作，对冲市场风险；发挥低成本融资优势，加大对宝钢集团内钢铁企业的代理服务力度。煤炭业务长期协议合同执行良好，拓展澳大利亚二类焦煤及俄罗斯三分之一焦煤的贸易渠道，焦炭出口取得明显成效。合金业务镍系团队抓住市场时机，实施策略性采购，创造较好的效益；锰系业务快速扩大业务规模，并借助电子商务平台，提高了合同执行效率。金属业务推进多项业务模式创新，利用套保工具，赚取点价服务收益和升贴水变动收益；镍金属创业团队抓住市场机会，全年实现利润5333万元。金属再生资源业务加快库存周转，提升成本控制能力。拆车业务取得成效，拆车数量超过2万辆，创历史新高。（陈茹娇）

增强物流运作能力 2014年，宝钢资源物流板块努力开拓市场，在航运及代理业务上均取得进展，物流运作能力进一步增强。物流板块还发挥支撑作用，在租船、港口装船、船东协调等物流环节为贸易单元提供有效的专业服务，全年协助贸易单位完成137个航次、完成运量超过1600万吨，利润2.05亿元。（陈茹娇）

实施资产重组 2014年，宝钢资源实施以宝钢资源（国际）有限公司为总部的资产重组工作，完成宝钢资源（国际）有限公司的审计评估现场工作，并与战略投资者磋商其估值事宜。（陈茹娇）

策划完善国际化运营架构 2014年，宝钢资源完成总体国际化运营方案，包括职能架构、业务架构、关键岗位设置及职责、业务汇报链等内容；在贸易领域，加强贸易全流程风险管控；在投资领域，通过业务和人员优化，加强实体矿山建设期和运营期的管理。（陈茹娇）

筹备上海自贸区国际铁矿石交易中心 2014年，宝钢资源启动上海自贸区国际铁矿石交易中心的筹备工作，与潜在合作伙伴就股权合作进行多轮谈判，并与服务提供方达成一定共识。（陈茹娇）

实现风险在线监控 2014年，宝钢资源采用定量化、信息化风险控制手段，帮助业务部门动态预警，即时控制风险。实现信用管理在线控制、合同执行在线监控以及库存风险在线控制。风险库存跟踪及在险价值计算的系统功能上线。（陈茹娇）

建立审计整改评价机制 2014年，宝钢资源建立了“整改状态可视、整改过程可控、整改效果评级”的审计整改评价机制，并通过定期认证、定期推送和定期评价，实现审计问题整改的有效控制，提升基础管理水平。（陈茹娇）

推进电子商务平台建设 2014年，宝钢资源探索贸易转型。3月，“资源Go”电子商务平台试运行；7月，“资源Go”手机移动版投入使用；10月底，“资源Go”正式上线运行，同时推出“资源Go”品牌。至年底，共有铁矿石、焦煤、焦炭、硅锰合金、锰矿、铬矿、锡锭、电解镍8个品种进行在线交易，累计成交合同375个，交易量251.2万吨，总金额26.6亿元。（陈茹娇）

实施财务共享 2014年，宝钢资源完成与宝钢集团财务服务与数据共享中心核算业务界面的划分和交接。3月，成立宝钢资源财务共享中心；完善宝钢资源财务共享中心相关岗位职责和流程的梳理。宝钢资源财务共享中心主要负责上海总部、上海宝晟能源有限公司等公司的报支、总账和报表等业务。6月，宝钢资源财务共享业务投入运营。（陈茹娇）

人力资源建设 2014年，宝钢资源推进人力资源管理系统向海外的覆盖，基本完成信息在线查询、薪酬在线发放的目标；在中国香港正式开启“人力资源业务伙伴”的支撑模式，将人力资源管理向海外业务一线延伸；消除海内外人员薪酬模式的差异，促进境内外人才的交流发展。年内，境内外人员流动23人。（陈茹娇）

建立利润提成的激励传导机制 2014年，宝钢资源进一步优化创业团队的管理，创业团队奖励优化为三段式的超额加速提成机制，并出台贸易后台人员评价和奖励机制；制定并实施子公司利润提成工资总额方案，建立经营性子公司利润提成的工资总额管控机制，鼓励各子公司通过效率提升或者业绩提升，来实现薪酬增长的目标。（陈茹娇）

落实安全生产管理 2014年，宝钢资源设立安全能源环保部，全面梳理安全、能源和环保管理制度，完善安全、能源和环保考评体系。重点开展“事故隐患排查治理”“治安保卫管理”“检修安全管理”“协力安全管理”四个专项行动和“珍爱生命、反对违章”主题活动;转变安全管理理念和方式,加大重点危险源的管控力度。 (陈茹娇)

宝钢资源大事纪要

1月2日,宝钢资源下属安康市宝林矿业有限公司通过职业危害防治工作现场核查验收。

1月,宝钢资源收购贵州格目底矿业有限公司38.68%的股权。

同月,宝钢资源下属溧泗宝捷国际船舶代理有限公司获“浙江省舟山服务名牌产品”称号。

2月14日,宝钢资源召开党的群众路线教育实践活动总结会。

3月17日,“资源GO”平台上线试运行。

3月24日,宝钢资源(国际)有限公司与冀中能源峰峰集团有限公司共同出资设立的香港宝峰国际有限公司挂牌成立。

4月4日,宝瑞吉项目资助的社区露天影院投入使用。

4月11日,“资源GO”平台第一单合同签约成交。

5月5日,宝钢资源联合澳大利亚Aurizon公司收购阿奎拉公司100%股权。

5月26日,宝钢资源下属安徽皖宝矿业股份有限公司秀山石灰石矿投入试生产。

6月20日,宝钢资源核心信息系统平台整体迁至宝钢集团云计算平台。

6月,成立宝钢资源控股(上海)有限公司,为宝钢资源有限公司全资子公司,注册资本20亿元。

7月11日,宝钢资源全面接管阿奎拉公司。

7月28日,宝钢资源与苏尼特右旗德利萤石有限公司成立合资公司——苏尼特右旗宝德利矿业有限公司。

10月30日,宝钢资源与山西煤炭运销集团合资成立山西煤炭运销集团新工煤业有限公司。

11月12日,宝钢资源煤炭贸易部完成湛江钢铁的第一船煤炭供应。 (陈茹娇)

宝钢资源下属子公司(含托管单位)一览表

名 称	地 址	注册资本金	主要经营范围	控股情况	在岗员工(人)
安徽皖宝矿业股份有限公司	安徽省池州市秋浦中路11号	11885万元	非金属矿采选业(石灰石、石膏开采)	控股	231
上海宝钢航运有限公司	上海市虹口区东大名路568号	39700万元	航运业务咨询、仓储服务	控股	36
上海宝洋国际船舶代理有限公司	上海市宝山区高逸路105号A楼	300万元	国际船舶代理业务	控股	21
青岛宝邯运输贸易有限公司	山东省青岛市市南区东海西路15号英德隆大厦	600万元	公路、铁路货运代理,货物运输信息咨询服务,货物物资代储、批发零售;煤炭批发、船舶代理、货物运输代理	控股	14
嵊泗宝捷国际船舶代理有限公司	浙江省嵊泗菜园镇海滨东路98号	300万元	中外籍国际船舶代理业务	控股	23
上海宝江航运有限公司	上海市虹口区东大名路568号	4000万元	水路运输	相对控股	21
上海宝晟能源有限公司	上海市虹口区东大名路568号	1000万元	煤炭、焦炭、化工产品及原料	控股	9
上海宝顶能源有限公司	上海市虹口区东大名路568号	1000万元	煤炭、焦炭、钢材、化工产品(除危险品)、建筑材料、矿产品、机械设备、货物和技术的进出口	控股	7
上海宝钢钢铁资源有限公司	上海市宝山区铁山路6号	3600万元	生产性废旧金属收购、储运、加工、销售	控股	48

（续 表）

名 称	地 址	注册资本金	主要经营范围	控股情况	在岗员工（人）
江苏宝锡炉料加工有限公司	江苏省无锡市锡山区锡北镇工业园泾瑞路3号	2000万元	废旧金属回收、加工、储运、销售；金属材料销售	控股	9
上海新华钢铁有限公司	上海市崇明县新河镇塔南村	2839万元	废旧船舶拆解业务及对拆解后的材料进行加工、修理和销售；生产性废旧金属收购、加工、销售	控股	26
宝澳矿业有限公司	澳大利亚西澳州珀斯市圣乔治大街77号20层（Level20, 77st. GeorgesTerrace, Perth, WA Australia）	1996万澳元	矿业投资	托管	7
宝钢资源南非有限公司	南非约翰内斯堡桑顿格雷斯通路95号2楼（2nd Floor, 95 Grayston Drive, Sandton, Johannesburg South Africa）	1000万美元	锰、铬等矿产资源投资、勘探、开发、生产及相关产品国内、国际贸易业务及物流业务等	控股	8
宝钢资源南非矿业有限公司	南非约翰内斯堡（JohannesBurg South Africa）	1000万兰特	锰、铬等矿产资源投资、勘探、开发、生产及相关矿产品国内、国际贸易业务及物流等	控股	6
宝钢资源（印尼）有限公司	印度尼西亚雅加达苏迪蔓大道28号（JI. Jend Sudirman No.28, Jakarta10210, Indonesia）	500万美元	矿产品、采矿设备以及钢材产品进出口、经销；企业管理咨询服务	控股	9
香港海宝航运有限公司	香港上环德辅道中199号维德广场2601—2601室	800万美元	国际海上运输、船舶租赁、船舶买卖、船舶管理、船员管理及香港法律允许的其他与航运有关的业务	参股	3
宝船航运有限公司	新加坡淡马锡林荫大道7号新达城第一大厦28楼2801室	600万美元	远洋运输	控股	6
上海宝易贸易有限公司	上海市东大名路568号	10000万元	从事货物及技术的进出口业务，国内贸易，道路货物运输代理，实业投资，第三方物流服务（不得从事运输），自有房屋租赁	控股	3
安康市宝林矿业有限公司	陕西省平利县	16334万元	开发萤石、锌资源	控股	22
宝钢资源新加坡有限公司	新加坡淡马锡林荫大道7号新达城第一大厦27楼2701A	3000万美元	从事铁矿、煤炭等矿产资源贸易业务	控股	9
香港宝豫有限公司	香港湾仔港湾道会议展览广场办公大楼29号2901室	300万美元	从事铁矿石等矿产资源贸易业务	控股	3
苏尼特右旗宝德利矿业有限公司	内蒙古锡林郭勒盟苏尼特右旗赛汉塔拉镇	28500万元	萤石开采、矿产品加工、销售	控股	7

（陈茹娇）

钢材延伸加工业

钢材延伸加工业是钢铁主业供应链的下游产业，主要是利用宝钢的钢铁生产优势，发展钢材延伸加工产业。（施 志）

宝钢金属有限公司

宝钢金属有限公司（简称“宝钢金属”）是宝钢集团的全资子公司，其主业（钢材延伸加工）是宝钢重点发展的七大多元产业之一。宝钢金属成立于2007年12月28日，注册资金40.5亿元，主营业务包括金属制品、金属包装、工业气体、汽车贸易等，总资产规模127亿元。2014年，宝钢金属实现营业收入112.26亿元；实现利润3.3亿元。至年底，宝钢金属共有合同制员工3328人，外协员工132人。

（高艳萍）

企业负责人简介 贾砚林，1962年10月生，河北井陉人，中共党员，高级会计师、高级工程师，宝钢金属董事长。

王金旋，1958年9月生，山东五莲人，中共党员，高级政工师，宝钢金属党委书记。

曹清，1965年8月生，安徽巢县人，中国民主促进会会员，教授级高级工程师，宝钢金属总经理。

包装业务经营业绩 2014年，上海宝钢包装股份有限公司（简称“宝钢包装”）强化与战略客户共同发展，与可口可乐、百事可乐、茶饮料、品牌啤酒的合作中屡创佳绩；实施环保技术改造，改善员工工作环境；海外业务取得进步，越南宝钢制罐有限公司实现盈利，意大利宝钢印铁项目持续优化，尝试灌装业务，为客户提供新价值。

（高艳萍）

气体业务经营业绩 2014年，上海宝钢气体有限公司（简称“宝钢气体”）实现营业收入16.3亿元、利润1.7亿元，同比分别增长28%和32%，成为宝钢金属最大的利润贡献单元。与美国华平集团战略合作，合成气业务实现重大突破。上海宝氢气体有限公司氢气业务建立协同运作平台；宝钢气体完善安全管理体系，建立安全知识管理系统。

（高艳萍）

金属制品业务经营业绩 2014年，金属制品实现营业收入35.1亿元、利润2248万元。江苏宝钢精密钢丝有限公司（简称“江苏精密钢丝”）在需求下跌的形势下，钢帘线销售逆势上升，切割钢丝产销超设计能力；宝钢集团南通线材制品有限公司（简称“南通宝钢制品”）高等级弹簧钢丝市场拓展迅速；上海宝钢型钢有限公司（简称“宝钢型钢”）高强型钢获得客车用户普遍认可，精密冷弯型钢材试验线开建；上海宝钢金属贸易有限公司（简称“宝钢金属贸易”）稳健经营并探索业务转型之路。金属制品板块紧盯营运周期，严控存货和应收账款，加速资金周转速度，全年营运周期83天，同比减少18天。

（高艳萍）

重视科技发展 2014年，宝钢金属研发投入率1.82%，新产品销售率23.4%，专利申请52件，其中发明专利21件；十大重点新产品相继开发成功并形成市场销售，氦中六氟乙烷等4类产品被认定为国家一级标准物质；九大重点新技术开发取得阶段性成果；重点科研项目推进有序，制定《科研直管项目管理办法》，开展了“垃圾焚烧飞灰重金属高效键结稳定化药剂开发、新型镁合金研制”等3个科研直管项目，宝钢集团重点支持项目“高等级线材型材一贯制制造技术”完成结题验收；政策利用取得新突破，陕西宝钢气体有限公司、江苏精密钢丝通过高新技术企业认定，实现沪外子公司高新技术企业认定零的突破，科技政策利用首次突破3000万元，为3550万元；宝钢包装的“UV金属印涂品”获上海市高新技术成果转化项目认定，南通宝钢制品的“超高强度低松弛耐腐蚀桥梁钢丝关键技术及应用”“特大跨径悬索桥主缆用超高强度耐腐蚀钢丝关键制造技术研发及应用”分获2013年度上海市技术发明奖二等奖和江苏省科学技术奖二等奖。（高艳萍）

施工项目进展情况 2014年，宝钢金属加强工程建设管理作业指导，建立深入项目一线的工作机制，使工程项目严格按照建设目标推进。全年共完成建设项目13个。其中：3月，常州宝氢天辰扩建项目（一期工程）建成投入使用，宝金新城江都气体有限公司氪氙技改项目进入试生产；5月，佛山制罐扩建成品仓库及加采光顶棚项目建成投入使用，宝钢包装上海印铁分公司祛热环保炉项目完成改造；6月，武汉制罐6.3亿罐提速项目、佛山制罐复线提速项目和宝翼制罐复线提速项目完成改造；9月，成都制罐提速项目完成改造；11月，宝钢包装佛山印铁分公司涂布产能扩容项目完成改造，合肥宝新工业气体有限公司合肥400吨/天液

6月26日,上海宝友奥迪旗舰店开业(潘教亮 摄)

体空分项目热负荷试车,南通宝钢制品悬架弹簧钢丝项目进入试生产;12月,河南宝钢制罐有限公司两片罐建设项目建成,上海宝荣汽车销售服务有限公司宝荣大众迁建铁山路项目建成投运。

(高艳萍)

安全和工厂管理 2014年,宝钢金属构建以风险预控为核心的本质安全体系,建立危险源动态辨识闭环管理机制,通过加大安全投入、强化技术改善、优化作业工序和管理流程等措施,降低了危险源风险等级,提高了职业危害因素检测合格率,安全水平不断提升。持续推进隐患排查治理的常态化、制度化、自主化,修订出台《隐患排查治理管理办法》,进一步完善排查治理机制和奖惩措施,通过强化教育、完善制度、深化培训、技术保障、考核处罚等措施开展反违章活动,违章行为得到一定遏制,严重隐患、行为隐患比例呈下降趋势。持续深化企业安全标准化达标建设,结合公司板块特点,推进经验复制、专业深化和本质安全,及时覆盖到新建企业、并购企业,达标率100%。加强建设项目合规性、安全性检查,关注建设施工质量和过程控制,开展安全评价、标准化工地评价、热负荷试车前评价、“三同时”评价(同时设计、同时施工、同时投入生产和管理)的“四个评价”,实现全面达标。进一步完善自主型员工评价标准,推进自查、自评、自改,提高员工自主管理能力,达标型、自主型员工比例有较大幅度提升。制定公司新一轮安全系统管理人员能力素质3年提升计划,通过建立岗位准入制度等,不断强化专业素质,持续优化安全管理队伍结构。全年,宝钢金属安全生产总体平稳顺行,现场改善工作持续深化,各项安全指标有效受控,安全工作任务全面完成,安全绩效列宝钢集团第二位,被评为优秀单位。 (高艳萍)

节能减排 2014年,宝钢金属建立健全节能环保管理体系,完善相关评价标准,强化各级管理职责和责任落实,建立应急响应程序,确保合规管理和达标排放。根据新环保法相关要求,查找问题,制定改进措施并如期落实。进一步挖掘节能环保潜力,推进实施袪热环保炉等7项节能环保技术改造项目,取得良好效果。继续推进清洁生产,通过优化管理、技术应用、现场改善等措施,取得初步成效,强化节能减排效果,有4家单位通过清洁生产第三方达标评审。全年,宝钢金属能源消耗总量55.18万吨标准煤,万元产值能耗0.85吨标准煤,污染物排放全面达标,无环保投诉和环境污染事件发生,节能环保符合年度目标。 (高艳萍)

深化内部审计监督 2014年,宝钢金属自主完成各类内部审计项目26项,配合宝钢集团审计部完成8个审计项目,组织完成收购、股权转让等7个净资产审计项目。通过开展内控审计评价、经济责任审计、工程项目审计、信用风险专项检查等项工作,有重点地揭示与分析被审计单位生产经营发展中的瓶颈与潜在风险,为子公司改进经营管理提供有针对性的建议,并通过关注、审核项目建设管理全过程、投资造价和投产后效益情况,为提高投资效益提供支撑。在净资产审计项目过程中,紧密跟踪,及时了解审计动态,为公司收购及宝钢集团审核提供支撑。

(高艳萍)

宝钢金属大事纪要

1月1日,上海宝翼制罐有限公司参加上海市著名商标续评获成功,有效期至2016年12月31日。

1月8日,上海金属包装材料及制品工程技术研究中心挂牌成立。

1月9日，上海宝钢包装股份有限公司下属宝钢包装香港有限公司对NEWMETAL S.R.L实施股权收购。

1月17日，宝钢金属与泰国正大集团下属的易初工业集团签订战略合作协议。

1月23日，南通宝钢制品通过北京现代汽车有限公司对其弹簧钢丝产品的认证审核，成为现代汽车的合格供应商。南通宝钢制品是国内首家通过整车厂认证的弹簧钢丝制造企业。

1月28日，江苏省泰兴市宝氢科达气体有限公司成立。

2月18日，河南宝钢制罐有限公司在新乡市唐庄镇工业园区举行奠基仪式。

2月20日，宝钢包装（意大利）有限公司完成工商变更等注册手续，正式投入运营。

3月11日，宝钢气体建设的上海焦化产品结构调整多联产项目配套空分装置，获2013年度全国化学工业“优质工程奖”。

3月21日，宝钢包装“UV金属印涂品”项目被认定为上海市高新技术成果转化项目。

4月1日，宝钢气体合肥400吨/天液体空分项目完成冷箱封顶，项目采用蒸汽驱动创新模式，提高了能源利用率。

4月16日，昆山宝盐气体冷箱顺利封顶。

4月20日，宝钢金属举办“2014宝钢金属家庭日”活动。

同日，宝钢金属通过微信实名认证，官方微信平台正式发布。

4月24日，宝钢金属获“2012—2013年度上海市劳动关系和谐职工满意单位”称号，贾砚林获“2012—2013年度上海市职工信赖的经营管理者”称号。

4月29日，武汉宝钢印铁有限公司获武汉市“五一劳动奖状”。

4月30日，上海宝闵工业气体有限公司获上海市“工人先锋号”称号。

同日，宝钢金属与意大利艾玛克公司签订合资合作协议。

5月14日，宝钢金属第二届技能比武活动拉开序幕。

5月22日，宝钢金属召开首届创新大会，8家单位交流了22个创新案例，在全公司范围内推进全面创新。

5月26日，宝钢金属成为上海半导体照明专利联盟成员单位。

6月4日，南京宝化气体与空分配套的液氩提取设备正式投产，液氩产品开始对外销售。

6月26日，上海宝钢住商汽车贸易有限公司下属的上海宝友奥迪旗舰店在铁山路338号开业。

6月，在东风日产2014年6月销售/售后客户满意度调查中，上海宝钢住商汽车贸易有限公司旗下的东风日产品牌专营店——上海宝云汽车销售服务有限公司获全国第一。

7月7日，江苏宝钢精密钢丝获必维集团有限公司推荐颁发的ISO/TS16949：2009证书。

7月15日，上海宝闵气体取得上海市危险化学品安全生产标准化二级企业资质证书。

8月19日，宝钢气体和美国华平投资集团联合宣布，双方拟共同开拓、投资中国工业气体和清洁能源等领域。

8月23日，宝钢金属向上海爱好儿童康复培训中心捐赠11.2万元。

8月31日，越南宝钢制罐实现盈利。

9月12日，宝钢金属贸易与全球工程机械50强之一的中国龙工控股有限公司签订战略合作协议。

9月23日，宝钢集团、华谊集团、中国盐业总公司举行战略合作协议及合成气项目签约仪式。

10月20日，江苏宝钢精密钢丝成功生产出一卷80微米300千

8月23日，宝钢金属举行“温暖冬日”慈善义卖2014夏季特别活动捐赠仪式（李　洁　摄）

4月11日，江苏宝钢精密钢丝有限公司钢丝生产线（刘　杰　摄）

米超细、超高强度切割钢丝，其性能指标均达到产品质量标准要求。

10月30日，宝钢包装在北京市2014年绿色印刷推进会上获国家新闻出版广电总局颁发的“国家印刷示范企业”证书。

11月24日，上海宝钢型钢的“塔机专用冷弯方管”项目获“2013年度上海市高新技术成果转化项目百佳”。

11月25日，宝钢金属“绿色经营战略下的环境会计实践”获2014年上海市企业管理现代化创新成果二等奖。

11月26日，宝钢包装获广药集团“2014年度钻石级供应商”，成为两片罐供应商中唯一获此荣誉的供应商。

11月27日，合肥宝新气体主要产品投产。

12月30日，同日，南通宝钢制品紧固件项目自动酸洗线进入热负荷试车阶段。　（高艳萍）

宝钢金属下属子公司（含参股公司）一览表

名　称	地　址	注册资金	主要经营范围	股权情况
上海宝钢包装股份有限公司	上海市宝山区罗东路1818号	62500万元	各类材质包装制品设计、销售；各种材质包装材料的销售；货物及技术的进出口业务；包装装潢印刷；投资咨询，在包装材料科技领域内的技术服务、技术咨询、技术开发、技术转让	宝钢金属：78.4% 宝通制品：1.6%
上海宝钢气体有限公司	上海市宝山区锦宏路518号	106853万元	压缩气体和液化气体：易燃气体、不燃气体的批发（以上不包括燃气、剧毒化学品、特定种类危险化学品，涉及特别许可凭许可经营；上述经营场所内不准存放危险化学品）；从事货物及技术的进出口业务；机械设备、一般化学品销售、食品添加剂、环保设备销售；从事气体科技领域内的技术开发、技术转让、技术咨询、技术服务；环境污染治理工程总承包；环保设备设计；机械设备租赁；清洁服务	100%

(续　表)

名　称	地　址	注册资金	主要经营范围	股权情况
上海宝钢朗泽新能源有限公司	上海市宝山区锦宏路518号508A室	4971万元	从事无水乙醇以及其他燃料、化学品相关领域的技术开发、技术转让、技术咨询、技术服务	合作公司
上海宝钢普莱克斯实用气体有限公司	上海市宝山区蕰川路3888号1幢—9幢	1672万美元	生产氧、氮、氩、氢、氦气体及特种气体、混合气体，销售自产产品和售后服务；与上述产品同类的商品(特定商品除外)的进出口、批发和佣金代理(拍卖除外)，以及其他相关的配套业务	47.50%
陕西长青能源化工有限公司	陕西省宝鸡市凤翔县长青镇宝冯路19号	120000万元	煤化工筹建；化工设计、科研和技术咨询；化工装备及配件加工、修理、销售；化工物资经营(易制毒、危险、监控化学品除外)；本企业自产产品及相关技术出口、本企业生产、科研所需原辅材料、机械设备、仪器仪表、零配件及技术进口(国家限定或禁止公司经营的商品和技术除外)	5%
宝钢集团南通线材制品有限公司	江苏省南通市港闸区陈桥街道宝钢路8号	39064.09万元	金属材料、电线、电缆的生产、加工、销售；国内贸易(国家禁止或限制经营的项目除外；国家有专项规定许可经营的项目除外)；四技服务；经营本企业自产品及技术的出口业务和本企业所需的机械设备、零配件、原辅材料及技术的进口业务(国家限定公司经营或禁止进出口的商品及技术除外)；厂房租赁；设备租赁	100%
南京宝日钢丝制品有限公司	江苏省南京经济技术开发区兴文路9号	20459.598万元	生产冷镦钢丝、弹簧钢丝等各种此线材类二次和三次加工制品，销售自产产品以及相关服务和技术开发	51.40%
江苏宝钢精密钢丝有限公司	江苏省海门市滨江街道香港路2566号	33000万元	金属丝绳及其制品、太阳能光伏关键材料切割钢丝的生产、加工、销售，经营本企业自产产品及技术的出口业务和本企业所需的机械设备、零配件、原辅材料及技术的进口业务(国家限定公司经营或禁止进出口的商品及技术除外)；钢材的批发零售；经营本企业产品及设备的技术开发、技术转让、技术服务、技术咨询	100%

（续 表）

名 称	地 址	注册资金	主要经营范围	股权情况
上海贝卡尔特——二钢有限公司	上海市外高桥保税区日樱北路555号	550万美元	研发、生产用于混凝土的钢纤维，销售自产产品并提供相关的技术支持、技术咨询及售后服务；钢丝及钢丝产品的批发、进出口、佣金代理（拍卖除外）及其他相关配套业务；保税区内以钢丝及钢丝产品为主的仓储（除危险品）和分拨业务；国际贸易，转口贸易，保税区内企业间的贸易及贸易代理；保税区内商业性简单加工及商品展示；贸易咨询服务（涉及配额许可证管理、专项规定管理的商品按照国家有关规定办理）	30%
上海宝钢型钢有限公司	上海市宝山区宝杨路2056号	15003.3万元	冷弯型钢、冷轧带肋钢筋及延伸产品的生产、销售；生产焊接成型的型钢、延伸产品；销售、制作自产产品及提供自产产品的安装服务；专业承包钢结构工程三级；提供相关技术咨询和售后服务；在特殊钢材、钢铁、机电、建筑钢材应用领域内从事技术开发、技术转让、技术服务；从事货物及技术的进出口业务	100%
上海宝钢金属贸易有限公司	上海市宝山区蕰川路3999号109室	2450万元	冶金炉料、旧设备收购拆解、分选、加工、销售、储存；金属材料、五金销售；从事货物及技术的进出口业务（机械设备、钢材的进出口业务）；经营进料加工和“三来一补”业务；生产性废旧金属收购	100%
上海宝成钢构建筑有限公司	上海市宝山区蕰川路3962号	4337.67万元	生产和销售各种钢结构和其他相关的钢结构产品及产品的维护；汽车钢制车轮的生产、销售、维护；汽车部件的精密锻压、多工位压力成型及模具设计与制造；从事货物及技术的进出口业务；物业管理；钢材销售	100%
深圳市大西洋焊接材料有限公司	广东省深圳市龙岗区平湖辅城坳工业区工业大道99号	2100万元	电焊条、焊接材料的生产，购销	38.10%
上海宝钢住商汽车贸易有限公司	上海市宝山区宝杨路1943号	16000万元	汽车销售（不含乘用车），汽摩配件、机械产品、电气机械及器材、汽车用品、金属材料及制品的批发及零售，物业管理，汽车租赁，经济信息咨询服务，技术的进出口，附设分支机构（不涉及国营贸易管理商品，涉及配额、许可证管理商品的，按国家有关规定办理申请；涉及行政许可的凭许可证经营）	51%

(续 表)

名 称	地 址	注册资金	主要经营范围	股权情况
武汉万宝井汽车部件有限公司	湖北省武汉经济技术开发区45MD地块	18600万元	设计、开发、生产、加工汽车驱动桥和车厢关联零部件及其模具、夹具,销售本公司产品,并提供技术咨询及售后服务	25%
广州万宝井汽车部件有限公司	广东省广州市花都区汽车城东风大道28号	18989.5008万元	设计、开发、生产、销售、加工汽车关键零部件;驱动桥总成及相关部件和汽车模具、夹具,销售本企业产品,并提供技术咨询及售后服务	25%
宝钢金属(国际)有限公司	美国德克萨斯州休斯敦市奥尔巴尼街2808号	99万美元	从事氦气采购、精炼提取、氦集装箱罐的采购和生产及氦气进出口贸易;从事货物进出口及技术进出口贸易;提供市场、技术等信息收集、市场调研、行业分析、项目寻源等商务服务	100%

(高艳萍)

工程技术服务业

工程技术服务业肩负着提升宝钢自主集成创新能力、支撑钢铁主业精干高效、推进工程技术产业化进程的使命,是承担钢铁主业工程建设、运行维护与检修、精益运营的相关产业。 (施 志)

宝钢工程技术集团有限公司

宝钢工程技术集团有限公司(简称"宝钢工程")是宝钢集团的全资子公司,注册资本金28.20亿元。宝钢工程前身为成立于1999年8月的上海宝钢工程技术有限公司(注册资本金为6.34亿元)。宝钢集团为整合宝钢内工程技术业务和资源并形成产业优势,于2009年8月成立宝钢工程技术委员会;同年12月,原上海宝钢工程技术有限公司更名为"宝钢工程技术集团有限公司"。2010年4月16日,宝钢工程技术集团有限公司揭牌成立。

宝钢工程拥有上海宝钢节能环保技术有限公司(简称"宝钢节能")、宝钢钢构有限公司(简称"宝钢钢构")、宝钢建筑系统集成有限公司(简称"宝钢建筑")、冠达尔钢结构(江苏)有限公司、上海宝产三和门业有限公司、上海宝产轻型房屋有限公司、上海力岱结构工程技术有限公司、工程技术事业本部、常州宝菱重工机械有限公司(简称"宝菱重工")、宝钢轧辊科技有限责任公司(简称"宝钢轧辊")、上海宝钢铸造有限公司(简称"宝钢铸造")、上海宝钢工业技术服务有限公司(简称"宝钢技术")、上海宝华国际招标有限公司(委托管理,简称"宝华招标")、上海宝钢工程咨询有限公司(简称"宝钢咨询")等10多家子公司。经过资源整合,宝钢工程重点打造节能环保、城市建筑等战略性业务;巩固提升冶金工程技术、装备制造、建设管理咨询等专业化业务;工业技术服务作为再生型业务,保障钢铁主业竞争力提升。

2014年,宝钢工程实现营业收入107.38亿元,亏损3.88亿元。

(袁思琦)

企业负责人简介 蒋立诚,1958年7月生,上海人,中共党员,工程师,宝钢工程董事长。

陈卫东,1960年5月生,山东诸城人,中共党员,教授级高级工程师,宝钢工程党委书记。

节能环保板块 2014年,宝钢节能实现销售收入9.39亿元,利润3979万元。外部市场开拓取得进展,在新余钢铁集团公司、青岛钢铁控股集团有限责任公司、湘潭钢铁集团有限公司、大冶特殊钢股份有限公司等均有项目;结合"滚筒法渣处理技术"营销计划,与亚洲、美洲、欧洲主要钢铁客户建立联系;为韶关钢铁、宝钢德盛等开展节能诊断咨询业务,衍生大批优质项目。宝钢节能推进与中央研究院等单位合作，与宝钢股份能源环保部协同策划环境污染第三方治理试点项目；与宝菱电气联合推广产线节电业务，宝钢股份1880热轧主电机冷却风机节能改造项目投产，成功签约“宝钢股份1880热轧加热炉助燃风机、排烟风机节能改造”“1580热轧层流冷却”“1580热轧循环水节能改造”等项目，在宝钢集团内业务推广取得良好效果。外省市节能量奖励取得突破，年内获国家及上海市科技政策资助1200万元；低温余热回收业务取得实质性进展，轧钢次低压蒸汽发电“梅钢热轧厂加热炉蒸汽发电”示范项目投运，焦炉低温烟气余热利用项目进入实施阶段，烧结冷却机低温废气余热利用以及高炉区域低品位余热资源综合利用等示范项目顺利推进；SCR（选择性催化还原法）脱硝业务完成全面技术准备，电力行业烟气SCR脱硝形成总包工程能力；高炉热态熔渣直接制备矿棉项目通过热负荷试车并生产出矿棉；宝菱电气节能环保业务量达到全年总业务量的三分之一，提前完成预定转型阶段性目标，初步形成一条绿色制造生产示范线；工业炉公司提供高效节能工业炉窑解决方案，成功拓展外部市场，签订3项合同。（袁思琦）

城市建筑板块 2014年，城市建筑事业部实现销售收入19.79亿元，减亏1.3亿元。宝钢钢构市场聚焦利润率和现金流较好的海外市场及国内一级市场，产品聚焦海工钢结构、超高层钢结构等高附加值产品，海外订单增加，较好地改善了现金流。宝钢建筑不断提升行业影响力，先后在辽宁阜新、吉林和江苏溧阳布局区域设计分院，逐步覆盖东北、华北、华中、西南、西北等六大区域市场。2月28日，宝钢建筑总承包的中国第四座南极内陆科考站——泰山站建成；10月14日，宝钢建筑与同济大学发布新一代装配式钢结构住宅体系——Baohouse。宝钢建筑还参股投资江苏宝鹏建筑工业化材料有限公司，中央企业与地方政府、民营企业的三方合作模式得到市场认可。（袁思琦）

冶金工程技术板块 2014年，工程技术事业本部坚持“深挖宝钢市场、深耕重点客户、培育海外客户”，实现销售收入26.38亿元，利润1.01亿元。工程技术事业本部承担湛江钢铁基地项目17个单元的施工图设计，同时负责炼钢、冷轧等自主集成EP（设备成套总承包）项目的详细设计及设备订货，克服人力紧张、工作负荷大、专业间协同要求高、时间进度要求紧等困难，全面保障湛江钢铁基地项目的建设进度。全年共完成施工图2万多张A1，实现湛江钢铁基地项目施工图计划节点总体可控。工程技术事业本部不断设计创新，承接的宝钢股份一号连铸机综合改造项目投产，在结晶器等方面掌握了核心技术。承接的韶关钢铁七号焦炉投产，具备了全流程焦化工程设计及服务能力；承接的宁波钢铁薄带连铸连轧项目是宝钢集团的重大科研项目，年内完成机组的热负荷试车；承接的宝钢股份二炼钢铁水预处理改造、五号RH真空精炼炉改造及二号RH真空精炼炉改造项目均按计划热试，在蒸汽真空泵方面积累了技术经验。工程技术事业本部开拓海外新兴市场，签约台塑越南河静钢厂石灰单元皮带机项目、台塑福欣特殊钢有限公司精炼冷却水循环系统项目、菲律宾120万吨螺纹钢等项目，加强与海外客户的全面合作。在新客户开拓方面，成功签署印度JSL公司冷轧退火炉燃烧系统改造和煤气二次净化加压项目合同。（袁思琦）

装备制造板块 （1）宝菱重工。2014年，宝菱重工取得江苏省高新企业认定，通过国家级实验室现场验收。非钢产业转型稳步推进，在产业机械领域积极拓展新的产品，取得一定的实效。年内，非钢销售约占公司销售总额的9%；积极拓展海外市场，承接海外市场合同4.54亿元，市场份额占比44%，比上年提升11%，主要承接日本神户制钢连铸、韩国CHOIL铝厂铝轧机、委内瑞拉EPSSN钢厂连铸等海外项目。（2）宝钢轧辊。国内市场方面，在宝钢、鞍钢、首钢、武钢和太钢等国内市场的份额从2012年的65%提升到2014年的75%以上。海外市场方面，宝钢轧辊成为印度海外市场的最大供应商；与德国西门子公司、西马克公司、奥地利安德里兹公司等进行首次合作；与美国肯联铝业公司建立合作关系。技术市场化方面，实施循环再生、材质优化和工艺改进等系列化项目，充分挖掘和满足客户的潜在需求。支承辊销售进入首钢、武钢、太钢、邯钢、柳钢，同时也成为韩国浦项制铁公司、印度普绍电力钢铁有限公司等公司的供应商；上海科德轧辊表面处理有限公司与攀钢集团西昌钢钒有限公司合资成立新公司，拓展西南市场。（3）苏州大方特种车股份有限公司。与宝钢股份继续签订自行式

1月24日，宝钢轧辊科技有限责任公司与宁波宝新不锈钢有限公司签订轧辊采购供应协议 （龚　成　摄）

模块运输车租赁合同，打开冶金高炉运输市场；开发芜湖解放军第五七二〇工厂、浙江大学等军工和社会市场；生产的低平台液压运输车和辅助动力运输车新品，市场前景广阔；与外资公司合作开发及贴牌生产码头动力牵引车；开拓海外市场，门式起重机出口泰国，先期签订2台，合同金额80万美元，后续有较大的市场前景。（4）宝钢铸造。面对质量下滑、机构臃肿、市场低迷等困难，在机构精简、降本增效、质量改善、人事效率提升、规范管理等方面取得显著成效，使企业走出了困境。全年实现销售收入1.72亿元，海外订单完成4876万元，机构精简合并3个，人事效率同比提升40%，降本增效360万元，再次打开中断几年的印度市场，冷却壁业务取得历史最大订单——新日铁住金—意大利塔兰多五号高炉冷却壁合同。 （袁思琦）

建设管理咨询板块 2014年，宝华招标、宝钢咨询进一步调整业务类型、合同结构，各项主要生产经营指标稳步增长。实现销售收入2.75亿元，完成利润4080万元，社会业务收入9700万元。宝华招标为钢铁主业提供优质服务，被评为湛江市优秀代理机构，同时赢得当地监理合同11份。造价咨询业务平稳推进，业务量在宝钢集团内26家竞争企业中保持领先，宝钢集团内投资监理业务、审价业务，市场份额较上年提升近10%。（袁思琦）

工业技术服务板块 2014年，宝钢技术以变革创新为主线，改善资产运营效率，实现销售收入28.46亿元，利润800万元。宝钢技术完善“为客户创造价值的营销体系”，建立并优化以“大客户制”为核心的分层分类营销体系，推进营销体系一体化运作；完善“以客户为中心”的运营管控体系，建立运行管控指标体系，备件修复完成率始终保持在95%以上，有责质量投诉下降27%。“以市场为导向”的研发体系进一步完善，新产品订单2417万元，获得政策资助960万元。致力于保障主业设备状态稳定顺行，设备状态异常检出率99.9%，故障部位判定准确率提升至87.5%，全年按期完成年修、定修717次，操调279次，组织抢修187次，抢修及时率99.9%。宝钢股份年修期间，完成36条机组各类项目4527项，收到表扬信9封、锦旗3面。 （袁思琦）

健全资金集中管理体系 2014年，宝钢工程开展资金集中管理，提高资金管理效率。总部协同子公司对账户进行专项集中清理，2014年累计销户42个，资金集中度提高至71%，远高于上年38%的集中度；整体资金收益率2.6%，较上年收益率1.8%提升0.8%，资金管理效率和效益改善明显。 （袁思琦）

实行阳光采购 2014年，宝钢工程聚焦“践行阳光采购，提升采购价值”，精心开展设备采购和体系建设，完成宝钢股份、湛江钢铁基地项目的设备采购任务，全年签订合同4269份，签约总金额105.16亿元（湛江钢铁基地项目合同2008份，合同金额74.28亿元），其中国内设备93.03亿元、引进设备1.98亿美元，主机设备重大质量事故为零。 （袁思琦）

培育核心技术 2014年，宝钢工程围绕市场需求及战略业务，着力推进16项直管科研项目，“航空涂层技术及其产业化应用开发”“经济型芯棒的开发”“大型锻钢支承辊产业化关键技术研究”等研发项目进展顺利，研究成果运用在四川成发航空科技股份有限公司等工程项目或生产现场。全年申请专利205件，其中发明专利110件，发明专利比例仅次于钢铁主业。获得69项技术创新奖项，其中省（市）

5月19日，宝钢技术检化验事业部员工在采用电解法测定镀锡板表面质量
（姜为强 摄）

级8项、行业级42项、宝钢集团级18项。工程技术事业本部的“中高铬铁素体不锈钢高表面控制技术”“冷轧热镀铝锌机组核心工艺与成套装备研究开发”获2014年中国钢铁协会冶金科学技术奖一等奖。（袁思琦）

宝钢工程大事纪要

1月20日，宝钢轧辊与印度普绍电力钢铁有限公司（BPSL）签订全年冷轧辊采购订单。

1月22日，宝钢钢构承接的“央视新台址项目”获建筑工程领域最高奖“中国建设工程鲁班奖”。

1月24日，宝钢轧辊与宁波宝新不锈钢有限公司签订轧辊采购供应协议。

2月8日，宝钢工程总承包的中国第四座南极科考站“泰山站”竣工。

2月16日，宝钢钢构中标深圳华润大厦项目，项目钢结构总量约1.6万吨。

2月21日，由宝钢集团承办、宝钢建筑协办的“装配式钢结构民用建筑产业技术创新战略联盟”第二届大会暨国家试点联盟揭牌仪式在上海举行。

2月25日，工程技术事业本部承接的“首钢搬迁曹妃甸项目”五条机组全部投产。

2月26日，苏州大方特种车股份有限公司首获捷克共和国与阿塞拜疆共和国重载平板车订单，具有宝钢自主知识产权的重型载重车产品开辟海外市场新领域。

3月9日，由宝钢技术承接的湛江钢铁基地项目全厂维修工程再制造和混铁车中心工程项目开工。

3月15日，宝菱电气完成宝钢股份2030毫米冷轧一号电镀锌机组的电气改造项目。

3月18日，宝钢建筑参股投资的江苏宝鹏建筑工业化材料有限公司揭牌暨宝鹏建筑工业化产业园奠基仪式在江苏省溧阳市举行。

3月21日，宝菱重工第二台医疗质子仪制作装配完成。

4月5日，宝钢工程签约青岛钢铁环保搬迁工程一炼钢系统总承包项目滚筒渣处理系统设备供货合同。

4月7日，宝钢技术机械制造分公司研发的连铸辊相控阵自动检测系统投入生产运行。

4月24日，宝钢工程的南极泰山站建设项目经理叶超、南极泰山站总设计师王中军，与中国第三十次南极考察队员代表一起，在中南海紫光阁受到中央领导接见。

5月10日，工程技术事业本部总承包的台塑越南河静钢厂全厂铁路运输系统工程土建建筑全面开工。

5月17日，宝钢节能与四川能投分布式能源公司签署《战略合作协议》。

5月21日，宝钢钢构承接的苏州“东方之门”和沈抚新城“生命之环”两项钢结构工程获“中国建筑工程钢结构金奖”。

同日，宝钢钢构获“2013年度中国钢结构协会30强企业”“全国钢结构行业推荐品牌（信誉AAA）企业”称号。

5月26日，宝钢工程与菲律宾亚洲钢铁公司（SteelAsia）签署年产120万吨螺纹钢产线项目设计和采购服务合同。

同日，宝钢节能和广州JFE钢板有限公司签署《广州JFE钢板9兆瓦用户侧分布式光伏发电合同》。

6月2日，宝钢节能中标江西新余钢铁集团有限公司四号烧结机脱硫项目。

6月9日，宝钢咨询监理的包头钢铁集团有限公司新体系一号高炉点火送风。

6月14日，宝钢铸造获意大利塔兰多钢厂2600吨高炉冷却壁订单。

6月20日，宝钢建筑与北京建谊集团签署《战略合作协议》，并签订《北京成寿寺全钢结构高层住

11月4日,宝钢轧辊首个以员工名字命名的工作室——孙文忠创新工作室成立

(龚　成 摄)

宅项目设计合同》。

6月22日,宝钢咨询与华宝信托有限责任公司、荣盛房地产发展股份有限公司签署三方战略合作协议。

6月24日,由宝钢铸造承接的高性能海工配重块交付用户。

7月5日,宝钢工程中标台塑越南河静钢厂石灰单元皮带机项目合同。

7月12日,宝钢工程与新日铁住金株式会社签署《辊道设备的设计和供货合同》。

8月4日,由宝钢钢构提供主体钢结构产品的上海中心大厦实现632米塔冠结构封顶。

8月25日,宝钢钢构与米兰世博会中国企业联合馆签约,为2015米兰世博会中国企业联合馆提供钢结构设计制作。

9月11日,工程技术事业本部自主开发的八一钢铁150吨转炉自动控制系统获2014年度冶金建设行业优秀软件设计一等奖。

10月14日,宝钢新一代装配式钢结构住宅体系——“Baohouse”亮相上海国际建筑工业化展览会。

10月22日,宝菱重工制造完成的蒂森连铸机技改项目在德国杜伊斯堡产出第一块连铸坯。

10月26日,宝钢技术自主研发焊管探伤检测设备系统交付使用,成为国内首台达到“欧标”要求的探伤检测设备。

10月28日,由宝钢节能承担的宝钢股份一炼钢滚筒渣处理综合改造项目(二期)投产。

11月3日,工程技术事业本部项目总承包的新疆金业报废汽车回收拆解及再生资源加工利用项目投产。

11月4日,宝钢轧辊首个以员工名字命名的工作室——孙文忠创新工作室成立。

11月15日,由工程技术事业本部牵头的宝钢股份炼钢厂一号连铸机改造项目投产。

11月20日,由宝菱重工合作制造的宝钢股份2050粗轧大侧压设备投产。

12月13日,宝钢节能承接的梅钢公司20兆瓦光伏发电项目并网。

12月20日,宝钢轧辊生产的整体感应淬火大型锻钢支承辊被认定为“常州市首台重大装备及关键部件”。

12月23日,宝钢咨询获“2012—2013年度上海市先进工程监理企业”称号。 (袁思琦)

宝钢工程下属子公司(含托管单位)一览表

名　称	地　址	注册资金	主要经营范围	控股比例	在岗员工(人)
上海宝钢节能环保技术有限公司	上海市宝山区克山路550弄7号楼3楼	50000万元	风能、生物能、太阳能、水能、地热、海洋能等可再生能源的生产、销售、开发;在节能、环保、新能源领域的设备制造、销售;在节能、环保、新能源领域的工程承包;在节能、环保、新能源科技专业领域内从事技术开发、技术咨询、技术服务、技术转让;从事货物及技术的进口业务;节能评估;合同能源管理;实业投资	100%	356

（续 表）

名 称	地 址	注册资金	主要经营范围	控股比例	在岗员工（人）
宝钢钢构有限公司	上海市宝山区宝杨路2001号	32000万元	设计、制造、安装各种钢结构，销售自产产品；承包境外钢结构工程和境内国际招标工程；机电产品（除专项规定）制造、销售；金属材料销售；停车场（库）的投资建设、研发、设计、施工、咨询、经营管理；停车场（库）配套设备的生产、经营、销售；自动化工程、智能化系统的管理；在计算机科技领域内从事技术咨询、技术服务	100%	370
宝钢建筑系统集成有限公司	上海市长宁区定西路1116号	30000万元	建筑工程设计、咨询和总承包；房地产开发；建材及五金销售、安装；建筑工程领域内的技术开发、技术转让、技术服务；建筑装饰；从事货物进出口及技术进出口业务	100%	139
冠达尔钢结构（江苏）有限公司	江苏省海门市滨江街道996号	15000万元	钢结构设计、制造、安装、销售；钢结构工程专业承包（凭资质证经营）；机电产品（发动机除外）制造、销售；经营本企业自产产品及技术的出口业务和本企业所需的机械设备、零配件、原辅材料及技术的进口业务，但国家限定公司经营或禁止进出口的商品及技术除外	50%	173
上海宝产三和门业有限公司	上海市宝山区月罗路988号	7572.7万元	开发、设计、制造工业门及相关五金配件，销售自产产品并提供售后服务：以建筑工程施工承包的形式从事金属门窗工程、建筑幕墙工程、钢结构工程的施工；从事金属材料和钢材的批发、佣金代理（拍卖除外），进出口及相关业务（涉及配额、许可证管理、专项规定管理的商品按国家相关规定办理，涉及行政许可的凭许可证经营）	50%	62
上海宝产轻型房屋有限公司	上海市宝山区牡丹江路1508号4405室	300万元	轻型房屋（含彩板房），轻钢（单层钢架、排架、多层框架）的设计、制造、销售、安装；建筑装饰装修工程施工（三级），彩板建材、钢家具的生产、销售；机电产品的制造、销售、维修；建材、百货、汽配、化工原料（不含危险品）、办公用品、金属材料的销售，涉及许可经营的凭许可证经营	100%	7

(续　表)

名　称	地　址	注册资金	主要经营范围	控股比例	在岗员工(人)
上海力岱结构工程技术有限公司	上海市浦东新区世纪大道1500号901-C-2	5000万元	提供建筑物中的隔震、减震、抗震系统的技术咨询服务；隔减震装置及抗震装置的进出口、批发、佣金代理(拍卖除外)，并提供相关的配套服务(不涉及国营贸易管理商品，涉及配额、许可证管理商品的，按国家有关规定办理申请，涉及行政许可的，凭许可证经营)	45%	21
常州宝菱重工机械有限公司	江苏省常州市新冶路41号	7300万美元	现代冶金装备、备件及制管工具制造	50%	1502
上海宝钢铸造有限公司	宝山区宝钢9村37号203室	4498.6万元	冷却壁、钢锭模铸件及铸管件	100%	106
宝钢轧辊科技有限责任公司	江苏省常州市新冶路41号	29692.5万元	高精度冷轧工作辊制造	100%	380
上海宝钢工程咨询有限公司	上海市宝山区克山路550弄8号楼	1000万元	工程监理、设备监理、信息监理	69.18%	189
上海宝华国际招标有限公司	上海市宝山区克山路550弄8号楼	1000万元	招标代理及咨询	宝钢集团全资公司(托管)	57
上海宝钢工业技术服务有限公司	上海市宝山区同济路3521号	3056.07万元	状态把握与设备管理、环境监测、炉窑与节能技术、品质检验、设备备件制造、设备维修工程、起重运输服务、轧辊技术	100%	4379
宝钢集团常州冶金机械厂	江苏省常州市新冶路41号	11806.1万元	厂房、设备及房屋租赁	100%	3

(袁思琦)

上海宝华国际招标有限公司

上海宝华国际招标有限公司(简称“宝华招标”)，成立于2005年，前身为上海宝钢国际经济贸易有限公司招标办公室。注册资金为1000万元。2011年，宝华招标与上海宝钢建设监理有限公司(简称“宝钢监理”)实行“一套班子、两块牌子”管理模式。2013年2月18日，宝钢监理更名为“上海宝钢工程咨询有限公司”(简称“宝钢咨询”)。

2014年，宝华招标各项生产经营指标全面提升，实现销售收入6782万元，利润总额1619万元，累计完成招标项目1416个，中标金额148.88亿元。至年底，宝华招标在册员工57人；宝钢咨询在册员工189人。(徐　燕)

企业负责人简介　史贤荣，1967年10月生，湖北洪湖人，中共党员，工程师，宝华招标执行董事、总经理。

叶敏，1963年9月生，浙江绍兴人，中共党员，工程师，宝华招标党委书记。

服务钢铁主业　2014年，宝华招标在湛江钢铁基地实施招标项目近千项，累计中标金额200多亿元。8名员工常驻当地，以优质高效的服务确保各主体工程按时全面开工。年内，宝华招标被评为“湛江市优秀代理机构”。同时，在宝钢集团内集中招标和非法定招标项目中中标金额再次翻番。其中，八一钢铁和梅钢公司耐材年度招标工作合规性好、节资率高，为其节省约10%以上的运营成本。同时争取到八一钢铁项目全面委托宝华招标代理。（徐 燕）

拓展社会市场 2014年，宝华招标一方面积极维系好银联国际有限公司、银联商务有限公司等已有优质客户资源，还承接宝山区政府采购合同；另一方面积极围绕宝钢上下游客户拓展社会市场，开拓出山西潞安纳克碳一化工有限公司、安徽三联泵业股份有限公司、湛江宝交物流有限公司等一批优质宝钢集团外客户资源。（徐 燕）

推进电子招投标工作 2014年，宝华招标启动电子招标认证工作；完成电子招投标平台2.0系统升级改造，解决53个问题；成功运作广东机电设备招标中心电子招标采购交易平台建设项目；与西部矿业集团有限公司、东方钢铁电子商务有限公司等企业和机构深入交流，以期建立合作关系。（徐 燕）

创新激励机制 2014年，宝华招标在招标和造价业务块推行“客户经理制”“项目经理制”和“模拟合伙人制”。客户经理和项目经理的收入与市场挂钩，促进业务规模扩大；业务员的收入与业务量挂钩，按量计酬，多劳多得。年内，造价业务新签合同增长13%，货物招标业务累计完成单数为上年度的1.5倍，员工的积极性明显提高。（徐 燕）

激励核心人才 2014年，宝华招标、宝钢咨询动态调整核心人才库，有百人入库；建立并实施六大培养方式及配套激励机制依托大项目，多次组织机电安装等专业技术交流活动。宝华招标建立季度核心人员薪酬分析机制；同时，综合分析行业及公司历史情况，突破现有制度，加大对总监、项目经理的激励倾斜力度，核心员工收入增幅超过10%，一定程度上缩小了骨干人员收入与市场上的差距。宝华招标引进拥有全国注册证的成熟人才17人；转正6名优秀协力员工。宝华招标还以“留住人”为目的，策划核心人员的战略激励计划，构建公司与核心骨干个人利益于一体的捆绑激励机制。（徐 燕）

提升招标服务能力和水平 2014年，宝华招标深入推进招标项目的内部稽查工作，问题项目较上年降低20%。员工的质量意识、合规性意识有明显提升。同时，深入挖掘客户需求，不断提高前期策划能力。在湛江钢铁基地项目宝交设备采购审价业务拓展中，加强前期策划，制定出独家审价流程，为公司争取到一笔审价业务，也为后续承担同类业务积累了经验。（徐 燕）

宝华招标大事纪要

1月17日，召开2014年度宝华招标职工大会。

2月21日，中标承接宝钢总部基地超高层建筑项目的监理业务。该项目填补了超高层钢结构建筑领域里的监理业务空白。

2月28日，宝华招标内刊《学习与分享》创刊。

3月，宝华招标受西部矿业股份有限公司委托，为其招标管控体系提供咨询服务。

4月22日，宝华招标与南京鑫源招标咨询有限公司就招标代理、造价咨询、设备招标、机电设备国际招标等业务合作事宜正式签订协议。

6月13日，湛江钢铁、宝华招标联合召开工程招标阶段性总结会。

7月7日，宝华招标组织开展“人人争当标准制度流程执行的最佳实践者”活动。

7月9日，宝华招标被列入《军工涉密业务咨询服务单位备案名录（第四批）》。

7月10日，宝华招标被评为“2013年度湛江市优秀招标代理机构”，陶晟、荆大伟被评为“2013年度湛江市优秀招标员”。

11月28日，宝钢集团与宝山区检察院签署《关于在宝钢集团推进开展行贿犯罪档案查询工作的合作协议》。按照协议，宝华招标对宝钢集团所有招标项目的投标人进行全面的行贿犯罪记录查询。

（徐 燕）

煤化工业

煤化工业是资源利用型产业，主要从事钢铁企业炼焦后的煤气精制和煤化工产品的生产、销售，通过以焦化副产品为基础的循环利用和产品转化，寻求加工增值，开拓高技术含量、高附加值下游煤化学品领域，实践环境经营理念。

（华 工）

上海宝钢化工有限公司

上海宝钢化工有限公司（简称“宝钢化工”）的前身是宝钢总厂化工厂，1990年12月改制为化工公司；1996年12月，更名为“上海

宝钢化工宝山分公司厂区一角(边华骏 摄)

宝钢化工有限公司";2005年5月进入宝钢股份,组建宝钢股份化工分公司;2007年9月,恢复为"上海宝钢化工有限公司",为宝钢股份的子公司。注册资本金21.1亿元。宝钢化工拥有宝山分公司、梅山分公司和苏州宝化炭黑有限公司(简称"苏州宝化")、乌海宝化万辰煤化工有限责任公司等生产基地,南京宝宁化工有限公司、四川达兴宝化化工有限公司、宝钢化工(张家港保税区)国际贸易有限公司、上海化工宝电子商务有限公司等子公司,以及东南亚代表处等机构。

2009年4月,宝钢集团把宝钢化工列为宝钢多元产业之一,负责宝钢煤化工产业发展。宝钢化工除生产、供应精制焦炉煤气外,主要产品有苯类、萘类、酚类、喹啉类、油类、古马隆、硫酸铵、吡唑、沥青焦、炭黑系列产品等50余种,广泛应用于建筑、医药、农药、塑料、轮胎、染料等领域。

纯苯特号、精萘产品连续6年获"上海市名牌产品"称号;连续4年获全国、上海市"用户满意产品"称号。焦化苯酚连续3年获上海市、全国"用户满意产品"称号。苏州宝化宝马牌炭黑连续7年被江苏省政府评为名牌产品;连续6年被江苏省政府评为知名商标;2012年被中国橡胶工业协会推荐为品牌产品。

至2014年底,宝钢化工在岗员工1317人。全年实现销售收入92.2亿元,利润5.4亿元。全年完成煤气处理量31.6亿立方米,加工焦油82.3万吨、粗苯19.3万吨,生产炭黑22.9万吨,宝钢化工焦油加工能力位居全球同行业前列。

(姚欣晨)

企业负责人简介 王力,1956年6月生,重庆涪陵人,中共党员,高级工程师,宝钢化工董事长。

钱建兴,1969年5月生,浙江绍兴人,中共党员,宝钢化工总经理。

刘长威,1965年10月生,辽宁鞍山人,中共党员,高级政工师,宝钢化工党委书记。

夯实安全生产基础 2014年,宝钢化工完成年初制定的安全生产目标。年内,未发生重伤、工亡和特大火灾等事故,安全管理各项指标均在受控范围内。宝钢化工贯彻《宝钢安全管理体系规范》要求,严格落实各项规章制度,完善安全管理制度框架,加强制度体系建设;落实安全生产责任制,与各单位、各部门签订安全生产责任书;加强安全劳动保护,深化作业区安全标准化工作,修订《作业区安全生产责任制》《作业区基础安全管理标准》《作业区安全标准化评审标准》,提高制度的可行性、科学性;深化安全教育培训,落实安全负责人、安全管理部门负责人、作业长安全培训师资的安全学习和考核任务;开展职能部门、生产厂及作业区的安全工作职能优化试点工作;推进作业区安全基础管理体系建设,基层安全管理可视化初具雏形。

(姚欣晨)

环境经营 (1)节能方面。2014年,宝钢化工开展能源体系建设工作,完成《能源策划和能源评审控制程序》等5个管理文件的编制和体系的试运行,编制《能源管理状况评估管理办法》。推进节能项目实施，围绕50项节能降耗项目，建立月度跟踪报告制度，全年完成16项节能项目的实施，项目启动率100%。年内，累计收集并分析评价6项节能新技术。(2）环保方面。设立职能部门强化专业管理。8月，能源环保部成立，负责开展节能环保方案的专业化策划与实施，提高环保风险防范的体系化水平；完善制度体系，制定《环保事件和环境污染事件应急管理制度》《环境事件管理制度》和《环境事件问责管理制度》；落实责任制，与宝山分公司、梅山分公司、苏州宝化3家单位签订环保整治责任书，以党政同签责任书的形式，强调各生产基地的环保主体责任；加大环保治理力度和投入，推进公司2013—2015年三年环境整治的47项环保治理项目，累计投入3.09亿元。（姚欣晨）

发展多元化格局 2014年，乌海宝化万辰煤化工有限责任公司一期30万吨焦油深加工装置投产并实现盈利，为公司规划发展、优化布局奠定良好基础；宝钢化工湛江有限公司化产工程和焦化废水项目分别于5月、8月开始桩基施工，项目建设按进度稳步推进；上海化工宝电子商务有限公司以引资入股方式吸纳鞍钢股份有限公司入股，为不断扩大交易规模和市场影响力奠定了新基础；水务事业部外部项目实现突破，“宝汇环境科技有限公司”组建工作进展顺利。（姚欣晨）

推进化工产品产销研工作 (1）针状焦产品。2014年，宝钢化工实现针状焦销量11893吨；构建出一条宝钢化工针状焦制造—电极企业—宝钢股份电炉炼钢的产业循环链；建立起针状焦用户档案。(2）沥青产品。产品实现品质提升与品种差异化。2014年，宝钢化工具备对沥青产品钠离子浓度的控制能力，既提高改质沥青及炭黑油品质，又降低生产成本；开发出高软化点改质沥青2537吨和中温改质沥青1049吨投放市场，出口改质沥青2327吨。(3）特种碳素材料。同性焦销售800吨；泡沫炭样品经通标标准技术服务有限公司检测，燃烧性能及燃烧热值均达到国家A1级节能建筑材料的标准。（姚欣晨）

加强人力资源建设 2014年，宝钢化工实施“多能工”激励方案，至年底，宝山分公司共培养多能工77人，占操作员工总数的16%；严格控制新建子公司的定岗定编；加强源头管理及员工考核，严把进人关；组织多项培训，针对领导人员、作业长、操作人员以及安全保卫、财务管理、工程管理、能源环保等职能体系开展专项培训。年内，人均教育培训经费3383元，实施培训408项，人均培训112.52学时，职工平均受教育年限达15.4年。（姚欣晨）

完善内部控制体系 (1）加强内部控制。2014年，宝钢化工通过内部审计、内控评价、效能监察和专项检查等方式，完善制度体系、规范经营行为、保障内部控制的有效性。(2）推进常态化管理。制定《清理低效无效资产管理提示》；

8月18日，宝钢广东湛江钢铁基地项目化产工程开工（华 工 摄）

打通资产在各分(子)公司间流转使用的通道,部分无效资产得以盘活;通过业务专项会议、现场走访检查讨论等举措,为各分(子)公司低效、无效资产管理常态化提供技术和管理支撑。(3)全方位提升经营风险预警与控制。宣传与贯彻《宝钢集团经营风险控制十条禁令》,详细解析证照管理、融资性贸易、授信、授权、保证担保等红线业务点;聚焦管理容易出现疏漏的环节,细化印章使用、委外仓库等管理标准;拓展交易对象信用调查范围;对证照、授信、单据流转、授权等高风险环节推行信息系统管控与预警;提高对财经政法信息的敏感度,提前采取风险控制措施;强化重大重要合同法务评审。

(姚欣晨)

推进服务型党组织建设 2014年,宝钢化工党委推行党建工作项目化管理,确定21个贯穿全年的工作项目,有10个项目被评为宝钢化工"党组织工作优秀实践"。开展跨部门党内共建活动,围绕工程项目建设、安全管理、环境改善和服务员工等方面推进共建活动。完善党组织服务党员工作机制,以庆祝党的生日为契机服务党员,开展系列活动。以优化结构、注重培养为目标,注重配备复合型人员担任党支部书记,不断优化党务工作者队伍整体结构。强化在岗研修培训,重视专业辅导。6月,宝钢化工党委被国务院国资委党委授予"中央企业先进基层党组织"称号。 (姚欣晨)

6月11日,宝钢化工组织员工广播操比赛(姜为强 摄)

宝钢化工大事纪要

1月8日,宝钢化工召开2014年安全工作研讨会。

5月,宝钢化工首席工程师张雄文获"上海市五一劳动奖章"。

6月13日,上海化工宝电子商务有限公司与鞍钢股份有限公司签订引资扩股协议。

6月,宝钢化工党委被国务院国资委党委授予"中央企业先进基层党组织"称号。

7月18日,宝钢人才开发院、安徽工业大学继续教育学院、宝钢化工三方共同举办的宝钢化工"三合一"技能人员大专班举行毕业典礼,44名学员获得毕业证书。

8月15日,宝钢化工成立能源环保部。

8月18日,宝钢广东湛江钢铁基地项目化产工程打桩,项目进入开工建设阶段。

10月,乌海宝化万辰煤化工有限责任公司焦油项目投产,并实现盈利。

11月,宝钢化工纯苯特号、精萘和焦化苯酚等产品获"上海市名牌产品""全国用户满意产品"称号。

12月,针状焦产品质量得到稳步提升,实现批量供应,全年销售1.19万吨。

同月,古马隆产销研团队实现新产品工业化生产,古马隆树脂实现盈利。

同月,宝钢化工水务业务市场开拓取得成果,签约焦化废水处理规模达320万吨。 (姚欣晨)

宝钢化工下属子公司一览表

名　称	资产总额	主要经营范围	控股比例	在岗员工(人)
苏州宝化炭黑有限公司	7.5亿元	生产、销售炭黑	60%	406
南京宝宁化工有限公司	8000万元(注册资本)	改质沥青及相关产品的生产和销售,并提供相关配套的销售后服务;自营和代理各类商品及技术的进出口业务	100%	4

（续 表）

名　称	资产总额	主要经营范围	控股比例	在岗员工(人)
宝钢化工(张家港保税区)国际贸易有限公司	3000万元(注册资本)	煤炭、危险化学品批发；自营和代理各类商品的进出口业务；金属材料、钢材、炉料、化工产品的批发；与贸易有关的咨询服务业务；货物运输代理	100%	15
上海化工宝电子商务有限公司	650万元(注册资本)	电子商务；客户关系管理及中介服务；网站建设服务；设计、制作、代理、发布各类广告；商务信息咨询服务；计算机系统集成；在计算机技术领域内从事技术开发、技术转让、技术咨询、技术服务；化工原料及产品(除危险化学品、监控化学品、烟花爆竹、民用爆炸物品、易制毒化学品)批兼零、代购代销	宝钢化工占30.76%；东方钢铁电子商务有限公司、武汉焦耐工程技术有限公司、鞍钢股份有限公司各占23.08%	17
四川达兴宝化化工有限公司	5000万(注册资本)	焦油加工，主要产品有轻油、酚油、工业萘、粗酚、洗油、炭黑混油、蒽油和中温沥青	宝钢化工占45%；四川达兴能源有限公司占55%	56
乌海宝化万辰煤化工有限责任公司	2亿元(注册资本)	生产销售洗油、蒽油、煤焦沥青、粗酚、萘；批发焦油、粗苯、沥青、蒽油、工业萘。化工原料及产品的采购、销售；化学工业专业领域内的技术开发、技术转让、技术咨询、技术服务	宝钢化工占51%；内蒙古黄河能源科技集团有限责任公司占49%	85
宝钢化工湛江有限公司	1.2亿元(注册资本)	化工原料及产品(含炭黑)的采购、销售；化学工业专业领域内的技术开发、技术转让、技术咨询、技术服务；货物进出口、技术进出口	100%	65

（姚欣晨）

金融投资业

金融投资业是与钢铁主业密切相关的行业，实业与金融业相结合，能有效促进钢铁主业的发展，提升钢铁业的综合竞争力。宝钢金融投资业包括华宝投资有限公司(简称“华宝投资”)、华宝信托有限责任公司(简称“华宝信托”)、华宝兴业基金管理有限公司(简称“华宝兴业”)、华宝证券有限责任公司(简称“华宝证券”)、宝钢集团财务有限责任公司。（施　志）

华宝投资有限公司

华宝投资有限公司成立于2007年3月，注册资本为68.69亿元，为宝钢集团的全资子公司。华宝投资以符合法人治理结构的原则对旗下华宝信托、华宝兴业、华宝证券等宝钢金融板块公司实施管控，推进资源共享、业务互动。

作为宝钢金融服务业的旗舰公司，华宝投资秉承“尊崇客户、根植市场”的理念，提升品牌质量及影响力，拓展产融结合新路径为目标，对长期股权投资进行分类管理，实行专业化管控，从而有效地提升股权价值。

华宝投资持有中国太平洋保险(集团)股份有限公司(简称“中国太保”)14.17%的股份，持有华宝证券有限责任公司59.41%的股份，持有法兴华宝汽车租赁(上海)有限公司50%的股权，持有赛领资本管理有限公司18.18%的股权，持有上海科技创业投资股份有限公司9.84%的股权。华宝投资与宝钢集团共同参与光大银行上市前增发，共同参与西气东输三线项目的投资，与关联企业共同参与境外清洁能源技术开发企业的投资，此外，华宝投资还参与多家上市公司的定向增发。2014年，华宝投资实现汇总营业收入28.52亿元，汇总利润13.48亿元(均不含“中国太保”)，管理资产规模5600亿元。（华　轩）

企业负责人简介　徐乐江，1959年2月生，山东新泰人，中共党员，教授级高级工程师，华宝投资董事长。

王成然，1959年4月生，北京人，中共党员，经济师，宝钢金融系统党委书记。

郑安国,1964年11月生,湖北阳新人,中国民主建国会会员,高级经济师,华宝投资总经理。

完善组织架构 5月,华宝投资成立行政人事部与量化投资部,进一步完善组织架构,提升公司管理控制能力。 (华 轩)

华宝投资大事纪要

5月,华宝投资成立行政人事部、量化投资部。

8月,华宝投资《战略发展规划暨业务发展目标定位》获公司董事会审议通过。

10月,华宝投资《产融结合业务发展规划(研究)报告》获宝钢集团董事会审议通过。 (华 轩)

华宝信托有限责任公司

华宝信托有限责任公司前身是成立于1998年的华宝信托投资有限责任公司,2007年4月3日,经中国银行业监督管理委员会批准,成为首家通过"重新登记"的信托公司,并更名为"华宝信托有限责任公司",注册资本金10亿元。宝钢集团有限公司持股98%,浙江省舟山市财政局持股2%。华宝信托旗下控股华宝兴业基金管理有限公司(中法合资)。2011年1月,华宝信托注册资本金增加至20亿元(含1500万美元)。2014年12月,华宝信托注册资本金增加至37.44亿元(含1500万美元)。

华宝信托始终以"受益人利益最大化"为经营理念,以专业化和差异化发展为基本战略,重点以资产管理与信托服务为两大主业,在信托行业中处于领先地位,取得多项行业第一:2003年,第一家发起成立合资基金公司、第一家在公开媒体开展信息披露;2004年,第一家引入独立董事;2005年,第一家取得国家人力资源与社会保障部颁发的年金受托人及账管人资格,第一家开展结构化证券信托业务,首批获得新股发行询价对象资格;2006年,获资产证券化业务资格;2007年,新"两规"颁布后首家获准换发金融牌照;2008年,获大宗交易系统合格投资者资格;2011年,成为首家获得股指期货交易业务资格的信托公司;2012年,首推国内信托产品评级,申请到第一个以信托计划名义设立的股指期货套保交易编码和套利交易编码。2013年,华宝信托推出公益性质的信托——"华宝爱心信托",运用其特有的信托制度优势和专业管理职能为公益事业添砖加瓦;建立业内首个标准化信托服务平台——华宝流通宝平台,改善信托产品流通性,提升公司对客户的服务水平。

2014年,华宝信托获《上海证券报》第八届中国"诚信托"评选管理团队奖;获《21世纪经济报道》第七届中国资产管理金贝奖最佳服务创新信托公司;获《证券时报》"第七届中国优秀信托公司评选活动"三项大奖("中国优秀信托公司""最佳房地产信托计划""信托业领军人物")。7月,取得全国社保基金理事会受托管理社保基金信托资产的合格受托人资格。8月,通过人力资源和社会保障部的企业年金管理资格延续申请,继续成为国内唯一一家拥有"法人受托机构"和"账户管理人"两项资格的信托公司。

至年底,华宝信托管理的信托资产规模超4900亿元(含年金)。华宝信托产品线投资范围涵盖证券、投融资、产融结合等领域;信托产品利用多种结构和工具覆盖了资本市场、货币市场、实体经济。全年实现营业收入合计13.30亿元,利润8.07亿元。 (华 轩)

成为保障房信托贷款项目受托人 7月,华宝信托取得全国社会保障基金2014年度合格受托管理人资格。随后,在由全国社会保障基金理事会组织的保障房信托贷款项目的受托人竞标中,华宝信托凭借专业完善的应标方案以及突出的综合实力,被选聘为该项目的信托受托人。 (华 轩)

福旺信托计划 2014年,华宝信托推出员工薪酬福利投资于公司境外股票的业务,并完成在监管部门的报备。11月,由华宝信托担任受托人的中国旺旺控股有限公司(简称"中国旺旺")核心员工薪酬延付计划——"福旺计划信托",在信托财产运用上与中国旺旺港股实现对接,使境内机构的员工薪酬福利资金及员工持股资金通过信托投资于其在港发行的股票。 (华 轩)

华宝信托大事纪要

4月,华宝信托开通网上信托交易平台,直销客户可自助在网上进行部分产品的申购与赎回。

同月,在第二届浦东年度经济人物评选中,华宝信托董事长郑安国当选"第二届浦东年度经济人物十强"。

5月,华宝信托与上海市法学会金融法学研究会签署《信托法产学研基地合作协议》,并成为上海市法学会金融法学研究会理事单位。

6月，在由《上海证券报》社主办的第八届“诚信托”评选中，华宝信托获2013年度“诚信托-管理团队”奖。

7月，在由《证券时报》社主办的第七届“优秀信托公司”评选中，华宝信托获“中国优秀信托公司”奖，华宝信托董事长郑安国获“信托业领军人物”奖，华宝产融生辉4号-莱茵达珠海蓝琴信托计划获评“最佳房地产信托计划”。

同月，华宝信托取得全国社保基金理事会受托管理社保基金信托资产的合格受托人资格。

8月，在由《21世纪经济报道》主办的第七届“金贝奖”评选中，华宝信托获“2014年最具服务创新信托公司”奖。

同月，华宝信托通过人力资源和社会保障部的企业年金管理资格延续申请，继续成为国内唯一一家拥有“法人受托机构”和“账户管理人”两项资格的信托公司。

9月，华宝信托在成都成立财富俱乐部，除上海外，先后在北京、杭州、深圳、成都四地布局。

12月，华宝信托完成工商变更及备案登记手续，注册资本由人民币20亿元（含1500万美元）增加至人民币37.44亿元（含1500万美元），各股东持股比例保持不变。

同月，华宝信托在上海静安区成立财富俱乐部。（华　轩）

华宝兴业基金管理有限公司

华宝兴业基金管理有限公司为中法合资基金管理公司，于2003年2月12日获准开业，是国内首批成立的中外合资基金管理公司之一。注册资本金1.5亿元。华宝信托有限责任公司持有51%的股权，领先资产管理有限责任公司持有49%的股权。

华宝兴业秉承“稳见智、信达远”的经营哲学，恪守“基金持有人利益高于股东利益”的经营宗旨，以“致力于打造以多元化产品为平台的财富管理中心”为战略发展目标，发展成为一家向客户提供国内公募基金产品、海外投资基金产品和专户理财服务的综合性资产管理公司。

至2014年底，华宝兴业共管理30只开放式基金，管理公募基金资产的总规模达580亿元，涵盖股票型、混合型、债券型和货币市场型基金等各主要产品类别。华宝兴业运作的专户产品合计26只，包括6个“一对一”专户和20个“一对多”专户。至年底，专户运作规模49亿元。

作为国内行业基金领军者，华宝兴业潜心研究、积极布局行业基金产品，先后发行宝康消费品等11只行业和主题基金。同时，华宝兴业致力成为“创新量化投资专家”，积极开拓量化产品领域。年底，华宝兴业共有8只公募量化基金。其中，华宝添益交易型货币基金资产规模于3月创出346亿元的新高，占据国内最大场内货币基金地位。9月，华宝兴业首只量化对冲公募基金募集成立，实现了量化产品多元化。

在专户领域，2012年华宝兴业即与全球最大期货投资基金公司（CTA）——英国元盛资产（Winton Capital）合作开发CTA专户产品——元盛一号。至2014年底，元盛一号的投资回报达72.30%，系列产品的总规模接近20亿元。2014年1月，首只海外对冲基金中基金专户（FOHF）正式成立，帮助中国高净值客户投资海外市场中运作成熟、风险管控规范的另类投资公募基金，实现资产的相对稳定增值。9月，华宝兴业香港分公司发行第一只追踪中国内地A股市场的RQFII-ETF产品，并在伦敦及巴黎交易所上市。10月，华宝兴业与海外另类投资巨头橡树资本（Oaktree Capital）合作发行橡树全球收益增长一号QDII（合格境内投资者）专户，为橡树资本首款面向中国高净值客户发行的投资产品。

秉承“恪守投资边界、策略胜过预测”的投资理念，华宝兴业长期投资业绩稳健领先。年底，华宝兴业新兴产业基金过去三年净值增长率达115.34%，位列全部标准股票型基金第三位。根据海通证券提供的2014年基金公司绝对收益排名数据，华宝兴业权益类基金截至2014年底最近三年绝对收益排名第三，华宝兴业固定收益类基金截至2014年底最近一年和最近两年绝对收益分别排名第二和第三。美国《机构投资者》杂志2014年11月刊评选首届亚洲投资管理奖，华宝兴业基金成为“中国股票类”奖项唯一得主。（华　轩）

现金添益交易型货币基金　3月，国内首只交易型货币市场基金——华宝兴业现金添益交易型货币基金规模创出346亿元的新高，占据场内最大货币基金地位。其2014年日均成交额达到88.12亿元，在沪深两市全部挂牌股票和基金中亦居第一。（华　轩）

成立首只量化对冲公募基金　9月17日，华宝兴业量化对冲混合型基金成立，该基金为华宝兴业首只量化对冲公募基金。（华　轩）

华宝兴业大事纪要

3月,国内首只交易型货币市场基金——华宝添益基金创出346亿元规模新高。

5月,华宝兴业基金第九只行业/主题基金——创新优选基金募集成立。

6月,华宝兴业基金第十只行业/主题基金——生态中国基金募集成立。

9月,华宝兴业基金首只量化对冲公募基金——量化对冲混合型基金募集成立。

12月,华宝兴业基金第十一只行业/主题基金——高端制造基金募集成立。 (华 轩)

华宝证券有限责任公司

华宝证券有限责任公司成立于2007年,注册资本金15亿元,宝钢集团有限公司持股0.0316%,华宝投资有限公司持股59.4092%,华宝信托有限责任公司持股40.5592%。经营范围包括证券经纪、证券投资咨询、证券自营、证券资产管理、融资融券、证券投资基金代销、代销金融产品、为期货公司提供中间介绍业务、证券承销、与证券交易和证券投资活动有关的财务顾问等,在上海、北京、深圳、杭州、舟山、福州、成都和武汉等城市设有营业部。

华宝证券聚焦特色业务,打造核心竞争力,在量化对冲交易平台、金融产品研究、设计和销售等方面形成领先优势,并实施"网上揽客+网下服务"的互联网发展模式,成为产品线丰富、颇具特色、市场上具有影响力的互联网金融平台之一。

华宝证券稳步推进"产品+通道"的经纪业务转型发展,信用业务创新模式多样:利用快速交易平台优势,引入基金专户参与两融(融资、融券)交易、集合资管计划参与股票质押业务,持续探索基金专户、私募基金、券商资管、保险等机构投资者的开发,是全国首批获得港股通业务资格的券商。

华宝证券是较早、较全面覆盖市场上近20大类金融产品的研究机构。首家提出交易所交易产品(ETP)概念,并制定"分级基金定价体系",是国内分级基金研究领域的领先者和设计参与者;投连险研究被市场广泛引用,也被多家保险集团采纳为内部业绩评价依据;连续4年向海内外机构投资者、高净值客户提供全面深度的《中国金融产品年度报告》。

华宝证券的量化产品孵化平台,吸引了国内外400多家优秀的专业投资机构。通过为专业量化对冲机构提供极速交易通道、运营支持和母基金(MOM)服务等方式,打造绝对收益产品系列的孵化平台。年内,因量化业务特色,华宝证券获第四届中国衍生品峰会"年度最具创新力的证券公司"称号及第一财经金融价值榜"最佳量化服务平台证券公司"奖。

2014年,经中国证券业协会批准,华宝证券获互联网证券业务试点资格。自主开发的电子商务网站"投客网"于年底上线,致力于打造用户体验的金融交易平台,并提供专享的、互动式账户管理和投资咨询服务,"投客网"注册用户在网站正式上线一个月内即突破25万人。

2014年,华宝证券实现营业收入31649万元,较上年增长22%;利润总额8043万元,较上年增长32%,完成全年预算目标。年内,先后获得证券承销及财务顾问资格、转融券业务资格、互联网证券试点资格、中证资本的机构间私募报价系统参与资格等;首批获得港股通业务开展资格以及上交所股票期权交易资格。 (华 轩)

华宝证券大事纪要

5月,华宝证券官方微信服务账号正式启用。

6月,华宝证券举办"华宝证券杯·爱与梦想同行"公益跑步活动,为山西省汾西县困难小学募集善款15074元;11月,华宝证券志愿者团队亲赴汾西县向太阳山小学进行捐赠。

7月,华宝证券获上海市"五星级诚信创建企业"称号。

8月,华宝证券获证券承销以及与证券交易、证券投资活动有关的财务顾问等业务资格。

10月,华宝证券获第四届中国衍生品峰会(CDF 2014)"年度最具创新力的证券公司"称号。

同月,由招商基金、华宝证券主办,永安期货、芝加哥商品交易所、新加坡交易所协办的"携手共赢、同创未来"——2014首届全球对冲基金高峰论坛在深圳举行。

11月,中国证监会启动沪港通业务试点,华宝证券获港股通业务开展资格。

12月,华宝证券获2014第一财经金融价值榜"最佳量化服务平台证券公司"奖。

同月,华宝证券推出"投客网",一个月内注册人数突破25万。

同月,华宝证券获中国证券登记结算公司授予的"证券账户整合工作先进集体"荣誉称号。

(华 轩)

宝钢集团财务有限责任公司

宝钢集团财务有限责任公司

（简称“财务公司”）成立于1992年，注册资本金人民币11亿元（含2000万美元），宝钢集团和宝钢股份分别持股35.18%和62.1%。至2014年底，资产规模131亿元，净资产18.8亿元，资本充足率24.49%，在册员工60人。

经中国银行业监督管理委员会、国家外汇管理局等监管机关批准的业务范围包括：支付结算、存贷款、票据贴现、电子商业汇票、供应链融资、融资租赁、有价证券投资、委托理财、结售汇、财务顾问等，可提供一揽子综合性金融服务。财务公司是中国支付清算协会会员、全国银行间市场同业拆借中心会员、银行间市场债券交易会员、即期外汇市场会员，拥有上交所债券专用席位、首次公开募股（IPO）网下询价资格等，可以进入货币市场、资本市场、债券市场和外汇市场，能便利开展各类金融业务，与金融同业建立了良好的合作关系，为服务成员单位和产业链客户提供了便捷的通道。

财务公司是宝钢集团金融产业的起点，经过20多年的发展，成长为盈利能力稳定、风控体系健全、产品种类丰富、员工素质优良的专业化优秀金融机构。财务公司一贯坚持“立足集团需要，服务集团发展”的经营宗旨，在“以客户为中心”的服务理念引领下，聚焦市场与客户，围绕服务与创新，不断丰富金融服务手段，致力于为成员单位及产业链客户提供优质、高效、低成本的综合金融服务。

2014年，财务公司不断进行业务创新，在延伸产业链金融服务、深化票据管理、探索互联网金融等方面逐渐形成特色。全年实现利润总额2.1亿元，净资产收益率8.86%，监管指标全部符合中国银监会考核标准。凭借依托电子商务平台，深化产业链金融服务的良好表现，获《金融时报》和中国社会科学院金融研究所联合颁发的“2014中国金融机构金牌榜——年度最具创新力财务公司”奖。（谢　放）

企业负责人简介　朱可炳，1974年10月生，浙江杭州人，中共党员，高级会计师、注册会计师，宝钢股份财务总监兼董事会秘书，财务公司董事长。

曾杰，1970年8月生，安徽凤台人，中共党员，高级会计师，财务公司总经理。

结算和资金集中管理　财务公司作为宝钢集团的结算主渠道，发挥“万向节”式电子化结算平台快捷、高效、低成本的优势，2014年结算流量2.94万亿元，业务量125万笔，金额同比增长11%，业务量同比增长131%；资金集中管理平台覆盖成员单位220家，归集资金余额258亿元，内部融通资金77亿元，协助宝钢集团、宝钢股份提高资金的整体使用效率。（谢　放）

资金运作和流动性管理　2014年，财务公司模拟市场化基金的管理方式，内部建立3个基金化运作的资产组合，提升流动性管理能力和资金运作效益。债券类基金取得11.86%的年化收益率，投资业绩跑赢市场上同类基金；低风险固定收益类基金发挥安全性和收益性优势，配合流动性管理基金，在保障宝钢集团结算流动性的前提下，有效提高短期资金的配置效率。年内，与金融同业进一步稳固合作关系，投融资渠道畅通，交易能力提升。（谢　放）

信贷及供应链融资　2014年，财务公司以服务为目的，提供优惠贷款利率和票据贴现利率，支持宝钢集团成员单位降本增效；以过桥贷款形式支持成员单位完成外部银行的贷款到期周转，全年累计发生16亿元；试点营业税改增值税背景下的售后回租业务，通过税务筹划降低整体税赋，提高资金收益86个bp（万分之一）；围绕核心主业向上游供应商提供票据贴现和保理业务，向下游电商平台购买宝钢产品的买家提供现货质押融资业务（“宝融通”），全年供应链融资业务累计发生44亿元，供应链融资在信贷资产中的余额占比从16%提升到25%；争取中国人民银行再贴现资源，引入宝钢集团外低成本资金，全年再贴现累计发生金额14亿元。（谢　放）

委托理财及财务顾问　2014年，财务公司发挥银行间市场会员优势，为宝钢股份、黄石公司等成员单位提供代理回购业务，累计发生额359亿元，协助企业提高短期资金运作效率；发挥资金管理经验，为宝钢工程技术集团有限公司提供资金管理整体服务方案，支持企业提高财务管理效率；建立财务公司微信平台，向成员单位及外部客户发布公司动态、产业及市场信息。（谢　放）

深化票据服务　经中国人民银行批准作为首批试点财务公司之一，6月，财务公司实现电子票据线上清算，同时获得查询查复业务资质，全年共办理1.7万笔查询业务，支持宝钢集团加强票据风险管控；与宝钢国际、财务服务与数据共享中心等单位相互协同，推进票据信息共享和异地实物票据托管服务，

支持宝钢深化票据管理、提高票据使用效率、降低风险和财务成本，全年累计托管票据2.1万张，金额257亿元。（谢 放）

探索互联网金融 2014年，财务公司紧跟宝钢电子商务发展步伐，提供金融配套服务支撑。协同东方付通信息技术有限公司（简称“东方付通”），设计虚实结合的账户体系，优化资金汇划路径，保证在线支付的及时性和灵活性。发挥票据专业经验，支撑东方付通为电子商务平台提供票据托管服务，全年累计管理票据726张，金额9亿元；与电子商务平台、仓储系统协同，提供“宝融通”在线融资服务，累计融资金额3.6亿元，增强了客户黏性，活跃了平台交易，促进了宝钢产品在线销售。（谢 放）

外汇及自贸区服务 2014年，财务公司有序推进宝钢集团货币类衍生品集中交易平台的搭建和运营工作，累计办理代理远期结售汇业务79笔，折合人民币50亿元。开展衍生金融产品交易资质的申请工作，推进宝钢集团外汇集中管理平台的功能优化工作，参与宝钢集团外汇风险策略研究小组；关注自贸区政策变化，研究自贸区金融服务的可行性和业务模式，为拓展自贸区金融服务创造条件。（谢 放）

财务公司大事纪要

3月20日，上海市银监局到财务公司调研服务与创新工作。

5月5日，财务公司支撑东方付通，为交易中心搭建的票据服务平台上线。

5月29日，召开董事会、股东会，选举产生新一届董事会。

6月4日，中国银监会非银行金融机构监管处到宝钢调研“物理资金池”的运作模式。

6月9日，财务公司作为首批试点单位之一，加入人民银行大额支付系统，电票线上清算正式运行。

8月22日，启动信贷、贴现等业务流程再造，通过流程优化，提升工作效率。

10月11日，召开第七届董事会第一次会议，研究财务公司转型与发展问题。

12月18日，与梅钢公司签订票据托管协议，试点异地票据托管服务。

12月26日，获《金融时报》和中国社会科学院金融研究所联合颁发的“2014中国金融机构金牌榜——年度最具创新力财务公司”奖。

12月31日，首单在线贴现业务成功运行。（谢 放）

12月26日，财务公司获《金融时报》和中国社会科学院金融研究所联合颁发的“2014中国金融机构金牌榜——年度最具创新力财务公司”奖（柴 务 摄）

信息技术业

信息技术产业是宝钢在钢铁生产自动化控制和实现信息化管理两个方面的依托产业。上海宝信软件股份有限公司是宝钢集团内信息服务产业的平台企业，全力拓展以大数据、云计算、物联网为代表的新兴业务。（施 志）

上海宝信软件股份有限公司

上海宝信软件股份有限公司（简称“宝信软件”）前身可追溯到宝钢自动化部（1978年）；2000年4月18日，宝钢原有3家从事信息化与自动化技术的子公司合并成立上海宝钢信息产业有限公司；2001年4月，通过与上海钢管整体资产置换改制上市，并更名为“上海宝信软件股份有限公司”；2005年，宝钢集团将其所持全部宝信软件股权转让至宝钢股份，由宝钢股份控股。至2014年底，总股本为364131576股。股本结构为：人民币普通股（A股）249731576股，占68.58%；境内上市外资股（B股）114400000股，占31.42%。

2014年，宝信软件实现销售收入40.72亿元，归属于上市公司股东的净利润3.22亿元。至年底，宝信软件公司在职员工4374人。

（周赛君）

企业负责人简介 王力，1956年6月生，重庆涪陵人，中共党员，教授级高级工程师，宝信软件董事长。

夏雪松，1970年12月生，江苏金湖人，中共党员，宝信软件总经理。

朱湘凯，1968年12月生，河北沧州人，中共党员，高级工程师，宝信软件党委书记。

第七届董事会第六次会议 2月24日，宝信软件召开第七届董事会第六次会议，审议通过《关于设立募集资金专项账户的议案》。（邵向东）

第七届董事会第七次会议 3月7日，宝信软件召开第七届董事会第七次会议，听取《公司2013年度总经理工作报告》《2013年度董事会决议执行情况报告》等报告，审议通过《2013年度董事会工作报告的议案》《公司2013年度报告和摘要的议案》等议案。（邵向东）

第七届董事会第八次会议（临时） 3月26日，宝信软件召开第七届董事会第八次会议（临时），同意使用募集资金中的289017501.07元置换预先投入募集资金项目的自筹资金。（邵向东）

第七届董事会第九次会议 4月25日，宝信软件召开第七届董事会第九次会议，审议通过《公司2014年第一季度报告的议案》《关于公司董事变更的议案》《关于公司高级管理人员变更的议案》等议案。

（邵向东）

第七届董事会第十次会议 6月26日，宝信软件召开第七届董事会第十次会议，审议通过《关于与上海移动签订重大合同的议案》《关于投资建设"宝之云"互联网数据中心二期项目的议案》等议案。

（邵向东）

第七届董事会第十一次会议 8月15日，宝信软件召开第七届董事会第十一次会议，听取《2014年半年度总经理工作报告》《2014年半年度董事会决议执行情况报告》等报告，审议通过《2014年半年度报告的议案》等议案。（邵向东）

第七届董事会第十二次会议 10月29日，宝信软件召开第七届董事会第十二次会议，审议通过《2014年第三季度报告的议案》《关于执行2014年财政部新颁布或修订会计准则的议案》《关于申请终止ICP（增值电信经营许可证）资质的议案》等议案。（邵向东）

建设数字化湛江钢铁 2014年，宝信软件承接湛江钢铁信息化等一大批项目，围绕湛江钢铁"15·9"（2015年9月）投产目标节点，宝信软件建立内部三级项目管理体系，有序推进项目进程。配合电厂一号发电机组并网发电的项目，进入现场调试；配合"15·9"投产的项目，完成基本设计审查，进入详细设计及软件开发；配合"16·6"（2016年6月）投产的项目，完成需求分析并初步完成基本设计。同时，在湛江属地初步建立运营维护服务体系和呼叫中心，并部署运营维护管理平台和集中监控平台建设。此外，宝信软件还向湛江钢铁提供了一批新研制的机电一体化产品。（周赛君）

拓展外部市场 2014年，宝信软件在钢铁行业外部市场的拓展初见成效，特别是在宝钢外部冷轧"三电"市场开拓方面成效显著；对非钢市场的开拓也取得突破：智能建筑合同金额同比上升60%以上；轨道业务从综合监控向生产经营管理业务和通信领域业务拓展，首次形成宝信软件轨道交通生产管理系统解决方案，中标成都地铁生产管理系统；首次形成宝信软件通信领域解决方案，中标成都地铁3号线视频监控系统。宝信软件与上海医药集团签订信息化建设战略合作协议，在多个方面开始实质性

6月12日，宝信软件投资建设的"宝之云"数据中心二期项目（刘　杰 摄）

合作，联合申报的《提升医药行业生产质量管控能级的MES（制造执行系统）平台建设及示范应用》获上海市国资委2014年度企业技术创新和能级提升项目。通过聚焦行业，加大战略客户的开拓，继续保持集成业务的成长。（周赛君）

丰富云服务产品体系 2014年，宝信软件坚持独立运营与第三方合作的业务策略，不断丰富现有云服务产品体系。互联网数据中心业务领域，继续保持良性扩张势头，“宝之云”互联网数据中心一期项目建成交付，正式运营以来情况良好，并启动“宝之云”互联网数据中心二期项目建设。大力发展云服务，成立云计算/互联网数据中心拓展团队，跟踪私有云/互联网数据中心建设项目。以客户体验为中心，推进现有各类云服务产品的应用推广。引导客户需求，将现有及目标客户业务向云服务转化。（周赛君）

产品销售与研发 2014年，宝信软件部分产品销售取得突破，宝信制造执行系统软件产品在山西太钢不锈钢股份有限公司、隆英（金坛）特钢科技有限公司、湖北新冶钢有限公司等企业应用。高性能变频器应用在宝钢股份热轧纵切线、华北油田抽油机新型节能控制系统、互联网数据中心机房变频控制等。高炉专家系统应用套数大幅增加，iCV（一体化监控指挥平台iCentroView）、iHD（企业高性能实时数据库iHyperDB）等产品在外部市场拓展方面也有较大增幅。为顺应产业和技术发展趋势，宝信软件组织专门团队策划宝信工业4.0解决方案，并配合宝钢股份研究智能工厂、智能制造等规划方案，为中国制造企业升级换代提供有价值的产品和服务。宝信软件还加大无人化行车技术投入与研发，建立试验区域与关键技术研究。同时，宝信软件在机器人应用市场推广显现成效，并全面研发机器人捞渣、机器人剪捆带、机器人搬运等设备。（周赛君）

强化体系管理 2014年，宝信软件继续大规模改组工程部门，划小经营单元，实现资源聚焦。对部分子公司实行资本运作、资源整合、重新定位，促进子公司发展，初步形成面向未来的基本业务架构和组织保障体系。全面践行“卓越绩效管理模式”，持续提升企业竞争力。强化质量意识，加强过程管理，积极推进以提高效率为核心目标的项目经理制，不断提高产品、工程和服务质量，取得显著管理成效，成为上海市现代服务业从优秀走向卓越的标杆性示范企业，并获2013年度上海市市长质量奖。针对在市场低迷的情况下面临的信用风险，2014年，宝信软件加强风险管控，重点关注应收账款。经营管理系统进一步优化完善系统功能，基本实现对全资子公司、控股子公司的系统全覆盖。完善内部审计工作程序，提高审计效率。根据审计后实际业绩，初步建立责任人绩效追责机制。以内部审计方式，加强对重点控制领域复评，提高内部控制有效性，防范经营风险。（周赛君）

完善技术创新体系 2014年，宝信软件全面梳理公司研发管理和运作模式，在推进创新基金工作的同时，探索适配公司的研发投入、产出管理和考核工作机制。优化公司研发项目管理流程，逐步将分公司研发纳入公司研发管理体系。修订《技术创新手册》，出台《创新基金管理办法》。年内，宝信软件新增创新基金项目4项，累计创新基金项目7项。将创新基金和产品经理制合并管理。通过风险共担的原则，实现公司与员工利益共享。通过积极的产品化策略，提高产品比例，支撑公司战略发展。提高研发投入率，实现研发投入率7%以上。年内，宝信软件申请专利23件、专利授权27件、技术秘密3件，软件著作权登记54件及产品登记35件，同时参与国家标准的制（修）订工作，并在标准化专项方面获得多项政府资助与荣誉。（周赛君）

开展形势任务教育 2014年，宝信软件向各级领导干部和广大员工开展形势任务教育，重点推介工业4.0、云计算相关知识；面向公司各级领导干部和各级总监，开展推荐学习材料、虚拟会议专题讨论、与先进企业对标、公司自有产品交流和发布等活动；面向广大员工开展参观罗泾互联网数据中心、全员8小时公司知识专题学习、宝信软件最佳创意活动以及分（子）公司员工回总部专题学习培训等。发布员工行为规范，并广泛宣传、推行，促进企业文化建设。（周赛君）

宝信软件大事纪要

1月8日，宝信软件被推选为中国电子工业标准化技术协会信息技术服务分会副会长单位。

2月，在“中国交通技术网”组织的城市智能交通最具影响力评选中，上海宝康电子控制工程有限公司（简称“宝康电子”）获“城市智能交通行业十大优秀集成商”“交通信号控制器行业十大优秀企业”和“电子警察行业十大优秀企业”3项荣誉，这也是其连续3年蝉联上述奖项。

3月14日，宝信软件获“2013年度中国信息产业领军企业”称号。

3月31日，宝信软件被上海市网络与信息安全应急管理事务中心授予“2014年上海市信息安全服务推荐机构”。

4月20日，“宝之云”互联网数据中心一期上海电信蕰川数据中心启用仪式举行。

4月，宝信软件被上海市智能建筑协会授予“上海市智能建筑设计施工优秀企业”称号。

同月，宝信软件智能化事业本部中标成都地铁3号线专用通信系统，实现了公司在该细分领域的首次突破。

6月4日，中国人民解放军某部与宝信软件研发部签署购买宝信软件视频客流统计分析应用软件合同，该合同是研发部机器视觉iHyperVision系列（宝信智能视频分析应用软件）产品首例对外市场销售。

6月12日，宝信软件与中国移动上海公司签署定制化数据中心服务协议，双方战略化合作持续走向深入。

6月13日，宝信软件成为全国首家参评国家云服务及云解决方案标准资质的企业。

6月25日，由宝信软件智能化事业本部承担的工业和信息化部电子基金项目通过验收。

6月，宝信软件机电一体化事业本部与宝钢研究院试制成功结晶器电磁搅拌装置。

8月5日，宝信软件被上海现代服务业联合会授予“上海市创新型新兴服务示范企业称号”。

8月8日，上海宝信数据中心有限公司揭牌成立。

8月25日，上海市市长杨雄向宝信软件颁发“2013年度上海市市长质量奖”，这是上海市质量工作的最高荣誉。

9月，宝信软件工业通信网关iCentroGate（宝信工业通信网关软件）获美国联邦通信委员会认证和欧盟安全认证。

10月，宝信软件获上海市软件行业协会“上海市明星软件企业（经营型、创新型、领先型、四新企业）”称号，MES（制造执行系统）、EMS（能源管理系统）、iCV（一体化监控指挥平台iCentroView）等产品获“上海市优秀软件产品”称号。

同月，由宝信软件、东华大学、上海科学技术开发交流中心、上海纺织科技发展中心共同开发建设的“基于云计算的创意设计公共服务基地”在宝信软件张江总部揭牌发布。

同月，“宝信软件移动应用平台软件V1.0”入围2014年度国家重点新产品计划。

11月24日，上海市交通运输行业协会集装箱道路运输分会授予宝信软件车辆信息服务平台为“上海市集装箱运输行业协会推荐服务商”。

12月31日，宝康电子“电子警察和智能卡口”产品被上海市名牌推荐委员会命名为“2014年度上海名牌”。

12月，“宝信软件”（公司主商标）及相关软件产品获上海市第19批著名商标。

同月，西部矿业股份有限公司信息化总体规划通过专家评审，这是宝信软件在西部有色矿产资源领域的第一次系统性规划，为进一步开拓西部有色市场奠定了基础。

同月，由宝信软件承建的祥光铜业EMS（能源管理系统）项目获中国节能协会颁发的“节能减排科技进步奖”二等奖。

同月，宝信软件获中国软件行业协会发布的“2014年度自主可靠企业核心软件品牌”。（周赛君）

宝信软件下属分公司一览表

名　　称	地　　址
北京分公司	北京市朝阳区建国门外大街丙12号宝钢大厦7A
成都分公司	四川省成都市高新区世纪城南路216号天府软件园D区6号楼503室
重庆分公司	重庆市渝中区大坪龙湖时代天街3号写字楼32-5、6、7号房
广州分公司	广东省广州市天河区高新工业园建中路58号东诚大厦606室
海盐分公司	浙江省海盐县武原镇海丰西路218号

（续 表）

名 称	地 址
南京分公司	江苏省南京市雨花台区雄风路333号梅山商业广场6楼
宁波分公司	浙江省宁波北仑明州路731号长江国际大厦A座17楼1701-1709室
山东分公司	山东省烟台市开发区香山路88号方寅综合楼7楼
深圳分公司	广东省深圳市高新区科技南十二路长虹科技大厦12楼1206-1207室
西安分公司	陕西省西安市高新技术产业开发区科技二路77号西安光电园A403室
厦门分公司	福建省厦门市软件园观日路44号2层D、E、F、G单元

（周赛君）

生产服务业

生产服务业负有为钢铁主业提供高效服务和实现再生资源利用产业化的两大战略任务。宝钢早在1986年就成立了为钢铁主业提供生产、生活服务的企业开发总公司。2008年4月，成立生产服务业运营管理委员会，负责对宝钢发展、梅山公司、一钢公司、浦钢公司和五钢公司等从事生产、生活服务的全资子公司履行运营管理职能。2011年，生产服务业加快转型，一钢公司、浦钢公司、五钢公司与宝钢发展密切配合，完成业务整合，进入以资产管理、人员服务和历史遗留问题处理为主要职责的管理阶段；梅山公司与梅钢公司实行一体化运营。（施 志）

宝钢发展有限公司

宝钢发展有限公司（简称“宝钢发展”）是宝钢集团的全资子公司，注册资本27.49亿元。前身为1986年9月成立的宝钢总厂企业开发总公司，2007年10月组建“宝钢发展有限公司”。总部设在宝山区牡丹江路1813号（宝钢集团宝山宾馆南楼）。宝钢发展有限公司设职能（业务）部门13个，下设13个业务单元。至年底，在册员工12937人，其中在岗员工10203人。主要业务包括固废资源综合利用、环境改善、品质生活、不动产运营管理、辅助生产、物流配送、工厂物业等服务，能够为工业企业及城市系统提供系统集成解决方案，致力于成为有品牌影响力的提供生态环保、品质生活、生产辅助等组合式服务的一流供应商。

2014年，宝钢发展有限公司面对钢铁主业经营压力持续传导，核心产品市场竞争日趋激烈、人力资源成本压力持续增长等一系列内外部困难和严峻的经营形势，围绕“提升服务能力、推进转型发展”，完成宝钢集团下达的经营任务。全年实现营业收入90.84亿元，实现利润0.44亿元。（施 政）

企业负责人简介 郭斌，1971年8月生，山东青岛人，中共党员，工程师，宝钢发展有限公司董事长。

宋彬，1971年5月生，山东单县人，中共党员，工程师，宝钢发展有限公司总裁。

姚殿国，1959年11月生，吉林长岭人，中共党员，高级工程师、高级政工师，宝钢发展有限公司党委书记、副总裁。

第二届董事会2014年度第一次临时会议 1月17日，宝钢发展有限公司召开第二届董事会2014年度第一次临时会议。审议通过《关于宝钢建材增资扩股引入战略投资者方案的议案》《关于宝钢发展有限公司调整经营范围、注册地址及修改公司章程的议案》。（施 政）

第二届董事会第八次会议 3月6日，宝钢发展有限公司召开第二届董事会第八次会议。审议通过《2013年度总裁工作报告》《宝钢发展有限公司2013年度经营情况汇报、2014年度生产经营计划及预算目标》《宝钢发展有限公司2014年度投资计划方案》《宝钢发展有限公司2014年度全面风险管理报告》《关于组建成立“湛江宝钢新型建材科技有限公司”立项的议案》《关于〈广东湛江钢铁基地项目高炉矿渣综合利用工程〉立项的议案》《关于〈广东湛江钢铁基地项目工业废弃物回收分选工程〉立项的议案》《宝钢发展有限公司2013年度资产报损方案》《关于上

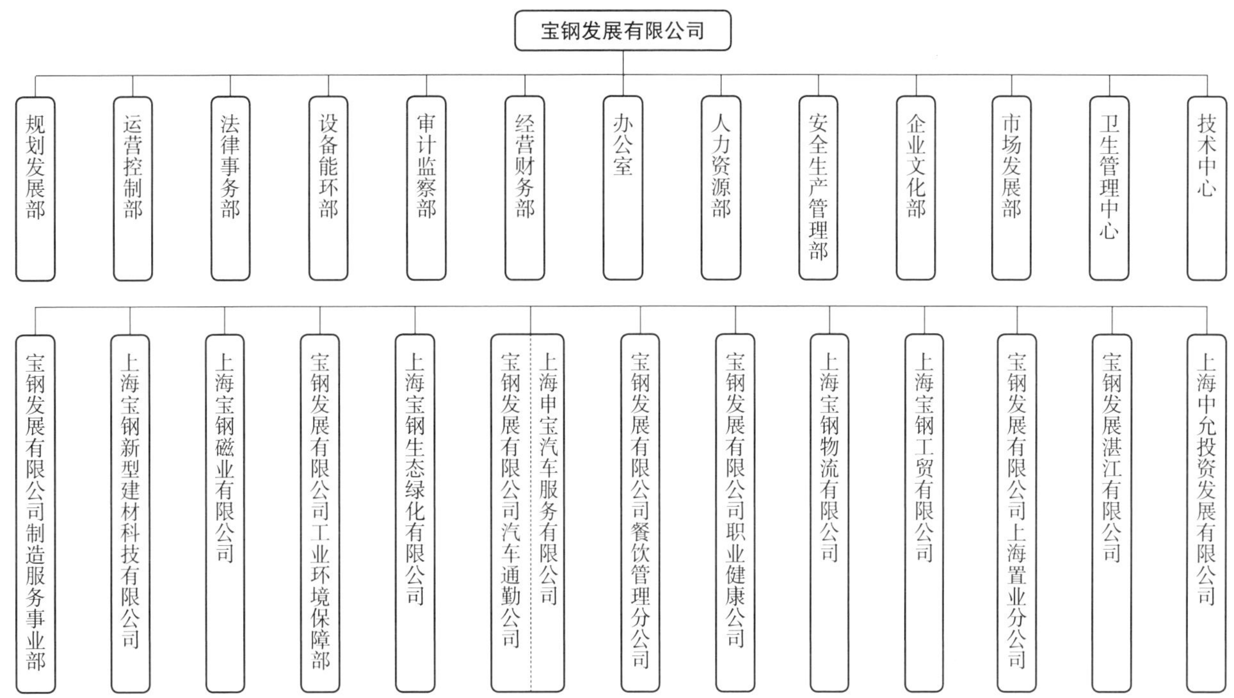

宝钢发展有限公司组织机构图（2014年12月）

海宝嘉混凝土有限公司42%股权后续降价方案的议案》《关于长宁区延安西路1296号剩余土地收储补偿相关工作的议案》。（施　政）

第二届董事会2014年度第二次临时会议　3月28日，宝钢发展有限公司召开第二届董事会2014年度第二次临时会议，审议通过《关于上海宝钢新型建材科技有限公司增资扩股引入战略投资者项目后续资金募集工作的议案》。（施　政）

第二届董事会2014年度第三次临时会议　5月19日，宝钢发展有限公司召开第二届董事会2014年度第三次临时会议，审议通过《关于解聘蔡伟飞宝钢发展有限公司总裁职务的议案》《关于聘请宋彬任宝钢发展有限公司总裁职务的议案》《关于聘请徐同建任宝钢发展有限公司副总裁职务的议案》《关于宝钢发展有限公司变更法定代表人、修改公司章程的议案》《宝钢发展有限公司经营班子成员2013年度业绩评价及薪酬结算方案》《宝钢发展有限公司2013年度财务决算报告》《关于宝钢建材与中冶宝钢合资成立上海中冶宝钢发展冶金渣科技有限公司的议案》《关于宝钢钢铁资源综合利用项目——冶金废弃物循环处置项目立项的议案》。（施　政）

第三届董事会第一次会议　9月28日，宝钢发展有限公司召开第三届董事会第一次会议，审议通过《关于转让宝钢物流（江苏）有限公司100%股权的议案》《关于修订宝钢发展有限公司〈组织机构管理办法〉〈预算管理制度〉〈资产损失认定管理办法〉三项基本管理制度的议案》《宝钢发展有限公司2014年度投资计划中期调整方案》《关于解聘袁继烈宝钢发展有限公司副总裁职务的议案》《关于宝钢文化中心改扩建工程项目新增35千伏变电站设计方案的议案》《宝钢发展有限公司2013年度利润分配方案》《关于宝钢发展有限公司2014年处置低效不动产资产的议案》。通报《关于宝钢发展有限公司第三届董事会成立的报告》《宝钢发展有限公司2014年前三季度经营情况及全年预测的报告》。（施　政）

第三届董事会2014年度第一次临时会议　11月4日，宝钢发展有限公司召开第三届董事会2014年度第一次临时会议，审议通过《关于宝钢发展有限公司调整经营范围及修改公司章程的议案》《关于宝钢发展湛江有限公司增资立项的议案》《关于组建成立“上海宝钢生态绿化有限公司”立项的议案》。（施　政）

组织机构及业务调整和优化　（1）1月，成立宝钢发展有限公司法律服务中心（挂靠宝钢发展有限公司法律事务部，作为业务部门管理）。（2）2月，成立宝钢发展有限公司深化改革领导小组和工作小组。（3）6月，把宝钢发展湛江有限公司从制造服务事业部划由宝钢发展有限公司总部直接管理，与宝钢发展有限公司湛江项目组实行“两块牌子、一套班子”管理模式。（4）7月，成立宝钢发展有限公司健康管理业务推进工作小组（公司级）；以吸收合并方式完成对上海宝钢经营开发总公司的工商注销工作。（5）8月，将汽车通勤公司、餐饮管理分公司、职业健康公司由制造服务事业部提升至宝钢发展有限公司总部直接管理，并根据市场化运作需要，对组织机构进行调整。（6）9月，将上海宝钢新事业发展总公司（简称“新事业公司”）委托上海宝钢工贸有限公司（简称“工贸公司”）管理，不再由宝钢发展有限公司总部直接管理，明确新事业公司作为工贸公司下属业务单元；撤销宝钢发展有限公司钢材贸易经营部。（7）11月，将工业环境保障部相关业务划出，成立上海宝钢生态绿化有限公司（简称“宝钢绿化”），由宝钢发展有限公司总部直接管理；包装管理部与工业公司不再实行“两块牌子，一套班子”管理模式，包装管理部组织机构整体划入工业公司。（8）12月，成立宝钢发展有限公司技术中心，负责技术贸易工作，划入规划发展部“科技管理”职能和宝钢发展有限公司战略业务产业项目组职能。

（施　政）

加强投资项目管理　2014年，宝钢发展有限公司加强投资项目管理，对上一轮规划投资项目进行了评估，就存在的问题积极落实整改，同时，加强新投资项目可研、立项、建设各环节管理，杜绝在新的项目上发生类似问题；有序推进湛江钢铁固废综合利用各项目以及宝钢股份以转底炉为代表的固废综合利用等项目。（施　政）

宝钢文化中心改扩建项目　宝钢文化中心改扩建项目（又称“宝乐汇”）位于宝山区“淞宝板块”核心商务区，整个地块占地约为2.87万平方米，东与宝林二村住宅小区为邻，南靠宝杨路，西临牡丹江路，北为宝林路。项目静态总投资5.99亿元，由宝钢发展有限公司独家投资。该项目建筑面积10.17万平方米，其中地上六层6.24万平方米、地下二层3.92万平方米，主要功能包括新百货主力店、精品超市、电影院、餐饮店、零售店、文化娱乐、KTV、电玩和生活家居等。立项批复5.8亿元。2014年，完成投资2.84亿元，累计投资完成5.4亿元。完成主体结构、消防系统、给排水系统、供电系统及部分幕墙工程、弱电工程、泛光照明工程、精装工程。进行地上结构、建筑以及机电安装施工，通过设计控制及现场施工调控，12月完成一次消防现场验收。开展宝乐汇招商项目工作，宝钢发展有限公司上海置业分公司下属上海国益工贸实业发展有限公司（简称“国益公司”）累计约见商户1045次，与16家签署租赁意向，完成69家合同签订，2014年度完成合同签约率75%。制订宝乐汇物业管理方案，成立国益公司物业部，建立管控模式，调整组织架构及定岗定编，做好宝乐汇物业管理前期各项准备工作。

（施　政）

碧云钻石服务式公寓装饰项目　碧云钻石服务式公寓装饰工程位于上海市浦东新区碧云路1168号，占地面积为1.04万平方米，建筑面积5.17万平方米，其中商业0.56万平方米，公寓3.47万平方米（292套），配套区域0.38万平方米，地下车库0.74万平方米。该项目建设内容为室内装饰改造，外立面修缮；不改变原建筑使用功能及结构；给排水改造；暖通改造；电气改造；通讯改造，总投资1.39亿元。2014年，完成投资7298万元，累计完成投资1.11亿元。分两个标段实施，已完成项目主体工程，包括招标和部分内装修等工作，并组织设计院、监理及施工单位对项目整体进行交工验收。（施　政）

宁波钢铁高炉热态熔渣粒状棉中试项目　该项目在宁波钢铁建设高炉热态熔渣2万吨粒状棉中试生产线。宝钢发展有限公司以宁波钢铁一号高炉热态熔渣为主要原料，同时外配其他原料，通过调质调温、纤维化、集棉、成型，生产出粒状棉产品，粒状棉年产量2万吨，总投资6450.48万元。11月，完成热负荷试车，后续按节点推进。（施　政）

宁波钢铁固体废弃物资源综合利用项目　该项目由上海宝钢新型建材科技有限公司（简称“宝钢建材”）、宁波钢铁、宁波宝丰冶金渣环保工程有限责任公司（简称“宝丰公司”）三家合资，注册资金为6000万元，其中，宝钢建材出资2280万元，占股比38%；宁波钢铁出资1500万元，占股比25%；宝丰公司出资2220万元，占股比37%。建设一条钢渣微粉生产线、一条矿渣微粉生产线、一条钢矿渣复合微粉生产线，总投资1.58亿元。年

8月13日，湛江钢铁高炉矿渣综合利用项目打下首根桩基（孙 刚 摄）

底，土建完成90%，设备基本安装就位。（施 政）

湛江钢铁高炉矿渣综合利用项目 该项目在湛江钢铁基地红线内，即纬一西路南侧原料场单元中。由宝钢发展有限公司新建一条50万吨/年矿渣微粉生产线（一期工程，年产矿粉56万吨），及相应配套设施。规划建设的第二条50万吨/年矿渣微粉生产线（二期工程，规划期最终年产矿粉112万吨）。至年底，筒仓基础浇筑完成，立磨基础养护测温、模板拆除、基坑回填完成，受料坑钢板桩打桩完成，水渣堆场基础浇筑完成10套，外线煤气管道支架预制完成21套，外线煤气管道固定支架浇筑完成5套。（施 政）

湛江钢铁自备电厂粉煤灰项目 该项目是宝钢发展有限公司在广东湛江投资的第一个基本建设项目，为湛江钢铁基地自备电厂工程的配套项目，可年处置36万吨粉煤灰，满足电厂3台发电机组排灰需求。为确保项目建设的合规性以及后续的顺利推进和管理，宝钢发展有限公司与湛江钢铁签订框架协议和BOO合同（建设、拥有、经营，承包商根据甲方赋予的特许权建设并经营某产业项目，但并不将该产业项目移交给甲方），纳入湛江钢铁主体工程系统，进行属地化管理。并由广东省电力设计研究院作为EPC（设计、采购、施工一揽子总承包模式）总承包单位。至年底，一号、二号灰库基本具备受灰条件，三号灰库基本完成设备安装。（施 政）

湛江钢铁工业废弃物回收分选项目 该项目在湛江钢铁基地红线内，即纬一西路南侧原料场单元中，建设1条2万吨/年混合工业废弃物回收分选生产线、1条8万吨/年废耐材回收处理分选线、1座0.2万吨/年废油回收厂房、1条废旧物资处理生产线；至年底，桩基施工完成80%，基坑开挖及浇筑施工完成50%。（施 政）

湛江钢铁包装材料生产服务项目 该项目在湛江钢铁基地中央水处理东侧区域内（纬一路、经五路口），拟新建铁制品车间、纸制品车间和塑料制品车间，及相应的生产和公辅等配套设施。项目建成后能够满足湛江钢铁产品的主要包装材料的需求。年底，宝钢发展有限公司立项批复5224.34万元。（施 政）

内河码头立磨生产线技术改造项目 该项目在宝钢发展有限公司内河码头西面宝田一号、二号矿渣微粉生产线皮带输送机南侧原水渣堆场区域。主要新建一条年产56万吨的矿渣微粉生产线。产品品种包括矿渣微粉和超细矿渣微粉。8月20日，获《关于宝钢发展有限公司内河码头立磨生产线技改试生产延期的审批意见》；9月28日，《宝钢发展有限公司内河码头立磨生产线技术改造项目职业病危害控制效果评价报告》通过专家评审；11月9日，《宝钢发展有限公司内河码头立磨生产线技术改造项目职业病防护设施专篇》通过专家评审，12月通过安监局网上审批；11月12日，完成《建设工程竣工验收消防备案受理凭证》。（施 政）

深化科研合作 2014年，宝钢发展有限公司深化企业内外部单位科研合作：与宝钢中央研究院重点开展“热态渣制备微晶玻璃”项目合作，推进“轧钢含油污泥多膛炉处理技术”项目，联合完成“宝钢氧化铁红品质提升预研究”；与上海市环境科学研究院合作，完成“普通硅酸盐水泥铁质校正料产品化应用研究项目”，并在宝山区质监局备案；宝钢固体废弃物在碱性土壤改良中的应用研究项目，完成固体废弃物用于土壤改良剂的配比试验，并在崇明进行盆栽中试试验。（施　政）

加大技术交流力度　(1) 2014年，宝钢发展有限公司组织赴中国台湾地区中国钢铁公司及韩国浦项制铁公司进行冶金固体废弃物综合利用技术交流，为转底炉及污泥综合利用提供技术支撑；(2) 组织与西马克公司、保罗沃尔公司、洛尔公司等国外先进企业进行转底炉工艺、装备、运营以及含油污泥、含铬污泥等处置工艺技术交流；(3) 组织与上海交通大学船建学院、上海大学环境学院等国内高校进行技术交流，为危废处理技术等储备寻源。（施　政）

推进重点科研项目　2014年，宝钢发展有限公司完成宝钢股份无价污泥的全流程梳理和成分分析、归类；完成宝钢股份总部烧结区域3.8万平方米的土壤检测、分析和修复工作，开展土壤修复专用抓斗、土壤修复一体机研发；磷酸铁锂材料中试技术研究完成中试试验并结题；启动热态熔渣制备微晶玻璃关键工艺技术研究，并组织完成国家项目中期验收评审；减振复合板项目，实现中温区间的导电板滚涂工艺小量生产。（施　政）

取得多项创新成果　(1) 2014年，上海宝钢新型建材科技有限公司实施科研项目12项，结题6项，结转6项；专利申请16项，其中发明专利9项；创科技效益1204万元，科技政策利用收入993.77万元。上海宝钢新型建材科技有限公司下属宝田公司获“上海市高新技术企业”称号；“电厂干法脱硫灰应用技术”获“晶牛杯”全国建材行业技术革新奖和中国循环经济协会科学技术三等奖。“提高燃气热风炉燃烧效率的节能装置”“防环裂铁水预处理喷枪”分获第八届国际发明展银奖、铜奖。(2) 上海宝钢磁业有限公司实施16个科研项目，结题14个，申报技术秘密2项、专利8项。“高性能软磁铁氧体料粉的干法制造工艺研究”“宽温低温度系数特性材料深度研发”“提高氧化铁比表面积装置研发”获第二十六届上海市优秀发明选拔赛优秀发明银奖；“混合与造粒同时进行的锰锌铁氧体造粒工艺研究”“一种具有宽温高直流叠加特性的锰锌软磁铁氧体材料”获第二十六届上海市优秀发明选拔赛优秀发明铜奖；“一种磷酸铁锂原位碳包覆方法”获第113届巴黎国际发明展银奖；上海宝钢磁业有限公司通过上海高新技术企业复审。（施　政）

提升服务保障能力　(1) 2014年，制造服务事业部对内部服务界面进行整合优化，建立客户服务平台信息共享机制，提高了为客户提供专业化集成服务的能力和水平。(2) 上海宝钢磁业有限公司通过控制洗涤塔流量参数的变化和烟尘的排放，降低了宝钢股份冷轧薄板厂和五冷轧区域有害气体和粉尘的浓度。(3) 工业环境保障部等单位共同做好宝钢股份四号高炉炉缸大修保驾服务。(4) 汽车通勤公司在所有通勤车上安装卫星定位(GPS)系统和IC卡刷卡系统，集门禁、票务、统计、监控为一体，实现客流信息统计、远程动态监控，提高了通勤车辆准时准点率。(5) 职业健康公司将上午体检开始时间提前到7点30分，方便老年人体检。(6) 宝钢发展湛江有限公司创新生活后勤业务机制，仅用37名员工和少量投资，依靠社会资源基本解决了湛江钢铁范围内近2万人的医、食、住、行的问题。（施　政）

推进环境绿化　(1) 在绿化养护方面：上海宝钢生态绿化有限公司重点加强行道香樟养护；清扫草坪和绿地内香樟落叶；修剪影响视线或运输的绿化；定期完成办公楼区域、主要景点等31处花草(共计0.27万平方米)更换工作等。(2) 在绿化环境整治方面：上海宝钢生态绿化有限公司对部分绿化整治重点区域编制施工方案及绿化施工设计图，实行绿化区域整治项目化管理，完成宝钢股份化三十路浴室周边以及焦九路等区域、道路的绿化整治项目28项，面积2.28万平方米。(3) 2014年，上海宝钢生态绿化有限公司共完成绿化提升改造项目31项，种植绿化48.55万平方米；完成宝钢股份“冷轧厂2030单元热镀锌机组改造”等绿化搬迁项目141项，面积11.15万平方米；完成“二炼钢新增6号RH精炼装置主体工程”等绿化恢复项目110项，面积11.06万平方米；完成世界环境日等14个重要参观检查活动的绿化美化任务。（施　政）

12月3日，中央电视台、上海市古树名木保护工程办公室到宝钢股份生产厂区“狮子林”拍摄宝钢生态绿化宣传片 （鲍卫中 摄）

防范经营风险 2014年，宝钢发展有限公司落实内、外部审计问题的整改，对审计问题通报采取实名制，对重复出现问题的单位领导依据制度进行相应问责；推进《单一来源采购方式审批规范》，强化对单一来源采购业务的管控，完善供应商管理规范，颁布合格、禁入、退出供应商名录，推进供应商信息共享，提升采购透明度，降低采购成本；将上海宝钢新事业发展总公司委托上海宝钢工贸有限公司管理，降低库存，加快资金回笼，并逐步退出传统钢材贸易业务；对钢材、水渣、矿渣微粉、氧化铁红、料粉的风险库存实施分级管理，防范和控制存货贬值风险，抑制流动资金占用过量；对物资、委外仓储及加工的供应商进行全流程管理。 （施 政）

加强安全管理 2014年，宝钢发展有限公司制定《优化和完善安全管理体系实施意见》，从梳理和优化综合安全管理体系等6个方面，对出租场所、建设项目、技改项目、协力安全等27个安全项目开展专项检查和整治，确保各项安全生产指标受控，综合安全工作保持平稳态势，被宝钢集团评为“优秀”单位。 （施 政）

宣传贯彻新《环保法》 2014年，宝钢发展有限公司新制定《环保事件管理办法（重大环境污染事件应急预案）》和《环境保护事件问责管理办法》，强化各级管理者的环保责任和意识。重点管控固体废弃物处置、废旧油处置、环保设施非正常运行等14项重大环境风险。实行固体废弃物客户环保经营资质准入核查制，建立资质审核备案，全年共实施清退不符合环保要求的固体废弃物客户18家，暂停业务15家；完善全物流管控，对钢渣运输实施GPS定位跟踪，降低固体废弃物客户发生环境污染事件的概率。 （施 政）

优化人力资源管理 2014年，宝钢发展有限公司围绕“人事、劳动和分配”，推进“三项制度”改革，深化“五优化”（劳动效率优化、岗位岗级优化、薪酬体系优化、直管人员绩效优化、协力管理优化）。通过公开招聘等方式引进一批急需人才，其中引进20名年轻大学生；提拔28名70后、80后优秀人才，使直管人员年龄结构、素质结构更趋合理，直管干部队伍平均年龄下降1.5岁。进一步提升人事效率，完成8个业务单元11个区域的劳动效率测评工作，确定在岗员工提升目标，梳理可供转岗的岗位需求，实施转岗培训，全年转岗员工400人。 （施 政）

调整发展规划 2014年，宝钢发展有限公司对《2013—2018年发展规划》进行调整，同时启动《2016—2021年发展规划》的研究。确立具有挑战性的发展目标，明确市场化发展的道路，深化改革、转型发展、提升能力的战略选择，发展混合所有制的基本方向，以及包括环保服务、生活服务、生产服务的业务组合及其发展目标、路径，形成《六项能力建设计划方案》。 （施 政）

深化改革 2014年，宝钢发展有限公司拟订深化改革10大类15个子项目，并进行尝试和探索。一是上海宝钢新型建材科技有限公司通过增资扩股方式引入两家战略投资者，募集资金2.9亿元；与香港嘉华建材集团签署《战略合作框架协议书》。二是优化宝钢股份生产协力管控模式，完成新的生产作业协力管理公司组建，改变业务长期亏损的现状。三是开展危废处置及废旧油业务合作，与中明环保集团、齐合天地公司签订《三方合作框架协议》，借助民营企业和外资企业的技术和渠道优势,共同推进危废产业的发展。四是健康管理业务,按照核心战略业务定位及混合所有制方向进一步修改完善方案。五是培育新产业,“热态渣制备微晶玻璃”合作项目进入中试试生产阶段;联合开发的“减震板阻尼黏结剂”项目进展顺利;“土壤修复”项目合资合作达成共识。(施 政)

加强党支部建设 2014年,宝钢发展有限公司党委拓宽“五心”工作模型在基层党支部的应用,汇编成《基层党支部“五心”工作案例集》;开通宝钢发展有限公司党建工作平台,下发2014年度《党委三年目标责任书》《党支部绩效目标责任书》,实现了党组织工作的痕迹化管理。在年度党员登高和党员民主评议活动中,强调党员登高的谈话沟通环节,改变民主评议方式,聚焦评议实效;探索党员退出机制,下发《关于建立健全不合格党员退出机制的指导意见(试行)》,同时开展面向全体党员的专题教育和党支部书记、党务工作者的专题培训,并在基层党委通过民主程序后执行。(施 政)

心理疏导和人文关怀 2014年,宝钢发展有限公司发挥身心健康教练团队的作用,开展月度主题沙龙,分享基层管理者做员工思想工作的经验;加大力度培养内部心理辅导培训师,公司有国家二级心理咨询师18人;组织开办首期针对作业长的心理疏导能力素质培训班。发挥“心晴工作室”平台作用,全年服务员工85人次,其中提供心理疏导、咨询服务29人次,团体分享、沟通56人次。作为上海市大型国有企业内部开展员工心理疏导服务先行先试的典范,《解放日报》对宝钢发展有限公司的做法进行了专题报道。(施 政)

落实党风廉政建设 2014年,宝钢发展有限公司组织召开3次落实党风建设和反腐倡廉责任制领导小组会议;下发《工程项目投资管理关键控制点指南》;加大网上采购销售推进力度,逐步实现固废资源网上销售目标。推进“红线”管理,强化监督领导人员廉洁从业行为;开展“领导人员履职行为”专项检查工作,探索建立领导人员廉洁从业行为“负面清单”。加强“阳光采购销售”、工程建设创“双优”、阳光消费的监督管理,完善《信访举报查实案例通报制度》等7项制度和“365”惩防体系建设。公司直管领导人员还提出党风建设和反腐倡廉工作“金点子”200多条;累计开展廉洁从业相关教育活动75次,参与人数1500余人次;1574人作出了廉洁承诺,签署廉洁合同1300多份。(施 政)

建立和谐员工队伍 2014年,宝钢发展有限公司不断提升各级管理者处理、解决矛盾的能力:组织新提拔干部、信访人员参加维稳信访业务知识培训,开展为期半年的新提拔领导干部的“虚拟挂职”锻炼。年初汇总的27个不稳定隐患矛盾,涉及1138人,年内化解、缓解、销案9个,涉及429人。推进员工五级网络结对子活动,收集149篇案例。结合全员素质提升工程,推进转岗培训,全年有635人转岗。围绕“德、技、体、美、劳”五方面重点内容,推进先进操作法、创新工作室等工作,激发员工归属感、责任感。(施 政)

宝钢发展大事纪要

1月21日,召开生活后勤服务“三比一创”劳动竞赛最佳实践案例评选发布会。

2月20日,成立宝钢发展有限公司全面深化改革领导小组;召开党的群众路线教育实践活动总结大会;召开2014年党风建设和反腐倡廉大会。

7月1日,宝钢发展有限公司举办党支部书记主题论坛(余 淞 摄)

3月6日，召开第二届董事会第八次会议，审议通过《2013年度总裁工作报告》等10项报告和议案。

3月26日，召开九届三次职代会，审议通过《行政工作报告》《岗薪工资制实施细则》等14个报告和事项。

4月8日，召开2013年度员工“结对子”典型案例发布会。

4月9日，宝钢集团调整宝钢发展有限公司领导班子：宋彬担任宝钢发展有限公司总裁、董事，蔡伟飞不再担任宝钢发展有限公司总裁、董事。

5月20日，召开内控体系建设及领导人员任中审计整改推进会。

6月6日，召开《2013—2018年发展规划》调整优化启动会及《2016—2021年发展规划》研究。

6月23日，召开领导人员任期经济责任审计进点会。

6月25日，宝钢发展湛江有限公司由宝钢发展有限公司总部直接管理。

6月28日，宝钢文化中心改扩建项目主体结构封顶。

8月11日，与上海市科委合作的2014年科技支撑重大项目——工业场地污染综合评估及复合污染土壤修复集成技术研究示范应用课题启动。

8月14日，将汽车通勤公司、餐饮管理分公司、职业健康公司由宝钢发展有限公司制造服务事业部提升至宝钢发展有限公司总部直接管理。

8月15日，召开环保风险信息模拟发布会。

9月5日，宝钢集团调整宝钢发展有限公司领导班子：郭斌担任宝钢发展有限公司董事长，蒋立诚不再担任宝钢发展有限公司董事长、董事。

9月10日，上海宝钢新事业发展总公司由上海宝钢工贸有限公司委托管理，不再由宝钢发展有限公司总部直接管理。

9月28日，召开三届一次监事会、董事会。

11月14日，成立上海宝钢生态绿化有限公司。

11月26日，召开国资委监事会检查进场会。

12月5日，宝钢发展与湛江钢铁签署《商业合作框架协议》。

12月17日，召开环保服务产业发展规划咨询会。

12月30日，成立宝钢发展有限公司技术中心，提升技术开发和技术经营能力。 （施　政）

宝钢集团
上海第一钢铁有限公司

宝钢集团上海第一钢铁有限公司（简称“一钢公司”）前身是1938年11月日本侵华时期，由日亚制钢株式会社在吴淞建立的炼钢工坊。1949年上海解放后，定名为“上海钢铁公司第一厂”，1957年3月改名为“上海第一钢铁厂”。1995年12月，由工厂制改为公司制，组建成立“上海第一钢铁（集团）有限公司”。1998年11月，成为宝钢集团的全资子公司，1999年3月更名为“宝钢集团上海第一钢铁有限公司”。2005年5月，一钢公司钢铁主业由宝钢股份收购，一钢公司注册资本为15.93亿元。根据宝钢集团生产服务业整合规划，至2011年9月，一钢公司平稳完成所有经营业务向宝钢集团内外相关专业平台整合的任务，进入人员管理服务阶段。

2014年，一钢公司实现营业总收入2.34亿元，实现利润1398.47万元，全年未发生各类有责安全事故。 （顾春芳）

企业负责人简介　朱超，1973年3月生，陕西洋县人，中共党员，工程师，一钢公司执行董事、总经理、党委书记。

解决历史遗留问题　（1）2014年，一钢公司与虹口区和闸北区政府开展关于高阳路、周家嘴路、永兴路等地块收储谈判，并抓住机遇解决相关改革改制单位的历史遗留问题，取得实质性进展。（2）全面排摸、梳理不锈钢生产区域内长期处于无租赁合约的部分不动产，与相关部门签约资产租赁协议，确保其安全受控。（3）全面清理公司内低效、无效资产，拟定了针对“北京联冶计控公司”股权等低效无效资产的处置时间表。（4）强化公司往来账目管理，对公司部分长期挂账应收款项进行权益追诉，全年共核销长期往来中的呆账、坏账56笔，金额41.9万元，有效降低财务风险。 （顾春芳）

改善经营绩效　（1）2014年，一钢公司以“资产保全，价值增值”为指导思想，以不动产审计中所揭示的问题为切入点，落实各项责任，强化不动产经营管理。全年租赁收入2506万元，同比增加32万元；催讨欠缴租赁费56.7万元。（2）严控各项费用。加强全面预算管理，管理费用较宝钢集团考核目标下降161.4万元。（3）推广“阳光采购”模式，降低采购成本。如退休工人“夏送清凉”采购的整个流程规范、受控，实现采购物资质量优

于往年,采购成本同比下降8.3%。(顾春芳)

提升服务水平 (1)2014年,一钢公司开展退休网块长"最佳贴心人"劳动竞赛活动,提高网块长的服务能力和质量,做好退休职工体检和帮困等工作。2013年6月—2014年6月,开展的首轮体检,共有10198名退休职工体检,完成率为64%;2014年7月,启动第二轮退休人员身体健康检查。2014年,上门家访40320人次,住院探望1335人次,帮困补助8584人次,金额369.82万元;大病救助393人,金额251.5万元;开展"夏送清凉、冬送温暖"等工作,夏令慰问4035人次,敬老节慰问1827人次,冬令慰问4200人次;还组织60多名退休职工报名参加宝钢第八届老年人艺术节。(2)做好退养职工的关心、服务工作。基本化解相关人员的遗留问题。(3)上门服务,关爱离岗职工。走访非在岗职工群体,逐步完善个人档案。2014年共接待来信来访1064人次、谈心55人次,家访慰问、住院探望1587人次,发放帮困金169.46万元。(4)关心服务好离退休老干部。定期组织开展小型多样的适合老同志特点的文体活动;节日期间对全体离退休老干部进行慰问走访;开展"最美离退休党支部和最美老干部"的评选活动,表彰4个支部和10名个人。(顾春芳)

完成维稳工作目标 (1)2014年,一钢公司建立并完善维稳工作机制。制订第四次亚信峰会期间维稳工作应急预案,确保公司维稳工作整体受控。全年化解初次信访、初次上访49例,其中宝钢集团转办13例,化解率100%;化解宝钢集团C类突出矛盾1例、缓解3例,较年初减少4例;越级信访量同比减少36件,下降26%。(2)倡导以服务为根本,以协同求合力,发挥各部门专业力量,共同化解和管控各类矛盾,有效减少不稳定事件的发生。(3)加强多种形式的专业培训,提升处理各类信访、风险评估的工作能力。(顾春芳)

推进管理工作 (1)2014年,一钢公司完善制度,优化内部管理流程。整合公司机构,规范内部流程,以满足新的管理要求。全面梳理内部各项管理制度,全年修订20项,新增6项。(2)优化退休工人帮困、大病救助等事项的现金支付流程,降低资金管理风险,提升服务质量。7月起,推进退休职工各类帮困、大病救助款项进银行卡工作。至年底,合计进卡金额比例为65.2%、进卡人次比例为60.9%;其中大病救助进卡金额比例为70.1%、进卡人次比例为84.3%。(3)加强档案基础管理。开展人事、信访、改革档案自查及梳理工作。组织推进人事卡片核对和信息录入,提前2个月完成50414张人事卡片的输录核对。发动各部门、全员参与,全面梳理各岗位历史资料,分类归存1081盒(册),做到妥善保存不缺失,目录索引易查询。(4)加强宿舍区域日常管理。首先对宿舍楼住户的基本情况进行排摸,结合管理现状,完善《宿舍管理办法》,围绕安全保卫、入住、环境、信息沟通等薄弱点制定物业管理考核办法,并制定宿舍管理后续推进方案。(5)加强绩效评价工作。完善《员工绩效管理办法》,持续推进全员绩效评价,推进绩效评价结果与收入分配挂钩,引导和激励全员争创业绩;年初与各部门负责人签订年度绩效目标责任书,明确年度重点工作,对直管人员实施季度评价及考核。(顾春芳)

防范安全、消防风险 2014年,一钢公司加强安全体系建设,先后完善《安全管理制度》《一钢公司防汛防台应急预案》《一钢公司火灾、爆炸事故专项应急预案》等相关管理办法;加强租赁、人员密集场所、检修项目的安全监管,特别是永兴路老北站菜市场7月29日自查出危房安全隐患后,落实专人定期开展现场安全检查。全年共组织72次日常安全监察、5项专项检查,查出安全隐患96条,并全部落实整改;结合公司实际,突出消防重点,开展宿舍楼火灾应急演练及灭火器操作演练,在强化全员消防意识的同时,进一步提高全员应急处置突发事件的能力。(顾春芳)

加强职工队伍建设 (1)2014年,一钢公司制定并实施《关于深入开展最佳实践者活动,发现、培育、宣传自主型职工队伍建设的实施意见》,引导激励广大职工争当最佳实践者。利用智慧工作平台、《一钢讯息》、多媒体公告栏等载体,及时发布有关信息和照片,发现、培养、宣传职工的"闪光点"和最佳实践事迹,传导正能量。(2)结合劳动竞赛,倡导团队争先、岗位创优。引导全体职工积极参与创建文明窗口等劳动竞赛,每季度进行评价考核,给予奖励。(3)实施2014年度培训计划,开展相关培训28项,470人次参与。(4)拟订员

工培养补充计划和岗位调整方案。（顾春芳）

探索基层服务型党组织建设 （1）2014年，一钢公司实施《加强服务型党组织建设的实施方案》，落实14项工作任务，提升党建工作价值。（2）重点加强服务型党支部建设，制定《党支部绩效评价实施办法（试行）》，二季度开始试行。（3）加强党组织生活设计，各党支部开展了具有特色的组织生活，如联合党支部组织党龄达40年的老党员谈感想和体会，使与会党员深受教育。（顾春芳）

党风建设和反腐倡廉 （1）明确责任，落实重点工作。年初，一钢公司实施《2014年党风建设和反腐倡廉重点工作》，分解落实7个方面27项具体工作；公司党政与各部门负责人签订《2014年党风建设和反腐倡廉责任书》，修订完善《一钢公司党风建设和反腐倡廉责任制考核办法》，层层落实"一岗双责"。（2）完善体系，加强制度建设。修订《接待、宣传品、公务车及会议管理办法》《职务消费管理办法》《业务活动费、会务费、差旅费使用管理办法》《经济业务交往中收受礼品的处理规定》等管理制度，从源头规范管理。（3）注重监督检查，提高制度执行力。对公务用车费用情况、闲置资产与废旧物资处置、上海三冠钢铁有限公司管理费用进行专项检查。完善公务用车费使用管理台账，将燃油费、停车费、路桥费、检修费等落实到每辆公务车，控制费用支出；业务部门在处置资产时流程、程序合规，符合宝钢集团和公司制度规定及要求。（顾春芳）

党的群众路线教育实践活动整改落实 2014年，一钢公司明确了19个整改落实项目、5个专项整治项目和24个制度建设计划，按时间节点要求，全部完成整改。全年会议数量、发文数量同比分别下降42%、12%；业务招待费、公务用车费同比分别下降9%、16%；管理周会决定事项按时完成率超91%。在教育实践活动整改落实情况的民主评议中，一钢公司整改落实方案、专项整治方案、制度建设计划的整改落实情况，被员工评价为"较好"及以上的分别为97%、98%、100%。（顾春芳）

一钢公司大事纪要

2月13日，召开党的群众路线教育实践活动总结大会。

2月20日，召开三届三次职代会暨2013年度党代会、2014年党风建设和反腐倡廉大会。

7月1日，离休干部陈萍交纳党费1万元。

8月19日，一钢公司、宝钢不锈、宝山区淞南镇的领导班子围绕"促进地企共同发展"议题，召开专题研讨会议。

9月3日，召开党的群众路线教育实践活动整改落实情况汇报会。

11月6—7日，组织员工赴梅钢公司考察学习，开展职工代表看宝钢活动。

11月25日，开展全员政治轮训，学习贯彻党的十八届四中全会精神。

12月1—5日，开展全员问卷调查，听取员工对公司领导班子教育实践活动专题民主生活会整改落实情况和深化作风建设的意见，结合实际听取对公司领导班子和班子成员在带好队伍、完成任务和深化改革过程中坚持原则、敢于担当、遵守党的纪律等方面的意见。（袁　鸢）

宝钢集团上海浦东钢铁有限公司

宝钢集团上海浦东钢铁有限公司（简称"浦钢公司"）前身为筹划于1913年、始建于1917年的"和兴化铁厂"，1922年2月易名为"和兴制铁厂"，1938年9月被日军侵占后更名为"中山钢业浦东钢铁厂"，1945年抗战胜利后恢复为"和兴制铁厂"，1947年7月易名为"上海钢铁股份有限公司第三厂"，1957年3月定名为"上海第三钢铁厂"。

一钢公司下属子公司（含参股公司）一览表

名　称	注册资金（万元）	主要经营范围	控股情况
上海三冠钢铁有限公司	20392	军用球扁钢生产	资产已清理
上海威钢能源有限公司	2980（美元）	建设和运营高炉、煤气电厂，生产电力和蒸汽，销售自产产品	参股35%

（顾春芳）

1996年5月，由工厂制改制为公司制，组建成立“上海浦东钢铁（集团）有限公司”，1998年11月，上海地区钢铁企业大联合，成为宝钢集团的全资子公司，改名为“宝钢集团上海浦东钢铁有限公司”。

新中国成立以来，浦钢为中国冶金工业发展、为国民经济和国防事业建设作出了很大贡献。1949—2007年底，浦钢共冶炼钢6100余万吨，轧制钢材5600余万吨。2007年7月18日，浦东老厂因世博会动迁全面停产；11月24日，浦钢公司搬迁罗泾工程热负荷试车。2008年4月，浦钢公司生产主体被宝钢股份吸纳，按照宝钢集团规划重新成立浦钢公司，注册资本为31.44亿元。2010年3月，浦钢公司的生产协力和生活后勤服务业务整合至宝钢发展公司。浦钢公司机构调整为办公室、人力资源室、管理服务室、财务室、老干部室、退管室6个管理室。2011年10月，浦钢公司退出经营后进入存续状态，主要任务为人员服务与管理、资产管理、历史遗留问题处理。2012年4月，经宝钢集团批复同意，浦钢机构调整为综合管理办公室、人力资源部、财务部、信访办公室、退管中心5个部室。2014年5月，经宝钢集团批复，浦钢公司机构调整为综合管理办公室、人事财务部、退管中心3个部门。

2014年，浦钢公司全年实现营业总收入31万元。（全萍生）

企业负责人简介 肖得义，1957年8月生，广东汕头人，中共党员，高级经济师，浦钢公司执行董事。

杜界松，1960年9月生，江苏靖江人，中共党员，工程师，浦钢公司副总经理（主持工作）。

人力资源服务 2014年，浦钢公司制定《2015—2020年人力资源规划》，并上报给宝钢集团；完成2014年退休教师补贴发放的调整工作；与浦东新区残疾人联合会协商，按照政策，浦钢公司超标安排残疾职工，得到区残疾人联合会奖励18.85万元；向社保、财政部门争取到残疾人工资个税减免额度，实现对企业奖励2.82元。

（全萍生）

强化资产管理 2014年，浦钢公司通过各种渠道提升员工对钢铁行业严峻形势的认识，完成管理费用投入的预期节约目标；公司财务部门精心组织，实现世博税收优惠返税804万元。与宝钢集团不动产管理中心共同完成光福疗养院资产处置工作。（全萍生）

服务与家访有效结合 2014年，浦钢公司制定《家访服务指导意见》，变坐等接访为主动走访，推行为人员服务工作贯穿于家访之中的做法。全年进行退休人员家访23224人次，在册员工家访200人次；离退休老干部家访190人次，劳模、中层员工家访490人次，其中公司班子家访各类人员200人次。坚持开展“送温暖送清凉”活动，主动关心生活困难群众，全年帮困补助583万元。（全萍生）

提升维稳信访体系建设水平 （1）2014年，浦钢公司针对组织机构调整情况，及时调整维稳信访工作职责，完善信访工作例会制度与工作内容。（2）维稳信访工作思路日渐明确，形成信息畅达、服务先行、帮困托底、合法依规”的工作思路，在第四次亚信峰会期间及亚太经济合作组织（APCE）会议期间取得成效。（3）各类矛盾化解方式日趋多样，形成在接待过程中进行化解、在家访过程中进行化解、在工作安排上进行化解、在关心帮困中进行化解、通过联合社区组织进行化解、运用司法途径进行化解等6种工作方式。（4）提高现场处置能力，及时完成中央巡视组交办的信访事项；按宝钢集团信访办要求，对所涉及人员完成全部接触谈话任务，并上报材料。出台《浦钢公司月度信访工作例会办法》和《浦钢现场处置责任落实方案》，提升现场处置效率。（全萍生）

基础管理达到预期目标 （1）注重落实安全责任。2014年，浦钢公司与部室负责人签订安全责任书；加强安全教育，开展安全合理化建议活动，落实合理化建议整改活动。开展安全消防及车辆安全行驶大检查。对浦钢公司所有环境进行安全排查，重点是集体宿舍的安全用电检查，实施整改两起。进行全员性消防逃生演习，并请浦东消防局和上钢派出所民警进行现场指导。（2）持续推进档案管理工作。按计划完成所有人员人事档案电脑录入工作，计录入2万余份；信访档案归档63卷；清理纪委信访档案，重建文书档案电脑目录。单身宿舍管理完成基本情况摸底，修订完成相关管理制度。（3）关心职工“三最”（最关心、最直接、最现实）问题。第二季度完成办公场所厕所改造；在接待窗口设置爱心医药箱，方便年老体弱的退休人员和患有疾病的离岗人员；在门卫室放置雨伞，供前来办事的群众借用。

（全萍生）

浦钢公司大事纪要

2月10日，召开党的群众路线教育实践活动总结会。

4月17日，召开浦钢公司二届二次职工代表大会暨工会会员代表大会。通过《浦钢公司2013年工会财务经费使用情况报告》《浦钢公司二届二次职工代表大会决议》；表决了《浦钢公司2014年集体合同》及《浦钢公司员工岗位累积制实施细则》。

同日，召开浦钢公司退管中心有关工作会议。

5月8日，完成浦钢公司机构精简，新机构设置为综合管理办公室、人事财务部、退管中心。

11月11日，浦钢公司召开二届三次职工代表大会暨工会会员代表大会，通过《浦钢公司在职在册员工大病救助实施细则》。

12月23日，宝钢集团调整浦钢公司领导班子：肖得义担任浦钢公司执行董事；杜界松担任副总经理，全面主持浦钢公司工作；朱铧不再担任浦钢公司执行董事、总经理、党委书记。（全萍生）

宝钢集团上海五钢有限公司

宝钢集团上海五钢有限公司（简称“五钢公司”）的前身是创建于1958年的上海第五钢铁厂，是专业开发、生产、销售特殊钢材的大型国有企业，地处宝山区吴淞口，占地300万平方米。1995年12月改名为“上海沪昌钢铁有限公司”，1996年吸收上海十钢有限公司、上海冷拉型钢厂组建上海五钢（集团）有限公司。1998年11月加入宝钢集团后，更名为“宝钢集团上海五钢有限公司”。2003年8月，宝钢集团将上海钢铁研究所委托五钢公司管理，同年10月将宝钢集团上海二钢有限公司委托五钢公司管理；2007年8月，又将宝钢集团上海钢管有限公司委托五钢公司管理。2005年5月，五钢公司钢铁主业（不包括二钢公司）被宝钢股份收购，另行组建成宝钢股份特殊钢分公司，交易价格为27.91亿元。2006年7月，五钢公司注册资本为7.81亿元。

至2014年底，五钢公司下设综合管理（党群联席）办公室、财务部、人员管理服务中心、维护稳定办公室等。下属子公司及托管单位有：上海十钢有限公司、宝钢集团上海二钢有限公司（托管）、上海钢铁研究所（托管）以及宝钢集团上海钢管有限公司（托管）等。五钢公司（包括子公司及托管公司）在册员工2163人，其中在岗员工454人、非在岗员工1709人，五钢公司（包括子公司）总资产36.37亿元，净资产9.73亿元。

2014年，五钢公司围绕“服务员工，管好资产，确保稳定”的工作方针，完成各项目标任务。全年完成营业收入1.54亿元，完成率为115%，超年度预算2012万元。应收款项从年初的8392万元下降至年底的7518万元，下降874万元，下降率10.41%，超计划完成宝钢集团下达的任务。（陈平德）

企业负责人简介　邱三龙，1955年4月生，江苏泰兴人，中共党员，高级政工师，五钢公司执行董事、总经理、党委书记。

安全生产受控　2014年，五钢公司重伤及以上的事故、火灾事故、主责及以上交通死亡事故均为零。（陈平德）

处置与盘活资产　2014年，五钢公司完成84项资产的处置，盘活资金688万元。实现租赁收入11657万元，超年度预算目标12.86%。（陈平德）

发挥维稳体系与机制的作用　2014年，五钢公司按照“保畅通、重疏导、抓防范、破难题、抓闭环，聚合力”维稳要求，运用“联系、联动、联手、联网”的四联机制，妥善处理、化解和缓解各类矛盾，稳定企业大局。来信来访同比减少18批次，信访总量下降6.1%。突出矛盾总量由5个下降为3个。各种突出矛盾100%处受控状态。（陈平德）

持续开展效能监察　2014年，五钢公司对全体直管人员实行廉洁承诺，对新提任的直管人员进行岗前谈话。围绕资产处置、地产开发盘活等关注点，开展立项评估工作。办结效能监察5项，并取得一定的经济收益。（陈平德）

人文关怀　2014年，五钢公司创新员工服务方法，通过定点走访、结对联系、包干联系等方式，解决员工“三最”问题，全年收集17条员工热点和难点问题，并予以立项，年底全部得到落实解决。坚持落实好各项帮困送温暖制度，累计帮困2619人次，帮困金额116.22万元；有228人次获理赔，计34.05万元；有1391人参加一日捐活动，捐款63990元。坚持开展“好儿女”“贴心人”评选等活动。（陈平德）

五钢公司大事纪要

1月，召开管理研讨会。

5月，推进落实宝钢集团“三

项”改革制度。

6月,《创新党的群众工作探索与实践》一书印发。

同月,完成托管的宝钢集团上海钢管有限公司627名退休职工公积金补缴工作。启动五钢主体及托管的上海钢铁研究所公积金补缴工作,涉及退休职工5662人。

7月,在全体党员中开展为期3个月的“党的宗旨教育”活动。

9月,五钢、特钢民盟支部获“民盟中央基层先进支部”称号。

11月,五钢公司调整机构,由原来的“两办两部一中心”,即综合管理(党群)办公室、维护稳定办公室、财务部、人力资源部、人员管理服务中心,调整为“两办一部一中心”,即综合管理(党群)办公室、维护稳定办公室、财务部、人员管理服务中心。

12月8日,宝钢长宁置业公司通过上海市联合产交所将十钢58771.4平方米土地的股权转让,融侨集团以27.46亿元拍得。

12月,五钢公司获上海市“建行杯”第五届住房公积金区百佳诚信缴交企业。 （陈平德）

五钢公司下属子公司（含托管单位）一览表

名　称	注册资金（万元）	主要经营范围	控股情况
上海十钢有限公司	21520	生产销售热轧钢带、冷轧钢带、焊接钢管、镀层板带、钢材和钢坯及其制品,电机产品及其加工、修理,国内贸易(除专项规定外),房屋租赁,物业管理,居室装潢,收费停车场,电机产品的技术咨询等	全资
宝钢集团上海二钢有限公司	86828.11	金属材料生产加工及原辅料,实业投资,国内贸易(除专项规定外),四技服务,国家有关部门批准的进出口业务	托管
上海钢铁研究所	7975	冷轧及热轧型材、金属制品、粉末冶金、元器件制造加工、科技开发咨询	托管
宝钢集团上海钢管有限公司	20220	无缝钢管、焊接钢管、镀锌钢管制造、加工、销售、技术咨询,本公司新项目筹措、开办;经营本企业资产钢管及制品和技术的出口业务;经营本企业生产、科研所需原辅材料、机械设备、仪器仪表、零配件及技术的进口业务(国家限定公司经营和国家禁止进出口的商品及技术除外);经营进料加工及“三来一补”业务;金属制品、五金加工和制造;普通货运;金属材料、日用百货批发、零售、代购代销;为国内企业提供劳务派遣服务(以上涉及行政许可的凭许可证经营)	托管

（陈平德）

宝钢年鉴

2015

BAOSTEEL

ALMANAC

海外公司

海外公司

宝钢美洲有限公司

宝钢美洲有限公司(简称“宝美公司”)的前身是于1996年4月9日在美国成立的宝钢美洲贸易有限公司,是宝钢股份全资子公司,注册资本金98万美元。位于美国新泽西州蒙特威尔市切斯纳特里奇路85号(NO.85 Chestnut Ridge, Montvale, New Jersey, America)。2013年11月15日,宝钢美洲贸易有限公司更名为“宝钢美洲有限公司”。

宝美公司主要从事钢铁相关产品营销、多元贸易、投融资等各项业务,主要市场包括南美和北美。用户包括美国通用汽车公司、美国通用电气公司、伊莱克斯股份有限公司等。下设钢铁部、财务部和多元发展部。在加拿大多伦多、美国洛杉矶、墨西哥墨西哥城、巴西里约热内卢以及中国上海设有代表处。

2014年,宝美公司销售各类钢材46.50万吨,实现销售收入6.18亿美元。至年底,宝美公司有员工44人。 (聂家齐)

企业负责人简介 叶萌,1957年2月生,上海人,中共党员,高级经济师,宝钢集团总经理助理,宝钢集团美洲大区总代表(兼),宝美公司董事长(兼)、总经理(兼)。

协助宝钢取得取向硅钢“双反”案抗辩成功 7月24日,宝钢组团出席在华盛顿举行的美国取向硅钢反倾销损害听证会,宝美公司积极协助,最终该案取得无损害结案的结果。取向硅钢“双反”案(反倾销、反补贴)的损害抗辩成功,为宝钢应对反倾销打开了有利局面,对其他产品的反倾销应对也产生积极影响。 (聂家齐)

与美国钢铁协会开展交流 9月3日,宝美公司组团在华盛顿与美钢铁协会展开交流,主要目的是加深美国钢铁协会对宝钢的了解,建立双方直接对话的机制,充分表达宝钢在北美地区规范的商业行为。 (聂家齐)

宝美公司大事纪要

7月24日,宝钢取向硅钢“双反”(反倾销、反补贴)案抗辩成功。

9月3日,宝美公司与美国钢铁协会开展交流。

10月8—9日,在华盛顿召开的美国中国总商会2014年年会暨中美经济与投资对话会上,宝美公司获2013年度美国中国总商会优秀会员奖。

12月5日,在美国中国总商会第四季度常务理事会会议上,叶萌当选美国中国总商会贸易委员会主席。 (聂家齐)

10月,宝美公司获2013年度美国中国总商会优秀会员奖(宝 美 摄)

宝钢欧洲有限公司

宝钢欧洲有限公司(简称“宝欧公司”)是宝钢股份全资子公司,1993年10月11日成立,位于德国汉堡市诺能施泰格大街1号(Nonnenstieg 1, 20149 Hamburg, Germany),注册资金50万马克,实有资本金400万马克(204.52万欧元),主要经营冶金原料、设备、备品配件、钢铁制品进出口贸易等。

宝欧公司下设财务管理部、

钢铁部、设备备件部、新事业发展部、上海代表处、东欧代表处、南非代表处、宝钢意大利钢材集散中心有限公司(简称“宝意公司”)、宝钢西班牙有限公司(简称“宝西公司”)和宝钢中东公司3家子公司。

宝欧公司是宝钢欧非(含中东)大区的地区总部,主要代表宝钢集团负责宝钢欧非中东大区的海外经营业务发展,以及钢铁产品、原料、设备和备件在当地市场的销售和采购,协调宝钢集团在该地区的其他业务活动和相关事务。至2014年底,宝钢欧非(含中东)大区共有员工73人。

宝意公司是由宝欧公司和意大利卡斯特集团共同出资建立的中意合资企业。宝意公司成立于2001年10月1日,位于意大利最大的港口城市热那亚。注册资金450万欧元,宝欧公司占51%股份。宝意公司不仅向客户提供宝钢优质产品,特别是汽车、金属包装用钢等精品钢材,而且向用户提供技术支持和解决方案。

宝西公司是宝欧公司全资子公司,成立于2007年4月26日,注册资本20万欧元,位于西班牙最重要的经济、金融和港口城市——巴塞罗那,主要经营钢铁产品进出口贸易。

宝钢中东公司是宝欧公司全资子公司,于2009年5月13日成立,位于阿联酋迪拜酋长国的杰贝阿里港(JEBEL ALI)自由区内,注册资本160万欧元,负责宝钢在中东及周边地区的市场开拓,主要经营管材、板材、长材、不锈钢及钢结构等钢铁产品,满足石化、建筑、制造等行业不同客户的各种需求。

2014年,宝欧公司依据“挖掘公司潜能、扩大销售规模、创造附加价值;加强市场开发、积蓄渠道力量、面向未来发展”的工作指导思想,把握机遇,积极开拓。钢铁业务方面,积极应对欧洲市场需求持续疲软及反倾销带来的不利影响,在欧洲市场稳定菲亚特等长期客户的同时,积极开发新客户;在非洲及中东等新兴市场,依托南非代表处和宝钢中东公司两个业务平台,贯彻扩张的开发思路。备件业务方面,在行业形势低迷、降成本和国产化压力较大的外部环境下,通过加强管理,优化流程,梳理供应渠道,积极开拓新用户等一系列措施,努力保持业务规模稳定。全年宝欧公司钢铁销量41.67万吨,实现总销售收入3.92亿欧元,其中钢铁产品销售收入为3.63亿欧元,设备、备件销售收入为2891万欧元,实现利润1007万欧元。 (宝 欧)

企业负责人简介 邹长征,1963年8月生,福建福州人,中共党员,高级工程师,宝钢欧非(含中东)大区总代表,宝欧公司总经理。

承办宝钢汽车板先期介入推广会 6月20日,宝欧公司在意大利斯特莱萨举办宝钢汽车板先期介入推广会。这是宝钢汽车板首次赴海外,针对以菲亚特为主的意大利汽车用户举办的先期介入推广活动。此次推广会通过演讲交流、展览演示、多媒体互动等形式,展示宝钢作为全球领先的钢铁供应商的实力,以进一步促进宝钢与意大利汽车用户开展业务合作。 (宝 欧)

签约TANAP项目 经过8个多月的海内外协同努力,10月14日,宝欧公司代表宝钢股份与TANAP公司签约:宝钢向TANAP项目提供约370千米UOE(大口径直缝焊管)管线管。宝钢股份总经理戴志浩与土耳其总理等土方政府官员一起参加签约仪式。TANAP项目为阿塞拜疆与土耳其两国合资建设的“跨安纳托利亚天然气管道”大型国际长输管线项目,主要是将阿塞拜疆沙赫德尼斯气田开采的天然气由土耳其东部通向西部,最终输送至欧洲,将成为未来欧洲天然气的主要来源之一。该项目管线主体在土耳其境内,计划投资总额70亿美元,设计最高输气能力310亿立方米/年。

6月20日,宝欧公司在意大利举办宝钢汽车板先期介入推广会(宝 欧 摄)

10月14日，宝钢股份与TANAP公司签署UOE管线管供货合同（宝　欧 摄）

宝钢对TANAP项目的供货，对宝钢股份UOE管线管在欧洲等海外市场的开拓具有积极影响。

（宝　欧）

轧辊出口取得新成果　2014年，宝欧公司在落实技术服务力量的前提下，向蒂森克虏伯德国工厂、塔塔英国钢厂出口轧辊；在铝厂也拓展了新的欧洲用户，从德国和瑞典的铝厂均拿到"回头"订单。

（宝　欧）

宝欧公司大事纪要

6月20日，宝钢汽车板先期介入推广会在意大利斯特莱萨召开。

10月14日，宝欧公司代表宝钢股份与TANAP公司签约。

（宝　欧）

宝和通商株式会社

宝和通商株式会社（简称"宝和通商"）成立于1993年8月26日，注册资本8.76亿日元，是宝钢股份的全资子公司，位于东京都千代田区一番町15番地。宝和通商主要从事钢材贸易，设备、备件、资材贸易，钢铁原料和钢铁深加工产品贸易。钢铁销售区域涵盖日本、韩国、新西兰、澳大利亚和中国台湾等国家和地区。宝和通商下设社长室、经理部、钢铁部（包括物流室）、机材部、市场开发部和综合营业部，并分别在韩国设立首尔事务所，在国内设立上海事务所，在澳大利亚设有宝钢澳大利亚贸易有限公司和墨尔本事务所，在韩国设有钢材加工配送中心——BGM株式会社。

至2014年底，宝和通商有中外员工89人（含派遣员工），其中中方员工38人、外籍员工51人。中方员工中，大专及以上学历占97.37%。

2014年，宝和通商发挥宝钢的品牌效应和长年积累的先发优势，以扩大销售为目标，以满足客户需求为宗旨，努力做好技术服务、物流服务、渠道服务、需求抱怨及客户走访等客户价值传递的相关服务工作，扩大宝钢钢材在日本、韩国、中国台湾地区、澳大利亚和新西兰等市场的销售，重点开拓船板、汽车板、取向硅钢、钢管和不锈钢产品销售市场。在钢材市场需求不景气，竞争愈发激烈的环境下，宝和通商钢材销售业务依然保持稳定发展。2014年，宝和通商销售碳钢59.98万吨，同比下降2.6%；销售不锈钢及特钢16.37万吨，同比增加57%；BNA（宝钢新日铁汽车板有限公司）原板、不锈钢原板及热镀锌板销售56.05万吨，同比增加4.4%。钢铁产品销售合计132.4万吨，同比增加5.3%。全年实现销售收入1282亿日元，同比增加21.42%。其中，钢材销售额1218.53亿日元，同比增加23.88%；备件资材及设备销售额63.4亿日元，同比增加30.26%。税前利润21.7亿日元，同比增长50.48%，完成中期调整预算目标的149.6%。

（严伟良）

企业负责人简介　赵方林，1957年11月生，上海人，中共党员，高级经济师，宝钢集团东北亚及澳大利亚地区总代表，宝和通商社长。

高勇，1971年8月生，安徽舒城人，中共党员，工程师，宝和通商副社长。

向战略及潜在用户销售成果显著　2014年，宝和通商向战略及潜在战略用户销售比例达到90%，韩国现代重工集团、大宇造船海洋株式会社等战略用户的宝钢产品份额稳中有升。"双高"（高技术含量、高附加值）产品销售比例达53%，在日本、韩国、中国台湾地区、澳大利亚这些高附加值产品竞争极其激烈的市场，仍然保持较高水平。宝和通商还进一步加大高强板、复合板等重点、难点产品的市场开拓力度，新产品和新用户对宝钢产品的发展和市场的开拓奠定了基础。

（张　放）

汽车板销售取得新成绩　2014年，宝和通商增加了汽车板整车供货，宝钢汽车板首次进入中国台湾地区整车汽车厂；还依托BGM株式会社的服务平台，开拓南星汽车技术公司、艾穆尔引富拉汽车部品株式会社、华信精密株式会社等汽车零部件用户，有力促进宝钢产品开拓现代汽车市场。同时，宝和通商利用BGM平台，为韩国汽车板用户提供属地化JIT（及时交货销售模式）配送服务，提升用户满意度，也加速推进了韩国汽车板用户对宝钢材料的认知、认证及切换工作。BGM株式会社全年为汽车用户配送汽车板85670吨，实现盈利约360万元，其综合成材率、人均产量、小时产量、成本控制等多项指标均优于对标加工配送中心。宝和通商与宝钢股份汽车板销售部、宝钢国际、新日铁住金株式会社、日铁住金物产株式会社等相关部门沟通，供应国内日系汽车热镀锌板（GA板）5.98万吨，缓解了宝钢和宝钢新日铁汽车板有限公司的供应压力，确保宝钢汽车板既定的市场份额。（张　放）

取向硅钢销售形成稳定客户群　2014年，宝和通商取向硅钢销售7620吨，品种结构较上年有进一步优化，23R085、23R090等高等级激光刻痕产品销售数量大幅增加，盈利能力提升。其中，韩国现代重工集团全年采购量6000多吨，份额超过其需求的20%。对日本的日立公司、饭岛东洋株式会社和中国台湾的文莱金属工业公司的销量保持稳定。另外，还在日本、中国台湾地区、韩国、澳大利亚开拓了新用户。宝钢取向硅钢销往日本与韩国市场，接受苛刻用户的挑剔，推动了宝钢产品质量和供应范围快速达到抗衡日本、韩国钢厂的水平。（张　放）

管线市场实施技术营销　2014年，宝和通商设在澳大利亚的宝钢澳大利亚有限公司与日本东京钢铁部、上海事务所的业务人员组成管线团队，在澳大利亚积极实施技术营销，充分了解管线的安装、使用及维护知识，推动宝钢先于日本、欧洲的钢管企业启用涨环试验机检测钢管屈服强度和屈强比的澳标2885，在一些项目上，用户对宝钢的评标得分高于欧洲和日本等其他亚洲钢管企业，全年签订中口径直缝焊管（HFW）管线合同10345吨。（张　放）

高端模具及锻件用钢销量增加　2014年，宝和通商条钢产品销售约2.17万吨。一方面维护中国台湾地区等主要模具钢用户市场，同时提升P20等附加值较高的合金产品销售，全年中国台湾地区市场销售模具用钢8800吨，同比增加40%。韩国船用锻件市场取得突破，开拓了元一特钢株式会社等用户，特别是向韩国瑞韩株式会社供货方面实现“零”的突破，批量供应HF600、HF601、S355NL等多钢种，全年供货数量达1.3万吨。（张　放）

不锈钢产品销量创新高　2014年，宝和通商发挥宝钢不锈钢有限公司、宁波宝新不锈钢公司等不锈钢生产基地的组合优势，全力销售不锈钢冷轧、热轧产品，全年销售不锈钢板材产品14.96万吨，同比增加60%，创历史新高。同时还在中国台湾地区和澳大利亚开拓了不锈钢厚板新用户；不锈钢高端产品实现批量供应。（张　放）

特殊钢产品销售逐步走出困境　2014年，宝和通商销售特殊钢产品1.42万吨，同比增加17%，其中作为全年重点销售产品的不锈钢厚板和不锈钢线材产品销量达到1万吨。（张　放）

物流工作　2014年，宝和通商面对澳大利亚管线产品DDP发货（完税后交货）批次多难度大，韩国汽车板DDU交货（未完税交货）库存管理工作琐碎，韩国厚板发货面临的备妥不及时、装运不及时和用户港压港等困难，以及日本油桶板用户对钢卷的配载及捆扎等要求进一步提高的现状，通过物流和业务部门的共同努力，到船率指标和出口产成品库存指标得以保障。同时，宝和通商区域85%以上货物安排在宝钢股份成品码头发运，降低了宝钢的物流成本，提高了钢材销售业务的效率和效益。（张　放）

降低资材备件采购成本　（1）2014年，宝和通商加强对单价高、消耗量大的资材、备件的价格交涉，降低采购成本；引入竞争机制，寻找不同的替代厂家，缩短供应链，打破价格垄断；利用日元汇率走弱的优势，与宝钢股份采购部扩大从日本采购的比重，较大幅度地降低采购成本。2014年，资材备件采购总量同比增加63.13%，降本增效3108万日元。（2）利用日元贬值时机，邀请优秀供应商参加宝钢集团及宝钢股份设备招投标工作，降低采购成本。（3）加大对宝钢股份的技术服务力度，提高资材备件的附加价值。宝和通商安排日本制造厂家到宝钢现场进行售后服务、技术交流和各种疑难问题的解决等共80次，日方专家、技术人员139人次到宝钢交流，宝钢有344人次参加交流。（4）拓展宝钢股份外资材备件采购业务。向宝钢工程、梅钢公司、宁波钢铁、韶关钢铁、宁波宝新、广州JFE等宝钢集团内企业提供具有竞争优势的资材备件产品。2014年,对宝钢集团的销售额达15.02亿日元,同比增加43.56%。(严伟良)

发挥海外资金平台功能 2014年,宝和通商从日本瑞穗银行、东京三菱银行和三井住友银行获得5.15亿美元贸易融资授信额度,平均利率为Libor+45bp(约0.68%),实现了美元融资成本最低的目标。宝和通商还利用中国境内外美元融资成本价差的优势,9月,对BNA原板采购业务的付款,从原先的平均发货后45天付款期延长为一年,每年可节省利息支出约750万美元,降低了宝钢股份的融资成本。全年,宝和通商降低融资成本约4600万元。(吴海蓝)

BGM株式会社实现经营盈利 2014年,BGM株式会社进一步强化生产、管理、营销等全流程管理,积极挖潜降本,增加加工和配送量,提升库存管理能力,设法减少因市场价格变动影响,在降低单位成本等方面持续提升管理水平,全年实现盈利4亿韩元(225万元人民币),在投产后的第二年即实现经营盈利。(张 放)

宝和通商大事纪要

1月15日,中国驻日本特命全权大使程永华视察宝和通商。

5月,销售的烟台宝钢钢管有限责任公司产品首次批量进入中国台湾市场。

9月,销售的宝钢不锈钢有限公司厚板产品首次批量进入澳大利亚市场。

10月21日,宝钢股份与韩国现代重工集团举行200万吨厚板交付仪式,并签订新一轮战略合作框架协议。

10月31日,宝和通商年度不锈钢销售数量跃上10万吨台阶。

11月24—25日,宝钢到韩国浦项制铁公司、光阳制铁所调研,并与韩国浦项制铁公司高层进行交流。

11月25—26日,宝钢与日本新日铁住金株式会社、JFE钢铁株式会社高层交流,并参观新日铁住金君津制铁所和JFE千叶制铁所。

11月,宝钢汽车板首次批量供应中国台湾地区汽车整车厂——福特六和汽车公司。(严伟良)

宝钢新加坡有限公司

宝钢新加坡有限公司(简称“宝新公司”)于1997年2月25日在新加坡成立,是宝钢股份全资子公司,注册资本金150万新加坡元。位于新加坡淡马锡林荫大道7号楼新达城第一大厦40楼02/03室(7Temasek Boulevard, No.40-02/03 Suntec Tower One, Singapore 038987)。2013年3月20日,宝钢新加坡贸易有限公司更名为“宝钢新加坡有限公司”。

宝新公司主要从事钢铁相关产品贸易活动,代理宝钢股份进口煤炭、铁矿石等原材料,主要市场包括新加坡、马来西亚、印度尼西亚、菲律宾、泰国、越南等东南亚国家和印度、巴基斯坦、孟加拉国等南亚国家。用户包括松下新加坡有限公司、普腾(马来西亚)有限公司、东和紧固件公司、印度塔塔汽车厂、通用印度汽车公司、泰国松涛有限公司等。下设钢铁部、财务部、运输部和单证部,以及印度子公司、越南代表处、泰国代表处和上海代表处。

2014年,宝新公司实现销售收入21.51亿美元,同比增长40.77%,其中钢材产品销售收入7.12亿美元,贸易量80.09万吨,原材料采购代理业务销售收入13.82亿美元,代理采购量1386.44万吨,化工产品销售收入0.57亿美元。宝新公司连续13年入选新加坡1000强企业,2014年排名第264位。至年底,宝新公司共有员工80人,其中宝钢员工29人。(聂志权)

企业负责人简介 邱成智,1957年8月生,辽宁沈阳人,中共党员,高级工程师,宝钢东南亚大区总代表,宝新公司董事、总经理。

召开管理研讨会 3月14—15日,宝新公司2014年度管理研讨会在新加坡召开,对2013年各项工作进行总结,并重点研讨宝新公司2014年工作计划和工作重点。(聂志权)

竞得印度13Cr特殊扣订单 7月,宝新公司竞得印度国家石油公司3800吨13Cr特殊扣油管订单,这是烟台宝钢钢管有限责任公司首个大批量13Cr特殊扣油管订单。(聂志权)

与印度管线制造商签署战略合作备忘录 8月18日,印度管线制造商Welspun董事长Goenka一行拜访宝钢,双方签订在2015—2016年内由Welspun向宝钢采购60万吨管线钢战略合作备忘录。(聂志权)

管线钢厚板销售印度市场 2014年,宝新公司在印度市场获得20.68万吨管线钢厚板订单。(聂志权)

热轧销量快速增长 2014年，宝新公司热轧产品签约量17.92万吨，为2013年签约量的3.8倍。 （聂志权）

镀锡（铬）产品销量创新高 2014年，宝新公司镀锡（铬）产品市场份额再次扩大，销量达15.6万吨，创历史最好纪录。 （聂志权）

取向硅钢销量增加 2014年，宝新公司取向硅钢产品销量达1.87万吨，是上年销量的10倍。 （聂志权）

宝新公司大事纪要

3月，在新加坡召开宝新公司2014年度管理研讨会。

7月，取得印度13Cr特殊扣油管大批量订单。

8月，与印度管线制造商Welspun签署战略合作备忘录。 （聂志权）

宝金企业有限公司

宝金企业有限公司（简称“宝金公司”）由宝钢（原上海宝山钢铁总厂）和香港董氏集团旗下的金山轮船代理有限公司合资（双方各占50%股份，宝钢总投资额1492.1万美元），于1992年11月3日在香港注册成立，注册资金330万港币。宝金公司拥有2艘16万吨级海岬型船舶——“宝致轮”和“宝航轮”，2艘18万吨级海岬型船舶——“宝勇轮”和“宝泰轮”，并长期租用3艘18万吨级海岬型船舶——“宝拓轮”“宝协轮”和“宝力轮”，1艘20万吨级海岬型船舶”——“宝诚轮”。还有两艘18万吨级海岬型船舶——“宝欣轮”和“宝仪轮”在建，计划2016年交付使用。

宝金公司利用宝钢集团在钢铁行业的实力、影响力和稳定的货源，利用董氏集团金山轮船代理有限公司在国际航运市场上丰富的经验，共同投资建造船舶，以长期货物包运合同的形式，锁定宝钢的运输成本，规避航运市场的波动风险，从而稳定宝钢集团的原料物流供应。

2014年，宝金公司实现营业收入1.09亿美元，利润总额533万美元，净利润522.1万美元。 （宝 金）

企业负责人简介 戴志浩，1963年6月生，江苏南通人，中共党员，高级工程师，宝金公司董事长。

刘建清，1966年9月生，山东威海人，宝金公司董事、总经理。

出售“宝竞轮”和“宝业轮” 4月23日和6月30日，宝金公司分别将超过18年船龄的“宝业轮”和“宝竞轮”出售给希腊船东NG Moundreas。 （宝 金）

“宝诚轮”交船 4月23日，宝金公司向日本东洋船舶株式会社租用的20万吨级海岬型船舶“宝诚轮”在日本今治船厂交付使用，租期10年。 （宝 金）

“宝欣轮”开工建造 12月，宝金公司在青岛北海船舶重工有限责任公司订造的一艘18万吨级海岬型船舶“宝欣轮”（PACIFIC GLORY）开工建造。 （宝 金）

“宝致轮”坞修 4月，“宝致轮”在友联船厂（蛇口）有限公司完成坞修。 （宝 金）

“宝航轮”坞修 5月，“宝航轮”在友联船厂（蛇口）有限公司完成坞修。 （宝 金）

宝运企业有限公司

宝运企业有限公司（简称“宝运公司”）由宝钢集团和中国外运集团公司共同出资，于1992年1月9日在香港注册成立。随着宝钢发展的需要，1997年，宝钢收购中国外运集团公司所占有的50%股份，使宝运公司成为宝钢集团的全资子公司。2005年10月，宝运公司进入宝钢股份，成为宝钢股份在海外的唯一一家经营航运为主业的全资子公司。宝运公司以航运为主，实现多元化发展，业务包括大宗散货（主要包括矿石和煤炭）的海上运输，铁矿石代理采购销售、融资及钢材加工对外投资等业务。

宝运公司董事会由董事长及2名董事组成。公司实行董事会领导下的总经理负责制。下设财务部、航运部、矿石贸易部、运营部和上海办事处。至2014年底，宝运公司有员工16人。其中，宝钢员工9人（其中外派香港6人，上海办事处3人），聘用香港当地员工7人。

2014年，宝运公司完成铁矿石运输2368万吨，实现营业收入4.497亿美元；完成铁矿石代理采购2340万吨，实现营业收入19.87亿美元。 （宝 运）

企业负责人简介 张典波，1962年4月生，山东莱州人，中共党员，宝运公司董事长。

李辉，1975年5月生，山东临沂人，中共党员，宝运公司总经理。

发挥航运平台功能 2014年，宝运公司通过揽取矿山公司和宝钢资源有限公司等的矿石运输业务，利用

宝运平台消化宝钢股份原料采购中心富余运力2040万吨。　(宝　运)

降低矿石采购成本　2014年,宝运公司为宝钢股份代理采购矿石2340万吨,采购金额19.4亿美元。宝运公司通过增加一年期贸易融资比例,月均借款保有13.7亿美元,为宝钢股份降低合并利息支出1370万美元。　(宝　运)

降低矿石运输成本　10月,宝运公司启动运费融资项目。至年底,宝运公司为宝钢股份运费融资4852万美元,为宝钢股份降低合并利息支出约50万美元。　(宝　运)

宝钢澳大利亚矿业有限公司

宝钢澳大利亚矿业有限公司(简称"宝澳矿业")是宝钢集团全资子公司,于2002年5月10日在澳大利亚西澳州首府珀斯市注册成立,注册资本为1996万澳元。

宝澳矿业设立董事会,共有3名董事。公司实行董事会领导下的总经理负责制,并采取逐级负责制。经理和行政主管对董事、总经理负责,董事、总经理对董事会负责。宝澳矿业以钢铁原料资源开发及已投资项目管理为主业,以确保已投项目的稳定运营,稳定资源供应和获取投资回报为经营目标,积极开展寻源工作,不断发展、巩固,成为宝钢海外矿产资源开发的主要平台之一。

2002年6月22日,宝钢与澳大利亚哈默斯利铁矿有限公司在珀斯签署合资协议,双方投资1.24亿澳元建立非法人合资项目——宝瑞吉合资项目,共同开发位于澳大利亚西北部西澳州皮尔巴拉地区东坡和西坡矿山的高品位铁矿石。宝澳矿业作为宝钢方的投资主体参与合资,拥有宝瑞吉合资项目46%的股权。宝瑞吉合资项目合资期限为20年,其拥有的东坡和西坡矿山铁矿石储量总计超过2亿吨,项目设计年产铁矿石1000万吨,全部销往中国市场,主要供宝钢生产自用。

2002年9月1日,宝澳矿业正式投入运营。2004年4月19日,合资矿山——东坡矿山建成投产。截至2012年12月,宝瑞吉合资项目向宝钢供应铁矿石共计1.1亿吨,为稳定宝钢铁矿石供应起到了巨大作用。

2007年8月28日,宝澳矿业与澳大利亚上市公司FMG公司(Fortescue Metals Group Ltd.)签署《冰河谷铁矿项目合资协议》,并于2009年8月实质取得该项目35%股权。2012年7月31日,完成对该项目的重组,宝钢改持FMG在香港的公司(FMGIRONBRIDGE)12%的股权,FMGIRONBRIDGE拥有FMG在澳大利亚的4个磁铁矿项目。

2009年10月29日,经宝澳矿业的推荐、参与和推动,澳大利亚外国投资者审批委员会正式批准宝钢投资澳大利亚上市公司阿奎拉资源有限公司(Aquila Resources Limited,简称"阿奎拉公司")股权,持股比例不超过19.99%。该项目是宝钢集团第一项对海外资源类上市公司投资,投资成本达2.8亿澳元。2013年,宝澳矿业进一步通过公开市场收购阿奎拉公司股份,至年底,宝澳矿业购入阿奎拉公司5.58%的股份,宝钢持有该公司19.78%的股份。

2014年3月,宝澳矿业与另一家由宝钢资源(国际)有限公司全资持有的注册在澳大利亚的宝钢资源澳大利亚有限公司(简称"资源澳洲")内部重组,将宝瑞吉项目的合同权益自3月1日起由宝澳矿业转让至资源澳洲。重组后,除人员关系保留在宝澳矿业外,业务开展切换至资源澳洲。　(宝　澳)

企业负责人简介　周清华,1973年8月生,山东东营人,中共党员,工程师,宝澳矿业董事长。

张楠,1978年12月生,四川南部人,中共党员,经济师,宝澳矿业董事、总经理。

企业负责人更替　2014年7月21日,由周清华接替李庆予担任宝澳矿业董事长。2014年11月1日,由张楠接替纪超担任宝澳矿业总经理。

(宝　澳)

宝瑞吉合资项目培训　4月14日,由资源澳洲安排,完成宝瑞吉合资项目培训模式A,学员对哈默斯利的矿山生产作业和世界一流矿业公司的工作模式有了一定的了解,培训项目的实施得到力拓集团皮尔巴拉铁矿的支持。5月25日,宝瑞吉合资项目培训模式B的4名学员完成在上海外国语大学的英语培训抵达珀斯,继续在澳大利亚进行为期4个月的培训,9月27日学成归国。　(宝　澳)

宝澳矿业大事纪要

2月12日,宝瑞吉合资项目第四十二次管理委员会在珀斯召开,会议听取东坡矿山生产报告,审议批准2014年度合资项目预算,就土著补偿问题展开磋商,就社区基金等事项进行通告和交流。

3月,宝瑞吉项目合同权益转让至资源澳洲,同时将持有的5.58%阿奎拉公司股份转让给资源澳洲,完成业务切换。　(宝　澳)

宝钢年鉴

2015

BAOSTEEL ALMANAC

综合管理

综合管理

董事会办公室

宝钢集团董事会办公室是宝钢集团董事会常设工作机构，有员工3人。主要职责：负责筹备董事会会议，组织董事会议案材料的制作，起草、拟订并保管董事会会议记录、决议及其他有关文件，跟踪反馈董事会决议执行情况，为董事了解宝钢集团经营信息、开展调研等工作创造条件，为宝钢集团与外部董事日常沟通提供服务。（寇露森）

董事会人员构成 根据中共中央、国务院对宝钢领导人员任免的安排，及国务院国资委对宝钢集团董事会构成人员的调整意见，自1月21日起，徐乐江董事长兼任宝钢集团党委书记，刘国胜不再担任宝钢集团副董事长、党委书记，第三届董事会成员先由年初的9名调整为8名；张富生的宝钢集团董事延期至6月底，7月后宝钢集团董事会成员调整为7名；自8月1日起，陈德荣担任宝钢集团董事、总经理，何文波不再担任宝钢集团董事、总经理。至12月31日，宝钢集团第三届董事会的成员变更至7名，其中外部董事和非外部董事比例为4∶3。（寇露森）

全年召开25次会议 2014年，董事会召开会议12次，其中现场会议4次（10月份结合现场会议同时召开了1次务虚会议），临时会议8次；共计审议讨论议题50项，其中涉及重大投融资决策13项，战略规划与实施4项，财务预决算6项，内控与风险管理3项，重要人事任免6项，公司高管考核与薪酬1项，董事会运作6项，捐赠赞助3项，其他运营管理事项8项；共形成董事会决议34项。各专业委员会围绕董事会重要的议决事项，共计举行13次会议，其中提名委员会召开会议4次，薪酬与考核委员会召开会议3次，审计委员会召开会议4次，战略与风险管理委员会召开会议2次；各专门委员会共审查议案14项，形成专项意见47项。董事会办公室根据《公司章程》《董事会议事规则》和董事会各专门委员会议事规则的有关规定，落实各次会议的会务和秘书工作，为宝钢集团董事会规范运作提供专项服务。（寇露森）

7月25日，宝钢召开第三届董事会第十三次会议（刘　杰 摄）

办公厅（党委办公厅）

宝钢集团办公厅与党委办公厅合署办公，下设秘书室、调研室、外事办公室、北京办事处4个部门，信访办公室、保密办公室挂靠办公厅。至2014年底，有员工39人。

办公厅是宝钢集团的综合管理部门，主要负责宝钢集团领导文秘工作、公司级会议、重大事项调研的综合管理；宝钢集团公文、印章和介绍信的日常管理；宝钢集团外事、外联工作归口管理；公司级接待活动的综合管理；宝钢在京业务联络和在京重要活动接待的综合管理等。

党委办公厅是宝钢集团党委的综合管理部门。主要职责包括党委文秘、机要通讯；党委会议的安排组织，重大活动的组织；党委决定事项的跟踪、反馈、落实；重大问题的调研；信访、稳定工作；综

合治理、国家安全、保密管理及有关事务的处理等。（金芳英）

文秘管理 2014年，办公厅按照党的群众路线教育实践活动改进作风的要求，持续推进会议、文件管理，减少会议数量，提高效率。协调各单位组织召开各类公司级会议，全年负责或参与组织了2014年度工作会议、职代会、团代会、务虚会及有关研讨会、座谈会、专项工作推进会数十个；组织实施党委全委会、常委会、总经理办公会、党委书记办公会、党群例会、二级单位党委书记例会和党委书记研修会等。按照精简高效的原则，参会人员尽量精简，能用视频会议的非涉密会议，通过视频形式召开。同时，持续推进协同办公平台的改造升级，通过“宝之云”系统和智慧办公平台的开发和应用，进一步推进移动办公，提高工作效率。负责做好宝钢集团公文（送审文、呈批文、外来文）的登记、初审、拟办、承办和催办等工作。共处理送审文957份，呈批文1389份，外来文638份，出国、出境管理文件307份，其他文件1162份。定期跟踪宝钢集团领导批文周期，做好提醒跟踪。文件处理周期平均在4天左右，宝钢集团高管两天内批示完的文件全年平均96.94%。2014年度收到党内文件40689份，分发中未发生遗失、缺少等现象。实际清退2013年文件41053份，清退率为99.98%。做好宝钢集团密码传真件的收、发、流转和回收等工作，全年收密码电报72件。认真做好密码机密钥保管、更换及试报工作，确保密码万无一失。清退2013年度市委机要局下发的密码电报75份。（赵诗琴 金芳英）

调研工作 3月底，宝钢集团发文，在办公厅增设调研室。调研室成立后，按照工作职责，迅速开展工作。在调研方面，根据宝钢领导指示，会同党委组织部共同策划并开展了党委领导对二级单位党委和基层党支部的专题调研工作。6月，开展苏冶重工、宝菱重工2家子公司的经营情况调研，形成2份调研报告呈报领导，宝钢主要领导对报告作了批示；8—10月，牵头开展长期亏损三、四级子公司调研，会同经营财务部、资本运营部、运营改善部、人力资源部、人才开发院等总部部门组成虚拟工作团队，形成8份报告，向宝钢主要领导进行专题汇报。在材料起草方面，牵头完成宝钢集团年度工作会议行政工作报告和董事长讲话材料、宝钢集团党委年度工作总结和2015年工作要点等主要报告起草，完成宝钢贯彻落实援疆工作精神情况、宝钢教育实践活动整改落实情况总结、宝钢领导班子民主生活会情况报告等相关材料报送工作，参与做好《员工与企业共同发展》《以整风精神开展批评与自我批评》等党委相关课题研究和报告的撰写，为宝钢相关工作的开展做好支撑。（金芳英）

重点工作督办 按照“PDCA（计划、实施、检查、处理）+认真”的要求，抓好教育实践活动整改落实推进工作。制订督促检查方案，建立督查工作体系，明确督查重点和流程，形成督办协调机制。每月以项目目标作为督查单元，监督检查各整改项目是否按计划、按时间节点、按具体工作目标推进，尤其关注未能如期推进的项目、推进中遇到的问题、需要协调解决的事项等。9月起，会同党委组织部、党委宣传部、纪委、工会和团委等相关部门，策划形成《宝钢教育实践活动接受监督方案》，对宝钢集团教育实践活动整改9大方面、22个项目、40个子项的完成情况，分三批接受监督测评。通过组织召开网络虚拟会议、总部员工座谈会、二级单位党政班子走访座谈等方式，线上线下结合，开展项目整改情况通报和测评，听取意见和建议。对接受监督工作开展情况及收集到的意见和建议，进行分类梳理，向党委书记办公会专题汇报，并及时反馈给各项目责任部门和责任领导，推进整改落实的完善，形成工作闭环。在日常工作中，做好总经理办公会、党委常委会、党委书记办公会等公司重要会议决定事项的督办工作。（金芳英）

信访维稳工作 （1）2014年，信访办公室共受理各类信访870批次，信访工作与上年相比取得了“四减少”：信访总量减少、集体上访减少、去京上访减少、信访积案减少；初次信访、初次上访的动态化解率保持在90%。实现年初提出的“四个（群体性事件、恶性事件和有社会影响的治安事件、重要节点期间去京上访、有社会影响的不稳定事件）不发生目标”。完成四个重要敏感期间（全国“两会”、上海亚信峰会、党的十八届四中全会、亚太经济合作组织会议）的维稳控制工作。（2）信访维稳工作着力能力建设，提高体系运行水平。一是落实信访责任体系。每年两次的党委常委会听取、研究维稳信访工作,维稳工作领导小组扩大会布置工作形成制度;领导高度重视维稳信访工作,主要领导和分管领导全年批阅群众来信77封,专题研究维稳信访工作35次。二是完善信访相关制度。修订并细化领导信访接待相关操作意见;起草有关引导来访人依法逐级走访的细则和宝钢信访事项复查复核暂行办法;加强基层党委维稳工作的考核。三是共建信访协商平台得到巩固。通过政企共商机制先后开展了专题研讨、个案研究和联合接访等活动,对突出矛盾有效化解2件、转移2件、与地区协同处理2件,商讨维稳控制工作6次。四是加强信访队伍建设。坚持开展信访专业知识培训;开展信访队伍情况调研,向党委提出加强信访队伍建议,得到党委的认可。(3)信访维稳工作着力基础管理,体现信访专业效果。一是注重动态信息、实施过程管理。通过加强初信初访管理,全年的初信初访动态化解率为91.5%、平均化解周期为19天,有效防止"初次上访转重复上访""信访转上访"的现象发生。二是推行督办制度,提高办结效率。信访办公室对6类信访事项开展督办,全年共督办信访事项64件,化解55件,化解率91.7%,平均化解天数24天。三是加强突出矛盾的化解。全年共解决突出矛盾(积案)16件。(宋林根)

保密管理 2014年,继续以落实保密工作责任制、增强全员保密意识、完善保密管理体系、提高信息安全保障能力为工作重点,严格国家秘密管理、巩固商业秘密保护工作。宝钢集团两次召开保密委员会(扩大)会议,对年度重点工作进行部署和推进,继续将保密工作纳入对子公司领导班子考核和年度绩效考核,同时新增"单位保密管理体系活动""商业秘密保护措施"两项考核内容。8月,宝钢集团保密委员会以党委中心组(扩大)学习的形式,组织一次保密专题党课。在宝钢集团总部范围开展第二轮商业秘密涉密事项梳理界定工作;继续组织开展保密宣传教育,加强对保密工作的督促检查,先后开展重点科研项目保密工作专项审计和子公司保密工作专题评审检查,对韶关钢铁和八一钢铁等沪外子公司开展保密工作专项调研检查,实现了对宝钢集团各子公司年度保密工作检查的全覆盖。年内,宝钢集团保密办公室获"上海市保密工作先进集体"称号。

(邵乐民)

出国(境)管理与派遣 2014年,受理1091批出国(境)团组计3380人次前往62个国家(地区)的申报审批工作,实际派遣1002批出国(境)团组计2836人次。其中包括宝钢集团主要领导出国(境)团组,及时上报外交部、国务院审批并获得批准5批;赴中国台湾团组,按照国务院台湾事务办公室(简称"国台办")要求,及时调整、严格把关,上报国台办审批并获得批准33批128人次;长期驻中国香港工作团组,根据宝钢驻中国香港公司业务发展的需要,通过上海市外办向中国香港入境事务处申报并获得批准13批15人次;严格执行因公出访领导团组信息公开制度。完成宝钢集团领导班子成员出国团组信息公示7次,按外交部出访报告报送制度及时报送宝钢集团主要领导出访报告4篇。(秦　健)

外事联络和接待 2014年,共接待国外团组155批、1338人次(不包括下属各子公司的一般接待)。其中,接待国外党宾、国宾8批,包括澳大利亚西澳洲州长、墨西哥驻华公使、比利时总工会总书记、日本驻沪总领事、澳大利亚议会代表团等;接待外商单位副总经理以上高层领导73批,包括世界500强企业高级管理层,如渣打银行董事长、法兴银行董事长、必和必拓集团首席执行官、力拓集团首席执行官、新日铁住金株式会社社长、三菱商事株式会社会长、三菱重工业株式会社社长、商船三井株式会社社长等。整理外事会谈纪要46篇,计4万余字;翻译及撰写各类信函、文件55篇,计2万余字。(秦　健)

内事联络和接待 2014年,共接待国内团组308批、9448人次。其中,接待国务院国资委、国家发改委和福建省等重要政府团组64批;接待各相关单位副总经理以上高级管理层23批,同行单位包括武汉钢铁(集团)公司、杭州钢铁集团公司等,相关单位包括淮北矿业(集团)有限责任公司、山西焦煤集团等。全年主办、承办、协办各类会议、活动35次,规模和影响力较大的会议活动包括2014年社会责任报告发布会、"宝钢杯"第七届全国钢铁行业技能竞赛。

(秦　健)

对外签证邀请 2014年,共受理254批、419人(次)对外签证邀请函的申报审核工作,涉及36个国家。

(秦　健)

2014年度受理对外签证邀请函申报审批统计表

月份	1月	2月	3月	4月	5月	6月	7月	8月	9月	10月	11月	12月	总计
批次	25	13	16	17	25	15	16	13	27	29	32	16	254
人次	38	20	23	22	39	26	33	17	76	42	61	22	419

（秦　健）

简化接待会务　2014年，继续坚持按照中央八项规定的精神，严格管控接待、会务工作的规格和开支。同时注重服务质量的提升，主动介入会议的前期组织筹备工作，为主办单位和部门提供有力支撑，确保会议的相关安排符合有关规定和实际需求，成本受控。（秦　健）

规范出国（境）管理　8月，下发《关于从严规范管理跨地区、跨部门因公临时团组的通知》，进一步规范管理宝钢集团跨地区、跨部门团组，要求科学制定跨地区、跨部门团组出访计划，严格执行组团规定、经费管理制度、因公出国信息公开制度。（秦　健）

强化境外安全体系建设　3月，下发《关于进一步加强宝钢集团境外安全工作的意见》，统筹指导宝钢集团境外安全工作。8月，组织开展宝钢集团下属境外机构基本信息的更新与补充完善工作。年内，有效应对和处置利比里亚埃博拉病毒等境外突发事件，密切配合外交部、商务部、国资委以及驻外使领馆，开展海外领事保护工作和维权行动。（秦　健）

探索出国（境）管理与派遣的新模式　8月，根据美国驻沪领馆现行签证政策以及上海市外事办公室的相关规定，进一步简化因公赴美派遣工作流程，提供简单、快捷的服务，即在持有有效因私赴美签证的宝钢集团员工中试行持有效因私赴美签证因公派遣。（秦　健）

完成APEC商务旅行卡申办工作　3月，启动宝钢集团亚太经济合作组织（APEC）商务旅行卡的申办、更换工作。10月，93人APEC商务旅行卡的申办经APEC经济体审批后由外交部领事司制作完成，为宝钢海外业务开展提供了便利。

（秦　健）

编撰外事工作信息　2014年，重新梳理编写外事工作手册，启动开发外事培训课件，并通过宝钢外事服务平台发布10期外事（出国）信息，为员工规范办理出国（境）手续、提高境外安全意识提供人性化服务。同时，根据宝钢外事工作情况，编撰《宝钢外事月报》12期，内容包括当月的外事活动汇总、外事会谈纪要汇总、当月的领导团组出访汇总、宝钢集团出访团组的汇总、团组出访工作小结摘要、对外邀请函审签统计、外国专家统计信息等，供宝钢集团领导参阅。（秦　健）

法律事务

宝钢集团法律事务部（简称“法务部”）是负责宝钢集团及子公司重大合同谈判、审核，子公司合同、章程谈判和审查，各类纠纷调解、仲裁或诉讼代理和反倾销等贸易争端处理，以及其他法律事务的归口管理部门。至2014年底，在岗职工12人。

2014年，法务部处理或参与投资、并购重组法律事务70项；起草、审核各种非投资类合同488份；对36项宝钢集团管理制度进行合规审核；处理各类工商登记、备案和“宝钢”字号授权使用事项21项。处理法律纠纷案件96件（其中新增案件49件），涉案总金额260310.84万元，避免经济损失8468.65万元。组织处理贸易救济应诉、申诉、预警及其他世界贸易组织（WTO）法律事务6项。组织召开2014年宝钢委托代理人法律知识培训及考试。（沈　雁）

组织委托代理人法律知识培训　2014年，法务部牵头组织推进宝钢集团范围内的委托代理人法律知识培训和考试，1600余人次参加。该项工作的持续推进是宝钢集团构建法律风险防范体系、提升依法治企能力的重要环节。（蔡东辉）

参与发行可交换公司债券项目　该项目作为国内首单公开发行的可交换公司债券，发行总额40亿元，是境内资本市场创新的里程碑产品，为宝钢集团实现低成本融资的同时，也为证券市场提供了新的股债混合类投资品种，为投资者提供了多样化的投资选择，实现融资方、投资者、证券市场的多方共赢。年内，法务部全程参与债券发行过程，与职能部门、监管机构、中介机构一起协作、配合，包括前期对宝钢集团的调查，参与会议沟通交流，审核发债过程中的各个法律文本，如《募集说明书》《保荐书》《债券持有人会议规则》《债券受托管理协议》《债券发行法律意见书》《保荐协议》《承销协议》等。

（蔡东辉　宋一奇）

宝银特种钢管有限公司重组　宝银特种钢管有限公司（简称“宝银公司”）是宝钢特钢有限公司控股的国内从事特种管材研发和生产的专业化企业。为建设成“集产品研制、原料冶炼、精密制造、工程应用”的具有世界领先水平的核电产业链，宝钢特钢有限公司联合中科华核电技术研究院有限公司、华能核电开发有限公司等大型国有企业以及银环控股集团有限公司等民营企业，采取混合所有制经济模式对宝银公司进行资产重组。12月8日，宝银公司重组揭牌仪式在江苏宜兴举行。重组涉及增资、股权转让、股权出资、债务安排、管理人间接持股等多个专业法律问题，且牵涉国资和民资不同的利益诉求。法务部为项目提供了高效而专业的法律服务，配合项目组其他成员，按时完成项目。

（蔡东辉　章晓军）

钛铝发动机叶片项目　该项目融研发和投资于一体，研发内容是宝钢的空白点，合作对象是国内外该领域的领先者，拟进入的产业也是宝钢从未进入过的领域。宝钢和合作伙伴之间在知识产权、市场、产业投资架构等方面不同的利益诉求，以及主体多元化导致法律关系和法律文本均较复杂。年内，法务部围绕与英国罗罗公司、中国科学院金属研究所的合作方式、合作内容等方面，详尽提示所涉及的法律风险。从风险防控角度对新设立的平台公司——上海宝钢航空材料有限公司及项目管理方中央研究院提出多项建议，保证了宝钢及时取得开展项目后续所需的各项资质。（章晓军　宋一奇）

华泰保险集团股份有限公司股权转让　2014年，宝钢集团、八一钢铁和五钢公司通过上海联合产权交易所挂牌出售分别持有华泰保险集团股份有限公司的2.7352%、0.2735%和0.1641%股份。至年底，该项目已完成产权交易合同的签署。该项目的法律要点包括股权转让款项支付时点、保险公司股权转让特别要求等，法务部参与其中意向书、产权交易合同等法律文件的讨论谈判，并重点对股权转让合同提出了法律建议。（殷　俊）

宁波钢铁重组　因战略调整需要，宝钢将不再对宁波钢铁控股，为此需对宁波钢铁进行资产重组。本次重组以部分老股东定向增资方式进行。由于涉及薄带连铸示范线的安排、资金平台退出、检化验和轧辊业务回归等问题，需要进行大量的内外部协调，并根据协调结果实时跟进法务工作，对法务人员的全局观和工作灵活性要求较高。法务部配合宝钢集团相关职能部门，在年底前完成重组工作。

（章晓军）

长宁置业股权转让项目　为适应经营发展的需要，宝钢集团拟将上海宝钢长宁置业有限公司股权全部转让。该转让涉及上海宝钢长宁置业有限公司所有的土地使用权转让，对土地开发及土地上房产租赁的清退等要求较多。法务部会同相关部门对所涉问题进行了深入分析，为方案最终确定提供了全面的法务支撑。项目在年底前挂牌并拍卖。（章晓军）

处理宝钢钢构质押担保诉讼　2013年1月，宝钢钢构有限公司（简称“宝钢钢构”）原供应商上海华莺工贸发展有限公司（简称“华莺公司”）为骗取银行贷款，伪造宝钢钢构的公章，制作了虚假的宝钢钢构对华莺公司有1910万元债务的凭证。银行为收回贷款，起诉了宝钢钢构、华莺公司以及华莺公司的法定代表人。2014年，法务部收集证据，证明了华莺公司伪造公章和债务的事实，使宝钢钢构免除了经济责任。（严韵辉）

处理宝钢不锈质押担保诉讼　2012年12月，上海成富经济发展有限公司（简称“成富公司”）利用与宝钢不锈钢有限公司（简称“宝钢不锈”）签订的供货合同，向银行声称享有宝钢不锈500万元应收账款，宝钢不锈也盖章确认。获得贷款后，成富公司立即拒绝向宝钢不锈供货，导致对宝钢不锈的应收账款不成立，使银行的应收账款质押权丧失。银行为追讨贷款，起诉宝钢不锈、成富公司及成富公司的法定代表人。2014年2月，经法务部在法庭上据理力争，宝钢不锈免除经济责任。（严韵辉）

处理债权纠纷　2013年2月，宝钢化工（张家港保税区）国际贸易有限公司（简称“宝化张家港公司”）因违规参与上海同业煤化集团有限公司（简称“同业公司”）贸易托盘业务及对外随意授信，产生风险敞口人民币5600余万元。2014年，法务部采取各种财产保全和偿款措施，挽回了大部分损失，其中授信债权基本收回。同业公司为融资方便，伪造了其向宝化张家港公司供货的合同，宝化张家港公司以其货款向相关银行质押贷款，由此发生的宝化张家港公司与中国交通银行上海分行人民币100万元诉讼案、上海华美银行人民币2300万元诉讼案、与闸北北方小贷公司人民币300万元诉讼案也得到妥善处理，宝化张家港公司均不承担责任。 （严韵辉）

处理侵权案 2012年7月，中材供应链管理有限公司（简称“中材公司”）与上海中琦贸易有限公司（简称“中琦公司”）合作钢材“托盘”业务，将垫资代中琦公司购得的钢材运至宝钢码头，收货人为中材公司代中琦公司，中琦公司接货并送入指定仓库。后中琦公司资金链断裂，无力支付货款，仓库中钢材灭失。中材公司受损后，以宝钢股份下属宝钢码头错误放货故应当赔偿为由，起诉索赔人民币5270余万元。2014年，经法务部积极抗辩，本案终审判决宝钢股份不承担赔偿责任。 （严韵辉）

沈阳宝钢与中建材仲裁案 沈阳宝钢钢材贸易有限公司（简称“沈阳宝钢”）因参与上海金舆商贸有限公司（简称“金舆公司”）与中建材钢铁（上海）有限公司（简称“中建材公司”）之间的钢贸托盘业务，在金舆公司资金链断裂无力履行相应债务后，2013年11月，被中建材公司依据双方买卖合同诉至沈阳仲裁委员会，要求赔偿相应损失人民币845万余元。法务部精心研究案情，准备和弥补沈阳宝钢方证据材料，找准对方在事实和举证上的瑕疵，在仲裁庭上逐条予以回应和批驳，维护了沈阳宝钢的合法权益，避免了额外承担人民币800多万元损失的不利后果。2014年3月，仲裁庭裁决驳回中建材公司的全部仲裁申请。 （夏元林）

处理宝通钢铁员工聚众集访事件 4月，南通宝钢钢铁有限公司（简称“宝通钢铁”）因结构调整宣布停产，造成员工聚众集访。为此，宝钢股份领导牵头带领应急工作小组紧急入驻宝通钢铁，协商员工维稳方案。法务部派员前往第一现场，放弃法定假日的休息，全程参与安置维稳工作，就相关员工安置分流方案提供法律分析。 （朱芩蔚）

无缝钢管反倾销调查 3月，欧亚经济委员会（简称“EEC”）对原产于中国的无缝钢管发起反倾销调查，宝钢股份出口涉案产品占全国出口EEC调查产品的10%左右。法务部参加了抽样问卷的填写工作，后将工作重心转移至本案的损害抗辩上。国内涉案企业在中国钢铁工业协会的牵头组织下，与EEC调查机关多次协商后，双方就本案磋商谈判价格承诺的意向达成一致意见，并计划于2015年2月上旬赴俄罗斯与本案调查机关进行价格承诺谈判。 （石文渊）

无取向硅钢“双反”调查 3月，美国商务部认定宝钢无取向硅钢出口存在“紧急状况”，裁决采取临时反补贴措施，宝钢美洲贸易有限公司因而交纳了150万美元的保证金。在10月中旬召开的听证会上，宝钢方代表充分阐述了宝钢反对在本案中存在紧急状况进而采取追溯征收反倾销税的意见与理由。最终，尽管裁定从中国进口的无取向硅钢存在倾销，但对于紧急状况予以了否定，宝钢美洲贸易有限公司之前缴纳的保证金全额退还。 （石文渊）

冷轧不锈钢“双反”调查 6月，欧盟委员会2014年对原产于中国大陆的冷轧不锈钢发起“双反”（反倾销、反补贴）调查。欧盟市场在宝钢冷轧不锈钢出口中占据重要地位，宝钢的出口数量排名全国第二。立案后，法务部组织宝钢不锈钢有限公司和宁波宝新不锈钢有限公司对案件仔细研究、反复论证，接受了欧盟委员会对反倾销调查的实地核查，圆满完成核查中调查官员布置的核查任务，调查官员对宝钢积极配合的态度表示满意和肯定。至年底，最终结果尚在等待裁决中。 （石文渊）

安全生产

安全生产监督部是宝钢集团依法设置的安全生产监督管理机构，下设安全企划、安全督查职能。主要负责宝钢安全管理体系的策划和推进、各单元安全管理工作的督查、评价和指导，为各单元安全管理工作提供管理和技术支撑，同时代表宝钢集团对口政府部门开展工作。至2014年底，安全生产监督部共有员工5人。 （李 盛）

安全生产管理 2014年，宝钢集团安全生产工作以持续提升安全管理体系能力为主题，以转变安全管理理念和管理方式为主线，以推进落实党的群众路线教育实践活动整改项目为契机，以改进工作作风为突破口，坚持体系建设和严格管理两手抓、两手硬，推进实施《优化和完善安全管理体系指导意见》，加强基层、基础、基本功建设，全面加强安全生产教育培训，细化落实各类、各级人员安全管理责任，扎实推进安全生产标准化，有效落实危险源辨识与风险预控，着重强调重点单位、重点领域、重点时段的安全管理，加强事故隐患排查治理，并完善安全生产应急管理体系，严格落实事故问责制度。（李　盛）

安全生产月　6月，在以“强化红线意识、促进安全发展”为主题的安全生产月期间，宝钢针对安全管理热点难点问题开展安全生产宣传教育活动，提升一线员工参与安全管理的自觉性。按照“一岗双责”要求，明确安全管理工作重点，制定有针对性的措施，留有可验证的管理痕迹。（李　盛）

安全最佳实践案例　2014年，各子公司在实践中总结安全管理体系优化的具体做法、安全专项管理的探索、安全技术创新成果。如宝钢股份的“构建三级安全履职菜单，提升基层安全履职能力”，八一钢铁的“以危险源辨识为核心，优化和完善作业指导书”，宁波钢铁的“检修项目实行作业前安全训导”，韶关钢铁的“研发协力审核模型，促进管理提升”，宝钢不锈的“回归原点，建立以现场危险源管控为核心的全员安全责任体系”，宝钢特钢的“点检作业区示范带动、深化检修安全管理”，宝钢资源的“船岸联动应急预案演练”，宝钢工程的“检修项目开工前指唱确认”，宝钢发展的“异常、检修作业能源锁定管理”。这些项目在本单位的基层单元得到应用，形成相应机制，在宝钢集团范围内具有推广意义。（李　盛）

完善安全管理体系　2014年，结合职业健康安全管理体系要求，企业安全生产标准化基本规范及冶金、危险化学品、非煤矿山等工贸企业专业标准的管理要求，宝钢集团出台《宝钢安全管理体系规范》，共有15个一级要素、60个二级要素，解决了安全碎片化管理问题，以及宝钢集团安全管理工作“管什么”“谁来管”和“怎么管”的框架问题。（李　盛）

组织安全管理履职能力提升培训　为强化基层基础管理，针对各类人员的层次特点与专业需求，组织对作业长师资、专职安全管理人员（室主任、主管级）和厂部长（含子公司分管安全领导）的安全管理履职培训，共培训作业长师资203名、专职安全管理人员481名、厂部长501名。（李　盛）

出台“安全正激励”方案　2014年，为激发安全管理主动性，提升安全工作成就感，引领各子公司持续提升安全绩效，宝钢集团下发《关于开展子公司“安全正激励”实施工作的指导意见》。该《指导意见》坚持“一级管一级”原则，贯彻安全管理“一岗双责”原则，遵循“结果导向”原则，体现“风险与激励对等”原则。宝钢集团及各子公司分别建立“安全绩效账户”，最大限度地发挥正激励资源的效应，旗帜鲜明地重奖安全绩优的单位人员，注重发挥各类“安全正面典型”的榜样影响力，激励方案要求做到“范围聚焦、额度合理、流程清晰、分配有序”，鼓励长期安全绩效。（李　盛）

修订完善安全管理规章制度　2014年，宝钢集团修订了《安全生产责任制度》。《安全生产责任制度》聚焦“党政同责、一岗双责、齐抓共管”，结合“党政同责”要求，明确宝钢集团党委和各子公司党委的安全生产责任；结合“一岗双责”要求，明确宝钢集团各行政分管负责人和相关部门的安全生产责任；进一步明确“党委要管大事，发展是大事，安全生产也是大事”和“管行业必须管安全、管业务必须管安全、管生产经营必须管安全”的要求。《安全生产责任制度》还明确了宝钢集团和各子公司有关安全管理制度的建设、健全安全管理体系、完善安全管理评价能力等任务和要求。年内，还修订了《安全事故报告、调查和统计管理办法》等文件。（李　盛）

派驻安全管理专项督导组　为进一步加强对安全管理相对薄弱单元、重点专项工作的督导检查，宝钢集团成立安全管理专项督导组，并会同宝钢集团安全生产监督部，对重点单位、重点专项工作实施安全督导。作为宝钢集团安全生产委员会特设临时机构，安全管理专项督导组与安全生产监督部合署办公，协同开展安全管理工作。自3月起，分别进驻八一钢铁、韶关钢铁、宝钢德盛等子公司，指导、帮助被督导单位查找安全管理中存在的突出问题，从体系架构到过程管

控，从制度建设到项目管理，逐一排查，被督导单位根据发现的问题分层次、分步骤、分阶段组织整改。（李 盛）

组建协力安全督导组 5月，宝钢组建协力安全督导组，开展相关专题调查研究工作，并根据调研了解的情况，下发《关于加强公司协力安全管理的指导意见》。宝钢集团按照“分层、分类、分步”的方法优化协力安全管理，各单位根据指导意见，结合本单位实际情况，制定协力安全管理办法、实施细则、分步推进计划。（李 盛）

推进安全风险月度管控工作 2014年，为明确重点安全管理区域、重点安全管理项目，宝钢要求各子公司结合生产经营、设备检修、工程施工等重点项目和重点工作，制定本单位安全风险月度管控工作计划，明确重点安全管理区域和项目，编制安全管理方案，实施风险预控管理，采取动态管控措施。宝钢集团重点督查两个方面：一是各子公司领导班子成员及各级管理者结合业务分工，按照“一岗双责”要求，聚焦安全风险月管控和安全管理工作重点，充分安全履职；二是基层员工针对辨识出的各级危险源，落实风险管控措施、落实管理行为。（李 盛）

开展安全专项检查 2014年，宝钢集团组织易燃易爆气体管线、有限空间作业条件确认、非煤矿山、建设技改施工项目、消防管理、出租场所、汛期安全、放射源和剧毒危险化学品管理等多项安全专项检查，以专题报告的形式上报宝钢集团主要领导及分管领导，并下发至相关单位要求进行整改。第四季度，对各单位年修技改建设项目及“打非治违”专项行动实施情况进行安全专项督查，重点是合法合规性保障、各项管理制度贯彻执行、项目安全管控方案以及项目实施过程的保障措施等制定和贯彻落实情况，并对每一家被检查单位逐一进行书面反馈，要求限期整改，确保安全管理总体受控。（李 盛）

工伤事故 2014年，宝钢集团安全管理总体受控，区域内共发生工亡事故9起（死亡9人），同比下降62.5%；重伤事故13起（重伤13人），同比下降69.8%；轻伤事故167起（轻伤172人），同比下降27%。（李 盛）

人民武装

宝钢集团人民武装部（简称“人武部”），是宝钢集团人民武装的军事参谋部门，负责宝钢集团在沪单位的国防动员、国防教育、军民共建、拥军优属、人民防空、征兵等项工作和民兵预备役的潜力调查、年度编组、组织建设、军事训练、思想政治建设、武器装备管理、军事后勤保障等国防后备力量的建设工作。（俞德兴）

参加成建制集中点验 4月，人武部组织预备役三连参加预备役高炮师团成建制点验，到点率为99%，人员信息准确率为100%；组织民兵高炮维修分队参加上海警备区民兵后备力量人员、装备结合集中点验，到点率和人员信息准确率均为100%。2支参点队伍受到上海警备区通报表扬。（俞德兴）

参加上海警备区高炮实弹演练和南京军区竞赛性考核 5—7月，人武部先后抽调组织82人次预备役官兵，2次赴苏北靶场，在实弹演练中取得首炮首发命中、击中目标3次、击落拖靶1具的成绩；接受南京军区竞赛性考核，夺得防空兵7

4月11日，宝钢民兵高炮维修分队参加上海警备区组织的民兵应急分队点验（施寄丰 摄）

个课目综合得分99分,名列16个参赛分队的第一名;宝钢预备役三连被南京军区表彰为“预备役高炮队伍竞赛性考核优胜单位”,人武部被上海市国防动员委员会表彰为“保障工作先进单位”。(俞德兴)

完成年度军训任务 2014年,人武部组织民兵、预备役官兵及专、兼职人武干部,先后参加上海市国防动员委员会和警备区组织的各类专业集训、军械业务比武、高炮实弹演练,南京军区竞赛性考核,以及预备役师团培训、专业分队岗位练兵、轻武器实弹射击训练,完成13项训练任务,均取得预期效果,并实现全员、全程、全装备安全无事故。(俞德兴)

参加军械业务专业尖子比武竞赛 5月27日,上海警备区组织全区部队装备指挥、维修、保管等8个专业、共110名尖子进行比武竞赛,宝钢获得“弹药保管员总分第二名”“武器保管员总分第三名”,连续第四年获得比武竞赛名次。(俞德兴)

强化武器装备安全管理 2014年,人武部坚持落实365天专职武装干部住库带班制度,强化武器库警卫队伍教育管理,严密落实武器库“人防、技防、物防、犬防”安全措施。4月28日,宝钢民兵武器库代表上海警备区接受全军安全大检查。总参谋部、总后勤部、总装备部组成的联合检查组对武器库“规章制度落实、看管队伍思想、安防系统建设管理、应急预案完善落实”等方面进行重点检查,评价“宝钢领导重视很到位、人武部日常管理教育很到位、武器装备管理制度落实很到位、应急预案落实反应快,各项工作总体落实好”。(俞德兴)

落实武器装备调整规范工作 下半年,根据上海警备区有关通知精神,人武部按照利于战备、便于管理、确保安全的原则,研究制订并上报实施方案,组织落实装卸、押运力量,完成批量武器弹药的上交和请领任务,并结合实际规范建设武器库基础设施和安防系统,确保调整规范到位,受到上海警备区通报表扬。(俞德兴)

7月6日,宝钢预备役三连官兵在江苏实地演练(李　洁　摄)

开展枪支弹药专项整治活动 9月中旬,人武部按照全军枪支弹药专项整治工作部署,以“五查”(查枪弹底数、查看管人员、查私存私借、查制度落实、查安全防范)为重点,组织开展案例警示教育和军械业务训练,全员签订《零持有承诺书》,分层级签订《专项整治责任书》,确保专项整治取得实效。(俞德兴)

开展兵役法规执法检查 5月底,对宝钢在沪25个单位采取各单位自查、人武部普查、市征兵办抽查的方式,开展2014年度兵役执法检查,宣传普及兵役法规,摸清适龄员工底数,督导做好兵役登记和征兵动员工作。(俞德兴)

完成民兵、预备役组织整顿任务 3—4月,根据上海警备区编组命令,人武部共整组基干民兵和预备役人员1010人(其中基干民兵800人,预备役官兵210人),并调整编配民兵预备役干部,健全民兵分队党组织。(俞德兴)

抓好民防设施安全管理 2014年,人武部协调宝山区民防办,拆除罗泾区域1台防空警报器;在“全民国防教育日”,完成与上海城市社区同步鸣放防空警报任务。(俞德兴)

开展全员国防教育 2014年,人武部利用民兵预备役整组点验、高炮集训等时机,组织开展“坚定信念、筑牢军魂”主题教育活动。围绕9月20日第十四个全民国防教育日“关心国家安全、维护海洋权益”主题,下发通知和宣传学习资料,指导各单位广泛开展全员国

9月，宝钢6名员工应征入伍（施寄丰 摄）

防教育活动，增强全员国防意识。（俞德兴）

组织开展夏季征兵工作 2014年的夏季征兵中，宝钢35名预征对象经体检、政审、复检、复审和联审，其中6名员工合格，9月初正式入伍。（俞德兴）

做好复退军人和现役军人管理 2014年，人武部协同有关部门做好复退军人安置，及时将40名宝钢招录的复退军人信息输入“预备役国防动员数据库”，纳入国防后备力量管理。加强对有关出兵单位的指导，按时落实23名义务兵、士官优待金的发放工作。（俞德兴）

做好双拥共建工作 春节、建军节和高温季节，人武部组织有关部门和单位对驻厂、驻地部队和军、烈属及伤残军人开展走访慰问工作。搭建军民共建平台，联系驻厂武警、消防部队开展“新兵看宝钢”活动，组织部分单位开展“军营一日”活动。年底，宝钢被上海市评为2013—2014年度拥军优属模范集体，并受邀参加建军87周年座谈会。（俞德兴）

推进人武工作规范化建设 2014年，人武部完善和推进《宝钢人武部工作规范》，从抓基础教育、业务建设和制度规范入手，不断提升团队整体能力。4月18日，上海市人武学校组织全市企业单位人武干部培训班学员来人武部参观学习；10月16日、11月27日，上海警备区和预备役师政治部领导先后带工作组来部调研专职武装干部、预备役干部队伍建设情况，均对宝钢做法予以肯定。年内，10名专兼职人武干部分别被上级表彰为优秀学员、国防教育先进个人和优秀预备役干部，人武部被上海警备区表彰为先进武装部。（俞德兴）

离退休职工管理

为整合宝钢老干部工作资源，3月7日，宝钢下发《关于宝钢集团有限公司老干部工作管理体制调整的通知》，按照“机构整合、业务整合、优化岗位、尊重历史”的原则，设立中共宝钢集团有限公司委员会老干部工作部，全面负责宝钢在沪单位的老干部管理工作。

老干部工作部设部长1名，部长兼任一处、二处处长，并兼任宝钢离退休干部党工委书记。一处、二处分别设副处长1名，兼任宝钢离退休干部党工委副书记。一处下设的3个机构作为老干部工作部的工作机构。按照1个办公室、1所宝钢老干部（老年）大学、1个离退休人员服务管理中心的框架开始运作。10月，老干部工作部完成新建综合楼、保留楼的搬迁工作，改善了老干部的学习、活动环境。

至2014年底，老干部工作部共有员工47人。由老干部工作部负责服务管理的离休干部345人，其中享受省部长级医疗待遇1人，副省部长级1人，享受副省部长级医疗待遇2人，副局级11人，享受局级待遇29人，参照局级三项待遇9人，参照副局级医疗待遇48人，平均年龄86.29岁，当年去世28人。老干部工作部直接管理的退休职工12699人，较上年新增1031人，当年去世156人。离、退休职工中70岁—79岁的3708人，80岁及以上的1001人。另托管梅钢公司离休干部101人。（姚震发 吴贵春）

政治上关心老干部 2014年，老干部工作部配合宝钢集团办公厅制定《宝钢集团向老领导通报沟通及走访慰问管理办法》，使老领导能在第一时间了解宝钢生产经营情况、重大人事变动及湛江钢铁基地项目建设等情况，每季度将宝钢财务经营情况以书面形式向正局级以上老领导进行通报等。不定期组织离退休干部参加各类重要会议、政治学习等活动,学习领会习近平总书记等中央领导在全国离退休干部“双先”表彰大会上的讲话精神;按照从严治党要求加强离退休干部党组织建设,学习宣传全国离退休干部先进事迹。组织开展“三看”主题教育活动,有上百人次离退休老干部参加。组织离退休干部参加2014年度市委党校老干部读书班;参观上海改革开放30周年回顾展;分别组织宝钢咨询委员会老领导、部分退休副局级以上干部考察上海附近的宝钢子公司。(严　嵘　顾建国　宋鼎勇)

落实老干部生活待遇　2014年,老干部工作部贯彻落实《关于2014年调整本市离休人员补贴费标准的操作口径》、沪委老〔2014〕42号《关于调整本市已故离休干部无工作遗属生活困难补助标准的通知》文件精神,及时完成离休干部特殊医疗经费的下拨。贯彻沪委组〔2014〕发字10号《关于转发中共中央组织部、财政部、人力资源和社会保障部〈关于提高离休干部护理费标准的通知〉的通知》文件精神,做好离休干部护理费调整的发放工作;落实《关于收缴2014年度离休干部社区高龄养老专项工作经费的通知》文件要求,上缴离休干部的社区高龄养老经费。组织专业人员为193名局级老领导、离休干部家庭检查家用空调484台;为53名离休干部更换煤气泄漏报警装置,检测煤气设备使用情况(包括煤气热水器)。“三八”妇女节慰问离休女干部22人。实施离休干部高温电话问安,针对离休干部年事已高、行动不便的实际情况,在敬老节前为每一位离休干部购置发放拐杖。元旦、春节期间,宝钢集团和宝钢股份党政领导分批走访慰问老干部及困难群众59人;部领导走访当年去世的离、退休干部遗属51人,历年离休干部遗属69人。全年,为28名离休干部举办逢五逢十集体祝寿活动。

(宋鼎勇　顾建国)

利用社区资源　2014年,老干部工作部走访市委老干部局及虹口、杨浦、黄浦、宝山、普陀等老干部局,加强联系,协调解决问题。与宝山老干部局探讨社区老干部工作推进计划;与吴淞街道海滨新村居委会、泗塘街道虎二居委会签订服务老干部的备忘录;赴欧阳街道调研社区老干部工作,了解社区离休干部阅览室使用情况;为宜川街道社区老干部读书班活动室更换空调;召开利用社区资源服务老干部工作座谈会。(宋鼎勇　顾建国)

上报上海市委老干部局调研课题　2014年,老干部工作部共上报市委老干部局调研课题6篇、成果转化案例1篇,《加快完善养老服务体系建设　有效推动老干部工作转型发展、科学发展——宝钢离休干部居家生活现状抽样调研及对策思考》和《以联建、联动、联手做好企业“双高期”(高年龄、高发病)离休干部服务工作》获优秀调研课题二等奖;《积极融入文化养老战略　全面实施文化养老工程——宝钢将文化养老理念融入老干部工作的思路与探究》和《建设精品课程　推进素质教育发展——宝钢老干部大学素质教育实践初探》获优秀调研课题三等奖,《关于〈依托社区资源　条块联手服务老干部工作〉的成果转化案例》被评为优秀成果转化案例。(郁　雯)

关心帮助离退休职工　2014年,老干部工作部为离退休职工办理各类困难补助9500人次,申办大病救助手续939人次。为2014年度退休的、具有高级专业技术职务等特殊对象办理增加养老金69人,查阅档案77人。为梅山公司大病困难的离休干部补助特殊医疗费6.5万元。办理发放70岁老年优待证444张。落实大病救助操作流程优化工作,将报送卫生管理中心材料的频度由每月改为每周,加快了办结速度。(吴　飞　许贵明)

退休职工管理　2014年,老干部工作部推出就近体检,方便了退休职工。抓好块长队伍建设,完善基础管理,年初设立月度块长单双月台账制度,特设外地、郊区的服务台账。编写《退休职工管理服务工作手册》,从8个部分(退休、查档、体检、慰问、订阅报刊、医疗、老年学习、老年活动)进行了详细说明。参加上海市退管系统《心系老人·实现梦想》——上海市为老服务先进事迹演讲比赛,获一等奖。

(郁　雯)

老干部大学工作　3月,宝钢老干部(老年)大学吸收冶金老干部大学,成立宝钢老干部大学。老干部大学发展成为1个总部和4个教学点,即宝山总部及市区设天津路、银发大厦、胶州路和黄兴路教学点。2014年,宝钢老干部大学有学员5223人次,开办187个班级。全年结业97个班级,学员2797人次。9月15日,老干部大学总部教学楼正式投入使用,新教学楼建筑面积

5690平方米，除用于教学的各类教室外，还专门设有阅览室、棋牌室、多功能舞厅、桌球房、小型报告厅、舞蹈房、乐队房、接待室及休闲屋顶花园等。年内，老干部大学开展的主要工作及获得的荣誉有:(1) 组织开展了学员论坛活动，宝山有9个班级、市区有3个班级纳入试点。(2) 组织开展"中国梦"、社会主义核心价值观征文活动。在《老年教育通讯》专门开辟的"社会主义核心价值观之我见"的栏目上刊登学员优秀文章。12月，组织开展"如何践行社会主义核心价值观"主题交流活动，并邀请上海市老干部大学及市系统北片的十所学校的领导和各校的学员代表共同交流。(3) 教育部为编制好《全国老年教育发展规划(2016—2020年)》，启动开展相关课题的研究。宝钢老干部大学作为企业老年大学的代表被中国老年大学协会指定作为第七课题组成员，参与《全国老年教育的历史发展、现实状况和未来展望》和《老年大学的转型发展》两个课题的研究工作，按时完成课题研究报告并上报教育部。(4) 在中国老年大学协会主办的全国老年大学自编教材的评选活动中，宝钢老干部大学上报的《易文化》被评为全国优秀教材;《老年人实用英语口语》被评为省、部级优秀教材。(5) 学校撰写的论文《〈老年人实用英语口语〉课程开发的探索》，获得上海市老干部大学系统论文评选二等奖。(6) 在上海市老年教育协会、宝山区教育局及上海市老年教育教学研究中心联合举办的"让晚霞更璀璨——上海市老年教育教学名师"暨"名师讲堂"评选中，宝钢老干部大学推荐的政治理论班教师朱培元获"上海市首届老年教育教学十大名师"称号，同时获得"上海市老年教育名师讲堂首席专家聘书"，中医保健班教师王静芳获"上海市老年教育优秀教师"称号。(7) 由中国老年大学协会主办的第四届全国老年书画展，在近万幅作品中，评出获奖作品500幅。宝钢老干部大学41位参赛学员的作品全部获奖，其中张辉获"荷花奖"(优秀奖)，张晓英、秦世桐获"入展奖"，许世伦获"纪念奖"，其余37位获"入选奖"。学校获"优秀组织奖"。(8) "龚赣弟吹塑版画工作坊"被评为上海市首批老年学习团队"达人工作坊"称号，在全市22个学习团队中位列第一。(9)《金色梦想——2014上海市老年教育成果(艺术作品)展》首次在中华艺术宫举行，宝钢老干部大学李月华的吹塑版画和张锦贵的国画分别入选参展。(10) 在2014年"长风杯"上海手杖健身操比赛暨第三届全国手杖健身操培训班开班仪式上，宝钢老干部大学手杖操队参加手杖操集体赛第三套规定套路比赛，获金杖奖(一等奖)。（刘威宇）

老干部工作部组织开展活动 2014年，老干部工作部完成宝钢第八届老年人艺术节的组织工作。艺术节活动根据老年人的特点，结合宝钢的实际情况，开展了舞蹈、声乐、戏曲、演讲、展示及公益6个方面的活动，17个单项的展评。老干部工作部、宝钢发展、一钢公司、五钢公司、浦钢公司和梅山公司6个单位1052人次的离退休老干部参加了各类展评活动。老干部工作部、梅钢公司组织部被评为老年人艺术节优秀组织奖。艺术节活动首次引入公益篇章——"心相连　爱飞扬"爱心义卖捐赠活动，共募集30108元善款，并在12月31日学校第二学期的结业典礼上举行捐赠仪式，资助青海同德县的贫困学生。淞涛合唱团参加由文化部全国公共文化发展中心、中国合唱协会与中山市人民政府联合主办的"共筑中国梦，唱响文明城"2014中国城市合唱节活动，无伴奏合唱《黄昏之歌》《归园田居》以及有伴奏合唱《迎来春色换人间》获金奖。受上海市委老干部局和市活动中心的委托，承办上海市老干部"健康成就梦想"系列健身活动——斯诺克和象棋项目，宝钢老干部工作部获上海市"健康成就梦想"系列活动特别贡献奖和优秀组织奖。同时，组队参加"健康成就梦想"上海市老干部健身系列活动，参加桥牌、扑克80分、门球、乒乓球、斯诺克和象棋6个项目的比赛。（刘威宇）

离退休干部党工委工作 中共宝钢集团有限公司离退休干部工作委员会(简称"离退休干部党工委")，有20个党支部(其中离休干部党支部5个，退休干部党支部15个)，党员1362人。2014年，围绕宝钢党委下发的服务型党组织建设的指导意见，在加强离退休干部党支部思想建设和组织建设的同时，不断加强党员管理服务。通过开展集中宣讲、举办报告会、收听视频辅导报告、组织生活、就近参观考察等灵活多样的方式，组织好党员学习党的十八届三中全会、四中全会和习近平总书记系列重要讲话精神。对年老体弱的老干部、老党员把学习材料、重要文件精神送上门；深入推进"争当六大员·共筑中国梦"主题活动，在践行社会主义核心价值观、追逐中国梦的行动中释放正能量；宣传先进典型，评选出"最美离退休干部党支部”和“最美老干部”“尊老爱幼和睦文明家庭”，在离退休干部中形成学习先进、争当先进、赶超先进的氛围；弘扬“老有所为，以为促养，退而不休，乐于奉献”的精神，增强党支部的“内动力”和“凝聚力”，让老党员在基层服务型党组织建设、社区建设等领域发挥作用。离休干部许浩获“全国离退休干部先进个人”称号；黄长致、周维祥、陈德浩获“上海市离退休干部先进个人”称号；宝钢离退休党工委离休二支部获“上海市先进集体”称号。 (严 嵘 顾建国)

全国钢铁企业关心下一代工作研究会年会 11月4日，全国钢铁企业关心下一代工作研究会2014年年会在宝钢召开。本次会议的主题是：学习贯彻党的十八届三中、四中全会精神，本着“急党政所急、想青少年所需、尽关工委所能”和“围绕中心、服务大局”的工作方针，进一步发挥钢铁企业关心下一代工作研究会、企业关心下一代工作委员会和广大“五老”(老干部、老战士、老专家、老教授、老模范)的独特优势和作用，推进关心下一代工作委员会的各项工作。会上，10家钢铁企业的关心下一代工作委员会代表作交流发言。 (方才元)

宝钢关工委开展教育活动 2014年，宝钢关心下一代工作委员会(简称“宝钢关工委”)深入开展社会主义核心价值观主题教育，联系宝钢生产、发展和青年职工的实际，在每月一次的组长例会上进行专题学习和研讨。在上海市关心下一代工作委员会召开的“老青结对博客秀”活动表彰会上，宝钢关工委获“优秀组织奖”，张文惠、张福荣、戚映年3对老青获上海市老青结对“十佳博客奖”；沈泉根、张孝桐、陈虹、成翠宝、顾士丰、蔡士谦、李秀华7对老青获上海市老青结对“优秀博客奖”。张清朗在会上作“网络交流搭平台 老青结对博客秀”的交流发言。参加上海市关心下一代工作委员会特色品牌工作调研交流会，并作《打造老青网络交流新平台》的交流发言；参加全国关心下一代工作理论研讨会和全国关心下一代工作委员会宣传工作会议，并作《打造“老青网络交流”新平台》的交流发言。 (方才元)

8月21日，宝钢关工委组织宝钢员工子女参观宝钢历史陈列馆(姜为强 摄)

宝钢关工委加强与基层团委合作 2014年，宝钢关工委与宝钢股份团委合作，为新入职青年员工讲解宝钢文化和“85·9”(1985年9月宝钢一期工程投产)精神；与宝钢化工团委共同举办弘扬“85·9”精神专题座谈会；同宝钢发展团委合作开展“赏博客美文，秀读书心得”活动；同湛江钢铁青年员工座谈交流等。 (方才元)

宝钢关工委办好实事 暑假期间，举办宝钢关工委第十八期暑托班。宝钢关工委月老组为青年职工介绍对象上百对，其中15对喜结良缘。与宝钢科协等部门合作，为青年职工评审科技论文和“五小”成果项目108篇。老专家张孝桐深入一线为青年职工讲解现场设备管理的基本理论和方法，并当场解答青年职工在设备管理中碰到的问题。宝钢关工委帮教组6次深入灵石学校开展面对面的帮教活动，对150多名学生进行法制、道德教育，效果明显。宝钢关工委基层组与宝山区友谊街道、杨浦区江浦街道的相关居委建立稳定的合作交流机制，参与居委开展的相关活动，受到街道和居委会的好评。有的成员还担任居委会关工委的负责人。 (方才元)

宝钢长寿工业服务公司 根据宝钢集团党委常委会《关于上海宝钢长寿工业服务公司停止为宝钢生产建设服务的职能的决定》精神，宝钢集团退休职工管理委员会于2013年12月31日发文，撤销上海宝钢长寿工业服务公司管理委员会。 (郁 雯)

宝钢年鉴

2015

BAOSTEEL ALMANAC

党群工作

党群工作

宝钢党群组织在党委领导下开展工作。为减少层次，提高效率，自2005年开始，宝钢集团党群组织机构与宝钢股份党群组织机构合署，实行“两块牌子，一套班子”运作。2010年3月19日，宝钢股份成立新一届党委领导班子，宝钢集团与宝钢股份党群工作分开运作。（施　志）

共产党组织

中国共产党在宝钢集团有限公司设立委员会。新一届党委和纪委2007年由宝钢第三次党代会选举产生。党委书记刘国胜（2014年1月，由徐乐江接任），党委副书记欧阳英鹏（2011年3月，由伏中哲接任），纪委书记刘占英。

（施　志）

组织工作

宝钢党委组织工作由宝钢集团党委组织部（简称“党委组织部”）推进落实。其主要职责是：管理基层党委、纪委领导班子建设；指导基层党支部建设和基层党员队伍建设；党费管理、党内年报和各类统计管理；宝钢集团总部机关党群机构设置及定岗定编管理；宝钢集团党建督察员的管理与服务。

至2014年底，宝钢集团共有党委201个，党总支233个，党支部2170个。党员总数52208人（包括部分离退休、但党组织关系仍在宝钢集团的党员）。（陆卫忠）

推进党的群众路线教育实践活动整改落实　2014年，宝钢集团党委的首要工作是抓好教育实践活动的整改落实，坚持“PDCA（计划、实施、检查、处理）+认真”，标本兼治、统筹推进。宝钢集团主要领导履行第一责任人职责，以“钉钉子”精神一抓到底，在整改落实过程中，亲自主持、亲自指导，带头作表率。建立健全过程跟踪机制，每月监督检查各整改项目推进情况。坚持开门整改，强化终端验证，分三批对整改落实情况开展监督和评议，听取意见和建议，完善整改落实，形成闭环管理；在二级单位层面，宝钢集团党委加强对二级单位教育实践活动整改的督导。通过二级单位自查、教育实践活动办公室抽查验证、以压茬方式开展“回头看”、宝钢集团派出督导组督导4个环节扎实推进，督促各二级单位把整改落实到最基层、最一线。宝钢教育实践活动整改成效明显，一是解决“四风”方面的突出问题，各级领导人员的工作作风和方式明显转变；二是作风建设融入生产经营，规范流程、固化制度，进一步完善企业的管理；三是牵引“三项制度”改革等深层次问题的解决，促进宝钢改革发展稳定各项工作。

（陆卫忠）

严肃党内生活　宝钢集团党委在总结教育实践活动好做法和形成工作流程的基础上，把用好批评和自我批评的武器固化为长效机制，制定并下发《宝钢集团有限公司领导班子民主生活会制度（试行）》。在此基础上，策划和组织开展2014年度宝钢集团和基层领导班子高质量民主生活会，以“严格党内生活，严守党的纪律，深化作风建设”为主题，以认真贯彻中央八项规定精神、坚决反对“四风”、持续抓好整改落实为重点，解决党内一些党员干部组织观念淡薄、组织纪律涣散，以及作风漂浮、不干事、不担责等问题，为宝钢的转型发展、二次创业提供强有力的思想、政治和组织保证。

（陆卫忠）

推进基层服务型党组织建设　2014年，根据中央和上海市文件精神，结合宝钢实际，宝钢集团党委出台《宝钢加强基层服务型党组织建设实施意见》，从三个层面推进基层服务型党组织建设。在此基础上，认真抓好实施意见的宣传贯彻培训工作。利用党支部书记研修等平台，邀请上海市委组织部专家专题解读，并组织部分党支部书记研讨，提升各层面党务工作者对基层服务型党组织建设的理解认识和实施能力；认真做好制度的落实工作。大部分二级党委结合自身特点和所处不同发展阶段的任务，有所创造地制订本单位工作方案，以服务职工群众、做职工群众工作为基本职责，深入推进基层党委和党支部建设工作规范，使服务成为基层党组织建设的鲜明主题。

（陆卫忠）

加强基层党建工作的指导 2014年，聚焦“党的工作一定要务实，做真正有价值的事”，宝钢集团党委领导深入基层党委和基层党支部开展调研。由党校牵头，针对党支部工作中存在的形式主义，围绕中心做工作、基层领导班子建设、“党员登高计划”活动、服务群众工作及党组织生活设计等五大方面开展专题调研，运用“白描”的方式进行写实性评估，撰写《宝钢党支部工作专题调研评估报告》。由宝钢集团党委主要领导发起，以虚拟会议方式组织对该报告进行了为期三个月的讨论，本着实事求是的原则，分析问题产生的原因，提出了意见和建议。（陆卫忠）

加强基层党组织带头人队伍建设 2014年，宝钢集团党委在进一步做好科学选好配强基础上，重点做好基层党委书记、党支部书记队伍培训和研修工作，不断提升履职能力，使他们掌握做人的工作的基本理念和方法。一是开展新任职党委书记培训。精心策划，组织实施了基层党委书记任职资格示范班，进行了为期5天的专题培训；二是持续开展党支部书记培训。全年按计划组织了10期共405名党支部书记培训。（陆卫忠）

完善基层党组织绩效评价 2014年，宝钢集团党委进一步强化绩效评价牵引机制，不断增强党建工作责任制。一是充分运用信息化技术，推进了宝钢党组织绩效评价系统的开发，动态、实时、在线跟踪评价，体现简单、务实、高效的宝钢评价文化；二是按照“季度预评价、年度综合评价”模式开展党建工作考核评价，采用网络信息查验、日常工作调研、现场检查等方式跟踪检查，分类评优，全年共开展3次季度评价，年底开展了现场验证和年度综合评价；三是加强年度综合评价结果的运用，评价结果作为对党委书记年度绩效评价，优秀经营团队评选，推荐和表彰先进党组织、优秀党务工作者的重要依据。（陆卫忠）

严格落实党内民主程序 2014年，宝钢集团党委指导基层“两委”班子调整工作，完成了宝钢发展、宝钢工程、宝信软件等15家二级单位党委的28位党委委员和纪委委员的调整工作，进一步优化了基层“两委”领导班子的结构。（陆卫忠）

党员教育培训规划的制定和实施 2014年，宝钢集团党委根据中共中央《2014—2018年全国党员教育培训工作规划》和《关于在领导人员教育培训中加强理想信念和道德品行教育的通知》，聚焦增强党性，制定了《2014—2018年宝钢党员教育培训工作实施意见》。利用干部研修等平台，对该《实施意见》进行解读，督促指导各二级单位党委做好落实。此项工作计划用5年时间，由宝钢集团党委统筹指导，由党员所在单位党组织组织实施。（陆卫忠）

发展党员工作 2014年，宝钢集团党委制定并下发《宝钢集团有限公司发展党员制度》，便于基层党委实施操作。继续以发放新版入党志愿书为抓手，认真做好发展党员工作，始终把政治标准放在首位，确保“成熟一个，发展一个”，全年发展党员799人，其中沪内455人。（陆卫忠）

探索不合格党员处置工作 2014年，党委组织部认真学习消化中央《关于做好处置不合格党员工作的通知》等文件，组织党支部书记和组织工作干部进行专题研讨，进一步集思广益。在此基础上，对宝钢发展、宝钢资源等单位试点工作给予政策指导。（陆卫忠）

沪外、境外党组织管理 2014年，为进一步适应宝钢集团国际化发展，党委组织部对沪外、境外党组织管理进行了调研、探索和指导。一是指导基层党委加强属地化管理工作，会同宝钢股份、宝钢化工等单位，对宝钢化工湛江有限公司党委隶属关系管理进行专题研究，形成了指导意见并组织实施；二是指导基层党委海外党组织设置和党建工作开展，指导宝钢资源做好国际运营架构下党组织机构设置及工作推进等，对宝钢股份、宝钢金属等二级单位在海外业务拓展中，党组织独特优势发挥进行指导。（陆卫忠）

宣传思想工作

宝钢宣传思想工作由宝钢集团党委宣传部（简称“党委宣传部”）管理，主要负责党委中心组学习、形势与任务宣传教育等工作。（施　志）

党委中心组学习 2014年，宝钢集团党委中心组开展12次集体学习。内容包括：传达学习中央重要会议和文件精神6次（党的十八届四中全会、全国组织部长会议、全国“两会”、保密专题党课等）；辅导讲座4次（习近平总书记讲话精神解读、培育和践行社会主义核心价值观、深化国企改革、新《环保法》等法律法规；企业重要工作专题研讨2次。邀请国务院国资委研究局局长彭华岗、中央党校教授张希贤、上海交大法学院教授王曦、上海社科院院长王战等专家进行辅导。加强制度建设，宝钢集团制定下发《关于进一步加强和改进党委中心组学习的意见》，对学习的定位、学风、制度、管理以及落实责任、督促检查等作出规定。

（汤平健）

形势任务教育 2014年，党委宣传部编发《宝钢2014年度工作会议暨三届二次职代会领导讲话汇编》，下发通知部署学习教育工作，组织系列报道，挖掘宣传基层单位的先进经验和一线员工的事迹。通过《宝钢形势任务教育》下发经营风险教育警示案例及教育片，要求把警示教育覆盖到末级经营单元，以及销售、采购、财务等领域的专业技术骨干。围绕深化改革、安全生产、节能环保等重点工作，通过刊发特约评论员文章、领导人员专访等形式，加强宣传引导。各单位通过逐级授课、专场宣传、大讨论等方式，把形势任务教育落到实处。

（汤平健）

纪检、监察工作

宝钢集团纪委（简称“纪委”）和宝钢集团监察部（简称“监察部”）合署办公。2014年，宝钢各级纪检监察组织按照中央纪委、国务院国资委、上海市和宝钢集团党委部署，全面贯彻从严治党、从严治企要求，严明政治纪律和政治规矩、加强纪律建设，强化党委主体责任和纪委监督责任，持之以恒落实中央八项规定精神，深化监督执纪问责，扎实推进党风建设和反腐倡廉工作，为宝钢持续健康发展提供了有力保障。

（肖宪京）

责任制落实 2014年，纪委协助党委抓好责任制落实工作，先后在5次党委常委会上专题研究党风建设和反腐倡廉工作，对党风建设和反腐倡廉工作做出部署。制定《关于落实党风廉政建设党委主体责任和纪委监督责任的实施意见》，建立完善责任分解、监督检查、考核评价、问责追究的落实责任工作机制。细化分解了党风建设和反腐倡廉22项重点工作，年内全部完成。召开2次责任制领导小组会，听取部分二级单位“两个责任”（党委的主体责任、纪委的监督责任）落实情况及职能部门重点工作落实情况报告；对“两个责任”落实、反腐倡廉重点工作推进情况开展专项巡视；对“两个责任”落实情况进行了评价，纳入党委工作评价体系。建立约谈制度，宝钢集团党委、纪委分别约谈下属单位负责人及纪委书记98人次，加强对落实“两个责任”的提醒、督促、指导。加大问责力度，对发生重大腐败案件和严重违纪行为的单位落实“一案双查”（既要查清当事人的违纪问题，又要查清主管领导或分管领导的责任范围及责任），对因责任落实不到位的18名领导人员和管理者进行问责和责任追究。

（肖宪京）

2月11日，宝钢举行2014年党风建设和反腐倡廉大会（陆非然 摄）

推进领导人员作风建设 （1）2014年，纪委、监察部会同相关职能部门组织开展落实中央八项规定精神的专项巡视。整改、纠正了收受礼品、礼品管理不规范、虚列费用报支等问题；对违规使用职工福利费、违反履职待遇、业务支出等规定的当事人进行组织处理，并给予党纪、政纪处分；对6名相关领导人员进行问责和责任追究；下发整改通知30份，责令整改问题89个。各单位落实整改措施139项，制定、修订制度29项。（2）开展规范领导人员履职待遇、业务支出以及公款购买办理各种消费卡等专项治理。组织各单位清理了16张（套）公款购买的高尔夫球卡，合计1088万元。（3）开展自建培训疗养机构和宾馆的清理整顿，对宝钢(常熟)领导力发展中心和人才开发院进行专项检查,规范培训准入机制和接待标准,明确严禁在培训费中列支接待费、会议费和烟酒费等禁止性规定。(4)相关部门修订完善“规范使用职工教育经费集中购买书卡(券)”“规范接待会务工作”“加强公款购买图书管理”等制度、规定。(5)各级纪检监察组织严格执纪,从领导人员履职待遇、业务支出、费用管理、薪酬管理、出国管理、礼品管理、公务用车等多方面入手,组织开展针对性的监督检查,严肃查处了违规发放奖金、违反差旅费使用规定、接受客户宴请、发票内容与业务内容不相符、违规收受礼品、公车私用等违规违纪行为,对相关领导人员进行了问责和责任追究。(6)宝钢集团及各单位领导班子成员严格执行厉行节约反对浪费、领导人员履职待遇、业务支出、礼品礼金登记等规章制度,全年宝钢集团业务招待费、会议费、公务用车费同比分别下降27%、39%、19%。 (肖宪京)

廉洁从业工作 2014年,宝钢集团综合运用警示教育、示范教育、岗位风险告知性教育等多种方式,深入开展理想信念教育、诚信教育和从业道德教育,各单位组织开展反腐倡廉教育活动434场次,纪委剖析和梳理了近10年来发生的典型案件,汇编案例集,深化了警示教育。加强重点领域、关键环节廉洁风险防控,各级纪检监察组织会同相关部门推进了网上竞价销售、经营风险控制十条禁令执行情况专项审计和低效无效资产处置情况专项检查等工作,监督推动了以阳光选人用人、阳光管理薪酬、阳光用工管理、阳光职务消费、阳光采购销售、阳光工程建设为主要内容的源头治理工作,促进权力公开透明规范运行。协同党委组织部开展对领导人员报告个人有关事项的监督工作,结合信访举报反映的问题,对个别领导人员报告事项进行了抽查核实。全年,宝钢集团范围内17人次上交兼职报酬40.65万元,1320人次主动上交礼金、礼品、有价证券等,折合人民币145.9万元。 (肖宪京)

反腐倡廉制度建设 2014年,宝钢集团制定《宝钢贯彻落实〈建立健全惩治和预防腐败体系2013—2017年工作规划〉的实施意见》,修订完善宝钢廉洁从业八条禁令等制度,推进领导人员廉洁承诺、述职述廉、廉洁谈话、个人有关事项报告、礼品礼金登记管理等工作。 (肖宪京)

开展监督检查工作 2014年,宝钢集团围绕“三重一大”决策、授权受控、选人用人、采购销售、八条禁令等廉洁从业制度落实情况,开展对领导人员廉洁从业行为和经营管理行为的巡视检查,对违规接受客户宴请及娱乐活动等6名相关当事人进行了查处,给予行政记过、调离岗位等党政纪处分和组织处理,对38名领导人员和管理者进行了问责和责任追究。开展对问题易发多发领域权力运行情况的专项检查,各级纪检监察组织会同相关职能部门,对湛江钢铁基地项目、宝钢文化中心改扩建工程、广东宝钢置业(宝钢大厦)项目、韶关钢铁炉料结构优化之焦炉建设、宝信软件互联网数据中心一期项目等重点工程建设项目及招投标业务进行监督检查,发现和纠正了施工分拆发包、现场签证不规范、邀标管控不严、招标资质条件及技术参数倾向性设置、招标涉密管理不到位、物资采购“先交易,后上网”、供应商准入不规范等问题,严肃查处了违反规定指定供应商的行为。 (肖宪京)

效能监察工作 2014年,围绕成本改善、资产运行效率、采购销售管理、安全管理、基础管理和风险防范等重点领域,各级纪检监察组织完成重点效能监察项目127项。宝钢集团开展资源配置管控效能监察,揭示了采购方式管理、供应商管理、固废处置过程管理中存在的倾向性分配资源、定价、选择供应商等35项问题或风险点,纠正了网上竞价流于形式、供应商评价不充分、超提单发货等问题,防范了业务处置权滥用的风险。查处失职渎职及接受供应商礼品等违规违纪行为,避免经济损失3763万元,挽回经济损失896万元,促进了流程优化和降本增效。 (肖宪京)

信访举报和案件查处 (1)2014年,各级纪检监察组织受理信访举报279件,立案68件,结案61件;协同司法查处违纪违法人员36人;给予党纪处分15人,政纪处分61人,党政纪双重处分15人。其中,解聘岗位21人,解除劳动合同18人。严肃查处了采购、工程建设、废旧物资处置领域的受贿案件;严肃查处了与他人合资经商办企业、接受供应商宴请及娱乐活动等违反廉洁从业若干规定以及宝钢“八条禁令”的行为。(2)坚持抓早抓小,对反映领导人员、管理者作风建设、廉洁从业等苗头性、倾向性问题,宝钢集团纪委和二级单位纪委发出函询调查21件，实施诫勉谈话35人、提醒谈话62人，发出监察建议书32份，提出监察建议81条。（3）建立纪检监察管理信息系统，开通举报邮箱和举报电话。加强特邀监督员队伍建设，发挥特邀监督员的特殊监督作用。宝钢集团获2014年浦东新区预防职务犯罪工作先进单位。（4）宝钢集团建立了查办腐败案件以上级纪委领导为主、线索处置和案件查办在向同级党委报告的同时必须向上级纪委报告的工作机制。宝钢集团纪委向中央纪委、国务院国资委纪委报告了案件线索和案件查办情况，宝钢集团二级单位也向宝钢集团纪委进行了报告。纪委向党委常委会或党政主要领导专题汇报案件5次。（5）落实《关于规范问题线索处置，加强信访举报案件查办工作的意见》，在宝钢集团范围内统一调配办案力量，对涉及宝钢集团直接管理领导人员的案件或重大案件由纪委直接查办，统一调配基层办案人员12次，直接查办案件42件。（6）建立办信查案的督办机制，纪委对转交二级单位承办的36件信访举报案件进行实时跟踪、督促指导和催办，提高了办信查案的效率和质量。（7）建立签字背书的工作机制，有3名纪委书记对重要信访件核查进行签字背书，加强问题线索处置和案件查办工作的责任落实、责任追究。（8）建立由宝钢集团纪委书记牵头对重要线索集中处置和重要信访举报核查结果集中会审的工作机制，集中研究处置重要问题线索58条。（9）建立与所在地司法机关办案协调和预防职务犯罪机制，与宝山、浦东新区检察院召开预防职务犯罪、案件线索讨论、交流工作等联席会议8次，协同司法办案4件，与宝山区检察院签订《开展行贿犯罪档案查询工作的合作协议》。

（肖宪京）

落实禁入制度　2014年，宝钢集团发布第十一批禁入名单，有96家单位和346人被禁入（合计禁入单位337家，禁入人员2654名）。

（肖宪京）

纪检监察组织建设　2014年，纪委、监察部聚焦党风建设和反腐倡廉主业，推进纪检监察组织转职能、转方式、转作风。（1）在机构定员不变的情况下，对内设机构和职能进行调整，增设一个案件检查处。（2）清理了参与的议事协调机构，把不该管的工作交还给主责部门，宝钢集团纪委和各单位纪检监察组织共撤销或退出51个议事协调机构。（3）落实纪委书记不分管其他业务工作的要求，对二级单位纪委书记兼职情况进行了调研分析，7名纪委书记不再兼职或分管生产经营管理工作，其他单位的纪委书记也不再分管生产经营工作。（4）落实向党委常委会报告工作、向纪委全委会报告工作的制度。（5）严格执行二级单位纪委向宝钢集团纪委常委会报告工作并接受评议的制度，有17家二级单位纪委书记述职并接受评议。完善《纪检监察组织体系能力建设评价办法》和《纪委书记履职情况评价办法》，按照"四位一体"（自评、班子评价、民主测评和纪委常委会评价）的考评方式，对二级单位纪检监察组织体系能力及纪委书记的履职情况进行评价，评价结果纳入个人绩效。（6）开展理论学习、查办案件、巡视检查等实务培训，先后选派26人次参加中央纪委、国务院国资委纪委、上海市纪委组织的系统培训，各单位共组织针对性的纪检监察业务培训122场、有7480人次参加，纪检监察队伍整体素质和工作水平进一步提高。

（肖宪京）

统一战线工作

宝钢统一战线工作由宝钢集团党委统战部（简称"党委统战部"）主管，下设宝钢台湾事务办公室、宝钢海外交流协会办公室、宝钢海外联谊会办公室。有上海市欧美同学会宝钢分会、宝钢党外中青年知识分子联谊会、宝钢少数民族联合会、宝钢台胞台属联谊会、宝钢归国华侨联谊会5个统战群众组织。（张惠明）

举办专题学习班　2月28日—3月1日，党委统战部会同宝钢股份党委组织部、宝钢党校联合举办宝钢党外人士学习贯彻党的十八届三中全会精神专题学习班暨宝钢统战系统开展坚持和发展中国特色社会主义学习实践活动动员会。宝钢各民主党派基层组织和宝钢民族联、宝钢侨联、宝钢台联等群众团体组织负责人、宝钢党外中青年知识分子联谊会会员（无党派人士）及部分兼职统战干部参加学习班。政协上海市学习委员会副主任柴俊勇及宝钢党校老师作专题辅导。

（张惠明）

专题研修　5月15—17日，宝钢举办海外留学归国人员研修班，宝钢集团党委书记、董事长徐乐江与近50位海外留学归国人员对话，勉励大家在危机中抓住机遇，发挥国际化人才优势，用全球化的视野、开

2月28日，政协上海市学习委员会副主任柴俊勇到宝钢作"十八届三中全会与国企改革"专题报告 （庞 征 摄）

放的思维，在宝钢从中国到全球的战略转型中，助力宝钢"走出去"。研修期间，宝钢党校教授朱培元、上海市发展改革委政策法规处处长张忠伟、宝钢深化改革工作小组副组长周桂泉、复旦大学教授沈丁立，分别为学员们作了"党的十八届三中全会精神解读""自贸区建设与上海未来经济发展""宝钢全面深化改革工作介绍"和"当前国际形势和我们的对外政策"4场授课。9月17日，党委统战部会同宝钢党外中青年知识分子联谊会举办"发挥智力优势，助推转型发展"专题研修班。邀请东北大学教授王宛山作题为《借鉴德国经验，发展中国工业4.0的路线图》的报告，启发会员在宝钢大数据挖掘与制造可行性风险评价等方面积累经验。其中，由宝钢党外中青年知识分子联谊会会长郭朝晖、会员张健民研究的《钢铁生产可制造性风险评价的构想》《钢铁工业如何建设智能工厂》《钢铁企业与机器人》3个课题在会上进行了交流。 （张惠明）

联谊沟通 12月4日，宝钢集团党委召开统战代表人士座谈会，通报宝钢2014年生产经营、转型发展情况以及2015年重点工作；党委副书记伏中哲参加座谈会，并与各界代表人士座谈交流，听取代表人士意见和建议。 （张惠明）

基层调研 2月25日，党委统战部制订《关于开展2014年宝钢二级公司党委统战工作调研摸底和评估方案》，通过"宝钢二级公司统战工作情况调查表""宝钢二级公司统战基础建设情况调查问卷""宝钢党外人士调查问卷"填报，以及重点单位、部门走访调研等，在汇总分析的基础上，形成2014年宝钢二级公司统战工作调研摸底和评估报告——《夯实基层统战工作基础，开创宝钢统战工作新局面》。报告从二级公司开展统战工作的基本情况、工作特点、存在问题以及加强基层统战工作的建议等四个方面进行了分析总结，为后续加强基层一线统战工作提供了依据。（张惠明）

专项调研 2014年，根据上海市委统战部(沪委统发〔2014〕16号)文通知要求，宝钢党委统战部对宝钢集团内部党外代表人士和党外优秀人才进行专项调研。向上海市推荐调研人选148名，其中小名单22名，中名单42名，大名单106名。小名单中按照"三个一批"(任用一批、交流轮岗一批、进一步培养锻炼一批)的要求，经宝钢党委研究决定，明确了近期任用一批，交流轮岗一批，进一步培养锻炼一批的培养名单。 （张惠明）

主题活动 党委统战部在宝钢统战系统持续开展"爱企业、献良策、作贡献"主题活动。全年统战人士建言献策27338条(人均1.63条)，技术攻关640项，自主管理2028项，形成技术秘密513件，申报专利642件。获上海市级以上各类奖项76项(其中一等奖23项，二等奖18项，三等奖35项)，获宝钢奖项33项(其中一等奖12项，二等奖10项，三等奖11项)。4人被评为市级以上年度先进，26人获得宝钢各类先进，120人获得所在单位年度先进。统战人士在市以上刊物发表论文229篇，宝钢内部发表论文34篇。 （张惠明）

九三学社工业八支社联席会议 11月5日，九三学社上海市委所属工业八支社在宝钢召开下半年度联席会议。九三学社市委副主委周锋、常委封亚培、组织部长王黎云和九三学社纺织、电气、船舶、冶金、化工、有色、广电等支社负责人出席会议。宝钢党委统战部向与会人员介绍宝钢生产经营、转型发展等情况，并就国资国企改革等话题与工业八支社负责人进行了交流。（张惠明）

11月5日，宝钢党委统战部在九三学社工业八支社联席会议上介绍宝钢建设发展情况（张惠明 摄）

民族工作 4月，党委统战部针对清真食堂就餐员工反映食堂管理存在清真不清的现象，按照“四专”要求，即专用运输车辆、专用计量器具、专用储藏容器、专用加工（储存）场地的要求，及时进行协调解决，并对清真供应提出“底线不破、标准不变、质量不降”的要求，就餐者对此表示满意。结合宝钢跨区域经营的实际，加强对沪外公司，特别是八一钢铁民族宗教工作的关注度，协调和配合有关部门及时处理涉及民族宗教的问题，维护了宝钢的稳定。（张惠明）

侨务工作 2014年，党委统战部开展“侨界帮困送温暖”活动，春节、重阳节期间走访慰问早期困难归侨家庭13户次，并与上海市侨联、市社保中心协商，为一位早期退休归侨补办了早期归侨退休补贴。中央研究院首席研究员杨健获中华全国归国华侨联合会“第五届新侨创新成果创新人才奖”。6月，斯初阳、周鹤亮当选宝山区第六届归侨侨眷代表大会代表。（张惠明）

民主党派工作

中国国民党革命委员会组织

民革宝钢支部 隶属民革宝山区委员会，有党员40人。主任委员：姜良玉；副主任委员：陶慧明、陆永强。有宝山区人大代表1人，宝山区政协委员1人，民革宝山区委委员1人，祖国统一委员会主任1人。2014年，支部提交政协提案3篇，社情民意1篇，其中，党员马鄂云负责《社区老人健康监护远程护理》的提案，在政协宝山区七届四次会议上作为民革区委大会发言。4月，组织党员参观中华艺术宫。8月，宝钢支部代表宝山区委在民革市委主办的“水星杯”两岸和平发展知识竞赛（虹口赛区）比赛中获二等奖。9月，学习习近平主席在政协大会及纪念孔子诞辰大会上的讲话等。10月，组织党员前往上海宋庆龄陵园瞻仰缅怀宋庆龄。12月，组织摄影讲座。宝钢支部获民革宝山区委“2013—2014年党务工作先进支部”称号。马鄂云获“民革上海市委2014年度坚持和发展中国特色社会主义学习实践活动优秀党员”称号。部力被任命为中国耐火材料行业协会专家委员会的技术专家。徐飞发起助学活动，与云南元阳哈尼族自治区某中心小学结对，资助2名低年级学生；年底参与“四棵树”公益组织送温暖行动，捐助云南盈江县希望小学贫困学生过冬棉被。王俊的摄影作品《不错过》入选2014年上海第十二届国际摄影艺术交流展。（姜良玉）

民革梅山支部 隶属民革宝山区委员会，有党员8人。主任委员：田明旭；副主任委员：阮诚、夏泉。年内，组织走访、慰问及奖励“爱企业、献良策、作贡献”优秀者3人次。申报专利4件，其中党员韩宏松主导的“提高风口小套使用寿命技术研究与应用”获2014年梅钢公司重大技术成果二等奖。发表科技论文2篇，其中1篇在核心期刊发表。1名党员被评为民革宝山区委先进个人。（田明旭）

中国民主同盟组织

民盟宝钢总支 隶属民盟上海市委员会，下辖4个支部，有盟员68人。主任委员：张社英；副主任委员：许健、张仁彪。有民盟上海市委委员1人，宝山区政协委员1人。年内，发展新盟员2人。2月，与民革宝钢支部、民盟五钢特钢支部联合举办迎春会。在职盟员围绕主业生产经营和科技创新，积极投入科研攻关，获得专利受理1件、申请技术秘密1项，提出合理化建议20余条。盟员陈卓人获得2013—2014宝钢集团女职工“金玫瑰”奖，盟员张仁彪被聘任为上海民盟书画院常务理事。（张社英）

民盟五钢、特钢支部 隶属民盟宝山区委员会，有盟员10人。主任委员：蒋勤芳。有宝山区政协委员1人，民盟宝山区委委员1人。2014年，围绕企业发展、地方建设、民生工程等热点问题，组织盟员开展参政议政，建言献策，全年向宝山区政协提交提案2项，向本单位提交合理化建议10项，开发并参与国家课题5项，负责、参与宝钢课题5项，完成特殊钢科研课题3项，申请国家发明专利6件，批准宝钢技术秘密2项，参加国家军用标准编写4项，参加国家标准编写1项，盟员王敏发明的“一种耐高温马氏体不锈钢及其制造方法”专利获2014国际发明展览会铜奖。策划与区内基层党组织、宝钢集团内其他民主党派支部联谊活动；组织城市建设新亮点参观、“厨艺秀”等体现团队凝聚力的活动。支持盟员参加虹口区惠馨儿童康复院残疾儿童慰问，参加由上海市公益事业发展基金会组织的“一个鸡蛋的暴走”公益活动，共捐款800元。10月，参加民盟区委组织的与杨行实验小学对口小朋友的帮困助学活动。11月，组织盟员去养老院慰问老盟员。民盟五钢、特钢支部获“民盟中央基层先进支部”称号，《关于对街镇受托管理土地加强监管的建议》获2014年宝山区政协优秀提案奖，2位盟员分别获得“民盟宝山区委员会2014年盟务宣传工作先进个人”和“参政议政工作先进个人”称号。

（张淑萍　田玉新）

中国民主建国会组织

民建宝钢委员会　隶属民建上海市委员会，下辖民建一、二、三和梅山四个支部，有会员75人。主任委员：郑亚萍；副主任委员：张立红。有民建上海市委委员1人，上海市政协委员2人，宝山区人大代表2人，宝山区政协委员1人，南京雨花区政协委员1人。2014年发展新会员3人。年内，组织各支部参与民建上海市委的各项基层活动，会员周祖庭获上海市“十佳设计总师”称号，高珊获上海市“三八红旗手”称号；由会员张立红负责的科研项目“新一代高功率烟气轮机用GH738涡轮盘及叶片用钢”分别获“上海市新产品二等奖”“国家优秀新产品奖”；“发动机用GH80A材料”获“国防科技二等奖”；“舰船发动机用N80A棒材料”获“2014年宝钢技术创新重大成果奖三等奖”，“压水堆核电站关键材料”获“2014年宝钢技术创新重大成果奖二等奖”，“D40、E40及F级船板的研制”获“2014年宝钢技术创新重大成果奖三等奖”，杨晶获“中国钢铁协会环保系统先进个人”称号，申华淑获“2014年宝钢股份优秀技改项目负责人”称号。在市、区“两会”期间提交提案、议案13项，其中关于《宝山区地铁及交通配套优化的建议》得到相关部门重视。民建宝钢委员会获民建上海市委员会“2014年度组织工作鼓励奖”。

（郑亚萍）

中国民主促进会组织

民进宝钢委员会　隶属民进上海市委员会，下辖宝钢、综合、梅山和退休4个支部，有会员116人。主任委员：王静；常务副主任委员：曹清；副主任委员：陆争辉、赵强。有民进上海市委员会委员1人，民进宝山区委员会委员1人；上海市政协委员1人，宝山区人大代表2人，宝山区政协委员2人，南京雨花台区政协委员2人。年内发展会员2人。民进宝钢支部被评为民进宝山区委2014年度先进支部，会员曹清提出的《钢铁深加工多元化发展的机制与体制探索》一文在2014年全国钢材深加工研讨会上发布，对钢铁企业转型发展具有借鉴和指导意义。民进梅山支部提出的《关于改善宁芜公路铁路道口交通拥堵状态的建议》等5项提案，均得到雨花台区相关部门的采纳并落实整改；《关于建设工地增加渣土车轮胎简易清洗装置的建议》提案被列为南京雨花台区政协八届三次会议第175号提案，并在南京雨花台区住房和建设局“雨住建案字〔2014〕81号”文件中得到立案落实解决。

（冯莲芹）

中国农工民主党组织

农工党宝钢支部　隶属农工党宝山区委员会，有党员39人。主任委员：庄祥弟；副主任委员：王克绍。有政协宝山区第七届委员会委员1人，农工党宝山区委委员1人，宝山区政协提案委员会和法制委员会委员1人，农工党宝山区科技经济工作委员会委员2人，宝山区行风监督员1人。2014年，由支部主委庄祥弟负责的攻关项目“减少超低碳冷镦钢盘条（AK2001）表面裂纹”获重大进展，收得率为96.54%，高于攻关目标（目标96%）0.54%，废品同比减少23.39吨，降级品同比减少430.808吨，全年实现效益224万元。6个提案在政协宝山区七届三次会议上提交并立案，分别是：《建议搬离吴淞客运中心东侧的货运码头》《牡丹江路花鸟市场安全隐患亟待整治》《建议打通盘古路（铁力路至江杨北路）路段》《建议打通原杨行工业园区和原月浦工业园区道路》《建议牡丹江路(水产路至双城路)路段增辟车道》和《加大仓储业调整力度,优化宝山投资环境》;全年向宝山区政协提交社情民意6条。

(庄祥弟)

九三学社组织

九三学社宝钢支社 隶属九三学社宝山区委员会,有社员65名。主任委员:王亚雯;副主任委员:翁小平、黄宁海。有上海市政协委员1人,宝山区政协委员1人,九三学社宝山区委委员1人。在参政议政方面,围绕宝山区现代化城市的建设、促进民生改善、推进产业发展等问题开展专题调研,建言献策,向宝山区政协提交《加强环境整治还百姓一个良好的居住环境》和《关于宝山区既有多层无电梯住宅增设电梯的建议》两个提案。积极联系基层,反映社情民意,向九三学社上海市委上报社情民意5条,向九三学社宝山区委提交征文1篇。社员在投身社务工作的同时,注重在本职岗位上贡献智慧,由社员江来珠负责的项目“中高铬铁素体不锈钢高表面控制技术”获2014年冶金科学技术进步奖一等奖,由社员参加或负责申报的专利2件。翁小平、黄宁海、贾旭、宋金玲、龚根生、赵小文6名社员被评为九三学社宝山区委员会先进社员。

(翁小平)

九三学社一钢支社 隶属九三学社宝山区委员会,有社员20人。主任委员:班东升;副主任委员:陈志洪。有宝山区七届人大代表1人,九三学社宝山区委委员1人,九三学社宝山区委员会副秘书长1人,宝山区人民法院特邀监督员、宝山区建交委行风政风特邀监督员、宝山区人民法院人民陪审员、宝山区人大议案审查委员会成员各1人。2014年,在组织社员学习党的十八届四中全会精神的同时,积极探讨围绕宝钢转型发展和宝山区经济发展等建言献策,在宝山区七届人大四次会议上提交意见和建议4条,其中《游轮进港后岸电供应的建议》被吴淞邮轮港公司采纳后,得到上海市政府肯定,并推广到洋山港。完成集体课题《住宅小区物业管理问题的探析与对策》。

(班东升)

九三学社特钢支社 隶属九三学社宝山区委员会,有社员51名。主任委员:黄钢祥;副主任委员:吴英彦、张捷频。有九三学社宝山区委员会委员1人,政协宝山区第七届委员会委员1人,宝钢党风建设与反腐倡廉监督员1人。2014年,社员顺利开展“超超临界高压锅炉用奥氏体耐热钢管研发”“能源化工用冷轧纯钛产品的大项目”“油气领域用钛合金材料及挤压管产品开发”等16个科研项目和22项新产品开发工作。申报技术秘密2项,授权专利1项,发表1篇学术论文。获全国有色金属标准化技术委员会颁发的2014年技术标准优秀奖一等奖。结合宝钢二次创业,组织社员开展“我为宝钢献一计”活动,建言献计23条。参政议政方面,在政协宝山区七届三次会议上提交提案4件,社情民意10条,并与兄弟支社和组织专委会合作完成《关于提升宝山区城市化公路养护水平的建议》的调研报告。提交宝山区政协社情民意10条,《请关注石库门老式里弄里的老人安全生活建议》在《联合时报》刊登。

(黄钢祥)

九三学社梅山支社 隶属九三学社上海市委员会,有社员43人。主任委员:李丽英;副主任委员:穆海玲、鲁巧慧。2014年,发展社员4人,成立“九三梅山之家”微信群。组织社员“开展学习实践活动,加强自身能力建设”主题活动。组织社员学习王选先进事迹,持续开展“光荣九三人”的凝聚力教育活动。传达九三学社第十八期中青年骨干培训学习内容及相关要求,组织专题保健知识讲座等。围绕梅钢公司战略目标,在生产经营、科研创新、节能减耗等方面建言献策,社员穆海玲负责和参与的“硬质镀锡板产品的研究开发及应用”项目获梅山重大科技成果一等奖,创造效益2576万元;由社员施敏、陆正明、汤红生、穆海玲负责研发并获认定的技术秘密及专利6项;穆海玲、施敏、陆正明等在核心期刊发表学术论文6篇;朱飞获宝钢股份“宝钢之美摄影展”特等奖及宝钢集团“聚焦班摄影展”十佳摄影奖;夏敏获“上海内刊优秀工作者”称号;王振荣、余小巧分别获得梅钢公司“最佳实践者”荣誉和“活力之星”称号;穆海玲获梅钢公司“科技明星”称号。

(余小巧)

九三学社冶金支社 隶属九三学社上海市委员会领导,有社员49名。主任委员:胡勇;副主任委员:王琦。2014年,发展新社员1名。11月,冶金支社承办了九三学社上海工业系统八基层支社联席会议。社员胡东辉作为第一发明人发明的“极细高强钢丝内部缺陷在线过滤方法及装置”专利,获第112届(2013年)法国巴黎国际发明展览会金奖。

(胡　勇)

工会组织

宝钢集团工会（简称“工会”）所辖子公司、直属工会16个，会员80317人。2014年，工会重点围绕10个方面开展工作。（1）制定下发《关于积极做好宝钢工会系统宣传思想教育工作的意见》；举办“全力助推改革，促进企业和谐稳定发展”工会干部专项研修。主动参与、指导宝通钢铁实行经济运行模式时把握相关民主程序，并协助党委做好维稳工作。（2）落实整改宝钢集团党的群众路线教育实践活动中工会负责的五个项目；完成了监督评议、验证工作；拟定下发《关于加强班组建设的指导意见》；出台实施《宝钢工会工作者联系职工工作制度》；实施党的群众路线教育活动《宝钢管理者问卷》专项调查。（3）围绕宝钢的生产经营总目标，聚焦重点、难点、热点，开展以环境经营、降本增效、安全生产为主题的“团队争先、岗位创优”劳动竞赛。全年实现降本增效43.68亿元，完成全年目标31.22亿元的139.9%。（4）筹备组织“宝钢杯”第七届全国钢铁行业职业技能竞赛，持续打造蓝领创新品牌。（5）持续提高职工民主管理工作的科学性、有效性，源头维护职工合法权益，构建和谐劳动关系。组织开展专项调研检查，出台《关于进一步加强多级职代会运行管理的工作意见》，召开宝钢多级职代会运行管理推进会。宝钢多级职代会制度在国务院国资委进行专题交流。制定《2014年厂务公开民主管理工作要点》，开展“厂情通报会”“职工代表看宝钢”等活动。（6）有序推进深化最佳实践者活动、建设自主型员工队伍工作。拟定《关于发现、培育、宣传自主型员工队伍建设的有效做法的指导意见》；编撰完成《最佳实践100例（第三辑）》。（7）建立工会劳动安全保护工作体系，强化民主管理和民主监督作用。撰写《关于工会在大安全管理体系中如何进一步发挥民主管理和民主监督作用的调研报告》；制定下发《关于加强工会劳动安全保护民主管理和民主监督体系建设的实施意见》；查出各类问题1583项，年底全部整改完成。（8）开展“服务职工在行动”活动，解决职工“三最”（最关心、最直接、最现实）问题。制定下发《宝钢工会工作者联系职工工作制度》，做好职工“三最”重点项目和实事项目的立项和推进工作，将《为基层班组（作业区）配备“爱心箱”》《建设宝钢职工文化中心项目》《青年职工月浦单宿整体修缮》确定为宝钢集团层面“三最”项目。（9）以职工艺术节为契机，开展丰富多彩的文化体育活动。举办宝钢第十届职工艺术节暨第八届老年人艺术节，参加人数6.9万余人次，为历届之最；开展“班组才艺”“宝钢职工文化艺术十佳”“文化之旅”“美食文化”四大系列、17项赛事活动。（10）进一步加强自身建设，提升新形势下工会工作者的职业化能力。修订完善《宝钢二级单位工会工作评价

6月15日，宝钢集团举办2014年度龙舟赛（戴　军　摄）

办法》；制定下发《基层工会换届工作指南》《宝钢外派国外、境外工会会员管理办法（试行）》《宝钢集团工会财务工作评价办法》《工会信访维稳工作管理办法》；举办两期工会工作者、人事干部劳动关系协调员职业资格培训班，329人参加培训。（陈佩红）

承办“宝钢杯”第七届全国钢铁行业职业技能竞赛 10月26—31日，宝钢承办“宝钢杯”第七届全国钢铁行业职业技能竞赛。此次竞赛包括炼铁、轧钢、点检、天车共4个项目，是聚集全行业高技能人才的“钢铁奥运”盛会，吸引了全国64家单位469名领队、教练、选手报名参加，创历届赛会之最。竞赛组织过程中，成立了12个专项工作组，确保了各类问题的及时解决。经过参赛选手的拼搏，宝钢取得4个竞赛工种第一名、团体总分第一名的成绩，捧得“特别贡献奖”奖杯。竞赛组织工作被中国钢铁工业协会称为“承办水平最高的一届”，实现了“服务质量最优、竞赛成绩最佳”的既定目标，激发了宝钢职工提升职业技能素质的热情。（吕艳斌）

组织第六届职工技能大赛 6月24日—7月30日，工会组织宝钢第六届职工技能大赛。本届技能大赛决赛设9个项目，共有1.1万名职工参与了不同层次的岗位比武和技能大赛，创参赛人数、比赛项目历届之最。各单位结合生产现场实际设计的比赛项目153项。近500人参加宝钢集团层面9个工种的决赛，42名选手被授予“宝钢集团有限公司岗位能手”称号，其中21名35岁以下的获奖选手同时被宝钢集团团委授予“宝钢青年岗位能手”称号。通过开展技能大赛活动，推进了“培训、练兵、比武、晋级”的四位一体的员工职业技能发展机制，为员工成长搭建了舞台。（吕艳斌）

持续深化“蓝领创新” 2014年，为持续深化宝钢“蓝领创新”，工会组织开展第二批“示范型、宝钢集团级职工创新工作室”“2013年度宝钢十佳职工创新工作室”的评选工作、第四届宝钢工人发明家（10名）评选工作。组织职工参加上海市职工科技活动周，宝钢一批创新成果获奖，其中，宝钢股份厚板部丁海绍的“厚板轧机机架辊维护综合技术”成果获上海市科技进步二等奖，同时有两项成果被命名为上海市职工合理化建议、先进操作法优秀成果。全年提出合理化建议20.9万条，实施16.6万条，创经济效益17.1亿元；建立自主管理小组9172个，取得成果9508项；建立职工经济技术创新小组2270个，共有16900余名职工参与职工经济技术创新小组活动；岗位创新申请专利2073件，其中发明专利892件（专利申请同比增长8.9%，发明专利同比增长55.9%）；技术秘密2179件，同比增长19.2%。（吕艳斌）

组团参加国际发明展 4月29日—5月10日，宝钢组团参加第113届巴黎国际发明展，宝钢取得2个金奖、4个银奖、3个铜奖，是中国代表团获奖最多的企业。11月19—22日，宝钢组团参加第八届（昆山）国际发明展，宝钢获得23个金奖、28个银奖、40个铜奖，金奖和获奖数量均名列全国钢铁行业参展单位之首。（吕艳斌）

第八届（昆山）国际发明展宝钢获奖一览表

获奖单位	奖　　项	获奖数量
宝山钢铁股份有限公司	金奖	11
宝钢不锈钢有限公司	金奖	2
宝钢特钢有限公司	金奖	5
宝钢工程技术集团有限公司	金奖	2
上海宝钢化工有限公司	金奖	1
宝钢发展有限公司	金奖	2
宝山钢铁股份有限公司	银奖	13
宁波钢铁有限公司	银奖	3

（续　表）

获奖单位	奖　　项	获奖数量
宝钢不锈钢有限公司	银奖	2
宝钢特钢有限公司	银奖	1
宝钢工程技术集团有限公司	银奖	5
上海宝钢化工有限公司	银奖	1
宝钢发展有限公司	银奖	3
宝山钢铁股份有限公司	铜奖	20
宁波钢铁有限公司	铜奖	2
宝钢不锈钢有限公司	铜奖	3
宝钢特钢有限公司	铜奖	6
宝钢工程技术集团有限公司	铜奖	5
宝钢资源有限公司	铜奖	1
宝钢发展有限公司	铜奖	3

（吕艳斌）

开展多级职代会专项检查　6月2日—8月29日，工会聚焦职代会制度运行管理，对宝钢集团下属566家不同类型的各级职代会进行了系统梳理和检查，内容涵盖职代会管理制度、职工代表产生和结构、职权落实、主席团设立和结构、职代会运行以及闭会期间工作等6大类、共计47个子项目。在此次专项检查的基础上，形成《宝钢2014年多级职代会运行情况专项检查报告》，制定出台《关于进一步加强多级职代会运行管理的工作意见》，同时修订《宝钢集团有限公司规范各级职代会制度工作意见》。（李士伟）

优化二级单位工会工作评价机制　4月，工会修订《宝钢二级单位工会工作评价办法》，将网上会员评价纳入到工会工作评价办法之中，进一步提高了工会工作评价的科学性。12月，18家二级单位工会根据要求组织部分会员代表进行网上评价，会员代表匿名登录指定网址，在网上查阅所在单位工会的自评报告，并填写会员评价表。根据被评价单位会员规模，参加评价的会员代表名额原则上20人—70人，其中50%为专兼职工会工作者；50%为基层会员代表，名单均由工会随机抽取，确保了会员评价工作的公平公正。（李士伟）

办理"上海工会会员服务卡"　2014年，工会为在沪81207名会员职工办理"上海工会会员服务卡"，办理率为98%，基本实现了在沪各单位"上海工会会员服务卡"全覆盖。宝钢在发挥该卡的基本服务、保障功能的同时，还注重依托此系统平台来促进基层工会组织体系建设，发挥该卡的组织管理功能。（李士伟）

评选工会工作最佳实践案例　工会注重通过以案例示范来推动工会工作创新。2014年，组织各二级单位工会申报特色工作成果34篇，遴选出20篇最佳实践案例（Top-Ten）候选案例，经六届四次全委（扩大）会无记名投票评选，"聚焦生产现场难点，组织员工揭榜攻关""建立职工维权服务中心，构建三位一体工作格局"等十个项目被评为"2014年度工会最佳实践案例（Top-Ten）"；"实施全年'400名员工访谈行动'""运用互联网思维，创劳动竞赛佳绩"等十个项目被评为"2014年度工会最佳实践案例（Top-Ten）提名"。"以需求为导向，让'爱心妈咪小屋'走进办公区"等5个项目被评为2012—2013年度"玫瑰绽放最佳实践"奖；"用智慧妆点生活，用爱心点亮灵魂"系列活动等5个项目被评为2012—2013年度"玫瑰绽放最佳实践"提名。（李士伟）

2012—2013年度“玫瑰绽放最佳实践”奖一览表

荣誉名称	获奖单位	项目名称
“玫瑰绽放最佳实践”奖	宝钢工程技术集团有限公司工程技术事业本部工会女职工委员会	以需求为导向,让“爱心妈咪小屋”走进办公区
	宝钢股份钢管条钢事业部工会女职工委员会	馨悦沙龙,女职工舒畅身心,分享成果的港湾
	韶关钢铁工会女职工委员会	创新“安全与亲情”活动形式　促进企业安全生产工作
	宝钢不锈工会女职工委员会	坚持推进“玫瑰领衔行动计划”,岗位立功竞赛显活力
	人才开发院工会女职工委员会	开展巾帼建功劳功竞赛,提高女职工整体素质
“玫瑰绽放最佳实践”提名	宝钢发展制造服务事业部工会女职工委员会	“用智慧妆点生活　用爱心点亮灵魂”系列活动
	宝钢股份炼钢厂工会女职工委员会	立功竞赛搭舞台　铿锵玫瑰放光彩
	八一钢铁检修中心工会女职工委员会	“树一带二传三”,提升女职工技能素质
	宝钢特钢工会女职工委员会	发挥创新工作指导室作用,提升女职工创新能力
	宝钢化工工会女职工委员会	关心关注女职工身心健康,维护女职工特殊权益

(李士伟)

加强工会作风建设　2014年,工会在宝钢党的群众路线教育实践活动中,针对查找出的问题,按照业务主线梳理,形成9大整改方面共22个推进项目,“深入推进‘服务员工,促进发展’工作”被列为推进项目之一。工会以此为契机,将项目细化为若干个目标,按月进行跟踪管理,并对整改落实情况进行督促检查,制定下发《宝钢工会工作者联系职工工作制度》,明确工会主席建立联系点、工会干部联系班组、职工、开展专项调研、改变工作作风等一系列要求,为进一步深化工会服务职工在行动工作建立了长效机制。宝钢集团622名三级工会以上专兼职工会工作者共联系班组5788个,同比增加6.5%;访谈职工42721人次,同比增加8.3%;收集意见和问题3810条,解决并反馈的占93.8%。10月,通过个别访谈、集体座谈、调查问卷等方式,请二级单位工会主席、工会干部、职代会职工代表、员工安全健康代表、班组长等为整改落实项目进行测评,提出意见和建议,88.33%的总体评价为“很好”;11.67%的总体评价为“较好”。　(李士伟)

加强劳动关系协调员队伍建设　工会分别于上、下半年各举办一期劳动关系协调专项培训暨劳动关系协调员职业资格培训班,通过现场与视频相结合的方式进行,总计近500人参加学习,其中报考并取得劳动关系协调员职业资格的学员148人,累计通过率为71%,初步形成了一支业务熟练、能力突出的劳动关系协调员队伍,为进一步促进和谐劳动关系建设,适应企业发展新常态提供了保障。　(李士伟)

开展职工代表巡视　9月,工会策划了主题为“看厂容厂貌、看行为养成、看环境经营”的第八次“职工代表看宝钢”活动。具体围绕“六看”组织实施:一是“看标准”。专题解读厂容厂貌专题劳动竞赛有关要求和看宝钢活动评价标准。二是“看标杆”。介绍韩国浦项制铁公司、河北唐钢厂容厂貌情况及对宝钢的启示。三是“看现场”。组织代表到各单位现场进行巡视,共检查了宝钢股份、宝钢不锈、宝钢工程等12家单位。四是“看差距”。组织代表对巡视情况进行综合评价,填写评价表,通过评价来看差距、找问题。活动中共填写评价表176份,提出各类意见建议50余条。五是“看问题”。组织代表座谈:宝钢集团领导与来自宝钢各基层单位的20名职工代表进行面对面交流,分享“看宝钢”的观感与体会,倾听职工代表对宝钢厂容厂貌改善、基础管理推进、环境经营实施等方面的意见及建议。六是“看成效”。按照宝钢集团领导要求，梳理检查中发现的问题、整理好代表们提出的意见建议，并反馈给职工代表和有关单位或部门落实处理。活动过程中还同步开通“职工代表看宝钢”微信群，近30人通过微信平台互动交流。基层各家单位在扎实开展厂容厂貌劳动竞赛的基础上，认真向职工代表汇报竞赛情况，接受代表们的巡视检查。（李士伟）

推进厂务公开民主管理 2014年，工会制定了《宝钢集团厂务公开民主管理要点》，明确工作重点，力求工作取得新进展。组织召开厂务公开专题报告会，专项通报宝钢集团经营绩效、党风建设和反腐倡廉工作以及领导人员职务消费情况，结合年度工作重点，增加了安全生产和节能环保情况的专项通报，职工代表对通报情况进行了评价，职工代表满意度提升13.54%。工会对职工代表的意见和建议进行汇总并反馈，通过与上年情况进行比较分析，看到了工作的进步以及存在的问题。各基层单位按照“标准+α”的模式，结合本单位实际，组织召开年度厂情通报会。（徐　卫）

规范职工民主管理制度体系 （1）2014年，为进一步规范宝钢职工民主管理的制度体系，工会对《宝钢集团有限公司职工民主管理基本制度（试行）》进行修订完善，补充了政策依据，并按照新颁布的《上海市职工代表大会条例》，规范了职代会五权表述。（2）抓住工作重点，提升职代会运作质量。一是落实二级单位职代会预审制度。对各二级职代会议程做好预审，对职代会换届的单位，做好换届方案的预审，确保二级单位职代会的规范运行；二是在深化改革的形势下，对企业改革调整中依法履行民主程序工作规范进行梳理，组织探索企业改革调整中改制、划转、经济运行、关停4种改革调整模式履行民主程序的研究，形成企业改革情况4个大类、31个项目的履行民主程序工作规范标准。（3）举办在企业改革调整中工会主席履职的专题研修，市总工会法律部副部长黄琦进行了“国企改革与和谐劳动关系建设”专题培训，宝钢股份、宝钢资源、一钢公司三家工会在会上进行了交流；通过研讨基层工会主席对深化“三项制度”改革和企业改革、划转等重大调整中工会组织的履职达成共识。（徐　卫）

开展“玫瑰绽放行动” 2014年，工会第六届女职工委员会全面推进“玫瑰绽放行动”，开展服务女职工、关爱女职工、发展女职工的系列活动，挖掘女职工潜能，激发活力。通过岗位创新、最佳实践、素质提升、人才发现，实施“玫瑰培育计划”；通过源头维护、劳动保护、大病救助、特殊保护，实施“玫瑰关爱计划”；通过创新展示、绩效展示、才艺展示、理念展示，实施“玫瑰展示计划”；通过岗位奉献、献计献策、互助互济、爱心公益，实施“玫瑰奉献计划”。四大模块的系列活动，有序实施推进，营造和展示宝钢女职工“我热爱、我创造、我分享、我成长”的文化氛围和职业追求，助推女职工岗位成才、全面发展。（徐　卫）

展示女职工才艺 3月，宝钢集团女职工委员会结合纪念“三八”国际妇女节，以“艺术启心智、文化慧人生”为主题，举办“女职工才艺展示玫瑰坊”活动。宝钢工程的姜华、宝钢发展的曹文菊、宝钢不锈的刘涓涓、八一钢铁的安春妹、宝钢化工的陈碧波、宝钢股份的周亿6位“才艺达人”，展示了她们的才艺。宝钢股份、宝钢金属和宝钢集团总部机关的女职工烘焙协会成员现场展示了她们制作的精美西点。宝钢股份炼铁厂女子二胡演奏协会成员以一曲《赛马》，向大家汇报她们参加协会三年来取得的成绩。（徐　卫）

进行第十次《宝钢管理者问卷》调查 2014年，宝钢集团进行第十次《宝钢管理者问卷》调查。此次调查以加强领导人员作风建设为专题，聚焦宝钢群众路线教育实践活动整改后职工的反映和评价。宝钢集团教育实践活动办公室、教育实践活动工作小组、党委组织部、监察部（纪委）、工会等共同制定了《宝钢管理者问卷》调查方案，具体由工会组织实施。调查设计了三个部分、23道题，向一线职工下发问卷6230份，收回5997份；向宝钢D层级管理者下发问卷1133份，收回1021份；在调查中还收集到职工意见和建议1231条。（陆　庆）

为基层班组配备“爱心箱” 2014年初，工会设立“为基层班组配备‘爱心箱’”项目，并纳入宝钢集团“三最”重点工作，分3批与上海医药华氏大药房签订采购协议，并组织“爱心箱”配送。6月6日，首批“爱心箱”开始配送，到8月上旬止，沪内企业3331只“爱心箱”全部配送到位。沪外企业中，八一钢铁640只、韶关钢铁340只在当地采购，宁波钢铁60只向华氏大药房采购，均发放到位。至年底，共为一线班组配备“爱心箱”4371只。

8月30日,宝钢网球团体邀请赛2014赛季第四站——"发展杯"比赛在宝钢体育中心网球场落下帷幕。中央研究院获团体冠军,宝钢发展有限公司获团体亚军,宝钢股份总部和宝钢工程并列第三 (刘海华 摄)

为促进"爱心箱"有效发挥关爱职工健康的作用,工会制定下发《关于"爱心箱"使用的管理意见》,各单位分别制定管理使用细则,确保箱内药品及时补充,管理有效到位。 (陆 庆)

制定《工会信访维稳工作管理办法》 2014年,工会制定《工会信访维稳工作管理办法》,将工会信访工作纳入《宝钢二级单位工会工作评价办法》。至年底,工会共受理各类人员的来信、来访共36批次,其中来访15批37人次,来信、来电21批55人次,在宝钢职工"桥"论坛上处理职工各类提问43件。 (陈佩红)

帮困救助 2014年,宝钢持续做好日常帮困和元旦、春节送温暖、金秋助学等帮扶工作。全年帮困46254人次,帮困总金额3449.42万元。 (陆 庆)

开展文化体育活动 5月28日—11月15日,工会举办宝钢第十届职工艺术节暨第八届老年人艺术节。本届艺术节设上海、梅山、新疆、宁波、韶关、湛江6个分会场,参与员工达到了6.5万人次,为历届之最;在宝钢集团层面开展了"班组才艺""宝钢职工文化艺术十佳""文

11月9日,宝钢股份科技发展部主任管理师张卫东在雅典马拉松比赛中跑出3小时15分的成绩,成为第一个跑到终点的中国选手 (张 华 摄)

化之旅”“美食文化”四大系列、17项赛事和活动，参加职工达4000人次。开展职工文体协会建设，新成立和重组了20个体育和文艺类协会，宝钢集团层面职工文体协会从2013年的11个增加到2014年的31个，会员2500余人，同比增加了一倍。职工文体协会在职工艺术节、“宝钢杯”第七届全国钢铁行业职业技能大赛开幕式等重大活动中发挥了作用。推进文体活动管理，举办各类文体培训班79个，参加人数3200余人，艺术类讲座20余场；开展2014年宝钢集团职工龙舟赛、5000米健步行及趣味定向越野比赛等体育活动；为美化湛江钢铁职工办公、生活环境，营造良好的文化艺术氛围，年内，工会征集了1000多幅文艺作品，对湛江钢铁新建办公楼和职工宿舍进行装点。

（宋　漪）

11月5日，上海“百万青年成才计划”之青年人才工作现场会宝钢专场（葛文昕 摄）

共青团组织

宝钢集团团委（简称“团委”）下设办公室、组织部、青工部、宣教部、信息部，有专职团干部5人。宝钢集团团委下辖直属团委14个，共青团员10544人，青年员工39363人。

（张　宁）

开展“中国梦”主题活动　5月16日，团委举办宝钢文化经典故事主人公寻访活动，请王铁梦等故事主人公亲身授课，再现“85·9”历程，激发宝钢青年的斗志。7月25日—10月16日，举办“社会主义核心价值观”微承诺、“我为社会主义核心价值观代言”、宝钢青年践行社会主义核心价值观之行——“我和国旗在一起”摄影作品征选、宝钢青年践行社会主义核心价值观之辩——第二届宝钢青年辩论大赛等活动，引导青年员工树立“立足岗位、实业报国”的理想信念。

（张　宁）

发挥网络阵地作用　9月18日，团委邀请宝钢集团党委书记、董事长徐乐江与“桥”论坛网友线上互动交流。年内，团委还通过官方论坛、微博群、微信群等新媒体，开展“我和国旗在一起”“最美单宿”“家信暖人心”等系列主题活动。

（张　宁）

开展公益志愿服务工作　2014年，团委完善宝钢青年志愿者协会工作机制，将宝钢集团范围内各级志愿者协会、志愿服务队纳入统一管理，并统一会徽、会旗、服装，登记青年志愿者信息。参与首届中国青年志愿服务项目大赛和上海市优秀志愿者评选，扩大协会影响力。组织涵盖助学、敬老、环保、助残、爱心义卖等各类志愿服务活动，组织青年参与“2014年南京青年奥林匹克运动会”、“宝钢杯”第七届全国钢铁行业职业技能竞赛、“亲子做公益，共筑彩虹梦”亲子公益活动、“一个鸡蛋的暴走”活动，促进企业社会形象提升。全年，宝钢青年志愿者协会开展志愿服务活动624项，10135人次参加。至年底，各单位有活动记录的青年志愿者7058人，已在宝钢集团电子团务平台上登记的志愿者1979人。

（张　宁）

树立优秀青年典型　2014年，团委评选出第九届“宝钢十大杰出青年”“宝钢青年岗位能手”“宝钢青年创新之星”，通过《宝钢日报》、宝钢青年网、“宝钢共青团”微信、网络视频展播、现场评审会等方式呈现候选人业绩风采，引导青年学习先进事迹，参与评选过程。开展“最佳实践·我行我秀”活动，持续推进“专场行秀”机制，通过发布青年安全、创新创效、新人成长、爱心公益、岗位实践等专场，发现青年成长“微亮点”。通过论坛投票、微信发布等多种方式，发布96名青年最佳实践者事迹材料，树立可敬、可信、可爱的青年典型。

（张　宁）

8月13日，团委评出第九届“宝钢十大杰出青年”(张 宁 摄)

促进青年安全行为养成 2014年，团委组织团员青年赴神华集团有限责任公司学习安全管理和青年安全工作先进经验。完成涵盖动画、漫画、视频、图片、游戏五大类的宝钢青年安全可视化作品汇编，网络课程——《宝钢青年安全多媒体作品集》在网络学习平台(e-Learning)上线。持续举办宝钢集团层面的优秀青安岗岗长培训班，普及安全理念、知识和技能。开展第十三届宝钢集团青年安全岗评选活动、第十四届宝钢集团青年安全岗创建活动和“强化红线意识、促进安全发展”青年安全主题活动。宝钢各级团组织、青年安全岗共举办青年安全培训1983次，覆盖青年员工23690人次，组织青年安全巡检8584次，制作青年安全多媒体作品1871个(组)，提出安全合理化建议9108条。 (张 宁)

举办第五届宝钢青年文化节系列活动 4月29日，团委举办第五届宝钢青年文化节开幕式暨“梦享青春，志爱宝钢”青年志愿文化主题秀，并开展“特钢杯”篮球赛、“不锈杯”羽毛球赛、“宝钢足协杯”足球赛等体育赛事，首届宝钢青年专业英语大赛、第二届宝钢青年辩论赛等语言类赛事，以及“我的班组，我的伙伴”摄影大赛、“宝钢股份杯”麦霸青年歌手大赛和“华宝杯”第三届青年理财大赛等系列文化活动，覆盖2000余名团员青年，同时组织各基层单位开展形式多样的文体活动1200余场，覆盖3.7万余名团员青年。 (张 宁)

基层团组织工作示范点创建活动 2014年，团委实施《宝钢基层团组织工作示范点创建管理办法(试行)》，完成第四批“宝钢基层团组织工作示范点”创建单位的考察、授牌及第三批示范点创建单位的复审评选工作。 (张 宁)

开展专题调研活动 2014年，团委以“提高团组织的吸引力和凝聚力”为主题，开展专题调研活动。连续第六年开展“直入式”调研，团委成员累计一对一调研、指导近400家基层团组织，并带动各二级单位团组织负责人自行开展相应的调研走访活动。连续第五年开展青年满意度问卷调研，共有约7000人次参与问卷调研。开展“宝钢80、90后青年现状调研”，利用会议或“E线互动”、微信群等形式开展座谈、访谈，了解基层情况。 (张 宁)

服务青年需求 2014年，团委推荐文艺特长青年参加共青团中央“向上·向善”微电影大赛、上海市团市委“中国梦·申城美”微电影大赛、“上海一圈”陆家嘴金融文化

4月29日，第五届宝钢青年文化节开幕式(葛文昕 摄)

节闭幕式等活动，组织团员青年参与兄弟单位举办的文体活动，拓展对外活动窗口和青年对外交流渠道。组织开展“焙”爱的味道——2014寻爱系列活动，动员单身青年注册上海团市委下属“益友圈”单身青年交友网站，组织单身青年参加“益友圈”七夕单身联谊活动和静安区团区委主办的单身青年联谊活动，为宝钢单身青年提供对外交友机会。（张　宁）

运用新媒体开展团工作　2014年，团委通过内部讲坛、技术研讨、外部交流、团干部培训班等多种方式，为团干部掌握新媒体技术创造培训条件和实践机会，倡导团干部主动学习适应互联网时代社交媒体和即时通讯的语言体系。选聘在文字、摄影、视频等方面具有特长的青年员工，组建新媒体编辑部，开展网上正面宣传教育和舆论引导，推出《桥视点》杂志等具有思想内涵和感染力的新媒体作品。完成“桥”论坛移动应用，包括员工热线、“桥”活动、信息发布三大系统，在原有网络端“桥”论坛基础上，进一步协同发布信息，完善交流方式，提升响应速度。持续运行维护团委官方微博，开发“宝钢共青团”官方微信，发布图文消息500余条，阅读量达18万人次，“宝钢共青团”及直属团组织官方微信群粉丝数1.2万名，阅读总人次数近50万，新浪微博群粉丝数超过8700名。推动基层团组织利用QQ群、微信群、飞信群、论坛、社交网站（SNS）社区等资源，广泛设立团员青年的网络家园，实现所有团组织对宝钢集团内4万名青年的快速联络体系覆盖。（张　宁）

推进月浦单宿改造　2014年，为配合月浦单宿整体修缮工程，团委成立月浦单宿整体修缮团委工作组，深入单宿，及时了解、收集青年意见，及时协调解决青年反映的共性问题和焦点问题，宣传安全理念，普及安全知识，组织引导单宿青年配合宿舍搬迁、回迁工作。通过核对、梳理人员名单，排摸真实入住需求，实现了按单位集中入住、规范管理、安全住宿的管理目标。（张　宁）

开展“家信暖人心”活动　2014年，团委持续开展“家信暖人心”活动，各级团组织先后向青年员工家属发出6100余封家信，拉近了团组织与青年员工、家属之间的距离，增强了青年员工对企业的自豪感和责任感。（张　宁）

开展“帮困送温暖”活动　2014年，团委关爱、慰问困难青年、患病青年7472人，协调各方资源支出56万多元。（张　宁）

依托团校平台　2014年，宝钢团校举办4期宝钢团干部任职资格培训班，并赴湛江钢铁、宝钢德盛送教上门，共有144名团干部接受团校系统培训。培训课程新增“宝钢经典文化故事”“奋斗的青春最美丽”故事分享，邀请宝钢经典文化故事主人公王铁梦、张声雄以及宝钢技能专家王军、全国青年岗位能手金国等一批新老专家走进课堂，分享人生经验和成长感悟。（张　宁）

倡导读书氛围　2014年，团委立足“党团读书会”工作载体，通过个人书单分享和读书心得交流，倡导多读书、读好书的良好氛围。年内，将《工业4.0》《3D打印机》《大数据时代》等作为团委委员指定阅读书目，提倡各级团干部阅读党团历史、文化经典、组织行为学和心理学类书籍。（张　宁）

完成制度修订工作　2月下旬，团委在直属单位和委员单位范围内开展“青年成长计划活动”试点情况主题交流发布。修订下发《宝钢集团有限公司团干部研修制度》和《宝钢集团有限公司团委会议制度》两项制度。5月，下发《关于推广宝钢“青年成长计划”活动的指导意见》通知文件。8月，下发《关于下发〈宝钢共青团2014—2018年工作规划〉的通知》。（张　宁）

科学技术协会

宝钢集团科学技术协会（简称“宝钢科协”）是党委领导下的宝钢科技工作者的群众组织，有会员7000余人，下属7个专业学会、12个分科协。年内，由宝钢科协及所属各专业学会、各分科协开展各类学术、技术交流270余次，其中国际交流36次，90人次参与；国内交流31次，100余人次参与；宝钢集团内部技术交流200余次，参加交流的科技人员近4000人次。（宋小禾）

参加国际钢协第五十二次执行理事会会议　4月6—8日，国际钢铁协会（简称“国际钢协”）第五十二次执行理事会、2014年春季理事会及第十四次交流委员会会议在英国伦敦举行，宝钢集团党委书记、董事长徐乐江率宝钢代表团出席会议，会议分析了全球钢铁业发展四大趋势；针对中国方面，将建立区域模

8月28日,宝钢科协八一钢铁分科协成立(柯 协 摄)

型,了解各省钢铁消费现状;策划在中国汽车市场开发计划,通过政策支持,提升钢铁在汽车产业的应用。(宋小禾)

参加国际钢协第五十三次执行理事会会议 10月4—8日,国际钢协第五十三次执行理事会在俄罗斯莫斯科召开,宝钢集团董事长徐乐江率宝钢代表团出席会议。会上,徐乐江和韩国浦项制铁公司(简称"韩国浦项")权五俊主持了"如何进一步加强发达国家和发展中国家钢铁工业的互动合作"主题论坛。(宋小禾)

参加国际"钢铁成功策略会议" 2月19—20日,宝钢股份营销管理部蒋丽受邀参加英国金属通报和美国WSD公司在土耳其伊斯坦布尔举办的钢铁成功策略会议,并作主题发言。(宋小禾)

参加国际钢协原料委员会会议 3月23—25日,宝钢股份原料采购中心袁涛参加国际钢协原料委员会在卢森堡召开的专家工作组会议,并代表宝钢回答了与会人员就中国钢铁行业关注点的提问。(宋小禾)

参加国际钢协设备维护及可靠性项目会议 4月23—25日,宝钢股份设备部杨卫、王珏参加国际钢协在中国台湾地区中国钢铁股份有限公司(简称"台湾中钢")举办的设备维护及可靠性(工厂级)项目会议,就检修安全管理、点检仪的使用与台湾中钢作了专题交流。会上,宝钢初步与俄罗斯谢韦尔、印度蒂森公司达成在设备管理、维修协力管理、数学模型等方面建立不定期沟通交流机制的共识。(宋小禾)

徐乐江为国际钢协第十七期钢铁管理培训班作报告 7月9日,应国际钢协总干事巴松邀请,宝钢集团董事长徐乐江通过视频形式,为在北京举办的第十七期钢铁管理培训班学员作报告,学员主要来自韩国浦项、蒂森克虏伯集团(简称"蒂森克虏伯")等世界知名钢铁企业。第十七期钢铁管理培训班是国际钢协针对全球钢铁行业的管理层定制的高级商业战略培训课程,每年举办1期。(宋小禾)

参加国际钢协经济委员会第九十二次会议 9月9—11日,国际钢协经济委员会第九十二次会议在智利圣地亚哥举行,宝钢经济管理研究院汪江龙参加会议。(宋小禾)

参加国际钢协安全与职业健康委员会第七次会议 9月6—12日,国际钢协安全与职业健康委员会第七次会议在西班牙巴塞罗那召开,宝钢集团安全监督部李盛、张丽梅参加会议。宝钢作为唯一与会中国钢铁企业报告了宝钢安全工作情况,重点介绍了宝钢安全教育培训开展情况和岗位安全分析典型案例推进情况。(宋小禾)

参加国际钢协教育与培训委员会第七次会议 9月22—24日,国际钢协教育与培训委员会第七次会议在阿根廷布宜诺斯艾利斯举行。人才开发院龚斌、刘晓宇参加会议。会议主要回顾了第八届钢铁大学网上挑战赛的结果,并介绍了第九届挑战赛的筹备情况。(宋小禾)

参加国际钢协不锈钢论坛理事会和专委会会议 10月7—9日,国际钢协下属不锈钢论坛理事会和专委会会议在俄罗斯莫斯科召开。宝钢不锈执行董事、总经理胡学发作为不锈钢论坛执行理事参加理事会议,宝钢不锈杨义文、陶亮作为代表参加专委会会议。陶亮在原料委员会会议上发布《印尼镍矿出口禁令后镍生铁的发展趋势及对不锈钢的影响》报告。(宋小禾)

参加国际钢协清洁大气项目研讨会 11月27—28日，由国际钢协主办，宝钢承办的清洁大气项目研讨会在上海举行。宝钢是该项目主席单位，主席是宝钢集团总经理助理王建跃，参与单位包括宝钢集团能源部、宝钢股份能源环保部、中央研究院。来自国际钢协及宝钢、蒂森克虏伯、印度塔塔钢铁公司（简称“塔塔钢铁”）、韩国浦项等国内外知名钢铁企业的专家就推进清洁大气项目，改善钢铁行业环境进行深入研讨，并提出行动意见。宝钢中央研究院的《原料场无组织排放及细颗粒物污染建模研究》课题，向与会者展示了在废气污染物治理及无组织排放减排方面的经验。（宋小禾）

参加第167届日本钢铁学会春季大会 3月21—23日，第167届日本钢铁学会春季大会在日本东京工业大学召开。宝钢派遣了炼钢技术领域的首席工程师杨健、马志刚、徐国栋和环保技术领域的首席工程师李咸伟参加会议。杨健和马志刚分别发表了题为《Ca含量对于Mn-Si-Ti-Al-Ca脱氧钢夹杂物演变的影响》和《宝钢RH温度模型的开发与应用》论文。这两篇论文具有较高学术水准和实用价值，受到与会者的关注和好评。（宋小禾）

参加第一届欧洲钢铁技术与应用大会 4月7—8日，第一届欧洲钢铁技术与应用大会在法国巴黎召开。宝钢派出八一钢铁炼铁厂许晓兵、宁波钢铁热轧厂张保忠、宝钢特钢特材事业部苏瑞平、中央研究院炼钢所徐荣军和厚板所焦四海一行5人参加会议。苏瑞平和焦四海分别在不锈钢应用和厚板技术分会场发表论文，焦四海还与来自法国迪林根公司的代表一起主持厚板技术分会场会议。（宋小禾）

参加美国2014年钢铁技术及展览大会 5月5—8日，2014年钢铁技术及展览大会在美国印第安纳波利斯召开，宝钢派出宝钢股份冷轧薄板厂王立、宝日汽车板蔡恒、宝钢特钢吴成军、宝钢股份营销管理部蒋丽、中央研究院黄宗泽参加会议。蒋丽受大会组委会邀请，在国际联盟讲座作大会报告。这是大会近年来首次邀请中国同行在该会国际联盟讲座作报告。（宋小禾）

参加第八届欧洲连铸大会 6月23—26日，第八届欧洲连铸大会在奥地利格拉茨召开。宝钢派出中央研究院张晨、王迎春，宝钢股份炼钢厂职建军参会。张晨发布论文《无氟环保型保护渣在板坯连铸上的应用》。（宋小禾）

参加第七届欧洲氧气炼钢大会 9月9—11日，第七届欧洲氧气炼钢大会在捷克共和国特里内茨市举行，宝钢派出炼钢工艺首席工程师陈兆平、蒋晓放、陈志平、李实在相关分会场发布4篇论文，涉及不锈钢工艺技术、钢包冶金、钢厂生产技术经验等，得到与会代表的肯定。（宋小禾）

参加第八届718合金及其衍生合金国际会议 9月28日—10月1日，第八届718合金及其衍生合金国际会议在美国匹兹堡召开。宝钢派出中央研究院首席工程师陈国胜、研究员王资兴，宝钢特钢首席工程师谢伟3人参会。王资兴发布了《添加磷硼后改型IN718合金的组织和性能》论文。（宋小禾）

参加2014美国材料科学与技术国际学术会议 10月12—16日，2014年美国材料科学与技术国际学术会议在美国宾夕法尼亚州匹斯堡市举行。宝钢中央研究院朱晓东、焦四海、梅钢裴新华及宝钢特钢周同军参加会议，并发布论文。（宋小禾）

参加意大利第十五届国际金属成形大会 9月21—24日，第十五届国际金属成形大会在意大利巴勒莫召开。宝钢中央研究院李山青、杨晓光，冷轧薄板厂吴首民3人参会，在冷轧板工艺技术和特种合金成形数值模拟方面发表3篇论文。（宋小禾）

参加2014年欧洲钢铁环境能源大会 9月15—17日，欧洲钢铁环境能源大会在英国米德尔斯堡召开。宝钢股份能环部桂其林，中央研究院杨键、王如意，八一钢铁能环部赵永利参会。杨键作为大会学术委员会委员在环保分会场作学术报告，重点从提高钢板焊接性能的炼钢技术、无氟保护渣和滚筒渣处理技术三方面介绍了宝钢在改善炼钢环保绩效方面的技术进展，引起与会者的关注。（宋小禾）

宝钢—台湾中钢第十五次科技交流 4月14—17日，宝钢—台湾中钢第十五次科技交流在宝钢举行。台湾中钢执行副总经理林弘男、副总经理王锡钦率团21人来宝钢交流。本次交流分4个主题：综合管理（协力管理、六西格玛管理、合理化建议及自主管理）、条钢、检化

验、水处理。双方共发布论文27篇,并进行深度交流。 (宋小禾)

参加2014两岸钢铁产业交流会 10月22日,由中国钢铁工业协会、中国金属学会、中国台湾钢铁工业同业公会联合主办的2014两岸钢铁产业交流会在南京召开。宝钢中央研究院副院长、宝钢不锈副总经理江来珠带队参加会议并主持了不锈钢分会场,中央研究院院长助理、汽车用钢研究所所长蒋浩民在汽车用钢分会场发布了题为《宝钢汽车高强度钢板开发与深加工技术研究进展》的报告。(宋小禾)

赴台湾中钢进行可持续发展战略交流 5月7—10日,宝钢经济管理研究院院长吴东鹰一行4人赴台湾中钢就钢铁业经营环境和可持续发展战略进行交流,这是两家企业首次在战略研究层面进行交流。宝钢作了题为《宏观形势及钢铁展望》《中国大陆地区汽车产业发展趋势》《都市型钢铁企业可持续发展环境风险》和《碳排放权交易》的报告。 (宋小禾)

赴台湾中钢进行"钢铁与城市"交流 11月4—8日,宝钢集团总经理助理王建跃一行前往台湾中钢,就"钢铁与城市"进行技术交流和现场考察。台湾中钢节能减碳、环保技术等内容,均对宝钢有借鉴作用。 (宋小禾)

承办2014年全国涂镀技术交流会 11月4—6日,由中国金属学会金属涂镀层技术分会主办的2014年全国涂镀技术交流会在浙江宁波召开,宝钢作为该会挂靠单位承办此次会议。本次交流会采用论坛形式,围绕涂镀层学科发展、技术应用、生产实践及行业动态等进行交流。宝钢毕文珍和马钢崔磊等分别从不同专业角度就高强镀层钢板的技术问题进行经验交流。宝钢中央研究院戴毅刚、经济管理研究院何太平的2篇会议特邀报告受到与会代表欢迎。 (宋小禾)

参加2014年全国冷轧板带生产技术交流会 8月21—23日,由中国金属学会主办的2014年全国冷轧板带生产技术交流会暨轧钢分会冷轧板带学术委员会六届四次会议在哈尔滨举行。会议交流中,宝钢中央研究院博士李俊、宝钢工程高级工程师黎万超分别发布了《宝钢先进高强度薄板带钢制造技术及产业化》《带钢涂层膜厚在线检测系统及其应用》论文。会议择优录用出版了《轧钢—板带技术专刊》,宝钢有7篇论文入选。 (宋小禾)

参加第一届能源材料国际会议 11月4—6日,中国金属学会和美国矿物、金属和材料学会在西安联合召开第一届能源材料国际会议。宝钢科协副主席李海平带队参加会议,会议收录论文113篇,其中宝钢被录用5篇论文。 (宋小禾)

参加第八届中国国际钢铁大会 5月18—20日,由中国钢铁工业协会主办,中国国际贸易促进委员会冶金行业分会承办的第八届中国国际钢铁大会在北京举行。大会主题为"改革、创新、合作"。中国钢铁工业协会会长,宝钢集团董事长徐乐江作了《改革、创新、合作——把握契机,促进可持续发展》的报告。 (宋小禾)

承办第178场中国工程科技论坛 4月22—23日,由中国工程院主办,中国工程院工程管理学部、宝钢集团承办的第178场中国工程科技论坛——工程思维与工程方法论坛在宝钢(常熟)领导力发展中心举行。中国工程院17位院士及来自全国科研院校的专家、学者代表100余人出席论坛。 (宋小禾)

4月23日,第178场中国工程科技论坛在宝钢举行(沈 峰 摄)

协办钢铁产品生命周期评价方法高级培训班 11月10—14日，由中国金属学会主办，宝钢集团协办的钢铁产品生命周期评价方法高级培训班在宝钢人才开发院举行。宝钢集团总经理助理王建跃、中央研究院钢铁产品生命周期评价方法团队负责人刘颖昊、宝钢股份营销管理部主任管理师施鸿雁等发布相关报告。培训学员主要来自钢铁企业、大专院校和设计院所，学员结业考核合格颁发人力资源和社会保障部专业技术人才知识更新工程高级研修项目结业证书。（宋小禾）

优秀论文评选 2014年度，宝钢科协评出“宝钢优秀论文”一等奖2篇，二等奖38篇，三等奖68篇。（宋小禾）

召开各专项应用技术交流会 宝钢金属学会所属各专业委员会相继组织本专业领域学术技术应用交流。金属学会炼铁专业委员会组织参加国内外学术交流10次；炼钢专业委员会学术交流13次；热轧专业委员会学术交流10余次；冷轧专业委员会学术交流10次；材料专业委员会学术交流55次；检测专业委员会学术交流14次；信息学组学术交流15次；交运学组学术交流4次。机电学会学术交流10余次；自动化学会学术交流10余次；化学化工学会学术交流23次；钢渣研究学会学术交流8次；档案学会学术交流13次；翻译学会举办英日语小讲坛，编辑《书友缘》期刊；继续教育学会学术交流5次。梅钢公司、宁波钢铁、八一钢铁、韶关钢铁、宝钢工程、宝钢金属、宝钢发展、宝钢国际分科协均系统组织了国内外学术交流及优秀论文评选。（宋小禾）

宝钢科技共享论坛 宝钢科技论坛旨在为宝钢集团科技人员搭建一个内部学术交流与互动的平台，促进宝钢集团范围内共享最新钢铁技术发展动向，营造科技创新氛围，为宝钢技术领先战略服务。7月17日，宝钢科协召开第一期宝钢科技共享论坛——“炼钢连铸技术共享会”，宝钢集团炼钢领域100多人参加会议。来自中央研究院、宝钢股份炼钢厂、宝钢不锈、宝钢特钢的8位专家介绍了近几年来参加国际炼钢学术会议的情况，和与会者分享了炼钢连铸新技术、新发展。11月19日，召开第二期宝钢科技共享论坛——“节能环保专题技术共享会”，来自宝钢集团节能环保领域的管理人员和技术专家150多人参加会议。会议以国际钢协项目开展为依托，梳理了近几年该领域国内外会议中值得分享的学术交流信息。（宋小禾）

举行“三院共享交流会” 为发挥宝钢“三院”（中央研究院、经济管理研究院、人才开发院）人才、管理和技术优势，并形成合力，进一步寻求跨领域的协同与合作，11月7日，宝钢科协举行“三院共享交流”。“三院”的院长分别作专题报告，全面展示了“三院”在支撑宝钢集团、服务基层中所承担的职责和发挥的作用，及对未来发展的设想及思考。（宋小禾）

开展“讲理想、比贡献”竞赛 宝钢将“讲理想、比贡献”（简称“讲比”）与奋力实现钢铁强国梦结合。28家单位参与，基层“先讲后评”初评会18场，1400余人听讲。评出年度优秀团队114个（突出贡献奖34个，贡献奖40个，优秀奖40个）；先进个人136人（突出贡献奖34个，贡献奖53个，优秀奖49个），优秀组织单位12家。宝钢集团获2013—2014年度全国“讲比”先进集体，宝钢工程沈杰、宝钢发展赵玉静分获2013—2014年度全国“讲比”创新标兵，宝钢党校莫臻获全国“讲比”

7月17日，宝钢科协召开第一期宝钢科技共享论坛（柯 协 摄）

8月,宝钢“讲理想、比贡献”活动现场(柯　协 摄)

优秀组织者;宝钢集团、宝钢工程、宝钢发展分获2013—2014年度上海市“讲比”先进集体,宝钢发展赵玉静、宝钢股份钢管条钢事业部王啸修分获上海市“讲比”创新标兵,宝钢党校莫臻、宝钢工程苏士尚、梅钢科协袁志华分获上海市“讲比”优秀组织者,莫臻代表宝钢参加在北京人民大会堂举行的全国“讲比”表彰大会。（宋小禾）

参加全国“讲理想、比贡献,为实现中国梦而奋斗”演讲　6月20日,宝钢赵玉静应邀参加在北京中国科学会堂举办的全国“讲理想、比贡献,奋力实现中国梦”宣讲报告会。赵玉静是2013年上海市“讲理想、比贡献,奋力实现中国梦”演讲比赛第一名获得者。（宋小禾）

组织建设及人才举荐　2014年,宝钢科协推进基层组织建设,完成八一钢铁分科协、宝钢国际分科协的组建,新增完成宝钢金属学会热工学组的组建。宝钢集团总经理陈德荣接任宝钢科协主席、宝钢金属学会理事长。陈德荣还被推荐为中国金属学会常务理事,并在11月召开的中国金属学会理事会上通过。12月18日,拓西梅任宝钢科协秘书长。年内,中央研究院蒋浩民、杨勇杰获中国金属学会冶金青年科技奖,王利、张忠铧获“全国优秀科技工作者”称号。（宋小禾）

“科技工作者之家”网页建设　2014年,宝钢科协在宝钢智慧平台上创建“科技工作者之家”网页,为科技工作者提供更多信息共享交流服务。至12月底,该网页已集聚1600余会员,提供信息160余条,上传文章数百篇。（宋小禾）

中国科协代表团来宝钢调研　6月6日,中国科协机关党委常务副书记王守东率中国科协代表团来宝钢调研。中国科协将制定“科技工作者之家”建设标准,宝钢科协被中国科协指定承接参与企业科协“科技工作者之家”标准制定工作。王守东一行听取了宝钢科协新一届科协组织建设架构情况及科协业务工作开展情况报告,还与宝钢科协就新形势下如何发挥企业科协在企业技术创新中的作用,企业科协如何服务企业科技人员等进行了深入探讨。（宋小禾）

李海平受聘为中国科协首席科学传播专家　6月24—25日,中国科协首席科学传播专家研讨交流班在北京中国科学会堂举行。宝钢科协副主席李海平作为第二批首席科学传播专家上台接受聘任证书。此次中国金属学会共向中国科协推荐3位首席科学传播专家。（宋小禾）

企业管理协会

宝钢集团企业管理协会(简称“宝钢企协”)是由各层次管理者组成的学术性群众团体组织,有专职人员7人,行政挂靠宝钢股份运行改善部。（陈益群）

标准化作业推进　一季度始,宝钢企协贯彻宝钢集团、宝钢股份推进基层基础管理要求,推进作业长制为中心的“五制配套”管理、标准化作业示范区、行为养成等活动;4月,邀请宝钢股份标准化作业推进组长给分厂厂长和作业长研修会会员代表作《标准化作业与基层基础管理》讲座;全年帮助指导宝钢化工、宝钢技术、宝钢国际、宝钢工程、宝钢发展等单位的作业长研修会,配合行政开展强化标准化作业管理为主题研修活动;四季度,配合宝钢股份党委组织各厂部作业长研修会分会开展“金牛作业区”创建与评比工作。（陈益群）

开展安全感知培训 6月，宝钢企协组织宝钢股份作业长研修会代表及有关人员开展安全感知培训，特邀宝日汽车板专家从习惯性违章到发生事故的必然性，为学员认真解析安全管理工作的核心、基本原则、“三项基本内容”，通过案例分析拓宽学员视野，提高学员行为观察能力。（陈益群）

作业安全分析研修 7月，宝钢企协和宝钢集团安全生产监督部联合组织宝钢股份分厂厂长研修会、作业长研修会35名理事（其中分厂厂长16人、作业长19人），进行“作业安全分析”专题研修。宝钢集团安全生产监督部安全管理主任李盛联系宝钢实际事例讲授了“作业安全分析”，研修人员围绕“作业安全分析”如何在宝钢现场应用进行了交流探讨。（陈益群）

作业长年会活动 1月27日，宝钢股份召开以“推进标准化作业为抓手，提升作业长现场管控能力”为主题年会，宝钢股份领导与作业长互动交流，并回答了作业长们提出的强化基础管理、职业生涯、工作待遇、能力培养等问题。年会对2013年度优秀与先进分会、优秀论文与案例、优秀横向协作项目及优秀自主管理课题进行了表彰。（陈益群）

作业长基层研修活动 2014年，宝钢股份各子公司作业长研修分会结合年度基层管理目标与要求，开展了作业长素质提升、强化安全管理、合理化建议、自主管理成果发布、作业区工序协作改善等研修活动；作业长研修会参与了人才开发院举办的作业长任职资格培训工作。（陈益群）

与宝钢股份领导交流 9月26日，宝钢股份总经理戴志浩、党委书记诸骏生等领导与宝钢股份直属厂部20位分厂厂长、作业长、技师代表就如何加强现场管理、提高工作效率、实现公司与员工共同成长的价值与文化进行了深入交流；与会分厂厂长、作业长、技师代表结合各自工作实际，就协力管理、现场安全、降本增效、人员培训培养等问题发表建议。宝钢股份领导与分厂厂长、作业长和技师们进行了互动交流，当场回答大家提出的问题。（陈益群）

9月20日，宝钢股份召开作业长研修会（朱敢峰 摄）

分厂厂长“全员生产维修管理”研修 7月，分厂厂长研修会举办“全员生产维修管理”项目研修，宝钢股份“全员生产维修管理”推进小组成员，直属生产厂部、钢管条钢事业部、宝日汽车板、宝钢国际等试点区域的分厂厂长、作业长代表参加研修，研修过程由授课、交流、专题研讨三个部分组成。（陈益群）

分厂厂长环保管理研修 8月，分厂厂长研修会组织举办宝钢股份、宝日汽车板、宝钢化工等单位33位理事、会员代表参加的基层管理者环保管理研修，特邀宝钢股份能环部领导、专家进行《环境经营与企业绿色发展》《宝钢环保管理》等专题授课。大家对当前宝钢环保管理中存在的难点问题，环保管理工具方法的使用进行了交流探讨。（陈益群）

赴太钢考察交流 8月，宝钢股份作业长研修会等单位20位代表组团，在宝钢企协副会长郭建光带领下，赴太原钢铁（集团）有限公司（简称“太钢”）交流考察，考察团与太钢质量部及现场15名作业长代表就安全管控、设备管控、标准化作业管理等作业区建设议题进行面对面交流，并赴现场参观考察。（陈益群）

到韶关钢铁指导交流 10月,为把宝钢股份先进基础管理经验推广到韶关钢铁,宝钢企协组织分厂厂长研修会会长、作业长研修会老会长、《宝钢经济与管理》责任编辑赴韶关钢铁,就提升作业区基础管理等开展指导交流。 (陈益群)

创新成果评优 2014年,宝钢集团共收到管理创新成果43项,评出宝钢优秀管理创新成果27项;宝钢企协向上海市申报管理创新成果14项,向中国钢铁协会申报管理创新成果12项。年内,宝钢获上海市管理现代化创新成果一等奖1项、二等奖9项、三等奖4项;获中国钢铁协会冶金企业管理现代化创新成果一等奖2项、二等奖2项、三等奖4项。 (陈益群)

参加上海市行业协会举办的典型案例征文 2014年,宝钢企协参加上海市行业协会举办的"创新驱动,转型发展"为主题的典型案例征文活动,宝钢企协推荐申报的宝钢金属有限公司《推进基于产品生命周期的环境经营和绿色发展》案例征文获二等奖、东方钢铁电子商务有限公司的《构建B2B电商生态圈助推传统企业创新转型》案例征文获三等奖。 (陈益群)

组织中青年学者学术交流 4月,宝钢中青年学者联谊会特邀"金苹果"项目负责人、联谊会副会长王利博士作"国内外汽车发展趋势与需求、宝钢股份汽车板现状与发展、汽车板研发与先期介入、汽车板领域团队运作、产品不同生命周期过程竞争策略、宝钢汽车板对标研发工作"的学术介绍,来自宝钢股份、宝钢特钢、宝钢不锈的20位专家、博士与王利博士进行了交流,使大家分享"宝钢汽车板研发差异性"的经验与认知。(陈益群)

德国工业4.0讲座 8月28日,宝钢中青年学者联谊会特邀中国科技自动化联盟创始人、北京易能立方科技有限公司总经理王健来宝钢作《德国工业4.0的影响和我们的决策》学术报告,宝钢专家、管理、技术人员共80多人参会。会上,播放德国政府制定《高技术战略2020》工业4.0的音像片,王健介绍了德国工业4.0体系、中国政府和工业自动化联盟行业推出"中国智慧工厂1.0"的决策与行动。联谊会会长郭朝晖就德国工业4.0体系内容与大家分享其认知感想;参会的宝钢中青年学者代表就宝钢工业信息化创新与王健进行了交流。 (陈益群)

组织工人发明家与技师交流 5月,宝钢企协邀请宝钢工人发明家孔利明、韩明明与来自宝钢股份、宝钢特钢、宝钢不锈等单位的12位优秀技师代表进行交流。孔利明、韩明明介绍改进技术、降低事故的成效;宝钢股份厚板厂技师王红介绍其对步进炉工艺问题进行分析改进的成果。 (陈益群)

质量月征文活动 9月,宝钢企协与质量学会举办以"服务宝钢制造、采购、销售"为宗旨的2014年宝钢质量月征文活动。活动共征集到宝钢股份、梅钢公司等单位会员选送的论文30篇;邀请专家组评选出一、二、三等奖9名;将征集的优秀论文汇编成《2014年宝钢质量月活动优秀论文集》。

(陈益群)

能源管理学会活动 6月,能源管理学会配合宝钢股份开展以"携手节能低碳,共塑碧海蓝天"为主题的节能宣传周活动,宝钢股份领导及各单位100多位代表参加活动。宝钢股份炼钢厂、厚板部、宝钢国际等单位代表作节能减排成果经验交流;特邀北京三生能环所所长张迪作《绿色产业战略创新》学术报告;对节能减排12家优秀单位进行表彰。 (陈益群)

安全管理者研修会活动 2014年,宝钢集团安全管理者研修会举行了一期生产一线员工应急抢救培训,编制了《宝钢现场急救手册》。研修会还在各会员单位举办了以安全为主题的研修活动。(陈益群)

分会组织换届改选 2014年,第一届分厂厂长研修会、第四届中青年学者联谊会理事机构任届期满。4月,分厂厂长研修会按照《章程》,对常务理事进行改选,宝钢股份厚板部刘健当选第二届分厂厂长研修会会长,宝日汽车板李庆胜当选副会长,宝钢股份冷轧厂沈青福当选秘书长。5月,宝钢中青年学者联谊会在网上民主选举产生第五届常务理事会,吴东鹰、江来珠当选名誉理事长,郭朝辉当选理事长,单旭沂、吴军、董晓丹、王利当选副理事长,张莉娟当选秘书长。

(陈益群)

企协理事会换届改选 10月,宝钢企协第五届理事会任届期满,召开宝钢集团企业管理协会会员代表大会,共推选代表89人,会议采用虚拟会议形式召开,通过《企协第五届理事会工作报告》,修订《宝钢企协章程》,并选举产生了第六届理事会成员，制定了新一届理事会五年工作的目标与任务。

（陈益群）

分会组织体系梳理 2014年，宝钢企协对八个所属分会、学会组织机构进行梳理，重新描绘八个分会、学会的组织机构框架图。同时，对宝钢技师、作业长、首席师等分会会员重新统计核定，分别建立健全了分会会员基本情况统计表。

（陈益群）

智慧平台信息交流 2014年，宝钢企协把《企协简讯》《作业长简讯》上传到宝钢智慧平台交流；把《作业长论文集及现场案例》《宝钢质量月活动优秀论文集》挂在“宝钢云盘”上供大家交流共享；在宝钢智慧社区建立“宝钢企管协会”“宝钢中青年学者联谊会”信息交流窗口。宝钢中青年学者联谊会还在手机微信平台开展“兴趣创意小组”活动，联谊会15位专家、博士，结合宝钢实际情况开展议题讨论交流，共享有代表性、突出观点的信息。（陈益群）

合办媒体论坛 2014年，宝钢企协和《宝钢日报》合作，联合举办“改革创新 激发活力——我们如何迎接挑战”的专题媒体论坛。宝钢企协向宝钢中青年学者联谊会、作业长研修会、技师协会会员约写专稿，孔利明等5人撰写的题为《强化现场安全管理与技术管理》《积极投身公司改革发展》等5篇论文，经整理后推荐到《宝钢日报》管理专栏上发表。（陈益群）

对外行业协会活动 2014年，宝钢企协参加中国钢铁工业协会、上海市企业联合会、上海市工业经济联合会组织的活动，先后派代表出席上级行业协会召开的主席团扩大会议和增补改选理事单位会议；参加上海市工业经济联合会组织的“上海自由贸易区建设情况介绍”“上海改革与经济发展”“把上海建设成具有全球影响力的科技创新中心”等报告会；参加上海市企业联合会组织的“关于规范劳务派遣用工管理若干意见”辅导讲座，上海市百强企业颁奖活动；组织分会会员代表参观2014国际工业博览会等。

（陈益群）

对外专业学会活动 2014年，能源管理学会、质量管理学会、技师协会等学会参加对口上级学会组织的活动，参加上海市环境科学学会、上海市资源利用协会、上海市节能协会、上海市能源研究会、上海市质量学会、上海市技师协会、中国质量学会等社会协会组织的各类专业学术活动，通过参加各类专业学术论文评优活动，分享行业在专业学科的成果与知识，掌握行业发展动态，还参与行业标准研究与制定等。（陈益群）

文学艺术团体联合会

宝钢文学艺术团体联合会（简称“宝钢文联”）挂靠宝钢集团工会，至年底，拥有会员739人。2014年，为打造人文宝钢，树品牌、出精品，宝钢文联配合工会和企业文化部开展了一系列的创作和活动。

（陆兆平）

“星海奖”评选 4月，宝钢文联启动“星海奖”评选。7月2日，宝钢2014年度“星海奖”颁奖，共有11家单位、48件个人作品获奖。

（陈　娟）

“第二届中国冶金文学奖”评选 5月，宝钢组织职工参加冶金文学艺术协会中国冶金作家协会举办的“第二届中国冶金文学奖”评选活动。其中，宝钢张跃进获纪实文学一等奖、蒋晓峰获纪实文学二等奖、韩建刚获纪实文学三等奖；张琴获散文二等奖、施胜洪获散文三

7月2日，宝钢2014年度“星海奖”颁奖（刘　杰 摄）

等奖；吉雅泰获诗歌二等奖、肖伟民获诗歌三等奖；宝钢集团获优秀组织奖。 （陈　娟）

编辑出版《中国冶金文学》2014年第一期　按照冶金文学艺术协会、中国冶金作家协会安排，2014年第一期（总11期）由宝钢编发。宝钢文联征集到各单位稿件105篇，经编委会讨论发表44篇，封面、封底插图6幅；宝钢有19位作者的作品入选。 （陈　娟）

参加“钢铁情·中国梦”全国冶金美术作品展　12月，蒋英坚的国画《西风渐入南浦》、陶时祥的国画《中国梦、山水情、绿色梦》、吕梁的国画《七月炉火》、金松林的国画《山水》、刘武的国画《流泉落霞出山崖》作品，代表宝钢集团选送——2014“钢铁情·中国梦”全国冶金美术作品展。

（陈　娟）

红十字会

宝钢红十字会成立于1988年1月22日，挂靠在宝钢发展有限公司卫生管理中心。至2014年底，拥有会员4.3万余人。年内，宝钢红十字会获2011—2013年红十字运动基本知识传播组织奖、中国红十字会总会报刊宣传先进集体三等奖、2011—2014年度上海市红十字工作先进集体，1名员工获2011—2014年度上海市红十字工作先进个人。 （施　政）

无偿献血工作管理　2014年，宝钢红十字会按照上海市献血办公室要求，筹划组织年底应急献血活动，缓解市血库血液季节性偏紧状况，完成上海市下达的献血任务。在宝钢特钢区域与宝钢不锈钢区域，分批组织无偿献血活动，完成宝山区下达的献血指标。宝钢不锈获“上海市2013年献血工作考核优秀集体称号”，宝钢特钢获“2013年度上海市社区、企事业单位献血工作考核优秀集体”。

（施　政）

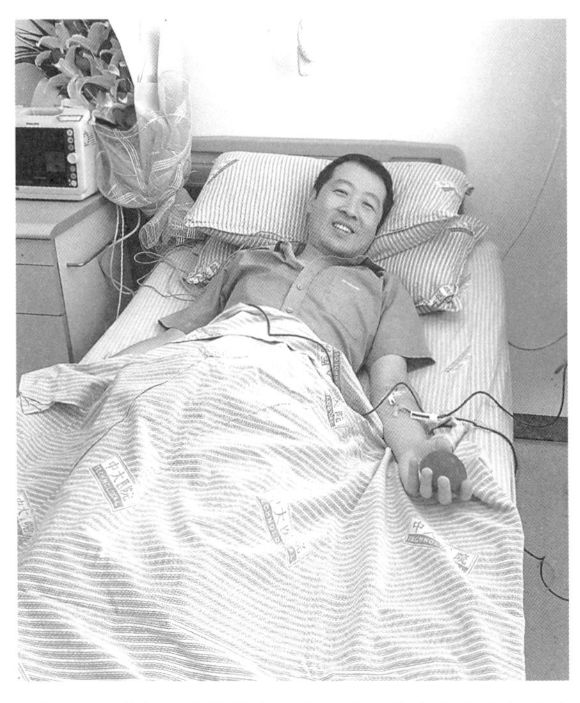

9月15日，梅钢公司技术中心员工陆永亮在南京中大医院无偿捐献造血干细胞 （郭淑丽 摄）

捐赠救助　2014年，宝钢红十字会结合宝钢实际，继续开展以“人道救助、爱心关怀”为主题的“千人帮万家”迎春帮困活动，春节前帮困救助350户特困职工，帮困金额26.74万元。 （施　政）

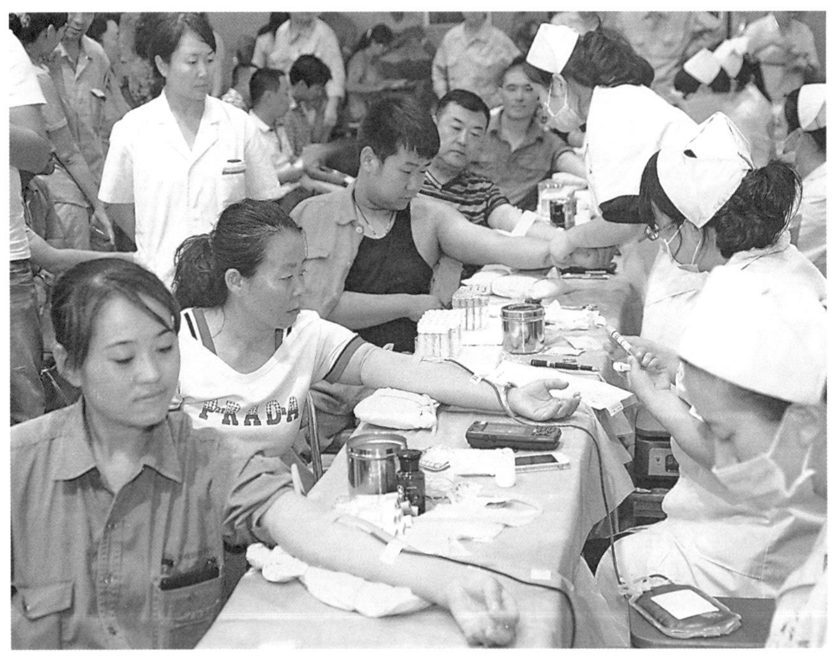

8月14日，接到乌鲁木齐市血液中心应急献血的通知后，八一钢铁组织200名员工参加义务献血 （姚海山 摄）

宝钢年鉴

2015

BAOSTEEL
ALMANAC

企业文化

企业文化

宝钢文化主线：严格苛求的精神，学习创新的道路，争创一流的目标；宝钢基本价值观：诚信、协同。宝钢企业文化的管理职能主要由与宝钢集团有限公司党委宣传部合署的企业文化部（公共关系部）负责，挂靠企业文化部的新闻中心、史志办公室等部门分别负责与企业文化有关的业务。（施　志）

企业文化建设

年度人物颁奖典礼　策划、组织、举行“宝钢年度人物颁奖典礼”。通过对先进模范人物和团队的表彰，寻找实现“宝钢梦”的梦之队，为宝钢“梦之队”注入精神内涵，展示宝钢“梦之队”的强大力量，共同展望新的梦想征程。1月24日，宝钢年度人物颁奖典礼在宝钢人才开发院举行。（张　婧）

策划组织“公司日”系列活动　9月15日，以“‘绿’动宝钢·环保有我”为主题，举办“公司日”纪念活动。活动邀请各界代表共200多位嘉宾出席，举行了绿色承诺、与宝山区签订共建协议、开通绿色宝钢特色游线路、开启绿丝带行动等活动。活动还征集了100多张宝钢员工摄影作品，在宝钢历史陈列馆展示，营造人文氛围。此外，韶关钢铁、八一钢铁、宝钢不锈、宝钢金属等单位以不同方式举办自己的“公司日”。（张　婧）

推进《宝钢文化手册》编制　2014年，在对宝钢文化发展历程和现状调研分析的基础上，制订了《宝钢文化手册》编制方案。就编制方案广泛听取意见，深入沪内钢铁及多元产业子公司，沪外的八一钢铁、韶关钢铁、宁波钢铁、梅钢公司等单位，以及营销、宣传、工会、团委等条线，召开22场座谈会，听取了429名基层管理者和员工的意见；此外，187位领导人员接受了问卷调查。（张　婧）

对外新闻宣传

策划媒体专访　2014年，通过综合考虑传播需求与媒体关注点，整体策划、实施宝钢领导的年度专访，先后策划宝钢集团党委书记、董事长徐乐江和宝钢股份总经理戴志浩等领导接受新华社、《经济观察报》、《中国冶金报》等媒体的采访。先后推出《钢铁业国企改革当务之急是扭正扭曲市场》《宝钢：钢铁行业要寻求新路径》《携手应对挑战　共创钢铁未来——徐乐江谈全球钢铁业的挑战与应对》《宝钢董事长徐乐江——国家强才能企业兴》《公司深度：钢铁业入冬　宝钢股份冬泳健身》《宝钢斥百亿投入绿色环保工程　打造花园工厂探索一座钢企与城市的共融共生之道》等一批报道和文章。（张　伟）

媒体重大活动　2014年，通过与相关部门和新闻媒体的互动合作，进一步传播宝钢好声音，先后参与国务院国资委《走进央企——绿色宝钢湛江行》、中宣部《转型·活力》、中央网信办《从企业看信心》专题报道；参与上海电视台组织的《历史转折中的邓小平》主创人员及媒体“走进宝钢”，上海人民广播电台《市民与社会》节目“发现创新”系列论坛宝钢专场等主题传播活动，传播“真诚、友爱、创造力”的宝钢形象。（张　伟）

重大新闻发布　2014年，聚焦宝钢创造的领先计划、合作伙伴的解决方案、上市公司价值的不懈追求、转型发展的持续规划、社会责任的时尚演绎等议题，做好取向硅钢获国家科技进步奖一等奖、第三代先进高强钢、宝钢先期介入实践与探索、钢铁电子商务平台建设、湛江钢铁基地项目建设、宝钢发行可交换债券、宝钢成为上海首批人民币跨境使用试点企业、南极与宝钢的不解之缘等宝钢重点事件的新闻宣传和媒体推介工作，形成原创新闻报道111篇。（张　伟）

科学应对舆情危机　2014年，发生舆情事件8起。这些舆情危机事件均得到及时、有效的回应和处置，及时维护了宝钢的社会形象、市场形象和产品形象。同时，为加强舆情监测，编制舆情周报48期、舆情快报4期。（张　伟）

社会责任管理

2014年，依照宝钢集团有限公司《对外捐赠、赞助管理办法》和《关于加强捐赠管理的通知》的

4月19日,宝钢员工参加“一个鸡蛋的暴走”活动(刘　杰 摄)

要求,严格执行年度预算,完成各项对外捐赠工作,全年实际捐赠9492.5万元。（许　健）

参与“分享责任中国行”调研活动　“分享责任中国行”项目是由国务院国资委研究局牵头策划,中国社会科学院企业社会责任研究中心发起。宝钢、中国南方电网有限责任公司、中国移动通信集团公司、联想集团有限公司、华为技术有限公司、阿里巴巴集团等企业因在社会责任领域的优秀表现,入选项目组调研对象。3月25—26日,“分享责任中国行”项目组到宝钢调研。通过座谈交流和现场参观,宝钢在社会责任管理实践方面取得的成效给项目组留下深刻印象。项目组认为,宝钢是企业社会责任管理、稳健发展、构筑共享价值的公司典范,具有较强的可持续发展能力。宝钢的社会责任工作获得了调研组专家的认可。（许　健）

“一个鸡蛋的暴走”　宝钢支持并参与上海公益事业发展基金会组织的“一个鸡蛋的暴走”活动。4月19日,由210名宝钢员工组成的35支队伍,规模创历届之最,走完50千米全程的人数和捐款数额均创纪录,所筹善款22万元,可为3063位贫困地区的孩子提供一个学期的鸡蛋。善款全部用于少年儿童营养健康、教育发展、安全保护、社会融合等方面的改善项目。（许　健）

发布《2013年宝钢社会责任报告》　6月27日,在广东省湛江市发布主题为“构筑共享价值”《2013年宝钢社会责任报告》。报告表达了宝钢诚信经营、回报股东、保护环境,努力成为员工成长的平台、成为美好社区的一部分、成为合作伙伴成功的因素。《宝钢社会责任报告》已连续发布6年。2014年,先期介入、“宝之云”信息技术、宝钢股份厂区空气质量指数、廉洁从业八条禁令、新一轮规划完成情况等内容均首次在报告中披露。（许　健）

举办“湛江·宝钢绿色公益走”活动　6月28日,为进一步传递宝钢履行社会责任的理念,树立将湛江钢铁建设成为世界最高效率的绿色梦工厂的信心,湛江市人民政府与宝钢联合举办首届“湛江·宝钢绿色公益走”活动。参加《2013年宝钢社会责任报告》发布会的领导与嘉宾,湛江市学生团体、市民代表共计千余人参加公益走活动。每一位完成5000米健走的人都将换算成2棵小树苗,由宝钢出资,选址湛江市三岭山森林公园,建设“宝钢林”园区。“宝钢林”初期占地25亩左右。（许　健）

创建宜居社区　2014年,以宝山社区为试点,推进以关爱老年人为主题的社区公益项目。以友谊路街道为试点,与上海市社会工作者协会合作,探索开展政企社三方共治、合作创建友谊路街道宜居社区。同时,借助上海名牌电视栏目《新老娘舅》的嘉宾主持柏万青在老年人中的知名度和影响力,传播宝钢热心社会公益事业、关爱老年人的良好形象。与柏万青志愿者工作室合作,冠名“友爱的宝钢”敬老演出,到宝山区38家敬老院和上海市其他区县敬老院开展100场敬老慰问演出。此外,通过与宝山区老年基金会合作,重点向友谊、月浦、吴淞、杨行地区困难老人捐赠1000份新年大礼包。12月中下旬,策划、举办“友爱的宝钢每天一小步”新年敬老活动暨柏万青志愿者工作室和常青艺术团进社区演出活动。（许　健）

“集善工程·启明行动”　2014年,宝钢通过与中国残联、中国残疾人福利基金会合作“集善工程·启明行动”,为宁夏固原市及新疆建设兵团1000名贫困白内障患者实施免费复明手术。（许　健）

6月28日,宝钢举办首届"湛江·宝钢绿色公益走"活动(周 炼 摄)

品牌管理

推进视觉识别体系规范化 2014年,着力推进各板块子公司建立二级视觉识别管理体系,除八一钢铁管理体系尚在进行外,其余子公司都已完成视觉识别管理文件的发布。利用《宝钢日报》连载视觉识别规范应用知识,全年共14期,从规范与不规范两个方面向员工传播宝钢的视觉识别基础部分标准。宝钢集团总部从宝钢大厦的视觉识别规范化做起,建立"负面清单",改造了宝钢大厦旗台的公司徽标,规范了宝钢大厦内所有入驻单位的视觉识别应用,改善了宝钢的品牌形象。 (张端阳)

组织"上海校媒对话宝钢"活动 4月22—24日,组织中国(上海)高校传媒联盟的21位在校学生开展了主题为"成为梦想的一部分"的品牌传播活动。这也是上海校媒——对话世界五百强2014年的一项重要活动。在宝钢的三天里,学生们参观了宝钢股份厂区,与宝钢集团总部职能部门领导进行对话,分组到宝钢股份、宝钢资源、宝钢金属、宝钢工程和华宝投资等子公司进行深入体验和访谈。4月24日,学生们与宝钢集团总经理何文波等领导进行对话,话题包括环保、产能过剩等青年学生关注的热点。截至4月30日,活动共发布相关微博102条,视频阅读量3.9万次,相册浏览量2724次,发布微信82条,微信浏览量1486次。 (张端阳)

强化展览的互动与体验魅力 5月19—22日,组织参加第十四届中国国际冶金工业展览会。本次宝钢以"构筑共享价值"为主题,以"成为您成功的一部分"为口号,强化了年度传播的主题。通过最具代表性的技术、产品和服务案例,利用多媒体等手段,展示宝钢在技术进步、节能环保、综合利用、用户服务等方面取得的成绩及为利益相关者带来的价值,展现了宝钢"真诚、友爱、创造力"的品牌形象及未来发展前景。本次宝钢展台由宝钢青年形象大使引导服务,最终获得主办方颁发的"最佳创新奖"。 (张端阳)

参与米兰世博会相关筹备工作 8月25日,举办主题为"用钢铁回答世界"——宝钢为2015米兰世博会中国企业联合馆提供钢结构解决方案的签约仪式,由此拉开了宝钢参与米兰世博会的序幕。中国企业联合馆的所有钢材由宝钢按照欧洲标准提供。年内,组织宝钢股份、宝钢国际、宝钢钢构与设计方同济大学协同工作，最后一批钢材于11月底运抵米兰，保证了整个馆体建筑的施工进度。年底，作为中国企业联合馆的核心参展商，宝钢与米兰世博会执委会就布展、志愿者选拔、活动策划等建立了常态工作推进机制。（张端阳）

利用互联网思维进行品牌传播 2月，公共关系部开通“宝钢总部畅想空间”微信公众号。至年底，该公众号粉丝量超过6000人，累计发送图文（视频）消息165条，每条平均阅读量2600人次。其中，10条图文消息阅读量超过1万人次，“宝钢宝钢，这真的是宝钢吗？”单条阅读量达到10万人次。利用互联网思维，努力使品牌传播的理念和渠道符合时代特征，更加贴切受众的需求，是继2013年利用微博“发现不锈钢之美”活动后的进一步实践。（张端阳）

史志工作

宝钢集团有限公司设有宝钢史志编纂委员会，委员会主任由宝钢集团党委书记、董事长担任，副主任由宝钢集团其他主要领导担任，成员包括宝钢集团领导成员和主要职能部门负责人、宝钢史志办公室（简称“史志办”）主任。史志办为宝钢史志编纂委员会的办事机构，挂靠宝钢集团企业文化部。（张文良）

编纂出版《宝钢年鉴（2014）》 自2001年开始，宝钢每年编纂出版一本年鉴。年内，宝钢集团有限公司第十四部年鉴——《宝钢年鉴（2014）》编纂完成。《宝钢年鉴（2014）》记述2013年度宝钢各方面情况的资料性文献，共60.7万字。（张文良）

编纂发行《2014宝钢指南》 年内，编纂发行《2014宝钢指南》，并翻译发行《2014宝钢指南》英文版，供社会各界及宝钢员工全面准确地了解宝钢。（张文良）

编纂《上海市志（1978—2010）·钢铁业卷》 《上海市志（1978—2010）》列入国家第二轮修志规划，按照《上海市第二轮新编地方志书编纂规划》要求，《上海市志（1978—2010）·钢铁业卷》由宝钢承编。宝钢在史志办设《钢铁业卷》编纂室，负责《钢铁业卷》的组织、编纂。2014年，完成《钢铁业卷》涉编单位对初稿的内审及保密审查工作。（张文良）

5月19—22日，宝钢参展第十四届中国国际冶金工业展览会（张端阳 摄）

子公司编修史志 年内，宝钢发展有限公司编纂发行《宝钢发展年鉴（2014）》（企业内部发行）。（张文良）

新闻工作

宝钢新闻工作由挂靠宝钢集团有限公司党委宣传部、企业文化部的新闻中心负责。新闻中心管理《宝钢日报》社、宝钢电视台以及《宝钢文艺》（电子版）。至年底，新闻中心在编员工38人，借聘5人。2014年，《宝钢日报》在全国冶金新闻工作者协会和上海市新闻工作者协会企业分会好新闻评比中，获得6个一等奖、5个二等奖、1个三等奖。（赵 琦）

《宝钢日报》重点报道 《宝钢日报》是宝钢的主要新闻传媒。2014年，围绕二次创业深化改革、教育实践活动整改落实、安全环保、节能减排等企业重点工作，进行了重点策划和报道。为配合宝钢深化三项制度改革，推进干部能上能下，策划重点宣传报道方案，以特约评论员系列文章、基层典型报道、员工反响等多角度深入报道，在《宝钢日报》一版显著位置连续刊发，以统一思想认识、凝聚改革共识、营造良好氛围，让宝钢干部和员工理解改革，参与改革。贯彻落实《宝钢教育实践活动整改落实接受监督方案》关于加大宣传力度的要求,将整改过程和整改成果及时向职工群众公布,主动接受职工群众监督,实施教育实践活动整改落实接受监督宣传报道方案,重点开展了职工群众最为关心、关注的"四风"突出问题整改落实的报道。如"改进文风会风"和"改进调查研究","厉行节约、反对浪费,进一步规范'三公'经费使用",营造高效和谐的办公环境,推进办公环境、员工休息室、就餐环境整治等,抓住"两头"(好的典型和不好的现象),报道既跟踪整改落实过程,更突出整改实效。针对严峻的安全形势和环保压力,加强安全、节能环保工作报道,策划"安全月""世界环境日"主题报道,分别开设"子公司老总谈安全、谈环保"专栏,对各子公司的总经理进行专访,促进安全、节能环保体系建设。组织"冬练在行动"专栏,深入报道各子公司在市场严冬下管理变革深挖潜力苦练内功的实践,激发宝钢员工的工作激情。从做实做细的角度,策划推出了"践行社会主义核心价值观"专题报道,通过就餐、交通、如厕、员工休息室、单宿等图文并茂的系列报道,曝光不文明行为,引发员工讨论,促进员工行为养成。为体现宝钢诚信经营的基本原则,策划开设"传承和弘扬诚信文化"专栏,从企业采购、生产制造、营销、安全、环保工作等角度专题报道,传承和弘扬诚信文化,践行社会主义核心价值观。坚持做好展示员工精神风貌的报道,挖掘基层员工在平凡岗位上干事创业的故事和事迹,激发员工二次创业的激情。策划设立"湛江钢铁建设传真""湛江创业先锋"专栏,对湛江钢铁建设进展和创业故事及时跟踪报道。做好"宝钢杯"钢铁行业技能大赛等活动的策划报道,做好宝钢援藏、援青、援滇等体现企业社会责任的深入报道。（赵　琦）

电视新闻报道　全年报道电视新闻568条。(1)做好重大事件报道。宝钢电视台服务于宝钢集团有限公司中心工作,分别制作《宝钢第十届职工艺术节》《别样的秋》《梦开始的地方》《"钢铁奥运"》等多部微电影微视频,播放"2014年度人物颁奖典礼"等系列报道。(2)完成多部专题片,如《赛场群英会》《"发现创新"到宝钢》《成为湛蓝的一部分》《我爱我家》等,为宝钢留下了宝贵的历史资料。(3)承接多部宝钢集团及各子公司委托的视频拍摄、资料转换。（赵　琦）

新闻作品获奖　2014年,《把变革的脚步迈在危机到来之前》《考量勇气与宽容的"试验田"》获全国冶金新闻工作者协会好新闻一等奖;《十个"金苹果"团队载梦出征》《宝钢第三代超高强钢QP980热镀锌产品全球首发》《"云端"面对面　天涯若比邻》获全国冶金新闻工作者协会好新闻二等奖;《宝钢日报》2013年5月17日第一版获全国冶金新闻工作者协会版面一等奖;《焦炉大修成功实施烟囱爆破》获全国冶金新闻工作者协会图片三等奖。《把变革的脚步迈在危机到来之前》《九年一道"数学题"越做越精细》《宝钢第三代超高强钢QP980热镀锌产品全球首发》获上海市新闻工作者协会企业分会一等奖;《管理变革,打碎"坚硬的稀粥"》《这片竹林好茂盛》获上海市新闻工作者协会企业分会二等奖。（赵　琦）

媒体与出版物

《宝钢日报》　1978年8月1日创刊,由宝钢集团主办,国内公开发行,是宝钢主要新闻传媒之一。《宝钢日报》对开4版(周末版为双开8版),全年出版295期,定价180元,发行量为7.1万份。主要发行对象是全体宝钢员工(宝钢驻外单位和员工也可以订阅或上网浏览),宝钢所属单位为全体员工订阅到户。社会订户由报社收费并由宝钢集团有限公司财务部入账。自2008年1月1日起,《宝钢日报》全部委托邮局统一发行。（赵　琦）

《宝钢日报》数字报　2005年2月4日《宝钢日报》电子版推出,2011年推出数字报。网址为http://news. baosteel.com。每天10时30分前将当天《宝钢日报》内容上网。主要栏目有一版要闻、综合新闻、经济新闻、行业动态、时事评论、专副刊、数字报、宝钢视频、互动平台等九大板块。2014年,文章总数10665条,图片4308幅,报纸版面1180个,电视新闻和专题片共561条。2014年的访问次数为1415646次。（赵　琦）

宝钢电视新闻　宝钢电视新闻由宝钢集团主办,宝钢电视台采编。上半年,每周一、三、五制作10分钟的新闻,由宝山电视台在1套、2套黄金时段滚动播出,周二、四、六重播。宝钢电视新闻覆盖宝山地区,受众面40多万户、120余万人。宝钢电视还通过网络传递到梅钢公司、湛江钢铁、八一钢铁、韶关钢铁、浙江马迹山港区等沪外单位播放。6月,暂停在宝山电视台播出,改为在《宝钢新闻》APP客户端上播出,网友还可在宝钢新闻中心网站或宝钢内网上收看。（赵 琦）

新媒体 7月,宝钢新闻中心建立微信公众账号"新新宝",发布新闻,增强可读性。10月,"宝钢新闻"移动平台客户端投入试运行,栏目包括新闻、聊吧、故事、业界、周末、图片、视频等,这在钢铁行业内尚属首家。组织团队,通过走访子公司、召开座谈会、报纸刊登广告、到基层张贴海报、微信公众平台推送、面对面指导等多种方式推介手机报。至年底,宝钢新闻APP客户端的用户数为9988个,下载量呈上升趋势。与此同时,在新闻中心内部加强新媒体的采编,探索运作规律。运用图片、文字、视频等多媒体手段强化内容表现,增强亲和力和员工评论参与性。每天及时推送信息、新闻阅读量不断上升,有的新闻阅读量近万次。增加与员工的互动性,围绕宝钢改革热点,开设"收入能高能低"热点话题栏目,阅读量近7000人次,评论300条,为深化三项制度改革营造氛围。（赵 琦）

《宝钢年鉴》 2001年创办,宝钢史志编纂委员会主办,是系统记述宝钢集团各方面情况的年度资料性文献。编辑部设在宝钢史志办公室。《宝钢年鉴(2014)》,标准大16开本,343页,60.7万字,印1000册,定价240元,由世纪出版集团上海人民出版社出版。（张文良）

《宝钢指南》 2010年创刊,由宝钢史志办公室编纂,是宝钢基本情况的资料汇编。年刊,长32开本,以中、英两种文字出版,免费向社会提供,电子文档可在宝钢集团网站(http//www.baosteel.com)下载阅读。《宝钢指南》全部数据资料均由宝钢各有关部门提供,具有一定的权威性,有助于社会各界人士全面、准确地了解宝钢。《2014宝钢指南》(中文版)发行6000册;《2014宝钢指南》(英文版)发行4000册。（张文良）

《宝钢技术》 1983年12月创刊,是宝钢集团主管并主办的技术刊物,双月刊(逢双月出版),大16开本,全年出刊6期,每期80页,国内外公开发行,并在宝钢主干网刊登。2014年,《宝钢技术》设置专家论坛、技术专栏、分析与研究、开发与应用和专利信息等栏目。（刘宏娟）

《世界钢铁》 1979年创刊,原名《宝钢情报》,1993年更名为《世界钢铁》,是宝钢集团主管并主办的技术刊物,双月刊(逢单月出版),大16开本,全年出刊6期,每期72页,国内外公开发行,并在宝钢主干网刊登。2014年,《世界钢铁》设专栏、炼铁、炼钢、冶金自动化、轧钢、综合信息等栏目。（刘宏娟）

《宝钢技术研究》(英) 2002年10月创刊,原为《宝钢技报》(英)网络版,2007年12月更名为《宝钢技术研究》(英),是宝钢集团主管并主办的英文版技术刊物。季刊(逢季度末出版),大16开本,全年出刊4期,每期64页,国内外公开发行,并在宝钢主干网刊登。2014年,《宝钢技术研究》(英)设置冷轧产品工艺技术和不锈钢产品工艺技术专栏。（刘宏娟）

《宝钢经济与管理》 1990年创刊,经济管理类刊物,由宝钢集团人才开发院、经济管理研究院、运营改善部,宝钢股份运营改善部,宝钢企业管理协会主办。双月刊(逢双月出版)大16开本,52页。《宝钢经济与管理》主要着眼于冶金行业,立足宝钢的管理实践,研究管理理论,探讨管理热点。全年刊登约60多万字的各类文章、百多幅图片。2014年,除保留特稿、管理实务、环境经营、质量管理、安全管理等热门栏目外,还针对企业管理热点,强化了职场感悟、作业长论坛两个栏目。（周 信）

《宝钢培训》 1992年创刊,是宝钢教育培训工作的专业性杂志,由宝钢集团主管、宝钢人才开发院主办。季刊,16开本,48页。《宝钢培训》设有特稿、培训探微、特色培训、风采录、管理行知、管理研究、创新论坛、他山之石、首席师论坛、信息窗、大事记等栏目。2014年,共刊登文章64篇。9月,《宝钢培训》获"第九届中国优秀企业报刊奖"。（周铁强）

宝钢教育基金会

宝钢教育基金会始于1990年宝钢出资设立的宝钢奖学金(原始基金为200万元),1994年增资至3500万元并更名为"宝钢教育基金",2000年再次增资至5000万元。2005年经民政部批准注册定名为"宝钢教育基金会",属宝钢

11月4日，宝钢教育基金会召开第一届理事会第二十次暨第二届理事会第一次全体会议（焦纪津 摄）

独家出资的非公募基金会。2005年9月又增资5000万元，基金总额1亿元。2014年度公益支出近1100万元，全国108所大学的770名师生获宝钢教育奖。至2014年，全国100余所高等院校和中国科学院的20779名师生获宝钢教育奖；基金用于教育奖励和资助累计已超过1.8亿元。（罗建辉）

第一届理事会第十八次全体会议 3月19日—4月16日，宝钢教育基金会第一届理事会第十八次全体会议以通讯议事和通讯表决的方式召开。会议审议并表决通过了《宝钢教育基金会秘书处工作报告》《宝钢教育基金会2013年度收支决算》《关于聘请伏中哲为宝钢教育基金会第一届理事会理事并任理事长，同时免去刘国胜理事、理事长的决议》《关于聘请叶静漪为宝钢教育基金会第一届理事会理事同时免去梁柱理事的决议》。（罗建辉）

第一届理事会第十九次全体会议 6月3日—6月30日，宝钢教育基金会第一届理事会第十九次全体会议以通讯议事和通讯表决的方式召开。会议审议并表决通过了《宝钢教育基金会第一届理事会换届工作方案（征求意见稿）》。（罗建辉）

第一届理事会第二十次暨第二届理事会第一次全体会议 11月14日，宝钢教育基金会第一届理事会第二十次暨第二届理事会第一次全体会议在宝钢（常熟）领导力发展中心召开。会议听取并审议通过了樊纯诗所作的《宝钢教育基金会秘书处工作报告》；审议并通过了伏中哲等25名宝钢教育基金会第二届理事会理事候选人为宝钢教育基金会第二届理事会成员。会议选举伏中哲为宝钢教育基金会第二届理事会理事长，莫臻为宝钢教育基金会第二届理事会秘书长。（罗建辉）

宝钢教育奖2014年度评审工作会议 11月14日，宝钢教育奖2014年度评审工作会议在宝钢（常熟）领导力发展中心召开。会议听取了崔宝璐所作的《宝钢教育奖2014年度评审工作报告》，审议并确认了247名宝钢优秀教师奖获奖教师、480名宝钢优秀学生奖获奖学生（其中46名来自台湾地区、59名来自港澳地区的大陆就读学生）和25名宝钢优秀学生特等奖获奖学生；会议在宝钢优秀教师特等奖通讯表决的基础上，投票产生了8名宝钢优秀教师特等奖获奖教师、10名宝钢优秀教师特等奖提名奖获奖教师。2014年度宝钢教育奖770名获奖师生分别来自全国108所高校。（罗建辉）

11月14日，宝钢教育基金会召开宝钢教育奖2014年度评审工作会议（滕根泉 摄）

宝钢年鉴

2015

BAOSTEEL

ALMANAC

人物与表彰

人物与表彰

宝钢领导简介

徐乐江

中共党员，教授级高级工程师，中共第十七届、十八届中央候补委员，中共上海市第九届、十届委员会委员。1998年11月，任上海宝钢集团公司董事、副总经理、党委委员；2001年3月，任上海宝钢集团公司董事、副总经理、党委常委；2004年12月，任上海宝钢集团公司董事、总经理、党委常委；2005年10月，任宝钢集团有限公司董事、总经理、党委常委，2006年5月兼任宝山钢铁股份有限公司董事长，2006年8月兼任宝山钢铁股份有限公司党委常委；2007年1月任宝钢集团有限公司董事长、党委常委，兼宝山钢铁股份有限公司董事长(至2007年3月；2007年11月至2010年4月)、党委常委(至2010年3月)；2014年1月起任宝钢集团有限公司党委书记、董事长。

马力强

中共党员，国有重点大型企业监事会主席(副部长级)。2013年6月起任宝钢集团有限公司监事会主席。

陈德荣

中共党员，高级工程师。2014年7月起，任宝钢集团有限公司董事、总经理、党委常委，2014年9月兼任宝山钢铁股份有限公司党委常委，2014年10月兼任宝山钢铁股份有限公司董事长。

赵　昆

中共党员，教授级高级工程师。2001年3月，任上海宝钢集团公司副总经理；2005年10月，任宝钢集团有限公司副总经理；2006年1月起任宝钢集团有限公司副总经理、党委常委，2006年8月至2010年3月兼任宝山钢铁股份有限公司党委常委，2012年12月兼任宝钢集团广东韶关钢铁有限公司董事长。

刘占英(女)

中共党员，高级政工师。2005年10月，任宝钢集团有限公司纪委书记、党委常委，2006年6月起兼任宝山钢铁股份有限公司纪委书记；2006年8月，任宝钢集团有限公司纪委书记、党委常委，兼宝山钢铁股份有限公司纪委书记、党委常委(至2010年3月)，2012年5月兼任宝山钢铁股份有限公司监事会主席。

伏中哲

中共党员，教授级高级工程师。2007年9月，任宝钢集团有限公司党委常委兼宝山钢铁股份有限公司董事、总经理、党委常委；2009年4月，任宝钢集团有限公司副总经理、党委常委，兼宝山钢铁股份有限公司董事(至2011年3月)、党委常委(至2010年3月)；2011年3月起任宝钢集团有限公司党委副书记。

戴志浩

中共党员，高级工程师。2007年11月，任宝钢集团有限公司副总经理，兼宝山钢铁股份有限公司董事(2009年4月至2011年4月)、党委常委(2010年3月至2010年12月)；2012年9月，任宝钢集团有限公司副总经理、党委常委；2013年7月起任宝钢集团有限公司党委常委，兼宝山钢铁股份有限公司董事、总经理、党委常委。

赵　峡

中共党员，教授级高级工程师。2007年11月，任宝钢集团有限公司副总经理，兼宝钢集团新疆八一钢铁有限公司董事长、党委书记；2012年9月起任宝钢集团有限公司副总经理、党委常委，兼宝钢集团新疆八一钢铁有限公司董事长(至2013年6月)、党委书记(至2012年11月)。

周竹平

中共党员，高级会计师。2009年11月起任宝钢集团有限公司副总经理。

赵周礼

中共党员，教授级高级工程师。2010年7月起任宝钢集团有限公司副总经理，2010年12月兼任宝山钢铁股份有限公司党委常委，2012年7月起兼任宝钢湛江钢铁有限公司董事长。

陈　缨

中共党员，高级会计师。2012年9月，任宝钢集团有限公司董事会秘书；2013年10月起任宝钢集团有限公司副总经理、董事会秘书。

崔　健

中共党员，教授级高级工程师。2014年4月起任宝钢集团有限公司副总经理。

朱义明

中共党员，高级政工师。2011年9月起任宝钢集团有限公司工会主席、职工董事。

干　勇

中共党员，中国工程院副院长，工程院院士。2009年1月起任宝钢集团有限公司外部董事。

王晓齐

中共党员，教授级高级工程师，中国钢铁工业协会副会长，2012年2月起任宝钢集团有限公司外部董事。

贝克伟

美国国籍，现任美国亚利桑那州立大学会计系教授、凯瑞商学院中国执行院长、博士生导师。2012年2月起任宝钢集团有限公司外部董事。

经天亮

中共党员，全国政协委员，中国冶金科工集团有限公司董事长。2009年1月起任宝钢集团有限公司外部董事。

荣誉与表彰

1. 全国级荣誉

获得荣誉	颁奖单位	获奖者
全国五一劳动奖章	中华全国总工会	李国保　许友云　王瑞贤　黄健美
全国工人先锋号	中华全国总工会	八一钢铁检修中心炼铁维护部能源机械一区热电钳工组
“宝钢杯”第七届全国钢铁行业职业技能竞赛冠军	中国钢铁工业协会、中国就业培训技术指导中心、中国机冶建材工会全国委员会、共青团中央城市青年工作部	朱怀宇　胡　平　周洪海　张益峰
全国巾帼文明岗	全国妇联	韶关钢铁炼钢厂运行车间二运行水处理班 宝钢特钢质保部检测中心力学作业区常数组
全国五一巾帼标兵	中华全国总工会	张义凤
全国冶金行业优秀宣传思想工作者	中国冶金职工思想政治工作研究会	徐宪民
2013年度全国钢铁行业五四红旗团委标兵	全国钢铁行业共青团工作指导和推进委员会	宝钢集团八一钢铁股份炼钢厂团委
2013年度全国钢铁行业五四红旗团委	全国钢铁行业共青团工作指导和推进委员会	宝钢集团广东韶钢松山有限公司炼铁厂团委
2013年度全国钢铁行业五四红旗团支部标兵	全国钢铁行业共青团工作指导和推进委员会	宝钢集团宁波钢铁有限公司炼铁厂团总支部
2013年度全国钢铁行业五四红旗团支部	全国钢铁行业共青团工作指导和推进委员会	宝钢集团宝山钢铁股份有限公司广州薄板有限公司广州JFE钢板有限公司团总支部

(续　表)

获得荣誉	颁奖单位	获奖者
2013年度全国钢铁行业优秀共青团干部标兵	全国钢铁行业共青团工作指导和推进委员会	李　杰
2013年度全国钢铁行业优秀共青团干部	全国钢铁行业共青团工作指导和推进委员会	夏　威
2013年度全国钢铁行业优秀共青团员标兵	全国钢铁行业共青团工作指导和推进委员会	郑远杰
2013年度全国钢铁行业优秀共青团员	全国钢铁行业共青团工作指导和推进委员会	顾宁吉
2013—2014年度全国钢铁行业青年文明号	全国钢铁行业共青团工作指导和推进委员会	宝钢集团硅钢部硅钢一分厂技术组 宝钢集团八钢公司检修中心炼钢维护部电气一区 宝钢集团宁钢焦化厂煤气净化作业区
2013年度全国钢铁行业"青安杯"竞赛优秀组织单位	全国钢铁行业共青团工作指导和推进委员会	宝钢集团有限公司团委
2013年度全国钢铁行业"青安杯"竞赛优秀组织者	全国钢铁行业共青团工作指导和推进委员会	王　语
2013年度全国钢铁行业"青安杯"竞赛先进集体	全国钢铁行业共青团工作指导和推进委员会	宝钢集团宝钢工程技术集团有限公司团委 宝钢集团宝钢发展制造服务事业部不锈钢作业管理部轧钢包装联合团支部 宝钢集团宝钢化工有限公司梅山分公司团委
2013年度全国钢铁行业"青安杯"竞赛先进个人	全国钢铁行业共青团工作指导和推进委员会	刘英东　黄春林　姜　叶
2013年度全国钢铁行业"青安杯"竞赛青年安全生产示范岗	全国钢铁行业共青团工作指导和推进委员会	宝钢集团宝钢股份炼铁厂炼焦分厂一炼焦青年安全生产示范岗 宝钢集团工程技术检测诊断事业部诊断技术部青年安全生产示范岗 宝钢集团宝钢发展宝田青年安全生产示范岗
2013年度全国钢铁行业"青安杯"竞赛最佳青年安全监督岗	全国钢铁行业共青团工作指导和推进委员会	宝钢集团宝钢股份梅钢公司炼铁厂四号高炉值班室青安岗 宝钢集团宝钢股份本部运输部汽车大队框架丁班青安岗 宝钢集团宝钢股份热轧厂设备管理室青安岗 宝钢集团八钢公司南疆钢铁拜城有限公司烧结厂烧结作业区青安岗 宝钢集团宁波钢铁有限公司物流部青安岗 宝钢集团广东韶关钢铁有限公司板材厂青安岗 宝钢集团宁波宝新不锈钢有限公司4AP机组青安岗 宝钢集团金属有限公司南京宝日钢丝生产丙班青安岗
2013年度全国钢铁行业"青安杯"竞赛最佳青安岗岗长(员)	全国钢铁行业共青团工作指导和推进委员会	王思铭　高成斌　黄　超　袁　峰 陈　楠　徐　君　洪永杰　李　喆

（续　表）

获得荣誉	颁奖单位	获奖者
全国青年岗位能手	共青团中央人力资源社会保障部	金　国　陈新豫
2013年度全国青年安全生产示范岗	共青团中央办公厅 国家安全监管总局办公厅	宝钢集团宝山钢铁股份有限公司硅钢部青年安全生产示范岗
2013年度中央企业五四红旗团委	中央企业团工委	宝钢集团有限公司宝山钢铁股份有限公司热轧厂团委 宝钢集团有限公司宝钢工程宝钢工业技术服务有限公司团委 宝钢集团有限公司新疆八一钢铁有限公司团委
2013年度中央企业五四红旗团支部	中央企业团工委	宝钢集团有限公司宁波钢铁有限公司焦化厂团总支
2013年度中央企业优秀共青团员	中央企业团工委	董翠连
2013年度中央企业优秀共青团干部	中央企业团工委	帕尔哈提·伊布拉音　王金星　常连虎　郑　斌
2013年度中央企业青年文明号	中央企业团工委	宝钢集团有限公司宝山钢铁股份有限公司硅钢部 宝钢集团有限公司宝山钢铁股份有限公司运输部马迹山港青年集体 宝钢集团有限公司新疆八一钢铁有限公司检修中心炼钢维护部机械一区 宝钢集团有限公司宝钢工程宝钢轧辊科技有限责任公司轧辊制造中心机加厂工艺科 宝钢集团有限公司宝钢发展有限公司上海宝钢新型建材科技有限公司上海宝田新型建材有限公司三号线生产维护团队
2013年度中央企业青年岗位能手	中央企业团工委	程用炜　王哲波　陶金盈

2. 省市级荣誉

荣誉名称	颁奖单位	获奖者
上海市五一劳动奖状	上海市总工会	宝日汽车板设备管理室镀锌机械点检二班
上海市五一劳动奖章	上海市总工会	张雄文　王锦凌　胡俊辉
上海市工人先锋号	上海市总工会	宝钢不锈冷轧厂轧钢一分厂不锈钢热带退火酸洗作业区HAPL丙班班组 宝钢资源上海宝钢航运公司船舶技术部 宝钢金属上海宝闵工业气体公司七号空分运行作业区 宝钢发展工业环境保障部环卫部 宝信软件宝之云项目组团队
开发建设新疆奖章	新疆维吾尔自治区总工会	伊拉洪·依力木

(续 表)

荣誉名称	颁奖单位	获奖者
新疆维吾尔自治区工人先锋号	新疆维吾尔自治区总工会	八一钢铁炼钢厂第一炼钢分厂精炼作业区 八一钢铁炼铁分公司第二高炉分厂B高炉作业区 八一钢铁物流运输分公司仓储物流部原料管理区
上海市劳模年度人物	上海市总工会	王康健
上海市三八红旗手标兵提名奖	上海市妇联	陈新平
上海市三八红旗手	上海市妇联	刘雪莲
上海市三八红旗集体	上海市妇联	宝山钢铁股份有限公司审计部 宝钢集团有限公司工会女职工委员会
2013年度上海青工系统先进团组织标兵	共青团上海市委员会	宝钢集团有限公司团委
上海市优秀青年突击队	共青团上海市委员会 中共上海市城乡建设和交通工作委员会 中共上海市经济和信息化工作委员会 中共上海市国有资产监督管理委员会 上海市安全生产监督管理局	宝钢不锈钢有限公司炼钢厂连铸技术组青年突击队 宝钢工程技术集团有限公司工程设计院余热再利用青年突击队 上海宝钢化工有限公司宝山分公司煤气精制厂青年突击队 宝钢股份冷轧薄板厂能源车间甲班作业区青年团队
上海市优秀青年突击队员	共青团上海市委员会 中共上海市城乡建设和交通工作委员会 中共上海市经济和信息化工作委员会 中共上海市国有资产监督管理委员会 上海市安全生产监督管理局	刘　伟　江一君　曹　燕
2013年度“上海市青年五四奖章集体”	共青团上海市委员会 上海市人力资源和社会保障局	宝钢集团有限公司中央研究院冷轧超高强度钢产品开发青年团队 宝钢发展有限公司青年志愿者服务队
2013年度“上海市青年五四奖章”	共青团上海市委员会 上海市人力资源和社会保障局	吴　平　尤文瑾
2013年度上海市优秀共青团员	共青团上海市委员会	徐　露
2013年度上海市优秀共青团干部	共青团上海市委员会	周　瑾
2013年度上海市青年安全生产示范岗	共青团上海市委员会 上海市安全生产监督管理局	宝钢集团宝钢股份上海梅山钢铁股份有限公司新事业分公司石灰窑青安岗 宝钢集团上海宝钢化工有限公司宝山分公司化产品一厂沥青焦作业区
2013—2014年度上海市青年文明号	共青团上海市委员会	宝钢不锈钢有限公司能源环保部能源技术室技术组 宝钢发展有限公司包装管理部冷轧包装部2030区域甲板一组 宝钢发展有限公司宝钢物流铁水区甲机班组

（续 表）

荣誉名称	颁奖单位	获奖者
2013—2014年度上海市青年文明号	共青团上海市委员会	宝钢股份硅钢三分厂一号脱碳退火（DCL-1）产线 宝钢股份冷轧薄板厂镀锡机组甲班 宝钢股份设备部冶炼室模型攻关团队 宝钢股份运输部马迹山港中控作业区青年集体 宝钢股份制造管理部炼钢管理室生产管理组 宝钢特钢有限公司特材事业部自耗分厂青字号炉座 宝山钢铁股份有限公司炼铁厂高炉分厂一号高炉 梅钢冷轧厂连退丙班 上海宝钢化工有限公司梅山分公司煤精厂铵苯作业区 上海宝信软件股份有限公司自动化事业部彩涂三电系统开发项目组

3. 宝钢集团有限公司奖项

第四届“宝钢工人发明家”

洪　华　卢纪平　方　斌
王　红　许慧华　朱子平
王金华　卫　军　陈　涛
孔利明

2014年宝钢“曾乐奖”

俞樟勇　侯志强　苏海波
刘焕景　郑　庆　季书民
蹇　华　刘卓辉　张志明
袁　敏　赵肃武　姜志能
郭文渊　肖海江　许　健
杨一鋆　朱俊杰　王　磊
尹洪源　张颖睿

2012—2013年度“玫瑰绽放最佳实践”奖

宝钢工程工程技术事业本部工会女职工委员会

宝钢股份钢管条钢事业部工会女职工委员会

韶关钢铁工会女职工委员会

宝钢不锈工会女职工委员会

人才开发院工会女职工委员会

2012—2013年度“玫瑰培育”奖

陈晓娜　马　为　蔡兴目
金茹敏　夏剑虹　周宝英

2012—2013年度“玫瑰培育”奖提名

文秀荣　秦　珏　王　燕
陆　瑛　陈海燕

2014年度宝钢“红旗团委”

宝山钢铁股份有限公司团委

宝钢发展有限公司团委

宝钢不锈钢有限公司团委

上海宝钢化工有限公司团委

宝钢特钢有限公司团委

上海梅山钢铁股份有限公司团委

宝山钢铁股份有限公司硅钢部团委

宝钢工程技术集团有限公司工程技术事业本部团委

2014年度宝钢“表扬团委”

宝钢工程技术集团有限公司团委

宝钢金属有限公司团委

宝钢集团金融系统团委

宝钢湛江钢铁有限公司团委

宝山钢铁股份有限公司冷轧厂团委

新疆八一钢铁有限公司炼铁分公司团委

广东韶钢松山股份有限公司炼钢厂团委

宝钢发展有限公司制造服务事业部团委

2014年度宝钢“五四特色团支部”标兵

宝钢化工宝山分公司煤气精制厂团支部

宝钢工程宝钢技术空间精度检验部团支部

宝钢股份运输部铁路站团总支

宝钢股份钢管条钢事业部管加工中心量器具团支部

宝钢股份梅钢公司运输部铁路站团支部

宝钢股份硅钢部设备管理室

团总支

宝钢不锈热轧厂轧钢团支部

宝钢湛江钢铁冷轧厂轧钢镀锌团总支

宝钢工程机关团总支

宝钢发展宝钢物流综合物流一部团支部

2014年度宝钢“五四特色团支部”

宝钢股份冷轧厂轧钢一分厂团支部

八一钢铁能源中心热力分厂团支部

八一钢铁股份轧钢厂中厚板分厂轧制团支部

韶关钢铁炼钢厂炼钢一分厂团支部

韶关钢铁广东昆仑信息科技有限公司信息化团支部

宝钢不锈冷轧厂联合团支部

宝钢特钢特材事业部自耗分厂团支部

宝钢资源物流航运联合团支部

宝钢金属上海宝闵工业气体有限公司团支部

宝信软件解决方案团总支MES（制造执行系统）软件事业部团支部

2014年度宝钢新长征突击队

宝钢股份炼铁厂设备管理室高炉大修青年突击队

宝钢股份湛江钢铁能源环保部青年突击队

宝钢股份研究院汽车板EVI（先期介入）技术服务专职团队

宝钢股份宝钢国际青岛宝井钢材加工配送有限公司1250横切精整作业区

宝钢股份钢管条钢事业部圆钢品种拓展及能力提升团队

宝钢股份冷轧厂C122高强钢产品拓展团队

宝钢股份炼钢厂一号连铸机综合改造项目开工团队

宝钢股份梅钢公司矿业分公司设备部采掘青年突击队

宝钢股份梅钢公司新事业分公司焙烧区域青年突击队

八一钢铁股份轧钢厂中厚板分厂轧制团支部

八一钢铁检修中心行车运行部行车维护区70吨/120吨电工组

八一钢铁佳域公司机械厂

八一钢铁焦煤集团2130煤矿瓦斯抽放队

韶关钢铁炼钢厂焙烧分厂一焙烧作业区加压班

韶关钢铁南华置业保卫事业部机动大队一中队

韶关钢铁炼铁厂生产技术室化验作业一区

宝钢不锈采购部原料降本青年突击队

宝钢不锈能源环保部“提高煤气综合利用率”突击队

宝钢特钢营销部基础营销手册编撰小组青年突击队

宝钢资源合金镍金属镍联合创业团队

宝钢金属宝钢气体合肥项目青年突击队

宝钢工程宝钢技术检修再制造卷筒青年突击队

宝钢工程工程技术事业本部湛江钢铁1550冷轧单元酸洗机组自主集成团队

宝钢工程宝菱重工花样年华青年突击队

金融系统量化业务技术支持团队

化工公司乌海宝化万辰焦油项目开工团队

宝钢发展宝山宾馆国旅国内中心疗休养接待团队

宝钢发展制造服务事业部物业管理部指中大楼会议接待团队

宝钢发展汽车通勤公司汽修团支部

宝钢发展职业健康公司青年志愿者服务队

宝信软件车载智能防火装置项目团队

宝信软件企业移动互联网开发团队

2014年度宝钢新长征突击手优秀团员

石银屏　任雨竹　颜文硕
王小珂　边晓旭　张亚婷
曹　佳　葛　俊　吴　跃
沈奇昶　陈　超　白晓宁
徐立立　周　亮　何义新
蒋经伟　车立波　赵志超
张福平　韩雨亮　李冬飞
蒋世荣　常庆果　陈　琴
何扬帆　黄伟源　刘祥宇
徐言威　戴旭磊　李永严
周　军　钱　程　苏福源
刘　畅　阮如意　施　帅
施昊韫　周力波　李文君
张　林　王　聪　季明智
汤卓然　张轶宁　江宝峰
孙　菲　乐　鼎　张佩佩

2014年度宝钢新长征突击手优秀团干部

李正强　赵李平　王彦杰
李剑明　李　洁　刘　纯
王思铭　张云昱　邢莉华
陈　丽　朱华群　孙晔佳
李　丰　王　蓉　孙磊磊
李开杰　闫美平　王美月
徐　波　曹德亮　马志芹
邓天华　孙　燕　苏学灵
李玉江　李　娜　杜　仁

石　文　熊平平　梁力梅
黄　荣　谢小华　周林苗
周　瑾　黄长才　苏清伟
赵　玲　谭亚晴　李仁杰
徐　曾　褚　艳　黄静君
张　余　肖　毅　巢俊强
徐　君　张逸卿　周　颖
刘　素　孟令辉　李　喆
赵珊珊　张　伟　徐　玲
龚　瑜　李晓峰　吴珅君
金　晶

2014年度宝钢新长征突击手优秀青年

李和春　李勤飞　杜镇钢
沈成俊　高　展　陈　龙
董　键　吴海飞　王瑞妍
朱耀强　胡　枢　兰　剑
吴建春　董跃玲　贺应广
骆炎平　王利君　严佳国
闵秉栋　程朋鹏　邸　睿
王泽阳　刘晨远　吴永生
曹晋喜　陈营波　贺育峰
匡洪锋　廖美华　谭　芳
江智勇　姜　晟　温　扬
林　刚　陈利修　夏　天
张文晓　张　搴　周　锴
厉晓东　杨　月　郑乃成
兰　勇　丰晨成　杜　勇
宗林亭　陈　曦　胡国梁
龚敬群　黄　灿　张明明
徐力方

2014年度宝钢青年文明号

宝钢股份宝日汽车板广丰生产小组

宝钢股份宝钢国际重庆宝钢汽车钢材部件有限公司一号落料甲班

宝钢股份黄石涂镀板有限公司涂镀分厂

宝钢股份能源环保部能源管理团队

宝钢股份设备部轧钢室青年创新团队

宝钢股份研究院焊接与腐蚀防护技术小组

宝钢股份营销中心亚马尔项目厚板市场开拓及用户服务团队

宝钢股份运输部成品码头

宝钢股份制造管理部薄板产品设计室冷轧组

八一钢铁南疆钢铁公司设备环保部司秤计量作业区

八一钢铁能源中心制氧分厂制氧作业区

八一钢铁物业管理分公司千人配餐点

八一钢铁安保部消防队

韶关钢铁工程技术有限公司设计事业部能环室

韶关钢铁广东昆仑信息科技有限公司云计算小组

韶关钢铁质量检测中心化学检测车间湿法分析作业区化学班

宝钢不锈炼铁厂高炉分厂高炉中控作业区二号高炉中控组

宝钢不锈德盛公司第一粗炼厂一号高炉丙班

宝钢特钢热轧厂炉卷甲班加热炉班组

宝钢资源电子商务工作组

宝钢金属宝闵空分技术组

宝钢金属南京宝日钢丝生产部丙班作业区

宝钢工程宝钢节能政府科技政策利用团队

宝钢工程咨询招标上海自然博物馆展示项目青年团队

宝钢工程采购管理服务部湛江钢铁工程进口设备报关策划与流程优化团队

化工公司梅山分公司化产厂改质沥青作业区

宝钢发展管道水务部青年创新团队

宝钢发展《离岗、退休服务管理标准》推进团队

宝钢发展上海宝龙建材有限公司

宝钢发展上海宝钢物流有限公司综合物流一部三冠作业区

宝信软件控制产品研发团队

宝信软件湛江钢铁项目全厂信息化项目(硬件平台)团队

2014年度宝钢青年文明生产线

宝钢股份炼铁厂炼焦分厂四炼焦示范区建设青年团队

宝钢股份钢管条钢事业部能源环保室钢管点检维修作业区点检二组

宝钢股份广州JFE钢板有限公司制造部镀锌工场二号镀锌线

宝钢股份硅钢部设备管理室硅五作业区

宝钢股份厚板部热处理生产线

宝钢股份冷轧厂C101机组生产线

宝钢股份炼钢厂二炼钢分厂连铸丙班作业区

宝钢股份梅钢公司炼铁厂高炉分厂五号高炉值班室

宝钢股份热轧厂三热轧分厂1880生产线

八一钢铁南疆钢铁拜城有限公司炼钢厂转炉作业区

八一钢铁炼铁分公司第二高炉分厂A高炉作业区

八一钢铁检修中心炼铁维护部二高炉维护区电仪组

八一钢铁焦煤集团阜康气煤公司一号煤矿机电队

韶关钢铁板材厂轧钢分厂宽板工序丁作业区

韶关钢铁炼轧厂运行车间棒三工序

韶关钢铁特棒厂质检作业区

宝钢不锈德盛公司精炼厂连铸作业区丙班

宝钢不锈宁波宝新精整分厂甲作业区一号拉矫甲班

宝钢特钢钢管厂热挤压分厂生产线

宝钢金属武汉宝钢印铁涂布四线

第十四届宝钢集团有限公司青年安全生产示范岗

宝钢股份钢管条钢事业部无缝钢管厂精整甲班青安岗

宝钢股份宝钢国际华中公司青安岗

宝钢股份梅钢公司热轧板厂设备室仪表青安岗

宝钢股份湛江钢铁物流部青安岗

宝钢股份炼铁厂高炉分厂三号高炉青安岗

宝钢股份炼钢厂焙烧分厂甲班KVS窑(美国KVS公司生产的回转窑)青安岗

宝钢股份热轧厂质检站青安岗

宝钢股份厚板部精整一分厂青安岗

宝钢股份冷轧厂涂镀一分厂青安岗

宝钢股份硅钢部五分厂青安岗

宝钢股份冷轧薄板厂轧钢分厂青安岗

宝钢股份电厂设备管理室团支部青安岗

宝钢股份设备部冶炼室青安岗

宝钢股份能环部能源中心青安岗

宝钢股份运输部铁路站青安岗

宝钢股份宝日汽车板镀锌青安岗

八一钢铁南疆钢铁公司焦化厂青安总岗

八一钢铁南疆钢铁公司焦化厂青安总岗

八一钢铁炼铁分公司烧结分厂265烧结青安分岗

八一钢铁炼钢厂第一炼钢分厂40吨转炉青安分岗

八一钢铁检修中心行车运行部行车操作二区青安分岗

韶关钢铁工程技术有限公司设备检修事业部轧钢维修车间棒三线青安岗

韶关钢铁炼钢厂运行车间青安岗

宝钢不锈冷轧厂轧钢二分厂青安岗

宝钢不锈炼钢设备青安岗

宝钢特钢特材事业部自耗分厂青安岗

宝钢特钢冷轧厂酸洗热处理分厂青安岗

宝钢工程宝钢技术金艺检测啄木鸟先锋队青安岗

宝钢工程宝钢轧辊常州热处理厂青安岗

宝钢工程宝钢铸造青安岗

宝钢资源安徽皖宝矿业股份有限公司石灰分公司青安岗

宝钢金属宝钢制盖工厂部青安岗

宝钢发展工业环境保障部劳防用品厂青安岗

宝钢发展汽车通勤公司丰宝青安岗

宝钢发展制造服务事业部工厂维护部建筑市政工程部市政设施点检青安岗

化工公司梅山分公司设备管理室机械作业区青安岗

宝钢优秀青安岗长

徐世晨　张　龙　王　峰
李剑明　潘景照　裘夏鑫
孙建冬　巩荣剑　张文麒
向邦林　罗晓波　黄　超
金晓坤　李　璐　孙晔佳
杨荣捷　王　明　冯　齐
韩雨亮　翟红霞　蔡赐来
余月桂　韩武强　张峥峰
倪少赟　茅俊勇　金　晨
兰　勇　徐　君　王彦梁
苏　磊　胡鸣峰　梁　靓
金新龙　陈　琳

宝钢优秀青安岗员

郝家琦　徐　强　赵艳亮
李云龙　周　亮　蔡　翔
白晓宁　郑同六　王　蛟
王文禹　李　伟　陈亮亮
董　辉　张雪冬　王晓晶
王翰琦　陈　辰　王瑞妍
王石民　徐剑强　宋陈华
毛伟春　焦　勇　房晓鹤
艾力·夏提　张　军
苗剑英　郑君睿　何方大
陈海洲　孙　标　杨　超
陈玉辉　崔岩泉　金　成
赵　吉　刘　鹏　刘卫华
王金安　杨　涛　庄　健
卢隆昌　侯　杰　施　帅
王　诚　龚　炜　孙　江
张慧清　杨　凯　陈　亮
贺　斌

2014年度宝钢青年岗位能手

李　钊　孟石磊　郎庆民
王　烨　吴洪强　王豪杰
朱山海　杨其敏　邓政杰
梁　健

宝钢年鉴

2015

BAOSTEEL ALMANAC

附　录

附 录

宝钢集团有限公司部分行政文件目录

文号	标题
宝钢字〔2014〕1号	关于成立集团公司安全管理专项督导组的通知
宝钢字〔2014〕4号	关于落实新三年法制工作目标第二年度情况的报告
宝钢字〔2014〕9号	关于近期安全生产工作情况的报告
宝钢字〔2014〕11号	关于宝钢集团有关开支统计情况的报告
宝钢字〔2014〕15号	关于2013年度房地产退出工作进展情况的报告
宝钢字〔2014〕19号	关于下发《宝钢集团有限公司2014年审计工作计划》的通知
宝钢字〔2014〕20号	关于2013年宝钢集团有限公司安全生产工作履职情况的报告
宝钢字〔2014〕21号	关于成立集团公司全面深化改革领导小组、工作小组的通知
宝钢字〔2014〕30号	关于宝钢集团2014年度董事会企业测试评价目标建议值的报告
宝钢字〔2014〕31号	关于2013年度国有资产评估项目统计分析的报告
宝钢字〔2014〕32号	关于规范董事会建设情况的报告
宝钢字〔2014〕38号	关于报送宝钢集团2013节能减排工作总结的报告
宝钢字〔2014〕39号	关于深化EVA应用及加强企业价值管理工作的通知
宝钢字〔2014〕44号	关于环保督查中发现问题整改情况的报告
宝钢字〔2014〕45号	关于报送宝钢集团2013年度《企业年度工作报告》的报告
宝钢字〔2014〕47号	关于深入开展2014年度宝钢集团有限公司“团队争先、岗位创优”劳动竞赛的指导意见
宝钢字〔2014〕48号	关于全面深化改革工作小组组成人员的通知
宝钢字〔2014〕50号	关于资金风险管理的指导意见
宝钢字〔2014〕52号	关于明确集团公司全面深化改革工作小组工作流程的通知
宝钢字〔2014〕53号	关于发布宝钢集团有限公司2013年度IT年度报告的通知
宝钢字〔2014〕61号	关于宝钢深化改革工作进展情况的报告
宝钢字〔2014〕63号	关于下发宝钢集团2014年全面风险管理工作推进计划的通知
宝钢字〔2014〕70号	关于开展2014年度财务管理能力评估工作的通知
宝钢字〔2014〕71号	关于进一步加强宝钢集团境外安全工作的指导意见
宝钢字〔2014〕80号	关于下发集团公司2013年度审计体系评价意见的通知
宝钢字〔2014〕83号	关于下发2014年度节能减排专项计划的通知
宝钢字〔2014〕86号	关于下发《宝钢集团会计政策委员会2013年度工作总结和2014年度工作计划》的通知
宝钢字〔2014〕87号	关于宝钢股份实施限制性股票计划的请示
宝钢字〔2014〕92号	关于2013年度国有产权转让事项情况的报告
宝钢字〔2014〕96号	关于蒋立诚等四人职务聘解的通知
宝钢字〔2014〕101号	关于低效无效资产清理处置工作情况的报告
宝钢字〔2014〕103号	关于授予第四届宝钢技能专家称号的决定
宝钢字〔2014〕109号	关于申报第二批资源综合利用“双百工程”骨干企业的请示
宝钢字〔2014〕113号	关于2013年度外部董事报酬情况的报告

文号	标题
宝钢字〔2014〕114号	关于开展子公司“安全正激励”实施工作的指导意见
宝钢字〔2014〕115号	关于报送宝钢集团有限公司节能环保工作经验材料的报告
宝钢字〔2014〕117号	关于报送《宝钢集团有限公司2013年度财务决算报告》的请示
宝钢字〔2014〕119号	关于2013年度董事会企业测试评价总结分析的报告
宝钢字〔2014〕124号	关于胡学发、崔健职务聘解的通知
宝钢字〔2014〕129号	关于崔健任职的通知
宝钢字〔2014〕142号	关于印发《关于系统推进“员工与企业共同发展”工作的指导意见（试行）》的通知
宝钢字〔2014〕153号	关于发布内控体系能力提升重点推进事项的通知
宝钢字〔2014〕154号	关于2013年度财务绩效自评的报告
宝钢字〔2014〕155号	关于2013年度对外投资合作专项资金使用情况总结的报告
宝钢字〔2014〕158号	关于申请第一批2014年度外经贸发展专项资金对外投资合作专项的报告
宝钢字〔2014〕168号	关于上报《宝钢集团有限公司2014—2016年发展规划》的报告
宝钢字〔2014〕170号	关于2013年度工资总额预算执行情况及2014年度工资总额预算方案的请示
宝钢字〔2014〕171号	关于下发2014年度财务管控指标的通知
宝钢字〔2014〕182号	关于八一钢铁钢结构有限公司“11·11”爆炸事故处理的通报
宝钢字〔2014〕185号	关于开展信用管理及经营禁令执行情况专项审计工作的通知
宝钢字〔2014〕186号	关于加强班组建设的指导意见
宝钢字〔2014〕190号	关于企业办社会职能等有关情况的报告
宝钢字〔2014〕194号	关于表彰2013年度宝钢优秀自主管理（JK）小组、优秀职工经济技术创新小组的决定
宝钢字〔2014〕198号	关于2013年度产权登记工作检查及汇总分析的报告
宝钢字〔2014〕201号	关于宝钢集团业绩考核十年工作总结的报告
宝钢字〔2014〕203号	关于设立上海宝钢航空材料有限公司的批复
宝钢字〔2014〕216号	关于2014年上半年安全生产履职践诺的报告
宝钢字〔2014〕221号	关于陈德荣、何文波职务聘解的通知
宝钢字〔2014〕233号	关于开展安全生产专项整治的紧急通知
宝钢字〔2014〕240号	关于学习和贯彻落实克强、王勇同志对央企经济运行情况相关批示的报告
宝钢字〔2014〕241号	关于宝钢深化改革工作进展情况的报告
宝钢字〔2014〕242号	关于2014年上半年董事会企业测试评价目标执行情况的报告
宝钢字〔2014〕245号	关于加大对长期亏损子公司处置力度的通知
宝钢字〔2014〕255号	关于中央第二巡视组交办第一批信访事项处理情况的报告
宝钢字〔2014〕257号	关于宝钢发展有限公司董事长调整的通知
宝钢字〔2014〕258号	关于蒋为民等三人职务聘解的通知
宝钢字〔2014〕259号	关于宝钢工程技术集团有限公司董事长、董事调整的通知
宝钢字〔2014〕264号	关于中央第二巡视组交办第二批信访事项处理情况的报告
宝钢字〔2014〕267号	关于陈德荣、何文波职务聘解备案的报告
宝钢字〔2014〕270号	关于监事会监督检查发现问题整改情况的报告
宝钢字〔2014〕271号	关于中央第二巡视组交办第三批信访事项处理情况的报告
宝钢字〔2014〕273号	关于2013年度财务决算批复意见落实情况的报告
宝钢字〔2014〕274号	关于发布《宝钢集团工程建设专项禁令》的通知
宝钢字〔2014〕275号	关于下发《宝钢集团有限公司总部工作规范（2014版）》的通知
宝钢字〔2014〕276号	关于集团公司总部相关机构调整的通知

文号	标题
宝钢字〔2014〕281号	关于2013—2014年宝钢集团有限公司信息化工作的报告
宝钢字〔2014〕289号	关于优化新业务项目投资评估与决策机制的通知
宝钢字〔2014〕290号	关于调整集团公司总部业务授权方案的通知
宝钢字〔2014〕291号	关于宝钢标准财务系统覆盖及相关工作的通知
宝钢字〔2014〕300号	关于更新发布《宝钢集团经营风险控制十条禁令》的通知
宝钢字〔2014〕303号	关于落实法制工作第三个三年目标情况的报告
宝钢字〔2014〕318号	关于加强一线员工岗位安全培训工作的通知
宝钢字〔2014〕319号	关于下发《宝钢安全管理体系规范》的通知
宝钢字〔2014〕324号	关于下发2015年度预算、计划编制大纲的通知
宝钢字〔2014〕331号	关于授予洪华等十位员工“宝钢工人发明家”称号的决定
宝钢字〔2014〕338号	关于宝钢“十二五”节能情况分析的报告
宝钢字〔2014〕341号	关于宝钢集团有限公司董事会换届的请示
宝钢字〔2014〕342号	关于2014年度财务决算备案的报告
宝钢字〔2014〕346号	关于成立宝钢集团有限公司网络安全和信息化领导小组的通知
宝钢字〔2014〕349号	关于撤销集团公司工程技术委员会的通知
宝钢字〔2014〕350号	关于印发致全国企业负责人公开信的通知
宝钢字〔2014〕353号	关于下发《关于加强协力安全管理的指导意见》的通知
宝钢字〔2014〕354号	关于表彰2014年宝钢技术创新重大成果奖的决定
宝钢字〔2014〕359号	关于下发《宝钢集团有限公司空气重污染应急工作方案》通知
宝钢字〔2014〕367号	关于海外代表制度调整的通知
宝钢字〔2014〕378号	关于2014年宝钢集团有限公司贯彻落实中央八项规定工作情况的报告

中共宝钢集团有限公司委员会部分文件目录

文号	标题
宝钢委〔2014〕1号	关于印发《宝钢集团有限公司党委2013年工作总结和2014年工作要点》的通知
宝钢委〔2014〕2号	关于宝钢集团有限公司董事长、党委书记徐乐江同志兼任职务的请示
宝钢委〔2014〕3号	关于宝钢集团有限公司党委副书记伏中哲同志兼任职务的请示
宝钢委〔2014〕4号	关于宝山钢铁股份有限公司党委书记、副总经理调整的任职备案请示
宝钢委〔2014〕5号	关于印发《关于开展领导人员学习贯彻落实习近平总书记系列讲话精神集中轮训的实施意见》的通知
宝钢委〔2014〕6号	关于诸骏生、何文波两位同志职务任免的通知
宝钢委〔2014〕7号	关于调整中共宝钢工程技术集团有限公司纪律检查委员会委员的批复
宝钢委〔2014〕8号	关于党校校长调整的通知
宝钢委〔2014〕9号	关于上海宝信软件股份有限公司党委、纪委隶属关系调整的通知
宝钢委〔2014〕10号	关于调整中共上海宝信软件股份有限公司纪律检查委员会委员的批复
宝钢委〔2014〕11号	关于调整宝钢惩防体系建设领导小组暨落实党风建设和反腐倡廉责任制领导小组组长的通知
宝钢委〔2014〕12号	关于集团公司老干部工作管理体制调整的通知
宝钢委〔2014〕13号	关于印发《2014年宝钢党风建设和反腐倡廉重点工作及责任分解》的通知
宝钢委〔2014〕14号	关于朱建祥等五位同志职务调整的通知
宝钢委〔2014〕15号	关于认真做好宝钢宣传思想工作的意见

文号	标题
宝钢委〔2014〕16号	关于印发《宝钢集团有限公司领导人员到龄退出管理办法》的通知
宝钢委〔2014〕17号	关于对宝钢集团有限公司副总经理人选考察对象进行公示的通知
宝钢委〔2014〕18号	关于调整中共宝钢集团有限公司中央研究院(技术中心)委员会委员的批复
宝钢委〔2014〕19号	关于印发《宝钢集团有限公司二级单位党委绩效评价办法》的通知
宝钢委〔2014〕20号	关于宝钢集团有限公司纪委副书记、监察部部长调整任职备案的请示
宝钢委〔2014〕21号	关于印发《宝钢集团有限公司领导人员试用期评价办法》的通知
宝钢委〔2014〕22号	关于李建伟、宋彬两位同志职务任免的通知
宝钢委〔2014〕23号	关于周学东、崔健两位同志职务任免的通知
宝钢委〔2014〕24号	关于印发《宝钢贯彻落实〈建立健全惩治和预防腐败体系2013—2017年工作规划〉的实施意见》的通知
宝钢委〔2014〕25号	关于调整中共宝钢集团有限公司金融系统纪律检查委员会委员的批复
宝钢委〔2014〕26号	关于上海冶金老干部活动中心事业单位分类的请示
宝钢委〔2014〕27号	关于宝山钢铁股份有限公司副总经理、党委副书记任职的备案请示
宝钢委〔2014〕28号	关于宝钢集团广东韶关钢铁有限公司党委副书记、纪委书记调整的函
宝钢委〔2014〕29号	关于增补中共宝钢金属有限公司纪律检查委员会委员的批复
宝钢委〔2014〕31号	关于王爱新、张贺雷两位同志任职的通知
宝钢委〔2014〕32号	关于汪震同志任职的通知
宝钢委〔2014〕33号	关于冯爱华等五位同志职务任免的通知
宝钢委〔2014〕34号	关于宝钢集团有限公司董事长、党委书记徐乐江同志兼任职务的请示
宝钢委〔2014〕35号	关于进一步优化集团公司领导人员工作方式的意见
宝钢委〔2014〕36号	关于改进集团公司领导人员基层联系点工作的意见
宝钢委〔2014〕37号	宝钢集团有限公司领导班子关于改进工作作风、厉行节约反对浪费的实施意见
宝钢委〔2014〕38号	关于蔡建群、谢琼杰两位同志职务任免的通知
宝钢委〔2014〕39号	关于调整中共宝钢发展有限公司委员会委员的请示
宝钢委〔2014〕40号	关于增补中共宝钢特钢有限公司委员会委员的请示
宝钢委〔2014〕41号	关于增补中共宝钢不锈钢有限公司委员会委员的请示
宝钢委〔2014〕42号	关于增补中共上海宝钢不锈钢有限公司委员会委员的请示
宝钢委〔2014〕43号	关于增补中共宝钢资源有限公司委员会委员的批复
宝钢委〔2014〕44号	关于调整中共宝钢离退休干部工作委员会组成人员的批复
宝钢委〔2014〕45号	关于印发《宝钢集团有限公司2014年厂务公开民主管理工作要点》的通知
宝钢委〔2014〕46号	关于进一步加强和改进党委中心组学习的意见
宝钢委〔2014〕47号	关于印发《宝钢集团有限公司领导班子民主生活会制度(试行)》的通知
宝钢委〔2014〕48号	关于印发《宝钢加强基层服务型党组织建设的实施意见》的通知
宝钢委〔2014〕49号	关于发现、培育、宣传自主型员工队伍建设的有效做法的指导意见
宝钢委〔2014〕50号	关于增补中共宝钢金属有限公司委员会委员的批复
宝钢委〔2014〕51号	宝钢集团有限公司关于贯彻落实中央“八项规定”工作情况的报告
宝钢委〔2014〕52号	关于宝钢集团有限公司陈缨同志兼任职务的请示
宝钢委〔2014〕53号	关于认真组织学习《习近平总书记系列重要讲话读本》的通知
宝钢委〔2014〕54号	关于林鞍同志职务调整的通知
宝钢委〔2014〕55号	关于免去曹至能同志职务的通知
宝钢委〔2014〕56号	关于印发《关于落实党风廉政建设党委主体责任和纪委监督责任的实施意见(试行)》的通知

宝钢委 〔2014〕57号 关于修订并下发《关于党务公开的实施意见》的通知
宝钢委 〔2014〕58号 2014—2018年宝钢党员教育培训工作实施意见
宝钢委 〔2014〕59号 关于宝钢集团有限公司陈德荣同志兼任职务的请示
宝钢委 〔2014〕60号 关于推荐宝山钢铁股份有限公司董事、董事长人选的任职备案请示
宝钢委 〔2014〕61号 关于增补中共宝钢集团上海第一钢铁有限公司纪律检查委员会委员的批复
宝钢委 〔2014〕62号 关于规范退（离）休领导人员社会团体兼职问题的通知
宝钢委 〔2014〕63号 关于调整中共宝钢集团有限公司机关党委委员、纪律检查委员会书记的批复
宝钢委 〔2014〕64号 关于张勇同志任职的通知
宝钢委 〔2014〕65号 关于宝钢规范领导人员参加社会化培训自查整改的情况报告
宝钢委 〔2014〕66号 关于清理整治奢华浪费建设有关情况统计的报告
宝钢委 〔2014〕67号 关于陈德荣、何文波两位同志职务任免的通知
宝钢委 〔2014〕68号 关于调整中共宝钢发展有限公司委员会委员的批复
宝钢委 〔2014〕69号 关于增补中共宝钢工程技术集团有限公司委员会委员的批复
宝钢委 〔2014〕70号 关于宝钢集团有限公司陈德荣同志兼任职务的请示
宝钢委 〔2014〕71号 关于印发《宝钢集团有限公司发展党员工作制度》的通知
宝钢委 〔2014〕72号 关于宝钢集团有限公司关心下一代工作委员会第七届委员会组成人员的通知
宝钢委 〔2014〕73号 关于调整宝钢集团有限公司密码工作领导小组和密码工作领导小组办公室成员的通知
宝钢委 〔2014〕74号 关于调整宝钢集团有限公司国防教育领导小组及其办公室成员的通知
宝钢委 〔2014〕75号 关于调整宝钢集团有限公司人民防空领导小组及其办公室成员的通知
宝钢委 〔2014〕76号 关于调整宝钢集团有限公司双拥工作领导小组及其办公室成员的通知
宝钢委 〔2014〕77号 关于调整宝钢集团有限公司征兵工作领导小组及其办公室成员的通知
宝钢委 〔2014〕78号 关于调整维稳工作和处理信访突出问题及群体性事件领导小组人员的通知
宝钢委 〔2014〕79号 关于调整宝钢集团有限公司保密委员会和保密委员会办公室成员的通知
宝钢委 〔2014〕80号 关于调整宝钢集团有限公司国家安全小组成员的通知
宝钢委 〔2014〕81号 关于下发《关于进一步加强公款购买图书管理的通知》的请示
宝钢委 〔2014〕82号 关于撤销宝钢集团有限公司创先争优活动领导小组和领导小组办公室的通知
宝钢委 〔2014〕83号 关于召开2014年度二级单位领导班子民主生活会的通知
宝钢委 〔2014〕84号 关于集团公司纪委参与的议事协调机构调整的通知
宝钢委 〔2014〕85号 关于认真学习贯彻党的十八届四中全会精神的通知
宝钢委 〔2014〕86号 关于宝钢集团广东韶关钢铁有限公司副董事长人选推荐及党委书记、总经理调整的函
宝钢委 〔2014〕87号 关于报送《2014年度宝钢集团党委领导班子民主生活会方案》的报告
宝钢委 〔2014〕88号 关于史国敏同志任职的通知
宝钢委 〔2014〕89号 关于宝钢集团有限公司徐乐江、陈德荣同志兼任职务的请示
宝钢委 〔2014〕90号 关于朱湘凯、夏雪松两位同志职务任免的通知
宝钢委 〔2014〕91号 关于贾怡芸等三位同志职务任免的通知
宝钢委 〔2014〕92号 关于免去朱铧同志职务的通知
宝钢委 〔2014〕93号 关于李世平、余子权两位同志职务任免的通知
宝钢委 〔2014〕94号 关于周建峰、李世平两位同志职务任免的通知
宝钢委 〔2014〕95号 关于调整中共宝钢集团广东韶关钢铁有限公司委员会委员的批复
宝钢委 〔2014〕96号 关于报送宝钢集团领导班子及主要领导2014年度民主生活会对照检查材料的报告
宝钢委 〔2014〕97号 关于宝钢集团有限公司戴志浩同志兼任职务的请示

2014年部分社会媒体对宝钢的报道

1月

宝钢电商平台交易破百万吨　钢铁电商风起云涌
2014年1月5日　一财网　陈姗姗

宝钢高等级取向硅钢取得国家科技进步一等奖
2014年1月10日　上海人民广播电台　孟诚洁

创造"长链"创新模式——记国家科技进步一等奖"低温高磁感取向硅钢制造技术"
2014年1月11日　《科技日报》　王　春

徐乐江：要关注全面深化改革的六大影响
2014年1月14日　《中国冶金报》

从巨亏19.5亿到盈利1亿宝钢助*ST韶钢一年逆袭
2014年1月15日　每日经济新闻　胡飞军

宝钢：钢铁行业要寻求新路径
2014年1月28日　《经济观察报》　万晓晓

2月

特制"气体砝码"做出大生意
2014年2月4日　《文汇报》　张晓鸣

"中国大红灯笼"屹立南极冰盖
2014年2月9日　《文汇报》　郑　蔚　张小叶

南极泰山站正式建成开站
2014年2月9日　《人民日报》　余建斌

企业尝鲜自贸试验区金融新业务
2014年2月22日　《解放日报》　徐　蒙

我南极第四个科考站泰山站主楼投入运行
2014年2月25日　《中国工业报》　严伟明

宝钢不锈冷轧制造能力提升明显
2014年2月26日　《中国工业报》　严伟明

3月

二次创业逆袭钢铁微利时代——宝钢创新案例解析
2014年3月4日　《科技日报》　王　春

宝钢不锈冷轧新品开发势头良好
2014年3月5日　《中国工业报》　严伟明

徐乐江在宝钢举行的2014年党风建设和反腐倡廉大会上指出——坚持"严"字当头，铁面执纪
2014年3月14日　《企业党委书记报》　严伟明

"钢贸危机"促管理升级　上海首创建立动产质押信息平台
2014年3月25日　新华网　姚玉洁

宝钢与上海钢联建动产质押信息平台
2014年3月25日　《东方早报》　严晓蝶

虚假仓单、重复质押、关联质押"钻空子"，从银行骗取资金一个平台如何管住"最乱行业"
2014年3月26日　《解放日报》　孟群舒

宝钢股份去年商品坯材销售2199.3万吨优势产品销量良好
2014年3月29日　《中国证券报》　徐金忠

宝钢股份：湛江项目建设开局良好
2014年3月30日　新华网　李　荣

4月

宝钢集团试水可交换债券
2014年4月4日　每日经济新闻　宋　戈

宝钢集团试水可交换债券　募资规模约40亿元
2014年4月4日　证券时报网

宝钢集团试水可交换债券　拟募资40亿
2014年4月4日　《上海证券报》　杨伟中

宝钢集团：试水可交换债券　盘活存量资产
2014年4月4日　《中国证券报》　官　平

徐乐江：发展混合所有制不能"光改企业"
2014年4月24日　《中国工业报》A3版　严伟明

宝钢董事长：公司股价被低估将谋求H股海外上市
2014年4月30日　新浪网　曹　磊

宝钢股份：一季度业绩环比逆势增长净利达15.1亿元
2014年4月30日　每日经济新闻　魏夏冰

宝钢今年固定资本投资215亿元并无业内重组意向
2014年4月30日　《经济观察报》　万晓晓

5月

宝钢股份国资改革再进一步　何文波称无扩张业内重组计划
2014年5月1日　每日经济新闻　魏夏冰

宝钢股价为何常年破净?
2014年5月1日　《第一财经日报》　陈姗姗

独董详解宝钢股权激励：涉及约136人4700万股
2014年5月1日　《第一财经日报》　陈姗姗

宝钢将推实质性国企改革　或分拆电商业务上市
2014年5月1日　腾讯网　卢肖红

宝钢技能专家王康健近40年坚守成“冷轧第一人”
2014年5月3日　《解放日报》　徐　蒙

宝钢股份着力于构筑钢铁产业持久竞争力
2014年5月5日　《上海证券报》　杨伟中

宝钢今年力争汽车板实现600万吨产能
2014年5月5日　《证券时报》　黄　婷

宝钢股份着力于构筑钢铁产业持久竞争力
2014年5月5日　《中国证券报》　官　平

宝钢联合AURIZON拟现金收购AQUILA
2014年5月5日　一财网　陈姗姗

中国宝钢资源与澳洲Aurizon联手,出价10亿美元竞购Aquila
2014年5月5日　路透社　李　爽　朱晓军

宝钢资源联合AURIZON全现金要约　收购AQUILA股权
2014年5月5日　第一财经　赖　婧　顾伽奇

宝钢:转型升级是钢铁(企业)过冬的唯一路径
2014年5月6日　《证券日报》　周一叶

宝钢加快海外寻矿　拟联手货运商溢价38.8%吞澳矿商
2014年5月6日　每日经济新闻　夏　冰

行业寒冬出手抄底　宝钢集团意欲介入澳洲铁矿石资源
2014年5月6日　中国证券网　杨伟中

宝钢不是中信泰富
2014年5月6日　《金融时报》Lex专栏

宝钢和澳大利亚货运商要约竞购澳煤铁公司
2014年5月6日　央视二套　李　炯

上海回想——宝钢
2014年5月23日　上海人民广播电台　孟诚洁

6月

宝钢股份环境日发布会
2014年6月5日　上海人民广播电台　孟诚洁

宝钢“源头清洁”拟投入百亿元
2014年6月6日　《解放日报》　徐　蒙

钢板仓库升起“数据云”宝钢加速实施创新驱动战略,向云计算等新兴领域转型发力
2014年6月8日　《文汇报》　张晓鸣

宝钢集团吹响社会责任号角承诺建成最环保工厂
2014年6月27日　碧海银沙　王文和

宝钢湛江钢铁基地崭露头角面向严峻市场生就矫健体魄
2014年6月27日　央广网　吴善阳

宝钢湛江钢铁基地高炉明年10月点火项目总投资约500亿
2014年6月28日　《羊城晚报》　黄宙辉

湛江钢铁一号高炉有望提前投产
2014年6月28日　《湛江晚报》　陈　彦

宝钢湛江钢铁:打造世界最高效率的绿色碳钢生产基地
2014年6月28日　《湛江日报》　刘　兵

“湛江钢铁”1号高炉系统预计明年11月建成投产
2014年6月28日　《广州日报》　关家玉

千人齐聚金沙湾为绿健行
2014年6月28日　碧海银沙　王文和

钢铁行业理性整合为先进生产力带来机遇湛江钢铁基地项目后年全面建成投产
2014年6月28日　《南方日报》　龙金光

宝钢在湛江举行社会责任报告发布会
2014年6月29日　湛江电视台　陈莉华　梁恩助

为绿健行　守护湛蓝
2014年6月29日　《湛江日报》　刘　兵

宝钢湛江项目投资额减至500亿元建设进度或提前
2014年6月29日　网易财经　刘宝兴

弱势钢铁业如何推动“调整”项目?——宝钢回应湛江项目三大受关注点
2014年6月29日　新华网　李　荣

宝钢湛江钢铁基地加紧建设　高端钢材缓解北钢南运
2014年6月30日　央视二套　李　炯

宝钢湛江项目一号高炉明年11月投产
2014年6月30日　《证券时报》　黄　婷

“起了个大早,赶了个晚集”宝钢湛江钢铁基地投产将近
2014年6月30日　《第一财经日报》　陈姗姗

何文波:选择相关多元产业推进混合所有制
2014年6月30日　《第一财经日报》　陈姗姗

宝钢湛江项目投资减至500亿
2014年6月30日　《东方早报》　郭唯玮

7月

宝钢调整建设方案湛江项目压缩投资额近200亿
2014年7月1日　21世纪经济报道　况　娟

宝钢湛江项目投资减至500亿聚焦华南珠三角市场,借“地利”优势降低成本
2014年7月1日　《南方都市报》　余　玥

宝钢:吴淞产业结构调整2017年完成计划不变
2014年7月2日　上海电视台　葛孝兰

湛江钢铁最快明年9月投产

2014年7月2日 第一财经 赖 婧

宝钢转型 湛江进上海退

2014年7月5日 上海人民广播电台 孟诚洁

宝钢的“互联网思维”

2014年7月23日 新华社 李 荣

钢铁巨人何以上网“轻舞”?

2014年7月24日 上海人民广播电台 孟诚洁

8月

宝钢奋力转型推进二次创业——“大象起舞”抢滩互联时代

2014年8月4日 《经济日报》 李治国

宝钢:转型,依然在路上(转型·活力)

2014年8月5日 《人民日报》 励 漪

公司深度:钢铁业入冬 宝钢股份冬泳健身

2014年8月6日 《中国证券报》 官 平

重访,邓小平的上海足迹

2014年8月16日 《解放日报》 陆绮雯 龚丹韵

宝钢与美国企业合作30亿收购河南晋开化工资产

2014年8月19日 网易财经 刘宝兴

宝钢携手华平30亿收购晋开化工工业气体资产 共拓中国工业气体和清洁能源市场

2014年8月19日 一财网 陈姗姗

宝钢气体公司和美国华平投资集团携手战略合作

2014年8月19日 《中国证券报》 官 平

宝钢气体与美华平战略合作30亿收购晋开化工工业气体资产

2014年8月20日 《解放日报》 徐 蒙

9月

宝钢深化从制造向服务转型

2014年9月14日 中央人民广播电台 吴善阳

徐乐江:新环保法实施后 非经营不善钢企会因环保不达标出局

2014年9月16日 新华社 李 荣

徐乐江:环保严格成钢铁业新常态不达标或淘汰

2014年9月16日 网易财经 刘宝兴

宝钢与宝山共建地方生态文明圈

2014年9月17日 人民网 励 漪

宝山区与宝钢集团建产城融合示范区

2014年9月17日 《新民晚报》 叶 薇

宝钢合资华谊中盐拓液态气体市场

2014年9月24日 第一财经 陈姗姗

宝钢牵手华谊与中盐合作 三方联手介入液态气体市场

2014年9月24日 《中国证券网》 杨伟中

咱“宝钢人”的精气神

2014年9月29日 《光明日报》 颜维琦 曹继军

争当探路者和践行者

2014年9月30日 《经济日报》 李治国

10月

宝钢董事长徐乐江——国家强才能企业兴

2014年10月7日 《经济日报》 李治国

宝钢董事长:欧盟不锈钢反倾销调查不合理

2014年10月11日 新华网 文史哲

宝钢斥百亿投入绿色环保工程

2014年10月12日 《解放日报》 丁 波 徐 蒙

宝钢推出新一代装配式钢结构百年住宅体系“Baohouse”

2014年10月14日 人民网 邬 迪

上海人民广播电台《市民与社会》节目“发现创新”系列论坛宝钢专场(论坛)

2014年10月20日 上海人民广播电台 秦 畅

上海人民广播电台《市民与社会》节目“发现创新”系列论坛宝钢专场(新闻)

2014年10月20日 上海人民广播电台 孟诚洁

上海工业巨头淡看产能过剩:需要习惯新常态

2014年10月31日 澎湃新闻 陶宁宁

上海企业有自信:从来只有夕阳企业 没有夕阳行业

2014年10月31日 《东方早报》

上海企业有自信:退潮时,我们衣服穿得很好

2014年10月31日 东方网 蒋 泽

11月

中央媒体微博在沪“从企业看信心”:国货焕发新生

2014年11月1日 东方网 蒋 泽

转型中的上海企业:新常态寻找新机遇

2014年11月2日 新华网 叶 健 徐润南

12月

中国证券市场第一单公开发行可交换公司债券花落宝钢集团

2014年12月8日 央广网 吴善阳

宝钢集团拟募资40亿元　拿下A首单（A股市场）公开发行可交换公司债券

2014年12月8日　中国证券网　杨伟中

上海：宝钢集团试水可交换债券

2014年12月8日　东方卫视　葛孝兰

宝钢发行首单40亿可交换公司债　资金用于经营周转

2014年12月9日　网易财经　刘宝兴

宝钢集团将公开发行40亿元可交换公司债券

2014年12月9日　证券时报网　黄　婷

14宝钢EB（可交换公司债券）发行可交换债首试公募市场

2014年12月9日　一财网　覃　苏

首单公开发行可交换公司债券花落宝钢

2014年12月11日　第一财经　赖　婧

为未来发展种下“金苹果”——来自宝钢中央研究院的创新报告

2014年12月19日　《新民晚报》　叶　薇

新环保法倒逼钢铁业力度空前　落实、公平是关键

2014年12月25日　新华网　李　荣

国内首单可交换债在上交所上市

2014年12月25日　央视财经　李大元　苏照宇

首单可交换公司债券上市

2014年12月25日　《中国证券报》　官　平

宝钢集团有限公司董事长、党委书记徐乐江：2015，中国钢铁在浴火中涅槃

2014年12月30日　一财网　徐乐江

新春敬老送温暖

2014年12月30日　《文汇报》　袁　婧

宝钢历年粗钢产量占全国粗钢产量比例表

年　份	宝钢粗钢产量（万吨）	中国粗钢产量（万吨）	宝钢所占比例（%）
2014年	4334.67	82269.8	5.27
2013年	4390.82	77904.1	5.64
2012年	4374	71716	6.10
2011年	4427	68388.3	6.47
2010年	4450	62695.9	7.10
2009年	3886	56803.3	6.84
2008年	3544.3	50091.5	7.08
2007年	2431	48966	4.96
2006年	1999	42266	4.73
2005年	1936	35239	5.49
2004年	1638	27279.79	6.00
2003年	1508	22233.6	6.78
2002年	1475	18155	8.12
2001年	1469	15266	9.62
2000年	1473	12850	11.46
1999年	1338	124261	10.77
1998年	1207	11559	10.44
1997年	786	10894.17	7.21
1996年	703	10110	6.95
1995年	801	9400	8.52

（续　表）

年　份	宝钢粗钢产量（万吨）	中国粗钢产量（万吨）	宝钢所占比例（%）
1994年	693	9153.2	7.57
1993年	657	8868	7.41
1992年	623	8000	7.79
1991年	437	7057	6.19
1990年	330	6604	5.00
1989年	327	6124	5.34
1988年	322	5918	5.44
1987年	308	5602	5.50
1986年	270	5205	5.19
1985年	54	4666	1.16

中国粗钢产量数据来源：国家统计局

《财富》全球500强钢铁企业排名表

单位：百万美元

2014年度排名	2013年度排名	公司名称	2014年营业收入	2014年利润	国家
108	101	安赛乐米塔尔	79282.0	−1086.0	卢森堡
162	177	POSCO（韩国浦项）	61504.9	600.9	韩国
179	197	蒂森克虏伯	56027.7	284.9	德国
204	184	新日铁住金	51024.2	1949.0	日本
218	211	宝钢集团	48323.4	952.9	中国
239	271	河北钢铁集团	45543.7	−186.6	中国
274	308	江苏沙钢集团	40334.4	284.1	中国
304	327	渤海钢铁集团	37986.2	38.5	中国
337	316	JFE控股	35019.7	1267.5	日本
344	365	新兴际华集团	34497.9	439.0	中国
402	348	首钢集团	29668.9	3.3	中国
451	475	鞍钢集团	26212.9	−1297.7	中国
500	310	武钢集团	23720.9	54.5	中国

数据来源：财富网站

本年鉴所用的部分公司全称、简称对照表

全　称	简　称
宝钢集团有限公司	宝钢、宝钢集团
宝山钢铁股份有限公司	宝钢股份
南通宝钢钢铁有限公司	宝通钢铁
烟台鲁宝钢管有限责任公司	鲁宝钢管
烟台宝钢钢管有限责任公司	烟宝钢管
上海梅山钢铁股份有限公司	梅钢公司、梅钢
宝钢股份黄石涂镀板有限公司	黄石公司
广州薄板有限公司	广州薄板
宝钢新日铁汽车板有限公司	宝日汽车板
上海宝钢国际经济贸易有限公司	宝钢国际
宝钢湛江钢铁有限公司	湛江钢铁
宝钢集团新疆八一钢铁有限公司	八一钢铁、八钢公司、八钢
新疆八一钢铁股份有限公司	八钢股份
新疆八钢南疆钢铁拜城有限公司	南疆钢铁公司
宁波钢铁有限公司	宁波钢铁、宁钢
宝钢集团广东韶关钢铁有限公司	韶关钢铁、韶钢
宝钢不锈钢有限公司	宝钢不锈
宁波宝新不锈钢有限公司	宁波宝新
宝钢德盛不锈钢有限公司	宝钢德盛
宝钢特钢有限公司	宝钢特钢
宝钢资源有限公司	宝钢资源
宝钢金属有限公司	宝钢金属
宝钢工程技术集团有限公司	宝钢工程
上海宝钢节能环保技术有限公司	宝钢节能
宝钢钢构有限公司	宝钢钢构
宝钢建筑系统集成有限公司	宝钢建筑

（续　表）

全　称	简　称
常州宝菱重工机械有限公司	宝菱重工
宝钢轧辊科技有限责任公司	宝钢轧辊
上海宝钢铸造有限公司	宝钢铸造
上海宝钢工业技术服务有限公司	宝钢技术
上海宝华国际招标有限公司	宝华招标
上海宝钢工程咨询有限公司	宝钢咨询
上海宝钢化工有限公司	宝钢化工
苏州宝化炭黑有限公司	苏州宝化
华宝投资有限公司	华宝投资
华宝信托有限责任公司	华宝信托
华宝兴业基金管理有限公司	华宝兴业
华宝证券有限责任公司	华宝证券
宝钢集团财务有限责任公司	宝钢财务公司、财务公司
上海宝信软件股份有限公司	宝信软件、宝信
宝钢发展有限公司	宝钢发展
宝钢集团上海第一钢铁有限公司	一钢公司、一钢
宝钢集团上海浦东钢铁有限公司	浦钢公司、浦钢
宝钢集团上海五钢有限公司	五钢公司、五钢
宝钢美洲有限公司	宝美公司
宝钢欧洲有限公司	宝欧公司
宝和通商株式会社	宝和通商
宝钢新加坡有限公司	宝新公司
宝金企业有限公司	宝金公司
宝运企业有限公司	宝运公司
宝钢澳大利亚矿业有限公司	宝澳矿业
东方钢铁电子商务有限公司	东方钢铁
东方付通信息技术有限公司	东方付通

宝钢集团主要子公司通讯一览表

公司名称	网 址	电 话	传 真	地 址	邮 编
宝钢股份	www.baosteel.com	021-26647000	021-26646999	上海市宝山区富锦路885号	201999
八一钢铁	www.bygt.com.cn	0991-3893018	0991-3891000或0991-3890035	新疆乌鲁木齐市头屯河区八一路	830022
宁波钢铁	www.ningbosteel.com	0574-86859000	0574-86859126	浙江省宁波市北仑区霞浦临港二路168号	315807
韶关钢铁	www.sgis.com.cn	0751-8785789	0751-8785701	广东省韶关市曲江区	512123
宝钢不锈	—	021-26034567	021-56821355	上海市宝山区长江路580号	200431
宝钢特钢	www.baosteel-specialsteel.com	021-56679080	021-56670867	上海市宝山区水产路1269号	200940
宝钢资源	www.baosteelresources.com	021-35880888	021-35880128	上海市虹口区东大名路568号	200080
宝钢金属	www.baosteelmetal.com	021-61805678	021-61801188	上海市宝山区双城路803弄2号	200940
宝钢工程	www.baosteelengineering.com	021-26088800	021-26088755	上海市宝山区克山路550弄7号楼	201999
宝钢化工	www.baochen.com	021-26648409	021-66789208	上海市宝山区同济路3501号	201999
华宝投资	—	021-38506555	021-68779288	上海市浦东新区世纪大道100号上海环球金融中心53楼	200120
宝信软件	www.baosight.com	021-20378899	021-20378662	上海市浦东新区张江高科技园区郭守敬路515号	201203
宝钢发展	—	021-56125101	021-56122654	上海市宝山区牡丹江路1813号宝山宾馆南楼	201999
一钢公司	—	021-26033235	021-56825810	上海市宝山区长江路868号	200431
浦钢公司	—	021-68587313	021-68587303	上海市浦东新区历城路86号	200126
五钢公司	—	021-56578030	021-56671316	上海市宝山区同济路303号	200940

宝钢年鉴

2014

BAOSTEEL YEARBOOK

索引

索　引

说　明：

一、本索引采用主题词索引法，按主题词（专用名、人名）首字的汉语拼音顺序排列。

二、主题词（专用名、人名）后面的数字表示内容所在的页码，数字后面的 A、B、C 表示内容所在的栏别。

三、表格、表格内容的索引页码后面注有“表”字；图片索引的页码后面注有“图”字。

四、为便于读者检索，以“宝钢”打头的机关、企业单位名称一般不冠以“宝钢”两字，易产生歧义者除外。

五、内容有交叉重复的，在本索引中有重复出现的情况。

A

B

E

F

G

H

Q

R

S

T

Z

《宝钢年鉴(2015)》工作人员

总 编 审: 张文良

栏目编辑: 金　荣　张　鑫　曹爱红

校　　对: 王长志　吉雅泰　龚锦刚

图书在版编目(CIP)数据

宝钢年鉴. 2015 / 宝钢史志编纂委员会编. —上海:上海人民出版社,2015

ISBN 978-7-208-13375-4

Ⅰ.①宝… Ⅱ.①宝… Ⅲ.①上海宝钢集团公司—2015—年鉴 Ⅳ.①F426.31-54

中国版本图书馆CIP数据核字(2015)第252714号

责任编辑 楼岚岚
封面设计 甘晓培

宝钢年鉴 2015

宝钢史志编纂委员会 编
世纪出版集团
上海人民出版社出版
(200001 上海福建中路193号 www.ewen.co)
世纪出版集团发行中心发行
常熟市新骅印刷有限公司印刷
开本 889×1194 1/16 印张 23.25 插页 14 字数608,000
2015年12月第1版 2015年12月第1次印刷
ISBN 978-7-208-13375-4/F·2330
定价 240.00元